光 緒
嘉興府志

第六冊

[清] 許瑤光　修　吳仰賢　等纂

嘉興市地方志編纂室　編校

上海古籍出版社

嘉興府志卷七十八

〔列女十五〕

列女節婦

桐鄉縣上

明

濮貴一妻劉氏　二十八歲夫亡,事姑育子,孝慈兼至。洪武時旌。按:徐一夔《濮節婦序》作濮宗海妻。

朱原震妻方氏　二十九歲夫亡,子甫八月。孝養舅姑。父憐其少,欲强再適,方誓死不二。程本立、鮑恂有《記》。

夏子昭妻顧氏　二十七歲夫亡,子甫四歲。紡織撫孤。舅諭以改適,以死自誓乃止。　以上洪武時旌。

譚宏妻沈氏　十七歲適宏,二十夫亡,遺孤甫晬。繼姑陸氏生有三子,有奴老而狡,爲陸謀去沈而并其産,又謀害其孤。沈懼,攜歸父家。久之,陸悟,棄奴收婦而還產。析産,與親子婦等。沈守節六十年。

徐宗海妻趙氏　二十三歲夫亡,父母憐其少,欲奪其志,趙矢不二。成化時旌。

高逾妻李氏　二十八歲夫亡,生子熊甫期。家貧,舅姑繼歿,往依母居。母令改適,不從。熊既長,娶曹氏,無子。爲置妾陸氏,甫得子而寡。曹與陸亦皆守節。事姑,撫孤。兩世三節。

沈皐妻蘇氏,稷妻蘇氏　俱年踰二十夫亡,同居,辟纑織紝以事姑、課子。建有雙節坊。

胡雷妾沈氏　十九歲雷亡,生子椿未彌月。貧苦萬狀,撫之成立。年八十三卒。

劉尚文妻孫氏　十九歲夫亡,撫二孤守圭、延圭成立。守圭娶沈氏,亦年十九寡。與姑矢志,俱以壽終。

錢國銓妻鍾氏　十七歲成婚,十八日夫亡。盡出笥中色服,裂而焚之。守節以卒。

主事沈繼志妻李氏　十七歲適沈,身任井臼。志甫授官,卒于京師。李扶櫬歸,歷諸艱苦。守節三十七年卒。

馮倫妻張氏　二十九歲夫亡,遺孤孜僅三歲,紡織奉姑,課子孜登進士。疏請旌表,封宜人,奉詔建坊。年八十四卒。

夏勳妻趙氏　二十歲夫亡,孝姑,課子。年七十五卒。

夏梗妻許氏　二十七歲夫亡,姑老,子幼,紡織奉養。年七十四卒。

監生錢綏猷繼妻朱氏　二十八歲夫亡,教子入泮。守節四十五年。

朱袞妻李氏　二十歲夫亡,矢志撫孤及遺腹子成立。

陳九韶妻徐氏　二十七歲夫亡,撫孤雲鶚爲諸生。守節四十餘年。

方以規妻沈氏　二十三歲夫亡,無子,與一女相依。守節三十六年。

鄭振先妻沈氏　二十七歲夫亡,遺孤昌世甫四歲,課之有成。守節六十三年。孫蘊宏成進士。

錢維垣妻沈氏　二十歲夫亡,守節。邑令王應期表之。

生員姚國柱妻沈氏　十七歲夫亡,居一小樓,追繡夫像事之。天啟間,學使表曰"貞節"。

儒童仲應鸞妻徐氏　二十一歲夫亡,遺二女,次女早世。徐艱貞自矢,以壽終。

費可學妻張氏　十九歲夫亡,父母欲奪其志,自誓不二,監司表曰"嘉節"。

莊學賢妻章氏　二十二歲夫亡,勤苦撫孤。父母歿,弟幼,章竭力喪葬。年七十九卒。

生員黃廷龍妻鍾氏　二十六歲夫亡,上事耄姑,下撫幼子,有司表揚給帛。年六十七卒。

夏尚賢妻孫氏　夫有癲疾,父母欲令改適。孫不從,及歸,夫疾篤,勤供湯藥。夫亡,善事舅姑。有司歲給粟帛。年六十五卒。

周溓妻劉氏　適周四載夫亡,自縊以救得解,廬墓三載。奉姑,訓子。守節六十年。

張承寵妻唐氏　二十一歲夫亡,母欲奪其志,唐誓不從。撫遺腹子光晞。守節四十年。

曹士英妻劉氏　夫亡,矢志,勤撫二孤。年八十二卒。

生員朱一豹妻張氏　二十一歲夫亡,姑老,子幼。持家備極勤苦,後子邦祁成進士。崇禎時旌。

顧瑤妻金氏　二十二歲夫亡,族人欲奪其志,誓死不從。守節五十餘年。曾孫大化成進士。黃汝亨有傳。

監生沈錡妻李氏　二十九歲夫亡,紡績苦守。夫弟鏊,鑛拮據,李膳養之。守節三十四年。

潘景暘妻顏氏　二十歲夫亡,遺二子俱殀,煢煢孑立。年逾八十卒。

曹元甫妻朱氏　其子太寧,妻歸氏。姑婦並早寡,守志。濮院人。

徐淶妻祁氏,陳敏才妻施氏,倪大緯妻稽氏　俱少寡,守節。撫孤。

生員陳樸妻錢氏　二十七歲夫亡,鬻產訓子,并葬翁姑及叔嬸。撫育從子成立。守節數十年。

生員祁璐華妻陸氏　十九歲夫亡,無子,獨居一樓,女紅度日。守節三十餘年。

周思誠妻曹氏　二十八歲夫亡,遺孤應驥、應驊俱幼,撫育成立。應驥妻王氏,早寡,無子,亦以節著。

王敬宗妻張氏　二十歲夫繫獄亡。守節數十年,卒。

生員夏知白妻沈氏　二十歲夫亡。遺二孤,長殤,次梅臣,弱冠游庠。

夏元調妻王氏　二十一歲夫亡,姑患脾懑,癒而稱,王侍奉弗懈。訓子靚嚴而有法。副憲孔自洙有傳。

生員沈江揚一作陽妻顏氏　二十八歲夫亡,子早歿,同婦張氏守節。年各八十餘卒。

盛小谷繼妻馬氏,妾孟氏　馬二十九歲夫亡,子延祐、延祚俱幼。孟年二十八寡,同撫二子成立。

生員陸文政妻鍾氏　夫亡,守節。崇禎間旌。

通判夏觀妾宋氏　觀歿,課子時亨為諸生。守節四十年。

貢生張明俊妻沈氏　夫亡,撫孤履祥成大儒,世所稱楊園先生也。崇禎時旌。

孫廉繼妻王氏　二十八歲夫亡,守節二十二年。

夏明叔妾張氏　明叔早亡,矢志不二。有徐雲售田遇盜,張復償其價;韓文宿負不能還,舉券焚之。督學陳大綬表其閭。

鍾鐸妻呂氏　鐸居鄉讀書好善,悮為耕犁所觸,遘疾而亡。呂年二十,守節七十年。于嘉靖二年旌。後年至九十九。復以壽母旌,額其堂曰"雙旌"。

國　朝

莊洪譽妻郁氏　婚七月夫亡。舅姑營葬畢,即於墓前搆數椽以居。守節四十餘年。康熙十七年旌。

徐文彥妻嚴氏　一十九歲夫亡,遺腹生子,艱苦撫育。事舅以孝。康熙四十三年旌。

張子宜妻柴氏　二十四歲夫亡,守節三十年。雍正元年旌。

吳啟祿妻邢氏　二十四歲夫亡,事姑盡孝。姑歿,即葬於廬側,曰"庶與先人魂魄相依也。"

周晟妻沈氏　　二十二歲夫亡,事舅姑,撫孤子。守節二十九年。　　以上雍正三年旌。

生員朱通理繼妻沈氏　　二十七歲夫亡,撫前氏子登峰成立。雍正六年旌。

生員陳尚達妻柏氏　　二十九歲夫亡,斷一指,殉夫柩中。留身以養舅姑。守節十六年卒。

監生鍾大鏞妻高氏　　二十九歲寡,無子。翁與繼姑相繼而歿。高撫二幼叔成立。守節三十一年。

生員周元興妻唐氏　　二十二歲夫亡,孝養舅姑,撫嗣子瑾爲諸生。守節三十八年。　　以上雍正七年旌。

生員魏漢飛妻潘氏　　十九歲夫亡,族人以無子勸其他適,誓死不從。守節三十九年。

生員魏闔妻夏氏　　十八歲夫亡,以紡織所積,營葬四棺。守節四十七年。

徐幹妻倪氏　　二十六歲夫亡,遺孤銘、鎬俱幼。夫叔逼之嫁,倪恚恨投河,以救免。守節四十六年。　　以上雍正九年旌。

孫錫祚妻程氏　　夫亡,無子。夫弟二人相繼卒。爲翁納箆室生子聖集。追聖集生子吉修,立爲錫祚後。吉修年十八爲諸生,氏曰:“吾可以見夫子地下矣。”一笑而逝。

監生夏景賢妻顧氏　　二十九歲夫亡,事繼姑孝,撫子江福,有孫五人。守節三十年。

監生朱元佐妻錢氏　　二十二歲元佐亡,一子襁褓,遺腹又生一子,俱撫成立。守節四十四年。　　以上雍正十二年旌。

王佩臣妻張氏　　二十六歲夫亡,無子。孝養翁姑,歿後竭力營葬。守節三十年。

生員鈕興周妻張氏　　二十八歲夫亡,撫孤汝騏、汝驥成立。守節三十一年。卒,贈安人。

生員沈維新妻丁氏　　二十九歲夫亡,撫子元烜成立。母徐目盲,迎養于家。守節三十四年。

費右章妻豐氏　　二十三歲夫亡,遺孤秉仁末晬,撫育成立,守節四十五年。

吳廷枚妻唐氏　　二十二歲夫亡,撫子崧成立,守節二十九年。

輔試臣妻夏氏　　二十九歲夫亡,積紡績資,卜葬翁姑,附夫于側。守節二十八年。

沈鳴皋妻沈氏　　十七歲適沈,未及期夫亡,守節四十七年。

郭之瀚妻柴氏　　二十六歲夫亡,翁館於外。事姑無失禮。守節三十八年。

潘體乾妻朱氏　　二十二歲夫亡,撫孤善志。守節五十二年。

譚永生妻王氏　　十五歲夫亡,守節四十六年。

蔣渭飛妻潘氏　　婚九月夫亡,舅姑老病,竭力供湯藥。及歿,經營殯葬,依兄守節。

監生陳雲驤妻倪氏　　雲驤亡,撫孤倫達成立。苦節終身。

生員繆兆熊妻孫氏　　二十三歲夫亡,家貧,鬻簪珥以營窀穸。守節四十九年。

某鑛妻錢氏　　錢君尚女。年二十二夫亡,撫子沾成立。守節四十三年。

吳佑宜妻姚氏

董某妻蔣氏　　以上乾隆元年旌。

徐子成妻姚氏　　二十四歲夫亡,家貧,無子。藉織紝以自給,守節四十五年。

程或符妻陳氏　　二十五歲夫亡,撫孤鴻溶成立。守節四十九年。

輔贊侯妻沈氏　　二十七歲夫亡,子勝功生纔五十日,鞠育備至。年踰九十卒。

沈萬隆妻唐氏　　二十六歲夫亡,事舅姑孝,撫孤桂芳入太學。守節三十年。

祁嘉聲妻張氏　　十九歲夫亡,子天鈴娶妻朱氏,早寡。姑婦相依,復撫從孫廷瀾爲後。　　以上乾隆二年旌。

生員沈焯妻濮氏　　二十九歲夫亡,撫孤甄、堮,俱爲諸生。守節四十七年。乾隆三年旌。

張承武妻王氏　　二十一歲夫亡,孝事翁姑。歿後,拮據殯葬。守節三十一年。

翰林檢討俞長城妾周氏　二十九歲長城歿,訓子萬聚、孫大芝讀書。守節三十六年。

陳延緒繼妻孫氏　二十四歲夫亡,撫前妻子曾裕,早世。又撫遺孫。守節六十一年。

孔紹賢妻張氏　二十九歲夫亡,遺孤南皋、樞俱幼,教之爲諸生。守節四十九年。

監生戴元光妻程氏　十八歲夫亡,子肇基生甫三日,辛勤乳哺。及長,爲諸生。守節二十八年。　以上乾隆四年旌。

潘紫綸妻毛氏　二十五歲夫亡,事翁姑,撫幼子德壎,備嘗難苦。年四十六卒。

趙廣生妻茅氏　二十八歲夫亡,事太翁及翁姑以孝,撫孤袚曾、元曾、衍曾成立。守節四十六年。　以上乾隆五年旌。

施荆山妻趙氏　二十一歲夫亡,翁先歿,舉前姑吳之柩合葬祖塋之側。撫夫從子時乘爲後。守節三十一年。

生員高文標妾羅氏　二十二歲文標亡,子照生未彌月。嫡錢暮年目瞽,賴羅調護。錢臨終語曰:“願汝娶婦賢孝如汝,吾慰泉下矣。”守節三十三年。

朱殿章妻周氏　二十七歲夫亡,遺二孤,相繼歿。竭力營葬翁姑。守節三十三年。

徐君明妻沈氏　十九歲夫亡,撫三歲孤成立。守節五十六年。

黃煓妻張氏　二十四歲夫亡,孝事舅姑,撫育嗣子。守節三十年。

沈鳴吉妻陸氏　二十七歲夫亡,奉侍老姑,撫二孤成立。守節二十五年。

嚴丹宸妻楊氏,超甫妻黃氏　俱生員嚴盼子婦也。楊年二十三夫亡,黃年二十四夫亡。俱撫子[1],同矢苦志,以養其翁。楊守節四十四年,黃守節四十八年。　以上乾隆六年旌。

陳元音妻朱氏　二十四歲夫亡,孝事老翁。守節二十一年。

曹文典妻沈氏　二十八歲夫亡,遺孤有祥,既婚而歿。又撫孫以延先緒。守節四十二年。

錢季升妻沈氏　十九歲夫亡,上事病姑,下撫幼稚。守節六十四年。

朱永瑞妻張氏　二十一歲夫亡,遺孤旋殤。事舅姑,生死以禮。守節二十八年。

施洪仁妻趙氏　二十一歲夫亡,誓不改適。孝事其姑,撫夫從子龍章爲後,守節六十一年。　以上乾隆七年旌。

柴商陳妻嚴氏　二十六歲婚,半載夫亡,撫嗣子,慈嚴備至。守節十六年,卒。

黃鍾妻楊氏　二十三歲夫亡,奉翁姑,撫從子臨汜。守節四十三年。

黃聲威妻張氏　二十五歲夫亡,事老撫幼,竭盡劬勞。守節三十年。　以上乾隆八年旌。

彭汝璉妻沈氏　二十一歲夫亡,事舅姑孝,撫夫從子延齡以承夫祀。守節三十三年。

沈鳳儀妻盛氏　二十一歲夫亡,遺孤荆產方幼,訓之讀書,爲諸生。守節二十一年。

王侶琴妻蔣氏　二十五歲夫亡,事翁,撫孤,終身勞苦。守節三十六年。

程君榮妻夊氏　二十八歲夫亡,力勤紡織,以供菽水。周歲孤天福。守節五十九年。

李天英妻錢氏　二十四歲夫亡,撫夫從子煒爲嗣。守節三十七年。

莫聖華妻周氏　十九歲夫亡,翁年老,姑患目瞽,竭力孝養,撫遺娠子文元,娶婦有孫。守節三十二年。

朱漢章妻屠氏　二十七歲夫亡,遺一歲孤應奎,訓之成立。守節五十五年。

黃夢芳妻戴氏　二十五歲夫亡,力勤紡織,以營殯葬。守節四十三年。

錢永義妻徐氏　二十八歲夫亡,守節四十年。以上乾隆九年旌。

沈采臣妻韓氏　二十七歲夫亡,撫孤文龍,務本力田。守節五十三年。

贈知州趙龍光妻沈氏　二十四歲夫亡,遺腹一女,長適知州陸費熙。沈守節四十年,以熙子堚貴,貤贈淑人。

蔣子御繼妻汪氏　二十七歲夫亡，遺孤殀，撫夫從子肇奎爲後。葬三世棺。守節三十年。

徐美生妻胡氏　十八歲夫亡，孝事嬬姑，撫遺腹子陛揚成立。守節五十八年。

吳元龍妻陸氏　二十三歲夫亡，子亨逵三齡，遺腹子亨選，俾各成立。守節五十五年。

茅樹穟妻徐氏　二十五歲夫亡，立夫之從子法祖爲後。姑病，藥餌不假侍婢手。守節五十九年。

夏延祚妻姚氏　二十五歲夫亡，子溥甫晬，教之爲諸生。守節二十九年。

吳道清妻沈氏　二十六歲夫亡，勵志撫孤，安葬兩世。守節四十四年。

王禮庭妻周氏　十八歲夫亡，事翁姑，撫嗣子。守節六十五年。

生員鍾朱鼎妻莊氏　二十九歲夫亡，寢食靈側三載。守節四十一年。

李秉文妻許氏　二十五歲夫亡，事翁姑孝，嗣子早世，又撫孫以延夫祀。守節四十六年。

夋聖期妻胡氏　二十六歲夫亡，孝事衰姑，撫育孤子。守節五十八年。

趙登雲妻魏氏　二十六歲夫亡，事翁姑，生死盡禮。撫幼孤成立。守節二十九年。

張自誠妻吳氏

鍾文瞻妻費氏　以上乾隆十年旌。

監生蔣國祺繼妻張氏　二十二歲夫亡，撫夫從子世纘。至九十四卒。

毛羽煌妻許氏　二十八歲夫亡，家貧，事翁姑甘旨無缺。撫五歲孤成立。守節三十八年。

畢襄文妻朱氏　十九歲夫亡，事翁姑，撫嗣子。守節四十五年。

程繡安妻馮氏　二十七歲夫亡，遺孤方五齡，鞠育成立。守節二十八年。

朱覿文妻沈氏　二十七歲夫亡，紡織以供舅姑甘旨，撫孤廣仁。守節三十三年。

周師承妻沈氏　以上乾隆十一年旌。

張廷輔妻陳氏　二十五歲夫亡，事姑，撫孤。守節六十年。

生員方奇妻潘氏　二十九歲夫亡，遺孤殤，潘矢苦志，守節二十年。

蘇幹臣妻楊氏　二十四歲夫亡，翁姑貧老，撫七月孤以延一線。守節五十六年。

朱乾貞妻周氏　二十九歲夫亡，奉老姑，撫嗣子。守節三十年。

莊起豪妻張氏　二十歲夫亡。翁有宿逋，鬻簪珥償之。撫嗣子灝爲諸生。守節三十四年。

沈秉文妻蔡氏　二十八歲夫亡，事翁姑甘旨無缺。守節三十五年。

張昌言妻王氏　二十九歲夫亡，事姑，撫子，并葬兩世。守節四十年。　以上乾隆十二年旌。

鄭國英妻姚氏　二十二歲夫亡，善事舅姑，撫孤成立。守節三十五年。

毛乘六妻沈氏　十九歲夫亡，翁姑繼歿，拮據殯葬。守節四十七年。

朱繼芳妻楊氏　二十八歲夫亡，敬事翁姑，督課孤子。守節四十一年。

朱天階妻莊氏　二十歲夫亡，事舅姑，撫嗣子。守節二十五年。

莊肇域妻王氏　二十五歲夫亡，遺孤起傅早殀。孝事老姑，撫夫兄之子起發爲後。年七十九卒。

沈顯宗妻蔡氏　夫亡，守節。　以上乾隆十三年旌。

監生鍾璠妻于氏　二十八歲夫亡，翁姑歿，竭力營葬。撫夫從孫世經爲後。守節二十三年。

葉守勤妻皇甫氏　十八歲夫亡，撫彌月孤志仁成立。事舅姑，存歿盡禮。守節六十二年。

徐景潮妻葉氏　十八歲婚，三月夫亡，父兄欲奪其志，毀容以謝。守節三十二年。

張星烇妻錢氏　二十五歲夫亡，事老姑，撫幼稊。守節五十八年。

陳又舒妻張氏　二十四歲夫亡，家貧，糊冥鏹度日，守節五十二年。

周曰庠妻沈氏　十八歲適周，夫操舟爲業。年二十三方舉一子，夫亡。賃居小樓，年五十一卒。

任之濤妻嵇氏　二十年夫亡，嗣子殤，依于母家。父母相繼歿，遺弟學山尚幼，藉女紅以養瞻之。守節三十一年。

程詮儒妻毛氏　二十四歲夫亡，無子。歲凶，族人給米以饍。守節四十年。

曹汝諧妻沈氏　二十六歲夫亡，歲饑，屋又燬于火。貧苦守節二十五年。　以上乾隆十四年旌。

周佩芳妻施氏　二十五歲夫亡，布衣蔬食，以撫遺孤。守節三十六年。

莊肇元妻范氏　二十二歲夫亡，撫夫從子啟泰爲嗣，營葬三棺。守節終身。　以上乾隆十五年旌。

舒廣陵妻崔氏　二十五歲夫亡，勤苦撫孤。守節四十年。乾隆十六年旌。

楊際昌妻姚氏　二十二歲夫亡，祖姑目眚，以舌舐之。婢春香感其節，終身不嫁。守節四十五年。乾隆十九年旌。

吳靈皋妻陸費氏　乾隆二十三年旌。

張元愷妻毛氏，舜揚妻錢氏　二氏妯娌也。毛年二十九夫亡，遺子邦鋐、邦聖，撫之有成。錢年二十五寡，無子。毛守節三十年，錢守節至五十三年。世稱雙節。

徐瑞章妻夏氏　二十歲夫客死京邸。家赤貧，自食糠麩，奉姑甘旨。守節四十五年。　以上乾隆二十四年旌。

朱君凡妻徐氏　二十歲夫亡，上事翁姑，下撫嗣子，拮据營葬。守節四十五年。

潘之松妻朱氏　二十八歲夫亡，事翁及繼姑甚謹。撫從子煒莊爲嗣。守節四十年。　以上乾隆二十五年旌。

生員沈震妻夏氏　二十九歲夫亡，子欽娶蔣氏。欽早歿，夏與子婦媚居共守，以苦節終。

馬麟祥妻沈氏　二十歲夫亡，守節三十一年。

沈大倫妻莊氏　二十六歲夫亡，守節五十年。　以上乾隆二十六年旌。

沈元雄妻嚴氏　二十一歲夫亡，事舅姑孝，撫嗣子有恩。守節六十一年。

曹廷泰妻潘氏　二十九歲夫亡，孝事老翁，撫幼孤繩武。守節三十七年。　以上乾隆二十七年旌。

施伯龍妻倪氏　二十二歲夫亡，撫從子文魁，早世。又以從孫琦爲嗣。守節四十五年。

孟宿達妻沈氏　二十一歲夫亡，孝事翁姑，撫育嗣子。守節三十一年。

沈秉珍妻錢氏　二十五歲夫亡，守節四十六年。　以上乾隆二十八年旌。

金天祥妻魏氏　二十六歲夫亡，遺腹生子，又殤。守節三十一年。

王魯臣妻沈氏　二十二歲夫亡，貧不克葬。族人勸之火化，沈不忍，節嗇衣食，營葬兩世遺柩，鄉里化之。守節四十一年。　以上乾隆三十三年旌。

周瑞珍妻吳氏　二十三歲夫亡，守節五十四年。

孔毓璞繼妻陸氏　二十四歲夫亡，孝事螯姑，撫前氏子如己出，守節四十五年。

孔繼高妻勞氏　二十一歲夫亡，遺娠子殀，復撫從孫昭榮。守節五十一年。　以上乾隆三十六年旌。

章名山妻錢氏　二十七歲夫亡，子九成娶婦某氏，亦寡，同矢苦志。守節五十二年。

貢生皇甫澐繼妻張氏　二十三歲夫亡，撫夫從子棠爲諸生。守節四十年。

舉人吳鴻振妻曹氏　十七歲歸吳。翁家駧官侍郎，例得恩蔭。在京邸曹寓書勸其讓與弟某。未幾訃至，曹年二十九，守節三十二年。　以上乾隆三十七年旌。

黃楚來妻邱氏　二十八歲夫亡，遺兩子一女，矢志撫養。守節四十年。

錢穎寰妻馬氏　二十六歲夫亡，紡織事姑，訓子嚴而有法。守節五十四年。

曹廷瑀妻蔣氏　二十三歲夫亡,事翁姑以孝,撫孤成立。守節三十八年。　以上乾隆三十九年旌。

鄭爾嘉妻曹氏　二十五歲夫亡,遺孤又殀。以從子國賢子爲嗣孫。守節四十五年。乾隆四十年旌。

生員曹荀繼妻徐氏　二十三歲夫亡,事翁極孝,撫前氏子楠及孫焯成立。守節四十一年。乾隆四十一年旌。

程鎮繼妻張氏　二十五歲夫亡,家貧,營葬翁姑。守節四十五年。

朱載安妻錢氏　二十四歲夫亡,事翁姑,養葬無失禮。守節四十三年。

生員沈秉良繼妻孫氏　二十七歲夫亡,子女俱歿,以族子敬德爲夫後。守節三十五年。　以上乾隆四十二年旌。

沈天佩妻陸氏　二十八歲夫亡,力葬翁姑及夫柩。守節四十三年。

蔣士功妻李氏　二十四歲夫亡,翁姑年老,遺孤甫晬,茹荼矢志。守節五十三年。

曹墥妻張氏　二十四歲夫亡,撫遺腹子。守節五十一年。　以上乾隆四十三年旌。

丁彥成妻姚氏　二十六歲夫亡,日事紡績,以養舅姑。撫四歲孤成立。守節四十五年。

生員孔繼章妻朱氏　二十五歲夫亡,子廣春生甫二十日,茹荼撫育。守節四十六年。　以上乾隆四十四年旌。

貢生施曾錫妻金氏　二十九歲夫亡,絕粒數日,訓子福元領鄉薦。守節三十二年。乾隆四十五年旌。

沈蕙森妻章氏　十七歲夫亡,撫遺腹子松生。守節四十四年。

王培周妻姚氏　二十二歲夫亡,事太姑及姑盡孝養,歿後,拮据殯葬。守節三十二年。

濮炎妻沈氏　夫亡,事老姑,撫嗣子。以苦節終。

鍾墦妻阮氏　二十二歲夫亡,撫嗣子振德。守節五十三年。　以上乾隆四十六年旌。

吳繼邦一作世祿妻喬氏　二十六歲夫亡,勤操作,事舅姑,葬夫,撫孤。守節四十年。

州同金惟詩妻朱氏　二十八歲夫亡,遺腹生子德輿,教之讀書,不事姑息。守節三十三年,貤贈宜人。

徐濟川妻陳氏　二十八歲夫亡,守節五十二年。

張以貞妻畢氏　二十二歲夫亡,撫夫從子文溱爲後。守節二十九年。

沈欽妻蔣氏　二十三歲夫亡,營葬翁姑,撫嗣子源入成均。守節四十一年。　以上乾隆四十七年旌。

都森玉妻陸氏　二十八歲夫亡,翁姑相繼歿。貧無立錐,依其堉孫志孚。守節六十年。

監生朱仁本妾陶氏　二十六歲仁本亡,遺一子,妾李氏出也,同心撫育。時有以雙節請者,李婉謝之。陶守節三十六年。　以上乾隆四十九年旌。

監生陸費鋆妻鍾氏　二十四歲夫亡,祖翁姑及翁姑俱年老多病,鍾親嘗湯藥。守節三十七年。乾隆五十年旌。

陸鎮宗一作東妻沈氏　二十六歲夫亡,孝事翁姑。守節四十四年。乾隆五十二年旌。

楊廷堅妻王氏　二十四歲夫亡,遺孤殀,以夫從子步蟾爲後。守節四十八年卒。

王君如妻董氏　二十四歲夫亡,殮畢自縊,繩斷聲震,家人救之。撫夫從孫元勳成立。守節四十年。

董翰公妻蔣氏　二十八歲夫亡,以紡績資葬其父母及夫之柩,撫孤書城成立。守節四十六年卒。

沈廷璋妻貝氏　二十二歲夫亡,以夫弟之子景泉爲後,早歿。又撫從子嗣隆。守節五十四年。

趙鳴玉妻張氏　二十五歲夫亡,事老翁,撫夫從子秉忠。守節五十九年。　以上乾隆五十三年旌。

監生嚴大德妻吳氏　二十一歲夫亡,撫嗣子,葬翁姑。守節三十二年。

錢尚謨妻曹氏　二十九歲夫亡,力營殯葬,撫孤瀛成立。守節五十四年。

楊士發妻項氏　二十七歲夫亡,孝事媚姑,立從子澧爲後。守節四十五年。

皇甫樹妻周氏　　二十七歲婚,市月夫亡,撫夫從子炅爲嗣。守節四十五年。　　以上乾隆五十四年旌。

魏廷賢妻彭氏　　二十一歲夫亡,翁姑相繼歿,子又早世。復撫遺孫鋐。守節三十一年。乾隆五十五年旌。

州同汪鍇妻程氏　　夫目瞽,程于歸,克盡婦道。夫亡,程年二十四。侍姑病甚謹,撫夫從子守淳爲後。守節五十三年。乾隆五十六年旌。

蔣晉奚妻費氏　　二十三歲夫亡,子殀。家酷貧,力作以供舅姑甘旨。守節五十一年。

施見龍繼妻沈氏　　二十九歲夫亡,值饑,自食粗糲,以精饌奉姑。撫嗣子憲祖成立。守節二十三年。

徐中璜妻黃氏　　二十一歲婚,三月夫亡,無子,以夫從子騏爲後。守節六十年。　　以上乾隆五十七年旌。

貢生金際塋妻王氏　　十七歲夫亡,敬事翁姑,撫幼叔成立。守節四十年。

生員張懋元妻朱氏,福元妻周氏　　朱年二十七夫亡,以從子濮富爲嗣。周年二十六夫亡,以從子濮榮爲嗣。朱守節四十一年,周守節三十八年。人稱雙節。　　以上乾隆五十八年旌。

顧機妻陳氏　　二十六歲夫亡,事老翁,葬先柩,撫嗣子爲諸生。守節四十八年。乾隆五十九年旌。

江國瑞妻孫氏　　二十四歲夫亡,遺孤襁褓,茹荼撫育。守節四十一年。

金奏三妻莊氏　　二十二歲夫亡,勤十指以奉舅姑。嗣子早世,孫又殤,煢煢孑立。守節六十五年。

監生張景潮繼妻汪氏,景溶妻徐氏　　兩氏同堂,娣姒也。汪年二十八夫亡,無子,徐年二十六寡,遺腹生子桓,共嘗荼苦。汪守節二十四年卒,徐守節十六年。　　以上乾隆六十年旌。

監生蔣汝魁妻劉氏　　二十八歲夫亡,舅姑相繼歿,喪葬如禮。守節三十四年。

施承祖妻胡氏　　二十九歲夫亡,姑以哭子失明,舐之復明。守節三十六年。　　以上嘉慶元年旌。

楊可南妻施氏　　二十八歲夫亡,撫孤稍長,令其治生,營葬遺柩。守節六十年。

范光嶽妻朱氏　　二十九歲夫亡,遺孤泰臻、泰隆。臻妻沈氏亦寡,姑婦勤苦,守節三十一年。　　以上嘉慶二年旌。

黃大成繼妻吳氏　　二十五歲夫亡,事老姑,撫幼子,俱藉十指。守節三十九年。

葉文獻妻蔣氏　　二十八歲夫亡,撫夫從子麟和。守節十七年。　　以上嘉慶三年旌。

許敬安妻錢氏　　二十五歲夫客死粵西,越五年倩人扶櫬歸葬。撫從子品元爲後。守節三十一年。

沈見陶妻魏氏　　十九歲夫亡,奉翁姑,育嗣子,孝慈備至。守節四十六年。

張廷模妻沈氏　　三十歲夫亡,鞠育二子,俱早世。復撫遺孫。守節三十七年。

陸景賢妻沈氏　　二十四歲夫亡,孤某早世,沈與其婦撫孫,力葬三世。守節四十年。

劉鑑妻李氏　　二十五歲夫亡,家益落,力營殯葬。撫六齡孤成立。守節三十五年。

生員鍾銓妻管氏　　二十六歲夫亡,子振麟爲諸生,早殁,管復撫孫起賢讀書。守節四十六年。

于廷彬妻錢氏　　二十五歲夫亡,事寡母以孝聞,撫夫從子通爕爲後。守節二十七年。　　以上嘉慶四年旌。

潘玉堂妻姚氏　　二十九歲夫亡,撫孤成立。守節三十三年。嘉慶五年具題,候旌。

朱憲志妻任氏　　二十八歲夫亡,子元佐。繼妻萬氏,年二十六寡。俱守節以卒。

朱絃妻施氏　　二十七歲夫亡,無子。守節數十年。

周櫃妻范氏　　十九歲夫亡,奉翁姑,撫遺腹。年踰六十卒。

周桐妻詹氏　　二十七歲夫亡,矢志奉姑。年六十二卒。

張德載妻王氏　　十四歲適張,甫三月夫亡。家貧,紡織以供饔姑。守節五十餘年。

姚國樞妻馮氏　　二十四歲夫亡,屏居一室,孝養翁姑。學使李表曰"完節"。

生員黃谷宸妻江氏　　二十九歲夫亡,撫孤成立。守節三十餘年。

陸廷璋妻倪氏　夫患瞽目，請辭婚，倪不從，卒歸陸。守節以卒。

沈肇新妾施氏　二十七歲肇新亡，嫡歸氏，嗣子賓王及婦孔氏相繼即世。施恩撫諸孫，矢志不嫁。守節四十年。

生員濮泮妻呂氏　二十九歲夫亡，姑目瞽，翁年老，遺孤又殤。翁令呂嫁，不從。終事翁姑。守節三十餘年。

曹鏡妻張氏　二十四歲夫亡，遺孤天御，弱冠娶沈氏，年二十亦寡。或令改適，矢死不去。張年八十二卒，沈年五十九卒。

楊思樓妻孫氏　二十五歲夫亡，次子元章，娶婦徐氏，年二十六亦寡。撫五月孤孫。守節五十七年，徐守節四十五年。

莊思永妻沈氏　二十八歲夫亡，遺子念劬甫四十日，茶苦備歷。守節以卒。

沈之楎妻馮氏　二十五歲夫亡，斷髮自誓，竭力奉姑，訓子劉汾遊庠。年六十八卒。

生員顏統繼妻屠氏　二十八歲夫亡，日紡績，奉養舅姑，力完喪葬。課前子鼎受，讀書自立。

生員沈方岳妻項氏　二十七歲夫亡，時土寇起，里民爭徙。項曰："寇至，吾寧死。"終不出閫。教子履端入泮，學使顏光敩表之。

鍾鼎鈺妻曹氏　二十九歲夫亡，子煥甫三齡，孝事翁姑。年踰九十卒。

胡吉孚妻楊氏　二十五歲夫亡，撫三歲子允聞。奉事翁姑，雖值兵荒，不怠色養。年八十五卒。

施立山妻張氏　二十四歲夫亡，孝養老翁，撫二孤成立。年四十九卒。

曹煥若妻王氏　二十三歲夫亡，繼姑令改適，誓死不從，姑感悟。王盡孝養以卒。

生員沈培元妻馬氏　三十歲夫亡，子繼殤，終身蔬食。年五十四卒。

沈東來妻沈氏　十七歲夫亡，冰蘗自矢，始終不渝，守節三十四年。

陳偉公妻孫氏　二十一歲夫亡，生子甫月餘，督訓成立。守節五十年。

鍾金爵妻仰氏　夫亡，無子，欲以死殉，家人密防之，得不死。守節四十餘年。

卞景宗妻范氏　二十一歲夫亡，奉養舅姑。誓不改嫁，守節三十餘年。

張宏烈妻王氏　二十一歲夫亡，撫夫從子兆黿爲後。守節以卒。

陸德章妻夏氏　二十九歲夫亡，子邃良甫四齡。及長，娶黃氏，誕子甫三月寡。姑婦相依。守節三十年。

生員蔣國祺妻張氏　二十歲適蔣，未期夫亡，遺腹子又殤，守節數十年。

生員鈕斗樞妻沈氏　二十五歲夫亡，課子成立。守節四十五年，卒。

夏友龍妻沈氏　二十二歲夫亡，止生一女，戚族欲奪其志，屢瀕于死。守節三十二年卒。

沈毓馨妻胡氏　二十一歲夫亡，家無遺貲，拮据以治喪葬。守節四十年。

譚三台妻褚氏　二十五歲夫亡，撫孤成立。邑令何金藺表其墓。

桐廬教諭王邦鼎妻張氏　夫遭父喪，哀毀而亡。張將絕粒以殉，嫠姑程諭以撫孤，勉進饘粥。守節四十二年。

陳進卿妻朱氏　二十六歲夫亡，家赤貧。隣婦挑以微言，罵絕之。

朱邦社繼妻陸氏　二十九歲夫亡，奉嫡姑孝，隆冬姑畏寒，陸以腹煖其足。年八十六卒。

唐彥陞繼妻徐氏　二十二歲夫亡，訓前子成名。年七十餘卒。

何士俊妻顏氏　十九歲夫亡，足不踰閫，終其身無喜容。守節六十餘年。

生員張錡繼妻吳氏　二十八歲夫亡，勤苦自矢，撫前妻二子成立。守節四十餘年。

祁廷鉉一作鋐妻高氏　二十六歲適祁，未幾夫亡，遺腹生子聖龍。事嫡姑以孝聞。守節四十五年。

生員唐贊王妻嚴氏　二十一歲夫亡,遺孤甫晬。守節五十年卒。

爰瑞羽妻張氏　十九歲夫亡,遺腹生子聖岐,既長,娶婦胡氏,年二十五寡。教子裕成名。有司表其門。

錢作楫妻顏氏　二十四歲夫亡,家貧,衣食不給。守節三十年。

錢遜志妻顧氏　二十一歲夫亡,奉姑甘旨,自食則屑麥爲糜。守節五十年。

湯大曾妻管氏　二十三歲夫亡,訓子極嚴,不假言色。守節三十年。

顏鼎亨妻嵇氏,妾張氏　俱年二十餘夫亡。嵇六十二卒,張五十一卒。里中稱爲雙節。

錢濟之繼妻夏氏　二十七歲夫亡,毀容自誓,撫前子以恩。年六十九卒。

費文光妻沈氏　二十五歲夫亡,撫孤楚相讀書入泮,學使汪瀠表曰"冰霜勁節"。

生員周暄妻曹氏　二十二歲夫亡,遺腹生子世塏。守節三十三年。

生員顏祐妻沈氏　十七歲適顏,未幾夫遊太學歿,苦志撫孤。守節四十年。

馮開儀妻李氏　二十七歲夫亡,子女又殤。歸依兄子廷機,艱苦矢志。七十餘卒。

唐曾驊妻錢氏　二十五歲夫亡,撫從子如鑣爲嗣,葬舅養姑,襄助兩叔。守節二十年。

唐廷煜妻朱氏　十八歲夫亡,遺腹生子彪,撫之成立。守節五十一年,人呼唐貞母。

吳羽階妻盛氏　二十二歲夫亡,撫孤成立。守節五十九年。

貢生朱載璜妻張氏　夫亡,撫孤,事繼姑至孝。

沈孟華妻俞氏　二十六歲夫亡,撫三子成立。至八十一年。

陸文鉞妻朱氏　夫亡,家貧,守節數十年。孫煜早死,妻曹氏亦以節著,撫孤子宏基成立。

周世明妻岳氏　夫亡,家貧,拮據以營喪葬,守節數十年。

生員祁廷樞妻沈氏　成婚三載夫亡,事舅姑以孝,撫孤毓龍成立。守節四十八年。

夏士顯妻張氏　二十五歲夫亡,子長,既娶而歿。與婦吳氏同矢苦志。年七十卒。

張綠巖妻淩氏　夫亡,守節三十年。子文凡妻沈氏,早寡。稱一門雙節。

徐允一作永修妻汪氏　夫亡,守節三十四年。

生員徐汝欽妻劉氏　二十三歲夫亡,撫孤鼎鈺成立。

周永懷妻陳氏　二十八歲夫亡,撫從子承嗣。年七十三卒。

生員孔邇妻張氏　夫亡,撫孤自洙成進士,官副憲。封宜人。

李麒妻周氏

胡瞻岵妻陸氏　二十五歲夫亡,拮據撫孤,奉姑甘旨。年六十五卒。

嚴受卿妻錢氏　二十五歲夫亡,遺二女,紡績度日。年六十卒。

生員張王道妻陳氏,王謨繼妻吳氏　陳年二十夫亡,無子,截髮自矢,撫嗣子超成進士。年六十卒。吳年二十六寡,撫子起、越、繡及前子超,俱成進士。守節四十年。

沈文瓏妻劉氏　夫亡,孝事舅姑,教子鳳翼,以明經選。大史給額曰"柏節松年"。

周玉涵妻徐氏　十九歲夫亡,撫遺腹子成立。年六十一卒。

沈友松妻蕭氏

張夢麟妻沈氏　夫亡,遺四子二女,俱幼,拮據撫育。年九十八卒。

楊元章妻徐氏

生員沈立方妻朱氏　名淑貞,夫亡,孝事翁姑。出鍼黹所積,以葬夫。又置田數畝,爲翁姑終養計。

錢五卿妻孔氏　夫贅五年而亡,矢志勿嫁。撫夫從子國濂爲諸生。年逾六十。

毛沖宇妻陳氏　二十三歲夫亡，訓子著爲諸生。八十三卒。

錢濟明妻胡氏　二十五歲夫亡。父母歿，歸依兄弟。三年，以其貧謀遣之。長號三日不絶聲，兄弟皆流涕，許養，給其子，乃止。子國楨，諸生。

沈鑲妻朱氏　二十七歲，夫之父天河縣任所，爲盜殺。守節五十年。

王某妻馮氏　二十四歲夫亡，家赤貧，晝夜紡織。撫二子成立。卒後盜起，索金于馮孫瑞昌，縱火焚其廬，而馮棺獨存。

濮景臺妻沈氏　二十歲夫亡，奉翁姑甘旨無缺，撫子女成立。年七十卒。

任時康妻許氏　十九歲夫亡，子元振生甫七月，茹苦撫孤。年七十七卒。

夏長春妻錢氏　三十歲夫亡，有謀奪其志者，剪髮毀容。守節四十三年。

王錫恩妻曹氏　十九歲夫亡，撫從子王者治爲子。年五十六卒。

王陳德妻裴氏　二十二歲夫亡，家貧，無子，守節三十年。

姚承華妻沈氏　夫亡，日事紡績，撫孤學舜。至八十四卒。

生員沈宏發妻姚氏　夫亡，撫孤卜臣。守節四十餘年。

朱培仙妻吴氏　二十歲夫亡，四十九卒。

張時乘妻吴氏　二十八歲夫亡，守節五十年卒。孫完宗妻王氏，年二十三寡，守節數十年。

邱瑞寰繼妻朱氏　夫亡，守節，年七十餘卒。

沈元俊妻吴氏　二十歲夫亡，家貧，守節數十年。邑令陳大慶表曰"蓬門苦節"。

錢文郁妻陳氏　夫亡，遺腹子殤，撫從子永慶爲嗣。守節二十一年。

金浩妻許氏　二十三歲夫亡，撫嗣子鶴南。守節三十餘年。

徐鳳來妻張氏　二十餘歲夫亡，遺孤福填甫週。孝養老姑。守節二十餘年卒。

項爾新妻孫氏　二十二歲夫亡，守節三十一年。

鍾炳文妻費氏　二十三歲夫亡，守節三十七年。

陳宗道妻殳氏　二十九歲夫亡，撫嗣子成立。守節五十年。

徐某妻賈氏　夫爲衣工，婚三載而寡，撫孤成立。守節以終。

趙瑞公妻于氏　二十八歲夫亡，守節二十七年。

汪静安妻吴氏　二十三歲夫亡，撫姪賓鴻爲後。守節三十餘年。

徐肇豐妻陸氏　二十歲夫亡，撫姪瑞榮爲後。守節三十四年。

徐彦芳妻錢氏　十九歲夫亡，撫姪惟榮爲後。守節四十餘年。

殳愷階繼妻陳氏　二十九歲夫亡，撫孤渭聞成立。守節三十年。

沈沛霖妻陳氏　二十八歲夫亡，撫孤自芳成立。守節五十一年。

邱元宗妻陳氏　二十八歲夫亡，撫姪鼎奎爲後。守節三十餘年。

曹順昌妻張氏　二十六歲夫亡，撫姪爲後。守節四十二年。

曹濟名妻王氏　二十七歲夫亡，上事翁姑，下撫孤子。守節三十年。

曹汝麟妻薛氏　二十五歲夫亡，撫孤錦文成立。守節四十一年。

生員邱國棟妻莫氏　二十六歲夫亡，撫遺孤名山成立。守節三十餘年。

邱錫裕妻張氏，揆妻周氏　張十八歲夫亡，子揆妻屠氏，年二十七寡。撫孫鵬飛成立。

張兆祖妻徐氏　二十五歲夫亡，撫遺腹孤成立。守節六十三年。

沈子豪妻羅氏　二十七歲夫亡,守節五十一年。

錢秀章妻胡氏　二十八歲夫亡,事翁姑以孝聞。年七十八卒。

莊法鈐妻邵氏　二十六歲夫亡,上事翁姑,下撫孤子。守節十五年。

章鴻奇妻陳氏,媳吳氏　陳二十六歲夫亡,撫孤成立,娶婦吳氏,又寡。姑婦孀居,撫孫元通成立。年七十五卒。

王天裕妻莊氏　二十二歲夫亡,守節四十四年。

生員嚴載熙妻胡氏　二十八歲夫亡,事翁姑極孝,撫孤坼甫成立。守節三十四年。

監生范光憲妾沈氏　二十九歲光憲亡,敬事嫡室,撫孤泰林成立。守節二十八年。

孫功武妻沈氏　二十二歲夫亡,守節五十二年。

顧賡揚妻張氏　二十二歲夫亡,與娣朱氏共撫遺腹子,營葬翁姑。守節四十六年。

監生錢士榮妻周氏　二十九歲夫亡,撫遺腹子成立。守節三十二年。

金孔嘉妻董氏　二十八歲夫亡,事翁姑孝。撫孤南嵩、南徵成立。守節六十三年。

陸永昭妻楊氏　夫亡,撫六齡遺孤。守節數十年。

戴民章妻沈氏　成婚未幾,夫亡。上事衰姑,下撫幼女。年八十五卒。

馮慎修妻費氏　夫亡,撫子鈺成立。

顧有信妻錢氏　二十六歲夫亡,守節四十二年。

高永成妻王氏　二十九歲夫亡,撫子又殀。孫天其、永其,克勤力田。守節五十三年。

張聖聞妻姚氏　楊園先生張履祥孫婦,年十八夫亡,投水不死,絕食又不死。歲荒,歸養母家,以勞瘁歿母家。治具將殮,勿張目,舉手南指曰:"去,去。"家人會其意,許其輿櫬還楊園。目遂瞑,時雍正己酉也。陳梓作傳。柩厝淺土逾五十年。邑人潘學山等釀貲合葬五棺,祔履祥墓,姚柩與焉。

黃乘一作承六妻王　一作黃氏　二十六歲夫亡,撫姪嘉會爲後。守節四十六年。

陳南吉妻施氏　二十五歲夫亡,遺一女,後適知縣劉貢。施依婿以終。守節五十三年。

錢隅陽妻王氏　二十六歲夫亡,守節三十一年。

錢元昌妻陳氏　十七歲夫亡,守節五十七年。

沈嘉賓妻王氏　二十三歲夫亡,撫姪太元爲後。守節六十六年。

施國材妻高氏　十七歲夫亡,遺孤週歲。翁諷使改適,高嚙指以誓。守節五十二年。

施秀明繼妻倪氏　二十六歲夫亡,遺孤纔數月。家極貧,製竹器爲活。守節四十一年。

毛天嘉妻李氏　二十五歲夫亡,子女各一,撫之婚嫁。守節二十三年。

錢某妻朱氏　二十一歲夫亡,撫育遺孤。守節五十年。

沈邦彥妻施氏　二十九歲夫亡,無子,值歲饑,食榆皮,衣敗絮,尋餓死。守節二十年。

胡國廉妻沈氏　二十一歲夫亡,坐臥一小樓,以針黹度日。守節五十年。

朱見龍妻王氏　二十二歲夫亡,撫姪爲後。守節四十一年。

盛文相妻叏氏　二十二歲夫亡,事姑孝,養生葬死盡禮。撫姪永才爲後。守節三十一年。

生員王飛鳴繼妻張氏　二十九歲夫亡,遺孤僅週歲,撫前氏子如己出。守節五十九年。

生員蔣芳聞妻陳氏　二十九歲夫亡,遺腹子星來,長娶陸氏,亦寡。共撫一孫。守節四十九年。

姜兆隆妻楊氏　二十四歲夫亡,遺孤鹿鳴甫兩月。氏力作,孝養翁姑。守節三十九年。

顏思忠妻潘氏　二十八歲夫亡,止遺二女。撫姪心懷爲後。守節五十三年。

曹印洲妻郁氏　　二十九歲夫亡,遺孤才四齡。家酷貧,織機度活。守節三十年。

邱酉山繼妻徐氏　　十七歲夫客亡,徐出紡績錢,僱人覓夫骸骨歸葬。守節四十二年。

汪志道妻沈氏　　三十歲夫亡,撫孤。守節四十七年。

姚景谿妻游氏　　二十九歲夫亡,撫姪秀采爲後。守節三十八年。

夏國祥妻周氏　　二十六歲夫亡,孝事翁姑,經營喪葬。撫四歲孤士芳成立。守節五十七年。

王天聞妻錢氏　　二十八歲夫亡,撫三歲孤成立。營兩世葬。守節四十五年。

蔣翰臣妻張氏,媳某氏　　張二十九歲夫亡,撫子天麒成立,娶婦生五孫。天麒亡,與媳共撫孫成立。守節五十三年。

沈裕昌妻張氏　　二十六歲夫亡,遺子二,長元相,次尚相。氏事姑育孤,藉十指爲活。父歿,無兄弟,并養其母。年四十卒。

周世璜妻彭氏　　二十四歲夫亡,撫孤,守節五十一年。

江公安妻姚氏　　二十七歲夫亡,撫姪雲龍爲後,雲龍夫婦相繼歿,又撫孫成立,守節五十五年。

毛武公妻楊氏　　二十五歲夫亡,孝事其姑。姑歿,竭力營葬。守節四十四年。

王嘉賓妻李氏　　二十四歲夫亡,遺孤又殀。撫姪根英爲嗣。守節三十一年。

徐喬堂妻張氏　　十八歲夫亡,撫姪耀南爲後。守節三十五年。

梁周鎬妻居氏　　二十六歲夫亡,守節四十九年。

宋理昭妻張氏　　十六歲夫亡,以夫弟之子振公爲嗣,娶妻沈氏,年二十寡。撫孫鶴年長,娶邵氏,年二十五又寡。張守節六十八年,沈守節四十年,邵守節三十六年。

潘月峰妻姚氏　　二十九歲夫亡,事姑孝。遺孤又殀,乃撫姪其俠爲後。守節五十六年。

張親淵妻陳氏　　婚半載夫亡,撫從孫汝玉爲諸生。年七十六卒。

張親保妻盛氏　　三十歲夫亡,教子仁涵、仁普讀書爲諸生。年六十一卒。

孫國柱妻朱氏　　二十五歲夫亡,守節五十七年。

繆某妻趙氏　　夫亡,遺孤應禄既婚,又歿。又撫幼孫成立,守節五十餘年。

監生戴廷元妻譚氏　　三十歲夫亡,室燬于火,拮据營葺。養老姑,撫幼子文藻遊庠。守節二十年。

嚴宿江妻周氏　　二十四歲夫亡,守節五十一年。

施文滔妻姚氏　　二十九歲夫亡,撫孤榮、梁,俱成立,又相繼歿。乃撫孫成立。守節三十八年。

陳士涵繼妻范氏　　二十九歲夫亡,撫姪冀賢、冀正爲後。守節五十年。

沈體元妻王氏　　二十五歲夫亡,孝衰翁,撫幼子。守節三十年。

沈廷楨妻程氏　　十八歲夫亡,撫姪爲後。守節四十八年。

姜紹章妻姚氏　　二十九歲夫亡,遺孤又殀,撫姪爲後。守節五十三年。

生員吳世鈞妻沈氏　　二十九歲夫亡,遺孤二,旋夭。撫姪松簧爲後。守節三十二年卒。

鄭鑑妻張氏　　二十四歲夫亡,守節五十九年。

唐彥襄妻嚴氏　　二十四歲夫亡,守節七十六年。

沈文祥妻周氏　　十五歲夫亡,撫孤成立。守節七十六年。

沈裕懷妻錢氏　　二十二歲夫亡,撫二齡孤茂宗成立。守節四十年,六十餘卒。

趙思惠妻鍾氏　　二十四歲夫亡,事姑,撫孤。守節四十餘年。

夏禹承妾王一作黃氏　　十九歲禹承亡,止一女。或諷之嫁,出矢言拒之。守節三十年。

計軫妻茅氏　十七歲適軫,數月夫亡。守節二十餘年卒。

生員朱鳴虁妻孔氏　夫亡,遺二孤,長天麟,次天授。及長,麟娶姚氏,授娶錢氏。二子相繼歿,俱無子。孔與二婦同勵冰操,人稱"朱氏三節"。

錢世鎔妻莊氏　二十七歲夫亡,二子甚幼,翁年逾八十,莊力作以供菽水。邑令表曰"柏舟懿節"。

沈侍山妻顧氏　夫亡,子儒修方幼。值歲歉,辛勤蠶、織。守節以卒。

生員姚士拔妻李氏　二十五歲夫亡,撫三子,女紅度日。守節四十二年。

沈師旦妻徐氏　二十四歲夫亡,紡績事姑,撫育嗣子驪爲諸生。守節六十六年。

生員朱嗣屺妻仲氏　夫亡,守節三十年。知縣王好仁旌其門。

張穎升妻沈氏　二十八歲夫亡,止一女。守節三十餘年。

張志全妻姚氏　二十二歲夫亡,無子,藉十指爲活,守節四十二年。

張梅臣妻計氏　三十歲夫亡,撫孤成立。守節三十四年。

周翰臣妻王氏　二十三歲夫亡,守節四十九年。知縣郭金湯獎曰"松筠節操"。

沈渠眉妻王氏　二十八歲夫亡,教子成立,爲諸生。守節四十五年。

張鎔妻周氏　二十六歲夫亡,家貧,遺孤多病,悉心撫育。守節五十四年。

胡佩章妻鍾氏　二十二歲夫亡。夫弟禮修娶沈氏,年二十六寡,遺孤甚幼。鍾共撫之。鍾守節三十年,沈守節四十三年。

嚴啟莘妻葉氏　二十九歲夫亡,矢志撫孤。守節四十四年。

李在文妻狄一作秋氏　二十三歲夫亡,子歿,抑鬱以卒。

王子發妻王一作黃氏　二十九歲夫亡,無子,守節四十年。

吳定之妻周氏　二十三歲夫亡,守節五十五年。

監生湯煌猷繼妻丁氏　婚二載夫亡。前子坤元妻陳氏,年二十二寡,無子。丁守節五十三年,陳守節四十五年。

姚陽源妻林氏　二十七歲夫亡,爲人澣衣度日。守節三十年。

李君彩妻沈氏　二十九歲夫亡,撫訓二孤。守節四十七年。

丁自泗妻皇甫氏　二十九歲夫亡,守節三十一年。

潘雲吉妻譚氏　夫亡,嗣子又歿,與寡婦處。年五十五卒。

周來同繼妻唐氏　二十歲夫亡,拮据奉姑。守節五十九年。

生員葉天駟妻唐氏　二十六歲夫亡,以夫從子良嗣爲後。守節四十四年。

監生唐行壽妻淩氏　二十六歲夫亡,時舅客山左,事太姑甚謹。教三子,俱爲諸生。守節三十年。

程公賢繼妻姚氏　婚一年夫亡,遺腹生子明升。年六十九卒。

生員張家樑妻王氏　二十一歲夫亡,撫育遺孤。守節三十六年。

張孔昭妻徐氏　二十一歲夫亡,守節五十二年。

宋某妻姚氏　夫亡,父母欲奪其志,誓死不二。守節四十年。

生員鄭榕繼妻沈氏　二十八歲夫亡,無子。夫弟根先妻李氏,年二十七寡,遺孤存一甫五月,與沈同撫之。沈卒,李課子,得爲諸生。年七十四,卒。

監生唐廷楷妻董氏　二十五歲夫亡,撫嗣子烜爲諸生。守節三十二年。

鄭子奇妻嚴氏　夫早亡,訓孤紹韓爲諸生。守節五十餘年。

鄭以贊妻施氏　二十五歲夫亡,嗣子貧不能養。堅守苦節數十年。

鄔珩妻皇甫氏　二十四歲夫亡,遺二女。守節二十五年。

茅廷梅妻朱氏　二十六歲夫亡,守節三十五年。

莫庭三妻楊氏　二十七歲夫亡,撫孤。守節。

徐雄五妻費氏　二十八歲夫亡,守節四十年。

王永吉妻陸氏　三十歲夫亡,遺孤度為僧。隻身煢守五十五年。

生員張祺妻陳氏　二十五歲夫亡,生子士淵甫七日。撫育及長,為諸生。守節三十五年。

鍾子韓妻謝氏　二十六歲夫亡,無子,姑老多病,奉侍不懈。守節三十六年。

生員周濂妻楊氏　二十九歲濂亡,嫡子婦又歿,遺孫範成娶淩氏,亦寡,同矢苦志。年七十卒。

唐綏青妻施氏　二十七歲夫亡,守節五十九年。

張武光妻戴氏　十九歲夫亡,無子,且貧。伯叔多方撼之,戴不為動。屏跡一椽,朝暮織紝,自贍以老。

張吟成妻沈氏　三十歲夫亡,矢志撫孤。守節三十年。

施懷英妻杜氏　二十歲夫亡,守節三十二年。

鄔淇文妻顧氏　二十三歲夫亡,貧甚,依弟度日。守節四十七年。

沈湘如妻朱氏　二十七歲夫亡,守節五十年。

張永純妻沈氏　夫亡,守節六十三年。知縣姚述虞獎之。

蔣榮臣妻王氏　二十三歲夫亡,守節四十一年。

州同夏仙枝妻夏氏　十九歲仙枝亡,撫遺腹子,成為諸生。守節三十八年。

監生夏仙培妻施氏　二十三歲夫客死粵西,守節四十餘年。

王雍州妻朱氏　二十九歲夫亡,守節五十年。

盛嗣蘇妻茅氏　二十七歲夫亡,事老姑以孝名。守節四十年。

丁建中妻施氏　二十四歲夫亡,守節四十四年。

高士照妻朱氏　二十五歲夫亡,毀容守志,奉瞽姑無缺養。年八十四卒。

桂方白妻姚氏　二十四歲夫以哭母而亡,遺腹生子尊五,長娶陳氏,越四載寡,無子,撫夫族子枝榮為後。姚守節三十七年,陳守節三十五年。

沈學濂妻施氏　二十五歲夫亡,撫孤友松,長娶蕭氏,生子煌,七齡而寡。施率婦力作,至六十五卒,

張掌綸妻王氏　二十九歲夫亡,訓二子,俱為諸生。守節四十三年而卒。

周廣揚繼妻施氏　三十歲夫亡,撫孤,既婚而歿。與婦沈氏勤苦矢志。年六十四卒。

生員沈見龍妻李氏　二十六歲夫亡,安貧矢志,訓二子成諸生。守節五十餘年。

鄭皆麟妻楊氏　二十八歲夫亡,葬舅姑于奈圩。地為人佔,徧訴族人,得還侵地。年九十卒。

岑文珖一作光妻趙氏　三十歲夫亡,勤十指,鞠二孤。守節五十四年。

張卓峰妻潘氏　二十八歲夫亡,家貧,無子,守節三十三年。

王里聞妻孔氏　二十七歲夫亡,子二齡,茹苦撫育。守節四十二年。

錢漢金妻唐氏　二十四歲夫亡,育孤有成。守節四十餘年。

王鵬飛妻嚴氏　二十六歲夫亡,子殤,守節四十年。

監生丁萃妻席氏　二十二歲夫亡,事孀姑孝,訓孤振飛游庠。年八十七卒。

生員周天章妻吳氏　三十歲天章病歿,無子,守節四十七年。

顧棲霞妻陳氏　二十八歲夫亡，家苦貧，織紝以給。守節四十六年。

徐有信妻吳氏　十九歲夫亡，守節四十年。

徐爾皋妻沈氏　二十一歲夫亡，甘貧，撫子。守節五十年。

李佩揚妻周氏　二十七歲夫亡，無子，依母族以居。守節五十餘年。

茅思猷妻姚氏　二十三歲夫亡，拮據事姑。守節四十二年。

馬應彪妻金氏　二十五歲夫亡，訓子成立。守節四十二年。

沈斗瞻妻胡氏　二十三歲夫亡，撫三月孤成立。守節五十二年。

潘名標妻陳氏　十八歲婚，未一年夫亡，無子，守節四十二年。

李鴻飛繼妻王氏　二十九歲夫亡，織紝撫孤。守節五十年。

許蒼玉妻沈氏　二十四歲夫亡，撫育孤子。守節四十年。

生員張士渭妻屠氏　二十八歲夫亡，守節二十八年。

舉人盛治繼妻施氏　夫歿于臨安官舍，施偕二子，扶櫬歸葬。年五十四卒。

生員盛功枚繼妻陳氏　二十九歲夫亡，敬事老姑，訓子為諸生。守節四十一年。

魏子靜妻孔氏　二十歲夫客亡，里有惡少某強污之，孔匿宅後古墓以免。守節五十餘年。

徐松年妻沈氏　二十四歲夫亡，族人欲奪之。沈挈二女依父母以居。年六十五卒。

文時榮妻許氏　二十五歲夫亡，守節五十一年。

周蘭徵妻高氏　夫亡，無子，守節以卒。

濮紫衡妻沈氏　夫亡，無子，家極貧，日夜操作，守節以卒。

推官莊國英繼妻孫氏　初，孫生二子，俱病廢。孫絕孕，勸聘謝氏。年二十二夫亡，遺孤洪琮，教之入泮。守節四十九年。又妾徐氏，無所出。孫年七十九卒，徐年九十三卒。

沈允升妻俞氏　二十九歲夫亡，孝事舅姑，守節五十二年。少宗伯吳家騏贈"邁仰貞操"額。

莊承勳妻邱氏　二十歲夫亡，子國楨甫週。家貧，勤織紝以事舅姑。舅歿，姑老疾，奉侍湯藥不懈。子既長，爲諸生。守節六十年。

金廷杲妻施氏　二十六歲夫亡，二孤相繼歿，乃撫從子元勳爲後。守節四十二年。

生員夏開三妻時氏　夫早亡，無子，辛勤紡績數十年。

丁震雷妻李氏　二十六歲夫亡，茹荼守志，始終不渝。

吳成章妻張氏　二十三歲夫亡，守節四十八年。

蘇紳武妻陳氏　福建籍，年二十六夫亡。舅姑歿，遵遺命，反葬於祖塋。年八十六卒。

孫爾章妻沈氏　二十九歲夫亡，撫育三子勤苦，雙目失明。八十三卒。

胡禹公妻陳氏　二十九歲夫亡，守節三十三年。

胡體乾妻李氏　夫亡，撫嗣子廷夔。守節三十七年。

孫公瓚繼妻賈氏　二十九歲夫亡，遺腹生子。夫弟公球妻姚氏，年二十二寡。同居紡績。以資薪水。賈年六十四卒，姚年五十三卒。人稱雙節。

孫彩若妻魏氏　二十四歲夫亡，守節三十八年。

朱瑞卿妻邢氏　二十歲夫亡，守節三十七年。知縣韓本晉給"操凜冰霜"額。

監生陸殿雲繼妻沈氏　二十九歲夫亡，撫前子二，俱成立。守節四十四年。

沈惠瞻妻魏氏　二十歲夫亡，守節五十一年。

監生朱元泰妻金氏　二十二歲夫亡,以夫從子珏爲嗣,教之成諸生。守節四十八年。

張京召妻金氏　二十四歲夫亡,守節三十九年。學博沈廷桂給額表之。子掄元妻席氏,年二十四寡,守節四十五年。

張鼎元妻吳氏　二十四歲夫亡,守節三十五年。

張八元妻施氏　婚五月夫亡,撫遺腹子錫祺。守節四十年。

黃壕妻朱氏　二十八歲夫亡,撫孤育女,取給鍼紉。守節四十九年。

蔣佩璜妻張氏　二十二歲夫亡,撫二子成立。守節三十五年。

陳用宣妻王氏　二十七歲夫亡,守節四十年。

張翰卿妻吳氏　三十歲夫亡,晚年目瞽,課長孫文在爲諸生。守節四十年。

王元林妻沈氏　二十八歲夫亡,子殁,守節五十年。

王天裕妻莊氏　十九歲夫亡,守節六十九年。

許金升妻程氏　二十三歲夫亡,守節五十一年。

王相如妻江氏　二十七歲夫亡,撫方晬孤成立。守節六十七年。

劉秉乾妻孫氏　二十八歲夫亡,守節四十年。

陸邃良妻黃氏

朱啟文妻金氏　二十歲夫出外不歸,或傳其死。金煢獨無依,紡績自給。年七十九卒。

朱錦城妻張氏　二十六歲夫亡,貧苦終身,守節五十六年。

朱禹功繼妻沈氏　二十九歲夫亡,撫四月孤成立。守節三十年。

沈霞生妻王氏　二十二歲夫亡,守節六十三年。

高士鍈妻張氏　二十四歲夫亡,事舅姑,撫嗣子,遣嫁二女,竭盡心力。守節四十七年。

陳鳴皋妻孫氏　二十三歲夫亡,遺子女各一,相繼殤,無所依,歸母家。矢志,守節七十年。

孫大吉妻施氏　二十六歲夫亡,遺腹孤復殀,悲痛成疾。年五十八卒。

鄭渭瞻妻朱氏　二十歲夫亡,守節四十八年。

潘儁聲妻胡氏　二十四歲夫亡,有欲奪其志者,誓死不從。年五十五卒。

董渭侯妻蔣氏　二十三歲夫亡,守節三十四年。

朱振麟妻周氏　二十七歲夫亡,孝事翁姑,撫遺孤甫游庠。守節三十四年。

監生王匡文繼妻謝氏　二十一歲夫亡,撫四歲孤,既婚而殁,謝偕其婦,守節四十四年。

林簡公妻鄭氏　二十七歲夫亡,攜六歲孤依母家以居。守節四十六年。

沈玊言妻姚氏　二十七歲夫亡,撫孤師鏡成立。娶黃氏,年十九寡,無子。姚年五十六卒。黃時年三十三,甫立繼嗣,一慟而卒。

夏仲年妻莊氏,妾倪氏　仲年殁時,莊年二十五,倪年二十二。莊六十卒,倪六十九卒。

王子楨妻沈氏　二十歲夫亡,事老姑,撫夫從子。守節五十年。

郝星巖妻沈氏　夫亡,撫嗣子尚瑗爲後。邑令王以和書"節壽並峙"額表之,年六十卒。尚瑗繼妻程氏,年二十九寡,子孫俱遊庠。年六十五卒。

周佩昌妻陳氏　二十四歲夫亡,茹茶矢志,抑鬱以死。

張起蛟妻姚氏　二十六歲夫亡,撫嗣子廷綱遊庠。守節三十二年。

費又淳妻沈氏　二十七歲夫亡,撫遺腹孤。守節二十四年。

趙星聚妻陸氏　二十四歲夫亡，無子，族人欲奪其志，毁容以謝。年七十四卒。

鍾允章妻陳氏　二十三歲夫亡，撫嗣子天宸成立，娶黄氏，年二十九寡。陳守節四十二年，黄守節四十七年。

潘祥龍妻朱氏　十七歲夫亡，事老姑，撫夫幼弟，竭盡心力。年六十一卒。

周奉橋妻章氏　三十歲夫亡，遺孤方八月。夫弟文甫妻章氏，年二十八寡，孤止週歲。妯娌同守，年俱八十餘卒。邑令黄召南以"一梧雙節"表其廬。

吴德芳妻楊氏　二十三歲夫亡，撫孤斯仁，既婚而殁，妻胡氏時年二十九。婦姑孀居，楊守節五十年，胡守節四十年。

監生殳惠嘉妻張氏　二十六歲夫亡，遺一子兩女，僦居一椽，拮据婚嫁。年四十四卒。

孫鳴玉妻柴氏　三十歲夫亡，家貧，支辦喪葬，兩孤相繼殁，困苦益甚。守節四十六年。

孔毓璉妻錢氏　二十歲夫亡，無族可依。或慫恿改適，錢嚙指誓死，撫襁褓孤，貧不能婚。守節五十餘年卒。

生員孔傳統妻楊氏　二十七歲夫亡，養翁姑，嫁二女，悉出自十指。年五十九卒。

沈廷標妻楊氏　二十九歲夫亡，善事寡姑，撫孤勳成立。年八十二卒。

張林士妻吴氏　二十五歲夫亡，守節四十四年。

姚漢光妻沈氏　二十二歲夫亡，撫從子城，以優行貢入成均。守節四十六年。

張静山妻莊氏　二十九歲夫亡，日夜紡織，事姑育子。年六十卒。

吕龍文妻莊氏　二十七歲夫亡，守節五十九年。

吴啟明妻陳氏　二十二歲夫亡，守節三十八年。

鍾大俊妻陳氏　二十九歲夫亡，守節三十年卒。

鄭義揚妻沈氏　二十三歲夫亡，因有遺腹，不以死殉。比産得女，茹苦撫之。及長，適邱以仁，未半載而寡。婦與母同居。母年七十二卒，女守節三十餘年。

岳遴妻陸氏　二十八歲夫亡，子殀，守節五十一年。

貝以增妻方氏　成婚兩月，夫得癡疾亡，方年二十八，無子，守節三十三年。

汪御天繼妻畢氏　二十六歲夫亡，事舅姑，撫孤子。守節五十六年。

姚企舜妻王氏　婚一月夫亡，嗣子又早世，復撫遺孫。守節四十餘年。

莊肇錦妻朱氏　二十二歲夫亡，無子，孝舅姑，恤宗族。年七十五卒。

生員徐芳妻任氏　二十六歲夫亡，守節三十年。

于介王妻楊氏　二十四歲夫亡。夫弟聞皋娶鍾氏，年二十七寡，同矢苦志。楊守節三十二年，鍾守節二十六年。

顧有臨妻倪氏　二十四歲夫亡，守節三十七年。夫族君重妻蔡氏，年二十五夫亡，守節二十八年。皆撫孤成立。人稱顧門雙節。

祁觀道妻顧氏　二十九歲夫亡，守節三十一年。

蔡備明妻陳氏　二十一歲夫亡，守節五十三年。

周永嘉妻于氏　二十六歲夫亡，撫孤學山成立。守節四十一年。

李光斗妻施氏　二十四歲夫亡，遺腹生女，撫嗣子成立。守節二十七年。

王子相妻屠氏　十七歲夫亡，赤貧無倚，乞食以撫幼孤。堅守苦節，至八十一卒。

周武昌妻張氏　二十八歲夫亡，守節四十七年。

生員周書妻謝氏　二十一歲夫亡，守節五十年。同族周易妻徐氏，年二十六夫亡，守節三十四年。人稱周門雙節。

沈天如妻葉氏　二十八歲夫亡,守節六十四年。

鍾駕山妻沈氏　十九歲夫亡,守節五十五年。

馬肇周妻張氏　二十六歲夫亡,守節三十八年。

生員卜元芳繼妻袁氏　二十九歲夫亡,守節四十二年。

孫岐山妻張氏　二十八歲夫亡,守節四十三年。

徐東萊妻王氏　二十九歲夫亡,撫孤雲標,既婚而歿。婦任氏年二十七寡,冰霜共守。王年七十卒,任年五十卒。

王茂文妻曹氏　二十八歲夫亡,守節五十三年。

朱體安妻張氏　二十九歲夫亡,守節三十一年。

朱選三妻沈氏　二十一歲夫亡,養翁姑,營喪葬。守節六十年。

張來庭繼妻翟氏　二十六歲夫亡,守節六十四年。

葛子寧妻沈氏　二十三歲夫亡。夫弟子高妻呂氏,年二十五寡。沈年六十五卒,呂守節四十餘年。

張某妻殳氏　二十四歲夫亡,撫嗣子九飛成立。年七十一卒。

生員沈譽章妻張氏

徐載王妻朱氏

傅天臣妻張氏

夏某妻姚氏

程世根妻曹氏　婚九月夫亡,曹年二十三,撫遺腹孤。守節十八年。

生員朱端妻王氏　二十五歲夫亡,守節五十一年。

楊繼昌妻金氏　夫早亡,守節五十年。

張士英繼妻朱氏　夫亡,孝事其姑,撫育嗣子。守節二十餘年。

朱人表妻韓氏　二十三歲夫亡,守節六十一年。

生員王錫輅妻蔡氏　二十九歲夫亡,孝老姑,營喪葬,撫嗣子賓遊庠。守節三十五年。

朱祥龍妻朱氏　二十五歲夫亡,事老姑,撫二孤。守節數十年。

陸廷秀妻顏氏　二十五歲夫亡,家貧,或諷之嫁,不從。撫二歲孤,既長,又歿。顏行乞撫孫。年七十餘卒。

張純其妻徐氏　二十五歲夫亡,撫育遺腹。守節三十餘年。

黃廷鸞妻馮氏　十七歲夫亡,無子,叔姒目瞽,有子女五人,馮俱撫之。守節五十年。

程禹貢妻費氏　二十二歲夫亡,守節三十餘年。

生員朱端妻王氏　二十一歲夫亡,事姑盡孝。年七十五卒。

申鶴書妻周氏　二十六歲夫亡,撫育遺腹。守節三十餘年。

茹元魁妻朱氏　二十二歲夫亡,紡織撫孤。守節三十八年。

生員胡衡妻都氏　名掌珠,年二十三夫亡,守節三十年。

項榮爵妻程氏　二十歲夫亡,無子,依於壻,壻又歿,與女矢志,守節三十四年。

陸南山妻張氏　二十八歲夫亡,撫育二孤。守節三十餘年。

鍾有元妻沈氏　十八歲夫亡,撫孤憲章。守節三十餘年。

陳祖齡妻范氏　二十五歲夫亡,守節四十八年。

魏振斯妻陳氏　二十四歲夫亡,孝舅姑,育孤子。守節三十餘年。

于忠盛妻沈氏　二十四歲夫亡,守節三十八年。

嚴純安妻章氏　二十四歲夫亡,守節四十三年。

岳向名妻卜氏　十九歲夫亡,守節三十餘年。

褚順安妻沈氏　十七歲歸沈,二十夫亡,守節三十四年。

陳文龍妻金氏　二十七歲夫亡,守節三十餘年。

夏聖山妻王氏　二十九歲夫亡,守節三十餘年。

張席珍妻周氏　二十九歲夫亡,守節三十餘年。

周承惠妾趙氏　十九歲歸周,二十四承惠歿,勤紡績,以資薪水。守節三十餘年。

王雍來妻金氏　二十歲適王,甫四載夫亡,艱苦矢志,守節四十年。

葛世魁妾李氏　二十八歲世魁亡,守節二十八年。

葛世臣妻張氏　二十八歲夫亡,守節三十一年。

徐渭王妻沈氏　二十九歲夫亡,子紹芳妻亦沈氏,年三十一寡。姑年八十八卒,婦年八十卒。

李貞山妻張氏　二十五歲夫亡,守節四十餘年。

方德千妻朱氏　二十九歲夫亡,守節三十餘年。

虞士忠妻陳氏　二十三歲夫亡,守節三十年。

沈成元妻莊氏　十七歲夫亡,守節四十三年。

朱明高妻吳氏　二十七歲夫亡。同族巨卿妻王氏,年二十五寡,俱守節三十餘年。

徐顯周繼妻高氏　三十歲夫亡,守節四十三年。

金應堅妻張氏　二十歲夫亡,守節數十年。

孫執中妻姚氏　二十五歲夫亡,事翁姑孝,撫遺腹孤廷樂成立。守節三十餘年。

生員孫志靜妻戴氏　二十七歲夫亡,守節三十年。

鄭綵祥妻張氏　二十九歲夫亡,遺子女三。孀姑年老,張以十指奉甘旨,畢婚嫁。年五十七卒。

姚佩玉妻王氏　二十九歲夫亡,撫遺女,立嗣子。守節四十四年。

施觀瀾妻姚氏　二十七歲夫亡,撫二子國柱、國梁,俱成立。婚娶後,相繼病歿。姚率二子婦撫諸孫。守節三十年。

　　知州程尚贊妻汪氏　名月珠。年二十一夫亡,遺二女,俱成才媛。嗣子拱宇,自幼擇名師教之。長孫世森,早年遊庠,得大母之教爲多。守節四十七年,誥封宜人。

　　錢斗山妻羅氏　二十六歲夫亡,撫孤又殤。夫弟友山妻陳氏,年二十七寡。羅年七十八卒,陳年七十四卒。學博葉驥給"一門雙節"額。

蔣德宇妻曹氏　二十九歲夫亡,遺孤殀,家赤貧,守節六十四年。

張應龍妻沈氏　十八歲夫亡,守節六十五年。

蔣自新妻淩氏　二十五歲夫亡,守節三十年。

時浩三妻潘氏　二十九歲夫亡,家貧,撫育二孤,力營喪葬。守節三十年。

李介山妻柴氏　二十九歲夫亡,無子,歸依母家,事母甚孝。年六十八卒。

沈守彝妻蔣氏　二十六歲夫亡,孝事舅姑,鞠育孤子,甘貧矢守六十餘年。

徐殿章妻姚氏　二十七歲夫亡,子世元早世,婦張氏未婚過門,奉姑以孝。姚守節四十年,張守貞五十五年。

游士雄妻都氏　三十歲夫亡，遺孤大斌甫晬。及長，娶高氏，年二十二寡，無子。都年六十四卒，高年四十七卒。

繆廷志妻趙氏　二十四歲夫亡，事姑，撫孤。守節五十年。

魏蒼巖妻殳氏　二十四歲夫亡，孝事孀姑，撫五月孤成立。守節六十三年。

朱羽璜妻吴氏　二十四歲夫亡，無子，守節三十六年。

汪國榮妻董氏　二十二歲夫亡，守節六十年。

吴禹昌妻朱氏　二十七歲夫亡，無子，事翁姑孝，撫幼叔以延一綫。守節七十餘年。

顧令煜妻沈氏　十九歲夫亡，孝事翁姑。守節四十餘年。

沈人奇妻陳氏　二十二歲夫亡，撫三孤成立。守節四十餘年。

楊某妻張氏　二十九歲夫亡，守節四十一年。

朱覲王妻周氏　二十歲夫亡，守節三十一年。

陳永昌妻沈氏　二十二歲夫亡，撫子，既婚又殁，與婦撫孫。守節四十三年。

祁夏聲妻張氏　夫亡，無子，守節二十年。

金堅妻楊氏　二十二歲夫亡，守節二十一年。

吴文高妻諸氏　二十五歲夫亡，孝事老姑，勤撫幼子。守節三十五年。

張立芳妻鍾氏　二十一歲夫亡，孝奉舅姑，喪葬盡禮。守節三十七年。

張福林妻張氏　二十歲夫亡，孝事孀姑。守節五十餘年。

金學俊妻錢氏　二十三歲夫亡，守節七十餘年。

劉元坊一作芳妻戴氏　二十四歲夫亡，撫孤鉅章，守節三十餘年。

沈龍墀妻王氏　婚二月夫亡，王年二十四，無子，撫嗣子大鐙。守節二十年。

陳紹年妻葉氏　二十三歲夫亡，撫夫從子士豪爲後。守節三十年。

趙允芳妻張氏　二十三歲夫亡，嗣子及孫俱早世，復撫曾孫榮祖。守節五十三年。

沈德璜妻宋氏　二十七歲夫亡，守節四十八年。

錢坤元妻張氏　二十三歲夫亡，撫一女及嗣子，婚嫁盡禮。守節二十七年。

生員皇甫棖繼妻吴氏　二十八歲夫亡，家酷貧，十指爲活，訓子恭遊庠。守節四十一年。

生員嚴斗權妻周氏　二十四歲夫亡，守節四十五年。

生員陸家驥妻金氏　二十七歲夫亡，孝養老姑，撫子潛之成立。守節三十年。

程瑞暘妾沈氏　二十歲瑞暘亡，無子。嫡汪氏憫其少，欲嫁之。沈截指自誓，守節五十餘年。

安吉訓導施松齡妻沈氏　二十二歲夫殁于官，遺孤南晬，沈扶櫬以歸。舅釺遠任滇南，沈隨姑奉事祖翁姑甚謹。守節五十八年。

沈瑞昭妻陸氏　二十六歲夫亡，歲歉，日噉糠覈，教子烈揚爲諸生。守節五十四年。

蔣尚賓妻張氏　二十四歲夫亡，撫孤鳴玉成立。守節四十八年。

徐元芳妻錢氏　二十歲將婚，夫忽遘疾，且革。舅潛屬媒以告其父，父召女微詢之，對曰："生死，徐婦也。"乃遣嫁成婚，不三日夫亡。守節四十三年。

劉元墀妻戴氏　二十歲夫亡，遺孤德鈺僅八月，撫之成立。守節三十四年。

孔毓璵妻錢氏　二十五歲夫亡，家貧，撫孤傳發。守節三十一年。

鄒振芳妻蔣氏　十八歲夫抱疾成婚，帀月而亡。舅姑命以夫之從子南山爲嗣。守節二十八年卒。

孫光岳繼妻錢氏　二十六歲夫亡，遺孤萬斯甫五齡，鍼黹度日。守節二十五年。

監生黃承祚妾朱氏　二十二歲承祚亡，遺孤世琳僅四歲，事嫡汪甚謹。守節三十年卒。

張范王妻朱氏　二十歲夫亡，無子，撫幼叔長生子國均，繼爲嗣，既婚而歿，復撫二孫。年八十八卒。

張九齡妻李氏　二十七歲夫亡，撫孤又歿，立夫之從子恒喜爲後。年六十六卒。

金溱妻王氏　二十六歲夫亡，守節四十一年。

徐遊藝妻張氏　二十六歲夫亡，生子炳如纔十月。長，使貿易，得以娶婦，且卜葬三棺。年五十九卒。

孔繼徽妻程氏　二十九歲夫亡，遺孤廣威纔彌月。夫弟繼泰妻顧氏，年二十一歸孔，甫帀月寡，立從子廣大爲後。夫弟繼春妻潘氏，年二十八寡，遺孤廣孝，勤撫之。夫弟繼皇妾陸氏，年二十七寡，遺孤廣樂僅四齡，撫之成立。一門四節，俱守節數十年。

生員梁耀妾周氏　二十七歲耀亡，撫孤封建成立。守節三十年。

邵學濂妻畢氏　二十四歲夫亡，無子。時繼姑亦嫠居，遺娠生子學澧，才三齡，畢佐姑鞠育成立。年五十二卒。

沈君璋妻朱氏　二十四歲夫病篤，割股和藥以進，卒不起。夫弟君琇妻潘氏早寡，子女甚幼，朱命其子之源撫之。

生員顧橖妻張氏　二十三歲夫亡，與庶姑張同居紡織。年七十四卒。

生員施烈妻丁氏　二十七歲夫亡，無子，葬三世棺。捐宅爲祠堂，又置產以供祭祀。年七十三卒。

施廣文妻馬氏　二十一歲夫亡，守節三十三年。

監生邱璋妾潘氏　十八歲璋亡，與嫡費氏矢志，守節四十五年。

林東序妻唐氏　十九歲夫亡，無子，守節五十年。

王時敏妻嚴氏　二十七歲夫亡，撫五齡孤，既娶而歿，與婦夏氏矢志，守節二十四年卒。

桂紹春妻吳氏　十七歲夫亡，撫遺腹子昌。守節五十八年。

姚萬卿妻金氏　二十五歲夫亡，守節四十九年。

戈載恩妻沈氏　二十九歲夫亡，守節三十五年。

馬光緒妻淩氏　二十六歲夫亡，守節二十四年。

沈雅恒妻曹氏　二十歲夫亡，撫子女成立。守節六十二年。

濮南甡妻沈氏　夫早亡，撫夫從子炯爲諸生。守節六十年。

楊甸英妻曹氏　十九歲夫亡，無子，守節六十年。

方闇然妻范氏　二十一歲闇然死，撫子汝舟成立。守節五十年。

沈禹周妻夏氏　夫早亡，子歿，撫孫宗倫成立。

監生楊熺妻濮氏　二十五歲夫亡，撫夫從子肯堂。守節三十九年。

生員楊德滋妻鍾氏　三十歲夫亡，撫夫從子坤承。守節三十七年。

監生徐錫祚妻畢氏　二十九歲夫亡，撫嗣子成立。守節四十七年。

生員沈中棟妻馮氏　二十九歲夫亡，撫子炅如及遺腹子煜如，延弟景夏爲師，督課之。年四十九卒。煜如領雍正甲辰鄉薦，官福泉縣知縣。

生員黃材妻朱氏　二十九歲夫亡，守節三十一年。

沈學禮妻虞氏　二十五歲夫亡，守節二十一年。

沈奕干妻錢氏　三十歲夫歿于江西，錢罄貲乞族人扶柩歸葬。撫二齡孤成立。守節三十六年。

臧模妻孔氏　　二十一歲夫亡,遺孤在抱。勤操作以奉翁姑。守節三十六年。

朱匯皋妻程氏　　婚百日夫亡,程年二十六,無子,守節二十六年。

朱覲光妻謝氏　　二十九歲夫亡,姑老,子幼,晝夜紡績以給。守節四十五年。

生員莊長春妻陸氏　　二十七歲夫亡,撫孤德馨,既長而歿。其婦倪氏守貞奉姑。陸守節三十一年卒。人稱一門貞節。

孫泳禄妻陳氏　　二十一歲夫亡,遺娠子既婚而歿,與其婦撫養遺孫。守節三十二年。

倪松齡妻曹氏

尤賡陶妾湯氏　　二十歲賡陶歿,謹事其嫡。守節五十一年。

胡國玲妻沈氏　　二十三歲夫亡,撫夫從子廷魁。守節五十年。

施庭蕙妻沈氏　　二十四歲夫亡,孝事舅姑。守節三十三年。

生員蔡以能妻陳氏　　二十三歲夫亡,守節三十一年。

張元忠妻王氏　　十六歲婚,四月夫亡。元忠從子廷衡妻莊氏,年十九寡,無子,撫嗣子桂森成立。其娣鍾氏,衢州妻也,年十七寡,嗣子又殤,擇族子祖仁承祀。王守節十七年,莊守節二十四年,鍾守節十八年。

盧元竈妻金氏　　二十三歲夫亡,孝翁姑,育嗣子。守節四十二年。

張德裕妻朱氏　　二十二歲夫亡,子殤,煢煢無依,守節三十一年。

勞上欽妻朱氏　　二十九歲夫亡,辛勤紡織,以供喪葬。守節六十四年。

沈子昂妻王氏　　二十九歲夫亡,遺五月孤,撫之成立。守節三十七年。

楊際時妻王氏　　二十一歲夫亡,孝事老姑,撫育子女。守節二十四年。

王耀珍妻傅氏　　二十六歲夫亡,遺一女。赤貧無倚,日積紡績貲,葬翁姑及夫。年三十六凍餒而死。

祁有年妻施氏　　二十九歲夫亡,守節三十八年。

曾啟賢妻張氏　　二十一歲夫客亡,撫遺腹孤成立。守節四十二年。

吳英妻朱氏　　二十九歲夫亡,子娶婦又歿,守節三十五年。

錢平翰妻朱氏　　二十八歲夫亡,子早歿,又撫嗣孫。守節六十年。

楊際恒妻孔氏　　二十歲婚,甫市月夫亡,守節二十八年。

姚承耿妻皇甫氏　　夫亡,事翁,撫嗣。守節以卒。

錢萬卿妻姚氏　　十八歲夫亡,無子,孤燈紡織,志苦益堅,守節數十年卒。

生員孔繼豐妻顧氏　　二十九歲夫亡,遺孤廣艮甫三齡。守節四十四年。

夏斗山妻閔氏　　三十歲夫亡,撫姪爲後。守節四十三年。

生員夏寀妻沈氏　　二十五歲夫亡,敬養翁姑,教育嗣子。守節五十六年。

周序王妻陸氏　　二十七歲夫亡,撫孤成立。守節三十六年。

陳昂發妻姚氏　　二十四歲夫亡,家貧,姑老子幼,勤力作以給薪水。守節四十三年。

計東明妻歸氏　　二十一歲夫亡,撫姪爲後。守節四十三年。

于元勳妻余氏　　夫早亡,矢志撫孤。余精於醫,邑令某題額表其閭。

于士遠妻都氏　　初成婚,夫即貿易客亡,都守苦節以卒。

于國瑞妻陸氏　　夫早亡,毀容截髮,上事翁姑,下撫孤子。守節三十餘年。

于道揆妻魏氏　　二十九歲夫亡,守節四十二年。

潘樹敏妻張氏　　二十歲夫亡,事姑孝,撫嗣子其焯成立。守節三十五年。

姚世民妻沈氏　二十一歲夫亡,撫孤兆芳。守節六十一年。

沈攀雲妻戴氏　十九歲夫亡,撫遺腹子念祖。守節六十八年。

鍾大任妾計氏　二十六歲大任歿,誓不再適,守節二十八年。

沈集三妻周氏　二十一歲夫亡,事翁姑以孝聞,撫夫從子震飛。守節四十二年。

生員張大綸繼妻劉氏　二十三歲夫亡,無子,女依母家,織紉自給。守節二十五年。

傅星聚妻徐氏　夫早亡,撫子天來、天陞。至一百一歲卒。

沈君仲妻王氏　二十七歲夫亡,撫孤掌文。守節五十九年。

孝子楊大中妻徐氏　三十歲夫盡孝以殉身,徐恪事舅姑,撫孤盡瘁。守節二十一年卒。

朱慶華妻歸氏　青鎮人。夫亡,與幼女日事紡績,足不踰閫,苦節四十餘年。

胡貞如妻沈氏　十六歲適胡,三十夫亡,繼嗣夫婦俱早世,沈子身煢煢,與朽櫬相依者三十年。

張客卿繼妻茅氏　爐鎮人。年三十夫亡,無子。伯氏欲奪其志,茅誓死不從,日受飢餓,幾欲自盡。伯氏又逐之,茅乃與夫之從子同居,荼苦萬狀。年七十餘卒。

邱庭方妻孔氏　二十九歲夫亡,守節四十六年。

周懷峰妻錢氏　二十七歲夫亡,撫夫從子爲嗣。守節四十四年。

于志辛繼妻方氏　二十七歲夫亡,守節十八年。

陳汝球妻吳氏　二十九歲夫亡,操耕作,苦撫二孤成立。守節三十一年。

莊起巖妻蔣氏　二十九歲夫亡,守節四十六年。

沈錦舒妻沈氏　二十歲夫亡,守節四十五年。

沈克猷妻于氏　二十八歲夫亡,守節四十八年。

沈文遠妻朱氏　二十六歲夫亡,撫夫從子秉璜爲嗣。年五十七卒。

譚大倫妻章氏　二十五歲夫亡,撫孤德榮、德明。守節三十四年。

生員周綏妻宋氏　二十五歲夫亡,遺腹子又殀,守節二十四年。

蔣德依妻曹氏　二十七歲夫亡,無子,守節四十五年。

張守占妻莊氏　二十九歲夫亡,止遺一女,撫夫從子陞良。至八十五卒。

張國臣妻於氏　二十八歲夫亡,撫夫從子鳳德。守節五十五年。

張元城妻姚氏　二十七歲夫亡,撫夫從子坊。守節四十七年。

陸廷彰繼妻張氏　十九歲夫亡,撫夫從子朝覲。守節三十年。有司以"冰霜勁節"額表其閭。

沈玉書妾宋氏　十七歲歸玉書,玉書與妻相繼歿,時宋年二十六,遺二子,撫訓成立。守節三十九年。

沈理成妻諸氏　二十三歲夫亡,撫孤右曾。守節五十一年。

沈子衡妻張氏　二十三歲夫亡,撫孤文彩。守節四十一年。

譚應時妻陳氏　二十九歲夫亡,撫夫從子錫昌。守節五十年。

錢錫統一作純妻吳氏　二十六歲夫亡,家貧,以十指撫養幼叔成立。守節三十八年。

朱拱樞妻夏氏　二十七歲夫亡,孝養老姑,撫夫從子芹圃。守節十八年。

陸乾一妻朱氏　二十九歲夫亡,撫四歲孤錫齡成立,娶沈氏,年二十七寡。遺孤尚幼。朱守節五十八年,沈旌年七十二。

趙榮光妻鍾氏　二十六歲夫亡,守節三十一年。

葉志勤妻曹氏　十八歲夫亡,孝祖姑,撫孤子。守節二十五年。

吳鼎觀妻祁氏　二十三歲夫亡,初夫患癲,議辭婚,祁不允,乃成婚。既寡,矢志從一,守節十七年。

魏交雄妻魏氏　二十歲夫亡,撫孤雲山,既婚又歿,復撫孫允升。守節五十一年。

張嶽峰妻于氏　二十六歲夫亡,撫孤履亭。守節三十三年。

方闇然妻范氏　二十九歲夫亡,撫孤汝棕成立。守節四十九年。

陳冠年妻倪氏　十九歲夫亡,撫遺腹子。守節二十四年。

監生葉萃祺妻楊氏　二十六歲夫亡,子殀,守節二十二年。

王宿東妻陳氏　二十八歲夫亡,止一女,撫夫從子紹乾。守節四十六年。

陳景元妻姚氏　二十九歲夫亡,撫夫從子佐年。守節二十年。

姚美玉妻陳氏　二十九歲夫亡,撫週歲孤光閭。守節二十三年。

葉聖忠妻顧氏　二十六歲夫亡,鞠育遺孤,拮據爲夫營葬。守節四十四年。

譚維遷妻張氏　二十五歲夫亡,營葬翁姑,鞠育孤子。守節四十三年。邑令劉鎧表曰"勁節維風"。

施德源妻徐氏　二十四歲夫亡,守節三十六年。

歸佩三妻沈氏　三十歲夫亡,守節五十五年。

歸憲昭妻沈氏　二十七歲夫亡,撫方晬孤成立。守節五十七年。

監生金可基妻邵氏　二十五歲夫亡,以從子鎄爲後。守節二十八年。

楊世奇妻陸氏　二十三歲夫亡,以夫從子大年爲後。守節四十年。

董沈明妻陸氏　二十七歲夫亡,遺一子,藉鍼黹以活。守節十五年。

姚鴻泰妻顧氏　二十八歲夫亡,無子,守節三十五年。

譚文若妻程氏　二十二歲夫亡,無子,守節四十八年。

陳景文妻倪氏　十八歲夫亡,撫遺腹子成立。守節二十四年。

孟聚星妻聞氏　二十一歲夫亡,撫姪爲後。守節四十七年。

李汪瀚妻沈氏　夫歿于京邸,沈年二十九,撫訓孤子。守節三十四年。

杜中揚妻吳氏　二十七歲夫亡。夫弟順洲妻錢氏,年二十六寡,無子。吳遺一子世勳,共撫育之。吳守節三十年,錢守節三十一年。

李曙賢妻時氏　二十九歲夫亡,撫孤順章成立。守節二十五年。

孫文震妻高氏　二十二歲夫亡,撫孤鏡源,苦節終身。夫弟文泰妻曹氏,亦二十二寡,旌年六十。

魏雲瞻繼妻徐氏　二十九歲夫亡,旌年八十。

陸祖天妻沈氏　二十九歲夫亡,撫四齡孤成立,既婚而殀,復撫孫,苦守節。旌年六十二。

蔡祥麟妻王氏　二十二歲夫亡,撫嗣子奎元成立。旌年五十七。

錢坤年妻張氏　二十五歲夫亡,家素貧,竭力以供甘旨。旌年六十四。

沈善爲妻李氏　二十七歲夫亡,撫夫從子大經爲嗣。旌年五十五。

生員盛朝妻沈氏　二十八歲夫亡,撫孤勳成立。旌年五十六。

朱繼龍妻姚氏　二十二歲夫亡,課蠶紡織,積資葬夫祖、父兩世。旌年六十六。

諸星標妻鍾氏　二十八歲夫亡,子死,子婦亦寡,矢志苦守。旌年六十九。

鍾雲皐妻潘氏　二十三歲夫亡,事翁姑,盡婦道。旌年七十二。

鍾雲山妻程氏　十六歲夫亡,旌年六十一。

鍾德賢妻沈氏　二十六歲夫亡,撫姪爲後。旌年五十八。

陸大山妻孫氏　二十六歲夫亡,撫孤成立。旌年五十九。

高霽天妻鍾氏　二十二歲夫亡,姑病,侍湯藥,無倦容。撫孤成立。旌年五十三。

監生范光烈妾張氏　二十一歲光烈死,止一女。撫嗣子泰初爲諸生,又早殁。張與婦李氏共守媚閨。旌年五十四。

范光震妻于氏　二十七歲夫亡,止一女,鬻簪珥葬夫。旌年五十五。

鄒均妻陳氏　三十歲夫亡,子又客死,煢煢無倚。旌年六十九。

顧榮昌妻朱氏　二十三歲夫亡,遺腹生子,與伯姒張共撫之。旌年六十五。

顧焕中妻陸氏　二十四歲夫亡,撫遺腹子承烈,早殁。與婦朱氏撫孫。旌年五十七。

曹銘三妻朱氏　二十四歲夫亡,撫遺腹子士英。旌年六十。

輔文忠妻黄氏　夫亡,撫夫從子士槐成立。旌年七十五。

王元功繼妻莊氏　夫亡,撫孤。旌年七十一。

王南山妻吳氏　二十五歲夫亡,遺孤振聲,娶吳氏,不數年亦寡。與婦苦守。旌年五十五。

監生周大成妻沈氏　二十九歲夫亡,孤南甫數月,長娶施,早寡。沈與婦茹茶撫孫。旌年七十一。

董顯庸妻朱氏　二十二歲夫亡,撫遺腹子。貧無依,常留母家。弟婦亡,撫其遺孤。旌年五十二。

金盈瀾妻王氏　二十四歲夫亡,遺一女,撫姪杞爲後,紡織度日。旌年七十一。

徐方叔繼妻施氏　二十二歲夫亡,撫孤錫元成立,孫辰爲諸生。旌年九十。

監生張驊妻施氏　二十九歲夫亡,撫遺孤關森、景炎,俱成立。旌年五十三。

監生蔣汝基妻畢氏　二十五歲夫亡,長子學原甫婚而殁,婦姑共守。旌年五十七。

生員孔繼陞妻徐氏　二十三歲夫亡,無子,止遺三女。後依其壻徐敏求。壻殁,同壻女矢志。旌年五十一。

生員張蘭枝妻葉氏　二十七歲夫亡,無子。姑病經年,便溺皆葉扶掖。旌年五十二。

徐之榮妻程氏　二十六歲夫亡,撫嗣子尚煒。旌年五十一。

高聚發妻沈氏　二十五歲夫亡,事媚姑孝,撫孤德昌、德順成立。旌年五十八。

夏瑞銓妻董氏　二十七歲夫亡,撫姪爲後。旌年六十四。

任雅陳妻勞氏　二十歲夫亡。旌年五十二。

生員周斯才繼妻唐氏　二十八歲夫亡,撫孤人鳳。旌年五十九。

姚顯章妻朱氏　二十三歲夫亡,撫孤鶴齡。旌年五十二。

孫熙妻錢氏　二十三歲夫亡,饘姑,育子,俱藉刺繡。旌年五十六。

生員張國祚妻于氏　二十四歲夫亡,撫孤瑛入泮,旋殁,乃以從子玉庭爲嗣。旌年五十四。

趙禹瞻妻魏氏　二十四歲夫亡,旌年八十二。

鍾維奇妻沈氏　二十八歲夫亡,撫育一子。旌年五十三。

徐載乾妻蔣氏　二十二歲夫亡,撫夫從子廷榮爲嗣。旌年六十一。

魏繼珍妻于氏　二十五歲夫亡,撫孤文元,甫婚而殁,與婦沈氏苦守。旌年六十四。

邱汝璜妻王氏　二十七歲夫亡,子殀,撫姪爲後。旌年六十。

沈剛峰妻張氏　二十一歲夫亡,遺子紹庭,撫育備至。旌年五十五。

鍾景行妻曹氏静一作景庵妻鍾氏　曹年二十七夫亡,鍾年二十六夫亡。妯娌相依,紡績以養翁姑。鍾守節二十四年卒,曹旌年六十六歲。

張德恒妻鍾氏　二十二歲夫亡,無子,營葬其夫。旌年六十二。

姚文珍妻高氏　　二十四歲夫亡,止一子。翁歿,喪葬盡禮。旌年五十一。

彶聖岐妻胡氏

錢士英妻楊氏　　婚七日,夫暴亡。痛絶者再,强起事翁姑,克盡孝養。守節三十七年旌。

蔣星來妻陸氏

沈仰之妻于氏　　二十三歲夫亡,孝事繼姑。旌年七十八。

沈廷槐妻施氏　　二十九歲夫亡,撫遺腹子成立。旌年六十八。

胡禮修妻沈氏

生員王藻妻錢氏　　二十八歲夫亡,撫孤瑢、福,俱爲諸生。旌年五十四。

施巨川妻朱氏　　二十五歲夫亡,撫姪爲後。旌年六十四。

姚遺妻陸氏　　夫亡,撫孤坤元,娶婦孔氏,年二十八寡,遺孤甫五十日,婦姑共撫之。陸守節四十八年,孔守節二十五年。

朱祝三妻淩氏　　二十一歲夫亡,撫九月孤成立。旌年七十二。

史鴻逵妻顧氏　　二十一歲夫亡。旌年五十六。

計聿修妻張氏　　二十九歲夫亡,遺孤不育,張甘守茶苦。旌年五十六。

生員葉士相妾馬氏　　二十七歲士相歿,姑年老多病,馬朝夕扶持不懈。撫嗣子應龍爲諸生。旌年五十四。

潘樹機妻顧氏　　二十五歲夫亡,嗣子其煜.與姒張氏媼閫矢志。旌年六十八。

畢成文妻朱氏　　二十八歲夫亡,家貧,舅姑甘旨無缺。旌年五十五。

諸洵妻沈氏　　二十四歲夫亡,事老姑以孝著。旌年五十一。

陸泳春妻曹氏　　二十三歲夫亡,事上撫下,孝慈兼盡。旌年五十二。

曹秉文妻高氏　　二十九歲夫亡,翁姑年老,竭力孝養。旌年五十五。

顏養和妻陸氏　　二十五歲夫亡,撫從子樹成。旌年五十一。

施配王妻王氏　　二十五歲夫亡,遺一女,紡績以給薪水。旌年五十七歲。

朱效聘妻時氏　　二十八歲夫亡,撫姪爲後。旌年六十一。

吳宏道妻姚氏　　三十歲夫亡,撫遺腹子。旌年五十三。

施士英妻戴氏　　二十五歲夫亡,撫育一女。旌年五十一。

朱自南妻潘氏　　二十六歲夫亡,撫孤曉初,早逝。潘與媳婦矢志。旌年六十八。

李東萬妻錢氏　　二十九歲夫亡,遺三子俱幼。錢父早歿,無子,乃迎養其生母。旌年六十。

姚廷楷妻宋氏　　二十九歲夫亡,嗣子敬孚夫婦相繼歿,宋縈縈孑立。旌年八十一。

監生汪上垂妻項氏　　二十三歲夫亡,遺腹一女,撫夫從子鈺爲嗣。旌年五十一。

葉登三妻唐氏　　二十八歲夫亡,撫子履中。旌年五十七。

沈光德妻翟氏　　十八歲夫亡,無子。旌年四十六。

鍾玉乾妻沈氏　　二十歲夫亡,止遺一女。翁姑年老,孝養勿怠。旌年四十八。

陸立綱妻茅氏　　二十七歲夫亡,孝事老姑,撫二幼孤成立。旌年六十五。

鄭焕章妻李氏　　二十四歲夫亡,撫子汪墀成立,爲諸生。奉舅姑,事繼母,俱竭盡孝養。旌年五十六。

俞亢貞妻陳氏　　二十九歲夫亡,守節。

陳允三妻王氏　　二十七歲夫亡,撫育遺孤。旌年七十八。

馮鼎義妻顧氏　　二十七歲夫亡,撫嗣子陞良。旌年五十七。

朱文玉妻姜氏　十九歲夫亡,撫遺腹子。旌年五十四。

沈錦雯妻孔氏　二十九歲夫亡,家貧,操作以撫嗣子。旌年八十一。

朱文耀妻聞氏　二十八歲夫亡,撫嗣子裕昆。旌年七十五。

蔣文灝妻徐氏　婚帀月夫亡,撫姪爲後。旌年六十二。

朱爾坊妻徐氏　二十歲夫亡,撫夫從子燾、羹,俱成立。旌年七十七。

殳文元妻陳氏　二十二歲夫亡,遺腹生子宗臣。姑欲奪其志,常虐使之。陳姒娌五人,獨任其勞。事翁姑二十餘年,無怨言。子長,娶婦,生二孫。婦先卒,子與次孫繼歿,家益困。與一孫相依,嘗不得食。旌年七十。

朱理權妻施氏　二十四歲夫亡,遺孤汝龍甫十月。姑患咯血,施侍湯藥。與姑同臥起。旌年六十。

顧西潤妻朱氏　二十五歲夫亡,撫嗣子可封。旌年七十五。

生員周泰妻陳氏　二十八歲夫亡,撫遺腹子源。旌年五十六。

張朗亭妾張氏　二十一歲朗亭歿。姑病,躬侍湯藥。旌年五十七。

潘樹粟妻錢氏　二十九歲夫亡,撫育子女,勤苦操作。旌年六十一。

邵嵩年妻朱氏　二十六歲夫亡,子庭珍,娶宗氏,亦寡。婦姑共育遺孤。宗守節三十四年,朱旌年八十八。

張程熊妻嚴氏　二十七歲夫亡,子早殁,復撫四孫。旌年六十九。

監生茅思圮繼妻沈氏　二十六歲夫亡,家貧,姑老,鍼黹度日,撫孤壎成立。旌年六十七。

王啟林妻莊氏　二十一歲夫亡,育一女,營葬三棺。旌年六十。

宋鶴年妻邵氏,孫友昌妻吳氏　二十九歲夫亡,旌年七十八。

蔡錫仁妻顏氏　二十九歲夫亡,撫姪爲後,孝事翁姑。旌年六十。

徐宏道妻陸氏　二十九歲夫亡,紡績撫孤。旌年六十三。

茅龥王妻姚氏　二十三歲夫亡,子殀,孝事老姑。旌年七十三。

鍾沈潘妻費氏　十九歲夫亡,無子,備嘗艱苦。旌年六十九。

王國昌妻沈氏　二十三歲夫亡,撫遺腹子永高。旌年六十八。

生員金可壎妻程氏　二十九歲夫亡。旌年七十七。

施相妻吳氏　二十歲夫亡,遺腹子又殤。勤織紝,以事翁姑。旌年五十一。

生員吳世鎮繼妻倪氏　二十九歲夫亡,撫從子綺堂。旌年六十。

沈大宗妻鍾氏　二十五歲夫亡,撫訓幼孤。旌年六十五。

譚錫昌妻張氏　二十二歲夫亡,撫遺腹子會嘉成立,娶姚氏,年二十七寡。遺孤蔭棠,與婦共育之。張旌年七十一,姚旌年五十一。

朱天麟妻姚氏

沈聖麟妻沈氏　二十八歲夫亡,家酷貧,有勸之適人者,誓死不二。旌年五十九。

沈永尊妻湯氏　二十八歲夫亡,子幼。家極貧,或諷以改嫁,湯泣謝之。旌年五十三。

邱揆妻屠氏

湯坤元妻陳氏

夏斯權妻項氏　二十一歲婚,甫二月夫亡。旌年五十一。

生員張懷芳—作方妻杜氏、閔氏　閔係烏程閔進士女。與懷芳中表兄妹,在閔任所成婚。杜係懷芳父母在家所聘,閔年二十七寡,守節十五年。杜年三十寡,旌年六十三。

張志源妻周氏　二十七歲夫亡,撫孤成立。旌年六十六。

孫人瑞繼妻石氏　二十三歲夫亡,前妻子鶴堂娶婦胡氏,年二十二寡,遺腹生子,與婦共撫之。石守節三十一年旌。

李光祖妻張氏　二十三歲夫亡,撫從子羽逵。旌年六十二。

蔣大元妻費氏　二十二歲夫亡,遺孤繼祥又殀。旌年五十六。

蔣其天妻項氏　二十六歲夫亡,撫孤成立。旌年五十一。

陸煜妻曹氏

陸拱辰妻曹氏　二十七歲夫亡。子升高妻萬氏,年二十九寡,撫夫從子士陵爲後。士陵妻吳氏,年二十七寡。三世苦節。曹年八十九卒,萬旌年七十一,吳旌年五十一。

朱九圍妻張氏　二十四歲夫亡,無子。家赤貧,有勸之嫁者,忍飢餓以苦守。旌年七十五。

張士龍妻姚氏,士魁妻邱氏　姚年二十九夫亡,邱年二十八寡。姒娌同矢苦志,撫子成立。姚旌年七十六,邱旌年七十三。

葉敘山一作三妻旌氏　二十二歲夫亡。旌年六十。

沈斯才妻宋氏　二十五歲夫亡。旌年五十一。

宋佩珍妻王氏　二十八歲夫亡。旌年五十二。

王有成妻朱氏　二十一歲夫亡,撫遺孤楚賢成立。旌年五十一。

顧自昭妻崔氏　自昭曾祖霈,海鹽進士,官知府。祖繼山,遷桐鄉六都。父拱辰,當鼎革初,兵荒頻仍,家無卓錐地。自昭娶婦,拱辰尋歿。崔年十九,夫亦亡。勤紡織,營饘粥,奉孀姑,己則糟糠野蔬以充食。姑歿,喪葬盡禮。撫遺腹子英成立,娶婦生孫,年八十終。守節六十餘年。

生員徐衷泓妻崔氏,沅繼妻顧氏　鼎革初,群盜猖獗。衷泓偕弟沅率衆勤禦,皆遇害。舁尸歸,崔年二十八,顧年二十二,號慟欲殉。舅姑勸慰之,娣姒同矢志,勤紡織侍養。撫從子柱公爲嗣。顧知書,見族戚諸婦輒陳說女史大義,或稱其節,則曰:"婦人庸行曷足多。"崔年九十七卒,顧年七十八卒。

生員陳常妻王氏　二十一歲夫與徐衷泓、沅同禦盜,被戕尸,歸,創痕滿身。慟哭,暈絕而甦。無子,偕姒娌勤操作,奉舅姑。年八旬餘卒。　以上伊《志》。

【校注】
　[1] 按:光緒《桐鄉縣志》卷十七《列女中・節婦》:"嚴丹宸妻楊氏,嚴超甫妻黃氏,俱青鎮諸生嚴盼子婦。氏年二十三夫亡,黃氏年二十四夫亡,同矢苦志,以養其翁,歿則力謀窀穸,以夫柩附焉。撫姪爲嗣,楊守節四十四年,黃守節四十八年。雍正初,何學政世璂旌額曰'一門雙節'。"故"撫"是"無"之誤。

嘉興府志卷七十九

〔列女十六〕

列女節婦

桐鄉縣下

姚申錫妻孫氏　二十七歲夫亡,矢志不二,守節五十年。

鍾之源繼妻賈氏　二十九歲夫亡,守節二十七年。　以上嘉慶五年旌。

金廣生妻章氏　二十二歲夫亡,守節四十四年。嘉慶六年旌。

監生黃棟妻程氏　二十九歲夫亡,守節三十二年。嘉慶九年旌。

監生周大成妻沈氏　二十九歲夫亡,守節四十二年。嘉慶十一年旌。

邱志賢妻俞氏　二十一歲夫亡,守節三十一年。

祁文燩火妻邱氏　二十一歲夫亡,守節三十年。　以上嘉慶十二年旌。

朱鈖妻歸氏　二十四歲夫亡,守節三十六年。嘉慶十八年旌。

監生沈孝祥繼妻沈氏　二十八歲夫亡,守節十八年。嘉慶二十一年旌。

于通瀛妻朱氏　二十八歲夫亡,守節二十一年。嘉慶二十二年旌。

錢錦章妻葛氏　二十九歲夫亡,守節三十二年。

陸世封妻趙氏　二十九歲夫亡,守節三十二年。　以上嘉慶二十三年旌。

沈啟豐妾沈氏　二十五歲啟豐故,守節四十五年。

金以執妻朱氏　二十四歲夫亡,守節二十九年。

庠生于廷銑妻卜氏　二十五歲夫亡,守節二十三年。

甯東序妻蔣氏　二十二歲夫亡,守節三十九年。　以上嘉慶二十四年旌。

監生張藻繼妻徐氏　二十九歲夫亡,守節二十二年。

李名世妻費氏　二十九歲夫亡,守節三十八年。

錢又淳妻徐氏　二十六歲夫亡,守節三十四年。

張履成妻羅氏　二十九歲夫亡,守節五十年。

趙一琴妻程氏　二十二歲夫亡,守節二十八年。

程富妻吳氏　二十四歲夫亡,守節三十二年。

茹元琪一作祺妻吳氏　二十四歲夫亡,守節十六年。　以上嘉慶二十五年旌。

宋之城妻吳氏　二十八歲夫亡,守節二十四年。

沈堯民妻姚氏　二十六歲夫亡,守節五十三年。

程鶴年妻蔣氏　二十二歲夫亡,守節四十八年。

庠生周泰繼妻陳氏　二十八歲夫亡,守節四十年。

庠生曹奎妻黃氏　二十四歲夫亡,欲以身殉,衆力勸乃止。守節三十二年卒。　以上道光元年旌。

沈兆成妻周氏　二十一歲夫亡,守節四十三年。

沈鼎元妻趙氏　二十九歲夫亡,守節四十年。

馮朗亭妻沈氏　二十九歲夫亡,守節四十一年。

張應鉉繼妻周氏　二十三歲夫亡,守節四十五年。

時大本妻朱氏　二十四歲夫亡,守節五十年。　以上道光二年旌。

沈毓熹妻施氏　十七歲夫亡,守節四十五年。

姚鳳觀妻張氏　二十歲夫亡,守節五十五年。　以上道光三年旌。

庠生倪作楫繼妻方氏　二十九歲夫亡,守節三十二年。

曹序賢繼妻邱氏　二十四歲夫亡,守節五十三年。

陳松齡妻曹氏　二十七歲夫亡,守節三十年。

陸銷妾金氏　二十六歲銷故,守節三十七年。　以上道光四年旌。

沈嘉麒妻張氏　二十五歲夫亡,守節二十九年。

傅美斯妻沈氏　十九歲夫亡,守節四十九年。

張元其妻費氏　二十五歲夫亡,守節三十六年。　以上道光五年旌。

張應麒妻歸氏　二十九歲夫亡,守節二十七年。

陳芳洲妻姚氏　十九歲夫亡,守節五十三年。

庠生孔繼陞妻徐氏　二十三歲夫亡,守節三十八年。　以上道光六年旌。

邱志達妻張氏　二十六歲夫亡,守節二十七年。

計樹本妻皇甫氏　二十歲夫亡,守節四十三年。

俞德奎妻徐氏　二十九歲夫亡,守節二十九年。

監生鄭庭燿妻夏氏　二十二歲夫亡,守節二十五年。

沈善爲妻李氏　二十七歲夫亡,守節四十五年。　以上道光七年旌。

監生沈大峰妻陳氏　二十一歲夫亡,守節三十六年。

沈獻廷妻金氏　二十七歲夫亡,守節三十八年。

庠生錢鑑澄妻程氏　二十一歲夫亡,守節四十三年。　以上道光八年旌。

蔣枚妻潘氏　二十八歲夫亡,守節二十七年。

李長春妻錢氏　十八歲夫亡,守節三十四年。

高峻蒼妻錢氏　二十二歲夫亡,守節三十七年。

陳德求妻嚴氏　二十六歲夫亡,守節四十五年。　以上道光九年旌。

署正嚴寶傳妾張氏　二十七歲寶傳故,守節十六年。

沈友椿妻張氏　十九歲夫亡,守節三十二年。

沈溱妻馬氏　十七歲夫亡,守節十五年。　以上道光十年旌。

陸佑山妻何氏　二十五歲夫亡,守節三十五年。

監生蔣汝基妻畢氏　二十四歲夫亡,守節四十五年。

監生蔣學原妻曹氏　二十七歲夫亡,守節四十四年。

監生金鏉妻張氏　二十九歲夫亡,守節十七年。

程之榮妻柴氏　　二十二歲夫亡,守節三十四年。

庠生吳鏞妾姜氏　　二十歲鏞故,守節二十八年。

張汝琮妻邵氏　　二十五歲夫亡,守節二十二年。

沈嗣興妻吳氏　　二十八歲夫亡,守節十八年。

監生鄔景華妻沈氏　　二十三歲夫亡,撫孤。守節三十年。　　以上道光十一年旌。

潘兆龍妻董氏　　二十五歲夫亡,矢志不二。針黹度日,守節五十五年,茶苦終身。道光十二年旌。

監生曹垣妻時氏　　二十歲夫亡,守節五十八年。

時鈞妻于氏　　二十三歲夫亡,守節三十三年。

于廷基妻陳氏　　二十一歲夫亡,守節四十二年。　　以上道光十三年旌。

曹鑑妻周氏　　三十歲夫亡,守節三十二年。

孫執中妻姚氏　　二十八歲夫亡,守節三十六年。

戴德魁妻吳氏　　二十二歲夫亡,守節六十二年。

戴廣安妻趙氏　　二十四歲夫亡,守節十六年。　　以上道光十四年旌。

監生曹聲宏妻王氏　　十六歲夫亡,守節三十六年。

監生曹宗桓妻潘氏　　二十八歲夫亡,守節二十五年。

監生葉之垣妻高氏　　二十七歲夫亡,守節二十九年。

監生黃杞妻朱氏　　二十九歲夫亡,守節四十九年。　　以上道光十五年旌。

孫文泰妻曹氏　　二十三歲夫亡,守節四十二年。

曹承垣妻陳氏　　二十歲夫亡,守節三十一年。

邵敬天妻胡氏　　十八歲夫亡,守節五十二年。　　以上道光十六年旌。

黃葵揚妻周氏　　二十一歲夫亡,守節四十年。　　以上道光十八年旌。

陳紹元繼妻葉氏　　二十四歲夫亡,守節四十一年卒。

夋楷妻管氏　　十七歲成婚,甫十月夫故。氏投繯者再,俱以姑救獲甦。姑歿,而氏亦悲泣以死。年三十二。

徐塈妻淩氏　　二十七歲夫故,衰翁孤子,氏仰事俯育,備極勤苦。守節三十八年。

張步青妻畢氏　　二十四歲生一女,夫故,誓不欲生,母輒阻之。家貧,無以為活,遂依母居。守節十七年。

徐釗妻吳氏　　二十八歲夫故,奉姑以孝,逾年姑歿,氏撫姪為嗣。卒年六十一。

顧芳洲妻岳氏　　二十二歲夫故,守節四十七年。

徐景邦妻曹氏　　二十八歲夫故,撫姪為子。守節三十八年。

朱寶林妻莫氏　　二十七歲生二子。夫故,家貧,以針黹為生,撫孤。守節三十二年。

趙應魁妻陳氏　　二十六歲夫故,教養孤子,名列成均。守節四十七年。

章大元妻岳氏　　二十八歲夫故,小叔止六歲,孤子周臣纔三歲。氏一體撫養,悉為婚娶。卒年八十四。子周臣妻倪氏,年二十四夫故,撫孤。旌年六十五。

錢儒宗妻沈氏　　二十三歲夫故,撫孤。守節五十三年。

范虞衡妻徐氏　　二十九歲夫亡,守節四十五年。

于德章妻張氏　　二十二歲夫亡,撫孤。守節三十八年。

錢青來妻朱氏　　二十五歲夫亡,遺一女。守節五十年。

朱成明妻張氏　　二十六歲夫亡,撫遺腹子。守節六十二年。

吳維周妻邵氏　　二十六歲而寡,守節二十六年。

張肇康妻岳氏　　二十六歲夫故,撫養三孤,喪葬二老。守節三十六年。肇康之子翰周妻章氏,年二十六而寡,繼姪承祧。旌年六十五歲。

庠生周龍章妻宋　一作宗氏　二十四歲夫故,守節二十五年。龍章之子祖望妻管氏,年二十一夫故,守節四十九年。

張美思妻張氏　　二十三歲夫亡,撫養二孤。守節六十二年。

張聖昌妻江氏　　二十八歲夫亡,族人以其無子,逼之嫁,氏知遺腹有身,以死拒之。逾五月生一男,躬操耕作,撫之成立。守節三十二年。

陳世珍妻徐氏　　二十一歲夫遠遊不返,聞已道亡。氏矢志靡他,撫姪爲嗣。守節三十五年。

陳霖蒼妻范氏　　二十五歲夫亡,撫姪。守節五十一年。

周松友妻高氏　　二十歲夫亡,遺一女,撫姪爲子,俱爲婚嫁。守節四十七年。

沈掖亭妻張氏　　二十八歲夫亡,撫姪。守節四十九年。

徐根心妻蔣氏　　二十三歲夫亡,守節十五年。

柴學聖妻王氏　　十九歲夫亡,守節六十三年。

俞通海妻孫氏　　二十四歲夫亡,撫孤。守節二十年。

歐廷來妻范氏　　二十歲夫亡,遺孤未週歲,撫字成立。子年四十四卒,氏助寡媳苦守。守節七十三年。

葉瑞階妻朱氏　　二十八歲夫亡,撫孤。守節六十一年。

許汝龍妻淩氏　　二十八歲夫亡,守節四十年。

沈正初妻程氏　　三十歲夫亡,撫孤寶珍成立。守節一十六年。

程世榮妻孫氏　　二十四歲夫亡,遺孤旋殀,苦心守節二十六年。

沈士龍妻俞氏　　二十七歲夫亡,撫孤福成。守節三十一年。

孔廣源妻徐氏　　二十三歲夫亡,撫孤昭訓成室,昭訓早世。氏與寡媳陳氏孀閨共守,守節三十三年。

宋維鏞妻范氏　　二十七歲夫亡,守節二十七年。

錢以寧妻張氏　　二十五歲夫亡,守節四十九年。

張美範妻張氏　　二十五歲夫亡,手指辛勤,撫二幼孤成立。守節五十七年。

夏大受妻沈氏　　二十四歲夫亡,守節五十八年。

蔣繼麟妻孔氏　　二十六歲夫亡,守節三十九年。

程大壎妻楊氏　　二十二歲夫亡,守節四十六年。子守鈐妻錢氏,二十五歲夫亡,守節十八年。

朱戴宏妻姚氏　　二十九歲夫亡,守節四十九年。

生員楊洲妻蔣氏　　三十歲夫亡,撫孤成婚,子又早世,與寡媳張氏同撫育幼孫。守節二十七年。

于景翰妻陳氏　　二十二歲夫亡,守節五十二年。

姚錫章妻朱氏　　二十八歲夫亡,事姑,撫孤。守節二十一年。

沈瑞聞妻陳氏　　二十九歲夫亡,守節三十六年。

郭敦第妻張氏　　二十五歲夫亡,撫姪。守節二十一年。

倪世珍妻王氏　　二十五歲夫亡,撫姪文照爲子。守節四十七年。

監生汪垂妻項氏　　十九歲夫病,刲股療之,無效。守節四十五年。

趙呂全妻吳氏　　二十一歲夫亡,事翁姑,撫遺孤。守節十二年。

蔡載王妻楊氏　　三十歲夫亡,事姑,教子。守節四十四年。

尤孟廉妻程氏　　二十五歲夫亡,守節十一年。

張耕三妻鄭氏　　三十歲夫亡,守節二十九年。

曹曰鏉妻陳氏　　三十歲夫亡,守節四十八年。

庠生沈棱妻夋氏　　二十九歲夫亡,守節四十二年。

夋輔清妻于氏　　十九歲夫亡,守節十五年。

章德明妻倪氏　　二十一歲夫亡,守節五十五年。

朱國方妻陳氏　　二十九歲夫亡,守節四十八年。

朱裕坤妻章氏　　二十六歲夫亡,守節三十一年。

柴維垣妻張氏　　二十六歲夫亡,守節四十一年。

監生沈孝恭妾王氏　　二十二歲孝恭亡,守節三十七年。

沈玉琦妻金氏　　二十五歲夫亡,撫孤。守節四十七年。

張可豐妻姚氏　　二十八歲夫亡,守節四十三年。

程攀龍妻潘氏　　三十歲夫亡,氏紡績孝事邁翁,撫孤成名。守節四十年。

桂尊五妻陳氏

張萬程妻錢氏　　二十六歲夫亡。家貧,事翁盡孝。撫孤,授室,孤又亡,復撫孫成立。守節五十年。

職員施烈妻李氏　　三十歲夫亡,守節三十七年。

施載亨妻沈氏　　二十三歲夫亡,守節十一年。

武生曹作忠妻李氏　　二十八歲夫亡,守節十一年。

張星躔妻邱氏　　二十九歲夫亡,守節五十五年。

張灌澂妻程氏　　二十三歲夫亡,守節三十二年。

章自明妻錢氏　　二十七歲夫亡,守節五十二年。

庠生商受謙繼妻俞氏　　二十五歲夫亡,守節二十三年。

商履乾繼妻謝氏　　二十五歲夫亡,守節五十四年。

嚴成儀妻徐氏　　二十五歲夫亡,守節五十四年。

嚴玉山妻姚氏　　二十四歲夫亡,守節二十年。

沈世豐妻沈氏　　二十九歲夫亡,守節二十二年。

陳萬林妻吳氏　　二十六歲夫亡,守節四十九年。

沈大殷妻葛氏　　二十五歲夫亡。孝事翁姑。守節四十一年。

張以安妻甯氏　　二十一歲夫亡,家貧,乞食養姑。守節四十三年卒。

徐大鈴妻李氏　　二十九歲而寡,立志苦守,奉姑,撫孤。守節四十五年。

王詵振妻徐氏　　二十二歲夫亡,事翁姑,撫嗣子。守節二十年。

朱汝鏽妻陸氏　　二十七歲夫亡,孝事舅姑,撫嗣子浩成立。守節十八年。

朱汝錡妻盛氏　　二十六歲夫亡,撫孤。守節二十五年。

朱汝錕妻陳氏　　二十二歲夫亡,撫嗣。守節二十一年。

陳心傳妻沈氏　　二十歲夫亡,撫孤。守節四十七年。

程瑞祺妻褚氏　　二十五歲夫亡,守節四十一年。

朱繼禎妻王氏　二十九歲夫亡,撫四子,俱成立。守節五十四年。

潘商衡妻顧氏　二十四歲夫亡,守節六十六年。

許其清妻錢氏　二十七歲夫亡,家貧,撫遺腹子成立。守節四十九年。

生員錢芳妻潘氏　二十六歲夫亡,奉姑,撫孤。守節三十七年。

監生沈大生繼妻楊氏　二十九歲夫亡,撫前子元鎰、元禮如己出。守節二十一年。

陳起麟妻馮氏　二十九歲夫亡,上奉翁姑,下撫三孤。守節四十九年。

陳瑞忠妻潘氏　二十九歲夫亡,撫姪懷錦爲嗣,早歲遊庠。守節三十八年。

錢廷妻朱氏　二十一歲夫亡,嗣姪爲後,孝事翁姑。守節三十九年。

張大齡妻陸氏　二十四歲夫亡,孝奉翁姑,撫嗣成立。守節四十七年。

王士標妻沈氏　二十五歲夫亡,貧苦無依,歸奉父母,後撫夫甥應彩爲嗣。守節五十年。

周兆禎妻王氏　二十七歲夫亡,撫孤成室,子又亡,與媳鍾氏共勵冰操。守節五十三年。

周敬德妻鍾氏　二十八歲夫亡,撫孤。守節三十九年。

潘其熙妻胡氏　二十九歲夫亡,無子,與娣茅氏共守。苦節二十一年。

趙廷柱妻張氏　二十五歲夫亡,孤又殤,以姪爲嗣。守節五十三年。

舉人高宏燿妻李氏　二十九歲夫亡,撫姪。守節三十七年。

高宏照妻鍾氏　十九歲夫亡,撫孤。守節五十六年。

姚振揚妻李氏　二十二歲夫亡,守節二十三年。

朱天授妻錢氏

張受琪妻都氏　二十四歲夫亡,守節三十四年。

戴斐章妻屠氏　二十歲夫亡,守節四十八年。

孫佩章妻徐氏　二十九歲夫亡,撫孤。守節三十九年。

孫見微妻戴氏　二十七歲夫亡,撫孤。守節三十四年。

蔣鳴玉妻胡氏　二十九歲夫亡,守節五十年。

監生蔣映楠妾繆氏　二十九歲映楠亡,守節二十四年。

莊聿德妻姚氏　二十九歲夫亡,嗣姪。守節三十九年。

孫有懋妻錢氏　二十三歲歸孫,不一載夫亡,孝事孀姑,嗣姪。苦守卒,年五十有六。

吳祥雲妻淩氏　二十六歲夫亡,守節六十四年。

施再榮妻蔡氏　二十四歲夫亡,守節六十一年。

曹紋波妻施氏　二十二歲夫亡,守節二十六年。

監生曹泰妾朱氏　二十四歲泰亡,守節二十四年。

沈茂麟妻沈氏　二十五歲夫亡,守節十六年。

沈玉豐妻江氏　二十六歲夫亡,守節四十年。

張完宗妻王氏

朱文燦妻孫氏　二十六歲夫亡,守節四十四年。

朱文華妻鍾氏　二十九歲夫亡,守節四十五年。

沈永祥妻邱氏　二十八歲夫亡,守節三十三年。

庠生孫鵠峙妻邱氏　二十八歲夫亡,守節三十年。

孫永成妻費氏　　二十六歲夫亡,守節二十七年。

孫有恕妻朱氏　　二十六歲夫亡,守節三十年。

徐元基妻朱氏　　二十四歲夫亡,守節十八年。

曹炳文妻高氏　　二十八歲夫亡,撫姪承祀。卒年六十二。

沈廷楨妻程氏　　十八歲夫亡,撫姪。守節四十八年。

宋振公妻沈氏

陳士朝妻陳氏　　二十六歲夫亡,撫姪爲嗣,積十指所餘,爲翁姑及夫安葬。卒年七十有三。

章士高妻申氏　　二十五歲夫亡,事姑,撫姪。守節四十年。

陳尚德妻費氏　　二十七歲夫亡,苦守六十七年。

鍾天錦妻費氏　　十九歲結褵,纔數月夫亡,撫姪,持家。年七十三卒。

葛嘉祥妻姚氏　　二十一歲夫亡,撫嗣。守節五十二年。

監生葛福妻曹氏　　二十八歲夫亡,撫嗣。守節二十八年。

張洛川妻施氏　　十九歲夫亡,苦志守節三十七年。

張德彰妻沈氏　　十八歲夫亡,守節五十七年。

沈元發聘妻張氏　　未婚,夫卒。聞訃,奔喪,奉木主成禮。事翁姑有孝聲。卒年二十有八。

監生鄭以凝妻何氏　　二十一歲夫客死保定,氏悲不欲生,翁姑力勸乃止。孝事二老,撫孤。守節十八年。

監生陳祖洪妻吳氏　　二十九歲夫亡,守節三十二年。

庠生沈以光妻錢氏　　二十九歲夫亡,守節十五年。

庠生姚應璉妻徐氏　　二十歲夫亡,撫姪爲嗣,孝事翁姑。守節二十四年。

朱龍飛妻顧氏　　二十四歲婚,甫二月夫亡,守節四十年。

黃繡昌妻施氏　　十八歲夫亡,撫遺腹子成立。守節三十五年。

葉良珪妻王氏　　二十三歲夫亡,守節六十年。

潘鑾士妻錢氏　　二十三歲夫亡,屢欲自殉,翁姑力勸乃止,守節十五年。

馮守忠妻沈氏　　二十一歲婚,未兩月夫亡,苦志守節三十八年。

張發祥妻錢氏　　十九歲夫亡,無子,欲以身殉,翁姑泣諭乃止,守節三十二年。

張啟麟妻孔氏　　二十六歲夫亡,撫孤成立,子又亡,守節四十七年。

監生金汝慶妻周氏　　二十八歲夫亡,守節三十二年。

徐孟章妻鄒氏　　二十五歲夫亡,長子又早卒,撫次子成立。守節二十四年。

潘震寰妻黃氏　　二十九歲夫亡,撫孤。守節四十九年。

湯秀元妻黃氏　　十八歲夫亡,守節六十二年。

孔繼濬妻費氏　　二十九歲夫亡,家貧,撫孤。守節二十七年。

計友鯤妻衛氏　　二十四歲夫亡,事姑,撫孤。守節五十年。

朱振裘繼妻俞氏　　二十九歲夫亡,撫孤。守節三十六年。

朱上林妻黃氏　　二十六歲夫亡,撫姪爲嗣。守節二十九年。

周廷棟妻唐氏　　三十歲夫亡,撫孤。守節三十七年。

唐椿妻周氏　　二十四歲夫亡,撫孤。守節二十一年。

孔廣孝妻潘氏　　二十九歲夫亡,撫孤。守節三十一年。

張欽妻計氏　　二十二歲夫亡,遺孤又殤,苦志守節二十年。

生員陸汝鑲妻錢氏　　二十八歲夫亡,子又病歿,復撫三孫成立。守節二十六年。

鄭以堦繼妻黃氏　　二十九歲夫亡,孝奉翁姑,撫前氏子成立。守節三十二年。

生員沈鈞妻張氏　　二十九歲夫亡,撫孤。守節二十一年。

毛繡朝妻何氏　　二十七歲夫亡,守節五十二年。

監生沈啟咸妻宋氏　　二十三歲夫亡,孝事翁姑,以姪爲嗣。守節五十年。

生員姜式如妻黃氏　　二十一歲夫亡,撫孤。守節四十六年。

胡耀清妻管氏　　二十七歲婚,甫數月夫亡,無子,守節三十一年。

盛天龍妻沈氏　　二十五歲夫亡,困苦撫孤。守節十九年。

朱二林妻黃氏　　二十六歲夫亡,撫姪。守節二十九年。

陳南英繼妻鄔氏　　二十六歲夫亡,撫孤。守節十五年。

陳維新妻淩氏　　三十歲夫亡,撫三孤成立。事姑以孝聞。守節三十一年。

周世奇妾朱氏　　十九歲世奇亡,守節二十六年。

附貢嚴繼棠妻沈氏　　二十八歲夫亡,撫兩孤成立。守節二十年。

徐元龍妻淩氏　　二十二歲夫亡,撫姪成婚,子早歿,又撫孫成立。守節五十九年。

附貢嚴澍妾任氏　　二十七歲澍亡,兩子俱夭,氏矢志靡他,守節二十一年。

錢啟人妻張氏　　二十九歲夫亡,撫孤。守節四十一年。

孔廣支妻沈氏　　二十歲夫亡,撫遺腹子昭煒成立,納婦。昭煒弱冠遊郡庠。後子媳雙亡,又撫姪爲嗣。守節五十三年。

王文宗妻楊氏　　二十七歲夫亡,撫孤。守節四十二年。

廩生皇甫熙妻唐氏　　二十八歲夫亡,誓不欲生,翁姑力勸而止,撫孤。守節四十八年。

沈聿彰繼妻蔣氏　　十九歲夫亡,撫嗣。守節六十二年。

黃虛懷妻朱氏　　二十五歲夫亡,撫孤。守節五十年。

生員王夔妻施氏　　二十八歲夫亡,家酷貧,賴十指以度日,守節三十七年。

王里聞妻孔氏　　二十四歲夫亡,撫孤。守節四十七年。

王朗行妻顧氏　　二十七歲夫亡,上奉孀姑,下撫孤子。守節四十八年。

鄭根先妻李氏

監生徐麟妻沈氏　　二十八歲夫亡。姑耳聾且瞽,常在牀褥,叔祖姑年老多病,氏曲意奉事,心無少懈。後更喪葬如禮。并撫前氏二孤,教養成立。守節二十二年。

蔣秀如妻陸　　十九歲夫亡,撫遺腹子友良成立,上事舅姑,克盡孝道。守節五十年。

吳以學妻汪氏　　二十三歲夫亡,撫姪成立。守節六十九年。

沈子才妻濮氏　　適沈三載,夫亡。家貧,無子,依母族。守節八十年。

監生陳曾裕妾周氏　　二十七歲曾裕亡,孝事孀姑。守節四十六年。

沈子發妾莊氏　　二十四歲子發亡,守節六十四年。

曹天御妻沈氏

周玉涵妻徐氏　　十九歲夫亡,撫遺腹子成立。守節四十三年。

歸泰初妻張氏　　二十二歲夫亡,撫遺腹子成立。守節五十年。

夏某妻胡氏

曹天御妻沈氏　　二十歲夫亡,孝事孀姑。守節四十年。

鍾廷鈺妻曹氏　　二十九歲夫亡,撫孤。守節六十一年。

庠生周暄妻曹氏　　二十三歲夫亡,撫遺腹子世塏成立。守節三十三年。

徐漢卿妻張氏　　二十四歲夫亡,守節六十一年。

庠生張汝翼妻徐氏　　二十九歲夫亡,守節三十三年。

濮應恒妻曹氏　　二十四歲夫亡,撫姪為嗣。守節三十年。

庠生沈上源妻王氏　　二十四歲夫亡,撫遺腹子成立。守節四十五年。

夏德順妻徐氏　　二十九歲夫亡,撫孤。守節三十七年。

沈元蛟妻朱氏　　三十歲夫亡,孝奉翁姑。守節二十九年。

沈克獻妻于氏　　二十八歲夫亡,撫孤。守節二十九年。

濮嘉策妻范氏　　二十四歲夫亡,守節四十年。

錢友奇妻張氏　　二十九歲夫亡,以姪星九為嗣,早世。與孀媳仲氏共撫遺孫。守節三十四年。

楊充符妻鍾氏　　三十歲夫亡,守節三十六年。

張元功妻孫氏　　二十四歲夫亡,守節五十年。

監生方章妾范氏　　二十九歲章亡,守節五十年。

李禄妻孫氏　　二十四歲夫亡,守節四十年。

周武昌妻張氏　　二十八歲夫亡,守節四十七年。

濮景丹妻張氏　　二十歲夫亡,家貧,無子,孝事翁姑。守節四十四年。

沈成六妻蘇氏　　二十二歲夫亡,無子,守節五十六年。

朱日章妻王氏　　二十五歲夫亡,子殤,孝事祖翁,生養死葬。以姪為嗣。守節五十二年。

陳鎬妻陳氏　　二十八歲夫亡,撫孤。守節四十六年。

王士高妻歸氏　　三十歲夫亡,撫姪。守節五十五年。

許景芳妻沈氏　　二十一歲夫亡,撫孤。守節四十三年。

程錦川妻沈氏　　二十九歲夫亡,以姪為嗣。守節四十五年。

吳聲遠妻祝氏　　三十歲夫亡,守節四十七年。

馮浪妻蘇氏　　二十三歲夫亡,無子,孝事舅姑。守節十五年。

歸振家妻沈氏　　二十八歲夫亡,守節二十七年。

朱培妻夏氏　　二十七歲夫亡,家貧,撫孤鎔,早卒,與媳陸氏共撫遺孫成立。守節五十年。

曹曉滄妻陸氏　　二十九歲夫亡,撫孤。守節四十五年。

曹蘭亭妻姚氏　　二十九歲夫亡,孝事舅姑。守節四十年。

錢馭群妻蔡氏　　二十三歲夫亡,以姪為嗣。守節四十年。

徐立朝妻邱氏　　二十六歲夫亡,撫遺腹孤成立。守節四十六年。

陳天鑾妻皇甫氏　　二十三歲夫亡,守節二十七年。

劉凱妻張氏　　二十七歲夫亡,撫孤,守節六十一年。

董如山妻黃氏　　二十九歲夫亡,撫孤,守節四十五年。

沈燦鐘妻沈氏　　二十五歲夫亡,守節四十九年。

潘景唐妻胡氏　　二十三歲夫亡,撫孤。守節四十二年。

庠生沈鍾泰妻俞氏　　二十四歲夫亡,守節二十九年。

監生沈鈞衡妻徐氏　　二十一歲夫亡,以姪浚都爲嗣。守節二十二年。

輔玉書妻蘇氏　　二十四歲夫亡,孝事嫜姑,撫孤成立。守節二十九年。

錢明載妻劉氏　　三十歲夫亡,守節四十七年。

夏桂妻張氏　　二十五歲夫亡,守節四十六年。

錢星九妻仲氏　　二十八歲夫亡,撫孤。守節三十六年。

監生楊埰繼妻盧氏　　二十八歲夫亡,守節四十二年。

高勝成妻張氏　　二十五歲夫亡,守節五十五年。

沈運倉妻賈氏　　三十歲夫亡,撫孤。守節二十九年。

監生沈鍾淑繼妻周氏　　二十九歲夫亡,撫孤。守節四十三年。

宋天城繼妻沈氏　　二十八歲夫亡,撫孤。守節三十八年。

錢大章妻顧氏　　二十歲夫亡,撫遺腹子。守節五十六年。

包彩成妻莊氏　　二十八歲夫亡,守節五十九年。

庠生沈份妻朱氏　　二十二歲夫亡,無子,依叔翁以終。守節二十九年。

曹元炳妻張氏　　二十九歲夫亡,撫孤。守節四十年。

宣應山妻顧氏　　二十六歲夫亡,守節三十五年。

曹魯珍妻李氏　　二十八歲夫亡,守節四十六年。

鍾宏烈妻程氏　　二十六歲夫亡,守節四十七年。

鍾禮仁妻李氏　　十八歲夫亡,守節四十八年。

鍾宏端妻張氏　　三十歲夫亡,守節三十七年。

夏用章妻楊氏　　二十三歲夫亡,守節五十年。

孫振雲妻曹氏　　二十九歲夫亡,子紹榮又夭,苦志守節五十六年。

潘模妻孫氏　　二十歲夫亡,撫姪。守節五十八年。

楊士銓妻邵氏　　二十九歲夫亡,守節四十二年。

劉少陽妻錢氏　　二十九歲夫亡,以姪爲嗣。守節二十二年。

朱廷璧妻濮氏　　二十八歲夫亡,撫四孤。守節六十二年。邑侯李給"皓月爭光"額。

監生王彝鼎妻葛氏　　二十九歲夫亡,撫子。守節四十三年。

庠生葉揚華妻莊氏　　二十六歲夫亡,撫嗣。守節四十年。

戎廷桂妻唐氏　　二十九歲夫亡,守節二十七年。

陸茂先妻曹氏　　二十七歲夫亡,孤又殀,與寡媳鄒氏撫孫。守節六十七年。

孫大士妻朱氏　　二十四歲夫亡,守節四十二年。

庠生馮浚妻張氏　　二十五歲夫亡,守節二十九年。

濮金初妻程氏　　二十八歲夫亡,依母族居。守節三十八年。

陸恒千妻謝氏　　二十六歲夫亡,守節五十年。

張鳴皋妻仲氏　　二十一歲夫亡,撫嗣成立。守節四十五年。

莊景春繼妻徐氏　　二十八歲夫亡,撫前氏子成立。守節三十一年。

陸粹然妻曹氏　二十六歲夫亡,守節五十年。

曹慰祖妻項氏　二十一歲夫亡,以姪承嗣。守節四十二年。

殳端揆妻陸氏　二十七歲夫亡,守節二十五年。

錢致和妻洪氏　二十四歲夫亡,撫遺腹子。守節五十年。

蔣廷模妻金氏　三十歲夫亡,撫子成立。七旬壽,戒勿稱觴,重建佘家橋。守節四十四年。

訓導陳天鏞妾歐氏　二十二歲天鏞亡,撫姪祖命遊庠。守節五十八年。

夏德焜妻陳氏　二十四歲夫亡,守節三十八年。

屠宗耀妻陸氏　二十四歲夫亡,撫孤。守節三十年。

俞德奎妻徐氏　二十九歲夫亡,守節三十九年。

李雲占妻金氏　二十九歲夫亡,撫孤。守節三十四年。

胡秀川妻岳氏　二十四歲夫亡,守節四十七年。

沈樾妻徐氏　二十二歲夫亡,守節二十八年。

王聖嘉妻李氏　二十八歲夫亡,以姪爲嗣。守節二十七年。與歸章氏之姊氏同胞雙節。

倪新齊妻殳氏　二十七歲夫亡,守節十六年。

金良揆妻王氏　二十八歲夫亡,守節十五年。

岳恭賢妻殳氏　三十歲夫亡,守節五十一年。

葉士褘妻呂氏　二十一歲夫亡,撫孤。守節二十年。

監生陳天鱗妾李氏　二十七歲天鱗亡,守節十七年。

訓導胡琢繼妻徐氏　二十一歲夫亡,生子,又亡,撫姪孫賜曾爲嗣。守節二十四年。

陳心蘭妻施氏　二十九歲夫亡,守節二十二年。

監生鍾秉鈞妻姚氏　三十歲夫亡,守節十六年。

監生陸鈁妾朱氏　二十三歲鈁亡,撫孤成立,子死,又撫兩孫。守節五十三年。

庠生賈純武妻許氏　二十九歲夫亡,撫孤亦逴,長娶於陳,未幾陳寡。姑媳伶仃,恒至絕食。撫姪玉堂爲嗣。守節三十八年,陳守節二十九年。

監生鄒士魁繼妻王氏　三十歲夫亡,子熊又早卒。氏與媳共勵冰操,苦志守節四十二年。

職監陳天鏡妾錢氏　三十歲天鏡亡,撫嗣子三辛,又卒。與媳蕭氏守節二十八年。

職監濮廷輝妻楊氏　二十八歲夫亡,撫孤。守節三十二年。

歸宏緒妻朱氏　二十九歲夫亡,守節四十一年。

賈舜輝妻曹氏　二十四歲夫亡,守節十七年。

沈謂喬妻仲氏　成婚甫十月夫亡,家貧,守節十六年。

監生曹鱐廷妻楊氏　二十四歲夫亡,守節二十二年。

周永侯繼妻吳氏　二十九歲夫亡,守節五十年。

顔駛懷妻鍾氏　二十一歲夫亡,守節三十六年。

王瑞雲妻陸氏　二十八歲夫亡,守節四十七年。

潘洪緒妻朱氏　二十七歲夫亡,撫三孤成立。守節四十五年。媳楊氏,年二十五寡,守節十六年。

魏尚忠妻孫氏　二十七歲夫亡,繼姪爲嗣。守節二十年。娣施氏,年二十六夫思忠病歿,守節十六年。

沈昌宏妻李氏　十九歲生二子,夫病,籲天請代,未應。泣請于翁,必得一疏,焚東嶽神座,越五日語翁曰:"夜夢二鬼來言，神許我矣。"遂卒。監察御史馮浩爲之傳。

蔡敬宣妻周氏　二十三歲夫亡，守節五十四年。

高維寵妻陸氏　二十八歲夫亡，撫孤南華成婚。守節三十二年。南華卒，媳楊氏亦矢志守節。姑歿，氏以哀毀卒。

朱元泰妻金氏　二十三歲夫亡，守節四十年。

庠生朱承炳妻金氏　二十四歲夫亡，撫姪雙桃。守節四十二年。

徐文華妻李氏　二十一歲夫亡，守節四十三年。

吳應元妻朱氏　二十五歲夫亡，守節四十一年。

高鴻秀妻張氏　二十八歲夫亡，守節二十六年。

張秉義妻程氏　二十三歲夫亡，守節五十八年。

孔士珍妻山氏　二十五歲夫亡，守節四十四年。

孔鳳池妻褚氏　二十五歲夫亡，守節三十七年。

邱發元妻錢氏　二十九歲夫亡，守節五十年。

錢潤之妻鍾氏　二十一歲夫亡，上事翁姑，下撫弱媳。苦志守節十六年。

于學滄妻張氏　二十五歲夫亡，守節三十六年。

周守仁妻王氏　二十六歲夫亡，守節十七年。

王元皋妻金氏　二十一歲夫亡，守節四十三年。

陳汝珏妻吳氏　二十八歲夫亡，守節五十三年。

鄭璞安繼妻周氏　二十九歲夫亡，守節二十一年。

江聖祥妻沈氏　十九歲夫亡，守節五十年。

柏秀峰妻吳氏　二十九歲夫亡，守節五十年。

張儀門妻陸氏　二十八歲夫亡，守節六十一年。

張肇康妻岳氏　二十六歲夫亡，守節二十五年。

管蘭生妻朱氏　二十三歲夫亡，守節十九年。

宋佩珍妻王氏　二十歲夫亡，守節四十一年。

生員張楚馨妻葉氏　二十七歲夫亡，守節四十一年。

沈斯才妻宋氏　二十歲夫亡，守節二十五年。

宋景高妻趙氏　二十七歲夫亡，守節五十二年。

武生錢璋妻沈氏　三十歲夫亡，守節二十六年。

徐廷章妻杜氏　三十歲夫亡，守節五十二年。

徐起成妻陳氏　二十六歲夫亡，守節十八年。

沈剛峰妻張氏　二十三歲夫亡，守節六十二年。

朱錦堂妻金氏　十九歲夫亡，守節三十二年。

沈廷槐妻朱氏　三十歲夫亡，守節十八年。

張國楨妻周氏　二十八歲夫亡，守節四十七年。

朱永茂妻沈氏　二十七歲夫亡，守節二十三年。

陸惟松妻陸氏　二十四歲夫亡，守節三十二年。

查錦章妻謝氏　三十歲夫亡,守節三十一年。

張耕心妻李氏　二十八歲夫亡,守節四十年。

黃學達妻沈氏　二十六歲夫亡,守節二十一年。

錢文治妻潘氏　二十九歲夫亡,撫孤。守節三十一年。

錢文蔚妻沈氏　二十九歲夫亡,撫孤。守節三十六年。

夏大受妻沈氏　三十歲夫亡,守節五十三年。

夏廷文妻陳氏　二十五歲夫亡,守節五十八年。

張純芳繼妻王氏　二十八歲夫亡,守節三十一年。

朱鼎元妻徐氏　二十四歲夫亡,守節四十六年。

姚端人妻高氏　二十七歲夫亡,守節四十七年。

姚庭竹妻宋氏　二十七歲夫亡,守節四十年。

張啟龍妻姚氏　二十八歲夫亡,守節二十二年。

張福祥妻陳氏　三十歲夫亡,守節三十一年。

沈聖釗妻孫氏　二十八歲夫亡,守節二十三年。

鍾尚發妻沈氏　二十六歲夫亡,守節三十九年。

王賜祚妻沈氏　二十三歲夫亡,撫孤,授室,子早亡,又撫兩孫。守節五十二年。

朱欽若妻謝氏　二十七歲夫亡,喪葬兩代,撫姪為嗣。守節三十七年。

奚爾發妻姚氏　二十三歲夫亡,撫遺腹子。守節五十五年。

錢樹屏妾陶氏　二十八歲樹屏亡,遺孤又卒。守節四十二年。

陳恒占妻張氏　二十九歲夫亡,撫孤。守節三十九年。

梁葉封妻張氏　二十歲夫亡,撫姪。守節二十二年。

監生孫許齡妻周氏　二十四歲夫亡,守節五十九年。

王紹庭妻勞氏　二十九歲夫亡,守節十七年。

施惠政妻陸氏　二十九歲夫亡,守節二十五年。

周紹芳妻沈氏　二十一歲夫亡,紹芳弟紹佳妻彭氏,年二十九而寡,同撫姪仁安為桃。子仁安,早卒。各撫仁安之子為孫。沈守節五十四年,彭守節五十一年。

顧文炳妻錢氏　二十六歲夫亡,守節四十一年。

胡文華妻李氏　二十四歲夫亡,守節十七年。

陸星榆妻金氏　二十八歲夫亡,守節二十三年。

李某妻周氏　二十九歲夫亡,撫孤成立。守節四十三年。

莊自鏡妻朱氏　二十四歲夫亡,撫姪為嗣。歿年六十四。

趙連城妻沈氏　十九歲歸趙,二載夫亡,氏撫小叔連塘成立。塘入邑庠,遽卒,氏撫塘之子為嗣。旌年六十七。

畢羽儀妾黃氏　生二女,二十六歲羽儀亡,守節。旌年五十三。

黃如璋妻朱氏　二十二歲歸黃,止二月璋亡,撫姪,苦守。旌年四十八。

朱錦妻沈氏　二十九歲夫亡,縈縈子立,撫遺子澄以延宗祀。旌年五十九。

廩生柴維塘妻徐氏　二十五歲夫亡,遺一子,三歲而亡。事姑,撫姪,孝慈兩全。旌年五十四。

蔣鑛妻俞氏　　二十五歲夫亡,家貧,氏拮据撫孤。旌年五十。

徐鎬妻王氏　　二十六歲夫亡,撫姪為嗣。旌年四十七。

黃榮森妻朱氏　　二十四歲夫亡,守節,撫姪筠為嗣。旌年四十三。

顧祁通妻于氏　　二十四歲夫亡,遺二幼子,氏勤苦撫孤。旌年四十八。

陸慎餘妻王氏　　二十六歲夫亡,撫姪成家。旌年六十八。

施兆庭妻徐氏　　二十五歲夫亡,矢志苦守。旌年四十九。

王萬鍾妻楊氏　　二十四歲夫亡,守節。旌年四十三。

陳辛堯妻張氏　　二十七歲夫亡,撫孤子壎,守節。旌年六十八。壎婦王氏,亦二十七而寡,撫遺腹子,守節。旌年四十八。

許發財妻鍾氏　　二十六歲夫亡,守節。旌年七十二。

朱配敏妻顧氏　　十八歲夫亡,守節。旌年四十一。

徐巽隆妻朱氏　　二十九歲夫亡,守節。旌年六十一。

卜德齡妻沈氏　　二十二歲夫亡,撫孤,守節。旌年六十五。

錢正宗妻徐氏　　二十五歲夫亡,守節。旌年五十七。

金順元妻沈氏　　二十四歲夫亡,撫孤,守節。旌年五十七。

朱振隆妻徐氏　　二十四歲夫亡,家貧,緯木棉以養姑嫜,撫孤。守節。旌年四十四。

張廷珍妻程氏　　二十七歲夫亡,撫姪為子。茹蘗飲冰,足不踰閾。旌年六十五。

王夏珍妻朱氏　　二十三歲夫亡,撫孤,守節。旌年六十四。

王熙載妻周氏　　二十七歲夫亡,撫孤,守節。旌年五十。

吳浩然妻淩氏　　十八歲歸吳,甫四月夫亡,撫嗣,守節。旌年七十四。

趙棻妻岳氏　　二十二歲夫亡,遺一子,氏苦志撫養,堅貞自守。旌年四十三。

歐宏毅妻郭氏　　二十七歲夫亡,守節。長孤早殁,撫幼子成立。旌年七十二。

顧佑尊妻管氏　　二十三歲夫亡,上有寡姑,而家極貧,氏拮据奉養,經理喪葬。旌年六十九。

謝作梅妻錢氏　　二十七歲夫亡,遺孤四人,皆撫養成室。旌年六十五。

錢允中妻張氏　　二十六歲夫亡,撫孤,守節。旌年五十七。

錢仁安妻章氏　　二十六歲夫亡,撫孤,守節。旌年九十一。

沈南祥妻施氏　　二十八歲夫亡,撫孤,守節。旌年四十八。

董惠斌妻平氏　　二十七歲夫亡。弟敘斌妻岳氏又年二十八而寡。家極貧,乞食以飼其孤。平守節四十三載,岳守節已三十八年。

朱周奇妻陳氏　　二十八歲夫亡,守節。旌年五十二。

錢振海妻陳氏　　二十八歲夫亡,守節,旌年七十二。

程浩妻朱氏　　二十八歲夫亡,守節,撫二孤成立。旌年四十八。

陳冀善妻張氏　　二十四歲夫亡,撫姪為子。守節。旌年四十四。

陳尚龍妻殷氏　　二十六歲夫亡,遺孤纔五月,撫以成立。旌年四十八。

監生岳韞崑妻張氏　　二十八歲而寡,遺三女。族有利其家資者,百計窘之。氏矢志不移,葬夫嫁女,循禮無違。旌年六十一。

周里欽妻朱氏　　二十八歲夫亡,守節,撫孤成立。旌年五十一。

馬金洲妻趙氏　二十八歲夫亡,窮居守節。旌年七十五。

沈樂山妻金氏　二十八歲夫亡,撫孤成立。旌年五十六。

沈景秀妻楊氏　二十六歲夫亡,守節。旌年七十三。

馬心葵妻沈氏　二十八歲夫亡,撫孤成立。旌年七十六。心葵之子大魁妻陳氏,年二十七夫亡,勤苦奉姑,撫姪爲子。旌年五十七。

周憲章妻高氏　二十七歲夫亡,撫孤。守節。旌年六十一。

徐宏模妻程氏　二十五歲夫亡,撫二孤成室。旌年五十五。

許雲龍妻魏氏　二十七歲夫亡,守節。旌年七十五。

李堯章妻周氏　二十四歲夫亡,守節,撫姪爲子。旌年五十。

府丞程同文妾劉氏　二十五歲府丞卒於濮頭鎮舟次,撫遺腹女,許字嘉興原任給事中錢儀吉爲媳,即以夫主之姪爲嗣。旌年四十五。

徐瑞珍妻鄭氏　三十歲夫亡,撫孤成立。旌年五十六。

徐良玉妻徐氏　二十歲夫亡,守節,以姪爲嗣。旌年四十四。

張擎柱妻陳氏　二十二歲夫亡,旌年七十二。

張餘慶妻沈氏　二十四歲夫亡,旌年七十歲。

葉永春妻張氏　二十二歲夫亡,旌年七十四。

王長年妻潘氏　二十二歲夫亡,旌年六十四。

徐尚杰妻汪氏　二十二歲夫亡,旌年六十三。

陳正倫妻張氏　三十歲夫亡,旌年七十八。

張載豐妻陳氏　二十六歲夫亡,旌年七十五。

倪小迁妾吳氏　二十九歲小迁亡,旌年六十五。

吳鑲妻淩氏　二十二歲夫亡,旌年七十二。

姚錫騏妻楊氏　二十六歲夫亡,旌年六十五。

徐尚懷妻金氏　二十五歲夫亡,旌年五十二。

尤衢一作衡清妻朱氏　二十二歲夫亡,孝事翁姑,撫孤游庠。旌年六十三。

馮恩植妻孫氏　二十五歲夫亡,家貧,事舅姑盡孝。旌年六十九。

吳芹川妻蔡氏　二十一歲夫亡,守節。旌年五十八。

陸應元妻姚氏　二十九歲夫亡,守節。旌年五十三。

戴允恭妻張氏　二十七歲夫亡,守節。旌年五十九。

生員施永濬妻沈氏　三十歲夫亡,守節,撫姪爲嗣。旌年七十五。

潘繼珍妻沈氏　二十五歲夫亡,守節。旌年四十五。

生員施承熙妻錢氏　二十九歲夫亡,守節。旌年五十八。

楊維翰妻錢氏　二十七歲夫亡,守節。撫孤成立。旌年四十九。

錢宸極妻陳氏　二十三歲夫亡,矢志守節,孝事堂上。旌年四十四。

生員金敏時妻于氏　三十歲夫亡,矢志撫孤璋,增廣生。旌年五十六。

錢文炳妻李氏　二十七歲夫客死,氏矢志。事姑以孝稱,姑歿,婦依母家。兄子日燨得邀鄉薦,受氏之慈訓居多。旌年六十六。

陳蘭徵妻金氏　二十四歲夫亡,矢志,守節。旌年四十七。

朱錫璜妻曹氏　生員曹墉女。幼爲朱養媳,將婚,夫亡,氏年二十,奉木主成禮,矢志不移。旌年四十四。

李瑞麟妻沈氏　二十歲夫亡,守節,事翁姑以孝。旌年四十五。

章聖鳳妻周氏　婚甫三十八日,夫隨宦室赴廣東,音信杳絕。氏紡績以給,歷歉歲至掘草根、斫樹皮爲食。每歲值夫外出日,望東遙拜,涕泣終朝。旌年六十有五。

商受需妻沈氏　二十七歲夫亡,矢志守節。旌年六十。

曹時霖繼妻董氏　二十二歲夫亡,矢志守節。旌年六十七。

沈鳴玉妻姚氏　二十歲夫亡,守節。旌年六十六。

商天奇妻沈氏　二十八歲夫亡,守節。旌年五十一。

孟福齡妻張氏　二十二歲夫亡,守節。旌年五十四。

陸瑞元妻嚴氏　二十五歲夫亡,守節。旌年七十一。

衛大賓妻張氏　二十二歲夫亡,守節。旌年六十六。

鍾肇坤妻張氏　二十六歲夫亡,守節。旌年六十二。

鍾禹相妻吳氏　二十八歲夫亡,守節。旌年五十九。

鍾禹強妻錢氏　二十九歲夫亡,守節。旌年五十九。

陳自明妻胡氏　二十四歲夫亡,守節。旌年六十八。

沈文彬妻趙氏　二十五歲夫亡,守節。旌年五十五。

姚禹成妻朱氏　二十二歲夫亡,守節。旌年七十五。

姚自天妻朱氏　二十七歲夫亡,守節。旌年六十一。

徐佩章妻姚氏　二十九歲夫亡,守節。旌年六十五。

金祥麟妻周氏　二十三歲夫亡,守節。旌年五十二。

陳有章妻陸氏　二十五歲夫亡,守節。旌年五十八。

朱大元妻費氏　二十八歲夫亡,守節。旌年五十九。

張如生妻周氏　三十歲夫亡,守節。旌年七十二。

張士義妻許氏　二十二歲夫亡,子大昌甫週歲。家極貧,氏上事下育,艱苦備嘗。後翁姑相繼逝,大昌又故,媳亦亡,撫二孫成立。旌年七十餘。

王士元妻顧氏　二十七歲夫亡,撫孤成立。旌年七十六。

沈聖林妻沈氏　二十八歲夫亡,遺孤又歿,苦志守節。旌年六十一。

沈才江妻張氏　二十四歲夫亡,撫孤成室,後子媳雙亡。姪奕倫迎養焉。旌年七十六。

張甫王繼妻皇甫氏　二十九歲夫亡,撫二子成立。長學仁,夫婦相繼而亡。又撫遺孫。旌年七十。

監生張樹驤妻陸氏　二十九歲夫亡,娣計氏樹驩妻年二十而寡,共勵冰操,孝奉舅姑。陸旌年五十歲,計旌年四十二。

潘其傔繼妻沈氏　二十九歲夫亡,撫孤成立。旌年六十二。

范家振妻嚴氏　二十二歲夫亡,守節,孝事翁姑。旌年五十六。

潘其烈妻顧氏　二十八歲夫亡,上事孀姑,茹荼守志。旌年六十八。

潘其煥妻茅氏　二十九歲夫亡,撫孤成室。子卒,復與媳共撫孫珏成立。旌年六十有二。

皇甫基妻沈氏　二十五歲夫亡,撫遺腹子雨鑾成立。雨鑾早亡,又與媳共勵冰操。旌年四十九。

金元爔繼妻張氏　二十九歲夫亡，撫孤成立。旌年五十四。

武生張洽敬妾徐氏　二十六歲洽敬亡，與嫡撫孤成立。旌年四十七。

張洽良妻楊氏　二十九歲夫亡，守節，撫孤。旌年七十。

曹東來妻馮氏　二十九歲夫亡，撫孤。守節。旌年四十四。

都霞村妾李氏　二十八歲霞村亡，守節。旌年七十。

嚴德墉妻周氏　二十一歲夫亡，守節。旌年五十四。

茅天祚妻時氏　二十歲夫亡，撫遺腹子。守節。旌年四十四。

丁綸言妻周氏　十六歲歸周，不半載夫亡，氏撫嗣。守節。旌年三十四。

朱克楓妻楊氏　十九歲夫亡，守節。旌年五十一。

朱維珩妻吳氏　二十二歲夫亡，繼姪。守節。旌年五十五。

莊福齡妻姚氏　二十五歲夫亡，遺孤生纔四十日，撫以成立。旌年五十九。

生員姚復隆妻羅氏　二十八歲夫亡，遺孤亦殀，撫繼孫爲嗣。孝事媍姑，力營喪葬。旌年五十一。

姚復初妻顧氏　二十九歲夫亡，子又早殀，氏撫姪。守節。旌年七十二。

董廷相妻楊氏　二十七歲夫亡，守節。旌年六十六。

柏寶安妻祁氏　二十九歲夫亡，遺孤又殀，氏以勤苦度日。旌年五十。

張子相妻卜氏　二十七歲夫亡，守節。旌年六十。

職員程震妻嚴氏　二十六歲震以候補卒於京師，氏撫孤。守節。旌年四十有五。

陸求妻芮氏　二十五歲夫亡，家貧，守節。旌年六十四。

生員陸坤妻徐氏　二十九歲夫亡，無子，苦守清貧。旌年五十五。

徐浩泉妻楊氏　二十六歲夫亡，孝事繼姑，撫養孤子。旌年五十四。

曹蕭猷妻朱氏　二十四歲夫亡，守節。旌年六十一。

趙坤妻楊氏　十八歲夫亡，守節。旌年五十八。

監生孫鎬妻朱氏　二十八歲夫亡，喪葬姑嫜，教養孤子濤入庠。旌年四十九。

徐在天妻蔣氏　二十七歲夫亡，守節。旌年六十三。

倪文璣妻朱氏　二十一歲夫亡，守節。旌年六十五。

王奇珍妻沈氏　二十一歲夫亡，守節。旌年四十四。

陸士相妻沈氏　二十七歲夫亡，守節。旌年五十歲。

沈椿楊妻朱氏　二十歲夫亡，守節。旌年五十四歲。

王書田妻潘氏　三十歲夫亡，守節。旌年六十二。

廩生鄒梧妻蔣氏　二十八歲夫亡，守節。旌年五十六。

監生鄒標妻陳氏　二十八歲夫亡，守節。旌年四十九。

監生鄒麒妻姚氏　二十八歲夫亡，守節。旌年四十八。

施清泉妻朱氏　二十七歲夫亡，守節。旌年六十六。

王佑妻朱氏　二十七歲夫亡，守節。旌年六十三。

朱羽翽妻王氏　二十九歲夫亡，撫孤成立。旌年九十。

陳允賢妻高氏　二十九歲夫亡，撫孤成立。旌年五十三。

盛雲和妻鍾氏　十九歲成婚，不一載夫亡，上事翁姑，撫姪爲子。旌年八十七。

高順龍妻金氏　二十九歲夫亡,守節。旌年六十五。

沈百榮妻王氏　二十二歲夫亡,守節。旌年四十八。

倪萬榮妻彭氏　三十歲夫亡,安貧,守節。旌年五十一。

宋錫年妻沈氏　二十七歲夫亡,家貧,無以爲生,氏安貧守節。旌年四十七。

潘德仁妻沈氏　二十六歲夫亡,撫姪。守節。旌年五十一。

朱凝華妻袁氏　二十七歲夫亡,撫遺腹子成立。旌年四十九。

朱燦若妻黃氏　二十五歲夫亡,撫姪。守節。旌年七十四。

邱德明妻戴氏　二十三歲夫亡,撫姪。守節。旌年五十九。

曹佐堂妻張氏　二十一歲夫亡,撫姪。守節。旌年五十五。

監生曹閎中妻鄭氏　二十九歲夫亡,撫孤成立。旌年五十五。

鄒雲驤妻張氏　二十二歲夫亡,守節。旌年四十四。

張啟庭妻沈氏　二十四歲夫亡,撫孤。守節。旌年五十七。

徐錦華妻張氏　二十六歲夫亡,撫孤。守節。旌年五十二。

徐憲邦妻莊氏　二十七歲夫亡,撫二孤成室。旌年五十有三。

徐汝端妻卜氏　二十八歲夫亡,事姑以孝聞,撫兩孤成室。旌年五十三。

沈天佑妻陳氏　二十三歲夫亡,守節。旌年七十三。

都文通妻潘氏　二十四歲夫亡,守節。旌年五十五。

沈福田妻高氏　二十歲夫亡,守節。旌年四十。

張賦彤妻丁氏　二十歲夫亡,守節。旌年四十二。

楊玉和妻沈氏　二十一歲夫亡,守節。旌年五十九。

葛品宗妻蔣氏　二十一歲夫亡,矢志守節。旌年五十。

鄭德興妻湯氏　二十五歲夫亡,撫姪廷鑣爲子。翁姑歿後,拮據喪葬。旌年七十二。廷鑣妻邱氏,年二十二又寡,同心守節。旌年四十六。

監生鄭煥妻顧氏　二十八歲煥亡,撫姪爲嗣。旌年六十歲。

鄭升階妻沈氏　二十九歲夫亡,翁姑相繼歿,撫姪爲嗣。旌年五十六。

鄭叔城妻朱氏　二十七歲夫亡,子幼,與從姒同心守節。旌年四十七。

生員嚴師言妻溫氏　二十九歲夫亡,守節。旌年七十二。

監生嚴繼志妻沈氏　二十四歲夫亡,撫嗣成立,又早亡,復撫育諸孫。旌年七十。

金永清繼妻朱氏　二十二歲夫亡,守節。旌年七十二。

職員沈世銓妻李氏　二十九歲夫亡,家極貧,紡績撫孤。旌年六十五。

職員朱敘元妾張氏　二十八歲敘元亡,孤世傳早卒,孫元福又卒,復撫曾孫。旌年六十三。

楊繼椒妻鄭氏　二十一歲夫亡,遺孤又殀。旌年四十一。

朱鴻章妻卜氏　十九歲成婚,甫二月夫亡,苦志守節。旌年六十。

周元佳妻王氏　二十八歲夫亡,孤又早卒。旌年六十七。

何豫亭妻楊氏　二十七歲夫亡,苦志守節。旌年七十一。

錢世昌妻丁氏　二十五歲夫亡,守節。旌年六十八。

沈光孚妻葉氏　三十歲夫亡,撫孤。守節。旌年七十六。

黃元愷妻陸氏　三十歲夫亡,守節。旌年六十一。

周琴五妻周氏　二十歲夫亡,守節。旌年五十二。

鄭鼎成妻沈氏　二十七歲夫亡,撫孤。守節。旌年四十九。

朱人英妻凌氏　十七歲夫亡,屢欲自盡,翁姑勉以大義而止。撫嗣子學源游庠。旌年四十六。

嚴肇堂妻吳氏　二十五歲夫亡,撫遺腹子,未娶又卒。煢煢苦守。旌年七十一。

沈士基妻潘氏　二十七歲夫亡,撫孤。守節。旌年五十四。

陸汝銘繼妻夏氏　二十二歲夫亡,撫前氏子成立。旌年四十二。

徐高槐繼妻王氏　二十一歲夫亡,撫姪爲嗣。旌年四十四。

監生周廷桂妻朱氏　三十歲夫亡,孝事翁姑,撫孤成立。旌年六十一。

錢仁夫妻張氏　二十八歲夫亡,撫姪。守節。旌年七十四。

凌鶴其妻錢氏　二十九歲夫亡,撫姪。守節。旌年六十二。

徐彩珍妻嚴氏　二十九歲夫亡,撫孤成立。旌年六十。

徐世成妻鄔氏　二十九歲夫亡,撫姪。守節。旌年六十四。

朱世傳妻陳氏　二十二歲夫亡,孝事媥姑。繼嗣又亡,復撫遺孫。旌年四十三。

陳椿妻陸氏　二十六歲夫亡,守節。旌年五十一。

生員周冠群妻施氏　二十九歲夫亡,撫孤成立。子媥又雙亡,復撫遺孫。旌年八十三。

職員蕭南宮妾沈氏　二十三歲南宮亡,撫孤。守節。旌年六十二。

孔昭聲妻胡氏　二十二歲夫亡,家極貧,撫遺腹子,授室,後又病歿,與媥共勵冰操。旌年五十八。

職員吳鋐奎妾馬氏　二十七歲鋐奎亡,遺孤又夭,矢志守節。旌年七十九。

錢維槙妻陸氏　二十二歲夫亡,撫遺腹子又亡,撫孫亦早亡,復撫曾孫成立。旌年八十三。

范祜常妻鄔氏　二十七歲夫亡,家貧,無子,依母守節。旌年六十六。

何焯妻王氏　二十四歲夫亡,守節。旌年四十四。

陸汝鈺妻沈氏　二十三歲夫亡,撫孤成立。旌年七十一。

監生吳文烜妻徐氏　二十一歲夫亡,氏誓以身殉,戚屬喻以撫孤大義,乃強起,撫元根成立。殯葬翁姑,咸盡其禮。元根早卒,妻徐氏,又撫孤守志。姑媥皆以節顯。旌年五十四。

周興如妻張氏　二十九歲夫亡,撫孤。守節。旌年五十八。

丁掄元妻周氏　十五歲歸丁,不一載而寡,撫孤。守節。旌年四十八。

張寶名妻沈氏　二十六歲夫亡,撫孤。守節。旌年四十七。

沈益三妻陳氏　二十九歲夫亡,撫孤成立。旌年五十。

沈震寰妻錢氏　二十七歲夫亡,撫嗣成立。旌年七十一。

錢載熙妻沈氏　二十九歲夫亡,撫三孤,荼苦萬狀。旌年六十五。

周惠揚妻沙氏　二十三歲夫亡,撫孤。守節。旌年六十一。

監生張桐妻楊氏　二十四歲夫亡,撫姪爲嗣。旌年六十七。

監生顧菜妻嚴氏　二十七歲夫亡,上奉兩世媥姑,下撫三月孤子,娶媥程氏,後子毓金旋歿,無後。一門苦節矢志。旌年五十二。

監生皇甫悅妻張氏　二十五歲成婚,甫九月夫亡,撫嗣子璐,恩義兼至。旌年四十九。

監生徐潮妻皇甫氏　二十六歲夫亡,撫孤,守節。旌年五十五。

張元埰妻蕭氏　　二十二歲夫亡,撫姪,守節。旌年五十二。

唐榮妻顧氏　　二十九歲夫遊幕,卒于閩,氏聞訃,一慟幾絕。勤女工,以撫養孤女。旌年五十六。

王士連妻吳氏　　二十九歲夫亡,家酷貧,藉十指以上奉孀姑,下撫孤子。旌年七十歲。

楊大觀妻陸氏　　二十三歲夫貿易在外,卒于旅次,撫嗣。守節。旌年七十。

顧晉揆妻孔氏　　二十八歲夫亡,守節。旌年六十三。

李懷音妻馬氏　　二十五歲夫亡,無子,矢志守節。旌年七十八。

監生周豐穀妻姚氏　　二十三歲夫亡,繼姪爲嗣,貧苦守節。旌年五十三。

監生朱毓德妻陳氏　　二十一歲夫亡,遺一子,又殀。氏躬勤紡績,孝事衰姑。旌年四十二。

監生張裕成妾陳氏　　張納陳時,已垂暮善病。氏衣不解帶,侍奉無懈。張亡,氏年二十。勵志冰霜,事嫡盡敬。旌年四十五。

生員徐丁模妻周氏　　十六歲夫亡,上事翁姑,繼以喪葬,哭泣過哀,二目盡瞽。欲恃針黹以度日,禱于神,一日復明。撫姪爲嗣。旌年四十九。

李泳繼妻沈氏　　二十九歲夫亡,撫姪。守節。旌年四十九。

沈誠修妻陸氏　　二十三歲夫亡,撫姪。守節。旌年四十四。

朱應鎬妻張氏　　二十二歲夫亡,守節。旌年四十八。

陳望雲繼妻沈氏　　二十二歲夫以母喪哀毀卒。遺腹生男,氏上奉衰翁,下撫孤子,艱苦備歷。旌年六十二。

錢士珍妻楊氏　　二十八歲夫亡,守節。旌年八十七。

富永南妾徐氏　　二十七歲永南亡,守節。旌年八十六。

劉憲章妻葉氏　　二十八歲夫亡,守節,撫姪爲嗣。旌年八十二。

鍾宏瑞妻錢氏　　二十三歲夫亡,撫孤。守節。旌年八十二。

顧聞昌妻徐氏　　二十一歲夫亡,守節。旌年八十二。

賈士信妻曾氏　　二十一歲夫亡,撫孤。苦節自守。旌年八十一。

殳秉鈞妻徐氏　　二十一歲夫亡,家貧,無子,孝事耄姑,以姪爲嗣。守節。旌年七十九。

高錫龍妻沈氏　　二十九歲夫亡,孝事孀姑,撫二孤俱殀,以姪爲嗣。守節。旌年七十八。

莊樹椿繼妻徐氏　　二十九歲夫亡,撫前氏子成立。旌年七十八。

沈志鈞妻費氏　　二十八歲夫亡,守節。旌年七十七。

孫大爲妻陳氏　　二十五歲夫亡,撫姪。守節。旌年七十七。

陸昌妻嚴氏　　二十三歲夫亡,守節。旌年七十七。

吳省山妻王氏　　二十九歲夫亡,守節。旌年七十七。

濮葵妻胡氏　　二十九歲夫亡,守節。旌年七十六。

顧懷璋妻夏氏　　二十四歲夫亡,守節。旌年七十六。

朱鎔繼妻陸氏　　二十六歲夫亡,孝事孀姑,撫孤成婚。旌年七十六。

夏尚珍妻殳氏　　二十六歲夫亡,守節,撫孤。旌年七十六。

監生夏承烈妻鍾氏　　二十三歲夫亡,撫姪。守節。旌年四十五。

蔣元鐙妻曹氏　　二十五歲夫亡,撫遺腹孤。守節。旌年四十五。

胡鳴玉妻楊氏　　二十歲夫亡,撫遺腹孤。守節。旌年四十五。

監生鄒熙妻曹氏　　二十四歲夫亡,撫孤。守節。旌年四十五。

董晉階妻王氏　二十九歲夫亡，撫孤。守節。旌年六十。

莊福林妻姚氏　二十七歲夫亡，守節。旌年六十。

沈濱泗妻潘氏　二十歲夫亡，以兄子爥兼祧。旌年四十一。

錢巽孚妻仲氏　二十九歲夫亡，守節。旌年四十九。

沈愛棠妻潘氏　二十一歲夫亡，守節。旌年四十三。

趙松妻姚氏　二十四歲夫亡，守節。旌年四十五。

沈尚珍妻彭氏　二十一歲夫亡，翁姑年老，氏拮據侍奉，撫姪爲嗣。旌年四十七。

周彥選妻李氏　二十一歲夫亡，守節。旌年六十九。

葛毓鑌妻時氏　二十歲夫亡，守節。旌年四十。

薛孔發妻周氏　二十九歲夫亡，守節。旌年五十九。

李一生妻邱氏　三十歲夫亡，守節。旌年五十九。

邱維松妻鍾氏　三十歲夫亡，守節。旌年六十四。

沈逢吉妻曹氏　二十一歲夫亡，守節。旌年五十。

游振滄妻時氏　二十七歲夫亡，守節。旌年五十一。

顧天爵妻王氏　十九歲夫亡，守節。旌年七十三。

沈俊英妻顧氏　二十三歲夫亡，守節。旌年五十。

沈元駿妻陸氏　二十四歲夫亡，撫姪。守節。旌年四十八。

魏應麒妻陸氏　二十歲夫亡，撫姪。守節。旌年四十一。

李維楨妻沈氏　二十六歲夫亡，守節。旌年五十九。

李配金妻姚氏　二十三歲夫亡，守節。旌年四十七。

李廷梅妻王氏　二十六歲夫亡，守節。旌年四十六。

陸費應淳妻潘氏　二十九歲夫亡，守節。旌年五十四。

朱秀彩妻沈氏　二十四歲夫亡，守節。旌年五十五。

沈自超妻陳氏　二十五歲夫亡，守節。旌年七十一。

夏懋德妻曾氏　二十八歲夫亡，守節。旌年五十四。

張耿昌妻陸氏　二十二歲夫亡，撫繼嗣又歿，復撫孫成立。旌年七十八。

陸文潛妻鄭氏　二十三歲夫亡，守節。旌年六十八。

吳志誠妻朱氏　二十三歲夫亡，守節。旌年六十八。

吳建周妻邱氏　二十八歲夫亡，守節。旌年六十二。

吳永順妻錢氏　二十七歲夫亡，守節。旌年四十八。

葛越麟妻鍾氏　二十七歲夫亡，守節。旌年六十一。

朱士奇妻李氏　二十一歲夫亡，守節。旌年四十一。

朱玉樹妻姚氏　二十三歲夫亡，守節。旌年六十三。

朱文相妻張氏　二十六歲夫亡，守節。旌年五十一。

朱大榮妻周氏　二十八歲夫亡，守節。旌年四十九。

蔣懷珍妻陸氏　二十七歲夫亡，守節。旌年四十八。

徐可達妻張氏　二十九歲夫亡，守節。旌年五十七。

徐士桂妻方氏　　二十四歲夫亡，守節。旌年六十七。

夏朝源妻張氏　　二十七歲夫亡，守節。旌年七十。

繆乾安妻吳氏　　二十五歲夫亡，守節。旌年四十八。

張福隆妻李氏　　二十五歲夫亡，守節。旌年五十八。

尤廷芳妻沈氏　　二十三歲夫亡，守節。旌年五十六。

沈廷亨妻孫氏　　十九歲夫亡，守節。旌年四十九。

張魁元妻董氏　　二十三歲夫亡，守節。旌年五十八。

陸士龍妻張氏　　二十四歲夫亡，守節。旌年七十四。

徐甫良妻姚氏　　二十七歲夫亡，守節。旌年五十五。

陸國華妻趙氏　　二十九歲夫亡，守節。旌年四十八。

金桂寶妻張氏　　二十四歲夫亡，守節。旌年六十五。

沈憲章妻周氏　　二十六歲夫亡，守節。旌年六十五。

高焯妻沈氏　　十九歲夫亡，守節。旌年四十五。

祖士相妻傅氏　　二十三歲夫亡，守節。旌年四十五。

徐汝璉妻張氏　　二十歲夫亡，守節。旌年五十。

倪廷炤妾吳氏　　二十八歲廷炤亡，守節。旌年六十五。

徐汝珍妻沈氏　　二十二歲夫亡，守節。旌年四十五。

茅毓英妻王氏　　二十一歲夫亡，守節。旌年四十一。

徐尚杰妻汪氏　　二十一歲夫亡，守節。旌年六十三。

鍾壽元妻張氏　　二十六歲夫亡，守節。旌年四十六。

汪澄宗妻陳氏　　二十七歲夫亡，守節。旌年四十八。

陳洪聲妻程氏　　二十九歲夫亡，守節。旌年六十一。

王之升妻顧氏　　二十六歲夫亡，守節。旌年五十九。

管秉權妻張氏　　二十九歲夫亡，守節。旌年七十八。

張錫麒妻張氏　　二十三歲夫亡，守節。旌年五十八。

管懋成妻朱氏　　二十四歲夫亡，守節。旌年五十二。

沈德佩妻管氏　　二十九歲夫亡，守節。旌年五十一。

凌鑑先妻葛氏　　二十六歲夫亡，守節。旌年五十四。

沈洪鍾妻許氏　　二十三歲夫亡，守節。旌年五十一。

朱東陽妻方氏　　二十九歲夫亡，守節。旌年六十三。

張燿九妻李氏　　二十六歲夫亡，守節。旌年四十六。

沈石麒妻周氏　　二十九歲夫亡，守節。旌年七十八。

柴貫曾妻沈氏　　二十七歲夫亡，守節。旌年五十。

朱天奇妻高氏　　二十五歲夫亡，守節。旌年八十。

沈起珍妻夏氏　　二十五歲夫亡，守節。旌年五十六。

王肇周妻張氏　　二十九歲夫亡，守節。旌年七十九。

朱健庵妻管氏　　三十歲夫亡，守節。旌年五十二。

吳敘方妻朱氏　　二十二歲夫亡,守節。旌年六十七。

夏正方妻王氏　　二十七歲夫亡,守節。旌年八十一。

張宏發妻沈氏　　二十七歲夫亡,守節。旌年五十二。

朱雍時妻張氏　　二十四歲夫亡,守節。旌年四十七。

吳義天妻張氏　　二十九歲夫亡,守節。旌年五十四。

錢本揚妻吳氏　　二十四歲夫亡,守節。旌年六十五。

陸敬王妻張氏　　二十六歲夫亡,守節。旌年六十三。

沈耀宗妻高氏　　二十二歲夫亡,守節。旌年四十九。

陳多福妻張氏　　二十七歲夫亡,守節。旌年五十。

錢通吉妻朱氏　　十七歲夫亡,守節。旌年三十八。

顧慶元妻孫氏　　二十歲夫亡,守節。旌年四十五。

金元鑌妻高氏　　二十二歲夫亡,守節。旌年四十三。

于興嘉妻沈氏　　二十歲夫亡,守節。旌年四十二。

沈兆尊妻鄭氏　　十九歲夫亡,守節。旌年四十四。

孫文鑾妻聞氏　　二十三歲夫亡,守節。旌年五十三。

馬尚周妻祁氏　　二十四歲夫亡,守節。旌年五十六。

施鎮安妻蔡氏　　二十九歲夫亡,守節。旌年七十九。

江禮祥妻沈氏　　二十五歲夫亡,守節。旌年六十。

沈嘉生妻徐氏　　二十歲夫亡,守節。旌年四十九。

沈潤芝妻金氏　　二十四歲夫亡,守節。旌年五十五。

鍾明德妻姚氏　　二十九歲夫亡,守節。旌年七十。

鍾藝妻俞氏　　二十三歲夫亡,守節。旌年五十一。

朱西龍妻范氏　　二十九歲夫亡,守節。旌年七十六。

錢宿初妻曹氏　　二十二歲夫亡,守節,撫姪為嗣。旌年七十五。

蔣世埰妻曹氏　　二十四歲夫亡,孝事翁姑,撫應榴入庠。旌年七十五。

廩生孫士熊繼妻朱氏　　二十九歲夫亡,守節。旌年七十五。

夏德順妻徐氏　　三十歲夫亡,遺孤二齡,依母家守節。旌年七十五。

顧文初妻王氏　　二十四歲夫亡,守節。旌年七十三。

孫士驥妻蔡氏　　二十四歲夫亡,撫孤。與姒朱氏共守苦節。旌年六十九。

濮琛妻沈氏　　二十五歲夫亡,守節。旌年六十九。

癸朝桂妻陸氏　　二十五歲夫亡,撫孤。守節。旌年六十九。

庠生張元瑞妻柴氏　　二十六歲夫亡,撫姪。守節。旌年六十八。

李奇昌妻夏氏　　二十五歲夫亡,撫孤。守節。旌年六十八。

沈大原妻錢氏　　二十七歲夫亡,孝事翁姑,撫姪。守節。旌年六十七。

監生濮燾妾黃氏　　三十歲燾亡,撫孤。守節。旌年六十五。

鍾秉鈞妾許氏　　十九歲秉鈞亡,與嫡姚氏並勵冰操,上事孀姑。旌年六十六。

章德洪妻李氏　　二十九歲夫亡,撫孤。守節。旌年六十六。

周潤玉妻岳氏　二十九歲夫亡,撫孤。守節。旌年六十二。

蔣元鏞妻俞氏　二十七歲夫亡,撫孤。守節。旌年六十二。

庠生鍾錫齡妻金氏　二十五歲夫亡,守節,撫孤慶瀾遊庠。旌年六十二。

周敦桂妻朱氏　二十八歲夫亡,守節。旌年六十一。

夏德瑛妻孔氏　二十七歲夫亡,守節。旌年六十。

倪修和妻管氏　二十九歲夫亡,守節。旌年六十一。

姚起方妻盛氏　二十七歲夫亡,守節。旌年六十。

黃榛妻賈氏　二十二歲夫亡,守節。旌年五十九。

張渭熊妻沈氏　二十二歲夫亡,守節。旌年五十九。

劉鏞妻岳氏　二十四歲夫亡,撫孤。守節。旌年五十六。

吳節婦　二十四歲夫亡,守節。旌年六十九。

沈德慶妻汪氏　二十二歲夫亡,守節。旌年五十七。

徐珍妻于氏　二十一歲夫亡,守節。旌年五十二。

孔昭訓妻陳氏　二十歲夫亡,守節。旌年五十二。

徐茂堂妻郁氏　三十歲夫亡,守節。旌年五十七。

劉振馨妻屠氏　二十六歲夫亡,守節,撫孤。旌年五十二。

金福麟妻姚氏　二十五歲夫亡,撫孤。守節。旌年五十二。

何元淳妻沈氏　二十二歲夫亡,守節。旌年五十二。

周範成妻凌氏

沈森妻陳氏　二十二歲夫亡,撫孤炘成立。旌年四十八。

監生劉建勳妾沈氏　二十一歲建勳亡,與嫡徐共守孀閨。旌年五十一。

沈士梁妻顧氏　二十四歲夫亡,撫孤。守節。旌年五十一。

孔維金妻徐氏　三十歲夫亡,守節。旌年五十一。

宋朝選繼妻錢氏　二十五歲夫亡,撫姪。守節。旌年五十歲。

錢廷桂妻錢氏　二十四歲夫亡,無子,苦守。旌年四十八。

鍾志才妻彭氏　二十三歲夫亡,撫嗣成立。旌年六十九。

趙禮先妻陳氏　二十七歲夫亡,撫嗣成立。旌年六十。

潘有禮妻陳氏　二十歲夫亡,撫遺腹子成立。旌年六十。

沈元章妻金氏　二十四歲夫亡,守節。旌年四十八。

沈才官妻徐氏　二十七歲夫亡,守節。旌年四十七。

徐嗣驥妻茅氏　二十八歲夫亡,守節。旌年四十八。

徐貴龍妻趙氏　二十九歲夫亡,守節。旌年五十歲。

茹子聯妻朱氏　二十八歲夫亡,守節。旌年五十六。

潘省華妻張氏　二十三歲夫亡,守節。旌年四十八。

監生沈世仁妾陳氏　二十六歲世仁亡,守節。旌年四十七。

周震妻章氏　二十五歲夫亡,守節。旌年四十六。

監生鄒與齡妾范氏　二十三歲與齡亡,守節,撫嫡子炘游庠。旌年四十六。

朱發元妻王氏　二十九歲夫亡,守節。旌年六十七。

鄭世齡妻程氏　二十六歲夫亡,守節。旌年六十一。

庠生鄭世珍妻嚴氏　二十九歲夫亡,守節。旌年六十五。

監生張中瓚妻岳氏　三十歲夫亡,撫二孤,又夭。翁姑早世,氏絡絲孝事姑祖。守節。旌年四十九。

趙芸閣妻岳氏　二十五歲夫亡,手指辛勤,撫孤有成成立,守節。旌年四十一。　以上于《志》。

周師承妻沈氏

張廷輔妻陳氏　二十五歲夫亡,氏藉十指以仰事俯育,備極艱辛。守節六十年。

生員方奇妻潘氏　二十九歲夫亡,遺孤殤,撫嗣子。守節二十年。

沈仁堯妻朱氏　仁堯少年力學,縣試得首拔,未及院試而卒。氏年二十二。善事舅姑,撫孤子登元成立。守節四十三年。

生員錢豐妻李氏　夫早亡,氏欲身殉,家人救之獲免。守節三十餘年。

吳燦妻沈氏　二十五歲夫亡,遺孤鑄,氏親課之,旋殀。撫次子鼇成立。氏父母年老。無子。氏曲盡孝養。並爲之營葬。時有吳節婦、沈孝女之譽。

贈公屠有禧妻董氏　二十六歲夫亡,守志,撫二子,幾成立而歿,復撫諸孫。年七十七卒。以孫嘉正貴封。

孫宏仁妻朱氏　二十九歲夫亡,守節十五年。

陸廷年繼妻蔣氏　二十九歲夫亡,撫嗣子汝銘成立。守節三十三年。

孫宏熙繼妻錢氏　二十六歲夫亡,守節二十五年。

費曰赤妻徐氏　二十歲夫亡,撫前子如己出。守節三十五年。

濮聖文妻許氏　二十四歲夫亡,遺孤未週,苦撫成立。守節三十八年。

尤廣喜妾沈氏　二十二歲廣喜亡,守節四十一年。

胡啟山妻張氏　二十六歲夫亡,守節三十九年。

屠洪業妻鍾氏　二十九歲夫亡,撫孤成立。守節三十三年。

陳汝球妻吳氏　二十九歲夫亡,躬親耕作,苦撫二孤。守節三十一年。

孫殿英妻周氏　二十九歲夫亡,撫孤成立。守節五十六年。

歸瑛妻尹氏　三十歲夫亡,守節四十餘年。

蔡世貞妻嚴氏　二十一歲夫亡,奉舅姑,撫嗣子。守節四十餘年。

孫志綬繼妻徐氏　二十九歲夫亡,家赤貧,以指鍼度日。守節三十餘年。

俞亢貞妻陳氏　二十九歲夫亡,守節四十餘年。

吳振華妻沈氏　二十一歲夫亡,事邁姑,撫嗣子。守節四十餘年。

武生張懷方妻閔氏　名淑蘭,歸安進士閔樂天之女也。懷方幼聘杜拱臣女,拱臣以女病廢,自絕於張,請其改娶。淑蘭既歸張,杜女煢獨無依,淑蘭勸夫迎歸,仍結褵焉。未幾懷方卒,淑蘭遺腹生男麗浦,自訓蒙餬口,教之成立。嘉慶四年,淑蘭卒,守節二十五年,杜氏年亦六十餘矣。

莊爲龍繼妻孫氏　甫婚市月,夫遽病亡,苦志艱貞,守節三十餘年。

姚本妻吳氏　吳郁芬女,贅本爲壻,因桃吳氏。氏年二十九,夫亡。事父,撫孤,孝慈兼盡。子林賴以成立。守節二十餘年。

程紹韓妻施氏　二十九歲夫亡,家貧,勤女紅以養翁姑,歿則喪葬盡禮。撫二子成立。守節二十餘年。

陳東藩妻時氏　二十八歲夫亡,事邁姑,撫孤子。守節三十餘年。

生員沈譽章妻張氏

徐載王妻朱氏

傅天臣妻張氏

夏某妻姚氏　　以上四人,事實無考。

楊聿三妻王氏　　二十七歲夫亡,遺孤鶴年甫七齡,氏事姑,課子,曲盡孝慈。守節五十餘年。

朱承溪妻陸氏　　二十七歲夫亡,守節,縞素終身,垂老不踰閾。

孫質中妻姚氏　　二十九歲夫亡,撫孤成立。事翁姑以孝聞。守節三十餘年。

章啟文妻方氏　　二十四歲夫亡,守節,卒年七十八。　　以上桐鄉李《志》。

王某妻某氏　　妙智人,適某,半載某感疾,暴卒,氏矢志,撫嗣子成立。守節以終。

吳運如妻姚氏　　二十六歲夫亡,守節四十四年。

沈鳳輝妻張氏　　二十九歲夫亡,守節五十一年。

陳守仁妻徐氏　　二十九歲夫亡,守節四十六年。

錢維忠妻徐氏　　二十九歲夫亡,守節三十二年。

楊靜思妻徐氏　　三十歲夫亡,守節十六年。

候補布政司經歷屠中柱妾陳氏　　三十歲中柱亡,守節四十二年。

王聲遠妻張氏　　三十歲夫亡,守節四十年。

郁士熙妻莊氏　　二十二歲夫亡,守節十六年。

監生沈琢章妻凌氏　　二十八歲夫亡,守節四十三年。

監生葉維賢妻歸氏　　二十四歲夫亡,守節三十二年。

鄭某妻徐氏　　二十九歲夫亡,守節三十年。

姚尊山妻顧氏　　二十九歲夫亡,守節十二年。

鍾崧如妻高氏　　三十歲夫亡,守節二十三年。

徐觀四妻陸氏　　二十八歲夫亡,守節五十年。

徐觀大妻薛氏　　二十九歲夫亡,守節四十年。

鄒維勤妻劉氏　　二十六歲夫亡,守節十一年。

徐永征妻郁氏　　二十九歲夫亡,守節三十二年。

鍾聞遠妻歸氏　　三十歲夫亡,守節二十年。

姚以遜妻張氏　　二十四歲夫亡,守節二十八年。

王順傑妻袁氏　　十九歲夫亡,守節三十二年。

陸德貴妻沈氏　　二十四歲夫亡,守節三十四年。

潘錦濤妻邵氏　　三十歲夫亡,守節三十年。

監生唐耀楨妻曹氏　　二十九歲夫亡,守節四十六年。

徐瑞麟妻戴氏　　二十八歲夫亡,守節三十六年。

王長齡妻張氏　　二十八歲夫亡,守節三十五年。

德清徐士元妻夏氏　　二十八歲夫亡,守節二十五年。

孫宏純妻王氏　　二十九歲夫亡,守節二十八年。

廩生攵增妻錢氏　　三十歲夫亡,守節二十五年。

劉湘繼妻嚴氏　三十歲夫亡,守節三十年。

徐中和妻張氏　二十三歲夫亡,守節三十六年。

朱嘉甫妻陸氏　二十五歲夫亡,守節四十三年。

孫嘉琳繼妻劉氏　二十九歲夫亡,守節三十一年。

監生劉自昆妻潘氏　二十七歲夫亡,守節三十四年。

殳德隆妻王氏　二十四歲夫亡,守節三十四年。

施鳳雲妻俞氏　二十九歲夫亡,守節三十年。

趙盛榮妻馬氏　二十七歲夫亡,守節三十七年。

王大鉉妻張氏　三十歲夫亡,守節三十四年。

何士章妻王氏　二十三歲失亡,守節三十九年。

董榮成妻楊氏　二十九歲夫亡,守節三十年。

施鳳堂妻俞氏　二十一歲夫亡,守節四十七年。

蔣心如妻王氏　二十八歲夫亡,守節二十八年。

劉如璋妻唐氏　二十二歲夫亡,守節二十一年。

郭元鎔妻劉氏　二十九歲夫亡,守節三十一年。

倪松林妻顧氏　三十歲夫亡,守節二十六年。

費繼芳妻沈氏　二十四歲夫亡,守節四十年。

章湘洲妻陳氏　二十五歲夫亡,守節三十八年。

沈維賢妻鍾氏　二十九歲夫亡,守節三十五年。

沈壽喬妻鍾氏　二十六歲夫亡,守節三十六年。

生員濮紹垠妻楊氏　二十四歲夫亡,守節二十六年。

馮聖耀妻徐氏　二十三歲夫亡,守節四十五年。

施仁方妻岳氏　二十五歲夫亡,守節四十三年。

李慕塘妻顧氏　二十九歲夫亡,守節二十一年。

儒童曹鴻盛妻仲氏　二十三歲夫亡,守節二十六年。

生員鄒炘妻劉氏　二十八歲夫亡,守節三十一年。

朱榮藩妻謝氏　二十八歲夫亡,守節四十年。

張惟康妻項氏　二十歲夫亡,守節三十九年。

莊廷楣妻吳氏　二十九歲夫亡,守節三十一年。

獨山州知州曹心田繼妻金氏　二十九歲夫亡,守節十四年。

沈貴霽妻張氏　二十六歲夫亡,守節二十四年。

輔朝元妻莊氏　二十歲夫亡,守節三十三年。

陳樹杭妻王氏　二十六歲夫亡,守節三十八年。

監生王梅溪妻沈氏　二十三歲夫亡,守節十四年。

許德芳妻曹氏　十七歲夫亡,守節三十五年。

濮熙連繼妻朱氏　二十一歲夫亡,守節十二年。

王芳林妻顧氏　二十七歲夫亡,守節三十年。

潘錦溶妻陳氏　二十六歲夫亡,守節二十七年。

谷漢波妻孫氏　二十九歲夫亡,守節十年。

從九品劉成鈖妻濮氏　二十九歲夫殉難,守節十三年。

梁文相妻姚氏　二十二歲夫亡,現年七十二。

王聲周妻沈氏　二十九歲夫亡,現年七十一。

候補布政司理問朱鐫妻金氏　三十歲夫亡,現年六十九。

申世芳妻錢氏　二十四歲夫亡,現年六十七。

陳樹元妻王氏　二十六歲夫亡,現年五十八。

姚左泉妻錢氏　二十六歲夫亡,現年六十六。

曹西園妻陳氏　二十一歲夫亡,現年五十二。

胡雲谷妻張氏　二十三歲夫亡,現年五十。

姚樹琪妻錢氏　二十六歲夫亡,現年六十七。

沈榮妻岳氏　二十八歲夫亡,現年六十七。

曹秉衡妻范氏　二十七歲夫亡,現年六十六。

朱貽孫繼妻陳氏　三十歲夫亡,現年六十六。

曹文銓妻申氏　二十四歲夫亡,現年六十五。

朱椒麓繼妻戴氏　二十七歲夫亡,現年五十八。

姚俊妻嚴氏　二十六歲夫亡,現年五十八。

陳卜堂妻劉氏　二十二歲夫亡,現年五十六。

費上珍妻陳氏　二十三歲夫亡,現年五十四。

張桂孫繼妻王氏　二十一歲夫亡,現年五十。

蔣華封妻朱氏　三十歲夫亡,現年五十八。

吳春臺妻沈氏　二十九歲夫亡,現年五十七。

王中孚妻妻徐氏　二十八歲夫亡,現年五十六。

劉漢照妻陳氏　三十歲夫亡,現年六十八。

柴連科妻陳氏　二十九歲夫亡,現年五十四。

劉淳妻婁氏　二十八歲夫亡,現年五十六。

朱學行妻歸氏　三十歲夫亡,現年五十一。

劉成鎔妻唐氏　二十九歲夫亡,現年五十四。

潘錦淇妻朱氏　二十五歲夫亡,現年五十三。

潘錦漣妻馮氏　三十歲夫亡,現年六十四。

寧波訓導夏錫熊妾王氏　二十九歲錫熊亡,現年五十九。

馮漢松妻張氏　二十五歲夫亡,現年五十五。

吳純䚡妻沈氏　二十四歲夫亡,現年四十八。

張自華妻陳氏　二十歲夫亡,現年四十七。

附貢生沈時熙妾陳氏　二十三歲時熙亡,現年四十七。

曹莪村繼妻朱氏　二十八歲夫亡,現年四十八。

濮廷模妻章氏　二十三歲夫亡,現年四十八。

沈蘭亭妻陳氏　二十三歲夫亡,現年四十八。

戴松泉妻潘氏　二十九歲夫亡,現年四十六。

沈大明妻劉氏　二十五歲夫亡,現年四十四。

監生曹墫妻沈氏　二十八歲夫亡,現年四十四。

監生曹欽義妻沈氏　三十歲夫亡,現年四十三。

曹連溪妻濮氏　二十九歲夫亡,現年四十四。

儒童濮希洤妻張氏　三十歲夫亡,現年四十三。　以上見《梅涇節孝錄》。

錢君謙妻申氏　二十四歲夫亡,欲以身殉,咸以撫孤勸,乃止。及斂,氏曰:“不能同穴,願以一指殉之。”遂斷指以並斂焉。

沈兆蕚妻鄭氏　二十歲夫亡,守節二十七年。咸豐元年旌。

朱榮春妻計氏　二十四歲夫亡,守節。旌年六十三。

謝楨繼妻何氏　二十一歲夫亡,守節。旌年五十四。　以上二人咸豐八年旌。

監生張堅妾計氏　二十六歲堅亡,守節十九年。

張欽妻計氏　二十歲夫亡,守節二十年。

張應鋐妻周氏　二十六歲夫亡,守節四十三年。

張紹洙妻姚氏　二十匹歲夫亡,守節五十七年。

張棟妻桂氏　二十九歲夫亡,守節五十三年。

姚起榮妻項氏　陳莊人。二十四歲夫亡,守節五十二年。

錢廷槐妻李氏　確坊浜人。三十歲夫亡,守節四十二年。

張賜欽妻蕭氏　二十八歲夫亡,守節四十九年。

施紹庭妻徐氏　屠甸人。二十五歲夫亡,撫孤尚達成立。守節四十六年。

陸某妻朱氏　東南村人。二十匹歲夫亡,撫嗣子順昌成立。守節四十年。

徐應冠妻朱氏　東南村人。二十歲夫亡,守節四十四年。

徐應貴妻徐氏　東南村人。二十四歲夫亡,守節四十四年。

沈世德妻陳氏　二十四歲夫亡,守節四十餘年。

馮曰康妻張氏　二十三歲夫亡,守節四十年。

戴鳴玉妻張氏　青鎮人。二十二歲夫亡,守節四十年。

鄔塏妻費氏　屠甸人。二十四歲夫亡,守節四十年。

鄭某妻杜氏　二十四歲夫亡,守節三十九年。

徐子高妻徐氏　二十一歲夫亡,守節三十五年。

沈白山妾洪氏　屠甸人。二十二歲夫亡,撫孤鑾成立。守節四十年。

許陞階妻沈氏　二十八歲夫亡,守節三十八年。

沈繼魁繼妻嚴氏　二十四歲夫亡,守節三十八年。

茅如友妻朱氏　陳莊人。三十歲夫亡,守節三十餘年。

陳秀年妻錢氏　二十三歲夫亡,守節三十四年。

陸榮椿妻費氏　二十歲夫亡,守節三十餘年。

張潛妻沈氏　　二十九歲夫亡,守節三十四年。

沈有信妻許氏　　後珠村人。二十六歲夫亡,守節三十餘年。

沈禹富妻徐氏　　青鎮人。二十五歲夫亡,守節三十餘年。

陳士楷妻鮑氏　　二十四歲夫亡,侍姑極孝。守節三十餘年。

朱秀峰妻高氏　　塘口人。二十四歲夫亡,守節三十餘年。

卞某妻鄭氏　　二十四歲夫亡,守節三十餘年。

沈邦達妻沈氏　　二十一歲夫亡,守節三十餘年。

生員周楷妻郭氏　　二十六歲夫亡,撫幼子勳、烈、熊三人成立。守節二十餘年。

高良瑞妻朱氏　　顏家村人。十九歲夫亡,守節二十餘年。

沈省嚴妻沈氏　　二十八歲夫亡,守節二十五年。

沈有恩妻金氏　　後珠村人。二十五歲夫亡,守節二十餘年。

孔憲明妻沈氏　　北董家橋人。二十五歲夫亡,守節二十餘年。

朱永卿妻馬氏　　二十九歲夫亡,撫幼子起春、廷瑛成立。守節二十餘年。

趙得才妻沈氏　　二十七歲夫亡,撫孤成立。守節二十餘年。

姚希承妻沈氏　　二十九歲夫亡,守節二十餘年。

施兆壬妻馬氏　　青鎮人。二十二歲夫亡,守節二十年。

馬孝忠妻陸氏　　十九歲夫亡,守節十八年。

楊某妻沈氏　　三十歲夫亡,守節十九年。　　以上同治八年旌。

王士良妻楊氏　　十九歲夫亡,現年六十六。

王士臣妻婁氏　　以上同治十二年旌。

陸廣祥妻金氏

周鼎賢妻李氏

儒童李瑞生妻許氏　　二十八歲夫亡,守節二十二年。

徐瑞元妻張氏　　二十七歲夫亡,遺腹一子,苦心教養。孝事寡姑。守節十七年。

徐春松妻張氏　　二十八歲夫病,割股不效。及夫亡,勤儉苦守。現年五十七。

周士熙妻吳氏　　士熙屢躓童試,發憤攻苦,得瘵疾,氏刲股和藥進,尋愈。至氏十八歲,夫亡。將殉之,舅姑諭以遺腹得男,延嗣爲大,乃止。及期,舉一男,名之曰善復,撫養成立,以第一人入泮。氏現年七十一。

朱步雲妻沈氏　二十三歲夫亡,無子。家赤貧,紡績自給。苦守三十四年。

廩生朱武先妻姚氏,妾陸氏

夏應良妻陸氏

姚用忠妻沈氏

范大根妻王氏

鍾應乾妻邱氏

監生鍾應嘉妻沈氏

鄭世仁妻蔣氏

沈郁周妻朱氏

夏應登妻都氏

高應鋐一作儲妻茅氏

夏克勳妻姚氏　以上同治十三年旌。

沈大德妻胡氏　十七歲夫亡,守節二十七年。

沈受康妻程氏　二十歲婚,兩月夫亡,守節五十五年。

沈兆芬妻鍾氏　三十歲夫亡,守節十年。

程錕妻胡氏　北港青龍坊人。十六歲夫亡,守節十一年。

主簿田載興繼妻陳氏　二十二歲夫亡,守節四十餘年。

陸樹人妻祝氏　三十歲夫亡,守節四十四年。

王某妻徐氏　二十一歲夫亡,守節,現年三十七。

張古望妻朱氏　二十六歲夫亡,遺孤一,家赤貧,氏撫養成立。守節四十六年。

嚴世功妻庫氏　二十九歲夫亡,撫孤。守節三十年。

張世興妻朱氏　二十四歲夫亡,撫孤。守節,現年五十六。

席士誠妻楊氏　三十歲夫亡,撫孤。守節,現年五十四。

朱仲騏妻吴氏　三十歲夫亡。庚申之亂,舅朱紱年七旬,氏扶持于溝渠、蘆葦中奔避十晝夜,不離左右。賊以兵脅舅,氏身捍之。賊詫其孝,遂釋夫。同治五年秋,得肺疾,氏預爲舅整治寒衣,比屬纊,尚曰:"如舅老,無依何?"守節二十一年。

顧祝堯妻徐氏　二十九歲夫亡。家貧,勤鍼黹以供姑甘旨,十餘年如一日。撫孤,守節。現年五十九。

顧義昭妻莊氏　二十二歲夫亡,守節十八年。

生員孫椬妻倪氏　二十二歲夫亡,誓殉,家人力護之,得免。舅濤辦團嘉興,庚申戰死。遺孤二,長五歲,次三歲,繼姑程所出也。氏覓舅尸,歸葬之。繼姑旋歿,兵荒洊至,自食糠覈,買梨棗以哺二孤弟。寇至,負之疾走,黑夜行數十里,達錢王村僦居之。上舅濤死賊狀于縣。既而夫長弟以府試第一,爲諸生。氏守節十八年。

鄭廷鑣妻邱氏　二十三歲夫亡,鍼指度日。事姑孝,姑晚年失明,奉事益謹,甘旨無缺。守節四十二年。

沈應嘉妻錢氏　十八歲婚,一月夫亡,守節已三十餘年。

茅運陞妻孔氏　十九歲婚,一載夫亡,守節已二十餘年。

皇甫桐生妻顧氏　二十四歲夫亡,守節已二十餘年。

鄭元龍妻羅氏　青鎮人。二十六歲夫亡,守節已二十餘年。

蔣心田妻沈氏　陳莊人。二十六歲夫亡,守節已二十餘年。

生員張建勳妻陳氏　二十六歲夫亡,守節已二十餘年。

梅時良妻錢氏　南高田人。二十五歲夫亡,守節已二十餘年。

沈蘭芳妻沈氏　二十二歲夫亡,守節已二十餘年。蘭芳,邦達之子。婦繼姑志,一門雙節。

陸心田妻管氏　二十四歲夫亡,撫孤長壽成立。守節已十餘年。

黄士琛妻陳氏　二十六歲夫亡,矢志撫孤。守節已十餘年。　以上待旌。

舉人張枌妻馬氏　三十二歲夫亡,守節三十九年。

戴某妻施氏　青鎮人。三十二歲夫亡,守節已五十年。

鍾俊良妻姚氏　陳莊人。三十四歲夫亡,守節四十三年。

張樞妻楊氏　三十三歲夫亡,咸豐辛酉殉寇難,守節三十八年。

生員嚴廷燮妾朱氏　三十五歲廷燮亡,撫孤承鎏成立。守節已四十餘年。

茅景妻鮑氏　　三十五歲夫亡，守節已三十九年。

沈美珠妻潘氏　　塘樹村人。三十一歲夫亡，守節三十九年。

從九品張廷菜繼妻孔氏　　三十二歲夫亡，守節三十二年。

張文梓妻周氏　　三十一歲夫亡，守節十七年。

監生貝榮桂妻張氏　　三十二歲夫亡，同治三年殉寇難，守節二十四年。氏，青鎮人。貝，烏程人。

監生沈士元妻金氏　　三十四歲夫亡。

徐明恕妻施氏　　三十二歲夫亡，守節已二十四年。

戴某妻張氏　　青鎮人。三十五歲夫亡，守節已二十三年。

監生張耀繼妻金氏　　三十四歲夫亡，守節已十四年。

定遠縣主簿程世樾繼妻劉氏　　三十四歲夫亡，守節十九年。

　　以上十五人，同治四年經浙江巡撫馬新貽各給“節比松筠”額旌之。　　案：桐鄉善後局採訪節孝條規：一、已故婦人，三十歲以外，三十五歲以內，夫亡守節十年外身故者，準予憲旌。一、現存婦人，三十歲以外，三十五歲以內，夫亡守節，現年五十者，準予憲旌。蓋推廣于例旌之外，以示善善從長之意，爲邑中創舉云。

監生魏丹峰妻李氏　　青鎮人。三十四歲夫亡，咸豐辛酉殉寇難，守節四十三年。

施楚望妻張氏　　二十三歲夫亡，守節已四十年。

趙連塘妻黃氏　　三十三歲夫亡，撫幼孫成立。守節十六年。

陸雲衢妻岳氏　　三十四歲夫亡，撫孤成立。守節已三十一年。

徐仲箎繼妻周氏　　三十四歲夫亡，守節已二十七年。

高應鈖妻沈氏　　三十五歲夫亡，撫孤成立。守節已二十二年。　　以上合請憲旌。

介休縣知縣陸元鑣妾崔氏　　汾陽人。佐嫡治家事，儉順有度。元鑣病，獨焚香禱神，請以身代。道光十七年，元鑣歿，氏年二十八，誓不他適，衣紝茹素終其身。同治六年卒，守節三十一年。

大足縣知縣陸清瑞妾劉氏、吳氏、魏氏、劉氏　　御史秉樞庶母也。道光十年，清瑞歿廣州，四氏將以身殉，翁元鑣力止之，乃共誓守志，稚者年及笄，長者年未逾三十也。清瑞歿，無餘財而食指尚繁，炊煙恒中斷。四氏篝燈恤緯，奉堂上甘旨。撫嫡子秉樞如己出，尤勤于督課。秉樞通籍，入翰林，以給事中治兵河南，卒于軍。大劉氏後秉樞一年卒，小劉氏後秉樞六年卒。惟吳氏、魏氏存，孫榮昶試令河南，因往就養焉。同治十三年，郡紳之官河南者，爲具牘河南巡撫，奏請旌表。大劉氏，陽曲人；小劉氏，宛平人；吳氏，重慶人；魏氏，天津人。

知縣陸以瀋妻徐氏　　三十歲夫亡，守節四十年。

陸世叔妻趙氏　　二十九歲夫亡，守節三十二年，以嗣子元鑣官知縣，贈太孺人。

馮思永妻費氏　　二十五歲夫亡，竭力營葬，撫孤。守節二十餘年。

馮樹松妻岳氏　　十九歲夫亡，家貧，孝養耄姑，女紅自給。守節十一年。

生員孫源妻沈氏　　三十歲夫亡，遺孤杞繐四齡，撫之成立。守節二十六年。

屠本義繼妻朱氏　　二十一歲夫亡，守節以終。

錢寶乾妻徐氏　　二十五歲夫亡，撫孤鴻年，及成立，氏曰：“吾將從吾夫于地下矣。”遂自盡。守節十年。

劉佩蘭妻嚴氏　　三十歲夫亡，守節二十年。

照磨錢鵠儀妻沈氏　　二十二歲夫亡，現年五十四。

職員蔡鑾坂一作坡妻何氏　　十七歲夫亡，守節三十一年。

李某妻于氏　　三十二歲夫亡，守節二十四年。

陳如松妻朱氏　　三十一歲夫亡，守節四十四年。

楊某妻李氏　三十一歲夫亡,守節三十三年。

高俊儒妻許氏　三十二歲夫亡,守節,現年八十四。

張履成妻羅氏　幼讀書,通大義。二十九歲夫亡,遺二子。長心源,次元淇。氏痛其夫之勤學以死,因督課其二子,冀有所成立。已而元淇夭,心源復無所成就,則又自教授其諸孫,篝燈夜課,往往至夜分不休。年七十九卒,守節五十年。

張元淇妻費氏　羅氏婦也。二十五歲夫亡,無子,以夫兄心源子紹貞為嗣,教督綦嚴,不以姑息為愛。守節三十七年。

沈家麒妻張氏　二十四歲夫亡,無子,以夫弟嗣龍子泰為後。嗣龍本為氏所撫育,備嘗艱苦,然後得有繼嗣。年五十四,守節三十年。

周駿卿妻楊氏　二十歲適周,不三月夫亡。氏誓以死殉,兩次投繯,俱遇救免。又吞金,及服毒,並不得死。其舅姑及其母咸苦勸之,乃始無就死心。晨夕侍姑膝下,孝事惟謹。姑病癱,轉側須人,氏小心服事,凡進藥、更衣、便溺之類,以一身任之。及病危,刲股和藥以進,呼號籲天,願以身代。卒不起,氏一慟而絕,踰時始甦,鄉里莫不賢之。

周熙妻吳氏　十七歲歸周,越一載夫亡,遺腹生子。氏撫養盡瘁,延師教讀,成諸生。氏年近八十卒。

李惠時妻吳氏　夫亡,撫姪為嗣。奉姑以孝聞。守節六十年。知縣王蘊蕖表其廬。

孫某妻陳氏　適孫六載而寡,無子,撫夫兩幼弟,俟其生子,以為夫嗣。終日坐臥一小樓,雖至戚罕見之。及兩夫弟俱娶,復皆早死,且無子氏,乃捬擋匳具,為其舅納箅室。生一子聖集,而舅歿。是時,家無升斗糈,而又多外侮,氏以一身楮柱其間,備極艱苦。後聖集生子,名天相,氏始得立為己嗣。天相後成諸生。

錢廷槐妻李氏　三十歲夫亡,守節四十二年。

周友松妻胡氏　三十一歲夫亡,咸豐庚申殉寇難。守節十四年。

邵春輝妻沈氏　二十五歲夫亡,守節已五十年。

生員柴也愚繼妻許氏　二十四歲夫亡,守節已三十二年。

陸通妻某氏　年及笄將婚,夫構奇疾,父母欲另擇配。氏誓守不二,適陸,月餘而夫亡。含辛茹苦,垂四十年。現年幾六十矣。

生員朱士林妻陸氏　二十六歲夫亡,無子,撫養幼女。守節已二十餘年。

程熙妻沈氏　二十六歲夫亡,孝事舅姑,撫三齡嗣子慶堮成立。咸豐庚申,慶堮又死于難。氏熒熒苦守,現年五十九。

儒童陳炳宿妻張氏　二十五歲夫亡,守節二十九年。

葛品宗妻蔣氏　十九歲夫亡,守節五十六年。

葛滿宗妻蔣氏　二十七歲夫亡,守節四十三年。

葛墉妻許氏　二十七歲夫亡,守節十八年。

葛壎妻席氏　二十三歲夫亡,守節三十四年。

葛恒豐妻于氏　二十三歲夫亡,守節已五十三年。

王友槐妻朱氏　二十二歲夫亡,守節已五十四年。

朱世鎔妻王氏　二十六歲夫亡,守節已二十七年。

生員沈庭森妻徐氏　二十一歲夫亡,守節已十五年。

監生殳長齡繼妻陳氏　二十九歲夫亡,遺孤壽澂未週。屢欲自盡,親族勸止。事寡姑盡孝,撫孤成立。持家勤儉,積勞成疾。卒,年三十九,守節十年。

李文焜妻周氏,成墉妻高氏　二十四歲夫亡,無子。撫姪成墉為嗣,為之完姻。生二孫明鑑、明鈺。成墉又病亡。與寡媳高氏共持門户，守節五十年。高氏年二十九，夫亡，毁妝，樓居十餘年。明鈺早殤，撫明鑑成立。現年六十餘。

沈敬敷妻岳氏　二十八歲夫亡，無子，撫姪錫中爲嗣。守節二十六年。

沈秉仁妻金氏　三十一歲夫亡，撫二孤成立。守節三十七年。

陳示格妻鍾氏　二十六歲夫亡，撫遺腹子烈，經書皆所自授，内外經理，井井有條。烈有至性，家貧，授徒餬口，自餐脱粟，奉母備極甘旨。母色稍不豫，輒偕其妻朱氏跪膝下，必釋然而後起。人謂苦節之報云。

鄭曉元妻周氏　二十二歲夫亡，家貧，藉十指度活，現年五十六。

黄雲巢妾吴氏　二十二歲雲巢亡，無子女。嫡憐其少，勸之改適。吴云："作人婢妾，命薄可知。又不獲侍，主人中道而棄，夫復何求？願在此終餘生。"誓不他適。吴有力，家貧，身兼作僕，夙夜辛勤，與嫡共撫嗣子鳳生成立。及完姻，鳳生又殁。與寡媳陳氏共撫孤孫。吴現年五十一。陳二十一歲夫亡，守節，撫孤已十四年。

張某妻畢氏　二十五歲夫亡，翁耄姑悍，氏痛不欲生，願以身殉。自含殮至七，終覓死者七，後經其母苦勸，携二女歸依母家。夙工吟詠，有《香霏閣詩詞鈔》，至是盡付之火。不二年，得心疾，卒，年二十七。

費建春妻潘氏　十九歲夫亡，家貧，藉紡績，上奉翁姑，下撫孤子寶賢成立。守節已三十六年。

倪永麒妻沈氏　二十九歲夫亡，撫孤發祥成立。守節五十二年。

程維鑑妻金氏　三十歲夫亡，撫世爵、世興成立。守節五十八年。

孫度培妻陳氏　二十八歲夫亡，撫孤應金成立。守節二十二年。

張鈊妻費氏　二十三歲夫亡，咸豐庚申殉寇難。守節二十七年。

沈成熙妻岳氏　二十九歲夫亡，撫孤溶成立。守節二十五年。

徐學汶妻潘氏　二十九歲夫亡，撫孤鼎彝成立。守節二十五年。

朱樹巖妻錢氏　二十三歲夫亡，撫嗣子頌堯成立。守節已三十年。

朱頌堯妻殳氏　二十七歲夫亡，撫孤兆祥成立。守節已二十四年。

生員陳田妾吴氏、楊氏　田亡時，吴二十九歲，守節二十六年；楊二十八歲，守節十一年。

生員汪元照妻葛氏　三十歲夫亡，撫孤監生維垣成立。守節二十年。

戴久恭妻張氏　二十二歲夫亡，守節五十九年。

儒童葛景墀妻高氏　二十八歲夫亡，撫孤世鉒成立。守節二十二年。

葛俊升繼妻朱氏　二十八歲夫亡，撫二孤封、埰成立。守節十一年。

萬炳章妻彭氏　二十一歲夫亡，撫嗣子應堂成立。守節二十七年。

鄭敬懷繼妻李氏　三十歲夫亡，守節二十六年。

象山縣教諭馮昌燕繼妻蔡氏　二十八歲夫亡，守節十一年。

程宗益妻陸氏　二十五歲夫亡，撫孤鈉傳成立。守節已四十餘年。

夏大森妻沈氏，妾徐氏　沈三十四歲夫亡，徐二十四歲寡，共撫孤藴書成立。守節皆已三十餘年。

邵炯妻柴氏　二十三歲夫亡，遺孤寶璋早殤，乃撫嗣子寶勳成立。守節已三十餘年。

李庭方妻徐氏　二十八歲夫亡，守節已三十五年。

夏鴻庚妻歸氏　三十歲夫亡，撫孤恒初，早殤。又撫嗣子葆銓成立，爲諸生。守節已二十二年。

監生萬輔陶妻沈氏　二十九歲夫亡，撫嗣子彩成立。守節已四十四年。

儒童錢寶煦妻張氏　二十九歲夫亡，守節已二十三年。

儒童錢鞠妻于氏　二十八歲夫亡，守節已二十八年。

張舜濤妻徐氏　二十二歲夫亡,撫孤宗枚成立。守節已三十五年。

鄭敬恒妻時氏　二十三歲夫亡,守節已二十七年。

儒童高應鋙妻葛氏　二十七歲夫亡,撫孤監生峻巖成立。守節已二十五年。

江玉章妻吳氏　二十九歲夫亡,撫孤成立。守節已二十二年。

都允烈妻張氏　二十四歲夫亡,守節已三十餘年。

楊一清妻張氏　二十四歲夫亡,撫孤柏年成立。守節已三十八年。

高應鎰妻錢氏　二十五歲夫亡,守節已四十五年。

蔣謙吉妻程氏　三十歲夫亡,撫孤喜生成立。守節已二十年。

胡守忠妻費氏　二十八歲夫亡,守節已二十三年。

沈配傳妻沈氏　二十九歲夫亡,守節已四十九年。

陸關福妻周氏　二十八歲夫亡,守節已二十五年。

陳三辛妻蕭氏　二十五歲夫亡,撫孤成立。守節二十年。

儒童葛一飛妻沈氏　十八歲夫亡,撫幼孤成立。守節十年。

金鳳璋妻曹氏　二十五歲夫亡,撫孤永芳成立。守節十四年。

姚信奇妻曹氏　二十五歲夫亡,撫孤孔盈成立。守節三十四年。

爰聚山妻曹氏　二十三歲夫亡,撫嗣子祖豪成立。守節十八年。

潘聚山妻孫氏　二十七歲夫亡,撫孤福慶成立。守節三十二年。

潘永山妻楊氏　二十七歲夫亡,遺孤福林又殤。守節三十六年。

楊維鶴妻周氏　二十一歲夫亡,撫嗣子義財成立。守節已三十六年。

生員汪百樹繼妻陳氏　二十七歲夫亡,撫孤元焯成立。守節三十八年。

葉子清妻翁氏　三十二歲夫亡,撫孤世貞,又殤。守節十三年。

沈載清妻黃氏　三十二歲夫亡,撫孤成璋成立。守節已二十餘年。

沈根堂妻姜氏　三十四歲夫亡,撫孤成志成立。守節已二十餘年。

李汝全妻沈氏　三十一歲夫亡,撫孤道莊成立。守節已二十五年。

曹懷玉妻姚氏　三十三歲夫亡,撫孤士良成立。守節已二十五年。

爰斐妻于氏　十八歲夫亡,遺孤同生未彌月,忍死撫孤。冰霜勵志,守節十九年。

陸某妻岳氏

徐某妻周氏

趙某妻黃氏

周某妻胡氏

朱步鄉妻沈氏

沈正寰妻錢氏

沈榴生妻蔣氏

孔昭炘妻姚氏

蔡學洪妻程氏

沈茂源妻王氏

褚柳汀妻何氏

沈有源妻祁氏

沈順源妻王氏

王恒德妻李氏

褚潤章妻賈氏

夏鳳雲妻朱氏

夏慶雲妻孟氏

張仁蘭妻金氏

金心揚妻張氏

金慶全妻王氏　　以上采訪。

監生鄭文成妻張氏　　二十九歲夫亡，守節三十一年。

陸費釜妻鍾氏　　年二十二適釜，甫四月釜亡。以兄鏊子泰爲嗣，泰又殤。樓居奉佛，旁庋紡織、鍼紉之具。非堂上問安，足迹不越戶限。機杼積金，以半購墓地數弓，以半備身後事。曰："吾不以累諸叔父也。"舅患足疾，侍湯藥，夜不交睫，病賴以起。計守節三十一年。

監生姚菜妻孫氏　　結縭甫一月，夫暴病死，氏年二十。上奉孀姑，下撫夫兄子岐豐爲嗣，耕讀家聲，賴以不墜。至同治四年卒，計守節三十一年。

錢謙妻申氏　　年二十四謙卒，欲殉身，咸以撫孤勸，乃止。及殮，氏曰："不能速同穴之誓，願先斷一指並殮。"《檇李詩繫續》

孫錫祉妻程氏　　適孫，閱六載夫卒，無子。自樓投地，絕而甦。又投繯，救不死。從舅姑勸，居處小樓，至戚不面見。有兩叔亦卒，皆無子。舅年已五十，出匳具，請置側室。叔聖集生，舅姑相繼沒。宗人不逞者謀毀室，氏堅苦力持，泣戒聖集。後爲婚娶，生子吉修，抱爲子，口授經教成立。年六十六卒。丁子復撰傳。重出。

列女才媛

嘉興縣

宋

女給事沈氏　　秀州人。聰慧，能屬文。少選入宮，爲給事中。孝宗嘗試《六宮守宮論》，沈文最佳。其發端云："甚矣，秦之無道也。宮豈必守哉！"上悅，擢爲第一。弟溥爲貢士，就試春官，沈贈以詩，時競傳誦之。　《稗史彙編》案：《明詩綜》載："沈氏名瓊蓮，字瑩中，烏程人。弘治初選入掖庭官。女學士鄭元慶《湖錄》有'沈選侍'一條，語與此同。"《嘉禾徵獻錄》載："'女給事中沈氏'一條，語與《稗史彙編》同，而以爲明孝宗時人。所載《贈弟溥》詩，又與《湖錄》'沈選侍'詩相類。"惟《檇李詩繫》采《稗史彙編》，以沈爲宋孝宗時秀州人，今不能臆定，姑從《稗史彙編》。

孫夫人　　南宋服膺齋上舍鄭文妻。文久寓行都，孫寄《秦樓月》詞，一時傳播。其詞云："花深深。一鈎羅韤行花陰。行花陰。閒將柳帶，試結同心。　耳邊消息空沉沉。畫眉樓上愁登臨。愁登臨。海棠開後，望到如今。"　《古杭雜記》參《詞綜》。

明

宮正司女史黃婉　　嘉興永樂鄉人，後析秀水。父永，生婉有異徵。幼敏慧，通《詩》《禮》，善文詞。洪武中，選入宮，爲宮正司女史。洪熙元年，以年老，奉敕放歸。有詩一帙，皆歸後所作。

彭夫人　　名淑慧，比部彭輅女。大理沈玄華繼室，有《秋閨迴文詩》最佳。

陸聖姬　　字文鶯，嘉興陸太守女。適周槩，鬱鬱不得志。有詩集。其詩景色疏快，氣味清芬。

桑貞白　　號月窗，處士周履靖繼室。有《香奩詩草》。《静志居詩話》：“周逸之處士作詩，不暇持擇，宜其閨人亦然。然紙閣蘆簾，倡予和女，偕隱太平之時，亦樂事已。”案《檇李詩繫》：“貞白，字月姝，纂組之外，留心典籍。有《月窗詩稿》，茅鹿門序之。”

沈静專　　字曼君，吳江詞隱先生幼女。適吳文學昌運，早寡。著有《適適草》一卷。

黄德貞　　字月輝，文學孫曾楠室。少工詩賦，與歸素英輩共輯《名閨詩選》。二女蘭媛、蕙媛俱能文，子渭璜亦名下士。著有《冰玉雪椒》《避葉蕉夢》諸稿。

屠蕊佩　　字瑶芳，德貞子婦，文學孫渭璜室。著有《咽露吟》《鈿奩遺咏》。其小詞情思婉約，不讓乃姑。

沈翠華　　文學屠懋和妻，瑶華姊，有《遊仙詩》。

錢婉　　字我儀，山萬春妻。工詩詞，著《閨奩集》。

歸淑芬　　字素英，文學高陽繼室。夫婦偕隱，初居花村，晚遷香溪。有《雲和閣集》。嘗與秋涇黄月輝、吳門申蘭芳共輯《名閨詩》《百花詞》，歸自爲《序》。兼工書畫，然筆墨珍惜，購之不多得也。

長春姐　　黄氏婢。著有《惜春記事》。寒山陸夫人贈詩云：“剪破楚山雲，繪作芙蓉履。有時渡湘江，片片隨流水。”

姜月上　　邑人，後適烏程潘湛爲妾。善詩。　　以上《檇李詩繫》。

鴛湖女郎　　見《草堂詩餘》。

案：《檇李詩繫》“閨秀”一門所載，嘉興則自南齊蘇小小起，以及元之芙蓉妓，明之徐月英、薛素、周文、吳綺、徐疇、顧娟娟，並載其篇什。但諸人俱屬名妓。若志乘，風教所關，未便登載。又寓鴛湖女子，係楚人，亦不附入，非漏略也。

國　朝

徐範　　字義静，又字塞媛，徐海門女，布衣真木姊。蹩足，工詩，兼善書畫，精篆刻。真木得其指授，遂傳名。嘗集衛夫人、長孫后、吳采鸞、宋惠齋、張妙静、薛濤、朱淑真、管道昇八家真跡，裝成一卷。青要山人沈彩作《跋》。卷首自題“香閨秀翰”四小篆，後有跋語，謂：“得之項元汴家，洵閨媛墨妙也。”詩風裳水佩，迥非凡品。著有《紅餘草》。

胡氏　　處士胡日華女，適諸生常公振，未幾而寡。中歲皈空門，住梅會里伏獅院，有詩。

周慧貞　　字挹芳，吳江人。孝廉黄婷室，能詩，早殀，沈宛君爲之作《傳》。

王氏　　工詞翰，王端淑稱其“鬆秀不凡，可與言詩”。

袁瑞英　　字素如，工吟咏。見《西湖倡和詩》。

徐簡　　字文漪。王端淑稱其詩“輕清宛轉，無一率筆”。《静志居詩話》：“文漪緣情有餘，風格未老，然亦閨中之秀。”　　以上《檇李詩繫》。

馬福娥　　名家女，適沈宏略。所居之室，匾曰“蘭齋”，因以爲號。性至孝，父卒，哭之至墮孕，遂得疾。臨殁，與夫訣，以指上金環貽之，且吟一詩，有云：“分手莫言無限恨，金環留贈後人看。”詩名《斷釵集》。里人王庭、俞汝言序之。《檇李詩繫》參何《志》。

王荃　　字静婉。女紅之暇，輒習韻語。歸史秀才先震，未二載即病，盡焚其稿。殁後，先震檢其奩具，得零草數紙，彙鈔成帙，名《飲緑軒殘稿》，朱檢討彝尊題詩云：“雀桁門才林下姿，貧家門户苦難持。紡磚罌具多零落，傳得盤中舊日詩。”

王元珠　　字淑齡。方伯王庭幼女，母蔣夫人，耽禪旨，嗜吟咏。淑齡幼承庭訓，綽有淵源。歸徐孝廉剛振，著有《競秀閣稿》。

李瑤京　字西瓊，李寅長女，適海寧祝翼鍠。母顧氏嘗命詠雨中柳絮，有句云："自甘潔白霑泥住，勝逐風花滿院飛。"母曰："兒志可知矣。"後以節著。

吳巽　字道嫻，小字秋蟬，布衣鄭聯之室。所著《聽鴻樓詩集》，識者品爲"浙西閨秀之冠"。聯四十無子，吳爲納妾，且禱之竈神，願刊《感應篇功過格》，手自精校。刻甫竣，即舉一子，其《誌喜》詩云："翻嗟姑舅先朝露，未得生前一弄孫。"誌喜中轉復悲感，彌見孝思矣。

李茂蘭　字芳谷，監生錢思永室。工詩，與姊妹相倡和，有《萬綠居草》《竹素廬吟稿》。

蔣永端　字含章，沈芳洲德琮室。芳洲抱痼痾，不事事。蔣孝於姑，事芳洲十餘年，鬱鬱而歿。戚鄰于笥具中得詩百篇刊之，名《焚餘草》，李集爲之序，稱其詩"惻愴空侯，瓏玲哀笛"。可謂怨矣。　以上《梅里志》。

沈蘭　字蘊貞，著有《繡餘遺筆》《雪齋詩餘》行世。

李心蕙　錢文端之子婦，雲南糧儲道錢汝豐之室。工詩，幼侍其父宗袁之任粵西，題畫詩有云"蛋雨蠻煙憶昔遊"是也。歿後，諸子輯其遺詩，名《偶吟存草》。

沈氏　庠生褚鵬飛室，少從母陸氏授《文選》及唐宋諸家詩，即能領悟。性至孝，父崧客死山左，訃至，沈嘔血數升，遂不起，卒年三十一。著有《倦繡吟》四卷。

黃珪　字璿瑛，貢生汪秉鈞妻。工書法，善丹青，尤以畫蘭得名。

楊氏　行三，適監生陳廷鸞爲室。少喪母，育于祖母王，授以《毛詩》《內則》《列女傳》諸書。間作小詩，其《送姊氏歸》云："歸夢南樓月，離情南浦雲。無言正惆悵，征燕不堪聞。"惜早卒。海鹽朱明府琰作詩輓之云："小樓拈管蹙吟眉，八體時參幼婦碑。會得右軍書外旨，思親除夕自堪悲。"三妹書學曹娥碑，有《除夕思親詩》。《笠亭詩鈔》。

朱玉　字懿安，吳江人。讀書通經史，歸生員戴彬爲繼室。事姑盡孝，家貧，以鍼黹佐薪水，持家具有條約。彬遠館于外，授二子堯垣、光曾句讀，督課甚嚴。玉能詩古文，與采芝山人汪亮相倡和。著有《悅心齋集》。晚精于醫，夫婦鴻案相莊五十年，人以梁孟比之。年七十餘，彬先卒，哀傷過情，逾昔亦卒。　以上伊《志》。

唐敏　字夢蘭，幼失怙。母鍾愛特甚，俾隨兄就傅。既而兄夭，母悲傷成疾。乃以一身侍湯藥，理家政。女紅之外，輒繙閱書史，拈弄筆墨。年十七適邵生洣，善事舅姑。身主中饋，雖米鹽凌雜間，猶吟哦不輟。惜天奪其算，年未三旬而歿。著有《翠竹軒詩稿》。

王巽　字應綵，谿南王益亭謙之長女。幼敏慧，謙延餘不谿老儒士沈則庵宋教作畫，山水翎卉，並臻其能。爲范眉峰秀才繼室，范家多名蹟，博覽精摹，晚益工到。

李瓀　字瑤圃，李旦華之女。通《詩》《禮》，習聞家訓，嗜吟詩。適同里張之樑，閨中倡和篇什漸多，頗得風人之旨。賦性婉靜，不以華靡攖心。臨絕，吟一律，有云："卅載薑鹽甘澹泊，一天風雪了因緣。"

汪玳　字杏圃，楊文學德華之室，秀水翰撰如洋從兄女。能詩，朝夕吟詠，有倡隨之樂。結褵三載，德華早歿，歸依母家，不數年悲鬱以卒。

吳筠　字晼芬，孝廉李貽德室，廣文基女。工詩詞，旨雋永，而筆亦善達。早卒。

李晼　字梅卿，庶吉士馮登府室，文學能容女。擅吟咏，兼能倚聲。吳江郭麐《靈芬館詩話》頗稱重之。　以上于《志》。

蔣素貞　字蘭如，工韻語，精倚聲。婉麗秀發，善於言情。著有《德滋堂稿》。

范素英　字棲霞。幼以孝聞，適沈氏，忽遭危疾，半體僵臥，病榻呻吟，詩多悽愴之音。兼工倚聲，得秦、柳神悟。著有《養疴軒小稿》。　以上《檇李詩繫續》。

沈毅　字采石，自號瓊宮仙史。父明經，名光春，有《醉墨齋詩》。母許，名英，有《清芬閣吟稿》。擅山水，毅詩畫得自庭訓。又與弟、太守西雍相切磋，一時有左太冲貴嬪之目。適崇安曾主簿頤吉爲室，生子志沂，娶婦通州范氏，號湘馨，得姑采石之傳，題姑《仕女圖》有句云："婦姑心性各風華，眷屬神仙此一家。"采石著有《白雲洞天詩》一卷。　參《履園叢話》《畫史彙傳》。

任蘊昭　字夢檀,生數月而孤。復失恃,育於祖母姚。幼聰慧,耽書史,倚兩姑習女紅,分題拈韻,調笑爲樂。嫁諸生陸頤高,食貧自若。于歸,有《別兩姑詩》云:"分手各無言,惟有淚如雨。寄語世間人,生男莫生女。生男別離少,生女別離多。鼓吹喧滿堂,行矣將如何。"極有樂府音節。早歿。　《履園叢話》

朱瑩　字仲玉,編修階吉女,解元張慶榮室。張爲竹里望族,舅廷濟主持風雅,每拈句,命瑩步韻。自題《春溪歸櫂圖》,蓋從履仁鄉還由拳城北郭作,省親尤惓惓也。著《蘭心閣稿》。　新纂。

錢斐仲　號餐霞,山西布政使寶甫女,德清廣文戚士元室。素性淡泊,偕隱甪里。善繪小品,詩多商音,詞亦然。有《重過西堂七夕》《避寇南玉港》諸題,所調幾闋,尤令讀者酸鼻。著《雨花盦詩餘》《詞話幾則》。　新纂。

秀水縣

明

謝彩　字五雲,謝彬女。順治初適雲間丁七郎,未幾微疾卒。有《贈丁生》詩云:"三生一笑舊姻盟,石畔桃花月下笙。惆悵滄桑經幾變,于今纔了昔年情。"

沈紉蘭　字閑靚,大參黃承昊室。封恭人。著《效顰》《鉏隱》《賓廡》諸稿。彤管之盛,萃于一門,近代所希有也。

黃淑德　字柔卿,黃葵陽幼女。適屠氏,早寡。有遺集一卷。案邑《志》:淑德,太學正憲女,適文學屠耀孫,早寡。年不滿四十。著《遺芳草》。

沈鳳華　修撰自邠女,工詩,未嫁卒。

項蘭貞　字孟晼,太學黃卯錫室。著有《裁雲草》《月露吟》,寒山陸卿子爲《序》。其詩最工,寫景清婉有致。

沈瑤華　進士項鼎鉉室,鳳華妹。有《咏庭前牽牛花》詩最佳。

姚氏　自號青衣居士,范應宮之妻。有《玉鴛閣遺稿》。《静志居詩話》:"居士詩,屠緯真賞其清華流利,陳仲醇大稱之。及其卒,薤砧哭之慟,刊其遺詩,及己哀悼倡隨之作,傳之鄉里焉。"

黃雙蕙　字柔嘉,大參黃承昊仲女。母閑靚,雅善吟咏。柔嘉髫年禪悅,嘗誦經,聞鳥聲,有詩云:"迦陵可解西來意,又報人間夢不長。"年十六卒,有《閨禪剩詠》。

項珮　字吹聆,處士吳統持室。有《藕花樓詩稿》。《静志居詩話》:"吳處士巨手有大宅在北郭之秋涇,得吹聆爲佳偶,琴瑟静好,詩篇酬和,甚樂也。所題卍齋,即秋涇故居。取方廣胸前字,以爲曲闌。鄉人題咏者紛紛,惟吹聆詩俱從梵夾中出,極其熨貼。"

申蕙　字蘭芳,申時行曾孫女,適沈廷植。草書法孫過庭,詩蒼老,不作閨閤中語。有《縫雲閣集》。　以上《檇李詩繫》。

國　朝

黃媛介　字皆令,文學象三之妹。與姊媛貞俱擅麗才,而媛介尤有聲香奩間。書法鍾王,人以衛夫人目之。畫亦點染有致。適楊元勳,夫婦偕遊江湖,爲閨塾師以終。有《湖上草》。王端淑曰:"皆令倚馬自命,落紙如煙,摘其佳篇,蒼然秀勁。"

黃媛貞　字皆德,媛介之姊。貴陽太守朱茂晭側室,有《卧雲齋詩集》。

孫蘭媛　字介晼,德貞長女,適桐邑文學陸渭。工詩詞,多韻語,不雜脂粉。擅寫蘭竹。著有《研香閣詩》。王端淑曰:"介晼詩行雲流水,在有意無意間。"

吳芳　吏部吳竹亭女,適同邑徐然。其《寄遠》詩有:"翠鬟未偏羅帳冷,欲憑清夢到君邊"之句。　以上《檇李詩繫》。

潘畹芳　吳江檢討潘耒妹,諸生陳鈜室。工詩。　《松陵詩徵》。

汪亮　字映輝,別字采芝山人。生二歲而孤,性穎異,好讀書,適歸安費文學樹楩,居禾之東郭外。山人幼即能詩,兼擅山水,學於張徵君庚,盡得其妙。時人得山人寸縑片楮,俱珍惜之。歿後,嗣子融檢遺詩刻之,僅十之一二。然亦足以見山人之志已。

徐錦　字珠村。性聰慧,少治女紅,即于燈下坐觀書史。長歸朱辰應爲室,家苦貧。錦于操作之餘,不廢吟咏。嘗采國朝閨秀詩,多至一百七十餘家,又欲廣歸淑芬《百花詩史》,爲《餘芳錄》,惜未卒業。錦沒後,其弟婦嚴蓉刊其遺詩六十首,曰《紅餘小草》。

陸氏　貢生沈崧室,崧幕遊山左。家貧,子桐、桂不能延師,《四書》經傳,陸親爲督課。陸精《選》理,工吟咏,咏物、倡和諸作,散見崧《鷗江詩草》中。

吳瑛　字瓊華,工吟詠,適同邑曹昌燕。昌燕歿,吳年四十,繡佛長齋,甘受荼苦。著有《箴功餘藝》。

程氏　早失怙恃,依兄度日。所居有明遠樓,自號明遠主人。能詩善弈,有《明遠樓詩草》。年十六歸王樾庵,王家故貧,樾庵年已五十,猶薄遊南北,越三年歸,舉一子,程有句云:“護雛紫燕啄泥忙”,人咸傳誦之。梅里李雋聞而賦詩曰:“東風一任卷羅幬,紅雨飄殘綠葉肥。輸與呢喃梁上燕,儘他雙宿又雙飛。”

葛綠　字梅軒,少聰慧,喜讀書,歸楊元照爲室。事姑甚孝,主中饋,亦井井有法。每課子女,篝燈至夜分不輟,書聲與紡聲相間,嘗有句云:“詩書堆裏裁千縷,機杼聲中課幾行。”蓋記實也。著有《梅軒剩草》一卷。　以上伊《志》。

陳氏　給事中鴻寶女弟,錢載子敏錫室。孝事尊章,工吟詠。一日,載有珍藏古籍被人汙損,愠焉。氏重爲寫錄,補綴完好如初。作書必手自繕寫,書法趙吳興,秀韻獨絕。宗伯未第時,力貧訓子,或乞鈔《五代史》,得二千錢,爲兒製衣。操作勤苦,時以餘閒濡毫吮墨。有《讀書樓稿》《聽松樓遺稿》。

李祥芝　教諭傑女孫,諸宮贊錦稱其穎悟,拈題成章。其父攜詩呈錢宮傅評點,極稱賞。性純孝,母沒,哀毀。疾篤,自焚其稿,惟未彙入者得存。

汪如瀾　字聽月,修撰如洋從姊,適海昌許孝廉申琛。著有《雙桂樓詩草》。

胡順　字坤德,州判樹槐女,適魏塘丁氏。錢侍郎載曰:“坤德幼穎慧,嗜讀書,通《詩》《禮》《內則》及《三唐近體》《詞綜》諸集。年十三四見別駕詩詞,步韻立就,即中繩度,不逾時,諸體皆工。”于歸一載而逝,著有《焚餘小草》。以上《檇李詩繫續》。

吳素聞　工詩畫。康熙年,永康吳士騏教諭秀水,其女絳雪與素聞通翰墨。素聞得詩教於潘母山陰祁修嫣、西泠周瓊諸女史,詩筒恒相往還。有《春閨寄和修嫣》句:“妝樓有記焚香讀,弈局無書仗悟參。”新穎獨絕。雪夜偕絳雪圍爐,取古人《詠雪》句可入畫者,繪《雪意圖冊子》。別後,絳雪寄《同心梔子圖》迴文詩,拈題賭韻,並擅風雅,摘吳宗愛《六宜樓》《綠華草》各稿。

金禮嬴　號雲門,山陰人。孝廉王曇繼室。工詩善畫,人物、樓臺、界畫,工緻生動。有《西王母降集靈臺》《班婕好辭輦》《吳彩鸞寫韻》諸圖,更有建安七子大幅,曇持贈陳公子小雲者,尤極飛動。著有《秋紅丈室詩》。生平愛吹鶴骨簫,女紅精絕,繡有五百應真像於幢幔間,供奉西湖昭慶寺,錢塘陳文述記以詩。　徐渭仁《春輝堂叢書》。

張氏　汪孝廉大紳母,系出烏程太史張雪子次女。門以內毀齒皆能斷句,時比之屠赤水、葉虞部家云。著有《清心玉映樓稿》。

梅清　字永若,號月樓,適海鹽張氏明慧。擅操琴,精繪事,設色花鳥,娟秀絕倫。既孀,以孝謹稱,暇則怡情翰墨,年三十賦《未亡守節三十載》詩,筆冲和淡遠,得風雅正軌。　以上《檇李詩繫續》。

沈道嫻　字蘭佩,職員陶琳室。琳善詩畫,伉儷娛情翰墨間。長女碣,字翠娟,未笄,能代題畫。次女豁,字月娟,適吳江殷學士壽彭。子兆鈞,題畫白牡丹,有“富貴要留真本色,世間多事賣胭脂”,自饒淡趣。女姪玉筠適陶鎮,有《閑情草》。婦計氏光炘女,名珠儀,工渲染,爲南潯女史汪趙儀姑寫紈扇,儀姑酬《傳言玉女》一闋,見《濾月軒集》。閤門風雅,道嫻提倡爲多。著《紫薇花館詩稿》。　參《墨林今話》《聞湖詩續鈔》。

吴氏　訓導王澄妻,幼孤,能讀父書。與母居,克盡孝養。及于歸,恩流奉帚,惠助脫簪,詠絮香奩。一庭倡和。未幾母家受祝融虐,子舍遭二豎侵,處境艱虞,幽憂佗傺,所抒寫者,遂多悲音。著《清閨遺稿》,王袠之跋語。

張荔卿　字怡筠,母周氏夢得荔支,故名。周操家艱苦,擔薪汲水,悉身任,有賢勤聲。惟不識字,乃令荔卿問字娣姒。十歲時,女紅外,喜泛覽書卷,講忠義事,世母鍾精繪事,熟子平,侍案良久,便悟寫生,且推算休咎,語妹棐卿曰:"吾年恐不永,以弗克送親老爲憾。"年二十歸同邑金福曾,得舅姑歡心,未三載遽卒。　新纂。

姚僊霞　號蕁梅仙史,江蘇庫大使王姚泰室,職員姚星垣女,有《吟香閣詩》。　新纂。

嘉善縣

國　朝

吳黃　字衣裳,相國士升子、孝廉拭室,駕部吳志遠女。拭從黃道周講學大滌山,黃畫蘭題句,勉以親賢若芝蘭,詩語傳誦。嗣寡,茹荼守節。崇禎申、酉間,叔氏文部君毀家紓難,亦撤環助義。《聞劉節婦淑英倡義》有"我亦髡髦者,深閨愧執殳"之句。巾幗鬚眉,外家茜溪,秋宵月白,荻花如雪,托吟詠以志肥泉竹竿之思,因名《荻雪集》。錢復字吹蘭,士升女孫,有《桐花閣詩》《拾瑤草》。蔣紉蘭字秋佩,尚書以埕室,有《鮮潔亭繡餘詩存》。　《石瀨山房詩話》、新補纂。

沈榛　字伯虔,麟溪人。南昌府推官沈德滋女,適進士錢黥。以詩名于時。

沈栗　字仲恂,榛之妹,亦善詩。諸生陳誼臣室。

吳朏　號冰蟾子,華亭人。適曹允明。王端淑曰:"詩多古意,矯矯如千丈松。"

宋娟　杭州人。以寇被掠至清風店,題詩于壁。後歸曹太史。王端淑稱其詩"哀情似蔡琰,而情思纏綿過之"。

沈珵　字未男,主事丁彥元配。嫻吟咏。妾鄒蓮午亦能詩。繼娶吳中燕,嘉興人。性高寒,解文藝。鄒頗不爲吳所容,入空門,焚修以終。

陸觀蓮　字少君,別號雨鬢道人,石輝里人也。適桐廬殳丹生,後隱震澤之西村。草屋蕭蕭,煙火時絶,惟與道人相倡和。最後以避水患,隱嘉善蔣湖之西園。康熙丁未,山人將攜家入九峰,而道人病逝,其女默亦逝。道人自輯其詩曰《蔣湖寓園草》,吳江顧有孝序之,題曰《殳史閨隱集》,并附其女默之作焉。

殳默　字齋季,小字墨姑。殳丹生女,九歲能詩,凡刺繡、刀尺,無不入妙。習小楷,摹畫李龍眠白描大士。年十六未字,母死三日,姑亦卒。　以上《檇李詩繫》。

查氏　性婉淑,自幼工詩。年十八,適錢庭柯爲室而寡。彙其所作詩一卷,題曰《自憐吟》。年四十二卒。伊《志》。

金淑　字純一,歸華亭沈氏,早寡。有子璇,中式道光壬午舉人。淑幼慧,通書史,家富收藏,因工繪事,山水、人物、花鳥、蟲魚,以宋元人爲師,工細入豪髮,而具有士氣。嫠居課子,以畫自給,人爭購之。年至八十餘,猶不廢渲染,世稱文沙老人。與聽秋朱夫人爲閨中吟侶。阮文達葺《江浙輶軒錄》,皆已故者,獨選其詩文,沙報謝曰:"未亡人得從寬例,文選臺應被誤傳。"一時傳播,以爲立言得體。阮答詩曰:"即事又添佳話在,此才原當古人看。"麟河帥《國朝正始集》亦採,冠閨秀。著有《得樹樓詩鈔》。　新纂。

戴素蟾　字月卿,適吳江教諭宋景和。宋著《聞川櫂歌》,闔門倡和,沈宗伯德潛序之。教女貞琇、貞珮、貞球、貞琬,俱明慧,嫻韻語,有《彤管彙編》《清風涇雜詠》。　《石瀨山房詩話》。

孫晼蘭　號愛蓮主人,石門進士王綸女,來歸廩貢陳秉元。生長高門,夙工柔翰,著《飲恨吟編》。有《春盡絶句》,採《兩浙輶軒錄》。　《檇李詩繫續》。

陳茝　字挹芳,諸生許鈺曾室。生女若英,號瘦梅,適施上舍。母女均早媚,相依一室,針指餘間,翰墨排遣。茝有《冬夜感懷》云:"斗帳寒侵玉漏遲,半牕淡月印花枝。夢回添得如珠淚,正是殘燈欲滅時。"淒涼不堪卒讀,載入《風溪詩存》。若英有《春閨》云："隔院流鶯驚午夢,歸簾燕子話春愁。"《送別》云:"桃花浪暖鷗尋侶,荇葉風微鴨引雛。"才艷境窮,真是傷心韻事。

曹珍　字岫雲,吳昌柱室。居巢翠樓,覃思唫詠,《鞦韆》云:"一番舞罷嬌無力,斜拔金釵撩鬢絲。"有《岫雲小草》。

畢慧　號智珠,自號靜怡主人。尚書沅女,風涇陳光禄子二甁室,工詩畫。吳文溥採《踏青詞》入《南野草堂筆記》。有《遠香閣吟稿》。

陳醇宜　廣東連平州知州鵬孫女,適陸宦,廣西學政芝祥編修母。性耽吟詠,族伯鴻墀題其詩卷有"刺繡吟成謝女篇,居然字字色絲妍"之句。

盛如華　常州人,工部郎中思道女,適楓溪陳杞孫爲室。《雪消》云"纔得斜陽照,何來雨作聲。袁安當此夕,可否夢還成。"著有《繡餘集》。

金蘭貞　字紉芳,適平湖王孝廉青士。父爲青田縣學官,幼隨任,學詩,畫花鳥墨蘭,秀韻獨絶。歸王後,家貧,早嫠,鍼黹紡績,以佐甘旨。值兵亂,流離困苦,奉事勿衰。其姑嘗嘆曰:"家貧見孝子,世亂識忠臣。吾媳可當之矣。"有《繡佛樓詩稿》。　以上《楓溪小志》。

周之鏌　字硯芬,爾墢女,爲丁廷鷥繼室。幼聰慧,好讀書,長能詩善畫,書法率更,能作擘窠大字。以堂額請書者,絶無閨閣柔頓之病。夫妹丁韻芬年最幼,弱愛護之爲己女。及韻芬遇賊,投河以殉,悲傷者彌年。著有《研芬詩草》。　新纂。

沈琓　字夢窗,庶吉士浦曰楷母。姚陸氏,精通選理。琓女兄弟閨闥倡和,稟承慈訓。長適嘉興褚鵬飛,名列才媛。教女鳳鳴適盛善持,載《秀水·賢母傳》。琓居幼,教子成名,訓女潔芳亦能詩。許字袁,及筓,未嬪而卒,有《悼女詞》,悽愴不堪卒讀。溫柔詩教,具見淵源。著《操杵餘吟》《夢窗詩餘》。　新纂。

李沈氏　平湖監生沈煜女,性孝,耽吟詠。夫彬儒歿,慟欲殉身。時方姙,姑以望得男止之。撫遺孤讀書,善鼓琴,能詩,有《曉霞遺稿》。　新纂。

海鹽縣

宋

蔣廿二孺人　蔣十八居士之妻,日誦《大乘經》四十年,同日更衣焚香,書頌而終。

郭氏　樞密郭三益孫女,適雲間葉氏,早寡。能詩。

明

朱妙端　字靜庵,一名令文,字仲嫺,海寧人。尚寶卿祚女,教諭周濟室。于歸後,移家海鹽,有詩文集十五卷。

虞嬭　孝廉勳姪女也,幼通文義。年十六歸董湄,兩月湄暴死,嬭哀慟欲絶,乃自述其夫狀貌,募工刻畫,而自雕繪之。久之,像頻忽薂薂汗出,湄父以爲怪,投之火,嬭遂欝悒而死。許雲村爲之立傳,有《咏物絶句》十餘首。　以上《檇李詩繫》。

國朝

王煒　字功史,又字辰若,太倉人。太原相國之裔,文學陳光綷室。博通《詩》《書》,書法衛夫人,畫竹學管仲姬,花鳥師趙文淑。著有《續列女傳》《燕譽樓稿》。與卞夫人爲師弟交,得其清秀蒼韻之傳,有林下風,偕隱于婁,博學敦古,詩多名句。顧伊人稱爲筦幃中道學宿儒,不當以香奩目之。

彭琬　字玉暎,進士期生妹,浙江總兵馬孟驊婦。與妹琰稱"雙璧"。王端淑曰:"琬詩巧慧俊冷,不作淺浮小語。"

彭琰　字幼玉,適文學朱化鵬。詩不多見,而名句絡繹。王端淑稱其"才情兩足,似勝姊氏,姊惟幽艷,妹則英特而博大矣"。

沈彥選　舉人俞鴻德妻,善花鳥,分枝布葉,自得異致,不以妧媚為工。

虞兆淑　字蓉城,讀書能詩,尤工于詞。著《玉暎詞稿》。徐豫貞為之序。朱彝尊即用其《春雨·點絳脣》詞調題其《集》,原詞附刻《曝書亭集》內。

仇氏　生員韓嶠妻,秉性恭順,孝事翁姑。子銓娶婦錢氏,知書史。女紅之餘,嘗咏唐人句,以抒情性。　以上伊《志》。

錢徹　字霞表,一字玩塵,明臨江太守錢琦孫女。工詩及騈語,楷法亦秀媚,所居玉梅閣,插架儲書,其《夜讀》句云:"鄰將杼軸為酬和,婢解丹黃亦友生。"時傳誦之。有《繡餘草》《錢氏家譜》。

俞光蕙　字滋蘭,少司農穎園孫女,于殿撰敏中配。性好畫,年七歲寫折枝于壁,穎園見而異之。長受法於錢太夫人陳書,筆枝清穎古秀,布置亦極大雅。　《畫徵錄》。

錢氏　錢文端公從妹,少從陳太夫人學山水花鳥,無不精妙。年十九歸張大觀為室。越十一年而寡,遂焚棄筆硯,日勤紡績,夜課孤子讀書。未四十卒。

周氏　江南吳縣人,適監生張大鵬為繼室。女紅之暇,每事吟咏,所著有《蘋香閣詩稿》。

朱遬　字虔齋,海昌人。運副陳克鉉妻,母祝氏,工書文。朱之博學能詩,家學然也。所著有《慈雲閣詩存》。進士朱笠亭為之序。其《上燈日祖》詩云:"傳柑節到蘋蘩采,琴鶴蕭然憶祖風。薄養生前能幾日,卻教腸斷祭時豐。"

陳品閨　字筠齋,遬之第三女。性至孝,聰明過人。適諸生陸筆錫,三載卒。生平所作詩數百首,錄其尤雅者,附梓于《慈雲閣詩》後。

程靜貞　字素庵,工詩善琴。年二十適吳天麟,六載而寡。抑鬱成疾,至三十三卒。

查淑順　諸生馮桂甡室,讀書識大義,割臂以療父疾。工詩詞,著有《攬秀軒稿》。年三十三卒。其《夢後哭父》詩云:"饑鼠窺燈滅復明,綺窗月冷夜三更。分明獨坐拈鍼繡,猶聽耶娘喚女聲。"

陳絢　字蓮慧,海寧監生陳汴女,幼穎敏,學為韻語,下筆輒工。絢有至性,孝事父母。母喪,泣血三年,戚黨稱之。年二十七適諸生張上發,姑患疽甚劇,絢晝夜侍湯液者兩閱月。姑歿,絢以疽發,病中猶賦《哭姑詩》以述哀,旋以毀瘠卒。著《吟香閣集》一卷。

陳玉徵　進士陳堯鳥女,適王煜。通經史,工詩畫。年二十四而寡。著有《冰崖詩草》。其《哭母》詩云:"薄命生成寡且孤,五年不聽母聲呼。背人暗滴傷心淚,偏見枝頭哺食烏。"

任湘　字蘭因,諸生許師謙妻。賢淑多才,與師謙倡和,有秦嘉、徐淑風。惜早卒。著《海上雜咏》《紅餘小稿》。以上伊《志》。

彭孫瑩　字信芳,庠生徐復貞室。自幼穎慧,嫺文史。居恆鍼黹之暇,好以吟咏自娛。其詩詞旨雋永,風格秀麗,得唐賢遺響。著有《碧筠軒詩稿》。

陸瞻雲　字蘅磯,舉人沈麟振室。自幼讀書,邃于《易》理,有《周易註》,指象徵事,自成一家言。兼能帖括,尤工詩,吟稿甚富。與夫倡和,白頭偕老。逮抱伯道之傷,取中年所著,悉拉雜燒之。年八十一卒。膡有《適吾廬詩存》。

張貞　字拾翠山人,庠生周樹聲室。二子一女,皆能詩。家雖赤貧,倡和自若,句如"鳥到春深嬌韻減,人從情後道心多","麥塵糊餅聊充午,梅水烹茶正及時","酸偏有味薑充甕,淡自生香水在瓢","湯沸竹爐醫病胃,光分績火讀殘書"。清貧景況,風趣洒然,能不為境地所苦。

顧德　字慎儀,監生楊文海繼室。習《女訓》,嫺《內則》,年二十二適楊,事翁姑孝。著有《繡月樓稿》。

畢氏　庠生朱盈科室,幼慧。諸兄同堂讀書,氏聽屏後,即成誦。適朱,家貧,躬操井臼。自課子,至成立。性慈愛,每入厨,必留餘飯。初昏時,不點燈。語家人曰:"我不必燒香念佛,即此便是佛法。"因誦藐詩,續成一絕云:"念鼠常留飯,憐蛾不點燈。呼兒同靜坐,最上佛家乘。"

張步藩　字貽令，號紙田。庠生李步雲室。幼慧，讀書明大義。爲詩本性情，法學士式善賞其《木棉》詩，錄入《詩話》。與吳騫副室徐女史蘭貞爲神交，書疏往還相倡答。年二十四以蓐勞卒。著有《嗣香樓詩稿》。　　以上《續檇李詩繫》。

朱葆瑛　閣學爲弼女，適曲阜孔孝廉叙仲。女善屬文，工分書，兼繪事。父歿，遺腹有子，葆瑛恐其無貌於心，不思厥父，將久而失墜也，乃排比《求聞過齋詩》十卷付錄。　　朱錦琮《詒經堂集》。

徐氏　名人雅，監生徐純德女。性孝，母病，割肱。適海寧生員朱蘭如。讀書能詩，自號藕仙女史。夫力學早世，事翁姑盡孝，撫孤成立。暇輒吟哦，《遣懷》詩云：“彩筆長辭鏡裏描，亂頭粗服度昏朝。好花總有埋香日，何必風狂雨又驕。”著有《紡餘吟稿》。

金氏　監生沈兆倫妻，文節五世祖母。善繪事，工詩詞。有《拾遺集》。　　以上新纂。

平湖縣

明

曹氏　適諸生陸大礽。大礽赴鄉試，病革，《寄夫》一絶云：“金風吹散碧天雲，雞骨支牀體似焚。夢想吳山無限恨，對人含淚惜劉蕡。”尋卒。

周蘭秀　字淑英，一作弱英，吳江周應懿女孫。諸生孫愚公室。母沈媛著聲香奩，淑英秉其家學，善吟咏，有《粲花遺稿》。　　以上《檇李詩繫》。

國　朝

錢涓　字褧文，薛振猷婦。有《抱雪咏》一卷，自爲《序》。

施璗昭　廣文施鋐女，適庠生沈炳乎，早卒。有《秋閨詩》，見《柘上遺詩》。

趙昭　字子惠，寒山隱君女。擅詞翰，適庠生馬班。葛衫椎髻，自擬道民。會班亡命，遂入空門，更號德隱，結庵洞庭西山中。有《侶雲居遺稿》。

陸言　字鸝仙，閣學陸棻長女。歸貢生沈季友，工文墨，有《京邸傷母詩》，悽惋可誦。　　以上《檇李詩繫》。

吳瑛　字若華，侍郎吳嗣爵女，歸監生屈作舟。擅制藝，鏤刻極工，詩亦秀穩。早卒，有《芳蓀書屋藁》。　　《國朝別裁集》。

鮑詩　字今暉，州同鮑怡山女。知書，能詩。從徽州老諸生程之廉學畫，傳白陽法，專寫花草。後歸徽士張雲錦。有《鶴舞堂小稿》一卷，《吾亦愛吾廬詩鈔》二卷，造句幽秀。攸縣彭湘南采入《國朝詩選》。

屈鳳輝　字梧清，舉人屈宗到妹。適舉人胡之垣。所著有《古月樓詩鈔》。工于詠物，其《詠洋雞》詩一律，清新可誦。見《水曹清暇錄》。

高瑛　字含貞，號晚香，高沆長女。沉精繪事，瑛自幼習弄筆墨，遂以花鳥名，尤善没骨法。賞鑒家比之徐黄云。性閒静，好潔，工吟咏。其《懷父客秦右》詩有“此夕月明茆店裏，故鄉兒女正安眠”之句，至性可見。已後以所適非偶，悒鬱成疾，年二十四卒。　　以上伊《志》。

顧慈　字昭德，江蘇金匱人。觀察光旭女，舉人張誠室。七歲受《毛詩》《女戒》諸書，能通大義。比長，工詩。性謹樸，深以内言逾閫爲非。集中倡和之篇，無及門外者。著有《韻松樓詩》。

胡緣　字香輪，許景鍾室。自少習聞父昌基緒論，長于吟咏，兼工書。嫁後四年卒。著有《琴韻樓詩》。

孫湘畹　字九蘭，增貢生烺女。烺無子，延師課讀，甫及笄，已工詩，兼善書。歸府庠生張采爲室。著有《蒨窗居詩鈔》《紅餘詞》。

張鳳　字含珍，誠女，適諸生高蘭曾。性貞静，能讀《毛詩》《離騷》《列女傳》、六朝人小賦，尤嗜詩。著有《讀畫樓詩》。

陸彬　字雯英,嫻文翰,歸徐秀才軷。閨闈之內,如師友焉。先軷卒,著有《問花評月樓詩爐》。

朱蘭貞　字晼芳,工花鳥。

陸素心　字蘭垞,生員夢求女。幼聞庭訓,詩矩嫮三唐,氣韻清逸。間為小賦,雅麗絕倫。歸徐孝廉熊飛,越七年歿。著有《碧雲軒詩鈔》。蘭垞族妹孟貞,名荷清,教諭宗蓮女。負性淑靜,韻語之外,兼工制藝,一時稱為女中二陸。以擇配過慎,年逾三十,始歸熊飛為繼室。齊眉吟咏,樂而忘貧,並授徒以佐膏火之需。其才而賢,蓋亦如蘭垞也。著有《唐韻樓集》。　以上于《志》。

倪夢庚　字蓮仙,庠生屠耀鼇母。冰蘗撫孤,經書皆出口授。籜燈夜課,機杼之聲與書聲相應。夜分稍倦,輒以吟咏繼之,詩筆真率自然。著有《聽松書屋詩草》。

朱衣珍　字也點,庠生陸夢求室。隨夫高蹈,居東湖銀杏村,設鄉塾為童子師,與女素心閉門倡和,三旬九日,樂而忘貧。著有《樹萱小草》。

沈彩　字虹屏,號掃花女史。貢生陸烜側室。家多儲藏,凡圖書鉛槧,分置左右。工詩,善畫,尤工小楷,得管夫人筆妙。著有《春雨樓集》。

趙德珍　字蘭素,德清監生趙岐鳳女。詩筆韶秀,如"野水碧無際,桃花紅一村","花光醒午倦,鳥語破春愁"等語,頗有晚唐遺響。適平湖進士楊于高。著有《得月樓存稿》。　以上《續檇李詩繫》。

孟折蓮　布衣用久女。性聰敏,觀書過目成誦,詩亦清雅可喜,惜早夭,不能成帙。《臨絕口占》云:"相逐嫦娥入月中,桂花香裏御清風。回頭欲認生身處,塵海茫茫一片空。"

孫寧　號翠樓,貢生沈上垣妾。能詩,脫稿輒棄。夫兼工寫菊,嘗自題《畫菊》詩云:"夜來風雨急,搖影到疏窗。"　新纂。

汪毓英　字綠君。性耽文史,長於吟咏,尤工駢體。著有《春暉閣詩文鈔》,黃金臺為之序,稱近時閨秀之冠。惜遇人不淑,依母氏以居。其四十自咎詩有"伏櫪馬頻添鶴齒,惜枝鳥亦戀烏情。詩名浪博應知媿,家道恒乖枉費謀"之句,淒婉言情,讀者為之歎息。子婦蔣璊,字蓮貞,亦工韻語。閨中倡酬無虛日,一門風雅,人以婦姑綦比之。

李椒雲　東流知縣陸培妻,工吟詠。《菊江晚眺》詩云:"一幅丹青入望中,著霜楓樹點輕紅。半江雁寫行行字,隔岸帆飛葉葉風。黯淡纖雲斜落照,微茫寒月挂疏桐。詩人莫倚秋光好,蕭颯商飆萬木空。"

沈金　字竹梅,邵松妻。幼慧,父子卜教以《毛詩》、四子書及漢魏三唐詩,皆能成誦。女紅之暇,輒事吟哦,《曉景》詩云:"玉露初收滴,金雞旋報晞。月隨花影盡,星逐曉雲微。殘夢醒猶惜,餘香散更霏。開窗臨古鏡,相照倍依依。"女文媛、英媛,俱能詩。

陸全　貢生茂修女。幼嫻禮法,工詩。適錢塘太學生王坦,坦居貧,好學,多病。全脫簪珥,市參苓以療。及歿,哀毀,竭力奉姑,預築生壙,且摒擋小姑嫁事。姑歿後,針黹自給,辛苦備嘗。初遺腹生女,撫姪為嗣。尋殤,又撫一姪,與女相繼俱殤。因撫姪女,長成,嫁平湖葉莊。年五十四卒。著有《松石遺篆》一卷。其《湖上》云:"紛紛桃李鬥芳妍,湖上春晴劇可憐。孤冢不知誰是主,空留野草色娟娟。"餒而之讖兆於詩矣。

李檀　永昌守宗渭女,歸高衡。衡督儲閩中,權陳臬事。檀綜理內政,暇為韻語,不假雕鏤,自然合節。《題畫蝶》云:"一任滿園桃李謝,東風吹盡不知春",格意頗高。著有《生香樂意齋稿》。

吳誦芬　字麗春,監生紹洲女。髫年聰穎,即解吟詠。比長,延能詩者訓於家,吮墨含毫,吟帙遂滿篋笥。一時談風雅者,以左嬌、鮑妹擬之。著有《寫韻樓詩稿》。　以上新纂。

石門縣

國　朝

沈珮　字飛霞,適吳侍御震方子起代為室。工小令,有《元夜·調寄卜算子》詞一闋甚佳,其詞云:"臺館遍笙歌,又是黃昏後。寂寂梅花小院開,報道春依舊。　　夢斷月初斜,素影清如畫。光景年年一樣新,且放眉間皺。"　伊《志》。

梅麗春　字玉英,工詩,其《採菱歌》云:"一鏡光搖映面浮,隨他鄰女避涼秋。白蘋風急鴛鴦泠,不及蓮花有並頭。"

徐氏　舉人鑛女。幼通經學,訓子勞斯清,四子五經均係口授。斯清得舉於鄉,皆母教也。

孫畹蘭　字愛蓮,適嘉善貢生陳秉元。其詩清麗絕俗,《春盡》一絕云:"風急雲昏雨似絲,銷魂最是綠肥時。可憐春去憑誰挽,靜對花飛有所思。"　案:畹蘭已見嘉善。

勞純一　字安岐,勞心齋女。適仁和劉玉峰。有《題寄外書後》云:"南枝初放故園花,屈指行人到海涯。欲折一枝憑驛使,恐勞客夢屢還家。"

沈氏　治中吳日爆室。幼耽書史,愛吟咏。于歸後,繡閣書燈,屢有酬唱。日爆成進士,寄詩有"幸邀一第休愉快,補報君親事正多"之句。後官奉天治中,又勸以詩曰:"種德在官爲力易,反躬有愧教人難。"

盧蘭露　武林盧鶴山女。家多藏書,博覽經史,能詩文,適貢生胡家琪。著有《倡隨集》。

倪氏　費勝初繼室。著《映雪齋吟稿》。《過羅氏宅》詩云:"空庭無主長莓苔,蛛網重門黯不開。明月那知人已逝,清輝猶照讀書臺。"

吳潤卿　字硯齋,貢生吳森女。性至孝,嘗刲肱,療父母病。與妹文卿,俱讀書能詩。繡牀粧閣之旁,時相倡和。潤卿有《浣香記事》,文卿著《瑯環集》。賞識者以爲工力悉敵。

吳玖　字瑟兮,布衣吳克諧女,兵部郎中程同文繼室。幼慧,博覽書史。家有寫韻樓,恒吟咏其中。後隨夫居京師,與姪女嫺相酬唱。喜作畫,初寫折枝花,繼爲山水蘭竹,皆出心悟,追蹤古人。都中人得其片紙,皆寶貴之。　以上于《志》。

胡吳氏　進士吳曾貫女。幼聰慧,隨任秦中。曾貫休沐,授以《毛詩》《歷朝詩選》,兼與講論史學,故所著多咏史作。後適庠生胡斯煌,有《椒堂女史遺稿》。　新纂。

程芬　適烏程庠生施重芬,青年守志,寄居母家,茹苦含辛。《孤雁》一律,蓋爲自己寫照,讀之令人酸鼻。著有《吐鳳軒稿》。　《續檇李詩繫》。

聞璞　字楚璞,譽彥女。能韻語,婉麗秀發,掃脂粉氣。《續檇李詩繫》選其詩。　新纂。

桐鄉縣

國　朝

孫蕙媛　字靜畹,黃德貞女,適孝廉莊國英,蚤寡。著有《愁餘草》。工小令,與姊介畹争勝。

顏佩芳　字芳在,工詩。王端淑曰:"一氣雄壯,出人意表,而靈警之句滿幅。"

顏畹思　字宛在,工詩。王端淑曰:"蒼老靈異,洗去近日蹊逕。"

王夢鸞　字仙御,其妹字仙駕,俱有《和姑蘇楊柳枝詞》。　以上《檇李詩繫》。

汪嘉淑　字德容,海陽名家女。貢生金集妻。工唫咏。著有《剪燈吟》。

吳徽　字姒音,顏祁之妻。亦能詩。與佩芳、畹思二姑相伯仲。　《臨野堂集》。

孔素英　字玉田,生員孔毓楷女,大令金尚柬繼室。善畫山水,工人物、花鳥。畫畢,即題詩其上,能作晉人小楷。著有《飛霞閣詩集》《蘭齋題畫詩跋》。　以上《國朝練音初集》。

程芝　字瑞卿,生員程世機女。精女紅,通文墨,適烏程生員施重芬。結褵二十日夫歿,父母憐其年少無依,挈歸守志。著有《吐鳳軒詩》。其《孤雁》詩云:"關山經歷遍,孤雁獨司更。念爾常無伴,思群只苦鳴。深宵江月白,長路曉霜清。寄語閨中婦,嗷嗷聽此聲。"

魏月如　　貢生魏光烈女。工山水及寫生。閒事吟咏，有《叢桂吟蘽》。後適海鹽舉人陸以謙，未久以心疾卒。

孔蘭英　　監生孔世球女，孤貧，以鍼黹供母。工詩，兼繪事。許字汪聖清，未婚而卒。聖清往唁，其母出所繪《燕姬出獵圖》便面遺之，上題一絶云：“霜氣冷征衣，秋原雉兔肥。燕姬年十五，挾彈勢如飛。”汪啟淑采其詩入《擷芳集》。　　以上伊《志》。

李媚蘭　　貢生金文度妻，倡隨之際，多所吟咏。著有《媚蘭吟草》。　　于《志》。

孔繼孟　　字德隱，州牧傳忠次女。胚胎世澤，居然劉謝家風。適烏程夏氏，具松筠節操。著有《桂窗小草》。《續檇李詩繫》。

　　案：孔氏閨秀多才。繼坤字芳洲，以《錢武肅鐵券歌》著詩名。又昭蟾，號月亭，有詩集。昭燕，號玳梁。昭瑩，號明珠。均從伯姊昭蕙學詩，蕙父廣南有詩云：“合教兩妹爲高弟，可得名師帶笑看。”蓋實録也。

沈宛珠　　號淑園，運河道啓震女，適烏程唐晉錫。詞旨雅令，與樹香老人爲表姊行。風華濡染，有《和王漁洋秋柳原韻》四律，得風雅之正。著有《怡致軒詩稿》。　　孔憲采《雙溪詩匯》。

顧英　　字仲英，青鎮人。幼秉《內則》，性嫺《詩》《禮》。妹縈以殉夫著節，英作詩哭之，詞旨悽惋。　　《桐溪詩述》。

鄭以和　　號琴仙，南河主簿沈潭生室。少具詠絮才，及于歸，玉臺聯詠，無巾幗氣。始居郡城報忠里，與夫姊沈宛珠暨樹香老人倡酬。暮景清寂，遂多佗傺之音。有《纍餘集》。

朱素誠　　字淑珠，適嘉興岳廷枋。親殁，竭十指撫弟成立。與青鎮女史嚴鈿倡和，鈿《序》刻之。

陸瑀華　　訓導嚴銓聘室，貞静而慧。十歲爲詩，出筆韶秀，性不喜華飾。年十六病卒。有《裁香室詩草》。　　以上《雙溪詩匯》。

褚琬珍　　字楚玉。祖母沈氏，入《嘉興·才媛傳》。琬幼承懿訓，留心翰墨。適選拔生程文浩。工詩，早卒。《桐溪詩述》　　案：元時有汪佛奴，歌兒也，濮院濮樂閒娶爲妾。一日濮有感於中，酒闌淚下。佛奴問故，濮曰：“吾老矣，汝宜善事後人。”佛奴亦泣下，誓無二志。既而濮死，佛奴獨居尼寺，操行潔白，以終其身。事載《輟耕録》。究以其爲歌兒也，爰附才媛之末，以不没其人云。

嘉興府志卷八十

經籍一

經籍一門，至伊《志》而分部核卷，閒述大旨，略序撰人，較詳於前矣。茲延嘉興孝廉陳君其榮重訂補輯，乃知編次未協，時代不符，即伊《志》尚有訛脱也。創始者難，踵事亦不易。纂緝者難，校刊亦不易。徧讀未見者難，即能知其名者，亦豈易哉！夫知其名，未必果能讀其書也。然欲求其書讀之，非先自知名始不可。志《經籍》。

經　部

三　國

陸績《周易注》十五卷《隋書·志》。　新、舊《唐書·志》並作十三卷，《經典釋文》作《周易述》十三卷，《會通》一卷。《四庫全書》著錄《陸氏易解》一卷。案：陸氏《注》已亡，《鹽邑志林》載有一卷，乃明海鹽姚士粦采李氏《集解》、陸氏《釋文》及績《注京房傳》彙成之。國朝平湖孫堂正誤補遺，刻入《二十一家易注》，爲《周易述》。《京房易傳注》三卷《書錄解題》　案：錢氏《述古堂書目》作陸績《易解》三卷。明常熟毛氏刊入《津逮祕書》《書錄解題》又有《積算雜占條例》，並云陸績注。

晉

干寶《周易注》十卷《隋書·志》。　王應麟曰：寶之易學，以卦爻配月，或配日、時，傳諸人事以前世已然之迹。證之訓義，頗有據。　屠曾《序》略曰：干氏《易》有注者，僅三十卦，卦惟乾備六爻，餘止一象一爻而已。要皆自古《易》類萃中摘抄。　案：今存一卷，即元海鹽屠曾所輯，刊入胡氏《鹽邑志林》、孫氏《二十一家易注》。《周易宗塗》四卷《七錄》。　《周易爻義》一卷《隋書·志》。《周易問難》二卷　　《周易玄品》二卷並見《册府元龜》《經義考》：此四種並云佚。

唐

陸元朗《周易文句義疏》二十四卷　　《周易大義》二卷新、舊《唐書·志》《通志略》。　《經義考》云：佚。　案：《文句義疏》，本傳作二十卷，大義從《隋書·志》，《唐志》作《文外大義》。

宋

魯訔《易説》二十卷周必大《魯公墓誌》。　《經義考》云：佚。

趙彦肅《復齋易説》六卷《四庫著録》。　莊仲方曰：其書即象明理，取義密而爲説精。　案：今刻入《通志堂經解》。

林至《易裨傳》二卷《四庫著録》。　《宋史·志》作一卷。　《書録解題》又有《外篇》一卷。　莊仲方曰：上卷三篇，曰法象，本之太極。曰極數，本之天地之數。曰觀變，本之撰著十八變。下卷一篇，論反對、相生、世應、互體、納甲、變爻、動爻、卦氣八事。　案：至，字德久，官至祕書省正字。此書今刻入《通志堂經解》。

輔廣《周易注釋》杭氏《歷代藝文志》。

衞富益《周易集説》王氏《續通考》。　《經義考》云：佚。

衞謙《讀易管窺》三十卷王氏《續通考》。　《經義考》云：佚。

明

鮑恂《學易舉隅》三卷四庫存目。　《明史·志》。　《嘉禾徵獻録》作《大易鈎元》二十卷。　《采集書録》曰：首卷論易之原，中卷論讀易法，末卷論卦爻義例。各條舉一二十則。　案：此書寧王權序而梓之，更名《大易鈎元》。　《四庫全書提要》云：仍其舊名，於義爲近。《易大傳義》　《卦爻要義》《嘉禾徵獻録》。

姚綬《大易天人合旨》十卷王氏《續通考》《明史·志》。

朱綬《易經精藴》二十四卷《明史·志》《經義考》。　《自序》略曰：周子曰：聖人之精，畫卦以示；聖人之藴，因卦以發。《易》有理、象、數。理即藴之發，象即精之寓，數因一以積。畫卦示象之吉凶，繫辭論理之吉凶，數之吉凶，觀象玩辭，聖人體《易》，君子學《易》，以成盛德大業，至矣。非專作卜筮書也。

鍾繼元《四易》高佑釲曰：一曰易竅，二曰易準，三曰易考，四曰易原。　案：《經義考》及吳《志》，“竅”作“窽”，“原”作“占”。

袁顥《周易奧義》八卷杭氏《藝文志》。

陳言《易疑》四卷《經義考》。　《四庫存目》：三卷。　《自序》略曰：《易》非聖人卜筮之書。孔子之《易》，先義理而托象數者也。學者索卜筮於卦爻之外，參程《傳》於本義之中，斯孔子之《易》備矣。　胡震亨《序》略曰：觀所爲説，大都因象以顯理，不援占以傳象，撮紫陽氏之勝，而紬其主卜筮者，成爲一家言，則作者大指云爾。

張大雅《易卦緯論》《經義考》。

許聞至《易經微言》《兩浙名賢録》。

袁仁《大易心法》《經義考》。　一作《周易大義》。

沈懋孝《周易程朱傳義箋》《自序》略曰：疏《易》義者，惟程、朱二書並垂，余更擇兩先生平日所爲《易》，與其弟子所説者，各箋所作《傳》《義》下，雖言或重複，旨有出入，要以旁詣互見，無所不極。《周易四聖象詞》　案：《自序》謂：宋儒談《易》有交易、變易之義，大父曾語余曰：“養吾之真仁，彼之假守，吾之正咎，彼之邪攻而交相化焉。”此交易之義也。凶者轉而爲吉，咎者轉而爲祥，此變易之義也。可以見其大指矣。　又案：《自序》謂：晚而好《易》，抱其圖象、卦象爲一卷，彖爻之詞爲一卷，孔子之贊爲一卷，藏之笥中，仍書爲三卷。《周易博義》　案：《自序》謂：首述《象辭》，以備四聖之文。二述《箋文》，箋程、朱平日語也。三述《古疏》，兼存漢、晉下注疏也。四述《孔子贊疏文》，循孔子贊，義疏其文也。五述《補義》，特疏所闕，自成一氏言也。六述《蒙引補》，輯他氏論，以補蔡介夫書也。七述《儒論》，論周子《太極易通》、邵子《皇極經世》、張子《西銘》《易傳》《正蒙》，及楊敬仲《己易》等書。八述《博義》，以《圖》《書》《八卦》《六十四卦》等圖，考其義也。

任惟賢《周易義訓》十卷《明史·志》《經義考》。　《自序》略曰：“《本義》所有者，加之訓釋。辨惑解疑，期於至當。而勉齋黃氏、節齋蔡氏、雲峰胡氏諸儒之説，亦擇而取之。”　高世泰曰：“惟賢，字功懋，黃陂人。嘉靖庚子鄉舉，知荏平縣，改廩延。中蜚語，謫嘉興教諭。著《五經》注釋以傳。”

黃洪憲《周易集説》四卷《明史·志》。　《經義考》作三卷。一作《學易詳説》。

黃正憲《易象管窺》十五卷《明史·志》《四庫存目》。　《采集書録》曰：多詮義理，不及象占。　案：其《自記》有云："《易》之占，乃吾心觀省之占。所謂幾者動之微，吉凶之先見者也，豈專主卜筮哉？"其大指亦可見矣。

岳元聲《易説》三卷《明史·志》《經義考》。　朱彝尊曰：石帆先生談《易》，一曰《觀易圖記》，二曰《觀象微言》，三曰《探策初籌》，四曰《探策通》，五曰《學易數贊》，六曰《壁記私譚》，七曰《環中指掌圖訣》，八曰《玩易卮譚》，九曰《問易采風述》，十曰《知止方言》，十一曰《參疑》，十二曰《研幾私乘》，十三曰《譚易》。

袁黄《周易補傳》四卷《河圖洛書解》一卷《經義考》。　嘉善《志》有《袁氏易傳》十卷。朱鶴齡曰：黄著作甚富，多散佚。説書義解，多與儒先抵牾。然其砭訛發覆，則俗學所未有也。

馮洪業《易羡》六卷《經義考》《嘉禾徵獻録》。

錢士升《周易揆》十二卷《明史·志》。　《四庫存目提要》曰：是書用注疏本，雜采前人之説，斷以己意，在明人易解中，持擇尚爲精審。子棻《跋》曰：此書因爻探象，因象闡爻，別二卦於一卦，定主爻於六爻。至於互體體體，靡不該盡。　許譽卿《序》謂是書"卦前設互卦，後設對卦，兩説分合，直舉氣與理與象，兼融而並擅之，以其明於變通錯綜之故也。"

錢繼登《易簀》三卷《明史·志》。

曹勳《易説》三卷嘉善楊《志》本傳。　著述門又作《學易初編》。

徐世淳《易就》六卷《明史·志》《經義考》。　《四庫存目提要》曰：其書似儒家之語録，又似禪家之機鋒，非説經之正軌也。

李奇玉《雪園易義》四卷《圖説》一卷《四庫存目》。　《明史·志》作六卷。　曹勳《序》曰：其《觀象》《玩辭》，則一本乎《説卦》；其《觀變》《玩占》，則兼取乎《中爻》。　案：奇玉爲高氏攀龍弟子，故多本師説而推演之。

陸基仁《易元》杭氏《藝文志》。

馮存貞《中天易》《經義考》作《大明中天易》。

沈瑞鍾《廣易筌》四卷《四庫存目》。　《經義考》作《周易廣筌》二卷。　《采集書録》亦作二卷，云《總論卦義》及《爻象大旨》。　《四庫全書提要》曰：《自序》言先嘗爲《易意筌》十九卷，後復爲《廣易筌》。書中稱家先生《古筌》，則述其父之説，多主人事，不取象數之學。自宋李光、楊萬里多以史事證《易義》，是書蓋亦是意。

姚士勳《易賸義》《經義考》。

錢棻《讀易緒言》三卷《四庫存目》。　《經義考》《采集書録》並作二卷。　澂之《序》曰：我家仲芳，更歷世變，卓然於古今治亂之故。其著《易》，上以明陰陽之消長，下以審君子小人進退之幾，而殷殷扶抑之義，情見乎詞。

陳梁《易説》五卷《經義考》。　繆泳曰：所爲《易説》，有《箋易》三篇，《溫易》二篇，《易屑》二篇，《易論》二卷，《易頌》一卷。

陳薀謨《易傳》杭氏《藝文志》。

呂濬《易類辨疑》《經義考》。　案：吳《志》作《易數辨疑》。

陳許廷《周易注傳》《嘉禾徵獻録》。

張綸《易説》一卷　《河圖洛書説》　《三極圖説》《經義考》。

宋咸《易説》《檇李詩繫》。

陸山《太極解》三卷《經義考》作一卷。

李公柱《讀易述餘》四卷《經義考》。

錢士馨《古文易》二卷《經義考》。

李天植《易經疏義》尤氏《明史·藝文志》。

徐世湜《易參》一卷《經義考》。

屠肇芳《周易大旨》　《太極圖説》《浙江通志》。

吳蕃昌《大易圖説》杭氏《藝文志》。

國　朝

俞汝言《京房易圖》一卷《經義考》。

周弘起《大易集義》四卷　案：《經義考》作《大易三義》。　嚴沆《序》云：《三義》者，《疏義》《通義》《要義》也。《疏義》取疏通本義而止。《通義》順文鋪敍。《要義》研勘異同，互相發明。

李鏡《周易參義》三卷《經義考》。　案：鏡，字無塵。李良年曰：晚歲精《易》，著有《周易參義》。

屠焯《周易大義》《浙江通志》。

孫鍾瑞《易學心符》《浙江通志》。

徐昌治《周易旨》　徐震亨《周易圖説》二卷　《周易象意》　孔自洙《序》略曰：理則原於太極，數則本於河洛，象取則宗諸聖人之所取，而一以《繫辭》爲斷據，主以朱子，參以諸儒，而集其成。《讀易隨録》《烏青文獻》。

沈進《文言會粹》二卷《經義考》。　繆泳《序》略曰：《文言》，孔子十翼之一也。言古《易》者，分十翼以復孔氏之舊，於《文言》傳，僅録《乾》《坤》二篇，不知散入於《繫辭》者尚多也。山子取《繫辭》諸卦，類乎《文言》者，附於《乾》《坤》之後，又以《論語》《戴記》諸書文義相近者增益之。

徐善《四易》十二卷《經義考》。　朱彝尊《序》略云：一曰天易，二曰羲易，三曰商易，四曰周易，凡三十卷。其於圖書，博采諸家之論，而一本乎邵子、程子、張子及朱子之初説。　《采集書録》寫本二册云：推究天人象數之原，迥異章句家言。　案：《天易》以闡圖書，《羲易》以敍八卦，《商易》以辨十辟，《周易》以明四正八交之旨。《經義考》目作十二卷。序云三十卷，殆後編定成書，爲十二卷歟。《易論》《四庫存目》。

錢龍珍《臆易》四卷《經義考》。

于琳《易經參同》九卷又名《周易義參》，節録本義於前，以己説參附於後故也。　《四庫存目》《采集書録》寫本並作六卷。《廣變》四卷　《象告》二卷《浙江通志》。

金式玉《三易通》《經義考》。

陸攀《易義韻譜》伊《志》。

沈廷勘《身易實義》五卷《經義考》《四庫存目》。　《自序》謂：以心言《易》，未若以身體之爲實，以身體《易》，又必以見諸用之爲實也。六十四卦，既有大象闡發卦意，以著其用，若三百八十四爻之用，則尚闕焉。乃即小象之意，放大象之例以補之。附於箋注之末，使人知爻之理，加詳於卦，而切於日用也。其於宋明各家，間有采集，則取其同於程、朱者，或程、朱之所互異，則深研之，以求其一是焉。

馮昌齡《易學參説》二卷《四庫存目》。　《采集書録》云：分内、外編，内編於圖書推五行之原，外編於干支究五行之用。

陸奎勳《陸堂易學》十卷《四庫存目》。　前有《發凡》十八條，《圖説》一卷。

楊燮《易論一原》一卷、《周易或問》二卷伊《志》。

張仁浹《周易集解增釋》八十卷《四庫存目》。　《采集書録》寫本曰：是書體大語詳，其中集解居十之七。自注疏以降，所集不下二百家，增釋居十之三，皆前人所未發者。諸錦曰：宋房審權之《義海》久亡，得此可以無恨。

曹庭棟《易準》四卷《四庫存目》。　《采集書録》曰：詳於《洛書》而略於《河圖》，推數衍説凡五十一篇。

李榮昌《易學微言》　　沈塾《易彙》十二卷桐鄉李《志》曰：摘《京房卦驗》《焦氏易林》《參同契》而融其旨。

陳泰初《易緯》四卷　　崔學淇《讀易偶得》三卷伊《志》。

沈之泓《周易井觀》二十卷桐鄉李《志》曰：以《啓蒙本義》爲宗，參以王《注》、程《傳》。

沈潛《周易思通圖説》顧光《序》略曰：遜谷沈子所著《思通三十六圖説》，具言天地否泰、水火升降、陰陽剥復、動靜安危進退、死生存亡、盈虛消息之旨，使《圖書》《卦書》《理氣》《象數》無通非思，無思不通。

唐枕《周易實義》六卷陶澍《序》略曰：談名理而不入元渺，述象數而不失支離，其中偶有一二新義，要皆確有所本。

徐甘來《周易》于補吳《志》。

陳唐《易學》于《志》。

馬俊良《易象要旨》于《志》。

曹鈺章《易理粹言》十二卷于《志》。

王元啟《周易講義》　　倪象占《周易索詁》十二卷卷首列《卦目圖》《反對圖》《八卦立體圖》《八卦運行圖》《陰陽變化圖》《卦變象主圖》《大卦圖》《十辟圖》《互卦圖》。其《復蔣樗書》云：據翼傳以求象爻，拘經例而不拘各家之注例。其《自序》又謂按爻以檢之，據變以索之，援象以校之，因名指事，象經爻緯，數極循環，而文之所由，乃確然可會，蓋已道其所自得也。　　案：象占，號九田，任嘉善訓導，卒於官。

王琨《周易鄭注考證》丁子復《王君墓誌銘》。　　案：琨，字次瑤，先世居杭。琨自成安解官歸，遂居秀水。

朱廣川《周易繹義》未刊。　　朱緒曾《序》略曰：參用王輔嗣、李資州以乾坤，文言分隷二卦，後以《序卦》冠各卦之首，又以《説卦》爲《易》之凡例，《雜卦》爲《易》之撮要，兼取荀九家之象，移此二傳於前，其説以十翼爲主，與沈氏《孔義集説》宗旨相近，而詳略則異，其於鄭、虞、程、邵，亦不苟同也。

鍾晉《周易學》四卷　《周易象義觀通》十二卷徐士芬《跋》曰：書凡十三卷，言象宗仲翔居多，言義宗伊川居多，而貫串諸家別裁穿鑿附會之説，真能觀其通者也。《筮占古例》一卷並未刊。

孫燾《周易虞氏義補》十一卷于《志》。

方本恭《易學象數述》四卷　　陳經國《讀易傳義會通》陳氏《家狀》。

馬金章《易學探原》《問天樓集》。

郭咀顏《易義指掌》徐熊飛《郭君墓誌銘》。

周榦《易庸》四卷其書以《説卦》《序卦》《雜卦》爲《易》之大旨，學者所當先明，移列首卷。又創爲《雜卦圖》，以六十四卦分而爲八，一方各配八卦。自謂即用《伏羲圓圖》，對待逆行之象上下經，後取《文言》，別爲一卷。以《繫辭》列於後。

方垌《讀易日識》六卷錢泰吉曰：所著僅至《无妄》而止，多反躬實得之言。

孫堂《漢魏二十一家易注》三十卷第一册，子夏、孟喜、京房、馬融、荀爽各一卷。第二册，《鄭玄注》三卷，補遺一卷，劉表、宋衷、陸績、董遇各一卷。第三册、四册，《虞翻注》十卷。第五册，王肅、姚信、王廙、張璠、向秀、干寶、蜀才、翟元各一卷，《九家集注》一卷，劉瓛《義疏》一卷。凡二十一家傳、注述、章句、集解、義疏，悉依《釋文序錄》。

胡祥麟《虞氏易消息圖説》一卷是書，近潘侍郎祖蔭刊入《滂喜齋叢書》，其《序》云：治虞氏《易》者張皋文，後有劉氏申受《易》，表李氏尚之《易》，例得孝廉。此書以求消息，發揮旁通矣。

李富孫《周易集解賸義》三卷　《校異》二卷莊仲方曰：取李鼎祚三十六家言《易》之未及者，自漢唐至宋，凡遺文賸義，蒐輯成編。　《校異·自序》曰：盧氏刊本，爲元和惠氏棟所校，往往據別本改易，然資周博采[1]衆家異同並列，未嘗傅主一説。況諸家師承各異，詎可私肊突改。且其所據，鄭虞本並从《釋文》，亦有不盡从鄭、虞體例，復參錯不一。茲復合舊刻諸本參校，並取唐宋《易義》所引讐勘，頗有增淆，不同明朱氏、毛氏本，皆據宋刻，影鈔亦多譌。

胡氏本尤舛脫。間有勝於諸本者,著之爲《校異》二卷。　案:李氏《易解滕義》,石門顧氏刊入《讀畫齋叢書》。《周易異文釋》六卷未刊。

　　倪以植《易説異同考》　　張元煦《周易集説》　　施啓人《周易闡義》郡守成世瑄《序》

　　鍾文烝《河圖洛書説》一卷

　　右易

【校注】

　　[1] 資州博采:光緒《嘉興縣志》卷三十四《藝文下》"李富孫"條:"《周易集解滕義》三卷　《校異》二卷"引莊仲方曰,作"資周博采",當是。

宋

　　黄幹《尚書説》十卷杭氏《藝文志》。　《經義考》云:佚。

　　輔廣《尚書注》《經義考》云:佚。

明

　　貝瓊《中星考》一卷　　鄭曉《尚書考》二卷《經義考》。　朱彝尊曰:《書考》一册,得之公家,失其上卷,中多辨證古文之非。《禹貢圖説》一卷《明史·志》《四庫存目》又有《禹貢説》一卷。　《采集書録》曰:列圖於前,而依經爲説於後,亦附及明代地制。

　　陳言《書疑》《經義考》。　《自序》略曰:於蔡傳比而同之不爲黨,擅而正之不爲,嫌以成紫陽之遺,而暢未盡之旨,命其草曰《疑》,疑之者,翼之也。

　　樊光遠《尚書解》三卷《經義考》。

　　李儒烈《尚書啟蒙》一卷《嘉禾徵獻録》。

　　湯日新《尚書録》　　呂穆《書經講意》　　陸相儒《尚書正説》並載《經義考》。

　　袁仁《尚書砭蔡篇》一卷《四庫著録》。　《自序》略曰:國朝典令,《書》主古疏兼蔡傳,未嘗專主蔡也。因博考先儒舊説,參以己意,正其謬誤。　案:曹氏《學海類編》有《尚書蔡注考誤》一卷,當即是書。

　　俞鯤《百家尚書彙解》《經義考》。　《禹貢元珠》一卷《四庫存目》。

　　鍾庚陽《尚書傳心録》七卷《明史·志》。　《嘉禾徵獻録》作十卷。　張雲章曰:庚陽父名天才,老於經學,日授庚陽,而述之爲書。　盛楓曰:即今所行吳縣申文定之《會編》。　案:王肯堂《跋》有云:檇李説經者,屠氏之《研幾》,鄭氏之《題旨》,皆能味經之腴,不囿宿見,惜皆失傳。

　　陸光宅《尚書主説》《經義考》。

　　陸基仁《尚書傳鉢》《浙江通志》。　平湖《志》無鉢字。

　　馮夢禎《尚書大意》《經義考》。

　　沈自邠《尚書衷引》《經義考》。

　　陳泰交《尚書注考》一卷《四庫著録》。　案:是書糾正蔡傳之訛,凡前後互異,同字異解者並録之,使人自見。《經義考》作陳泰來,誤。

　　袁黄《虞書大旨》《經義考》。　案:吳《志》有《皇極考》。

范應賓《壁業》《經義考》。

項德楨《尚書説要》　《尚書別録》　《書經釋》《嘉禾徵獻録》。

賀燦然《書略》《經義考》。

陳泰寧《尚書集解》　《禹貢圖考》吳《志》。

趙維寰《尚書蠡》四卷　　陸鍵《尚書傳翼》十卷《明史・志》《四庫存目》。　《采集書録》曰：意以翼蔡，亦舉業家言。

袁儼《尚書百家彙解》六卷《明史・志》吳江沈《志》。

夏允彝《禹貢古今合注》五卷《經義考》《四庫存目》。　《采集書録》曰：前列四十六圖，於古今輿地分合，及河渠原委頗詳，有陳子龍《序》及《自序》。

孫宏祖《尚書詮注》《經義考》。

沈希仲《尚書印宗》《浙江通志》。

陸又機《尚書集解》　　陸萬達《尚書講略》　　沈瀚《尚書印》六卷繆泳曰：舉業書也。

姚之鳳《尚書定解》以上並載《經義考》。

邵璸《禹貢通解》一卷《經義考》《四庫存目》。

尚書《説統》《新溪文鈔》。

國　　朝

莊日思《尚書説準》《經義考》。

沈嗣選《尚書傳》四卷《浙江通志》《經義考》。　《自序》略曰：微言大旨，爲前賢所未發者，每篇作一論，其章句之間有獨得者亦疏而記之。

錢煌《壁書辨疑》六卷《經義考》。　案：是書專攻《古文尚書》之僞。

嚴觀《禹貢輯要》一卷　　陸敷樹《禹貢注》一卷《經義考》。

趙佃《禹貢新書》一卷《經義考》。　案：是書每節下雜列衆説，而加案字發揮己意，其議論精闢處，有爲前人所未到者。

張天植《尚書心印》伊《志》。

張雍敬《書經參注》《靈雀軒著書目》。

陸隴其《古文尚書考》一卷《學海類編》《四庫存目》。

朱彝尊《古文尚書辨》一卷《學海類編》。

陸奎勳《今文尚書説》三卷《四庫存目》。　《采集書録》曰：專釋今文，能補蔡氏漏義，不襲舊解，後有《古文尚書辨》二篇附刊。

郭兆奎《心園書經知新》八卷《四庫存目》。　《采集書録》曰：於蔡傳中有相沿承訛者，爲辨析以發其義。

金鑾《尚書馬鄭注抄》　案：是書因馬融、鄭玄《尚書注》散失已久，博采群書，手輯成編。

顧民珩《尚書通解》　　盛百二《尚書釋天》六卷《自序》謂：集傳不免承襲訛謬，因取書之涉於曆象者，以集傳爲主，旁采諸書而疏證之。　案：任城書院刻本後有補遺二則，爲陸氏世儀《月道圖説》《九道圖解》，末附《分野考》。

朱廣川《禹貢興圖考》未刊。　朱緒曾《序》謂：視蔣氏地理今釋，記載尤詳。

王錫圭《禹貢地理考證》四卷于《志》。

周用錫《今文尚書正義》二十八卷于《志》《自序》。

吳東發《尚書後案質疑》　《書序鏡》梁同書《吳侃叔傳》。

時樞《禹貢詳注》二卷于《志》。　　未刊。

李富孫《尚書異文釋》八卷《自序》略曰：所釋異文，衹《今文》二十八篇，其依託晚出之《古文》，疑而闕如，亦尊信古初之意也。

李遇孫《尚書隸古定釋文》八卷馬錦《跋》曰：漢孔安國以科斗文難知，取伏生《今文》，次第之爲《隸古定》。宋辥季宣因之，成《古文訓》。金灝又以隸古文難知，引《説文》諸書疏通之，輯爲《釋文》，譌者正，疑者闕，可爲孔氏功臣。

計朱培《尚書外傳》《松陵詩徵》。　　案：朱培，東從孫，桐鄉縣學生。是書仿《韓詩外傳》體爲之，凡若干卷。三易稿而成，臨没，猶沈吟訂正某句，呼其孫改訖而目始瞑。

右書

三　國

陸璣《毛詩草木鳥獸蟲魚疏》二卷《隋書·志》《四庫著録》。　　莊仲方曰：時去古未遠，於物之今昔異名，考核頗確。　案：是書《鹽邑志林》有之。

宋

輔廣《詩童子問》十卷《四庫著録》。　《經義考》作二十卷。　《采集書録》作八卷。　是書首列綱領，及師友粹言，其説多補朱傳之未備。《詩經協韻考異》一卷《學海類編》

明

陳言《詩疑》　《自序》略曰：《序》有原乎《詩》意，而《詩》無證乎《序》辭者。朱子以爲非，而我疑其是也。故命曰《詩疑》。《詩序傳》　案：言自述謂先王之詩，各論其世，悉依時代爲次，故首《商頌》，次《二南》以下及於《王風》。諸侯之詩，依春秋列國序次，首《魯頌》，次及《邶》《鄘》《衛》《唐》《鄭》《齊》《秦》諸風，下而終以《陳》《檜》《曹》。

黃洪憲《學詩多識》　《經義考》云：佚。

陸坤《詩傳存疑》一卷《經義考》。　《自序》略曰：晦庵《詩傳》，學者當以爲主，至其改易古説，間有意未能遽曉者，則以諸家參之。　朱彝尊曰：《簣齋詩説》，至《衛》詩而止，今附集中，未成之書也。

沈槼《詩經漫語》《浙江通志》。

袁仁《毛詩或問》二卷《明史·志》《學海類編》《四庫存目》。　《自序》略曰：余讀《詩》，不廢《序》説，亦不純主《序》説。舉其所服膺者，設爲或問以發之。

董穀《國風解》一卷《經義考》作《國風辨》一篇。

徐必達《南州詩説》六卷《明史·志》《經義考》。俞汝言曰：其書爲舉子業而作。

戴鳳儀《詩經纂義》《浙江通志》。

沈萬鈳《詩經類考》三十卷《四庫存目》。　沈思孝曰：仿王伯厚《詩考》，旁引博稽，別門相附，凡類三十而卷亦同焉。　　案：是書卷一《古今論詩考》，卷二《逸詩考》，卷三《音韻考》，以下分天文、時令、地理、列國人物、宗族、官制、飲食、服飾、宮室、器具、珍寶、禮樂、井田、封建、賦役、刑獄、兵制、四夷、禽蟲草木諸考，卷二十六。分《國風異同》《小雅異同》《大雅異同》《三頌異同考》。末爲《群書字異考》。

陸基仁《詩説纂元》《浙江通志》。

趙琮《范經約説》十卷《明史·志》《浙江通志》《經義考》。

高承埏《五十家詩義裁中》十二卷《明史·志》《經義考》。　　《自序》略曰：明道程子謂《詩》學必於《大序》中求，伊川則云：《序》非聖人不能作，蓋《序》所云"發乎情，止乎禮義"，無邪之説也，本乎孔子。《集傳》去《序》言《詩》，求詩人之志於千載之上，以意逆志之説也，本乎孟子。因二者而裁其中，於《國風》淫奔諸詩仍存舊《序》，其餘則以朱子爲歸，而五十家之義附之。

國　　朝

顧玘徵《十五國風疏》一卷《經義考》。　　繆泳曰：説《鄭》《衞》詩，不盡泥朱子《傳》。

錢龍珍《毛詩正義》八卷《經義考》。

顏鼎受《誦詩弋獲》四卷　《六義辨》一卷　《國風演連珠》一卷

高士奇《毛詩講義》三十卷

鍾淵映《詩序證》一卷《經義考》云：佚。　　繆泳曰：引左氏《内》《外》傳，暨周、秦子書以證之，惜没後稿佚矣。

朱彝六《詩學緒餘》五卷伊《志》。

陸奎勳《陸堂詩學》十二卷《四庫存目》。　　案：是書論詩，不取正變之説，前有讀詩總論。《魯詩補亡》二卷伊《志》。

諸錦《毛詩説》三卷《四庫存目》。　　《采集書録》作《毛詩説》二卷，《通論》一卷，自識曰：小序採其首句，從樂城例也。隨筆不拘篇數，從歐陽、張宛邱例也。先左證而後發明，毛、鄭諸子而外，有佳説則采之，有奧義則補之，廣益也。

沈青崖《毛詩明辨録》伊《志》。　　桑調元《序》略曰：貫穿諸經，又身歷邊地，考古風俗之遺，辨析名物，即音韻亦細與折中，而大旨發明朱子之《集傳》。

陸以誠《毛詩鳥獸草木本旨》十三卷于《志》。

張紹曾《毛詩鳥獸草木詁》四卷　　孫燾《毛詩説》三十卷于《志》。

陸錫謨《詩經異文考證》二十二卷　《詩經句讀考證》一卷于《志》。　　並未刊。

朱廣川《毛詩廣訓》朱緒曾《序》略曰：《詩毛氏訓詁傳廣義》，冠鄭譜於前，每章專用毛《傳》，采漢以來諸説，注釋於下。於鄭《箋》、孔《疏》、朱《傳》，無所偏廢，皆取於毛無所抵悟者以發明之，引典確實，説理曉暢。

馮登府《三家詩異文疏證》六卷　《補遺》三卷　《續補遺》一卷《自序》略曰：王伯厚《詩考》只存條目，《通釋》闕如。余即王氏所引《三家異文》，略爲疏證與傳箋，互相發明，所列條目，悉依原文，稍加訂正。至異字異義與毛氏異者，不能確指爲誰氏，采坿於後，仍王氏例也。《三家詩遺説翼證》二十卷未刊　案：登府舊有《三家詩異文綜補》六卷，《異義綜補》四卷，此當是合編成之。

李超孫《詩氏族考》六卷案：此書海寧蔣氏刻入《別下齋叢書》。

李富孫《毛詩異文釋》十六卷《自序》略曰：瀏覽經史以及説文傳注、諸子百家、漢唐石刻，不惟三家之文有與今毛詩異者，搜羅薈萃，紬繹其誼，或異或同，一一詮解而疏證之。並依古人之文，以正後儒及今本之譌，間有王氏詩考所未及者。

李貽德《詩經考異》 《詩經名物考》均未刊。

鍾晉《毛詩學》徐士芬《漱芳閣集》。

時樞《詩經說志》未刊。 錢泰吉曰：秋鶴治詩，於唐宋儒先之說，搜采詳備，大旨以《毛傳》為宗，間出新意。

顧廣譽《學詩詳說》三十卷 《正詁》五卷案：是編初名《學詩求是錄》，後改今名。 《自序》謂：志反約也，倣毛公《故訓傳》，釐為三十卷。而別出其專論字句異同者，為《正詁》五卷。 又《自序》略曰：衷之毛、鄭、陸、孔、朱、呂，以正其端，參之歐陽、蘇、李、范、嚴，以究其趣，博采宋、元、明、國朝諸家，以暢其支。擇其合於經者取之，違者去之，說似可通而實乖正義者辨之，或申或駁，務直陳所見。將以窺尋四始六義之本，而無失乎孔子編詩垂教之心。

右詩

晉

干寶《周官禮注》十二卷《隋書·志》。 《經典釋文》作十三卷。 《經義考》云：佚。《答周官駁難》五卷《新唐書·志》 《隋書·志》：《周官禮駁難》四卷，孫略撰。 《舊唐書·志》：《周官駁難》五卷，孫略問，干寶答。 陸德明曰：宮正以下，鄭總列六十職序于注，則各於其職前列之。 《經義考》云：佚。

宋

聞人宏《周官通解》十卷王氏《續通考》。 《經義考》云：佚。

葉時《禮經會元》四卷《四庫著錄》。 莊仲方曰：書凡百篇，首總序，次駁漢儒之失，末篇補《冬官》之亡，餘九十七篇，皆括《禮經》以立論，能闡體國經野之深旨。《周禮衍義》《經義考》。 案：是書，嘉善錢賀以葉氏本刪梓之。

明

朱大啟《考工記輯注》一卷《采集書錄》曰：融會舊解，順文詮釋，頗簡而明。

吳昂《周禮音釋》《經義考》 吳《志》。

錢士馨《周禮說》一卷 《周禮答疑》三卷 《冬官補亡》三卷《經義考》。 朱彝尊曰：說《周禮》者，言《冬官》不亡，散五官中，故自臨川俞氏而後，多以意取五官之屬，強補《冬官》，獨平湖錢氏據《尚書》、大小《戴記》《春秋》內外傳補亡，凡二十有一，不襲前人之言。

曹津《周禮五官集傳》五卷《經義考》。 案：此書闕《考工記》，不解以其謬也。

國　朝

吳治《周禮彙斷》五卷未刊。 案：《自序》謂班固《藝文志》，《周官》六篇，則河間獻王所上五官而附以《考工記》，五官為全經，非有闕也。自宋俞廷椿作《復古編》，謂《冬官》錯簡五官之内，於是以意移補，而五官大亂。然世遠文湮，有疑闕之形名不相中者，作私論以駁辨之。古本不可不存也。《考工記集說》一卷未刊。 並載《經義考》。《自序》略曰：此《記》既不同《周禮》體例，於設官本意又無與，然為古書無疑。治復正五官古本，不沒其舊，仍以此附後,有所晦,通而釋之,有所見,表而斷之。

浦越喬《周禮冬官補》《自序》。《訂正考工記》《自序》略曰:《周禮》六官三百六十,而五官所存者三百四十有餘,則四十有餘,皆冬官也。非錯簡而何?余故取五官之餘,以補《冬官》,而復將《考工記》如其目而次第之,六工亦遂有條矣。《考工記》之文本不足以補一官,而且猶有雜亂者,況五官之屬,數倍於《考工》者乎。余因《考工》之有錯簡,而可訂正也,益以信冬官之不亡。

陸隴其《禮經會元疏釋》四卷案:先生嘗語及門曰:《禮經會元》一書,將《周禮》分門別類,融會貫通,最爲有益,但指斥康成有過當處。於是手自圈點,逐段分疏焉。

張庚《周禮封建井田疆域考》朱辰應《張先生行狀》、盛百二《張徵君墓誌銘》。

盛百二《周禮句解》《自序》略曰:取廬陵朱氏《尚書》之例,爲之句解,專以後鄭爲去取,其司農及杜子春與鄭異義者,別表出之,注或簡古,間以疏參之。

周震榮《周禮萃説》四十二卷伊《志》。

朱鴻《考工記車制參解圖説》《朱氏家傳》　未刊。

陸士杰《周禮類略》于《志》。

李貽德《周禮賸義》時孫星衍纂集《十三經佚注》,延貽德分任之,因成是書。　　以上《周官·禮》。

宋

趙彥肅《士冠士昏饋食禮圖》王氏《續通考》。
黃幹《續儀禮經傳通解》二十九卷《四庫著錄》。

元

龔端禮《五服圖解》一卷阮元曰:此書載絳雲樓及述古堂《書目》。　朱氏《經義考》云:未見。端禮祖頤正嘗著《服圖》,端禮又復參考,越十載成書。其例以五服列五門,每門立男女,已未成人之科,分正、加、降、義四等之服,畫圖分章,展卷瞭然,足爲參考禮制之助。泰定元年,嘉興路牒呈此書於江浙行省,移咨中書省。

明

聞人詮《飲射圖解》一卷《明史·志》。　盛楓曰:詮,本嘉興人,入籍餘姚,督南京學政。
譚貞良《儀禮名物考》八卷《經義考》。　朱彝尊曰:詮其名物度數,便學者誦習。惜避地漳州之琯溪,失於寇。
陸贊《居喪撮要》《兩浙名賢錄》。
錢士馨《儀禮説》一卷《經義考》。

國　朝

諸錦《饗禮補亡》一卷《四庫著錄》。　《采集書錄》曰:以饗禮尚缺,舉周官賓客之事,聯而比次之,并取傳記中相發明者,條注其下以補焉。

　　盛世佐《儀禮集編》四十卷《四庫著録》。　《采集書録》曰：凡注或連傳經爲傳隔之類，悉爲更定。於鄭、賈及楊氏之圖有失者胥正之。前列綱領二卷，末附勘正監本、石本，補顧炎武、張爾岐之闕，庶幾經之功臣。　莊仲方曰：采古今説儀禮者凡一百九十七家，而斷以己見。考據詳明。

　　朱建子《服制圖考》八卷《四庫著録》。　伊案：是書集歷代喪服禮制，每條下分古有今無、古無今有、古重今輕、古輕今重四目。後爲《雜問篇》，凡三十九條。所引經傳禮書及諸家文集，頗稱該洽，亦車垓《内外服制通釋》之類。

　　王廷桂《儀禮義疏酌要》《曝書雜記》。　以上《儀禮》。

宋

　　輔廣《禮記解》衛湜曰：取注疏方氏、馬氏、陸氏、胡氏諸説，倣吕氏《讀詩記》編集，間有己説。

　　岳珂《小戴記集解》《經義考》云：佚。

　　衛湜《禮記集説》一百六十卷《宋史·志》《四庫著録》。　魏了翁《序》略曰：平江衛氏，世善爲《禮》。正叔又自鄭《注》、孔《義》、陸《釋》以及百家之所嘗講者，薈萃成書。　朱彝尊曰：衛氏援引解義，凡一百四十四家。不專采成書，如文集、語録、雜説及群經講論，有涉於《禮記》者，皆裒輯焉。　伊《案》：自明以來，《府志》湜與其兄涇，並著列傳，有"其先避亂居秀州"之語。故《浙江通志》已收是書。

明

　　陳言《禮疑》《經義考》。　《自序》略曰：於陳氏注有可分繫，有可互發者，取裁於程、朱，博采於鄭、孔，旁研曲證，救偏補遺，他日就緒，不妨爲陳氏一忠臣爾。

　　聞人德潤《禮記要旨補》十六卷《明史·志》《經義考》。　《四庫存目》作十卷，德潤作"德行"。　伊案：德潤，本嘉興人，入籍餘姚。

　　黄洪憲《讀禮日抄》《經義考》。

　　周履靖《投壺儀制》一卷《經義考》。

　　余心繩[1]《禮經摻義》二十八卷《明史·志》《經義考》。　黄洪憲《序》略曰：大都爲制舉作，近世伯魯《集注》詳於訓故，而不爲繁；公之《摻義》主於會要，而不爲略，均有功於《禮經》。　案：心繩，黄岡人，爲嘉善令，卒于官。

　　陸基仁《禮經删注導竅》《浙江通志》。　案：吴《志》、平湖王《志》本傳無删注字。

　　朱泰禎《禮記意評》四卷《明史·志》《四庫存目》。　《采集書録》曰：每節舉其指歸，而略於考證，似僅爲科舉設者。

　　朱元弼《禮記通注》《鹽邑志林》衹存一卷。

　　李天植《禮記疏義》尤氏《藝文志》。

　　錢士馨《禮記申惑》一卷　《王制説》一卷沈皥曰：大指謂漢文時博士雜取虞夏舊文，并集秦、漢之事，總四代而爲説，不獨存周人一代之經。《月令説》一卷朱彝尊曰：錢氏謂《月令》於劉向《別録》屬明堂陰陽記，則是篇本古明堂遺制，吕氏從而録之，中間雜以秦官，無足怪也。録舊文於首以爲綱，附以八覽六論爲目。《緇衣説》一卷《經義考》作一篇。《中庸説》一卷並載《經義考》。

【校注】
　　[1] 按：本《志》卷三十八《職官表·嘉善知縣》作"余心純"。光緒《黄州府志》卷十四《選舉·進

士》："（萬曆）壬辰，余心純，嘉善知縣。"朱彝尊《經義考》卷一四五《禮記八》："余氏心純《禮經搜義》二十八卷，存。顧湄曰：'心純，字葵明，黃岡人。萬曆壬辰進士。授懷寧知縣，再補嘉善知縣，卒。'"由此，"余心繩"當是"余心純"之誤。下文"心繩"亦應作"心純"。

國　朝

陸隴其《禮論》一卷《經義考》作四卷。

周篔《投壺譜》一卷《經義考》。

宋瑾《禮記集注》伊《志》。

陸奎勳《戴記緒言》四卷《四庫存目》。　《自敘》：大意謂衛正叔《集說》捃摭已備，故第舉每篇作小序以辨其爲周，爲秦，爲漢之文。其先儒之說，有足正陳氏舛誤者錄之。尚有遺義，則就己見論定焉。

諸錦《夏小正詁》一卷《四庫存目》。　《采集書錄》曰：專釋名物，以經詁經。

陳熷《樂記逸篇》《拜經樓藏書題跋記》。　吳壽暘曰：秀水陳氏熷補亡凡十三篇，丁學博杰校訂，並書所引各書於逐條上，且云所不知者尚四五條，擬寄吳君兔牀付梓以傳。

吳瀛《禮記衍脫錯考》一卷《濮錄》。

李聿求《夏小正注》四卷《自序》略曰：自漢至唐，經傳相雜，兼以時本改竄字句，今以傅崧卿本爲主，又以鄭、郭、孔、賈諸人所引校之而附以釋。

許燿《夏小正經傳集證》于《志》。

沈可培《夏小正注》一卷　　李富孫《禮記異文釋》八卷《自序》略曰：據鄭《注》及陸氏《釋文》、唐《開成石經》以至經傳所稱引者校異考誤，旁通曲證，別是非而訂得失，所以闡前人之異誼，辨古今之文字音聲與假借通用之義類，俾學者廓所見聞也。　海寧蔣氏刊入《別下齋叢書》。

張昌衢《禮記地理考》《曝書雜記》。　以上《禮記》。

晉

干寶《後養義》五卷《隋書·志》。

明

袁仁《三禮穴法》十八卷《千頃堂書目》《經義考》。　《自序》略曰：聖人列爲章服物采，其儀章可陳，其制度可測，其精神統會，若藏之有穴者。竊謂三禮之穴，總在一中，喜怒哀樂，未發者是也。聖人因喜而爲吉禮，因怒而爲軍禮，因哀而爲喪禮，因樂而爲賓、嘉之禮，然皆未也，非所謂未發也。識情未動，廓然太虛，斯爲未發之中。故不著喜、怒、哀、樂之情，然後可以行吉、凶、軍、賓、嘉之禮。予彙《三禮》爲一帙，隨文演義，而總之以中爲本領。《三禮要旨》《浙江通志》　案：此疑即《三禮穴法》一書。

屠明靖《考定三禮疏解》杭氏《藝文志》。

國　朝

徐晨《全三禮考》一百卷《檇李詩繫》。

陸隴其《讀禮志疑》六卷《四庫著録》。　張伯行《序》略曰：先生於古今之名物、位號、吉凶，饗祭之品物、序次皆精究深考，又折衷於孔、鄭《注》《疏》，務明古人之精意，而皆衷以考亭之書。

沈文對《四禮守約》案：是書所論，皆民間冠昏喪祭之禮，取其繁簡適中者，大抵本朱子家禮而變通之。

曹庭棟《昏禮通考》二十四卷《四庫存目》。　《采集書録》曰：前列今制昏禮，別爲一卷，以下援據群籍，分條目六十，以經爲綱，先列《儀禮》、大小《戴記》《左傳》等文，而引史傳各家文爲目，臚於後。

徐作霖《祭物祭器考》　　陳經國《三禮證訓》《陳氏家傳》。

王元啟《祭法記疑》二卷　　蔣元《喪祭雜說》丁子復《蔣大始傳》。

郭思顔《喪制考》徐熊飛《郭君墓誌銘》。

顧廣譽《四禮權疑》八卷未刊。　《自序》略曰：禮時爲大，一執古義以檠。近今則施諸事，容多格閡，故變通者，法守之善則也。默持此意，又折衷於通禮之書，以明當今之所尚。詮次之，爲《四禮權疑》。　案：廣譽初成《家行四禮》一書，先載儀節，各繫集說，終以附論。後復更正芟削，尚存《附論》。　以上三禮。

右禮

晉

干寶《春秋左氏函傳義》十五卷《隋書·志》。《舊唐書》作《春秋義函傳》十六卷，《新唐書》作《春秋函傳》十六卷。《春秋序論》二卷《隋書·志》。　《新唐書》作一卷。　《晉書》：寶有《春秋左氏義外傳》。　《經義考》云：並佚。

宋

輔廣《春秋注》王氏《續通考》。

趙崇度《左氏常談》于《志》補纂。

元

潘著《春秋聖筆全經》《經義考》云：佚。　貢師泰曰：澤民從吳朝陽氏受《春秋》，有《聖筆全經》一編，發明《春秋》微旨甚悉。

明

袁顥《春秋傳》三十卷《明史·志》《經義考》。

袁祥《春秋或問》四卷《經義考》云：一作《疑問》。　子仁狀曰：以大父菊泉所著《春秋傳》，有獨得其奧而人不易明者，因著《春秋疑問》四卷，以發其微旨。

陳言《春秋疑》十二卷《浙江通志》。　盛楓曰：義例主經文，取紫陽直書其事、美惡自見之說。言草《易疑》前後二十餘年，《春秋疑》亦十有二年始成。

吳國倫《春秋世譜》十卷《明史·志》《經義考》。　陸元輔曰：其書以春秋列國事實，見於《史記》及他書者，分國爲諸侯、世家。

徐晟《左氏摘事》　　沈啟原《麟經考》《浙江通志》。

袁仁《春秋胡傳考誤》一卷《四庫著録》。　《明史·志》《經義考》皆作《春秋鍼胡編》。　案:《學海類編》作《胡傳考異》。

徐泰《春秋鄙見》《海寧衛志》　吳《志》。　《經義考》云:佚。

黃洪憲《春秋左傳釋附》二十七卷《明史·志》《經義考》。　《自序》略曰:考訂其全文,略采諸家箋釋,而擇《公》《穀》之有文者附之。

黃正憲《春秋翼附》二十卷《明史·志》《經義考》《四庫存目》。　《采集書録》曰:正憲謂前人拘拘於日月爵氏爲襃貶,曲爲正例、變例及美惡不嫌同辭之類,愈繁愈晦,兹特取其不詭於筆削之旨者録之,所采於明人王樵季本之説較多。

沈堯中《春秋本義》四卷《經義考》。　《自序》略曰:孔子修《春秋》,據事采人,斷以大義。其諸筆削,凡以存王迹而已。聖人之精義,先儒謂朱晦翁得之,而未有成書。爰采各傳,附以己意,一以經意爲主,而鑿者不與焉。亦竊比晦翁之意云爾。

陳懿典《讀左隨筆》一卷《四庫存目》《學海類編》並作《漫筆》。

陳許庭《春秋左傳典略》十二卷《經義考》《四庫存目》。

徐世淳《春秋會編》《嘉禾徵獻録》。

陸基仁《春秋刪補胡傳》《浙江通志》。

馮伯禮《春秋羅纂》十二卷《明史·志》。

沈經德《左傳彙事》吳《志》。

朱泰貞《公穀二傳箋》《嘉禾徵獻録》。

卜無忌《春秋講義》《卜氏著述考》。

錢士馨《春秋志禮》八卷《經義考》。　朱彝尊曰:其綱爲吉,凶,軍,賓,嘉。吉禮之目八:郊,望,雩,考,烝,嘗,禘,大事;凶禮之目五:喪,荒,弔,救災,禬;軍禮之目四:大閲,治兵,大蒐,狩;賓禮之目十一:朝周,朝魯,公如他國,外諸侯相朝,内大夫如周聘,列國聘周,諸國來聘,内大夫聘列國諸侯,諸侯相聘,周來聘,周聘諸國;嘉禮之目七:飲食,冠,昏,賓射,燕饗,脤膰,賀慶;錫命有三:曰周來錫命,周命列國,周命諸大夫;其一爲雜記。

姚斌《春秋辨義》于《志》。

顧朱《春秋本義》于《志》。

國　朝

俞汝言《春秋平義》十二卷《四庫著録》。　《采集書録》寫本曰:朱彝尊稱其能取宋儒之論,平反解釋。惜未刊刻流傳。《春秋四傳糾正》一卷《四庫著録》。　案:所糾正者,其《自序》云有六端:一曰尊聖而忘其僭,二曰執理而近于迂,三曰尚辭而鄰于鑿,四曰億測而涉於誣,五曰稱美而失情實,六曰摘瑕而傷鐫刻。《春秋正月辨》一卷《經義考》。

周拱辰《公羊墨史》二卷錢儀吉《序》略曰:其治《公羊》,有特見大義則書之,凡一百四十事,名曰《墨史》,取繩墨誠陳,不可欺以曲直也。　案:是書道光間七世孫桂始刊行。

徐善《春秋地名考略》十四卷《浙江通志》《四庫著録》。　朱彝尊《序》略曰:吾鄉徐處士善所輯,考迹疆理,多所釐正,簡而能周,博而有要。　《采集書録》曰:援據各書,以證杜注,兼補其闕,所考最爲詳核。此書當時借刻於高氏,故今本署士奇名。

張雍敬《春秋義》 《左傳平》 《春秋長歷考》《靈雀軒著書目》。

高士奇《左傳姓名同異考》四卷《四庫存目》。 《春秋屬辭比事記》四卷 《春秋講義》三十卷朱氏《小萬卷樓書目》。

沈岸登《春秋紀異》伊《志》。

徐庭垣《春秋管窺》十二卷《四庫著録》。 《采集書録》寫本曰：謂《春秋》與《禮經》相表裏，《禮》存其體，《春秋》著其用。魯史記注，本周公遺制，史書舊章，卓然俱有法式，因以《左傳》質經，以經之異同辨例於《公》《穀》二傳，蓋於漢、晉、唐、宋諸儒之説，皆不肯爲苟同者。《春秋類辨》十卷嘉興司《志》 《自序》略曰：前著《管窺》，依經順次，散而不比，覽者非遍考經傳，審其同異，即難遽定其是非。兹復著《類辨》一編，事從類分，各臚經以列傳，而因事考文，得辨異而察同，庶幾先後瞭然如在指掌，支離剌謬，自無所容，與《管窺》相爲表裏。

陸奎勳《春秋義存録》十二卷《四庫存目》。 《采集書録》曰：雜采經傳子緯爲佐證，不專主胡氏，首列綱領三十條，别撰《春秋或問》一篇附。

盛九鼎《春秋説》 沈青崖《春秋三傳明辨録》桑調元《序》略曰：通三家之郵，啓全經之奥。

金甌《春秋正義經傳删本》十六卷《四庫存目》。

朱乾《春秋纂傳》《朱氏家傳》。

朱廣川《春秋三傳異同考》 陳經國《春秋四傳糾正》《陳氏家狀》。

周用錫《公穀正義》二卷于《志》。

孫燾《春秋公羊説》十一卷于《志》。

鍾晉《春秋往例質疑》三卷顧廣譽《序》略曰：杜氏所撰《左氏集解》，分正例、變例、非例，以蔽全經之條貫。先生於三者，分條爲之疏證辨難者十之八九，其中或有意求疵，未盡平允，然所駁之義，剖析亦多入微。《春秋夷庚》徐士芬《潄芳閣集》。

張紹曾《春秋經傳考異》三卷費鑑如《張君墓誌銘》。

方堈《春秋説》四卷于《志》。 未刊。

陳謨《春秋約旨》書凡四册，未刊。《讀左摘論》一卷後附刻古文六篇。

周榦《春秋集義》六十卷案：是書於《三傳》及胡氏文存其要者，《集義》則采前人之説，以己意聯貫之，亦自有見。末二卷，載《王朝列國世次興廢考》《國圖便考》《氏族支圖》。

李富孫《春秋三傳異文釋》十二卷《自序》略曰：《三傳》之文最爲錯雜。兹就經史傳注、諸子百氏所引，以及漢、唐、宋石經，宋元槧本，校其異同，或字有古今，或音近通假，或沿襲乖舛，悉據古誼而疏證之，而前儒之論説並爲蒐緝，使正其訛繆，辨其得失，折衷以求一是。 海寧蔣氏刊入《别下齋叢書》。

李貽德《春秋左傳賈服注輯述》二十卷劉恭冕曰：漢儒注《左氏》者，以賈逵、服虔爲最備，自杜氏《集解》、孔氏《疏》出，而二家遂亡。近金谿王氏謨始有輯本，先生輯此稍後，而搜采較多，抉擇尤慎，於義有未安者，亦加駁難。

錢儀吉《穀梁説》四卷未刊。

鍾文烝《春秋穀梁經傳補注》二十四卷 案：《與俞編修樾書》自云：於范注載全楊疏擷要，而指其違謬。於墜文佚注，則從他籍弋獲。於二傳、《國語》《管》《晏》《史記》，則舉其可相補備，辨其大相乖剌者。於群經及唐以前諸書，苟相出入，必備援證。於董、何、賈、服、韋、杜諸説及徐、孔二《疏》，與啖趙以來百餘家，一字可用，亦必摘采其略。例云：凡《春秋》中不決之疑，今悉決之。

右春秋

宋

黄幹《論語注義問答通釋》十卷《宋史·志》。　　趙希弁曰：勉齋通釋晦庵《集注》《或問》之書也。

輔廣《論語答問》《經義考》。　　袁桷《論孟答問總序》曰：輔公此書直彰其義，衍者隱之，幽者暢之，文理炳著，不別爲標的，微文小義簡焉，以釋經爲急。其子季章刻於武岡兵禍，散佚。其從孫政與其子華亭丞友仁，復刻於家塾。

魯訔《論語解》十卷周必大《魯公墓志》《浙江通志》。

明

沈懋孝《論語類求》《經義考》。　　《自序》略曰：學六籍者，宜以魯論爲衡，必類求其故，然後六籍可論，百家之統紀可得而一。其弟子之言與其所記，列之後簡，使各成家，不相淆亂。其因問以對，因事以發者，又自爲一類。以觀聖人接物應機之樂。

袁黄《論語箋疏》十卷《浙江通志》《經義考》。

陳懿典《論語貫義》二卷《經義考》。　　《自序》略曰：《論語注疏》各篇之首，有《正義論次》一篇，次第之意，孔穎達所著也。朱子《傳注》亦間有之。予偶爲推廣聯貫，始於《微子》一篇，後因漸演，積久成帙。考之曾子、有子兩家弟子序次之意，未必盡合，不無牽強。聊用以發明分篇之意而已。

鍾韶《論語逸編》三十一卷　　《采集書録》曰：首載與列國君臣問答之語，其與門弟子問答者，則自顏、曾以降，俱以聖言分系於各人焉。　　《海鹽圖經》作《論語逸篇》一卷。

陸山《論語集疑》王建中《陸孝子祠碑》。

國　朝

沈嗣選《論語沈氏傳》《浙江通志》。

馮登府《論語異文考證》十卷李富孫《序》略曰：以異文之散見於經史傳注、諸子百家，以逮石刻，蒐羅遺佚，并援前人之説，稽其同異之恉，以闡明古義。偶引既博，詮繹亦復精審。

沈濤《論語孔注辨僞》二卷《自序》略曰：其詮義膚淺，徵典舛誤，有不待明眼人而知者。蓋因鄭學盛行，平叔思有以難鄭，恐人之不信，於是託於西京博士、闕里裔孫，以欺天下後世，有不得不辨者也。

萬籛齡《論語別解》一卷　　案：籛齡，自錢塘遷居嘉興。

戈銑《鄉黨釋典》四卷　　　顧廣譽《江氏鄉黨圖考補正》四卷未刊。

鍾文烝《鄉黨集説備考》一卷未刊。

右論語

唐

褚无量《删正孝經疏》蘇頲《褚公神道碑》。

宋

黃幹《孝經本旨》一卷《宋史·志》。　陸元輔曰：朱子嘗欲掇取他書之言，可發《孝經》之旨者，別爲外傳，未及屬草。勉齋繼其志，輯《孝經本旨》二十四篇。

明

陸山《孝經正義》一卷《經義考》。

沈槃《孝經刊誤》　　陳薲謨《孝經疏傳》《浙江通志》。

蔣芬《孝經疏義》　魏學濂《序》。

國　朝

葉鈴《孝經注疏大全》一卷《經義考》。

曹庭棟《孝經通釋》十卷《四庫存目》。　《自序》略曰：取古文與今文章第及字句有同異者，悉注于本章本節之下，其採錄諸説，則自漢、唐以降，凡九十家。

朱鼎鉉《孝經補注》《檇李續詩繫》。

屠焞《孝經補注》　　盧生甫《孝經注》盧譽士《上諸草廬宮贊書》。　所著又有《論孟偶舉》。

李集《孝經後傳》九卷從孫超孫《跋》曰：首列今文十八章，略取注疏，坿陶、黃二贊爲一卷，次列聖孝一卷，次采各史孝行，悉依世次，分《處常》《處變》《割股》《廬墓》《內行》《弟道》爲六卷。末坿《物類》一卷，蓋當時命超孫分任編訂云。

許雄《孝經坿錄》于《志》。

右孝經

宋

黃幹《孟子講義》一卷《經義考》。　案：此係守漢陽時，與士子講説者，止二十章，見幹《自述》。

輔廣《孟子答問》《經義考》。

明

陳懿典《孟子貫義》二卷《經義考》。　《自序》略曰：《大學》《中庸》本皆一篇，朱子析爲章句，其次第貫通脈絡自在，不必添説。《論語》《孟子》注疏，《集注》於一章下有小引，而有無詳略不同。予曾爲《論語》衍其義，又演《孟子》七篇。

陸山《孟子廣義》王建中《陸孝子祠碑記》。

譚貞默《孟子編年略》一卷《經義考》。

國　朝

沈嗣選《尊孟小傳》<small>《浙江通志》</small>。

右《孟子》

唐

陸德明《經典釋文》三十卷<small>《四庫著錄》</small>。　莊仲方曰：首序録，次《易》《書》《詩》《三禮》《春秋三傳》《孝經》《論語》《老子》《莊子》，時《孟子》尚不列經，而《老》《莊》固時尚也。音義畢詳，異同兼載，後人鑽研古學者注疏而外，獨推是書。

宋

黃幹《六經講義》一卷<small>《宋史·志》</small>。

輔廣《五經注釋》<small>正德《崇德縣志》</small>。　《浙江通志》、吳《志》並作《六經集解》　《經義考》云：佚。

岳珂《刊正九經三傳沿革例》一卷<small>《四庫著錄》</small>　《自述》曰：世所傳《九經》，自監蜀京杭而下，又有建安余氏、興國于氏二本爲善。廖氏又合諸本參訂爲最精，元板不復存，懼其無傳。爰命良工悉循其舊，且與明經老儒分卷校勘。又證以許慎《説文》、毛晃《韻略》，不使有毫釐訛錯，視廖氏世綵堂本加詳焉。　莊仲方曰：以廖剛本《九經》加《三傳》校刊爲相臺家塾本，此其總例也。其目有七：一書本，二字畫，三注文，四音釋，五句讀，六脱簡，七考異，參訂詳而考據博，實足是正後學。

葉時《對制談經》十五卷<small>《經義考》</small>。　杜涇《序》略曰：舊文百篇，散出無緒，今立十五門分統之，便簡閲也，以其可資制作之用，命之曰《對制談經》云。

元

汪逢辰《七經要義》<small>《經義考》</small>。　黃虞稷曰：逢辰，字虞卿，歙人。元崇德州教授。

陸正《七經補注》<small>《海鹽文獻志》</small>。　《經義考》云：佚。

明

支立《五經解》<small>《經義考》</small>。

姚思仁《五經疏注》<small>《嘉禾徵獻録》</small>。

卜大有《經學要義》五卷<small>《經義考》</small>。　黃虞稷曰：正集四卷，補遺一卷。

章察《五經纂要》<small>《浙江通志》</small>。

沈堯中《學弢經籍説》三卷<small>《經義考》</small>。

王文禄《經疑條陳》<small>《海鹽文獻志》</small>。

項夢原《項氏經莢》《嘉禾徵獻録》。

屠明靖《易詩書三經注解》杭氏《藝文志》。

陳龍正《朱子經説》十四卷《經義考》。 《自序》略曰：《朱子語類》略定無憾，惟説經一類，占且大半，實傳注之餘，別爲一書，使窮經者尤便考證。

顧朱《詩書易解》于《志》。

孫茂芝《讀經疑》于《志》。

沈起《墨庵經學》無卷數，《四庫存目》。 《采集書録》閏集曰：凡六種：一、《大易測》；二、《春秋經引》；三、《春秋傳引》；四、《詩説》；五、《詩逆偶存》；六、《四書慎思録》。總名《墨庵經學》。

國 朝

郭兆奎《心園説》二卷《四庫存目》。

張雍敬《六經餘論》二十卷《靈雀軒著書目》。

朱彝尊《經義考》三百卷《四庫著録》。 陳經曰：每書先列撰人姓氏、書名、卷數，次列注存佚闕與未見，次列原書《序》《跋》、諸儒論斷及其人爵里，而先生考正案語載於後。覽者不必盡讀原書，而大旨瞭如指掌矣。 案：太史元孫休承曾輯《續經義考》數十卷，没後爲人取去，無從捃求。又桐鄉馮浩亦有續輯本稿，已散佚，故爲坿記於此。

張庚《五經臆》三卷盛百二《張徵君傳》。 未刊。

陸費墀《經典同文》十六卷《自序》略曰：諸經文字舊多歧互，爰依厚齋王氏《詩考》體例，取諸傳本不同者依篇疏列，首標武英殿奉敕校刊本，而他本條系焉。凡所采摭，上究先秦，下逮唐，止若宋人之帙百一而已。

吳瀛《詁經欣賞集》于《志》。

孟晟《五經集釋》于《志》。

汪世槇《十三經翼注》九十三卷于《志》。

高亮功《五經問答》于《志》。

沈可培《灤源問答》十二卷 案：此係主講山東灤源書院時，取經史詩文，旁稽曲證，著爲是編。其前八卷，都辨經義，故列入經部。

吳東發《群經字考》十卷 案：《易》《書》《詩》《論》《孟》，侃叔手自詮次。《三禮》《春秋》，則屬草未定，其子本履編成之。又有《讀經筆記》，見梁同書所撰傳。

馮登府《十三經詁答問》十卷未刊。 《石經補考》十二卷阮元《序》略曰：雲伯精於叔重之學，檢漢、魏、唐蜀、兩宋及國朝石經，詳加校勘，間採予撰《十三經校勘記》，晰其古今通借之原，洵能補所未備。

馬應潮《九經古義疏證》《曝書雜記》。 未刊。《石經續考》《金石學録》。 李遇孫曰：聚諸家之説，加案語以補其缺而正其非。

李遇孫《北宋石經補考》一卷 張昌衢《經義咫聞》《曝書雜記》。 未刊。

譚封棄《郛考辨》四卷 胡芝生《經義豹窺》 錢炳奎《讀書剳記》 顧廣譽曰：論學問，論禮樂，具徵心得。

章全《考正古微書》三十六卷《自序》略曰：七緯之文火於魏，絕於隋，今所傳者微乎微耳。此孫氏所由以古微名也。夫微而欲其顯，必取資乎徵引，而孫氏原書既難得，傳鈔者又復舛錯，微者不益晦耶！爰取經史百家之文，急爲校讎，沿波討源，謬誤者蓋已什去其七八矣。

右群經

宋

黃幹《大學聖經解》一卷　《大學章句疏義》一卷並載《經義考》。《四書集義》明《內閣書目》《四書紀聞》《經義考》。

輔廣《四書纂疏》正德《崇德縣志》。　案：明《浙江通志》載有《四書問答》，因沿論孟答問而誤。

衛富益《四書考證》《經義考》云：佚。

明

沈珪《四書口義》《經義考》。

鄭曉《四書講義》六卷《四庫存目》。　《采集書錄》曰：官南太常時所作。

朱綬《四書補注》三卷《經義考》。

胡憲仲《四書講義》《浙江名賢錄》。

周寅《四書音考》　《經義考》云：佚。

朱元弼《中庸通注》一卷　《大學通注》一卷《經義考》。

湯彬《四書心解》《兩浙名賢錄》。

董穀《碧里疑存》二卷《經義考》。　鄭玥曰：皆說《四書》。

毛尚忠《四書會解》十卷《經義考》《四庫存目》。　周炳謨《序》略曰：其中自悟自信之語，十三用前人之語，十七間有兩解而互發者，亦並存之，不嫌於異同也。　《采集書錄》作《四書答講》曰：條論大旨，分章以釋之。

沈懋嘉《四書說槩》《經義考》。

施鳳來《四書攜囊集》《經義考》。

沈㮚《四書贅言》《浙江通志》。

張綸《四書原》《經義考》。　綸，汶上人。隆慶間，官秀水訓導。

陳懿典《四書緯》一卷《嘉禾徵獻錄》。

陸鍵《四書傳翼》《經義考》。

宋鳳翔《四書證學錄》十三卷《經義考》。

沈瀚《學庸蒙筏》二卷《經義考》。

沈堯中《古文大學集注》劉《志》。

周從龍《大學遵古編》一卷　李日華《序》略曰：世所傳《石經》不知何所本？楊止庵少宰痛排之。而先生良有當焉。何居？全書不分經傳，以六所謂溯繹而上，知首章即已備格物，無俟更補。又詠《淇澳》詩，知文、武心法，乃在武公，定爲子思居衛時作。　朱彝尊曰：周氏誤信石經大學爲古文，名曰遵古，不知非古也。　伊案：石經大學，係明豐坊偽撰。《中庸發覆編》二卷陳懿典《序》曰：茲編訂定如武周達孝、繼述二條，次於作述之下，纘緒之上；故君子不可以不修身一條，次於在下位一條之下、天道人道之上，其中與傳注不同者什之九。

李日華《大學心詮》一卷　袁黃《中庸疏意》二卷　《石經大學解》一卷並見《經義考》。　嘉善楊《志》曰：《石經大學》，耿楚侗表章以爲全書，黃節分而句解之。

陸基仁《四書說元》　陸鼇《四書標旨》　沈瑞鍾《四書顗》《浙江通志》。

葉祺□《大學臆説》一卷　《中庸臆説》二卷《經義考》。

吳麟瑞《大學通》《吳氏家乘》。

屠肇芳《四書孝弟編》《浙江通志》。

譚貞默《四書見聖編》一百卷《經義考》。　《四庫存目》作《三經見聖編》一百八十卷。　高佑釲曰：先生《五經》皆有解詁，惟此書鏤版白門，以《論語》《中庸》《大學》爲孔經，謂《中庸》《大學》，皆子思所作也。以《孟子》七篇爲孟經。　陸隴其曰：《見聖編》未見全書，讀其《論語考目》及《孟子總論辨旨大略》二篇，亦足見其大槩。其最謬者謂儒、佛無二義，謂自漢、唐、北宋以前曰回、由，曰由、賜，至南宋始謬，起顏、曾之稱，然曾非顏匹。其最是者，謂讀書必論世，就事質言，則辭實而意長，因言析事，則指顯而義定。然所謂就事質言，因言析事，其的確者固有，其穿鑿坿會者亦不少。

國　朝

張履祥《四書語類鈔》三十六卷　　屠焞《四書大義》《浙江通志》。

馬廣軩《四書讀》　《四書提鉤》《經義考》。

周弘起《四書集義》《乍浦志》。　陸隴其《序》稱，其排斥姚江，有功考亭。

祝文彦《四書通解》吳《志》。

陸隴其《松陽講義》十二卷《四庫著録》。　《采集書録》曰：係宰靈壽時與諸生講授四書之義，共一百十有八條，自爲《序》。

《四書講義》六卷是書爲門人趙鳳翔所輯。　《增訂四書大全》四十卷《四庫存目》。　《困勉録》三十七卷　《續困勉録》七卷《四庫存目》。　莊仲方曰：删彦陵張氏《講義》，而剟其精要，益以明季諸家之説，復以己意參焉，蓋其得朱子之學深，故其抉擇最當，所著分學、問、思、辨、行五門，《續録》則專解四書。　顧廣譽曰：《困勉録》正、續之刻，陸蒿庵據公手稿録以成書，即以當晚年所思輯書之名，然實悉遵原本，一無增損其間。　《見聖編訂正》未刻。　趙鳳翔《跋》曰：譚氏《見聖編》，喜與程、朱抵牾。國初，嘗燬其板，不欲迷學者之見聞也。我師特因其取材富有，援據詳洽，嘗以博雅君子稱之。癸丑客武林，加之訂正，辨其穿鑿之失，存其精確之論，每條之下，必衷以己見。其論理之謬，既不足以惑人，而其考訂之詳，適足以補集注之未備。惜原本至《萬章上》篇而止，是我師鈔撮有所未竟爾。

徐昌治《四書旨》　　陳起隆《四書辨疑》《浙江通志》。

金松《四書講》四十卷《自序》謂元氣之無盡藏，大文與集注一也。於無盡藏中，探其無盡，未嘗於大文、集注外，另有聰明意見也。於前人講説所未到，必極力闡發之。前載看書十則，尤爲學者切要之言。

顧天健《四書一貫講》十九卷自撰《例言》，謂是編雖本《大全》諸書，而實折衷於朱子《或問》《語類》，曾與陸君公鏐參訂《困勉録》一書，故所載其説居多。後坿《松陽劄記》，爲陸公鏐於清獻公靈壽任時問答之語，可與《松陽日鈔》並傳。

張雍敬《四書參注》　《四書講義箋是》《靈雀軒著書目》。

陸邦烈《聖門釋非録》五卷《四庫存目》。

吳元音《四書宗朱明辨大全》四十卷丁子復《吳遜牧傳》、雷鋐《序》。

李寅《學庸要旨》《松陵詩徵》。　案：寅，號東崖，秀水歲貢生。晚年粹於性理之學，著《學庸要旨》。張中丞伯行爲《序》，稱許之。

錢霑《四書大全合纂》《松陵詩徵》。　案：霑，字上沐，秀水歲貢生。

祖功《四子書衆説異同條辨》　　盧生甫《中庸安溪私記四記纂》顧廣譽《盧仲山先生傳》。

陳梓《四書質疑》五卷餘姚《志》。

李祖惠《虹舟講義》二十卷《四庫存目》。　《采集書録》曰：分章總詮，多自抒所得，不襲訓詁。

陸燿《大學合鈔》伊《志》。　案：燿，本吳江人。官濟南布政使時，以母病請歸侍養，買宅郡城花倉里。

徐根《四書集説》《見堂文鈔》。

孫志錫《四書隨講節録》二卷于《志》。

王元啟《四書講義》十卷　朱來菜《四書大全辨譌》　朱乾《四書集成》《朱氏家傳》。

徐甘來《四書口義》于《志》。

周大用《四書章句解》于《志》。

王鈺《四書闡注》于《志》。

楊殿銓《四書彙解》　曹鳳熹《四書質疑》《桐溪詩述》。

周幹《四子書説約》《冷廬雜識》。　陸以湉曰：舅氏固軒先生所著《書説約》尤爲精粹，間有與朱子《集注》異者，自謂非敢矜奇，惟求歸於至當，以闡明聖道而已。

倪以植《四書諸説異同考》

右四書

宋

李如篪《樂書》一卷《宋史·志》。

元

陸正《樂律考》王氏《續通考》。

明

錢薇《樂律》杭氏《藝文志》。

冷謙《太古正音》一卷尤氏《藝文志》。

岳和聲《大成樂舞圖説》一卷《明史·志》。

沈堯中《音律啟蒙》《千頃堂書目》。

陳薑謨《樂律希聲》杭氏《藝文志》。

周續之《黃鍾律吕音》四卷《浙江通志》。

李景孟《明朝正音》吳《志》。

國　朝

金式玉《律吕新書注》平湖張《志》。

陸奎勳《古樂發微》張雲錦《陸堂先生傳》。

朱廣川《樂章律呂編》朱緒曾《松溪經學三書序》。

右樂

陳

顧野王《玉篇》三十卷《四庫著録》。　《隋書·志》作三十一卷。新舊《唐書·志》《書録解題》《文獻通考》並作三十卷。　案：今世所行爲唐孫强增字，宋陳彭年等奉敕重修，非復顧氏原本矣。

《爾雅音》陸德明《釋文序録》。

宋

婁機《班馬字類》二卷《宋史·志》《四庫著録》。　陳振孫曰：取二史所用古字及假借通用者，以韻類之。

《漢隸字源》六卷《宋史·志》《四庫著録》。　莊仲方曰：凡漢碑三百有九，魏晉碑三十一，依韻略分二百六部，次爲五卷，首卷則碑目也。多存古音古字，足資考證。　《廣干禄字書》五卷《書録解題》《文獻通考》《宋史·志》。　馬端臨曰：取許慎《説文》及諸家字書，按以蔡伯喈《五經備體》、張參《五經文字》、田放《九經字樣》與《經典釋文》《子史古字》。參以本朝丁度《集韻》，爲《廣干禄字書》。　王應麟曰：參校字書，凡一字數義，一義數字，較其同異，並載本源，總爲字七千六百。

李曾伯《班馬字類補編》《愛日精廬藏書志》。　張金吾曰：是編以原書列前，補遺即坿每字之下，洵可與婁氏書相輔而行，惜藏本絕稀。　錢泰吉曰：婁公於二史假借之字，第識首出，已見於經、子，則疏於下，然亦有漏略。覃懷李曾伯可齋爲補一千餘字。《自序》稱隨先君入蜀時，與老儒王揆共成之。可齋爲丞相邦彦之孫，南渡後流寓嘉興，故於婁公稱鄉先生云。　海昌蔣光煦曾以鈔本重刊印本，亦少流傳。

明

莫藏《五音字數辨訛》　案：吳《志》作《五等字書辨訛》。

周履靖《漢隸正宗》四卷杭氏《藝文志》。

駱文衡《字學源委》《浙江通志》。

卜二京《秦漢篆文講義》伊《志》。

陸堯封《歷代鐘鼎文考》《浙江通志》。

國　朝

譚吉璁《爾雅廣義》五十一卷《經義考》。　案：《橋李詩繫》作《爾雅綱目》一百二十卷。

吳震方《讀書正音》四卷《四庫存目》。　毛奇齡《序》曰：自一音異讀，分類考辨而外，凡字音字義有與音聲相離合者，更溯其源流，互相推暨，至於奇文祕字，又因韻分之，而尋常字義，時師亦多訛謬，復總釋之，洵有功於字學。　案于《志》，孫湄有重訂本。

張翊清《倉史原文》　《古今字辨》《靈雀軒著書目》。

陸奎勳《字音舉要》平湖張《志》。

陸烱《音義叶通》　《説文類編》　　戴錡《漢隷字源訂譌》伊《志》。

曹庭棟《隷通》二卷伊《志》。

謝墉《書學正説》伊《志》。

畢宏述《六書通》　　畢星海《六書通摭遺》于《志》。

吳東發《六書述》　《商周文拾遺》　《鐘鼎款識釋文》　《石鼓文讀》書不分卷次，第爲七種：一、《釋文考異》；二、《石鼓章句》；三、《石鼓辨》；四、《石鼓鑑》；五、《釋文考異或問》；六、《石鼓爾雅》；七、《敘鼓》。

張燕昌《石鼓文釋存》一卷燕昌重摹北宋本石鼓文，因著此釋。

吾祖望《方言考略》于《志》。

田朝恒《增訂金壺字考》十九卷　《續編》二十一卷　《補録》一卷　《補注》一卷　　葉楓《六書分類》沈叔埏《頤綵堂文集》。

張龍光《六書約旨》張躍鱗《當湖人文逸續編》。

周震發《説文字原》　　沈可均《唐隷辨》五卷張廷濟《桂馨堂集》。

張宏牧《增注篆韻》二卷《濮録》。

陸沅《字學辨譌》朱壬林《陸君事狀》。

李賡芸《炳燭編》　案：此係總編，有《經訓録》一卷，《急就訓纂》一卷，《文字證古編》一卷，《漢書地理志藝文志考誤》二卷，《古書脱誤》一卷，《古書糾誤録》一卷，《易文辨正》《説文例不一》《説文脱字省文》《入聲配合考》《同聲借字》《轉音相近音》《均類韻考》《聲均述聞》《六書述聞》《讀書識小録》《漢書發揮》《稻香叢筆》《八甎佳話雜著》，凡二十二種，均未刊行。以其多小學考訂之書，故列於此。

王琨《爾雅正義刊誤》　是編匡邵氏晉涵之闕。

《説文編韻讀》　是書各從義以補徐氏、朱氏之音，並見丁子復《王君墓志銘》。

胡重《説文字原韻表》　《校正干禄字書》《曝書雜記》　未刊。

沙木《藝文備覽》一百二十卷後坿《補詳字義》十四篇。　案：是書初名《通覽》，以地支十二字分部，部各十卷，每字先列正書，次分書，次篆文，所詳音義，具有原本末，間坿以案語，尤能刊謬訂訛。

李富孫《説文辨字正俗》八卷錢泰吉曰：《自序》謂世俗相承之文多違古義，今所假借通用《説文》，自有本字，有得通借者，有不容通借而爲俗誤者，援據經典以相證契，大旨多折衷於金壇段氏之注，而亦有段注所未及者。

沈濤《説文古本考》十四卷未刊。

錢寶惠《説文義緯》《曝書雜記》　錢泰吉曰：金壇段氏謂《説文》以形爲經，義與聲緯之，苟取義之相同相近者，各比其類，爲一書，精密富過《爾雅》。子萬因名其書曰《義緯》。自爲《序》《例》，末坿《聲類》二篇，亦有《序》。

張廷濟《清儀閣集古款識考》《金石學録》。　　未刊。

徐同柏《從古堂鐘鼎款識學》　稿本四册，家藏，未刊。　　李遇孫曰：同柏爲張叔未孝廉之甥，能識奇字。叔未每得款識之難辨者，屬其細意融會，即豁然通解。

程文榮《鐘鼎款識校誤》一卷　《漢隷續補》一卷均未刻。

朱美鏐《文字辨正》　　唐壎《通俗字林辨證》　　錢景朗《小學人物考》十二卷　依于《志》，坿列於後。

右小學

元

黃玠《纂韻録》王氏《續通考》。

明

陳藎謨《皇極圖韻》一卷《四庫存目》。 《自序》略曰：從康節先生聲音倡和之説而推衍之，闡其幽元，銓其遺緒，條舉源委之圖五十有八，審定河洛之韻三十有六，冀韻學若網在綱，學者得門而入爾。 《采集書録》曰：遠本《皇極經世》之説而推衍之，以闡聲音字韻之原。 《元音統韻》二十二卷《四庫存目》作二十八卷，合坿刊《字彙補》六卷。 莊仲方曰：同里門人胡邵瑛續，凡《通釋》二卷，《類音》六卷，《統韻》十卷，《古韻疏》《唐韻疏》各二卷。藎謨言古人有訓詁之學，有偏旁之學，有音韻之學，此書能兼三家之長，然辨別等韻時有所得，而於音學源流則考核猶未精也。後六卷《字彙補》爲吳任臣纂。康熙間范廷瑚刊坿。

國　朝

張翊清《文聲存古》自注云：與《字彙》異。 《三聲古音》 《古韻三聲定音》 《周易古音》《詩經古音》 《老子古音》 《楚詞古音》《靈雀軒著書目》

吳景晰《韻類經緯》二百卷 沈不負《韻鈔》四卷伊《志》。

萬光泰《轉注緒言》二卷 《漢音存正》二卷， 《遂初堂〈類音〉辨》一卷《詞科掌録》。 案：吳江潘未著有《類音》八卷，光泰爲之辨正。

吳元音《音學條辨》丁子復《吳遜牧傳》。

郁文普《字母證》十二卷《自序》略曰：正音莫如反切，反切全憑字母。兹集成字母全圖，其間取《周易》陰陽分兩儀，調聲於四象，則母中音韻，各得其所，且便於聲，取其字反切之義，即標射之中的也。有發而不中，得之左右者，即濁聲之舊法。或遇左右皆空，必歸庶母，古名隔標，繼韻位之不虛，則借字圈其身，以全反切之道。又作五行爲部首，立于母以明章，亦可以字取其聲，排字體之相似者，可免於認非與順非之傳誤也。

孟晟《音韻集考》于《志》。

馬俊良《韻通》于《志》。

朱履中《叶韻考正》十六卷《志》。

王琨《集韻正》丁子復《王君墓志銘》。 案：是編糾曹氏刊本之失。

吳寧《榕園詞韻》周春《序》略曰：取《廣韻》之字，依紐編入，正沈、毛兩家之誤。

屈爲彝《詩音分部集證》《小雲廬文稿》。

方本恭《等子述》周介人《序》略曰：等子作於唐舍利温首座，其原實出梵書，於圖例爲最備。山子幼通反切，自《華嚴》而外，閲《大藏經》及諸家言韻者甚多。因存其是，汰其非，條分縷析，彙合成編，而圖之全例，乃一一見其指歸。

朱珊元《音韻表辨微》未刊。

朱鴻聲《音譜聲字薈録》《朱氏家傳》。 未刊。

錢寶惠《唐韻聲類》《曝書雜記》。 未刊。

朱嘉金《韻學闡奧》五卷未刊。

右韻書

史 部

晉

干寶《晉書》二十二卷《新唐書·志》。　鄭樵曰：殘闕。

陳

顧野王《陳書》三卷新、舊《唐書·志》《通志·略》。　劉知幾曰：陳史，初有吳郡顧野王、北地傅縡各爲撰史學士，武、文二《帝紀》，即顧、傅所修。　案：《陳書》本傳又有《國史紀傳》二百卷。吳江沈《志》云：未就。

明

金九成《元史考誤》四十卷王世貞《金九成傳》。

國 朝

朱坤《五代史考異》《朱氏家傳》。　未刻。

王元啟《史記正譌》　《自序》曰：余所考定《史記》，本皆仍其原文，別加繕寫，稍爲誌別。如闕文用《左氏春秋》《戰國策》、班固《漢書》補入者，用朱書。三書所不載，則用《穆天子傳》例爲□，以空其處。譌字則於字外加闌爲誌，復朱書本字於其下，使讀者一覽可得。衍字則用側書，仍於字外加闌，以別於徐廣諸家之小注。又《史記》自兩漢時未有訓釋，讀史者往往注自以其意，隨筆記注數語，附於本文之下，傳寫者不察，攙入正文，誤升爲大字，遂使文體割裂，首尾不貫。流俗所傳班固《漢書》本亦然。今用孔穎達諸經《正義》之例，於後儒傳注雖用正書，縮爲小字，使不與正文相混，其訛踳甚者，如《律書》《天官書》二篇，則用蔡氏《尚書武成篇》例，存其舊文於前，別録考正文於後，庶便於讀者。

《漢書正譌》　案：《史記》先刊《律》《曆》《天官》三書，《漢書》先刊《律》《曆志》二卷。元啟謂《史》《漢》於此數書訛踳最甚，故評注尤多。其中章句後先，亦多更定。子尚珏以校正定本，考定位次，排比付刊。今校注《史》《漢》原本，並在盛澤，一藏仲氏，一藏秀水王氏。　《漢書地理志辨證》一卷未刊。

吳東發《史記龜筴傳解》《桂馨堂集》。

沈銘彝《後漢書注》，又《補》一卷。　潘眉《三國志考證》八卷案：眉，字稚韓，吳江廩貢生，移居嘉善。

錢儀吉《三國志證聞》三卷未刊。　《自序》云：陳《志》傳本，官刊而外，以明馮祭酒本爲勝，然譌奪亦不少。予采集諸家之言，讎勘積謬，爲《三國志證聞》三卷。

丁子復《新舊唐書考異》二卷案：此編坿刊沈氏《新舊唐書合鈔》之後。

李貽德《十七史考異》未刊。　錢儀吉曰：余得其手槀，其《十七史考異》最完善，辨覈諦審，當與嘉定錢氏書並行。

右正史

陳

顧野王《通史要略》一百卷《玉海》。　吳江沈《志》云：未就。

唐

褚无量《帝王紀録》三卷蘇頲《褚公神道碑》。

國　朝

張承宗《古史紀略》《靈雀軒著書目》。

右通史

晉

陸機《晉紀》四卷《舊唐書·志》作《晉帝紀》。　劉知幾曰：洛京時，著作郎陸機始撰《三祖紀》。

干寶《晉紀》二十三卷《隋書·志》。　新、舊《唐書·志》俱作二十二卷。又有劉協注干寶《晉紀》六十卷。

宋

婁機《歷代帝王總要》王氏《續通考》。　樓鑰《序》略曰：始自唐虞，以至光宗皇帝，凡君道之汙隆，治效之優劣，既書其大略，以至離合割據，餘分閏位，五德之相生，世系之聯屬，靡不提綱撮要。又擇前賢立論精確者，各系世次之末。

王明清《熙豐日歷》一卷杭氏《藝文志》。

魯訔《漢紀考異》十一卷周必大《魯公墓志銘》。

輔廣《通鑑集義》王氏《續通考》。

明

吕原《宋元通鑑續編》《嘉禾徵獻録》。　錢褎曰：義例甚精，有先儒所未到者。

徐咸《史略啟蒙》劉《志》。

袁祥《革除編年》一卷尤氏《藝文志》《四庫存目》。　章士雅曰：此記建文時事，乃挨月挨日而細紀之，俱有案卷可據者。　案：《浙江通志》作袁仁撰。

陳泰交《建文年表》《嘉禾徵獻録》。

支大綸《永陵編年史》四卷　《昭陵編年史》二卷尤氏《藝文志》《四庫存目》。　案：二書紀世宗、穆宗時事，總名《嘉隆編年史》。

卜大有《續通紀》六卷尤氏《藝文志》。

卜世昌《通紀述遺》十二卷《四庫存目》。　《采集書録》曰：所載起元至正十一年，迄明隆慶六年事。　伊案：是書第三、第六、第七、第十一等卷，題繡水屠衡撰，蓋二人合作。

陸萬垓《通鑑便蒙》杭氏《藝文志》。

袁仁《歷代紀事》一卷　　徐世溥《通鑑類纂》徐氏《遺書志》。

黄洪憲《資治歷朝紀政綱目》七十四卷杭氏《藝文志》。

邵文懋《綱目約記》八卷《新溪詩文續鈔》。

國　朝

俞汝言《宋元舉要歷》　《紀年譜》嘉興何《志》。　案：右吉又有《紀年同聲録》。

錢龍珍《史綱》三十卷《浙江通志》。

張翊清《尊王新義》四卷　　伊《志》。　案：所記始自唐昭宗天復元年，《凡例》謂書之所由作發於朱温。是年昭宗復位改元，温逆迹亦著於此。而下迄於莊宗元年，蓋所以斥弑逆之惡，明春秋之義也。

張庚《通鑑釋地補注》六卷　《糾繆》六卷《四庫存目》。　《采集書録》曰：庚以王幼學《集覽》、馮智舒《質實》二書，於釋地多疏舛，因據胡身之《注》及顧祖禹《讀史方輿紀要》更加參訂，一補其闕，一糾其繆。

李旦華《十六國春秋世系表》二卷　朱琰《李君墓表》。　案：是編所以補萬氏之漏略。

陳鴻墀《全唐文年表》四卷《魏塘人物記》。

蔣元《補戰國策編年》丁子復《蔣大始傳》。

周楚《續齊召南歷代帝王年表》　《國朝信史年表》　《震澤鎮志》。

右編年

宋

趙與□《校正袁樞通鑑紀事本末》四十二卷　元教授陳良弼《序》，略曰：節齋患嚴陵本字小且訛，於是精加讎較，易爲大字，刊版後實之嘉禾學宫。

明

陳許廷《洪永紀事本末》《嘉禾徵獻録》。

徐世溥《明紀事本末》嘉興何《志》。

國　朝

高士奇《左傳紀事本末》五十三卷《四庫著録》。　《采集書録》曰：倣袁樞《通鑑》之例，條載春秋列國大事。其雜采自諸子史傳，與左氏相表裏者，謂之補逸；與左氏異詞，以備參訂者，謂之考異；其傳聞失實、踏駁不倫者，謂之辨誤；其有證據，可爲典要者，謂之考證；其出自己見者，謂之發明。其分例如此。莊仲方曰：因章沖書而廣之，沖以十二公爲紀，此以國爲紀，增例有五，視沖書爲勝。

　　陳鴻墀《全唐文紀事》一百二十卷《魏塘人物記》　案：鴻墀，號範川，嘉善人。濱州知州蘭徵之孫。

　　右紀事本末

宋

　　葉隆禮《契丹國志》二十七卷《四庫著録》。　　莊仲方曰：凡《帝紀》十二卷，《列傳》七卷，《雜載》八卷，皆襲取《通鑑長編》、歐《史》《松漠紀聞》《燕北雜記》諸書爲之。　　案：是書卷首有淳熙七年葉氏《進書表》《契丹世系圖》《契丹地理圖》、晉獻《契丹全燕地理圖》《契丹年譜》《契丹初興本末》。自大祖神册丙子稱帝，至天祚保大甲辰，計九主二百一十五年，所載有與《遼史》異同，皆足以資考證。乾隆癸丑，承恩堂重刊。

明

　　姚士粦《北魏春秋》杭氏《藝文志》。　　伊案：是書補魏收《史》《書》之闕，今佚不傳。

　　錢士升《南宋書》六十卷《四庫存目》。　　莊仲方曰：士升欲删《宋史》之繁宂，而無剪裁鎔鑄之才，并畔臣、姦臣於衆人列傳中，尤爲無識。且岳忠武妻李氏侍姑南旋，以孝順稱，而乃誣以在北改適，可稱疏謬。　　案：嘉慶間，埽葉山房刊本六十八卷，卷皆有贊，許重熙爲之，蓋當時有贊助之力云。

　　蔣之翹《晉書別本》一百三十卷《四庫存目》。　　案：此書以《晉書》原本重加删潤，旁采他書，增益其文，卷首有圖，有表，有釋例。本名《删補晉書》。　　陳繼儒謂之曰：此可爲《晉書別本》，又引孫盛作《晉陽秋》，先寫別本之語爲證。《四庫全書》因以名之。

國　朝

　　李旦華《後唐書》《續檇李詩繫》。　　胡昌基曰：起天祐元年，至宋開寶八年，唐爲正統，自太祖至潞王爲本紀，劉仁恭、朱溫居列傳之首，如王世充、竇建德之例。更爲載記五：曰汴，曰吳，曰蜀，曰南漢，曰北漢。錢鏐、馬殷、王審知俱入列傳，以正歐《史》之失體例。論、表悉備，惟《紀》《傳》尚未卒業。

　　李聿求《後漢書儒林傳補》二卷　《自序》略曰：范氏《後漢書·儒林傳》凡四十二人。　《序》云：今但録其能通經名家者，其自有列傳者則不兼收。竊疑通經名家不止此數，人以班氏《漢書》京房傳例，其自有列傳者，宜兼書。因考各書及諸傳紀，得百十餘人，其治經而無家法者不録。

　　右別史

唐

　　陸贄《玄宗編遺録》二卷《宋史·志》。

　　徐岱《奉天記》一卷《新唐書·志》。　紀德宗西狩事。

宋

　　李正民《己酉航海記》一卷《文獻通考》《四庫存目》。　　陳振孫曰：又名《建炎居邠記》。

魯訔《皇朝要覽》一百卷周必大《魯公墓誌銘》。

聞人宏《中興要覽》十卷王氏《續通考》。

錢昱《太平興國錄》一卷于《志》。

明

徐咸《四朝聞見錄》吳《志》。

袁顗《主德編》杭氏《藝文志》。

許相卿《革朝志》十卷《明史·志》《四庫存目》。

董穀《洪武聖政纂》二卷祁氏《澹生堂書目》。

鄭曉《遜國君紀鈔》一卷　《臣事鈔》六卷《四庫存目》。　《吾學編》六十九卷案：此書記明代事，凡《大政記》十卷，《遜國記》一卷，《同姓諸王表》二卷、《傳》三卷，《異姓諸侯表》一卷、《傳》二卷，《文淵閣諸臣表》一卷，《兩京典銓表》一卷，《名臣記》三十卷，《遜國臣記》八卷，《天文述》一卷，《地理述》二卷，《三禮述》二卷，《百官述》二卷，《四夷考》二卷，《北狄考》一卷。　《吾學編餘錄》一卷案：此編刻入《鹽邑志林》。　《徵吾錄》二卷《采集書錄》曰：取明代大事，分條述之，凡三十一篇。　《今言》四卷《四庫存目》。　案：《鹽邑志林》有《今言類編》六卷。

袁祥《建文私記》一卷《明史·志》。　章士雅曰：祥念建文不修《實錄》，恐湮沒無傳，遂博訪遺事，諸部院殘文舊案，下至軍司之册、教坊之籍，亦旁求筆錄，以爲《私記》。

陸埰《建文私記》杭氏《藝文志》。

王文禄《龍興慈記》尤氏《藝文志》。

馮汝弼《革除備遺》三錄《兩浙名賢錄》《明史·藝文志》。　張芹《建文備遺錄》二卷，何孟春《續備遺錄》一卷，馮汝弼《補備遺錄》一卷。

項篤壽《路紀》八卷《浙江通志》。

屠叔方《建文朝野彙編》二十卷《明史·志》《四庫存目》。　《采集書錄》曰：悉取諸家所紀，以年編之，述建文事爲最詳。

陳懿典《神廟聖學紀要》二卷　《聖政紀要》二卷尤氏《藝文志》《嘉禾徵獻錄》。　又有《左陛紀略》十卷。案：二書采輯蕭、顯兩朝有關修齊之要者，書中指切宦官不得干政，以寓規諫。魏忠賢銜之。魏敗，得免。

朱國祚《孝宗大紀》一卷《明史·志》。　朱彝尊曰：萬曆二十二年，允禮部尚書陳于陛之請，修國史。先太傅分撰《孝宗大紀》，皆附之家集中。緣陳公逝，書未果成。康熙己未，史局既開，以之送館。

張奇齡《大政記》吳《志》。

岳和聲《辛亥京察始末》八卷　　岳駿聲《閫宮始末》一卷並見《澹生堂書目》。

李日華《倭變志》一卷《明史·志》。

采九德《倭變事略》四卷杭氏《藝文志》。　胡震亨曰：嘉靖倭變，時九德取幕府日報爲事略，談俶援時事及諸帥功罪頗晰，足備海上一時故實。　案：吳《志》作《東寇事略》。

沈德符《萬曆野獲編》三十卷　《補遺》六卷　《采集書錄》曰：德符家世仕宦，習聞國家掌故，且及見嘉靖間名流遺獻，講求故事，網羅放失。　朱彝尊謂其事有左證，論無偏黨，明代野史未有過焉者。

錢士升《遜國逸書》七卷《四庫存目》。　是書凡四種：一曰《拊膝錄》，一曰《從亡隨筆》，一曰《致身錄》，一曰《鐵老先生冤報錄》。

項德楨《名臣寧攘要編》十卷杭氏《藝文志》。

胡震亨《靖康盜鑑錄》尤氏《藝文志》。

沈起《明書》《檇李詩繫》。　沈季友曰：訖於成化。

郭鼎《征南錄》《浙江通志》。

錢士馨《甲申傳信錄》十卷尤氏《藝文志》。

沈國元《明從信錄》四十卷　《兩朝從信錄》三十五卷案：是編紀天啟、崇禎兩朝時事。　《甲申大事紀》六卷　並見《千頃堂書目》。

錢潤徵《大政廣考》《嘉禾徵獻錄》。

李天植《平寇志》十二卷《四庫存目》。

朱士遷《全城志》于《志》。

國　朝

彭孫貽《平寇志》吳《志》。

胡偉《明稗》三十卷吳《志》本傳。

卞燦、丁旭合纂《啟禎實錄》吳《志》。

朱觀賓《及闕編》此書詳載勝國逸事。

周瑗《社屋舊聞》《冷廬雜識》。　此書采輯前朝軼事。

右雜史

唐

陸贄《制誥集》十卷《郡齋讀書附志》。

明

陳懿典《外制》十卷《嘉禾徵獻錄》。

黃洪憲《鑾坡制草》五卷焦氏《經籍志》。

右制誥

唐

陸贄《議論表疏集》十二卷《新唐書·志》。　《奏草》六卷　《奏議》六卷《郡齋讀書附志》。

宋

趙汝愚《奏議》十五卷《書錄解題》。　《諸臣奏議》一百五十卷《四庫著錄》。　《簡明目錄》曰：以北宋及南宋奏議統爲十二門,析子目一百一十四,每篇之末各附注所居之官與奏進之年月。

　魯詹《奏議》二卷張守《魯公墓誌銘》。

<h1 style="text-align:center">明</h1>

　屠勳《東湖內奏》一卷《百川書志》《浙江通志》。

　陸琳《蘭臺疏稿》《浙江通志》。

　吳鵬《歷任疏稿》十一卷《千頃堂書目》。　尤氏《藝文志》作三十卷。

　鄭曉《奏議》十五卷　《淮陽奏稿》十卷《千頃堂書目》。　案:明刻《端簡鄭公文集》卷九至卷十二爲《奏疏》,其卷十、十一及十二上爲《淮揚》類,中與下又分《兵部》《刑部》類。

　陸杰《文樞奏疏》　陸光祖《掌銓疏略》　金汝諧《西署疏稿》《浙江通志》。

　趙漢《漸齋奏疏》四卷　《澹生堂書目》作《趙當湖奏議》。　杭氏《藝文志》作《趙諫議疏稿》。

　張應治《南垣奏疏》四卷《浙江通志》。

　錢薇《海石疏草》二卷《千頃堂書目》。

　項篤壽《小司馬奏草》六卷《四庫存目》。

　劉廷元《中臺疏草》　《畿南疏草》　馬維銘《經略朝鮮疏》　陳奇謀《南臺奏議》《浙江通志》。　案:吳《志》作“奇謨”。

　黃正色《兩臺奏草》《嘉禾徵獻錄》。

　倪壯猷《軍門本稿》《浙江通志》。

　過庭訓《救荒疏稿》　陸萬垓《中丞疏稿》《浙江通志》。

　彭宗孟《楚臺疏略》吳《志》。

　朱國祚《冊立疏草》一卷《澹生堂書目》。　朱大啟《跋》曰:先少傅署宗伯,時神廟建儲冊立未舉,御戚復興異議,勢甚危疑。公屢抗疏,言甚剴切,竟得俞旨:冠昏冊立,一時並行。讀崑柱何公《序》,言公前後請建儲凡七十餘疏。何公典禮久,必有所據。及檢笥中手書疏草,僅二十餘通,餘散佚不可考,蓋公存日,絶不以示人也。

　賀萬祚《兵垣疏略》　姚思仁《歷官奏議》並見《嘉禾徵獻錄》。

　錢士升《綸扉奏草》《千頃堂書目》。　高攀龍序。

　支如玉《綸扉奏草》吳《志》。

　李奇珍《兵垣疏草》　萬曆間,奇珍官兵科給事中,時所上凡十九疏,錢士升序。

　朱大啟《東曹筆疏》《日下舊聞》。

　陸澄源《疏草》《浙江通志》。

　陳龍正《祕垣疏草》四卷《千頃堂書目》。

　陸清源《北臺焚草》　《按閩疏略》　陸基志《浙士讜言》《浙江通志》。　伊《案》:是書皆嘉、隆以下浙人奏疏。

<h1 style="text-align:center">國　朝</h1>

　陸光旭《疏草》伊《志》。

何元英《南臺奏疏》　　張惟赤《入告編》三卷于《志》。

王益朋《黃門奏議》　案：益朋，仁和籍，以康熙丙午年移居秀水。子士駿隸籍桐鄉。

楊雍建《黃門奏疏》二卷　《西臺奏議》一卷　《撫黔奏疏》八卷　案：雍建，海鹽籍，海寧人。伊《志》有傳。

王應綵《清慎堂奏稿》桐鄉李《志》。

譚瑄《涵萬樓疏稿》　　錢福胙《奏御存稿》一卷　　錢儀吉《重輯錢氏疏草》四卷《自序》謂：五世祖瑞徵輯有《錢氏疏草》，宛平王文貞公《序》，行之。書已久佚。儀吉重輯之，爲臨江知府錢琦《疏》二首，永州知府錢芹《疏》二首，贈太常少卿錢薇《疏》十七首，監察御史錢嘉徵《疏》二首，訖明季而止，以存舊觀。

右奏疏

明

黃洪憲《箕子實紀》一卷《千頃堂書目》。

胡其久《夷齊考疑》四卷《四庫存目》。　《采集書錄》曰：以史傳所載，如采薇不食周粟之説爲可疑，因而考辨之，并取前人論、贊諸什彙坿焉。

呂元善《聖門志》六卷《四庫存目》。　案：書凡《聖門表傳》一卷，《從祀列傳》一卷，《四氏封典》一卷，《禮樂》一卷，《東野氏仲氏世系》一卷，其子目凡六十有五。《鹽邑志林》有之。　《三遷志》五卷　案：元善因史鶚、胡繼先之舊，訂補此志，未成而殉流寇之難。其子兆祥、孫逢時續成之，皆紀孟廟事跡，每卷中又各分三子目。

呂兆祥《宗聖志》十卷　《陋巷志》八卷　《東野志》四卷《四庫存目》。　伊案：三書皆成於明崇禎中。而《宗聖志》《東野志》並載及國朝順治、康熙中事，蓋後人所增，非盡兆祥之舊矣。　案：三書所輯曾氏、顏氏、東野氏事跡，周公第三子居東野，因以爲氏。

國　朝

朱彝尊《孔子弟子門人考》《孟子弟子考》三卷《學海類編》。

沈德涒《聖門志》二卷于《志》。　以上聖賢。

宋

魯訔《杜工部詩年譜》一卷《四庫著錄》。　王士禎曰：呂汲公始創爲年譜，訔書成於紹興癸酉，譜説蓋沿汲公之舊。　《簡明目錄》曰：訔注杜詩，冠以此譜，今《注》佚，《譜》存。

趙汝愚《篤行事實》一卷陳振孫曰：丞相趙汝愚子直編集其父善應彥遠公事狀，而羅願、朱熹所撰《行狀》《墓銘》及諸賢《哀詞》《題跋》萃爲一編。“篤行”者，陳福公題其墓云爾。

趙崇憲《趙丞相行實》一卷　《附錄》二卷陳振孫曰：崇憲，忠定公長子也。其一時諸賢《祭文》《輓歌》與嘉定更化之後昭雪誣枉，改正史牒本末，皆見《附錄》。

柴中行《趙忠定行狀》一卷　《諡議》一卷陳振孫曰：《諡議》一卷，劉允濟全之、楊方子直所爲也。

李燔《趙華文行狀》一卷陳振孫曰：忠定之子、吏部崇憲履常也。　以上並見《書錄解題》。

胡穉《陳簡齋年譜》一卷錢泰吉曰：宋刻胡穉《箋註簡齋詩集》三十卷，《無住詞》一卷，前有《年譜》一卷。

岳珂《金佗稡編》二十八卷　《續編》三十卷《四庫著錄》。　《采集書錄》曰：珂編次其祖忠武王飛事，前編五種：曰《宸翰》，曰《行實》，曰《家集》，曰《籲天辨誣》，曰《天定錄》。嘉定戊寅《自序》，係珂爲奉議郎、權發嘉興府事時進《續編》，曰《宸翰摭遺》，曰《絲綸傳信錄》，曰《天定別錄》，曰《百代昭忠錄》。紹定改元《自序》，係珂官朝請大夫、權尚書戶部侍郎、封通城縣開國男時進。《前序》有云：即漢制佩章之義，稡五編爲一，名之曰《金佗》。《後序》有云：先王佩佗綬于鄂，不肖幸因天子沛泰時之澤，獲以食邑，紹分舊封，則金佗者蓋因封爵取義，後遂名其所居也。　錢大昕曰：初編刻於橋李，續編刻於南徐。端平甲午，又合刻藏於庿塾，皆有倦翁《自序》。元季重刻於杭州西湖書院，則有臨海陳基、會稽戴洙二《序》。明嘉靖壬寅，晉江洪富刊於兩浙運司。後十七年，莆田黃日敬復修補其漫漶者，然中多斷簡脫葉，惜無善本是正也。　案：是書歲久散佚。元刻已有脫簡闕文，明刻並仍其舊，無從考補。

明

鄭履淳《鄭端簡公年譜》七卷《千頃堂書目》作鄭履洵，伊《志》作復淳，並誤。　《采集書錄》曰：述其父曉生平事蹟，末坿郵典哀詞。

朱維陛《東方先生類語》十六卷《采集書錄》曰：列東方朔事，而廣採後人傳贊等作，分類系焉，蓋深慕乎滑稽之所爲者。

范明泰《米襄陽志林》十三卷《明史·志》。　《四庫存目》作十六卷。又有《米襄陽外紀》十二卷。案：是編紀米芾遺事，分十三目，各爲一卷。後附四種：爲《襄陽遺集》《海嶽名言》《寶章待訪錄》《研史》，凡四卷。

姚士粦《吳少君遺事》一卷《鹽邑志林》。

李日華《梅墟先生別錄》二卷《四庫存目》。　案：是編，日華與閩人鄭琰同撰，爲嘉興周履靖而作。履靖，字逸之。能詩，與其妻桑貞白自相唱和，多刊書籍以行。《夷門廣牘》即其所編。上卷爲日華所撰，載其生平甚悉。

陳懋仁《李杜志林》杭氏《藝文志》。

孫茂芝《梅道人志林》錢芬《梅道人遺墨題識》。

吳遇賢一作道賢　《楊公清政錄》二卷焦氏《經籍志》。　是書紀明嘉興知府楊繼宗事。

項德楨《襄毅公年譜》五卷　《實紀》四卷《項氏家乘》。　陸樹聲《序》略云：公以文武壯猷，涖歷三朝，出入嶺南、齊楚、陝洛，所在立奏膚功，始終保有令名。皆從死生讒譏中鍛鍊得之，乃能脫狡寇，抗姦回。吏事兵刑，指麾如意，而公則愈自挹損。凡寓書子弟，惓惓以禍福相倚爲訓，恭儉慈和，牘中三致意焉。宜公之功名兩完，而子孫世有令聞也。　伊案：《浙江通志》：《項襄毅年譜》九卷，秀水呂懲撰，誤。

項承芳《襄毅公實紀補遺》四卷杭氏《藝文志》。

《賜諡簡肅孫公錄》《明內閣書目》。　未詳撰人名氏。

《吳太宰鵬年譜》二卷《千頃堂書目》。　未詳撰人名氏。

丁清惠公《榮哀錄》四卷杭氏《藝文志》。　未詳撰人名氏。

支大綸《江陵逸事》二卷　《浙江通志》。　案：是書紀相國張居正事。

朱大啟《自敘年譜》一卷　沈曰富《序》。

魏大中《自撰年譜》一卷　杭氏《藝文志》。

石琳《殉隨瑣述》《徐氏族譜》。　案：琳，吳縣人。是書紀明隨州知州徐世淳殉節事。

梁凝祺《殉節錄》《徐氏族譜》。　案：是編隨州諸生凝祺等撰，亦載徐世淳知隨州時事。

朱茂暘《闡德錄》一卷《清谷文鈔》。　案：是書紀其祖文恪公祚言行，備史傳碑版所未悉者。

吳蕃昌《吳貞肅公年譜》二卷杭氏《藝文志》。

國　朝

　　姚夏《張楊園先生年譜》一卷乾隆癸酉，學政雷鋐序、刊。　　丁子復曰：大也自幼受業楊園先生，後客驅四方，所著《年譜》，皆追憶而得，故紀年多舛，然得據以考證者賴有此。

　　陳梓《張楊園先生年譜》四卷　《坿錄》一卷案：是編取姚氏原本及《楊園全集》，與凡生平聞見之足證者，重爲補輯，視姚本該備，而先生爲學之大要，亦始終俱見。自後平湖方坰與顧廣譽更爲校訂，補正舛漏，尤見精詳。道光甲午，沈侍郎維鐈刊行。　　又案：平湖蔣元有《年譜參訂》，嘉興李汝龍有《年譜發明》，海鹽徐根有《年譜附錄》，嘉興丁子復以蔣元訂本、錢馥、陳璋補訂本，并取姚氏元本、陳氏重輯本，參考得失，删尤補漏，爲《年譜合訂》，聞已付刊，未見其書。又海鹽崔德華有《補輯年譜》，采錄未刻諸書，多姚、陳所未備者。

　　陸宸徵《長泖陸子年譜》一卷《浙江通志》。　　案：先生《年譜》凡有數本，一爲先生次子宸徵與姪禮徵所輯，曰《長泖陸子年譜》。宸徵又與先生壻李鉉合訂。康熙戊戌，吳郡尊永芳序而刻之，曰《陸侍御年譜》。乾隆丙寅，儀封張師載重訂，曰《陸子年譜》。乾隆壬申，金山楊開基復即舊本增入從祀、贈謚諸典，曰《陸清獻年譜》。此數本與家藏舊本初無甚異，一康熙丁丑門人周繡輯，一門人王素行輯，一雍正戊申吳光酉更合諸書重輯，爲《年譜》定本。

　　吳光酉《陸稼書先生年譜定本》二卷　《附錄》一卷案：先生《年譜》自家藏舊本外，向推周好生本尤詳，吳氏定本多採先生日記中語，更爲詳備，其關乎學術治績之大者，本末具見。與方、顧重訂陳梓《楊園年譜》均可一書單行。

　　黃家遴《楊公政績紀》一卷《四庫存目》。　　案：家遴，奉天人，曾任嘉興知府，是編述明楊繼宗遺事。

　　朱彝尊《迂翁志林》十二卷鮑廷博《跋》曰：此係竹垞太史手輯，未有刻本。迂翁品槩在元代如九霄白鶴，其筆墨流傳當時，江南士大夫家以有無論清濁。此書博采迂翁詞翰、逸事，分類編輯。首以《年譜》作弁，令閱者無遺珠之歎。　　案：此紀元倪瓚遺事，可與范氏《襄陽志林》並行。

　　沈鴻《宜山外紀》一卷伊《志》。　　案：鴻是書紀其師盛遠遺事。

　　高孝本《高氏家傳》一卷《浙江通志》。

　　張酉樵《家傳》一卷于《志》。

　　章輅自撰《質庵年譜》一卷《魏塘人物記》。　　汪能肅曰：輅，富陽人，官至山東運河兵備道。自著《年譜》一卷，具載其治河方略，可爲後人取法者。因積勞得病，奏請回籍，卜居嘉善，今子孫入籍。

　　胡善榮《懷忠集》一卷案：此書輯其遠祖忠簡公銓遺事，顧廣譽有《跋》。　　程夢麟《楊貞肅公政績錄》徐士芬《序》略曰：前明楊貞肅公，郡有祠，先生倡捐重新之。官斯土、隸斯土者，咸爲詩。落成，得若干首。爰錄公傳，並考逸事，彙爲一編，而系詩於後。　　案：夢麟，德清人，官嘉興訓導。

　　錢儀吉《廬江錢氏年譜》六卷　《續譜》二卷　　錢聚仁《紫雲先生年譜》錢儀吉《序》。以上名人。

明

　　徐咸《名臣言行錄前集》十二卷　《後集》十二卷《明史·志》。　　焦氏《經籍志》作《近代名臣言行錄》。《四庫存目》。

　　袁祥《忠臣錄》《浙江通志》。　　章士雅曰：錄當年死事諸臣，分類而叙，較之《遜國臣紀》尤詳。

　　許相卿《革朝五忠錄》一卷　《桃源死事錄》一卷焦氏《經籍志》。

　　錢薇《名臣事實》二十卷《明史·志》。　　案：吳《志》作《國朝名臣錄》。

郁天民一名袞。《革朝遺忠錄》二卷《四庫存目》。　《采集書錄》曰：據宋端儀、張芹二《錄》，并何孟春《續錄》而彙次之者。　案：吳《志》作《靖難盡心錄》。　《順命錄》一卷焦氏《經籍志》

項篤壽《今獻備遺》四十二卷《明史・志》。　莊仲方曰：采明代自洪武至弘治，凡二百四人事跡爲傳，敘次簡明有法。

戚元佐《檇李往哲初編》一卷《四庫存目》作前編。　《采集書錄》曰：述鄉先達之有勳望者，自明初迄隆、萬間，凡十有四人。王世貞爲《序》。

吳國倫《四烈傳》一卷尤氏《藝文志》。

竇卿《聚順傳芳錄》《浙江通志》。

黃洪憲《明文獻》杭氏《藝文志》。　倪輔《獻存錄》吳《志》。

陳懿典《廣就李往哲傳》十卷《嘉禾徵獻錄》。　《同姓諸王傳》二十卷　杭氏《藝文志》。

金汝諧《歷代名臣芳躅》二卷《四庫存目》。　《采集書錄》曰：采古言行而分次之，凡爲類九。

過庭訓《名臣類纂》《浙江通志》。　案：庭訓《分省人物考序》云：列爲内、外篇，内篇則《學術》《行詣》《著述》等門，外篇則《經濟》《推轂》《忠烈》等門。　《直省分郡人物考》一百十五卷《明史・志》。　《采集書錄》作《分省人物考》，取明初至萬曆間人物，分省分郡而詳載之。　《聖學嫡派》四卷《四庫存目》。

賀萬祚《名臣品騭》《嘉禾徵獻錄》。

錢士升《表忠錄》二卷　《遜國表忠記》十卷尤氏《藝文志》。　《四庫存目》《采集書錄》曰：凡忠於建文者爲傳八卷，又爲三不忠傳一卷，則李景隆、茹常、陳瑛也。《凡例》云：留芳遺臭，合之而勸懲之義始備。末卷曰《正譌》，則辨《致身錄》《從亡隨筆》等書之僞。

吳麟徵《黨鑑》四卷《千頃堂書目》。

項德楨《弼直錄》《嘉禾徵獻錄》。

周履靖《景行錄》李日華《梅墟別錄》。

王路《冰蘗薈》《檇李詩繫》。　案：是編輯古今安貧之士爲之。

馬維銘《宋史列傳》十八卷　朱元弼《猶及編》一卷　王文祿《海鹽文獻》二十卷杭氏《藝文志》。

陳泰交《七國人物志》《嘉禾徵獻錄》。

陳九德《名臣經濟錄》十八卷《嘉禾徵獻錄》。

劉廷元《宋名臣言行略》十二卷　《明名臣言行略》四卷王氏《續通考》。　《自序》略曰：所載由洪武沿正德，無闗入嘉、隆後者，即嘉、隆前而衆議未定亦姑舍，是以志闕疑也。至如革除之際，殉難諸家氣誼難磨，又理學家或間受徵辟而終家食，併附收之。

顧文輝《名臣言行錄》吳《志》。

竇文照《孝義集》十卷　馮孜《貞節錄》杭氏《藝文志》。

陸啟浤《古人幾部》《檇李詩繫》。　陳允衡曰：陸叔度著《古人幾部》，始管夷吾，終史天澤，凡八十一人。

蔣宗澹《先賢言行錄》　《古逸民傳贊》《檇李詩繫》。

沈堯中《高士彙林》二卷　陳懋仁《壽者傳》三卷《明史・志》。

朱廷旦《廣交友錄》四卷尤氏《藝文志》。

浦端模《嘉善人文記略》十二卷嘉善章《志》。

吳爾壎《死臣傳》朱彝尊曰：先生間道潛行，依史閣部軍中，以身許國，卒死於兵。平居曾撰《死臣傳》，目曰《仁書》，傳有小《序》。

戴笠《忠義事蹟》杭氏《藝文志》。 張履祥曰：戴耘野聞忠孝節義，爲人稱道，惟恐或遺，遇人輒以爲問。《殉國彙編》《嘉禾徵獻錄》 盛楓曰：戴耘野，本吳江諸生，乙酉國破，去，爲僧久之，返初服，隱朱家村。考甲申以後殉難者，爲《殉國彙編》。

錢陛《壺天玉露》四卷《四庫存目》。 《采集書錄》曰：海鹽錢陛輯春秋以來，迄明隆、萬間士大夫廉介可法之事，凡錄二百九十六則，後附《清士》一卷。 錢儀吉《跋》曰：六世祖紫芝府君著書十餘種，皆名《壺天玉露》，今存者惟《廉鑑》四卷，《清士》一卷而已。《廉鑑》以萬曆間喬氏懋敬所輯者爲本，而删益潤色之。《清士》集古隱逸之士，人系一詩。

吳孝章《名臣志鈔》二十四卷《四庫存目》。

李天植《隱林列傳》十卷 《明忠清隱林合傳》四卷案：陸棻《明季兩貢士傳》，合傳作列傳。《褒忠錄》三卷一名《表忠錄》。 三書並未刻。

高承延《自靖錄考略》八卷朱彝尊曰：公晚年輯《自靖錄》，紀崇禎以來殉節諸臣，迄歲丁亥止。子佑鉅續之。 案：是書又名《崇禎忠節錄》。 《嘉興縣志》云：刻於江寧，旋因書禁綦嚴，遂置複壁，祕不刷印。後即煨去。沈廣文銘彝覓得舊抄底稿八卷，其間紀錄死事，除京師畿輔外，惟載江南、浙江、江西、福建等省，故或謂原書共有十六卷。今僅存其半也。咸豐間，王逢辰重爲考證，刻之。

國 朝

曹溶《續徵獻錄》六十卷《檇李詩繫》。 沈季友曰：溶以明季門户紛爭，是非失實，因輯此錄。 《崇禎五十宰相年表傳》一卷《四庫存目》。 《采集書錄》曰：明莊烈朝輔臣更易至五十人，事勢可知矣。溶爲表以著其拜罷之歲月，復爲傳以書其行事，而賢姦得失自見焉。初稿一卷，乃傳稿也。有溶之門人陶越《跋》云：與後來訂本互有詳略，今兩存之。 《崇禎五十輔臣傳》五卷《檇李詩繫》。 《四庫存目》有《五十輔臣編年錄殘本》一卷，特其稿本之一册爾。

蔣平階《東林始末》一卷《四庫存目》。

徐震亨《古今人物紀年考》《烏青文獻》。

項玉筍《檇李往哲續編》一卷《四庫存目》。 《采集書錄》曰：續元佐爲之，自隆、萬至於明季，凡述九十一人。

俞汝言《閒史掇遺》《日下舊聞》。 朱彝尊曰：右吉博稽三百年典故，撰有《明大臣年表》，官閥贈諡，靡不簡而有要，惜未流傳。

黄齊賢《孝史類編》十卷《四庫存目》。 《采集書錄》曰：前列《孝經》，次述歷代帝王孝行，次述歷代孝子，各以事跡相似者分類，凡二十有二，每人系傳，寓以史翼經之義。

葉鈐《人譜大全》《魏塘詩陳》。

陸榮科《武塘耆舊傳》伊《志》。

盛楓《嘉禾徵獻錄》四十六卷《四庫存目》。 一名《就李先民錄》。 盛百二書後曰：先王父丹山府君《徵獻錄》五十卷，傳吾郡七邑有明一代人物，皆采取《家乘》《行狀》《墓志》以成之，別有《外紀》十卷，名《澹成齋雜記》。王父歿於安吉州學正之任，伯父葉令公支焯復依裴松之注《三國志》例，補其未備，而正史及稗官小說之與本書異者亦多矣。 案：此書未刻，今所傳鈔本五十卷，《外紀》六卷。

張景陽《當湖人文逸初編》 張躍鱗《當湖人文逸續編》 汪能肅《魏塘人物記》六卷《自序》謂《嘉善縣志》自嘉慶五年萬公重修，至道光辛卯，張公如梧欲續修，會其去不果成，而采訪已過半。己亥冬，于府尊修《府志》，復承命采訪。於是萬《志》後四十年人物略備，可爲修《縣志》之用。此余作《記》之旨也。 曹煥

《百歲編》于《志》。

陸時杰《百歲考》　吳修《疑年録》《續録》四卷案：此編補輯以續嘉定錢氏之書。

崔以學《疑年録質疑》　《續疑年録質疑》　陳善《福建通志列傳稿》三卷　《補編》一卷《映雪樓藏書目》。　莊仲方曰：善，字壽客，號扶雅。仁和人。官嘉善教諭。道光中，將修《福建通志》，善以浙人專分撰傳，文直而事核。全書不成，余爲刊行，其傳國朝閩省名人具於是編。

李富孫《鶴徵録》八卷後附李超孫《雜綴》一卷。　《鶴徵後録》十二卷並《自序》。　案：《鶴徵前後録》所載康熙己未、乾隆丙辰，薦舉博學鴻詞諸人，並詳其出處事蹟，纂箸以備徵文獻，考掌故焉。　《勝朝殉節列女傳》未刊。　《自序》略曰：采《明史》及志乘碑傳，綜而録之。首列后妃，以逮閭閻。先殉國難，次殉寇難，並以年月爲敘。

馮登府《唐宋詞科題名録》一卷未刊。　《自序》略曰：李香子《鶴徵前後録》與杭菫浦《詞科掌録》、全謝山《公車徵士録》互有詳略，而其備一代掌故，爲功甚鉅。惜其未溯源起，爰輯《唐宋詞科題名録》一卷。

錢儀吉《國朝碑傳集》一百二十卷未刊。　《自序》略曰：依杜氏大珪、焦氏竑《集録》之例，採諸先正碑版狀記之文，旁及地志別傳，得若干篇，以其時，以其爵，以其事比而厠之，爲若干卷。其於二百年文獻之林，可以考德行，可以習掌故，不徒飛文染翰，爲耳目之玩已也。　《國朝先正事略》未刊。　曾國藩曰：道光之末間，錢衍石給事仿明焦竑《徵獻録》，爲《國朝徵獻録》，因屬其從子應溥寫其目録，得將相、大臣、循良、忠節、儒林、文苑等，凡八百餘人，積二三百卷。借名人之碑傳，存名人之事蹟。自別京師，久從征役，而此目録册不可復睹。同治初，又得鄠陵《蘇源生文集》，具述其師錢給事於《徵獻録》外，復節録名臣，爲《先正事略》，知錢氏頗有造述，不僅鈔纂諸家之文矣。　《良吏述補》一卷《自序》謂：此續彭允初之書。

莊仲方《歷史碧血録》五卷《映雪樓書目》。　自《跋》曰：取歷史忠臣爲奸佞讒害者，各録小傳，後附以論，首列以圖，使昭垂鑒。

錢泰吉《清芬世守録》二十六卷　陳用光《序》。　《自跋》云：首六卷，恭録聖製賜題、賜藏卷册以及石渠寶笈儲藏之品。後二十卷，敬録四百年來十餘世之翰墨，名公鉅儒，騷人墨客之題詠。雖一家懿美，而官箴世範，朝廷掌故，藝苑叢談，往往而在。

沈筠《壬寅乍浦殉難録》一卷　以上總録。

唐

陸贄《遣使録》一卷《新唐書・志》《宋史・志》。

宋

魯詹《吏役録》三卷張守《魯公墓志銘》。

魯訔《南征録》二卷周必大《魯公墓志銘》。

丁銳《仁和活民書》二卷《書録解題》。　《文獻通考》作《仁政活民書》。　銳，會稽人。官秀州司户。

婁伯高《好還集》一卷《文獻通考》。　陳振孫曰：編報應之事爲十門。

明

程本立《雲南西行記》《千頃堂書目》。

馬文升《西征石城記》一卷《學海類編》。　伊案：是書記項襄毅事。

鍾兆斗《烏槎幕府記》一卷《鹽邑志林》。　盛楓曰：給事中鍾兆斗，皋謨門人也。著《烏槎幕府記》，以述其南征之績。　伊案：是書紀明廣東按察副使、海鹽馮皋謨平海寇張璉林朝曦事。

姚士粦《蓮花幕記》《浙江通志》。　盛楓曰：士粦以同郡右都御史沈思孝出撫陝西，招入幕府，遍歷九邊沙磧。

李樂《金川紀事》《烏青鎮志》。

張寧《奉使錄》二卷《鹽邑志林》。

鄭振先《嘉禾事紀》二卷尤氏《藝文志》。

陸基忠《平湖科甲考》杭氏《藝文志》。

朱茂暉《棘闈記》《日下舊聞》。

國　朝

杜臻《閩粵巡視紀略》六卷《四庫著錄》。　《采集書錄》曰：康熙二十二年，臻自述奉使清釐二省界外田畝，給民耕種，并防守事宜。卷首列兩省輿圖，後一卷坿澎湖、臺灣事。　案：吳《志》載有《閩粵疆理記》，又本傳作《閩粵紀略》，《臺灣記》當即一書。《采集書錄》作五卷，脫後坿記《澎湖臺灣》一卷。粵或作越。

盧崇興《治禾紀略》五卷《四庫存目》。

張方起《平滇始末》《烏青鎮志》。

陸祚蕃《粵西偶記》一卷《四庫存目》。

高士奇《扈從東巡日錄》二卷康熙壬申，士奇扈從東巡所作，蓋自京至奉天抵烏喇虞村，往返萬餘里，備歷松花、混同、白山、黑水諸勝云。　《扈從西巡日錄》一卷《四庫著錄》。　康熙癸酉，士奇扈從西巡至五臺山，述所見聞而作。　《松亭行紀》二卷《四庫著錄》。　康熙辛酉，扈從聖祖出喜峰口口外八十里，有松亭關，因以作記。其述山川風景，足備考證。　《塞北小鈔》一卷《四庫存目》。　康熙癸酉，扈從北巡所作。

張師范《平臺記》《烏青鎮志》。　康熙辛丑，師范佐閩中藩幕，記平定臺灣逆寇朱一貴事。

右傳記

唐

褚无量《史記至言》十二卷蘇頲《褚公神道碑》。　案：《杭州府志》作十二篇。

宋

衛富益《讀史纂要》明《浙江通志》。

明

袁祥《新舊唐書折衷》二十四卷《明史·志》。

許相卿《史漢方駕》三十五卷《四庫存目》。　　錢泰吉曰:《班馬異同》三十五卷,劉須溪評點倪文節公思之書也。海昌許黃門相卿苦其細書,文相連屬,但以字形廣狹爲分,不便疾讀,別爲《史漢方駕》,《史》《漢》同者,從中大書;《史》《漢》異者,分左右行書,右《史》左《漢》。　《四庫提要》謂:其條理井然,較思書爲勝。　案:吳《志》又有沈啟原《班馬異同》。

張寧《讀史錄》六卷《明史·志》。

馮敏效《史纂》一卷　　陸基仁《史記寶鏡》《浙江通志》。

沈科《史記鈔》二十卷尤氏《藝文志》。

包節《二十一史意鈔》《嘉禾徵獻錄》。

項篤壽《全史論贊》八十卷《四庫存目》。

沈國元《廿一史論贊》三十六卷《采集書錄》。　　崇禎間,徐必泓《序》云:止錄斷制,敏中手彙,捚隱招微,事取已然,義多未發。

陳許廷《漢書雋》十卷杭氏《藝文志》。

馬維銘《史書纂略》二百二十卷《四庫存目》。　《明史·志》作一百卷,《千頃堂書目》作四十四卷。《采集書錄》曰:以世次摘錄各史紀傳,自盤古迄元代止。萬曆癸丑自序。

趙維寰《讀史快編》六十卷《明史·志》。　《四庫存目》作四十四卷,誤。

陸啟浤《讀史十部》四十卷《檇李詩繫》。

陸萬逵《漢書鈔》《浙江通志》。

項夢原《宋史偶識》二卷《四庫存目》。　《采集書錄》曰:節錄《宋史》所載事之可法者。　　袁黃《史漢定本》《千頃堂書目》。

沈維鏡《史漢鈔》　　沈紹滋《史摘》《浙江通志》。

項鼎鉉《史類》五卷尤氏《藝文志》。

文德翼《宋史存》二卷《四庫存目》。　案:德翼,德化人。任嘉興府推官。所輯皆南宋名臣事。

國　朝

錢龍珍《史編》《浙江通志》。

吳爲龍《諸史拾遺》二十卷《澉浦詩譜》。

朱昆田《南史識小錄》八卷　《北史識小錄》八卷《四庫著錄》。　案:此二書,與錢塘沈名蓀同輯。

楊九垓《廿一史類纂》《檇李詩繫》。　沈季友曰:九垓嘗手錄《廿一史類纂》三百餘卷。

韓孔贊《古史彙編》四卷《采集書錄》。　未刊。

右史鈔

明

吳國倫《陳張本末略》一卷　《方國珍本末略》一卷《四庫存目》。

屠喬孫《重輯十六國春秋》一百卷《四庫著錄》。　朱彝尊曰:今世所傳《十六國春秋》,乃後人采《晉書》《北史》《冊府元龜》《太平御覽》等書集成之,非原書也。　案:魏崔鴻原書一百二十卷,至北宋已佚。屠喬孫與項琳之乃摭諸書所引鴻書,以成此編。

姚士粦《後梁春秋》二卷《四庫存目》。 《明史·志》作十卷。 《采集書錄》曰:士粦以蕭詧乃昭明第三子,梁之嫡系,宜有史書,故次其三十三年之事,輯爲專編。

錢士馨《續越絶書》二卷《經義考》。 朱彝尊曰:上卷曰:《内傳本事》《吳内傳》《德序記》《子游内經外傳》《越後語》《西施鄭旦外傳》。下卷曰:《越外傳》《雜事別傳》《變越上別傳》《變越下内經》《雅琴考叙傳》《後紀》。其云得之石匣,謂是漢吳平著,蜀譙岍注,蓋詭託之辭。

國　朝

陸隴其《戰國策去毒》二卷《四庫存目》。

曹溶《劉豫事跡》一卷《四庫存目》。

徐善《流寇紀事》丁子復《徐處士傳》云:已燼於火。

高淳《陸游南唐書補注》于《志》。　　馬玉堂《十國春秋補傳》

右載記

明

胡震亨《歲華紀麗》四卷《四庫全書總目》曰:唐韓鄂撰,久無傳本。此本爲胡震亨祕册函中所刻,毛晉收入《津逮祕書》者,震亨《跋》稱得之鄭曉家。王士禎《居易錄》以爲即震亨僞造。　　李日華《時物典彙》二卷《四庫存目》。

陸啟浤《北京歲華記》《日下舊聞》。

國　朝

陶越《歲時小令》四卷　　陳士鑛《擬十二月錦帶書》一卷伊《志》。

右時令

陳

顧野王《輿地志》三十卷《隋書·志》。　新、舊《唐書·志》:志,一作記。

宋

李如簾《輿地要覽》二十三卷《宋史·志》。

明

項篤壽《考定輿地圖》十卷　　沈元華《輿地圖志》三十卷《浙江通志》。　自題曰:余自以疏止市玉,忭旨還山,居無所事,因寢憶舊文畫簿,蹶爲圖,圖日益多,釐而次之,凡數十種。顧諸圖皆倩畫史,而輿地圖獨手自模畫。　　　許聞造《地理纂要》《浙江通志》。

國　朝

屠焯《輿地考》《浙江通志》。　　　葉維庚《三國地理考》李兆洛《葉君行狀》。　未刊。　以上總志。

明

朱茂曙《兩京求舊録》《日下舊聞》。　魏禧曰:先生弱冠就婚京師,獲聞中朝掌故。中歲游學留都,博稽舊典,撰《兩京求舊録》一編。遇亂,避地棲真寺南,盜至,肰篋,失去。　案:《佩文齋書畫譜》曾引是書,世當尚有傳本。

國　朝

朱彝尊《日下舊聞》四十二卷《浙江通志》。

繆泳《黃圖雜志》《日下舊聞》。

錢儀吉《皇輿圖説》四十八卷于《志》本傳。　以上都會。

明

徐輔《吉安郡志》《浙江通志》。

聞人詮《南畿志》六十四卷《四庫存目》。

董穀《海寧縣志》九卷《千頃堂書目》。

包節《陝西行都司志》十二卷《明史·志》《四庫存目》。　《采集書録》曰:明嘉靖間修。《凡例》云:舊志沿元稱甘肅爲行都司,遵制也。行都司,國朝創。

高文登《葉縣志》《嘉禾徵獻録》。

錢貞《尤溪縣志》《福建通志》。

陳觀《亳州志》《嘉禾徵獻録》。

沈堯中《直隸開州志》《明内閣書目》。

采士英《海寧衛乘》十卷《嘉禾徵獻録》。

趙維寰《寧志備考》《浙江通志》。　舊作《海寧縣志》,非是。　朱一是曰:趙無聲先生欲修《寧志》,搜采將成,謗議醞張,憤而謝事。但刻《寧志備考》,以先生筆削無諱,見忌於人也。《備考》甚祕,人罕得見,海寧許《志》曰:分門標類,皆出獨見,如儒官不列縣屬,水利別於山川,祠廟別於寺觀,後之蒐采邑乘者,咸資爲故實焉。

高承埏《寶坻全城記》四卷尤氏《藝文志》。

包鴻逵《湘潭志》《嘉禾徵獻録》。

黃承玄《安平鎮志》十一卷《明史·志》《浙江通志》。

國　朝

　　勞大與《海昌志略》石門耿《志》。

　　陸隴其《靈壽縣志》十一卷　　　陸世楷《南雄府志》　《思州府志》四卷皆世楷爲郡守時所輯。

　　俞汝言《西平縣志》《浙江通志》。

　　朱元豐《清河縣志》十四卷　　葉燮《吳江縣志》四十七卷　《寶應縣志》　　錢霈《吳江縣志續編》十卷　　萬光謙《陽山縣志》二十二卷　　盛百二《觀録》四卷案：百二曾視觀城篆，四月而去，考其志之謬誤，而詳載設官之源流，兵農錢穀之法。

　　田朝鼎《遂寧縣志》伊《志》。

　　王元啟《濟寧州圖記》四十八卷嘉興司《志》。

　　馮登府《象山縣志》二十二卷《自序》。

　　錢泰吉《海昌備志》五十二卷　《附録》二卷　　以上郡縣。　案：鄉先喆所纂本，郡中縣鎮諸志，依前志例，均載入舊志敘録中。

明

　　林應亮《秀水縣水利考》《浙江通志》。

　　徐栻《新濬海鹽内河圖説》一卷《四庫存目》。　　案：栻，官浙江巡撫。前有《序》，略曰：海鹽地勢卑下，與海沙平，每潮水漲，高出平地丈餘，恃以障蔽者僅石塘。石塘之内，有土塘，猶不能禦潮，必有内河以納過塘之水，而後洩其横流之勢。萬曆五年，海溢，鹽邑受害特甚。是年遂開内河，此編即詳記是役。

　　仇俊卿《海塘録》八卷《四庫存目》。　《明史·志》作《海録》十卷。　伊案：萬曆十五年，海鹽塘潰重修。俊卿因録其圖式、案牘，爲此書。

　　海鹽《築塘記》一卷《浙江通志》。　不詳撰人名氏。

　　《歷修海塘録》九卷《浙江通志》。　萬曆間纂，不詳撰人名氏。

　　《嘉興七縣塘圩水利圖》七卷《浙江通志》。　不詳撰人名氏。

　　黃獻可《嘉興縣水利圖志》嘉興司《志》　《自序》。

　　潘鳳梧《治河管見》四卷《四庫存目》。

　　許應逵《修舉三吳水利考》吳《志》。

　　黃承玄《河漕通考》二卷《四庫存目》。　《明史·志》作四十五卷。　伊案：是書上卷論河防，下卷論漕運，皆上溯歷代，下迄萬曆中年。　《北河紀略》十四卷《明史·志》。

　　陸夢韓《沽頭閘志》十二卷平湖陸《志》。

　　袁黃《皇都水利考》一卷《明史·志》《四庫存目》。　《自序》略曰：設險守國，水利爲先，悉考畿甸諸水，并開屯種之法，以告有位。　《治水正傳》尤氏《藝文志》、黃《自序》。

國　朝

　　陳士鑛《江南治水記》一卷《四庫存目》。　伊案：是書大旨，主於廣濬分支，共受三江之水，多爲尾閭，以殺震澤之怒，故所録以夏元吉議三條爲主。

沈光曾《安瀾文獻》一卷《四庫存目》。　伊案：是編載前明及國朝修治南湖，大要分爲四篇：一曰分黄，二曰導淮，三曰利運，四曰全下，皆録前人奏議之詞。

陸燿《山東運河備覽》十二卷案：是書卷首爲《運河圖》《五水濟運圖》《泉河總圖》《禹王臺圖》，並有説。前列《沿革表》《職官表》，中分泇河廳河道、運河廳河道、捕河廳河道、上下二河廳河道，并記泉河諸泉、沂河壩工、挑河事宜、錢糧款項及治蹟名論，凡分十二卷。自爲《序》。

朱乾《水經注箋》《朱氏家傳》。

盛百二《問水漫録》未刊。　案：是編附入所選古文意宗内。

陳訏《隄海管見》于《志》。

王純《橫橋堰水利記》二卷嘉慶己卯，遇旱，純請於平湖令開橫橋堰，引泖水灌田，因著是編。

沈寶麟《南汝光水利志》十卷案：寶麟妻父崔景儀分巡河南南汝光道，是書爲客河南時所撰。

吳會貫《渭南河渠考》于《志》本傳。

錢嘉鍾《七縣海塘圖》　以上河渠。

宋

魯訔《邊防十二事》周必大《魯公墓志銘》。

徐綱《邊防兵政十六事》王氏《續通考》。

明

鄭曉《九邊圖志》《海鹽圖經》。　杭氏《藝文志》：《九邊紀略》一卷。

聞人詮《東關圖》一卷《四庫存目》。　伊案：是書嘉靖中詮爲監察御史，巡視山海等關時作，所載關塞二百一十有二，紀其道里遠近，形勢險易頗詳。

鄭茂《靖海紀略》一卷《鹽邑志林》。

沈堯中《籌邊七略》杭氏《藝文志》。

錢薇《歷代備邊策河套議》杭氏《藝文志》。　《海防略》《檇李往哲列傳》。

國　朝

杜臻《海防述略》一卷《學海類編》《四庫存目》。　康熙二十二年，臻奉命往閩粵，定疆理。兹書即其時所著。

譚吉璁《延綏鎮志》六卷《四庫存目》。　《檇李詩繫》作二十四卷。

吳文溥《苗疆指掌》一卷案：是編刊入《南野堂續筆記》。

俞浩《西域考古録》朱錦琮《序》略曰：著書之意，爲重邊防，非矜博識。於地名有誤，亦刊其謬，道里無差，於是邊塞之險要，疆域之沿革，今昔之形勢，攻守之難易，縷析條分，瞭如指掌。　《籌海芻言》　以上邊防。

宋

陳舜俞《廬山記》五卷《郡齋讀書志》《直齋書録解題》並作五卷。《宋史·志》作二卷。 《四庫著録》本僅存前三卷。陳振孫曰：令舉熙寧中謫居所作。 案：是編道光間金山錢氏刻入《守山閣叢書》。

明

姚弘謨《衡岳志》十三卷《四庫存目》。

卜世臣《山水合譜》《卜氏著述考》。

李標《穹窿山志》六卷《浙江通志》 《四庫存目》。

國　朝

俞汝言《嵩山志》《浙江通志》。

葉封《嵩山志》二十一卷正士禎《曬尾集》。

夏煜《七星巖志》《烏青鎮志》。　煜隨征廣西，行部所至，探幽選勝，因作是志。

錢以塏《羅浮外史》二卷《四庫存目》。 《采集書録》作一卷。羅浮西南屬東莞縣，以塏時爲令，自號羅浮外史。其父煥嘗登是山，繪圖列説於首，以塏因輯成之。

汪孟鋗《龍井見聞録》十四卷伊案：是書於乾隆壬午南巡，恭纂進呈。

張誠《峩眉山小志》一卷于《志》。　未刊。

朱馨元《黄山志》未刊。　以上山川。

晉

陸機《洛陽記》一卷《隋書·志》。

齊

陸道瞻《吳郡記》一卷《通志略》。

陳

顧野王《十國都城記》十卷《新唐書·志》。　案：吳江沈《志》：野王又有《建安地記》二卷。

唐

陸廣微《吳地記》一卷《宋史·志》。　陳振孫曰：多記古吳國事，唐未有秀州，天禧中始割嘉興縣置。故此記合二郡爲一。　伊案：天禧誤，當作"天福"。

明

　　徐一夔《宋行宫考》一卷_{焦氏《經籍志》}。
　　龔勉《煙雨樓志》四卷_{《浙江通志》}。
　　陸府修《苧蘿志》_{《檇李詩繫》}。
　　陸基忠《景賢祠志》_{吳《志》}。

國　朝

　　高士奇《金鼇退食筆記》二卷_{《四庫著録》}。
　　周城《宋東京考》二十卷_{《四庫存目》}。　莊仲方曰：專記北宋汴都一百七十年之遺跡，體例仿《日下舊聞》，而博贍精核遜之。
　　朱稻孫《煙雨樓志》四卷　　張雲錦《弄珠樓志》_{伊《志》}。　　沈可培《雲門書院志》四卷_{《桂馨堂集》}。　　楊蟠《竹垞小志》五卷　以上古蹟。

宋

　　朱輔《溪蠻叢笑》一卷_{《四庫存目》}。　莊仲方曰：溪蠻爲雄、樠、酉、㵲、辰五溪蠻，在今辰州界，輔官斯土，爲記其風土物產。

明

　　王樵《檇李記》一卷_{《鹽邑志林》}。
　　沈思孝《秦録》一卷　《晉録》一卷_{《學海類編》《四庫存目》}。　伊案：《秦録》多載陝西諸郡形勝風土，《晉録》多載邊障形勝及防守扼要之處。
　　黄洪憲《輶軒録》四卷_{《千頃堂書目》}。
　　岳和聲《續駿鸞録》_{《檇李詩繫》}。
　　王濟《君子堂日詢手鏡》二卷_{《嘉禾徵獻録》}。　濟官横州時，植湘竹於庭，日採其風物，與故鄉異者，類爲一編。
　　李日華《檇李叢談》四卷_{《明史·志》}。
　　陳懋仁《泉南雜志》二卷_{《明史·志》}《四庫存目》。　《採集書録》曰：輯泉州山水事跡、詩文，隨手雜録，故名。　《粵事抄》　《浙江通志》。
　　陶晉橒《楚書》一卷_{《四庫存目》}。
　　陸上瀾《湖邑紀聞》_{《浙江通志》}。

國　朝

吳宗泰《檇李稗編》《濮鎮紀聞》。　順治六年《自序》：是書未刻。已佚。

勞大與《甌江逸志》一卷　《四庫存目提要》云：是編前記溫州舊事，後記山川物産，大意欲補郡乘之闕，故命曰《逸志》。　案：是書見《説鈴後集》。　石門耿《志》曰：《府志》作“大興”，誤。

高佑釲《薊邱雜抄》《日下舊聞》。

項維貞《燕臺筆録》一卷《學海類編》《四庫存目》。　朱彝尊《禾録》伊《志》云：大半采取柳、鄒二《志》及諸家本集，蒐羅該博，不加臆斷，大約與《日下舊聞》同一體例。惜編次未成，僅存六册，鈔本流傳絶少。

張友心《東湖乘》《清溪張氏家乘》。　未刊。

盧生甫《續東湖乘》二卷 未刊。

葉變《江南星野辨》一卷《四庫存目》。

譚吉璁《蕭松録》二卷《浙江通志》。

周篔《析津日記》十卷《浙江通志》。　或作三卷。

汪森《粵西叢載》三十卷《四庫著録》。

吳震萬《嶺南雜記》二卷《四庫存目》。　案：是書石門馬氏刻入《龍威祕書》。

錢以塏《嶺海見聞》四卷《四庫存目》。

汪爲熹《鄠署雜鈔》十二卷《四庫存目》。　《采集書録》曰：鄠陵，今宜城縣。熹時爲令[1]，因采典故并見聞雜録之，而以自著詩文附焉。

陳銘《檇李耳餘録》十二卷　《續録》四卷嘉興司《志》。　銘，字西堂。乾隆中縣學生。

馮浩《橫塘紀聞》　以上雜記。

【校注】

　[1] 按：本《志》卷五十《嘉興列傳》：“汪爲熹，字若木。以歲貢補桐廬訓導……秩滿，知鄠陵縣，行保甲法，姦匪斂跡。嘗延同裏戴源瑞蒐輯故實，同纂《鄠陵雜志》若干卷，補前《志》所未備。”光緒《嘉興縣志》卷三十四《藝文下》：“汪爲熹，《鄠署雜鈔》十二卷。《采集書録》曰：鄠陵，今宜城縣，熹時爲令，因采典故並見聞録之，而以自著詩文附焉。”“(汪爲)熙”是“(汪爲)熹”之誤。

明

李日華《禮白嶽記》一卷　《璽召録》一卷　《薊旋録》一卷《浙江通志》。

姚士粦《日畿訪勝録》二卷《四庫存目》。

陸啟浤《客燕雜記》《日下舊聞》。

國　朝

陸祚蕃《粵西游記》一卷《吳氏説鈴》。　案：石門馬氏刻入《龍威祕書》，作《偶記》。

沈進《行國録》　徐善《泠然志》並見《日下舊聞》。

陳鼎《滇黔游記》《吳氏説鈴》。

張庚《蜀南紀行略》三卷盛百二《張徵君墓誌銘》。　未刊。

杜致遠《東歸紀略》二卷嘉興司《志》。

奚大綬《楚游記略》一卷　《楚游雜記》一卷《魏塘人物記》。

賈敦復《鬱林游記》案：是編刻入《吳江沈氏昭代叢書》。

孔憲采《西征日記》《冷廬雜識》。　陸以湉曰：雅六學博，嘗游秦中，歷主古莘、文昌、岷陽書院講席，因撰此記，備載遊蹟。　以上游記。

唐

顧愔《新羅國記》一卷《新唐書·志》。　伊案：大曆中，歸崇敬使新羅，愔爲從事。顧況有《送從兄愔奉使新羅》詩。

明

黃洪憲《朝鮮國記》一卷《學海類編》。　案：吳《志》作《朝鮮典志》。　《殊域周咨錄》二十四卷吳《志》。　《采集書錄》曰：分紀外國事蹟、風土，以備皇華之咨詢。

國　朝

沈筠《日本紀略》一卷未刊。　以上外紀。

右地理

晉

陸機《晉惠帝百官名》三卷《新唐書·志》。

明

鄭曉《直文淵閣表》一卷　《典銓表》一卷《明史·志》。

項篤壽《列卿年表》《浙江通志》。

周崑《六科仕籍》六卷　朱廷益《南京通政司志》六卷　徐必達《南京都察院志》四十卷　《光祿寺志》二十卷張履祥曰：徐公必達爲光祿寺丞，時大官耗匱，歲入不能支，而宮中之供日益多，賜予尤濫，公請停減部送，煩費不貲。公議裁折奏上，報可。因準絜令甲創輯《寺志》。自米鹽糜密包筐之細，以及庖宰休番，俱立法句稽焉。天啟中，閹勢益橫，求索無藝，高公攀龍據令甲裁抑，嘗言中官無日不至寺讓詬，得以頑然不動處之者，《寺志》之力也。

沈若霖《南京太常寺志》四十卷　　以上並載《明史·志》。

李日華《官制備考》二卷《千頃堂書目》《四庫存目》。　《采集書録》曰：用明代官制標題溯其源流，以見古今之別。

陳懋仁《掾史列卿表》《浙江通志》。

徐石麒《官爵志》三卷《四庫存目》。　《采集書録》作一卷。　何焯曰：此編條理清晰，可備《明史》志職官之採。

國　朝

袁定遠《歷代銓選志》一卷《四庫存目》。　定遠官吏部文選司郎中時作。

俞汝言《左氏晉軍將佐表》　《漢官差次考》　《品級廣考》　《崇禎大臣年表》　《卿貳表》　朱彝尊《瀛洲道古録》十四卷《浙江通志》。

沈登《職官志》四十四卷《梅里詩輯》。

李廣芸《唐學士年表》　《續年表》　《五代學士年表》　《宋學士年表》　《續年表》　《宋中興學士年表》　以上官制。

明

殷近仁《莅政戒銘》二十四篇《分省人物考》。　吳《志》作殷原善。

朱逢吉《牧民心鑑》三卷《浙江通志》。

李華春《牧史》吳《志》作李春。

張應宿《守欽蠡見》　　姚思仁《京兆政略》並見《嘉禾徵獻録》。

包鴻逵《治潭紀事録》《浙江通志》。

袁黃《寶坻政書》十二卷案：是書爲邑人劉氏編輯，未經刊行。今爲後裔家藏，分門爲卷。其論馬政邊防，最爲洞達時務。末卷闌入學禪家言，殊乖體例。

袁氏《政書》二卷《千頃堂書目》。

姚以亨《曲陽政略》《嘉禾徵獻録》。

國　朝

勞大與《經世要略》石門耿《志》。

仲宏道《理嶧拙言》四卷吳《志》。

楊雍建《政學編》一卷　　陸隴其《莅政摘要》二卷上卷輯宋胡大初所著書十五篇，呂居仁《官箴》，來賀《循良》《卓異》二賦。下卷輯明陳于王令句容政績，及論莅官各法：余健吾《治譜》，李陳玉《内篇》，劉士林《治河要略序》。卷末署“陸某政暇補過，先生殆資是以爲座右箴與”。道光間陸震刻。

卜陳彝《西河治譜》《卜氏著述考》。

陸燿《濟南信讞》四卷案：此皆讞獄之詞。《自序》謂：情真事確，不飾不漏，引律比例，務在明顯。

陳廷埰《執柯録》《續檇李詩繫》。　胡昌基曰：石泉爲錢文端母舅，所著《執柯録》，牧民者當奉爲座右箴。

陳楫《公餘自省録》四卷顧廣譽《陳君墓碣銘》。

程同文《從政觀法録》三十卷案：同文没後，稿本歸其甥朱方增，乃爲編校刊行。　于《志》直署爲朱方增書。

朱輔《從政録》于《志》。

黄安濤《嶺南從政録》　《權濟録》　吳會貫《仕津要言》[1]于《志》本傳。

陳槩《爲政須知》　以上官箴。

右職官

【校注】

　[1] 按：本志卷六十《石門列傳》、光緒《石門縣志》卷八《文苑列傳》，俱作"吳曾貫……著有《補硯齋文集》《仕津要言》等書"。知"吳會貫"是"吳曾貫"之誤。

宋

陳舜俞《治説》三卷《宋史·志》。

陳之純《資事樸議》二十篇王氏《續通考》。

衛涇《帝王治要》吳《志》。

明

包節《文獻通考意鈔》王氏《續通考》。

胡震亨《文獻通考纂》尤氏《藝文志》。

陳懿典《古捘》二十卷　《今宜》二十卷杭氏《藝文志》。

錢龍正《政書》二十卷《千頃書目》。

錢士晉《經濟録》十卷《嘉禾徵獻録》。

郭紹儀《康濟譜》二十卷《橋李詩繫》。

錢繼登《經世環應編》六卷杭氏《藝文志》。

沈槩《時務議》《兩浙名賢録》。

陸啟浤《經世譜》十卷《橋李詩繫》。

國　朝

俞汝言《弇州三述補》《浙江通志》。

陳國器《時務臆説》二卷李宗傳《序》略曰：於治河防海，歷叙源流得失，而京畿水利尤致意焉。於鹽法錢法，備述古今沿革，而漕務尤殫思焉。於驛站守險，實指其形勢利害，而鄉官則增設焉。且以爲立法雖善，官不足以任事，尤不能無病，故以居官説德禮政刑議終焉。

錢儀吉《三國會要》自作《序例》有云：是書之成，吾里葉兩垞維庚分編陳志，實始椎輪，朱笃籠前輩鴻爲注乾象、景初二術。海昌張神羊豸冠更審定之。　案：是編稿本十餘卷，未刊。　《晉會要》稿本數十卷，未刊。　又著《南北朝會要》，均爲未成之書。　以上通制。

晉

干寶《司徒儀》一卷《隋書·志》。　《新唐書·志》作《司徒儀注》,五卷。　《雜議》五卷《新唐書·志》。

明

徐一夔《明集禮》五十卷《明史·志》。　《四庫著錄》五十三卷。

袁仁《紀年備考》《浙江通志》。　案:吳江沈《志》衹收《紀年類編》四卷。

戚元佐《宗藩議》一卷《明史·志》。

馮夢禎《歷代貢舉志》一卷《學海類編》　《四庫存目》。

朱國禎《册立儀注》一卷《千頃堂書目》。

沈德符《秦璽始末》一卷《學海類編》　《四庫存目》。

歷朝《正閏考》十卷杭氏《藝文志》。　案:沈純祉所撰《行狀》作十二卷。

陳懋仁《年號韻編》一卷《明史·志》。　《采集書錄》曰:略仿史表之式,以韻次。歷代各年號,凡正統閏位及諸僭偽之年,皆具焉。

國　朝

彭孫貽《儀部條議》《嘉禾徵獻錄》。

俞汝言《諡法考補》　《禮服沿革考》《浙江通志》。

徐震亨《孔孟二廟從祀考》《烏青文獻》。

鍾淵映《歷代建元考》十卷《四庫著錄》。　案:《映雪樓書目》:鈔本《歷代建元考》三卷,《外編》四卷,《建元類考》一卷。　莊仲方曰:記正統之元,并及僭偽諸國。其例,首列前人建元書目及總論,其歷代先紀正統,以僭偽諸國附後。《外編》四卷,爲《外國建元考》,末附《建元類考》,則以年號分韻編排也。　又案:金山錢氏刻入《守山閣叢書》,爲十卷。

陸費墀《歷代帝王廟諡年諱譜》一卷　　葉維庚《紀元通考》十二卷王凱泰《序》略曰:凡古今正閏年號,以至僭竊外藩,皆一一臚列,并前後之相同,一歲之屢更者,無不考證及之,其中條分縷析,經緯燦然。

郁鼎鐘《校補袁氏紀年類編》未刊。

金衍宗《尊經閣祀典錄》二卷　以上典禮。

明

陸琳《賑荒事宜》《分省人物考》。

劉世教《荒箸略》十二篇《浙江通志》。　盛楓曰:時浙苦水患,世教著此獻,當事議欲留浙漕挽粟以備荒。

徐學周《採運條議》一卷《嘉禾徵獻錄》。

丁賓《排門條鞭便民册》尤氏《藝文志》。

陸長庚《清糧意説》《嘉禾徵獻録》。

賀燦然《備荒議》一卷《明史‧志》。

陳龍正《救荒策會》七卷《四庫存目》。　《采集書録》曰：取宋董煟元、張光大，明朱熊三家之書，益以時事，彙成此編。

姚思仁《救荒全書》《嘉禾徵獻録》。　《開採圖説》《千頃堂書目》。　明萬曆中，河南開採議起，思仁上疏力爭之，不報。乃復繪《開礦圖》二十四幅，各著一説，以極言其害。

金汝礪《荒政録》《浙江通志》。

沈宏光《均平議》《浙江通志》。　宏光感里徭之弊，作《均平議》。

卜大同《歷代市舶記》一卷《卜氏著述考》。

汪珂玉《古今鹺略》九卷　《鹺略補》九卷《浙江通志》《四庫存目》。　《采集書録》曰：述明代鹽法因革之端，分爲九門。門各一卷，曰生息，曰借用，曰職掌，曰會稽，曰政令，曰利弊，曰法律，曰徵異，曰雜考。《補編》亦九卷，分門如之。二編皆自序，崇禎壬申所刊也。

岳元聲《田糧沿革年譜》　《三邑錯壞圖説》《嘉禾徵獻録》。　盛楓曰：元聲家居，熟悉鄉井利弊。後百餘年，嘉善民倡爲糧浮田虧之説，乞割嘉秀田以益善，元聲力持之。著《田糧沿革年譜》《三邑錯壞圖説》，巡撫以聞，詔如故。後數復校，卒莫能易其議。

沈受祺《嘉善清賦平役新書》四卷《浙江通志》。

國　朝

曹溶《明漕運志》一卷《四庫存目》。　案：《學海類編》有是書。

金昭鑑《釐革嘉郡諸弊全書》六卷伊《志》。

陳璞《時務臆説》于《志》。

蔣元《救荒補編》未刊。　丁子復《序》略曰：補前明徐光啟《農政全書》之未備也。

王純《救荒借箸略》二卷　嘉慶甲戌，旱災，純率里中籌賑，因著是編。

馮登府《福建鹽法志》三十卷　　戚圖曾《錢法志》四卷未刊。　以上邦計。

明

盛萬年《嶺西水陸兵紀》二卷《四庫存目》。　伊案：是編乃萬年官廣西按察使，時值倭入寇，萬年擊破之，因增設戰船，繕治營壘，卒爲善後計。以電白、吳川東南濱海番舶內犯，二地先受其害，遂審度地勢，添置堡寨，圖其兵弁制度，巡船款式，以成此書。其陸地則由電白、吳川至於高州，添置員弁，凡郵傳之政及攻守之器悉載焉。歲久版佚，此本乃國朝雍正辛亥，其裔孫熙祚署吳川縣知縣，即萬年駐兵之地，因校舊本，重梓以行。

卜大同《備倭圖記》四卷　《四庫存目》作《備倭記》二卷。　《學海類編》有之。　《征苗圖記》一卷《卜氏著述考》。

蔡懋德《兩浙備兵杞言》八卷《浙江通志》。　案：吳《志》作兵道蔡雲怡著。

國　朝

譚吉璁《歷代武舉考》一卷《四庫存目》《學海類編》。

王元啟《補漢兵志正譌》一卷未刊。

錢儀吉《補晉兵志》一卷是編刻入《記事稿》。

秦光第《行軍法戒錄》蔣敦復《序》。　未刊。　以上軍政。

明

黃承昊《律例析微》二十卷《浙江通志》。

姚思仁《律例解》《浙江通志》。

國　朝

彭孫貽《提刑通要》《嘉禾徵獻錄》。

沈之奇《大清律輯注》吳《志》。

馬俊良《律目類鈔》　《例案提要》于《志》。　以上法令。

右政書

陳

顧野王《顧氏譜傳》十卷《海鹽圖經》。

元

趙珪《趙氏世譜》　　聞人貞《聞人氏家譜》杭氏《藝文志》。　徐一夔《序》。

明

貝瓊《貝氏族譜》杭氏《藝文志》。　瓊《自序》。

李日華《姓氏譜纂》七卷尤氏《藝文志》。　《采集書錄》曰：凡三種，曰百姓新箋，曰散姓，曰覆姓，皆有故實注于下。

陳懋仁《年譜韻編》　《統譜》　《異姓譜》　鄭曉《鄭氏家譜》　姚士粦《陸氏世譜》《顧氏世譜》　陸濬源《陸氏世史》六卷《四庫存目》作《陸氏世史鈔》。　《采集書錄》寫本云：以《新唐書》有《宰相世系表》，因推衍其義例，采自《史記》，迄元代，凡陸氏之著于史冊者，得一百二十人。

錢薦《錢氏家史》十八卷杭氏《藝文志》。

許聞造《許氏家乘》《兩浙名賢錄》。

陳懿典《陳氏家乘》四卷《嘉禾徵獻錄》。

孫成名《孫氏家乘》平湖程《志》。

姚以亨《南姚文獻》《嘉禾徵獻錄》。

俞汝言《明世家考》《浙江通志》。

施博《施氏族譜》　國朝張履祥《序》。

國　朝

彭孫貽《國恩家乘録》《嘉禾徵獻録》。

錢汝霖《彭城志》錢氏《藝文略》。　一名《彭城文獻》，稿本久佚。

姚澍《姚氏族譜》朱彝尊《序》。

屠爌《屠氏家乘》一卷爌《自序》。　伊案：卷首有姓考系考，又輯漢以後屠氏之見於載籍者，爲存考。

李繩遠《李氏族譜》七卷朱彝尊《序》。

徐善《徐氏譜》二十二卷善《自序》。　伊案：是編姓原一篇，圖譜四篇，大傳八篇，志五篇，共十八篇。

張履祥《楊園張氏族譜》自序。

卜不疑《卜氏家乘》八卷《卜氏著述考》。

盛楓《廣陵家紀》一卷　　陳有馨《陳氏家乘》二十二卷錢昌齡、朱方增《序》。

右譜系

宋

許棐《梅屋書目》《曝書雜記》。　錢泰吉曰：余先世居海鹽之秦溪，宋嘉熙中，許梅屋先生種梅結屋之所也。梅屋《獻醜集》刻入《百川學海》，有《梅屋書目序》。

明

胡彭《述好古堂書目》《海鹽圖經·自序》。

許士奇《刑部書目》《浙江通志》。

沈啟原《存石草堂書目》十卷焦氏《經籍志》。

國　朝

沈嗣選《法宋樓書目》四卷《浙江通志·自序》。

曹溶《静惕堂書目》王士禎曰：所載宋集自柳開《河東集》已下，凡一百八十家，元集自耶律楚材《湛然集》已下，凡一百十有五家。

朱彝尊《曝書亭著録》彝尊《自序》。　李富孫編次，其《序》曰：竹垞先生好聚書，多祕鈔善本，其最難得者，首葉識以"購此書，甚不易，願子孫，勿輕棄"印章。於是構亭池南以暴之，計得八萬卷。先生嘗欲編其著録，而迄未成，不數十年，漸就散佚，從弟金瀾於其家得《暴書亭書目》一册，錯雜登載，並不次以四部。亦但記册數，不記卷。有廳東西醽舫、娛老軒諸庋書處，僅標第幾厨而已，八萬卷亦尚未全。復從吳門黃蕘圃主事假得吳君枚庵手鈔本，略分四部，亦非原書，而所録較多，因即先生所定八門，釐加編次。至明人別集，本各分省，予曾於六忍居見有寫本。又得潛采堂所藏焦氏《經籍志》，於明人集下，先生手注某省，益足徵信。今書雖已散，幸茲錄存，則或猶未散也。

金樟《文瑞樓書目》十二卷是編刻入石門顧氏《讀畫齋叢書》。

陸隴其《三魚堂書目》案：是編於各書得失，均有論述，本邑魯氏有藏本。今佚。

吳文暉《燈庵藏書跋尾》一卷伊《志》。 案：伊《志》又有張翊清《靈雀軒書目》，係載張氏一家著述，唯兩三葉。 《新塍瑣志》曰：伊《志》作雍敬，誤。

馬玉堂《讀書敏求續記》 莊仲方《映雪樓藏書目考》十卷寫本五冊，前有桂林呂璜、宜興吳德旋、陽湖吳敬承三《序》。自《跋》曰：余生平所嗜唯書與花，而書尤甚。積五十年，得書幾五萬卷，合經、史、子、集，區爲十卷，注爲三編。《內編》有醇無疵，《外編》醇疵參半，《附編》多僞書，或淺陋疵類者。各著撰人名氏、爵貫，略及行事，并著書之意。他日書即雲散，留此一目，亦足以見余精神所寄矣。

胡惠孚《小重山館書目》凡六冊，今爲子孫家藏。

朱壬林《小萬卷樓書目》今存。

盛時霖《聞湖盛氏撰述總目》一卷時霖以先代著述未刊者多，因輯是編刻之，每人各繫小傳，所有文章言行藉以表揚。 以上經籍。

國 朝

曹溶《古林金石表》一卷《四庫存目》。 《自序》略曰：余行塞上，古碑橫莽草間，念古人遺跡歷千百年，當我世而湮沒之爲可惜，掾自境內以及遠地，積五年得八百餘本，手自校勘，合而爲表。 李遇孫曰：侍郎藏碑之富，甲於東南，裝界精整，有一定之分寸，每冊必手書其籤，至今人稱爲曹籤云。

朱彝尊《吉金貞石志》《日下舊聞》。 李遇孫曰：先生本有《吉金貞石志》，後併入諸題跋於全集中，不復成此書矣。

葉封《嵩陽石刻集記》二卷王士禎曰：葉井叔精研《爾雅》《説文》訓詁，工於篆隸，手輯《嵩志》二十卷，復旁求漢、唐碑版文字，別爲《石刻集記》二卷。 李遇孫曰：時官登封知縣，錄境內古碑而成此書，其辨論推爲博洽。

李光映《觀妙齋金石文字考略》十六卷《四庫著錄》。 李遇孫曰：子中上舍藏碑六百餘種，延同里金介復佐其輯錄，王籍渠爲之繕寫，共采金石之書及地志文集説部之類不下百種，實開王司寇《萃編》之先聲。唯辨證絕少，意在論碑帖法書，而存古人之説耳。

汪孟鋗《考證金石文》二卷伊《志》。

王復《偃師金石遺文補錄》十六卷案：是書復爲縣令時，因《武億原纂》四卷，更爲采緝裒集成之。嘉慶二年，錢坫《序》，刻于中州。

吳文溥《漢唐石刻目錄》一卷李遇孫曰：澹川客關中時，購得漢、唐石刻拓本二百餘通，鈔而存其目，年月、州縣、譔書人姓氏及文字之全缺，無不於目下注之，殊爲清晰。

張燕昌《金石契》五卷 《三吳古甎錄》 張開福《三吳古甎續錄》《金石學錄》。

李富孫《漢魏六朝墓銘例》四卷《自序》。 未刊。

郭麐《金石例補》二卷 馮登府《金石綜例》六卷 《閩中金石志》十四卷原名《閩中訪碑錄》，未刊。 《浙江甎錄》四卷 《金屑錄》四卷 《石餘錄》四卷未刊。

沈濤《常山貞石志》二十四卷莊仲方曰：濤守真定時，掾郡中古碑，自周穆王至元順帝時，凡二百五十餘種，摹刻強半，爲前人所未見，亦足珍已。

黃錫蕃《金石表》六卷內分《初易稿》《二易稿》，均未刊。 《刻碑姓氏錄》一卷《金石學錄》。

張廷濟《金石刻題跋》《金石學録》。　　　岳溎傳《石刻考略》四卷後附《漢碑讀字金石學録》《濮録》。

徐同柏《古履仁鄉金石文字記》七卷　《附録》一卷　《履仁鄉古器物銘》三卷　《清儀閣古印偶存附注》六卷　《吉石羊金樓金石文》二卷並未刊。

胡重《秀州金石考略》　　　張煊《金石吉光》　　　吳應和《谷水校碑録》並見《金石學録》。

李遇孫《栝蒼金石志》十二卷　《金石學録》四卷　《補録》一卷　《金石原起説考補》一卷

王福田《竹里秦漢瓦當文存》案：福田，篁里人，以所得六十一瓦摹刻諸木後，各系以考證。

程文榮《江寧金石志補》四卷，　《嘉興府金石志》未刊。

蔡錫恭《醉經閣金石考》十二卷未刊。　　以上金石。

右目録

晉

干寶《史論》杭氏《藝文志》。

宋

徐綱《史論百篇》趙《圖記》作《時務史論》。

陳塏《讀鑑隨筆》明《浙江通志》。　　案：吳《志》作《讀史隨筆》。　　《南宮靖一小學史斷》二卷《杭氏藝文志》《采集書録》曰：端平丙申，《自序》云：取先儒之説，與前史之文，芟撮類次，自周平王迄五代，每代爲論一篇，其宋元兩朝，廬陵晏彥文所續，明嘉靖間趙瀛編刻時，并取潘榮《通鑑總論》合焉。　　案：《學海類編》有《靖一隋史斷》一卷。

明

鄭儒《讀史備志》《海鹽圖經》。　　吳《志》作鄭儒泰。

沈津《讀史備遺》明《浙江通志》。　　吳《志》作沈琮。

金九成《史論》三十卷　《史辨》三十卷王世貞《金九成傳》

戚元輔《歷朝史論》七卷尤氏《藝文志》。

張寧《刪改史論》十八卷《明史·藝文志》。

卜大有《史學要義》四卷《浙江通志》。

仇俊卿《通史他石》三卷《鹽邑志林》。

鄭曉《史論》吳《志》。

陳懿典《讀史漫筆》二卷　《四庫存目》：一卷。

郭紹儀《史諾》杭氏《藝文志》。

范光宙《史評》十卷《四庫存目》。　《采集書録》曰：取自《春秋左傳》，至《宋史》止，於著名之人各評一則。

支允堅《讀史隨筆》吳《志》。

黃耀如《讀史緒言》吳《志》。

譚貞默《韻史蒐詮》三百卷《浙江通志》。　《自序》曰：凡有韻無韻之文，褒譏含吐，關涉史事者，參互手鈔，彙定韻史，上自邃古，下迄元代，其間宮府臣庶士女，散流次第標序，必繫一王，使紀傳通於編年，詞章通於紀傳云。

國　朝

仲宏道《增定史韻》四卷　《讀史小論》一卷《四庫存目》。　潘耒《序》。　《采集書錄》曰：因明趙南星原本而增輯之，補帝王世紀於前，而續明紀於後，各以史事編爲韻語。

張天柱《讀史綱要》《浙江通志》。

陳忱《讀史隨筆》六卷《四庫存目》。　《采集書錄》曰：皆取史事，以世次爲先後，并及明代掌故，而加論斷焉。

朱宏械《史辨》三十卷　　朱坤《五代史筆記》《朱氏家傳》。　未刊。

王曇《史論》三卷未刊。　已佚。　今所見者，惟朱琦所輯《國朝古文彙鈔初集》尚存數篇。

陳謨《讀史摘論》自序。　稿本凡十二冊，未刻。

吳震衞《讀史要錄》于《志》。

右史評

嘉興府志卷八十一

經籍二

子　部

漢

莊助四篇《漢書·志》。

三　國

陸績《太元經注》十卷《隋書·志》。　《舊唐書·志》：十二卷。　宋仲子曾作《解詁》，續以宋《解》爲本，其合於道者因仍其説。其失者因釋而正之。所以不復爲一解，欲令學者瞻覽，彼此論其曲直，故合聯之耳。見績《自述》。

晉

干寶《干子》十八卷《隋書·志》。　《正言》十卷　《立言》十卷《舊唐書·志》。
陸雲《新書》十卷《通志略》。

唐

褚無量《儲君翼善記》二卷《新唐書·志》。　《帝王要覽》二十二卷　《心鏡》三十篇蘇頲《褚公神道碑》。　案《浙江通志》：子部儒家有陸贄《君臣圖翼》《康教論》。　今考《唐書·藝文志》、鄭樵《通志》，皆載陸贄《君臣圖翼》二十五卷，邱光庭《康教論》一卷，並非陸贄所撰。《浙江通志》誤。

宋

聞人宏《經史旁闡》十六卷　輔廣《日新録》　《師訓編》明《浙江通志》。
黃幹《輔仁録》　《勉齋語録》杭氏《藝文志》。

元

陸正《正學編》十二卷王氏《續通考》。

明

鄭曉《古言》二卷焦氏《經籍志》《四庫存目》。　《學海類編》有《學古瑣言》二卷。

鍾繼元《子史雜著》杭氏《藝文志》。

顧萱《讀書備忘》　沈弘光《受正編》《浙江通志》。

錢薇《學錄》《海鹽圖經》。

王文禄《廉矩》一卷《四庫存目》。

胡其久《芻蕘子》《嘉禾徵獻録》。

鍾韶《論語逸編》三十二卷《四庫存目》。

陸萬垓《知非小鑑》《浙江通志》。

陳揆《省心日記》十卷《嘉禾徵獻録》。

吳宗佑《經史質實》《海鹽文獻志》。

胡震亨《讀書雜記》二卷《四庫存目》、尤氏《藝文志》。

巢鳴盛《洙泗問津》一卷《采集書録》。　寫本曰：摘録經史，幷儒先行略、語録而次之。

國　朝

高陽《顏子疏解》二卷《四庫存目》作顏子鼎編。《浙江通志》作顏子彙編。《采集書録》：顏子鼎編，二卷。元吳郡徐達左輯，即李存仁、李鼐所編顏子書，重加訂正。明嘉興高陽爲之注解。

張履祥《備忘録》四卷　《初學備忘録》二卷　《訓門人語》一卷

陸隴其《三魚堂賸言》十二卷案：是編爲其甥陳濟録乃從《清獻日記》中摘出而編次之。　《松陽鈔存》二卷並《四庫著録》。　案：是書金山楊開基編，隴其宰靈壽時，以所著《問學録》《日記》二書，撮其切要，以示學者，凡七十八條。以張伯行删削不全，故開基重編，以復其舊。靈壽，古松陽地。

曹庭棟《逸語》十卷《四庫存目》。

沈德涫《志學萃言》一卷于《志》。

吾祖望《春秋繁露注》于《志》。

蔣元《讀書劄記》八卷未刊。　案：沈叔埏曾從吳門得其手鈔一册，僅四卷。

顧廣譽《悔過齋劄記》一卷附刊《文集》後。

周幹《讀書管見》《悔過齋續集》。　以上儒術。

宋

衛富益《性理集義》明《浙江通志》。

明

張復《性理大全釋》《嘉禾徵獻録》。

高士明《性理指要》《明内閣書目》。

李葦《克念圖説》《嘉禾徵獻録》。

陸垺《傳習辨疑》一卷《檇李往哲列傳》。

陸繡《性理翼》　陸基仁《明性理翼》《浙江通志》。

陸基志《龍溪會語摘録》杭氏《藝文志》。

沈肆《程朱書類》　　鍾繼元《定性衍義》　　沈枝《旦晝録》　　沈校《道學源》《伊蔚子》《浙江通志》。

沈槼《筆思記》明《浙江通志》。

董穀《冥影契》一卷《續説郛》。

胡其久《語溪宗輔録》四卷案：是書以慶源得《朱子正宗》，因宗輔氏之學，輯録成之。

徐必達《正蒙發明》四卷《采集書録》曰：是書每章先列高攀龍《集注》，次徐必達《發明》，蓋二人合作者，名爲《正蒙釋》。　《編訂豫章全書》徐氏《遺書志》。　徐善曰：豫章先生蓋伊洛正脈，著述不少，概見傳於世者，獨有《尊堯録》及《訓子姪文》等。尚書公爲編次成帙，每篇附以己意。善獨見《序》一篇，《四帝十臣論》五篇于《南州草》，又見《書訓子姪文後》一段於他書，餘皆未睹也。　伊案：《浙江通志》以是書入地理類，誤。　案：必達所編周子、張子、邵子、二程子各家《全書》，俱載《浙江通志》。

鍾韶《編辟程胡王四氏語録》《海鹽圖經》。

陸光宅《天全證道圖説》一卷《浙江通志》。

黃洪憲《性理要删》尤氏《藝文志》。

岳元聲《聖學範圍圖説》一卷《四庫存目》。

吳麟瑞《講學編》杭氏《藝文志》。

朱元弼《士林密約》　《敬道會編》《海鹽圖經》。

金汝礪《昭性録》　《理學訓》　陸宓《捫心録》　《運甓餘鈔》《浙江通志》。

李公柱《學脈正編》五卷《四庫存目》。　《采集書録》曰：輯明辟瑄、胡居仁、顧憲成、錢一本、高攀龍五家語之粹者。

陳龍正《學言》二十卷　《文録》二十卷　《内述》二卷尤氏《藝文志》。　《陽明先生要書》八卷《檇李詩繫》。　《年譜》三卷坩。　《逸事辨證》二卷　《程子詳本》二十卷《四庫存目》。　《采集書録》曰：取二程子論學説經及雜著，仿《近思録》例爲之。

馮孜《明儒要録》《浙江通志》。

李培《講學》二卷《采集書録》。　寫本：培少從唐一庵、王龍溪游，蓋亦宗心學者。

范瑄《勤省録》于《志》。

施博《姚江淵源録》　丁子復曰：始月川先生，終念台先生，宗旨則姚江也。《文成傳》中有云：洙泗于斯爲盛，亦誇甚矣。

國　朝

俞汝言《先儒語要》六卷《浙江通志》。

王庭《理學辨》一卷《四庫序目》。　《采集書録》曰：多雜辨心性理氣之説。

陸隴其《讀朱隨筆》四卷《四庫著錄》。　張伯行《序》略曰：於朱子之書究研討捄，務見精意，每條之末綴以愚案數言，而《朱子全書》遂已得其要領。　《學術辨》一卷《四庫存目》　《問學錄》四卷《四庫存目》《采集書錄》。　寫本曰：此書張伯行曾刊之。今本爲陸氏裔孫家藏者，内多增删，蓋晚年手訂本。　《問學續錄》六卷《采集遺書續錄》　寫本曰：此《續問學前錄》亦隨時講習道學，閒論經史之文。

錢采《性理提綱》八卷儀吉《跋》曰：亮臣師事族兄商隱先生，所著《性理提綱》，去取精審，詮解簡當。

吳治《表章聖學》四卷《浙江通志》。

孫鍾瑞《聖學大成》十二卷《四庫存目》　《補遺》一卷《采集書錄》。

朱鼎鉉《理學淵源錄》《續槜李詩繫》。

朱澐《性理管見》《海鹽新志》。

馮昌齡《日省編》一卷《四庫存目》。　伊案：是書取《太極圖説》《西銘》及劉宗周《太極圖説》等篇，《疏》之後有附語。康熙己巳，胡煦《序》。

茅星來《近思錄集注》四卷《四庫著錄》。

張庚《太極一氣流行圖説》一卷盛百二《張徵君墓誌銘》。　未刊。

祝文彦《理學就正言》十卷《采集書錄》曰：多雜論性理古今人物遺事。

宋瑾《習是編》　《教學圖》　《紫陽會講問答》吳《志》本傳。

陶圻《業儒臆説》一卷《四庫存目》。

朱舜《傳心錄》四卷《海鹽續圖經》。

朱鼎年《傳心錄續編》《海鹽新志》。

朱箇《性理旨要》　何全《理學薪傳集》《海鹽新志》。

朱坤《閒居師資錄》　《思學筆記》　《陽明白沙象山雜學錄》《朱氏家傳》。　案：此諸書未見刊行。

蔣元《闢毛先聲》陳謨《序》：一名《毛西河集糾謬》，未刊。已佚。

陳經國《聞齋思辨錄》《陳氏家狀》。

俞文行《續性言》十六章于《志》。

吳東發《西銘釋文》于《志》。

胡直方《安定正學承啟錄》　《就正錄》于《志》。

周元成《語類輯要》　《存誠錄》于《志》。

方坰《生齋自知錄》三卷　《生齋日識》二卷　　方金彪《寅甫日記》一卷于《志》。

周榦《顧諟錄》《悔過齋續集》。

以上理學。

宋

魯宗道《家訓》一篇案：公曾宰海鹽。

明

袁顥《袁氏家訓》一卷　袁裒《庭闈雜錄》二卷《四庫存目》：嘉善袁裒等撰。　案：《千頃堂書目》作袁顥撰,一卷。　《學海類編》作錢曉撰,二卷。

辥厚《教家類纂》十卷《四庫存目》作辥夢李編,八卷。　杭氏《藝文志》亦作八卷。

許相卿《許氏貽謀四則》一卷《浙江通志》。

孫植《家訓》一卷《明史·志》。

吳麟徵《家誡要言》一卷《四庫存目》。　案:《學海類編》有之。

吳蕃昌《日月歲三儀》　《閫職三儀》杭氏《藝文志》　伊案:張履祥曰:《三儀》之作,修身以是,善俗以是。又曰《閫職三儀》,以範其家。

國　朝

張履祥《訓子語》二卷《采集書錄》。

卜雲從《小學旁注》《卜氏著述考》。

吳元音《延陵家訓》丁子復《吳遜牧傳》。

姚晉錫《閑家述要》一卷伊《志》。

王元啟《家言》二卷嘉興司《志》。　一名《恭壽堂家訓》。　未刊。

費敬《費氏家規》于《志》。

戈定《戈溪訓言》于《志》。　以上家規。

宋

輔廣《朱子讀書法》一卷《四庫著錄》。　案:宋張洪、齊熙同編《朱子讀書法》,其上卷即輔氏原本。又元程端禮《讀書分年日程自序》謂:本輔漢卿所萃《朱子讀書法》修之。

國　朝

張履祥《學規》一卷《采集書錄》。

《門人所記》一卷于《志》。　以上學規。

明

朱逢吉《童子習》一卷《明史·志》。

周寅《小學集注》《浙江通志》。

吳國倫《訓初小鑑》四卷《明史·志》。

陸基忠《蒙養類編》　　陸基仁《家塾養正編》《浙江通志》。

袁黃《訓兒俗說》尤氏《藝文志》。

國　朝

張履祥《呂氏童蒙訓評本》三卷《采集書錄》。

葉鈐《續小學》六卷《四庫存目》。

朱澐《小學便蒙》《海鹽新志》。

王元啟《弟子職補注》一卷《自序》略曰：《弟子職》，班固《藝文志》列諸孝經類。朱子謂《管子》作內政時作此，教五鄉之士，與《曲禮》《少儀》《內則》並爲小學支流餘裔。余夙重其爲古人小學之書，又取其節短韻諧，便於童蒙誦習，因採《管子》房、劉二家之注，稍加增益。近張爾岐亦有注釋，訪得書，重有採摭，命之曰《補注》。

葉家琬《養蒙術》一卷　　曹烈《蒙養錄》《魏塘人物記》。

蔣元《人範》六卷案：是書輯朱子以後賢人君子之言行，以繼《小學》一書，間有體裁未合，或於學者工夫非切近者。顧廣譽復爲更定刪節，並取他書及葉氏《續小學》，以補其未備各注所採之書。咸豐九年，盛澤沈氏刊版。　又案：元所著有《廣人譜》《訓蒙全書》，當即是書。　以上蒙訓。

明

徐泰《女學》《海寧衛志》。

國　朝

王元啟《校正女誡》一卷伊《志》。　《自序》略曰：班昭《女誡》，人家閨閣中，宜日講説，使漸知禮義，異日出而從人，不致貽羞父母。因爲別其句讀，正其訛字，補其闕文，兼闡發其義蘊所歸，擬與《管子·弟子職》篇並刊家塾，以訓童幼孫曾云。

王純《二南訓女解》四卷　以上女誡。

明

沈槼《鄉約釋義》　　馮孜《寧儉約》《浙江通志》。

國　朝

錢龍珍《家鄉禮節》四卷《浙江通志》。　以上鄉約。

宋

魯訔《自警錄》四卷周必大《魯公墓誌銘》。

明

高夢説《蕉鹿醒言》《浙江通志》。

孫植《嘉言便錄》杭氏《藝文志》。

過庭訓《名言類纂》《浙江通志》。

孫叔文《我鑑》《嘉禾徵獻録》。

錢繼登《經世環應編》八卷《四庫存目》。　《采集書録》曰：類集古人事蹟，分八門：曰先幾，曰應卒，曰圖大，曰心計，曰決疑，曰解紛，曰用譎，曰料事。

賀燦然《賀氏危言》杭氏《藝文志》。

陳其德《垂訓樸語》一卷《四庫存目》。　案：是編統論讀書處世之要，附紀事數則。記崇禎十三、四年間災荒，大旨主敦行勸善爲多。

錢襃《厚語》四卷《四庫存目》。　《采集書録》曰：其體，首録前明，次及歷代。凡善事之可以勵俗者，分十七門，蓋官於潛時所作。

高道淳《最樂編》四卷嘉興湯《志》。　施博曰：先生爲高忠憲弟子，砥行堅操，内求身心，怡然自得，因輯古人言行可師法者，爲《最樂編》。

顔茂猷《迪吉録》九卷《四庫存目》。

國　朝

張履祥《近古録》四卷　《見聞録》四卷　《近鑑》一卷　《經正録》一卷　《喪葬雜録》《采集書録》。

勞大與《萬世太平書》十卷《四庫存目》。　石門耿《志》曰：是書所載，皆前人格言懿行，末附《儒門功過格》《當官功過格》二篇，初名《聞鐘集》，後以聞之義近於禪，乃易爲《萬世太平書》。考周密《癸辛雜志續集》曰：道學諸儒自稱爲生民立極，爲天地立心，爲萬世開太平，爲前聖繼絶學，命名之義取此。其子嶷所跋甚明。伊《府志》分《聞鐘》《太平》爲二集，非是。

高元標《經術要義》四卷《四庫存目》。　案：是編雜采舊文所載嘉言懿行，以類編次。自孝行至閨範，凡分二十五目。

張天柱《進善集》《四庫存目》。

沈李楷《景行録》三十卷　朱輔《韋弦自佩録》十二卷《采集書録閏集》。

吳文溥《慎餘編》一卷刻在《南野堂續筆記》。

程鵬程《續楊園近古録》四卷　《勸誡類鈔》十二卷　賈三登《言行集要》二卷　黃凱鈞《庸言録》一卷于《志》。

崔應榴《廣孝編》三卷　《廣慈編》二卷于《志》。

曹烈《果行編》《魏塘人物志》。

褚文栻《景行編》是編文栻集儒先語録以爲身範。　朱紘《州泉積善録》于《志》。

沈應彤《程式編》三卷取"先民是程，古訓是式"之義，分目三十有四。

周城《範身録》四卷　鄭之僑《課餘日省》二卷　以上雜訓。

右儒家

明

馮孜《古今將略》四卷《明史·志》《四庫存目》。

錢繼登《孫武子繹》《嘉禾徵獻録》。

潘鳳梧《地水師》四卷《浙江通志》。

錢芹《兵略》三卷尤氏《藝文志》。

國　朝

朱廣川《孫吳子輯注》　　吳文溥《師貞備覽》一卷刻入《南野堂續筆記》。

右兵家

元

《無冤録》二卷《四庫存目》。　　伊案：《采集書録》不載撰人名氏，《永樂大典》載此書，題元王與撰。書中自稱嘗官海鹽縣令。

國　朝

譚瑄《續刑法敘略》一卷《學海類編》《四庫存目》。　　案：此續宋劉筠之書。

陳士鑛《折獄卮言》一卷《學海類編》《四庫存目》。

盧生甫《讀律質疑》伊《志》。

馬遂良《刑部駁案提要》于《志》。

吳克諧《自辦成案》十二卷于《志》。

右法家

明

袁黄《寶坻勸農書》二卷《明史·志》《浙江通志》。

許聞造《鹽譜》《兩浙名賢録》。

沈如封《吳中鹽法》《浙江通志》。

國　朝

張履祥《補農書》一卷《四庫存目》。

吳連稔《補補農書》一卷《吳氏家乘》。

盛百二《增訂教稼書》二卷伊《志》。　　《自序》曰：館陶毅齋孫氏《教稼書》，辛卯歲得之東郡，可與吾鄉張楊園《農書》並傳。恐區田之説，人未深信，又宜北者未必宜南，爰爲續訂數條，取其近而有徵及南北可通行者。又治沙鹼及溝渠爲北地切要之務，故特詳焉。其間，甘薯、蜀黍、種瓠及開井法，乃戊戌歲補録。

李聿求《桑志》十卷于《志》。

吳連稔《裁桑訣》一卷《澉浦詩話》。

右農家

唐

陸贄《古今集驗方》十五卷《新唐書·志》。　　趙希弁曰：陸宣公《經驗方》二卷，公在忠州時所集，陸游《跋》。

明

袁顥《袁氏脈經》二卷《浙江通志》。　　伊案：是書所言皆本《素問》《靈樞》，故曰經。曰袁氏者，別于王氏也。

《痘疹全書》《千頃堂書目》。

趙瀛《紺珠經》四卷劉《志》。　　伊案：杭氏《藝文志》以此書入醫家。袁《志》《宦績傳》作《小學紺珠》，誤。

賀岳《診脈家寶》　《藥性準繩》　《明醫會要》三卷　《醫經大旨》四卷《浙江通志》。

蔣儀《藥鏡》四卷　《四庫存目》誤作《藥統》。　《采集書錄》曰：藥分四部，曰溫、熱、平、寒。　又著《三賦》，曰拾遺，曰滋生，曰疏原。其書悉本《金壇秘法》而旁采別家以補之。　案：儀爲王肯堂弟子，肯堂著有《醫鏡儀》，乃著此《藥鏡》，合刻之。

沈宏《醫筌》《浙江通志》。

陸長庚《體仁會編》《嘉禾徵獻錄》。

王文祿《醫先》一卷《續説郛》。

鄭曉《內經素問摘語》一卷《述古堂書目》。

陸道充《金鏡錄》《浙江通志》。

唐守元《後金鏡錄》案：鏡，舊並誤作《統》，今改正。　《醫鑑》　《醫林繩墨》《嘉禾徵獻錄》。

黃承昊《折肱漫錄》九卷《明史·志》《四庫存目》。　　《評輯辥立齋內科》十卷《浙江通志》。

錢尊《醫林會海》四十卷《明史·志》。

姚能《傷寒家秘心法》　《藥性辨疑》　《小兒正蒙》《海鹽圖經》。

嚴萃《藥性賦》四篇《嘉禾徵獻錄》。

陳諫《素庵醫要》十五卷案萬曆《杭州府志》：素庵，名沂，本汴人。扈蹕而南，遂居錢塘，嘗療高宗妃危疾，得賜御前羅扇。其後人習婦科有成，吾禾者刻木爲扇，以爲世傳。諫，字直之，其裔孫也，在嘉靖間輯成是編。

沈堯中《保赤全書》二卷《千頃堂書目》。

周履靖《怪疴單》一卷尤氏《藝文志》。

蔣宗濐《慈濟易簡方》《檇李詩繫》。

姚思仁《箖竹堂醫方考》《嘉禾徵獻錄》。

徐謙《仁端錄》十六卷《四庫著錄》。　案：是書專論治痘諸法。

殷仲春《醫藏目錄》一卷《浙江通志》。

李延昰《藥品化義》　《醫學口訣》　《脈訣彙辨》　《痘疹全書》朱彝尊《高士李君塔銘》。

吳文冕《醫學指南》十卷　《元科秘要》四卷　《經驗良方》十二卷　《幼幼心法》二卷

國　朝

卜祖學《藥鏡》　《傷寒脈訣》《卜氏著述考》。

俞汝言《本草摘要》《浙江通志》。

錢經綸《脈法須知》三卷　　徐彬《金匱要略論注》二十四卷《四庫著録》。　　案：彬，字可忠。嘉興人。喻昌弟子。

高隱《醫論廣見》十二卷　《雜證》十六卷案：隱，字果哉。嘉善人。爲明季王肯堂弟子。

錢學洙《貫經》錢儀吉曰：大旨似張介賓《類經》而體例尤精。　　案：鈔本一册，衹四篇，似非全書。今爲錢氏後人家藏。

錢臨《薛立齋醫案疏》六卷　　許璞《補輯名醫類案》《海鹽續圖經》。

張大齡《醫學辨僞》十卷　　馮兆《張馮氏錦囊秘録》二十卷　　沈江岷《奇證匯》八卷伊《志》。

吳儀洛《成方切用》十四卷《四庫存目》。　莊仲方曰：取古今一千三百餘成方。本經按治加以論斷，分二十四門。首載《内經》十二方，末附《勿藥元詮》七十二條。　《傷寒分經》十卷《四庫存目》《采集書録》曰：本張機《傷寒論》，分經論辨之。又以喻昌原注，間有訛謬，更爲改正。

《本草從新》三卷

徐大椿《神農本草經百種録》一卷《四庫著録》。　莊仲方曰：世傳《神農本草》三卷，凡藥三百六十五味，分上、中、下三品。見唐慎微《本草》，以陰文書者是也。大椿以集注皆不言其所以然，因采擇百種，備列經文，而推闡主治之義，其箋釋皆精當而簡要。　《難經經釋》二卷《四庫存目》。　莊仲方曰：大椿以《難經》一書悉本《靈素》之言，而敷暢其義不可名經，乃隨文詮釋，別其異同，辨其是非，爲此書。其《難經》有不合《内經》之旨者，援引經文以駁正，亦一經之學，與毛奇齡《釋經》同。　《蘭台軌範》八卷《四庫著録》。　莊仲方曰：以張機經方爲主，所録病論，惟取《靈樞》《素問》《難經》《金匱要略》《傷寒論》，隋巢元方《病源》、唐孫思邈《千金方》、王燾《外臺秘要》，而録方亦取于諸書，至宋元以後，則采其義，有可推試多獲效者，去取極嚴，其疏通證明，皆有精理。　《傷寒類方》一卷《四庫著録》。　莊仲方曰：大椿以張機《傷寒論》乃晉王叔和蒐采成書，非機原編。此乃救誤之書，隨證立方，本無定序，非機依經立方之書也。乃芟除陽六經名目，但使方以類從，證隨方注，使人可案證以求方，而不必循經以求證，一埽論傷寒者之紛紛聚訟。　《醫學源流論》二卷《四庫著録》。　莊仲方曰：是書論方病，其大綱有七，子目九十有三，指摘利弊，頗爲精覈。但矯枉過直，論病則詆及秦越人，論方則駁詰孫思邈、劉守真、李朱諸人，不免過高之病。《醫貫砭》二卷《四庫存目》。　莊仲方曰：砭明趙獻可之《醫貫》也。《醫貫》發明薛己醫案之説，以八味丸、六味丸通治各病，而主持太過，幾於盡廢古人經方，大椿詆其偏駁，是也。而詞氣則未免過激已。　《洄溪醫案》二卷海昌蔣氏刊版。　《慎疾芻言》一卷大椿謂醫學絶傳，邪説殺人，因著是編。近時烏程汪氏有刊本。　案：江震《人物續志》：大椿曾占籍秀水，補諸生。

吳晞淵《續名醫類案》《海鹽續圖經》。

沈明宗《傷寒論注》八卷莊仲方曰：《傷寒論》向有王編成注，至明方有執。國朝，喻昌前後攻之甚力，明宗以爲未盡善，乃作此編。

石楷《傷寒五法》　《證治百問》　《新方八法》《海鹽新志》。　案：楷，涵玉子，縣學生。

王賢《脈貫》伊《志》本傳。

錢一桂《醫略》四卷　郭志邃《痧脈玉衡書》四卷莊仲方曰：謂諸病多痧邪，而前人未察，因作《痧脈玉衡》，推窮極變，成一家之言，足備前賢所未備。　案：志遴，字右陶，秀水人。

田枌《醫門八法》六十四卷　孫榮台《内經指要》　《南屺脈學》　《女科集成》　沈又彭《醫經讀》　《傷寒論讀》王士雄曰：二書簡明切當，允爲善本。　《女科輯要》二卷王士雄曰：其書頗多入理深談，發前人所未發者。　案：是編楊氏刻入《潛齋醫學叢書》。　《證治心編》三卷未刊。

俞震《古今醫案按》十卷　是書刻於乾隆四十三年。

沈潞《敦仁堂醫案》《魏塘人物記》。

方本恭《内經述》《自序》略曰：于《靈樞》則取經俞而列其文，于《素問》則取運氣而實其旨，合運氣于經俞，醫之能事畢，經之大要明矣。

戈恩《育嬰常語》三卷于《志》。

邵澍《成方輯要》二卷于《志》。

沈志裕《瘍科遺編》二卷于《志》。

沈祖赤《醫學指要》四卷于《志》。

祝貽燕《治肝三法》　《葉案心法》　《傷寒易知録》于《志》。

黃凱鈞《友漁齋醫話》三卷　張源《痘科正宗續集》　姚慎樞《脈案》三卷並見《魏塘人物記》。　案：慎樞所著，于《志》載有《臨證辨訛醫案》。

談金章《痘疹誠書》　周笙《靈素寶藏》　《醫林口譜》亦名《六治秘書》。　未刊。

沈濟遠《女科名醫類案》十卷于《志》。

章魯璠《保幼心法》　《慎疾要略》　顧民玠《醫方綱目》　張思田《幼科采要》五卷

張震《醫學發蒙》《耐冷譚》。

張仁錫《痢疾重編》二卷　《奪錦瑣言》一卷　《醫案》二卷　《藥性便讀》二卷並未刊。　案：仁錫，字希白，青浦籍，僑寓嘉善三十餘年。

方耀《證治集腋》十卷　《醫方歌訣》六卷　《本草補注》六卷　許栽《古今名方摘要歌》　《醫案賞奇》　《勞倦内傷論》　《痢證述》　《金匱述》《海鹽新志》。

沈培基《醫話箴規初集》四卷　沈寶篆《醫述》二卷　仲泰《老醫一得》　《痘疹仁端録》並未刊。

胡春田《醫要便讀》八卷　程菊孫《四診便讀》三卷　姚鑑《傷寒合璧》二卷未刊。　《自序》略曰：傷寒爲外因之總稱。仲景獨以名其書，陶尚文始變原文，自立方法，論者謂首變古法，爲長沙之罪人。然守成方以治温濕熱，疫癘時行之邪，其致人夭殤多矣。不若尚文以下諸書行指顧陳，隨時隨地而變通之爲得也。是編上卷列類傷寒諸證，辨其似也。下卷列四時之邪，窮其變也。率取尚文以下諸家之説。蓋仲景之書，日也，尚文以下諸書，月也，月固受日之明以爲明，然無月則晝夜不能繼照，是月又濟日之明之窮者也。故名曰合璧云。　《傷寒集方》一卷未刊。

右醫家

三　國

陸績《渾天圖注》《三國志》。

陳

顧野王《分野樞要》一卷　《玄象表》一卷《陳書》本傳。

明

鍾繼元《渾象析觀》《千頃堂書目》。

袁祥《天官紀事》　《彗星占驗》　　沈宏《天文二論》《浙江通志》。

陸杰《蘭臺鈔選》尤氏《藝文志》。

袁黃《曆法新書》四卷　吳江沈《志》作五卷。

徐世湜《明紀天文》一卷《浙江通志》。

陳蓋謨《象林》二卷《明史·志》。　《采集書錄》一卷,首載步天歌,次考躔度變占。　《礵庵牴》一卷《四庫存目》。　伊案:此編乃蓋謨與黃道周往復書札,四篇所論,皆律曆之學。　《度測》三卷《柚堂續筆談》。伊案:是書專解《周髀經》。

國　朝

徐震亨《二十八宿圖考說》《烏青文獻》。

徐善《周髀密法會通》　《弧矢六宗疏》　丁子復《徐處士傳》云:已燬於火。　《容圜寶珠網》《浙江通志》。　《璇室洞詮》吳《志》。

徐發《天元曆理全書》四十五卷《自序》。

吳元音《天旋圖說》丁子復《吳遜牧傳》。

張雍敬《定曆玉衡》十八卷朱彝尊《序》略曰:博綜曆法五十六家,正古今曆術之謬。始質之吳江王寅旭氏,繼又往證之宣城梅定九氏。凡西洋之書,溺于數之中,出于理之外,傲以所不知者,弗受其惑焉。是足以伸儒者之氣,折泰西之口矣。　《宣城遊學記》一卷潘耒《序》曰:簡庵潛心曆術,多主中曆,往質勿庵,講論逾年,得窮曆法底蘊,始知中西各有長短,可以相成。與勿庵昆弟及汪喬年輩往復辨難,不下三四萬言。此編是也。　《蓋天秫法》《閒道編》《自序》略曰:《閒道編》者,辟邪說之害於曆道也。　《恒星考》　《春秋長曆考》　《西術推步法例》　《弦矢立成》《靈雀軒著書目》。

陳訏《句股述》二卷《采集書錄》曰:剖析句股源流。　黃宗羲爲之《序》。　《句股引蒙》二卷《采集書錄》曰:以古《周髀》積冪皆句股法,而句股尤爲測量諸法之原。坿載明唐荊川、李涼庵二論。

萬光泰《方程管窺》　《方程詳說》　《續說》　《筆算新術》　　王元啟《句股衍》九卷《自序》。　錢林曰:宋賢以算法始於句股,撰爲《句股衍》一書,分甲、乙、丙三集。甲集論開方十法,爲句股因積,求邊起義,次論立方以及平方諸法,再論和數,開立方以盡立方諸法之變,爲《術原》三卷。乙集兩卷,爲相求法百三十二則之綱要,故名曰《綱要》。丙集即相求法逐則分之,以發明立法之意,凡四卷。雖本舊法,而分條析目,及入手前後之次,悉出新意,其標題名目及運思布算,多有不循其舊者,更有舊法不載而以意補入者。　嘉定錢塘題後曰:開方句股之法,算家遞相推衍,至梅勿庵之《少廣拾遺》《句股闡微》,幾無餘蘊。悝齋尚以舊術爲繁,更立簡法,先以開方究其原,繼於句股窮其變,以開方爲句股所取資也,統名之曰《句股衍》。　《角度衍》未刊。　《曆法記疑》　《九章雜論》並未刻。

方本恭《象數述》四卷　《算術述》一卷案:此二種與《內經述》等,子述合刻之,爲春水船易學,然此乃易道之旁通者也,故各以類分列之。

沈可培《星度釋略》六卷《桂馨堂集》。

周以炘《開方圖說》一卷《魏塘人物記》。

宋景洛《九章集成》　鄭瑞清《天星一覽》二卷

右天文算法

宋

釋曇瑩《珞琭子三命消息賦注》二卷《永樂大典》本，《四庫存目》。

岳珂《三命指迷賦補注》一卷《明文淵閣書目》《四庫著錄》。

錢如璧《三辰通載》三十四卷《書錄解題》。　陳振孫曰：如璧編集，五星命術。

陸文遠《皇極大衍數》《浙江通志》。

明

袁祥《六壬大全》三十六卷《明史·志》。

吳澄《沙滌難經》嘉善章《志》。　思賢里人吳澄世傳之術，其法以十二支配合十干，錯綜推演人之窮通壽夭，一覽可決。

鍾繼元《京房康節啟蒙錄》　袁仁《三命要訣》　《選擇新書》　沈啟源《星卦論》《浙江通志》。

王文祿《葬度》一卷《續說郛》。

徐必達《元經訂注》五卷《徐氏遺書志》。　徐善曰：所輯宮宅，諏選之書，凡八十一篇，晉弘農郭氏著。其間曰注曰解，出青田劉氏，曰參，則公所益入也。　伊案：《浙江通志》以是書入史部運曆，蓋誤以爲紀元之書也。

吳緝《神相編》　陳懋仁《演禽玉鏡》《浙江通志》。

朱匡維《皇極義》《海鹽續圖經》。

吳文冕《三才匯璧》四卷《海鹽新志》。

國　朝

蔣平階《地理辨正》五卷　《地理古鏡歌》一卷　《翻卦挨星圖訣考》一卷　《水龍經》五卷

案：《檇李詩繫》：平階，字大鴻。華亭人。入庠嘉善。國初，避地居嘉興。

萬育和《形家五要補編》查慎行《序》。

崔學泗《訂定爬沙經》二卷　曹庭棟《火珠林遺意》四卷　《蓍測》六卷伊《志》。　《自序》略曰：京氏房著《火珠林》，示人趨避之道。原本久已無傳，而散見他書者，法猶可考。今市肆間擲錢布卦，亦得竊其說以決人疑。惟是世俗相沿，或穿鑿傅會，而且納甲飛伏數大端亦無異議，其失京氏之遺意多矣。竊謂此亦《易》理之一節，世俗往往妄憑臆見，致昧本真。於是博稽傳述，溯其源流，證其是非，分門類聚，輯爲一書。

吳元音《葬經箋注》于《志》。

張九錫《輯玉尺經》二卷坿劉氏《心書》。

閔如愚《地理盤針圖說》　《地理元空說》　《干支卦爻說》《魏塘人物記》。

孫濤《盤針正義》　張心言《地理辨正疏》六卷　朱尊《地理辨正補》于《志》。

徐均潮《地理擷華》 《地理辨非》《海鹽新志》。

錢嘉鍾《六壬兵占》 《奇門彙考》六卷

右術數

唐

顧況《畫評》一卷《新唐書·志》。

宋

岳珂《寶真齋法書贊》二十八卷《永樂大典》本，《四庫著錄》。

元

李衎《竹譜》十卷《永樂大典》本，《四庫著錄》。

錢昱《竹譜》三卷于《志》。

吳鎮《文湖州竹派》一卷《學海類編》。

明

周履靖《藝苑》一百卷 《周氏繪林》十六卷 《閒雲館畫藪》九卷《明史·志》《千頃堂書目》。
《書法通釋》二卷 《漢隸鉤元》二卷 《書苑瑤華》二卷 《墨池白璧》三卷 《字學釋疑》三卷 《字學要語》二卷 《九畹遺容》一卷 《嚶翔春谷》一卷 《淇園肖影》二卷 《羅浮幻質》一卷 《畫評會海》二卷 《綠綺新聲》五卷《梅墟別録》。

吳繼《墨娥小録》十四卷《嘉禾徵獻録》。

項穆《書法雅言》一卷《四庫著錄》。 穆，爲墨林山人項元汴子。論次書法，凡十七篇。

項道民《筆道通會》一卷《四庫存目》。 《采集書録》曰：亦論運筆法。道民，穆從弟。

項聖謨《墨君題語》二卷《四庫著錄》。 案：是編皆題詠墨竹之文。上卷爲李肇亨作，下卷爲李日華作。肇亨，日華子。

朱象衡《筆道通會》一卷《四庫著錄》。

項夢原《雲煙過眼録》《嘉禾徵獻録》。

吳景長《畫繼補遺》二卷《采集書録》。 案：是書補鄧椿《畫繼》之遺。紀宋代畫家凡九十有九，元代諸家坿焉。

李日華《竹嬾畫賸》一卷 《續畫賸》一卷《四庫存目》。 《書畫想像録》四十卷並載《明史·志》。

汪顯節《繪林題識》一卷《四庫存目》。 案：萬曆中，秀水周履靖鉤摹古今名畫，勒于石，題曰《繪林》，一時文士多有題識，顯節編次爲一卷。

郁逢慶《書畫題跋記》十二卷 《續題跋記》十二卷《四庫著錄》。 《采集書録》曰：采唐、宋、元、明書畫題跋及詩詞等彙録之。郁氏於明代收藏稱富，故見聞亦頗廣云。 吳壽暘曰：逢慶，字叔遇。嘉興人。性喜收藏書畫。崇禎中,嘗手輯古今名人法書名畫。《題跋記》可與汪氏《珊瑚網》相頡頏,惜未有刊行之者。

　　汪珂玉《珊瑚網》四十八卷《四庫著錄》。　　案:書凡古今法書題跋二十四卷,古今名畫題跋二十四卷。又坿錄一卷,系畫法。

　　譚貞默《近代畫名家實錄》　　　沈奇《怪石供印譜》于《志》。

　　朱奎祥《印藪》于《志》。

國　朝

　　高士奇《江村消夏錄》三卷《四庫著錄》。　　《采集書錄》曰:取古人書畫真跡,詳識其尺度廣狹及印記跋語,間以己意評隲之。

　　汪文柏《古香樓書畫題跋》三卷　　　顧仲清《歷代畫家姓氏韻編》七卷《四庫著錄》。　　《采集書錄》:寫本六卷。是書以韻編姓,各注里籍、出處大略,並表其所長,其釋道、閨秀別坿後。題曰小長蘆顧仲清編次,孫繡虎補輯。

　　金陶《奏御琴譜》一卷　　　陶《自識》略曰:康熙四十六年南巡,恭獻《太平奏》《萬國來朝》兩調。

　　張庚《畫徵錄》三卷　《續錄》二卷《四庫存目》。　　案:庚自謂國朝畫家徵其跡而可信者著於篇,其宗派何出,造詣何至,一一推測而論著之。餘槩從坿錄而止,其品鑑爲尤慎焉。　　《圖畫精意識》一卷後坿《論畫八則》一卷。　　案:此以所見古人真跡推論其章法,起伏布置,以古文法喻之,能抉其精意。　　《強恕齋題跋》二卷盛百二《張徵君墓誌銘》。　　未刊。

　　戴鎬《畫史》十卷《梅里詩輯》。

　　曹庭棟《幽人面目譜》三卷伊《志》。

　　《琴學內篇》一卷　《外篇》一卷《四庫存目》。　　《采集書錄》曰:《內篇》二十二,證正律之外,有變律、半律,與《律呂新書》之說相發明。《外篇》則薈萃古今琴說考訂焉。

　　許瀚《書法集要》一卷于《志》。

　　濮祖型《墨君論古》案:是編多題古人蘭竹楳菊詩,兼論畫派。

　　戈守智《漢溪書法通解》八卷《四庫存目》。

　　朱履貞《書學捷要》二卷刻入鮑氏《知不足齋叢書》。

　　方熏《山靜居論書》二卷　《論畫》二卷此編刻入《知不足齋叢書》。

　　張宏牧《篆學津梁》一卷《濮錄》。

　　朱宗文《草聖彙辨》四卷　　　李士鎬《書畫記》于《志》。

　　蔣山《琴譜易知》五卷《魏塘人物記》。

　　徐光燦《琴譜》徐熊飛《絅齋先生墓誌銘》。　　未刊。

　　柯煜《簫譜新編》　　　錢一桂《雙橋漁父琴譜》一卷　　　張燕昌《飛白錄》二卷案:是書與吳中陸紹曾同輯。嘉慶九年,黃錫蕃刊於閩中。

　　董榮《養素居畫學鉤深》一卷近爲烏程汪氏所刊。

　　馮登府《玉臺書史補》六卷未刊。　　《自序》略曰:樊榭徵君集古今閨媛精筆翰者,聱爲《玉臺書史》,分宮闈、女仙、名媛、姬侍、名妓、女冠、靈異,雜錄爲七門,不分卷目,未成之書也。余從武林汪氏、海昌馬氏假錄之,補纂八十餘則,爲六卷。

　　黃錫蕃《續古印式》二卷《金石學錄》。

張廷濟《墨林清話》　《金石奇緣》《金石學録》。

陸璜《傳畫樓讀畫録》顧廣譽《陸贅鄉傳》。

右藝術

漢

嚴助《相貝經》一卷《新唐書·志》。

宋

張搶《紹興內府古器評》二卷《津逮秘書》。　張炎真曰：搶，汴人。南渡，賜居于秀之青鎮。

常誃孫《天閑録》杭氏《藝文志》。

明

范明泰《石譜》一卷尤氏《藝文志》。

項元汴《蕉窗九録》九卷《學海類編》。　《四庫存目》　《紙録》《墨録》《筆録》《硯録》《帖録》《書録》《畫録》《琴録》《香録》，凡九。

周履靖《元賞編》一卷杭氏《藝文志》。　《茹草編》四卷《明史·志》。　《菊譜》一卷　《湯品》一卷　《續易牙遺意》一卷尤氏《藝文志》。

王文禄《與物傳》一卷《浙江通志》。

李芳《續牡丹譜》一卷《嘉禾徵獻録》。

王路《花史左編》二十四卷《四庫存目》。　宋景關曰：《花史左編》甚博雅，簡首有李日華《序》。又曰：《花史》，署名檇李仲遵王路纂修。先字後名，明季習氣。　《采集書録》題曰：仲遵撰，蓋誤。　案：《采集書録》作二十七卷，分花之品、花之候、花之友、花之器等名色。

陳詩教《灌園史》四卷杭氏《藝文志》　《四庫存目》。　又有《花裏活》三卷。

支立《十處士傳》一卷《四庫存目》。　《采集書録》曰：仿韓愈《毛穎傳》之體，取衾、枕、鑪、帳等物，各爲之傳，共十篇。

陳懋仁《異魚贊》杭氏《藝文志》　《四庫存目》。

錢陞《藥圃種花録》《錢氏家乘》。

釋智舷《酒春秋》四卷《四庫存目》。　《茗箋》一卷《學海類編》。

穆希文《蟫史》十一卷　《采集書録》曰：蓋以蟫之蠹於書而文，爲諸蟲作一史也。

巢鳴盛《老圃良言》一卷《學海類編》。

譚貞默《譚子雕蟲》二卷《四庫存目》。　一名《小化書》　詳考百蟲種類，爲《蟲賦》一篇，分三十七段，逐加詮釋。　《采集書録·閨集》作譚塙撰，誤。

國　朝

曹溶《硯録》一卷《學海類編》。　《倦圃蒔植記》三卷《四庫存目》。

朱彝尊《說硯》一卷《學海類編》。

高士奇《北墅抱甕録》一卷《四庫存目》。

張雍敬《雞冠花譜》一卷《靈雀軒著書目》。

俞熙《蝶譜》一卷　　朱琰《陶説》二卷伊《志》。

陸烜《人參譜》四卷　　盛百二《淄川硯銘譜》二卷未刊。

黃欽阿《端溪硯史》于《志》本傳。

李汝章《灌園餘事》四卷《檇李續詩繫》。

郭鳳《茶譜》《天香録》。

岳鏽《菊譜》四卷《濮録》。

王逢辰《檇李譜》一卷

右譜録

晉

陸機《要覽》三卷《新唐書·志》。

陳

顧野王《符瑞圖》十卷　《祥瑞圖》十卷《新唐書·志》。　鄭樵曰：起三代，止梁武。又有《符瑞圖》一卷。

宋

沈揆《顏氏家訓考證》一卷《讀書敏求記》。　《自序》略曰：揆家有閩本，嘗苦字譌難讀，顧無善本可讎。比去年春，來守台郡，得故參知政事謝公家藏舊蜀本，行間朱墨細字，多所竄定，則其子景思手較也。乃與郡丞樓大防取兩家本讀之，大抵閩尤謬誤。惟謝氏所較本頗精善，自題以五代和凝本參定而側注旁出，類非取一家書。然亦時有疎舛，讎書之難如此。於是稍加刊正，多采謝氏書定著爲可傳。又別列考證二十有三條，爲一卷。　錢曾曰：沈君讎勘此書，當時稱爲善本。

許棐《樵談》一卷《兩浙名賢録》《四庫存目》。　《千頃堂書目》又有《樵漁録》二卷。

李如箎《東園叢説》三卷案：如箎，括蒼人。官桐鄉丞。　《采集書録》曰：前二卷條論經義，後一卷係雜記。

岳珂《媿郯録》十五卷《四庫著録》。　莊仲方曰：記宋代制度，參證舊典異同，足補史氏之闕。

劉昌詩《蘆浦筆記》二卷《四庫著録》。　《自序》略曰：服役海陬，賣鹽外無職事，惟繙書以自娛。凡先儒之訓傳，歷代之故實，文字之誤舛，地理之遷變，皆得溯其流而尋其源。　莊仲方曰：此作于監華亭蘆瀝場鹽課時，故名蘆浦。考辨疑義，多糾正吳曾《能改齋漫録》之失。間及軼事。

元

俞鎮《學易居筆録》一卷　　陳世隆《北窗筆記》一卷《四庫著録》。　嘉興司《志》曰：是書前有小傳云：世隆，字彥高。錢塘人。至正中，館嘉興陶氏，没於兵。所著詩文皆不傳。惟《宋書拾遺》與此書存于陶氏家。
案：司《志》作《北軒筆記》。

明

徐一夔《藝圃蒐奇》十六卷　《補闕》二卷一夔《自序》。　案：是書亦作陳世隆所編，凡一百三種。

沈宏《緯略類編》三十五卷《采集書録》曰：專取瑣逸之事，以類次之，卷首止署"崇德芹溪沈"五字。
陸坰《簣齋雜著》一卷《四庫存目》。

姚翼《玩畫齋雜著編》八卷《采集書録》。

錢琦《錢子測語》一卷《四庫存目》。　《采集書録》曰：凡分八門，皆論經世理身之事。　《鹽邑志林》有
之。　《禱雨録》一卷《四庫存目》。

胡憲仲《仰崖遺語》一卷　　錢薇《海石子》一卷《鹽邑志林》。

周履靖《螺冠子》十卷《梅墟別録》。　《夷門廣牘》一百二十六卷《四庫存目》。　案：是書凡八十
六種，分十門。

包衡《清賞録》十二卷《明史·志》。

沈堯中《沈氏學弢》十六卷《四庫存目》。　《采集書録》曰：所采皆軼事，凡二十八門。　《空空子内
外篇》四卷《千頃堂書目》。

王文禄《海沂子》五卷　《竹下寱言》二卷尤氏《藝文志》。　《四庫存目》：書凡十四篇，篇各分章，仿子
家體爲之。　《文昌旅語》一卷　《輔衍》二卷　《機警》一卷《邱陵學山》　《邱陵學山》　案：是書所
載諸書凡七十四種，類多删節原文，非全本也。

竇文照《紀聞類編》四卷《四庫存目》。　《采集書録》曰：自天文至鳥獸，分類二十有四，皆雜采史傳及見
聞、隨筆、論述，非以備故實也。

袁黃《祈嗣真詮》一卷《四庫存目》。

姚士粦《於陵子》一卷《四庫存目》。　王士禎曰：《於陵子》，姚叔祥作也。

樊維城《鹽邑志林》六十二卷《浙江通志》。　案：是書輯海鹽歷朝著作，凡四十一種。

胡震亨《秘册彙函》十七種《橋李詩繫》《四庫存目》。

鄭端允《培壘居雜録》四卷《四庫存目》。　《采集書録》曰：多述其曾祖曉之家學，廣以先正格言，並録
成此。

朱廷旦《擣堅録》二十四卷《四庫存目》。　案：是書採輯故實，綴以評論，凡一百類。

李日華《六研齋筆記》四卷　《二筆》四卷　《三筆》四卷《四庫著録》。　《紫桃軒雜綴》三卷
《又綴》三卷《四庫存目》。　《味水軒日記》八卷蔣光煦曰：自萬曆己酉至丙辰，記其所見書畫異聞，時事附
及焉。

支允堅《異林》十卷《千頃堂書目》作《梅花渡異林》。　《四庫存目》。　案：是編凡《軼史隨筆》二卷，《時事
漫記》三卷，《軼語考鏡》三卷，《藝苑間評》二卷。

穆希文《説原》十六卷《四庫存目》。　《采集書録》：十二卷。

《動植紀原》四卷《明史·志》。

沈德符《飛鳬語略》一卷《學海類編》《四庫存目》。　案：是書□論字墨法帖及古器真贋之别。

宋鳳翔《秋涇筆乘》一卷《四庫存目》。

馬嘉松《十可篇》十卷《四庫存目》。　《采集書録》曰：采取史傳新異之事，分可景、可味、可快、可鄙、可泯、可坦、可遠、可諧、可嘉、可删十則。

項皋謨《學易堂筆記》五卷《四庫存目》。　《采集書録》曰：前雜論經傳，後附《學易》三章，《滴露軒雜著》一卷，《明歷年圖》一卷，《贈言》一卷。

李樂《拳勺園小刻》《烏青鎮志》。

陳懋仁《析酲漫録》六卷《四庫存目》。

吳統持《典林》十卷　　高承埏《稽古堂群書秘簡》《浙江通志》。　凡二十二種。

王文楨《操瑟迂談》二卷于《志》。

朱逢吉《大理集》四卷　《童子集》一卷于《志》。

郁起麟《子勺》　　胡其友《人鏡》竝于《志》增。

國　朝

陸隴其《三魚堂日記》十卷道光間，吳江柳氏刊行。卷首爲順治丁酉、戊戌兩年所記，係從舊鈔本補刊。

彭孫貽《彭氏舊聞録》　　項真《無事編》二卷《四庫存目》。

陳恂《餘庵雜録》三卷《四庫存目》。

陶煒《課業餘談》三卷《學海類編》《四庫存目》。

吳震方《説鈴前後集》《浙江通志》。

虞兆漋《天香樓偶得》十卷《四庫存目》。　是書雜録古今事。

陳光緯《竹素辨譌》二卷《漁洋文略》。

高士奇《天禄識餘》二卷《四庫存目》。

曹庭棟《老老恒言》五卷《四庫存目》。　《采集書録》曰：皆言調養老人之法。　《永宇溪莊識略》于《志》。

金檀《消暑偶録》一卷　　張庚《短檠璅記》二卷盛百二《張徵君墓誌銘》。　未刻。

施錫曾《不遠復齋雜著》一卷　《筆記》一卷盛百二《借林施先生傳》。　未刊。

沈廷瑞《東畬雜記》二卷未刻。

朱坤《靈泉筆記》一卷　　錢世錫《復齋隨筆》　　朱履貞《聞雲雜誌》一卷　　以上二書，未見刊行本。

盛百二《柚堂筆談》四卷　《續筆談》八卷《柚堂居士著述序》曰：《筆談》，考據及講學多所心得，嘉言懿行，忠孝節義，神仙怪異，及鄙瑣之事，無所不談，意在醒世，非泛然也。

沈濤《銅熨斗齋隨筆》八卷　《交翠軒筆記》四卷　　沈濂懷《小編》二十卷　　賈朝琮《嘯軒偶筆》二十卷未刻。

丁泰《仙菽廬札記》一卷未刻。

岳鑑《金佗祠事録》八卷　　鄭炎《雜著》一卷于《志》。

計楠《一隅草堂雜著》十卷　　魏正錡《鴛水舊聞》于《志》。

項映薇《古禾雜識》一卷　道光間，王壽增輯爲四卷，刻之。

曹湯鼎《咫聞暇録》于《志》。

吳遇坤《天咫録》《魏塘人物記》。

吳汶擎《千文鈔》于《志》。

吳維楷《群言明辨録》于《志》。

曹開裕《半村草堂雜綴》十卷于《志》。

徐熊飛《雪舫齋讀書書後》二卷 《耆舊録》二卷 朱馨元《吳蒙瑣證》未刻。

陸烜《隴頭芻語》 《梅谷偶筆》 查奕照《東望望閣隨筆》 郭麐《江行日記》一卷《樗園消夏録》一卷 許燦《春風録》 李遇孫《天香録》 馮登府《小謫仙館摭言》十卷未刊 《酌史巖摭譚》十卷 朱方增《識大録》《識小録》 張純照《遺珠貫索》八卷朱錦琮《信疑隨筆》十二卷 錢年登《夢漁日記》 吳肇燈《竹香偶識》《春雪亭詩話》。 案：肇燈所著，又有《讀史窺斑》

黃金臺《聽鸝館日識》稿本十二册，未刊。

岳廷枋《西泠紀游録》一卷《濮録》。

陸以湉《冷廬雜識》八卷 金衍宗《甌隱芻言》二卷 錢泰吉《曝書雜記》三卷 《甘泉鄉人邇言》二卷雜文。一卷爲《書跋學職考》，一卷爲《海昌學職禾人考》。

鍾文烝《乙閨録》四卷未刊。

右雜家

唐

陸贄《備舉文言》二十卷《新唐書·志》。 趙希弁曰：總四百五十餘門。議者謂大類《六帖》，而文辭過焉。《崇文總目》中有之。 案：《宋史·志》有陸贄《青囊書》十卷，入《類事》，而明《浙江通志》入五行類，蓋以爲葬書也。恐誤。今考《新唐書·志》，類書有國子司業寶蒙《青囊書》十卷，鄭樵《通志略》所載類書《青囊書》十卷，有寶蒙，無陸贄，恐宋《志》亦誤也。坿記于此。

宋

錢諷《回溪史韻》四十九卷《宋史·志》。 陳振孫曰：坿韻類事，頗便檢閱。 趙希弁曰：依《唐韻》分四聲，而以《十七史》之句，注于下。 朱彝尊《跋》曰：回溪錢諷正初，吾鄉人也。所撰《史韻》四十九卷，予嘗見宋時鋟本于京師，僅存七册，嫌其殘闕，未之録也。歸田後，從琴川毛氏、長洲何氏訪其所藏，合之才十七卷，亟寫而存之。宋人兔園册，類摘雙字編四聲以便簡閱。回溪獨采成語，有多至三四句者，未嘗割裂原文，信著書之良法矣。天下之寶，離者會有合時，安知後來所求不適少此十七卷耶？

明

鍾繼元《群書選要》杭氏《藝文志》。

沈校《祭魚類纂》《浙江通志》。

沈堯中《玉府鉤元》六卷杭氏《藝文志》。

沈懋孝《類苑總目》八十卷《浙江通志》。

李日華《姓氏譜纂》七卷　《時物典彙》二卷《四庫存目》。　《采集書録》曰：自天文至鳥獸，爲類二十有四。　　卞洪章《類苑秘鈔》四十卷《嘉禾徵獻録》。

陶涵中《男子雙名記》一卷《四庫存目》。

李肇亨《婦女雙名記》一卷《四庫存目》。

陳懋仁《庶物異名疏》三十卷《四庫存目》。　《采集書録》曰：凡稱名之涉險怪岐異者，悉録之。所采頗廣，足備異聞。

顔茂猷《六經纂要》無卷數。　《四庫存目》。

國　朝

高士奇《編珠補遺》二卷　《續編珠》二卷《四庫著録》。

朱彝尊《韻粹》一百七卷《四庫存目》。

陳忱《同姓名録》伊《志》。

李繩遠《李氏類纂》五十卷　《姓氏譜》六卷　龔在升《三才彙編》四卷　朱昆田《三體摭韻》十二卷《四庫存目》。　采古今騷、詩、詞三體雋語，依韻分編。

汪文柏《杜韓集韻》八卷《四庫存目》。　《采集書録》曰：取唐杜甫、韓愈二家之詩，編入四聲，使學者知造句押韻之法，以爲古韻通轉之證。

吳寶芝《花木鳥獸集類》三卷《四庫著録》。

姚晉錫《俗語有本録》三卷《自序》略曰：《困學紀聞》載俗語有本百餘條，止云出自某書，未録原文於下。暇日因補録之，後閲書隨手增益，久而遂多，合編爲卷，以資閲覽。

萬光泰《説文凝錦録》一卷《自識》略曰：以《五經》無雙才訓文字，其奇奧即在説解，不僅以詁訓視也，撮其單詞，儷爲耦語。　案：是《録》，今杭州汪氏刊，坿《篆韻》之後。

魏正錤《清涼庵己未叢鈔》于《志》。

沈叔埏《古今同姓名録》　沈可培《稱名紀麗》四卷　錢昌齡《喻林一枝》未刊。　自《跋》略曰：明徐汝賢編輯《喻林》一百二十卷。余以其卷帙太繁，摘其尤要者，録成四册，題曰《喻林一枝》。

李毅《人海韻編》　《姓氏類纂》《梅里詩輯續編》　並未刊。

毛獻《廣編珠》三十卷　《引書海錯》四十册並未刊。　毛氏後人家藏。

何炳《帝輿合覽》二卷

右類書

晉

干寶《搜神記》二十卷《新唐書·志》。　《漢魏叢書》八卷。　莊仲方曰：原書久佚，此爲後人鈔撮成編，然其文固斐然可觀。　案：是書石門馬氏刻入《龍威秘書》。

陳

顧野王《續洞冥記》一卷《陳書》本傳。

宋

王明清《揮塵録》共二十三卷《讀書坿志》《四庫著録》。

《投轄録》一卷《文獻通考》。　　陳振孫曰：所記奇聞異事，客所樂聽，不待投轄而留也。

《玉照新志》五卷《讀書敏求記》《四庫著録》。

岳珂《桯史》十五卷《文獻通考》《四庫著録》。　　莊仲方曰：記南宋雜事一百四十餘條，意主褒刺，借物論以明時事，亦略述俳優詼謔之詞。

魯應龍《閒窗括異志》一卷《鹽邑志林》《四庫存目》。　　《采集書録》曰：所志多三吳軼事。　　莊仲方曰：記古今事，言神怪以明因果。

常詵孫《櫟齋筆記》《海鹽文獻志》。

元

姚桐壽《樂郊私語》一卷《四庫著録》。　　莊仲方曰：多記瑣事軼聞。元末寇亂相仍，桐壽避地海鹽，獨免兵火，故曰樂郊。

明

張寧《方洲雜言》一卷　　董穀《碧里雜存》一卷　　丁原薦《西山日記》二卷以上並《四庫存目》。

李樂《見聞雜記》九卷　《續記》二卷《四庫存目》：四卷。

徐泰《玉池談屑》四卷《海寧衛志》。

徐咸《澤山野録》　又《西園雜記》《海鹽圖經》。

沈大奎《廣玉壺冰》《浙江通志》。

王文禄《庭聞述略》一卷尤氏《藝文志》。

馮夢禎《快雪堂漫録》一卷　　馮汝弼《佑山雜説》一卷《四庫存目》。

包餘《釋疑録》　　呂炯《山林漫言》　《藝苑日録》《嘉禾徵獻録》。

倪鍾淳《五湖外史》　《課餘拾古》《浙江通志》。

包汝楫《南中紀聞》金忠淳曰：包公以孝廉知綏寧縣，著循吏聲。此其所述綏事居多，可備邑乘也。案：是書刻入《硯雲甲編》，其《自序》謂：仿昔賢方言遺意。　　《消夏綴言》嘉興湯《志》。

陳泰交《二暑記》二卷　《前星監苑》八卷《嘉禾徵獻録》。

馮伯禮《賸言》一卷《浙江通志》。　　姚士粦《見只編》三卷《鹽邑志林》。

李日華《雅笑録》十二卷《浙江通志》。　　案：筆記、雜綴，《通志》並列小説，今析出。

陸上瀾《閒齋志林》四卷《嘉禾徵獻録》。　　　倪醇《白雪談柄》《檇李詩繫》。　　　屠紹芳《真寄亭臆言》《浙江通志》。

項鼎鉉《呼桓日記》十二卷　《學易堂筆記》《千頃堂書目》。　　李培《麈尾支談》《浙江通志》。

胡夏客《谷水談林》六卷尤氏《藝文志》。

　　陳邦俊《廣諧史》十卷《四庫存目》。　　《采集書錄》曰：錄古今譎辨之文，始唐迄明，仿徐氏舊刻《諧史》，增多二百四十二則。

　　錢繼登《東皋問耕錄》　　高道素《明水軒筆記》《嘉禾徵獻錄》。　　《藥房隨筆》二卷《千頃堂書目》。

　　陸基仁《藝苑蔓言》　　馮伯裡《南歸漫筆》《浙江通志》。

　　朱廷旦《散花軒雜俎》《嘉禾徵獻錄》。

　　彭宗孟《江上雜疏》一卷《鹽邑志林》。

　　姚弘謨《錦囊雜綴》八卷《嘉禾徵獻錄》。

　　沈德符《敝帚軒賸語》三卷　《補遺》一卷《四庫存目》。　　案：《金氏硯雲》乙編所收爲《敝帚齋餘談》。

　　陳蓋謨《祥異編年》　陳懋仁《後述異記》　《瑰秘初函》《浙江通志》。

　　朱國望《雨築庚桑記》一卷《嘉禾徵獻錄》。

　　朱茂曄《徵夢錄》《檇李詩繫》。

　　高承埏《鴻一亭筆記》《嘉禾徵獻錄》。　　《南部聞見記》四卷尤氏《藝文志》。

　　錢潤徵《弋獲鈔》《嘉禾徵獻錄》。

　　李琪枝《清異續錄》三卷《四庫存目》。

　　卜世臣《抂頮言》《卜氏著述考》。

　　支廷訓《十影君傳》一卷尤氏《藝文志》。

　　李天植《山房日錄》四十卷未刊。　《灌園日錄》十二卷未刊。　《山居雜誌》宋景濂《龍湫集序》。

　　馬嘉松《花鏡雋聲》　《北遊瑣言》《檇李詩繫》。

　　李延昰《南吳舊話錄》朱彝尊《高士李君塔銘》。

　　《鴛湖百家談異錄》八卷《千頃堂書目》。　　不詳撰人名氏。

　　李儒烈《東溟蠡測》一卷于《志》。

國　朝

　　沈嗣選《惜陰雜錄》十卷　《弋獲編》　《咫聞錄》　《飛神傳記》《浙江通志》。

　　彭孫貽《茗齋雜記》《嘉禾徵獻錄》。　《吳治筆記》六卷　俞汝言《雙湖雜綠》並見《浙江通志》。

　　勞大與《宜齋隨筆》　《芥園實錄》　陸莱《雅坪散錄》《日下舊聞》。

　　高士奇《柘西閒居錄》八卷　《讀書筆記》十二卷　　張天植《前因偶記》一卷《浙江通志》。

　　蔣如馨《因諂錄》四卷　　吳震方《述異記》三卷《說鈴》。

　　王逋《蚓庵瑣語》一卷　　徐岳《見聞錄》一卷　　王蓍《豆區八友傳》一卷以上並《四庫存目》。

　　李符《花南老屋歲鈔》《日下舊聞》。

　　俞焵《桐葉偶書》四卷　　馮王棌《犁鋤叢語》五卷　　陶越《過庭紀餘錄》三卷《四庫存目》。

　　陳忱《不出戶庭錄》　　柯維楨《小丹邱客談》《日下舊聞》。

　　張翊清《養疴雜筆》《新塍瑣志·自序》。

　　盛禾《稼邨筆記》十六卷　　屠元淳《昭代舊聞》　《尊樂類編》伊《志》。

朱芸《杉亭雜鈔》《柚堂筆記》。

陳球《燕山外史》八卷　　王綱《覲鄉記》四卷　黃凱鈞《悦目益心》八卷　《遺睡雜言》八卷于《志》。

李璜《小窗偶録》《佳聞手編》　　俞兆晟《海樹堂雜録》《蔭華軒筆記》　柯汝鍔《甕天録》　吳淯世《小友録》　　葉棠《象名録》　　張宏照《撥雲堂日鈔》　　姜之垣《癸甲閒鈔》以上于《志》。

沈濤《客吳隨筆》一卷未刊。　《續恒言録》一卷未刊。

毛猷《詹詹録》二卷未刊,後人藏棄。

黃安濤《吳諺集》《自序》。末刊。　《賢已編》六卷《自序》。未刊。

賈敦艮《花南小志》二卷　　蔡錫琳《移雲軒筆記》　　吳潤卿《浣香記事》閨秀。于《志》增。

右小説家

唐

釋光範《釋會章句》十五卷《浙江通志》。

後唐

釋虛受《涅盤義評鈔》十四卷《宋高僧傳》。

宋

釋契嵩《輔教編》三卷《宋史‧志》。　《傳法正宗紀》十一卷王氏《續通考》。

釋皓端《金光明經隨文釋》十卷《宋高僧傳》。

釋清欲《了庵語録》三卷　釋萬金《西白語録》並載《浙江通志》。

元

釋念常《佛祖通載》二十二卷《四庫全書著録》。　案:念常,華亭人。元延祐中,居嘉興祥符寺。

釋宏道《楞伽經注釋》《浙江通志》。

釋本誠《性學指要》杭氏《藝文志》。

釋維則《楞嚴經會解》十卷　《楞嚴擲丸》一卷《黃氏書目》。　《天台四教儀要正》《冰蘗禪師語録》《浙江通志》。

明

釋梵琦《六會語録》二十卷焦氏《經籍志》。　《西齋净土詩》《慈氏上生偈》　釋法聚《玉芝語録》《浙江通志》。

釋海明《破山語録》《明詩綜》。

釋道濟《法舟語録》三卷《黃氏書目》。　又有《法舟和尚賸語》一卷。

釋真可《紫柏語録》一卷　釋可觀《金剛通論》一卷　《金剛事説》一卷　《蘭盆補注》一卷　《楞嚴説題》一卷　《楞嚴集解補注》三卷　《圓覺手鑑》一卷　《山家義苑》二卷　《竹庵草録》二卷　釋通容《心經鬭輪解》　《五燈嚴統》　《祖庭鉗錘録》　《居士禪燈録》　釋景曇《竺雲語録》四卷並載《浙江通志》。

釋盛勤《源宗集》　錢士升《楞嚴外解》《千頃堂書目》。

陸長庚《楞嚴述旨》十卷《明史·志》。

國　朝

釋期懷《拙安語録》五卷　釋明涵《蒼石語録》　俞昱《禪悦輯略》二卷　《正宗指南》二卷　《禪餘玉屑》二卷　《衆香雜俎》二卷　金作楫《衣珠自覓》　《楞嚴心識》　馮登府《梵雅》一卷　錢嘉鍾《翻譯名義摘要》四卷

右釋家

晉

陸士龍《陸子》十卷《新唐書·志》。

宋

陸文遠《老子解》平湖朱《志》。

明

冷謙《修齡要旨》一卷《四庫存目》。

吳宣《道德經注》　《子午流注通論》王氏《續通考》。

鍾繼元《道德要覽》　《陰符經注》《浙江通志》。

仇俊卿《玄機通》　王文禄《陰符經疏略》一卷杭氏《藝文志》。　《胎息經疏》一卷《續説郛》。

黃洪憲《老子解》　《蒙莊獨契》　劉廷元《老子解》　《莊子解》並載《浙江通志》。

郭紹儀《三續養生論》杭氏《藝文志》。

呂炯《道德經解》　錢繼登《南華拈笑》《嘉禾徵獻録》。

錢士升《莊子內編詮》二卷《千頃堂書目》。

沈㮚《攝生要義》十篇　周履靖《煉形內旨》一卷　《八段錦圖》一卷　《益齡單》一卷《赤鳳髓》三卷　《海外三珠》四卷　《鶴月瑶笙》三卷　《玉函秘典》一卷　《金笥玄言》一卷《天形道貌》一卷《浙江通志》。

沈懋孝《導引圖訣》《浙江通志》。

陸長庚《老子玄覽》二卷　《南華經副墨》八卷卷各分上下。　《陰符經測疏》一卷　《周易參同契測疏》一卷　《金丹就正篇》一卷　《金丹四百字測疏》一卷　《方壺外史》八卷《明史·志》。

《參同契口義》一卷　《悟真篇小序》一卷　　麗眉子《金丹印證測疏》一卷　《金丹大旨八圖七破論》一卷　　《崔公入藥鏡測疏》一卷平湖路《志》。

袁黃《靜坐要訣》一卷尤氏《藝文志》。

陳蓋謨《參同契注》　　沈堯中《古今參同契解》杭氏《藝文志》。

吳文冕《玄修最上乘》二卷

國　朝

彭孫貽《方士外紀》《嘉禾徵獻錄》。

周拱辰《南華真經影史》九卷《自序》略曰：古人之書，古人之影也。其人已滅矣，而吾從有有無無之際，追其所爲神情魂魄而一以筆出之，使人睹之躍然而欲與語也，是真善詮影者。

徐善《莊子注》《浙江通志》。

葉鈐《果山修道居志》二卷《四庫存目》。

徐大椿《道德經注》二卷　《陰符經注》一卷　　並《四庫著錄》。

右道家

集　部

宋

林至《楚辭故訓傳》六卷　《楚辭草木疏》一卷　《楚辭補音》一卷《讀書附志》。　《繹騷》王氏《續通考》。

明

周履靖《九歌》八卷杭氏《藝文志》。

黃洪憲《離騷解》《浙江通志》。

陸時雍《楚辭疏》十九卷首有《讀楚辭》一卷，時雍自著《雜論》一卷，則采諸家之論。其序次則首《離騷》，次《九章》，次《遠遊》，次《天問》，次《九歌》，次《卜居》，次《漁父》，次《九辨》，次《招魂》，次《大招》，以爲脈絡相承，每篇各有序論，以明作者之意。《天問》一篇，則取周拱辰注，謂其論辨博，可令諸家都廢也。

蔣之翹《楚辭集注》末附《後語》，附《覽》《辨》《證》三種。　伊《志》。

國　朝

周拱辰《離騷草木史》十卷　　朱乾《楚辭古音》

右《楚辭》

漢

莊忌《莊夫子賦》二十四篇　　常侍郎《莊忽奇賦》十一篇　　《嚴助賦》三十五篇　　《朱買臣賦》三篇《漢書·藝文志》。　　案：集始于東漢，而班固《藝文志·序》：詩賦爲五種，實即集之所自昉也。其《莊夫子賦》等篇，今録入，以冠別集之首。

晉

《陸機集》四十七卷　《録》一卷《七録》。　《隋書·志》：十四卷。新、舊《唐書·志》：十五卷。《郡齋讀書志》《書録解題》：十卷。

《陸雲集》十卷　《録》一卷《七録》。　《隋書·志》：十二卷。新、舊《唐書·志》《郡齋讀書志》《書録解題》：十卷。　《四庫著録》：陸士衡、陸士龍《集》並十卷。

《干寶集》五卷《七録》。　《隋書·志》、新舊《唐書·志》：四卷。

陳

《顧野王集》十九卷《隋書·志》。　《南史》本傳：二十卷。　案：吳江沈《志》：《顧侍郎文集》二十卷。

唐

《邱爲集》卷亡。　《新唐書·志》。

《顧況集》二十卷《新唐書·志》。　陳振孫曰：況嘗言：吾自爲顧況作《序》，未嘗許他人。況在唐，蓋爲人推重也。《集》本十五卷，今止五卷，不全。　《四庫著録》：《華陽集》三卷。皇甫湜《序》。　案：此本乃其裔孫名端蒐合成帙，而以其子非熊詩附之。

陸贄《翰苑集》十卷韋處厚纂。　《新唐書·志》。　權德輿《序》。　陳振孫曰：《序》稱《制誥集》十三卷，《奏章》七卷，《中書奏議》七卷。今所存者，《翰苑集》十卷，《牓子集》十二卷。《序》又稱別集、文賦、表狀十五卷，今不傳。　晁公武曰：陸贄《奏議》十二卷，舊有《牓子集》五卷，《議論集》三卷，《翰苑集》十卷。元祐中，蘇子瞻乞校正進呈，改從今名。疑是裒諸集成此書。　趙希弁曰：《讀書志》云陸贄《奏議》十二卷，希弁所藏《制誥》十卷，《奏草》六卷，《奏議》六卷，凡二十二卷。　錢曾曰：陸宣公《翰苑集》二十二卷，大字宋槧本，惜其詩文別集十五卷失傳于世。　《四庫著録》二十二卷。　伊案：《明內閣書目》有《陸宣公文集菁華》三卷，宋唐仲英纂。

《陸宸集》七卷《新唐書·志》。　《宋史》、鄭氏《通志》：陸宸《禁林集》七卷。

《殷堯藩詩》一卷　　《顧非熊詩》一卷《新唐書·志》。

宋

陳舜俞《都官集》三十卷　《應制策論》一卷《宋史·志》。　蔣之奇《序》，樓鑰《後序》。案：《都官集》，其曾孫杞知慶元府時重刊，與《原序》卷數同。　《四庫著録》十四卷。　《簡明目錄》曰：原本久佚。今從《永樂大典》錄出,凡文十一卷,詩三卷。

　　莫蒙《卧駞集》十卷至元《志》。

　　毛滂《東堂集》十五卷《宋史·志》。　《書錄解題》:《東堂集》六卷,《詩》四卷,《書簡》一卷,《樂府》二卷。至元《志》:《東堂集》十卷。　沈季友曰:其板刊于嘉禾郡庫。　《四庫著錄簡明目錄》曰:原本久佚,今從《永樂大典》錄出。

　　聞人宏《文集》十五卷《浙江通志》。

　　《魯詹詩》十卷　《雜文》二十卷張守《魯公墓誌銘》。

　　《魯詧文集》三十卷周必大《魯公墓誌銘》。

　　魯訔《蒙溪己矣集》四十五卷　《後集》二十卷　周必大《魯公墓誌銘》。　案:《浙江通志》有《冷齋集》。

　　鄭伯英《歸愚翁集》二十六卷陳振孫曰:伯英,紹興登甲科第四人,以親養三十年不調,竟不出。

　　朱敦儒《陳淵集》二十六卷《宋史·志》。　《巖壑老人詩文》一卷《文獻通考》。　陳振孫曰:希真初以遺逸召用,嘗爲館職。既掛冠,秦檜之孫塤欲學爲詩,起希真爲鴻臚少卿。將使教之,懼禍不敢辭。不久,秦亡,物論少之。合有《全集》,未見。

　　陳與義《簡齋集》二十卷《文獻通考》。　《宋史·志》:詩十卷。又《岳陽紀詠》一卷。　陳振孫曰:其先蓋蜀人,東坡所《傳》陳希亮公弼者,其曾祖也。崇、觀間,尚王氏經學,風雅幾廢絕。而去非獨以詩鳴,中興後遂顯用。晁公武曰:宣和中,徽宗見其所賦《墨梅》詩,喜之,遂登冊府。建炎中,掌內外制,拜參知政事以卒。晚年詩尤工。周葵得其家所藏五百餘篇,刊行之,號《簡齋集》。　《四庫著錄》:十六卷。　伊案:《靜愓堂書目》有宋鋟本胡穉仲孺箋注《陳簡齋詩》十三卷。

　　陸埈《益齋集》十卷《浙江通志》。

　　李曾伯《可齋雜藁》三十四卷　《續藁》八卷　《續藁後》十二卷《四庫著錄總目》曰:曾伯,丞相邦彥之孫。南渡後,流寓嘉興。曾伯官至觀文殿學士,爲南渡以後名臣。其《雜藁》編于淳祐壬子,《續藁》編于寶祐甲寅,《續藁後》不著年月,不知編於何時。皆有曾伯《自序》。其子杓嘗彚三稿刻之荆州,湖北倉使劉籲又刻之武陵。咸淳庚午,書肆又爲小本刊行。其《序》即杓所作,三稿皆各自爲編。至元《志》始稱爲《可齋類稿》,蓋後人合而名之,非宋刻之舊。

　　趙孟堅《彝齋文編》四卷《明內閣書目》。　朱彝尊曰:相傳趙子固覆舟于嘉興,疾呼蘭亭在否,舟人負以出。子固大書云:"性命可輕,此寶難得。"好事者目爲佳話。又,子昂仕元,子固不仕。其弟過之,行後拂塵于座。予觀袁伯長跋《禊帖》,稱子固死,帖入賈相家。賈敗,籍于官,有官印。然則子固卒于宋未亡之前,伯長所云,蓋不誣矣。《四庫著錄總目》曰:其集,《宋史·藝文志》不著錄,惟見於《明秘閣書目》者四册,世久失傳。今從《永樂大典》撦拾補綴,釐爲四卷。大都清遠絕俗,類其爲人。　　岳珂《玉楮集》八卷《四庫著錄》。　王士禎曰:安邱張杞園貞以寫本宋岳珂《玉楮集》相寄,有嘉熙庚子《自序》。肅之著書甚多,有《東陲事略》,未見。　案《采集書錄》:《玉楮集》有珂十六世孫元聲刊本。《棠湖詩稿》一卷《四庫存目》。　伊案:此編爲北宋宮詞百首。有珂《自序》。宋以來公私書目皆未著錄,惟《浙江采集書錄》有之。

　　許棐《梅屋集》五卷《名賢小集》。　《四庫著錄簡明目錄》曰:凡《梅屋詩稿》一卷,《融春小綴》一卷,《第三稿》一卷,《第四稿》一卷,《雜著》一卷。　伊案:《四庫全書存目》又有《獻醜集》一卷,僅短文十一篇,《樵談》三十則。

　　張堯同《嘉禾百詠》一卷至元《志》。　《四庫著錄簡明目錄》曰:足與圖經參考。

　　趙孟僴《湖山汗漫集》　釋契嵩《鐔津集》二十卷《浙江通志》。　《四庫著錄》:二十二卷。伊案:是編明弘治嘉興釋如莖所刊,凡文十九卷,詩三卷。

　　釋慧梵《蓬居集》《浙江通志》。

趙汝愚《趙忠定集》十五卷《書録解題》。

李正民《大隱集》三十卷《宋史·志》。　《四庫著録》：十卷　《簡明目録》曰：原本久佚，今從《永樂大典》録出。正民初從高宗航海，後知陳州，爲金所執。紹興十六年南還，仍歷官禁近，奉祠以終。其文制誥爲多，率温潤流麗，詩亦不失爲雅音。

李長民《汴都賦》一卷《宋史·志》。　厲鶚曰：長民，正民之弟。南渡，寓家海鹽。

黃幹《勉齋集》四十卷《宋史·志》《四庫著録》。

張宰《蓮社文集》五卷《宋史·志》。　張炎真曰：張掄，汴人，賜第於秀之青鎮。子宰，孫庶，曾孫屋，因世居焉。　　徐綱《桐鄉居士詩集》　莫若冲《語溪集》十卷《浙江通志》。

徐覿年《淡軒集》十卷《續見聞雜記》。

衛涇《後樂集》二十卷《四庫著録》。　《簡明目録》曰：原本久佚，今從《永樂大典》録出。　伊案：趙《圖記》：《後樂集》五十卷。今考《松江府志》，其集凡七十卷，乃其子樵所編，嘗刻之永州。歲久已失。

蔡開《畏齋集》十五卷　陳塈《可齋瓿稿》二十卷《浙江通志》。

錢昱《二卿文稿》二十卷于《志》。

沈晦《學士集》于《志》。　陳炳《退庵居士集》十五卷于《志》。

<h2 style="text-align:center">元</h2>

張伯淳《養蒙先生文集》十卷《四庫著録》。　《總目》曰：其集刊版久佚，輾轉傳鈔，殘闕頗甚。此本文六卷，詩三卷，詞一卷，乃錢塘厲鶚鈔自繡谷吳氏者。鶚頗爲校正，然脱簡終弗能補。考顧嗣立《元詩選》，中闕字與此本同，則嗣立所見即此。

俞鎮《修辭稿》四十二卷《浙江通志》。

黃玠《弁山小隱吟録》二卷《四庫著録》。　伊案：明《湖州府志》云：玠嘗樂吳興山水，因卜居弁山，與趙文敏遊，文敏稱許之。有《弁山集》《知非稿》。今本題《弁山小隱吟録》，或疑是後人以《卞山集》《知非稿》合爲一編。前有《自序》。

吳鎮《梅道人墨菜詩》《千頃堂書目》。　《梅花道人遺墨》二卷《四庫著録》。　《總目》曰：《嘉興志》稱其卒於明洪武中。考鎮墓碣，生於至元十七年庚辰，卒於至正十四年甲午，則《志》爲舛誤。又陳繼儒《梅花庵記》稱：鎮自題墓碣爲“梅花和尚”。後札木揚喇勒智所至，椎冢燔槨，獨鎮之墓疑爲僧塔，遂舍去。考札木揚喇勒智發宋陵在至元甲申、乙酉之間，《元史》與《癸辛雜識》所記並同。是時鎮方五六歲，繼儒撼以爲説，亦疏謬也。鎮舊無專集，此本題曰“遺墨”，乃其鄉人錢棻捃拾題畫之作，薈萃成編。

孫固《聽雪齋稿》《浙江通志》。

陳堯道《竹林集》　葉廣居《自得齋集》《橋李詩繫》。

陳秀民《寄亭集》《元詩選》。

錙堪《芝林集》《浙江通志》。

陸景龍《湖峰稿》《橋李詩繫》。　陳景仁《愛山詩集》《明内閣書目》。

秦約《樵海集》尤氏《藝文志》。

范致大《金罍集》于《志》。

朱志道《教授集》于《志》。

周致堯一名裴。《山長集》《元詩選》二集。　朱彝尊曰：山長舊有集鈔，存崇德縣學，有閩人知縣事者，攜之歸,遂失傳。今所存者,《檇李英華》《湖海耆英集》所收一二而已。曹能始《石倉詩選》載山長詩較富,或在閩得覩其全爾。予友高念祖謂,山長名枈,以字行。而蔣布衣楚稺則云:"字煥文,致堯其名。"考陳緝熙有《送周煥文從唐伯剛之吳興》作,疑布衣之言,得其實也。　沈季友曰:致堯先世來自四明,居崇德州石門鎮。著有《石門集》,淮海秦約序之,稱其詩不事雕飾,特以雅致爲佳。

顧瑛《玉山璞稿》一卷《四庫著錄》。　沈季友曰:顧瑛在合溪,有《暮雲集》,今佚。

譚復《見心小草》《檇李詩繫》。

釋克新《雪廬南詢稿》二卷《浙江通志》。　克新,鄱陽人。住嘉興水西寺。　沈季友曰:克新初著《南詢稿》,已毀於兵。今惟《雪廬集》行世。

釋宗衍《碧山堂集》錢氏《元史·藝文志》。　案:宗衍,字道源,吳人。住持平湖德藏寺僧。

明

鮑恂《西溪漫稿》四卷《續見聞雜記》。　周篔曰:西溪詩傳者絕少,聞海鹽胡氏有刊本,求之不得。

貝瓊《清江文集》三十卷　詩十卷《明史·志》。　《四庫著錄》:康熙間,桐鄉金檀刊版。

江漢《月下清遊集》《徵獻錄》。

徐一夔《始豐類稿》十五卷《千頃堂書目》。　朱彝尊曰:大章遺稿罕傳。王貽上所四冊,比余家藏倍之。然無詩,猶非足本也。　《四庫著錄》:十四卷。　《簡明目錄》曰:世有二本,其一六卷,頗闕略。其一即此本,以《千頃堂書目》考之,佚詩一卷。

張翬《梓宇集》十卷《浙江通志》。　朱彝尊曰:洪武修《禮書》,吾鄉與者:徐一夔、陳世昌及翬也。翬所居有巨梓,一夔爲作《記》。《梓宇集》不傳,朱翰《檇李英華》,取其詩壁卷。

朱逢吉《朱大理集》四卷焦氏《經籍志》。

貝翱《舒庵集》十卷《明史·志》。　《明詩綜》作《平澹集》。

陳世昌《希言集》一卷《浙江通志》。　案:世昌,錢塘籍。《檇李詩繫》作《希賢集》,誤。

陳約《一默居士集》　陳綱《竹林集》《浙江通志》。

程本立《巽隱集》四卷《明史·志》《四庫著錄》。　伊案:崇德靳《志》作十卷,然《見聞雜記》所載卷數與《明史》同。今桐鄉金檀刻本亦止四卷。

高遜志《嗇庵遺稿》二卷《明史·志》。　朱彝尊《序》略曰:先生去官,走永嘉山中,窮餓以死。其門人翰林侍書、同里蔣兢葬之芙蓉峰北。野史所載盛庸兵敗自經者,誤也。所著有《辛丑集》,今佚不傳。其十世孫佑鈕收輯其詩文,爲《嗇庵遺稿》二卷,鏤版傳之。

李進《西園先生集》五卷《明詩綜》。

姚麟《可閒集》《明詩綜》。

李均《南莊集》　李平《西溪集》《檇李詩繫》。

陳顥《竹鄰集》《明詩綜》。

楊述《蘭谷集》四卷《續見聞雜記》。

呂原《介軒集》十二卷《明史·志》。　《曝書亭著錄》:《呂文懿集》文十四卷,詩二十二卷。

孫詢《武塘勝覽集》一卷《千頃堂書目》。

姚粵《七香詩稿》　沈淳《拙庵集》　徐輔《怡素集》《浙江通志》。

項忠《藏史居集》十卷《檇李詩繫》。　尤氏《藝文志》:《遺稿》一卷,其元孫德楨輯。

施奎《竹坡稿》十二卷《浙江通志》。

陳鑑《方庵集》《嘉禾徵獻錄》。

周鼎《土苴集》二卷《明詩綜》。　　陸坱曰：先生學務實用，如議水利，鑿鑿不迂。

沈琮《石牕漫稿》《檇李詩繫》。

沈玗《橋門漫稿》　《柏臺新稿》《明詩綜》。

張寧《方洲集》三十二卷《明史·志》。　　焦氏《經籍志》：四十卷。朱彝尊曰：黃門賦才捷敏。兩使朝鮮，水館星郵，留題殆遍。陪臣朴元亨以刑曹判司爲館伴，詩篇酬和尤多。　《四庫著錄》：二十六卷，又附《讀史錄》四卷。

周寅《百樆堂集》杭氏《藝文志》。

懷悅《鐵松集》四卷《檇李詩繫》。

伍方《柳庵集》十八卷焦氏《經籍志》。　　朱彝尊曰：《柳庵集》，予少日于金明僧舍見之，凡四册，曾覽一過，今購之不復可得。

楊森《東皋集》　　趙廷玉《芝巖集》《檇李詩繫》。

陳延齡《玉崖子集》《明詩綜》。　《檇李詩繫》作《松雲集》。

姚綬《雲東集》十卷《明史·志》。　《明詩綜》作《穀庵集》。　　朱彝尊曰：先生吟情甚敏，今《穀庵集》所錄不及什一。吾宗寒中上舍購得先生七律多至二百餘，又從書畫家儲藏真跡所見尤不少。念遺集爲先生手定，故集外詩不多錄云。　案：《穀庵集》十四卷，爲足本。

俞山《梅莊集》《檇李詩繫》。

倪輔《類劇藏稿》　　沈棨《頤貞集》　　陳昌穎《菊莊集》　　蕭子鵬《雲邱子集》梅江曰：先生從康齋吳聘君游，詩文體製不一，而本諸性命道德之懿。

沈樾《樗軒稿》　　姚翼《桂巖集》八卷《明詩綜》。

朱翰《石田稿》十四卷《明史·志》。　《曝書亭著錄》作《石田清嘯集》。

陸琦《友蘭集》　《明詩綜》。

莫藏《素軒集》　《佩觿集》　《詠史詩》杭氏《藝文志》。　　沈季友曰：稿皆失傳。惟《檇李英華》載有其詩。

屠勳《東湖稿》十二卷《明史·志》。　《四庫存目》：《太和堂集》六卷。

湯滌《思庵雜稿》《檇李詩繫》。

呂㦂《九柏集》六卷《明史·志》。　焦氏《經籍志》作《九柏山房存稿》。　　朱彝尊曰：太常詩名藉甚。是時詩派方習爲纖麗圓熟，太常獨好盤硬語，宜其傲睨一世也。

劉玨《西林集》　《滕鸞翠厓集》《明詩綜》。

朱祚《拙齋雲谷集》　　徐晟《燕石存稿》《檇李詩繫》。

范璋《靜遠堂集》《浙江通志》。

鄭延東《谷存笆集》《明詩綜》。

李璋《嗜泉詩存》二卷　《附錄》一卷《四庫存目》。

董澐《從吾道人詩稿》一卷尤氏《藝文志》。　《四庫存目》《采集書錄》：二卷。

朱綬《清溪草》《檇李詩繫》。

朱朴《西村詩集》二卷　《補遺》一卷《四庫著錄》。

袁仁《一螺集》八卷尤氏《藝文志》。

徐泰《玉池稿》《明詩綜》。

孫璽《峰溪集》五卷　《祁山小稿》一卷尤氏《藝文志》《四庫存目》。

袁黃《兩行齋集》十四卷　　袁儀《抱膝齋集》一作《漫筆》。三卷　　錢琦《東畬集》十四卷《曝書亭著錄》。　尤氏《藝文志》：《臨江集》六卷。《四庫存目》。

王周《雁湖釣叟自在吟》九卷　《附錄》一卷《檇李詩繫》　《四庫存目》。

鍾梁《西皋集》八卷尤氏《藝文志》。

徐咸《東濱三稿》《明詩綜》。

魏楷《民懷集》《浙江通志》。

趙漢《漸齋集》四卷　《聲承集》二卷尤氏《藝文志》。　《采集書錄》：《漸齋詩草》二卷。

陸杰《石涇集》《嘉禾徵獻錄》。

許相卿《雲村集》十四卷　《黃門集》十二卷焦氏《經籍志》。　《明史·藝文志》：《許相卿全集》二十六卷。　《四庫全書》著錄文集十四卷。　《簡明目錄》曰：章疏多剴切，文亦雅潔，詩多近體五言，沿洄大曆七言，出入江西。

董穀《碧里集》八卷《曝書亭著錄》。　焦氏《經籍志》作《漢陽集》九卷。

戴經《雙湖小稿》三卷《浙江通志》。

陸淞《東濱逸稿》一卷　《遠遊稿》《嘉禾徵獻錄》。

陶照《一庵吟稿》　　吳昂《南溪集》　　陳鑑《句溪集》　　沈祐《淳樸園稿》　　沈槃《平齋集》《檇李詩繫》。

蔣澳《竹山小稿》　　陳諮《東溪遺稿》四卷　《記行錄》《浙江通志》。

胡顏《春崖詩稿》一冊《曝書亭著錄》。

張璵《南溪集》《浙江通志》。

鄭曉《端簡公文集》十二卷《明史·志》　《四庫存目》。

吳鵬《飛鴻亭集》十二卷《千頃堂書目》。　《四庫存目》：二十卷。《采集書錄》：四卷。

陸坰《簣山集》十二卷尤氏《藝文志》。　《明史》：《陸坰文集》十二卷。　《四庫存目》。

丁賓《清惠公遺集》　　張徽《和古集》《檇李詩繫》。

呂希周《東匯詩集》十卷　焦氏《經籍志》　《四庫存目》。

張文憲《夐山先生集》三卷《曝書亭著錄》。

屠應埈《蘭暉堂集》八卷《明史·志》。　《四庫存目》：四卷　《曝書亭著錄》作《漸山集》十二卷。　萬曆乙卯，曾孫繩德重刻，四卷。

聞人詮《芝蘭集》一卷《嘉禾徵獻錄》。

范言《菁陽集》五卷《明史·志》。　尤氏《藝文志》：又有《四音存稿》。

沈爌《石聯遺稿》四卷《浙江通志》。

沈謐《石雲家藏集》《明詩綜》。

陸鼇《南溟詩集》《浙江通志》。

王梅《柘湖集》二卷　　王世禄《王生藝草》十二卷《曝書亭著錄》。

包節《侍御集》六卷《明史·志》。　《明詩綜》有《臺中集》《湟中集》。《四庫存目》

馮汝弼《祐山集》十六卷《明史·志》。　尤氏《藝文志》：有《祐山詩選》一卷。　《四庫存目》：文集十卷，詩集四卷。

　　趙伊《序芳園稿》二卷<small>尤氏《藝文志》《四庫存目》</small>。

　　錢薇《海石集》二十八卷<small>《明史·志》</small>。　<small>尤氏《藝文志》作《承啟堂稿》。《四庫存目》：《承啟堂集》二十九卷</small>。

　　康太和《礦峰集》十四卷　<small>焦氏《經籍志》：太和寓居嘉興，有《禾城集》</small>。

　　孫植《嘉樂堂集》十二卷<small>《浙江通志》</small>。

　　彭輅《彭比部集》二十卷<small>尤氏《藝文志》</small>。　<small>《千頃堂書目》：六卷。《四庫存目》：八卷</small>。

　　沈宏《芹溪吟稿》<small>《浙江通志》</small>。

　　陳瀚《求志齋詩集》三十卷<small>《四庫存目》</small>。

　　徐文和《蜃湖吟稿》<small>《檇李詩繫》</small>。

　　仇俊卿《瀛仙集》<small>《浙江通志》</small>。

　　顧冀《少豐稿》<small>《海鹽文獻志》</small>。

　　馮皋謨《豐陽集》十二卷<small>《檇李詩繫》</small>。　<small>《兩浙名賢錄》有《居間集》《白鶴園漫稿》。　《四庫存目》《采集書錄》作《豐山先生集》</small>。

　　陸光祖《莊簡公集》<small>《浙江通志》</small>。

　　卞錫《豹山集》<small>《明詩綜》</small>。

　　《司勳遺集》　　胡憲仲《仰厓集》<small>《浙江通志》</small>。

　　沈啟原《存石居士集》　《鸚園草》四卷<small>焦氏《經籍志》</small>。　<small>秀水黃《志》：有《巢雲館詩紀》</small>。

　　沈啟南《溪居草》<small>《檇李詩繫》</small>。

　　戚元佐《青藜閣稿》三卷　　錢貢《愛存稿》一卷<small>尤氏《藝文志》</small>。

　　卜大同《監泉集》　　卜大有《益泉詩集》二卷<small>《明詩綜》</small>。

　　錢芹《永州集》八卷<small>《四庫存目》</small>。

　　卜大順《簑泉集》<small>《明詩綜》</small>。

　　鍾夏《劍津集》<small>《檇李詩繫》</small>。

　　吳國倫《甔甀洞稿》五十四卷　《續稿》二十七卷<small>《明史·志》《四庫存目》</small>。　<small>案：《明史·志》又載其詩稿十五卷，今未之見</small>。

　　郁蘭《比部稿》<small>《明詩綜》</small>。

　　劉熠《同春堂遺稿》<small>《嘉禾徵獻錄》《四庫存目》</small>。

　　仲春龍《九山樵子詩集》二卷<small>尤氏《藝文志》</small>。

　　項元淇《少岳山人詩集》四卷<small>尤氏《藝文志》《四庫存目》</small>。

　　劉銳《春臺集》<small>《明詩綜》</small>。

　　項元汴《墨林山堂詩集》<small>《嘉禾徵獻錄》</small>。

　　尤嘉《西陵集》　　陸光宙《鉏餘稿》<small>《明詩綜》</small>。

　　姚究《尚元草》八卷<small>《采集書錄》：《元岳山人詩選》八卷</small>。　《詠物詩》二卷<small>《四庫存目》</small>。

　　李儒烈《見川集》<small>《海鹽文獻志》</small>。

　　盛周《滴露堂稿》　《南曹倡和集》<small>《嘉禾徵獻錄》</small>。

　　鍾一元《水竹居集》四卷　　姚弘謨《寶綸閣集》八卷<small>《浙江通志》</small>。

呂炯《友芳園雜詠》　《素心居集》《嘉禾徵獻錄》。

姚惟芹《東齋稿》《檇李詩繫》。

譚稷《西㵎漫稿》《浙江通志》。

吳郡《學步吟草》　《弢山社草》　　陸光祚《湛庵遺稿》《浙江通志》。

張應治《元陽堂稿》　　沈玄華《竹葉軒稿》　　王錫命《葆光閣草》　　沈榮《懋仁詩》二卷《檇李詩繫》。　　盛楓曰：與正統甲子順天中式，官知府者兩人。

陳九德《子吉集》四卷　　郁應元《北征草》　《南遊雜編》《浙江通志》。

錢與映《淵甫詩》一卷《檇李詩繫》。

吳繼《文蔚編》四卷《浙江通志》。

沈思孝《陸沈漫稿》六卷《明史·志》。　《繼山草堂集》二十卷尤氏《藝文志》。　　案：刻本《吾美堂集》八卷。　《溪山堂草》四卷《四庫存目》。

龔勉《尚友堂集》五卷《明詩綜》。

錢士升《賜餘堂集》　　支大綸《支子餘集》五十二卷《四庫存目》。　《明詩綜》有《華苹集》。《采集書錄》：《支子全集》五十四卷，分《政餘》六卷，《敦餘》二卷，《藝餘》十四卷，《耕餘》八卷，《述餘》六卷，《屯餘》八卷。《永陵編年史》八卷，《昭陵編年史》八卷，其全集一名《華苹集》。

沈懋孝《沈司成集》二卷　《滴露軒藏稿》一卷　《長水文鈔》十卷　　鍾庚陽《焚餘集》《明詩綜》。

徐弘澤《竹浪齋詩集》一卷《曝書亭著錄》。

李應徵《青蓮館集》　《澂遠堂集》　《偶寄軒集》　《藿園集》八卷《采集書錄》：《藿園詩存》四卷。　《寄苔漫草》　《薊易寓言》　《河梁兩都集》　《汗漫遊集》尤氏《藝文志》。

金九成《借竹軒稿》　《春懷小草》《檇李詩繫》。

韓子祁《醢雞集》《明詩綜》。

黃洪憲《碧山學士集》十九卷　　馮夢禎《快雪堂集》六十四卷《明史·志》《四庫存目》。

陳泰來《員嶠集》四卷《曝書亭著錄》。

沈自郊《沈修撰詩集》尤氏《藝文志》。

沈堯中《沈司寇集》六卷《曝書亭著錄》。

朱國祚《介石齋集》二十卷《明史·志》。　　繆泳曰：集未刊行，爲鄉曲一老儒塗竄，朱墨混淆，失其真矣。

徐必達《南州集》　　岳元聲《潛初子集》十二卷尤氏《藝文志》。　《澹漠集》二卷焦氏《經籍志》。

岳和聲《餐微子集》三十卷　　岳駿聲《秋㵎偶拈》一冊《曝書亭著錄》。

姚思仁《篆竹堂遺稿》《嘉禾徵獻錄》。

盛萬年《曼寄軒集》一卷尤氏《藝文志》。　《明詩綜》：《拙政編》附詩後。

黃承玄《盟鷗堂集》十四卷《嘉禾徵獻錄》。

黃承昊《闇齋吟稿》二冊並《曝書亭著錄》。

戈用泰《適適軒集》《明詩綜》。

項良枋《幽湖居士詩草》　《永和集》　《敖陽集》　《芝水集》《嘉禾徵獻錄》。

陳懿典《吏隱齋集》三十六卷　　陶朗先《元暉先生遺稿》　　李日華《恬致堂集》四十

卷　　賀燦然《六欲軒集》　《五欲軒集》《明詩綜》。

項鼎鉉《魏齋佚稿》九卷　　陸錫恩《雙鳧草》《明詩綜》。

趙維寰《雪廬焚餘稿》十卷《嘉禾徵獻錄》。

范應賓《水部集》十三卷《浙江通志》。

胡震亨《赤城山人稿》《明詩綜》。

沈孝徵《元暢閣集》十二卷《曝書亭著錄》。

項穆《貞元子詩草》《四庫存目》。

曹徵庸《冰雪軒詩集》《明詩綜》。

劉世教《研寶齋遺稿》六卷《曝書亭著錄》。

孫光裕《廉善堂集》二十卷尤氏《藝文志》。

支如玉《半衲庵集》《檇李詩繫》。

支如璔《硯亭濡削》八卷　　譚昌言《狷石居集》八卷尤氏《藝文志》。　《仕學遺編》四卷《曝書亭著錄》。

徐從治《徐忠烈集》　　包汝楫《羿舸草》二卷《曝書亭著錄》。

賀萬祚《大業齋遺稿》十卷《曝書亭著錄》。

朱大啟《曼寄軒集》《明詩綜》。

李衷純《激楚齋草》六卷《曝書亭著錄》。

崔培元《橫山草堂集》《明詩綜》。　杭氏《藝文志》有《音潮草堂集》。

朱泰禎《遠人樓詩集》五卷《曝書亭著錄》。

沈德符《清權堂集》二十二卷尤氏《藝文志》。

鄭士奇《松聰老人稿》《明詩綜》。

陳萬言《鈃園集》十四卷杭氏《藝文志》。　《徵獻錄》又有《謙九堂續集》。

吳麟瑞《金陵閒草》一卷　《己巳詩草》一卷　《秋蟀篇》一卷　《寄愁草》一卷　《哀鴻草》一卷　《尊經草》一卷《吳氏家乘》。

高道素《景元堂詩集》十二卷　　尤氏《藝文志》。

卞勳《有石居集》　　沈懋嘉《白巖遺稿》《明詩綜》。

馮敏效《小有亭集》三十卷《分省人物考》。

馮科《東皋吟》《明詩綜》。

彭宗孟《侍御集》《檇李詩繫》。

馮伯裡《虛舟草》四卷《曝書亭著錄》。　《嘉禾徵獻錄》有《南歸詩》《蓬門草》。

陳泰交《齋志齋集》十卷《嘉禾徵獻錄》。　《四庫存目》《采集書錄》作《齋志先生集》。

魏大中《藏密齋集》　　魏學洢《茆簷集》八卷《明史‧志》《四庫存目》。

魏學濂《後藏密齋詩稿》　　王屋《學可齋詩箋》　　顧猷《桃花里集》四卷《曝書亭著錄》。

殷仲春《棲老堂集》一卷　尤氏《藝文志》《四庫存目》。

張志遠《竹嶼吟稿》一卷《曝書亭著錄》。

吳麟徵《蛻園孤吟》尤氏《藝文志》：忠節公遺集四卷。

李奇玉《雪園遺草》《明詩綜》。

陶晉楔《楚遊集》《浙江通志》。

沈嗣貞《荀草堂詩稿》一册《曝書亭著錄》。

駱雲程《廣禽言》《明詩綜》。

許恂如《秣陵遊草》 《燕游代奕錄》 《秀州百詠》 陳詩教《非業稿》 曹勳《存笥集》 《行篋集》 《未有居集》 《東干集》《浙江通志》。

鄭履淳《衡門集》十五卷 鄭心材《鄭京兆集》十二卷 《外集》二卷《四庫存目》。

錢應晉《閬風館集》一册《曝書亭著錄》。

沈木《近竹稿》 丁元薦《尊拙堂文集》十二卷《四庫存目》。

周履靖《梅墟雜稿》《明詩綜》。 《曝書亭著錄》：《泛泖吟》一卷，《閒雲集》四卷，《野人清嘯》一卷。《梅顛稿選》二十卷《四庫存目》。

趙桓《烏青感古集》一卷《烏青文獻》。

郭紹儀《青蒲草》 陸澄原《芝房集》尤氏《藝文志》。 有《鬱林薙草》《蒭草》各一卷。

錢千秋《青崖集》 錢嘉徵《松龕賸稿》《明詩綜》。

沈宏度《醼雪樓詩鈔》一卷 《五願齋詩集》 《容餘軒詩稿》 《北遊草》 《畏吟小草》

陳山毓《靖質先生遺集》六卷盛楓曰：山毓弟龍正輯。

陳龍正《幾亭文錄》三卷 《幾亭外書》九卷 陳士鵠《鍛齋集》《浙江通志》。

沈昭《微吟》一卷《檇李詩繫》。

彭期生《弱水山人詩集》一册《曝書亭著錄》。

沈如封《見山集》 《北遊稿》《檇李詩繫》。

卜二南《雞肋集》《卜氏著述考》。

吳中台《淡奇齋集》《嘉禾徵獻錄》。 又有《飛隱草》。

蔣宗澹《碩薖堂吟稿》《檇李詩繫》。

屠中孚《聯合軒集》二十二卷《曝書亭著錄》。 《采集書錄》：《重暉堂集》二十五卷。

錢繼登《鍥專堂集》《檇李詩繫》。

金麗兼《補軒集》 《橙園詩草》《浙江通志》。

錢陞《西乘庵稿》二卷《曝書亭著錄》。

陳懋仁《越遊草》 《石經草堂集》十二卷嘉興湯《志》。

《塵棲稿》四卷尤氏《藝文志》。

汪珂玉《嘉禾韻史》《浙江通志》。

馬維銘《池塘草》 徐石麒《可經堂集》十二卷《嘉禾徵獻錄》。

李培《水西集》十卷嘉興湯《志》。

高承埏《稽古堂集》二十卷尤氏《藝文志》。

沈中柱《懷木庵詩草》 李公柱《澹齋草》 譚貞良《狷石居遺稿》 譚貞竑《清音閣詩草》 彭長宜《瞿瞿齋詩稿》 《小草吟》 汪挺《曾城遺稿》 顧朱《石磷主人詩草》 李自明《謫仙居稿》《明詩綜》。

李士標《蒼雪齋稿》二卷《曝書亭著錄》。

朱茂時《咸春堂遺稿》 朱茂暉《晦在先生集》 朱茂曙《春草堂遺稿》 朱茂曜《惟

木散人稿》《明詩綜》。

朱茂昞《石門遺稿》《檇李詩繫》。

朱茂晥《顧頟集》《明詩綜》。

朱茂晭《鏡雲亭集》九卷　《續集》二卷《曝書亭著録》。

卜舜年《緑曉齋集》四卷《明詩綜》。

姚士粦《蒙吉堂詩集》五卷　《見只齋集》尤氏《藝文志》。

屠應詔《松吟草》　沈章《苧莊集》《明詩綜》。

李肇亨《寫山樓草》《浙江通志》。

曾元良《煙波集》十二卷　項嘉謨《讀選堂詞賦集》　錢應金《古處堂詩》一卷《曝書亭著録》。

南雅集《明詩綜》。

吴爾壎《滋瀾堂初集》《聶許堂遺草》《浙江通志》。

夏完淳《玉樊集》《南冠草》鍾淵映曰：陳大樽選《明詩存古》，年纔十餘爾，而宋轅文援其論詩以作《序》，已許其作後進領袖，迨十五從軍，十七授命，磨盾草檄，不異老生宿儒，信異稟也。

陳良《莧園集》《个亭集》　陳許廷《蘇庵集》　錢栴《白門集》　徐爾穀《畫水草堂詩稿》　鍾欽立《信志堂稿》《明詩綜》。

陸啟浤《賁趾山房集》尤氏《藝文志》。

錢士馨《賡笳集》《明詩綜》。

吴統持《明月樓集》四卷　《危齋逸稿》六卷《浙江通志》。

馮延年《秋月庵稿》《明詩綜》。

黄子錫《麗農山人遺稿》《曝書亭著録》。

顔俊彦《好歌齋片墨二刻》一卷杭氏《藝文志》。

金嗣孫《鐵巖詩集》　沈起《慎思堂集》二卷《曝書亭著録》。《學園集》六卷　《續編》一卷《四庫存目》。

孫爽《容庵詩集》十卷《曝書亭著録》。

陸時雍《千川遺稿》　項真《鼪園詩草》《西湖草》　李標《東山遺稿》《明詩綜》。

顔統《不除草》《嘉禾徵獻録》。

項聖謨《朗雲堂集》　沈嗣選《儉娱堂集》　顧玘徵《讀書臺詩草》《曝書亭著録》。

陳素《隨鶴吟》《塞園小草》《行邸閒箋》《檇李詩繫》。

吴晉書《蓬蒿園詩集》八卷徐世溥《序》。

李天植《蜃園詩前集》五卷　《後集》五卷　《續集》二卷　《餘集》二卷　《蜃園文集》十卷未刊。《山遊集》《明詩綜》。《九山遊草》一卷陸樵刻於嶺南。《梅花百詠》一卷《四庫存目》。《忘機社月令詩》一卷　《送秋詩》一卷　《龍湫集》五卷爲同里後學陸培選本，宋景關編刊。又附乍川諸前輩遺詩一卷。

沈麐《蕙庵遺集》一卷《浙江通志》。　錢陳群《序》曰：蕙庵先生，明末肥遯，以道繩己，陶然自得。詩筆沖澹，如其爲人。尤工于詞，所著有《籟額詞箋》《琴嘯軒樂府》《游天台武夷羅浮詩》《名山詩》等集。郡《文藝志》内載《弔古》《紀遊》數詩。本朝《御選詩餘》載長短調十餘闋，餘皆散逸。郡中士大夫家多藏鈔本。先生孫艮思參藩關中，政事之餘,手錄家集一帙。

　　吳麟玉《醉月軒測吟草》　《聽溪軒稿》《明詩綜》。

　　包麟趾《浮峰閣倡和稿》錢陳群曰:包氏麟趾有《浮峰閣倡和稿》,今不傳。

　　徐肇森《焚餘草》一卷《四庫存目》　魏禧《序》曰:先生爲太僕冢子,自以不得同弟梁從太僕於難,而太僕守城死賊,功烈不得聞。先生重趼走燕、楚,痛哭陳訴,當事感動,乃得贈恤。及國變,先生與其友巢端明杖策江東,辭榮祿,歸息先壟,而感憤抑鬱不平之氣,則皆見於詩。未幾,遭母喪,遂病以死。至今讀其《丙戌清明太僕公壼上作》,孝子忠臣之志情見乎辭。又有《野田黃雀》《寄燕再避》及《城南思婦》諸作,觸物寄意,沈痛專壹。《掃墓口占》,則垂絕之辭也。　伊案:是編僅存二十餘首,今刊附《抱經齋集》後。

　　謝錫教《懶園詩存》一卷以下並于《志》。

　　張頤《漱墨遺鈔》一卷

　　朱廷訓《荔丹堂草》　王文禎《湖海長吟》八卷　孫敬叔《慎齋文集》　朱儆《孟寬遺集》一卷　俞榮《棲筠詩集》　李如心《十詠倡和集》　郭子直《二京集》《三浙集》《中林集》　田方生《敬業堂集》　吳心恒《存我編》一卷　郁起麟《梅花草堂詩集》　周九畏《子鳴集》　汪子祜《石西集》八卷　汪伯薦《崇禮堂詩》一卷　倪文楷《讀禮吟》一卷　呂茂良《蔭芳園集》　曹度《帶存堂詩文集》　吳爾篪《歸雲樓集》　吳宗漢《心逸道人吟稿》二卷　沈誼徵《香雪庵集》　朱士遷《重遊草》　譚貞默《堀庵詩存》《檇李詩繫》

　　巢鳴盛《永思草堂集》《浙江通志》。　《曝書亭著錄》:詩存一卷。

　　桑貞白《香奩詩草》二卷《梅墟別錄》。　以下閨秀。

　　沈紉蘭《效顰集》一卷《浙江通志》。

　　徐簡簡《佩蘭閣草》　《夢居集》《明詩綜》。

　　項蘭貞《裁雲草》一卷　《月露草》一卷《嘉禾徵獻錄》。

　　項佩《藕花樓集》八卷《浙江通志》。　黃媛貞《臥雲齋詩集》　徐淵《水月軒稿》《明詩綜》。以下道流。

　　徐穎《元洲集》《檇李詩繫》　朱彝尊曰:穎,海鹽學生,逃于僧,自楚歸,入茅山爲道士。

　　徐斗支《蜀道吟》　《荊南雜詠》　陳泓榔《梅居詩稿》《明詩綜》。

　　釋梵琦《北遊詩》一卷《曝書亭著錄》。　以下釋子。

　　釋萬金《澹泊齋稿》《檇李詩繫》。

　　釋明秀《雪江集》三卷《浙江通志》。

　　釋惟則《鴉臭吟》《千頃堂書目》。

　　釋文湛《蘆葦亭稿》　《紀遊詩》《檇李詩繫》。

　　釋永瑛《石林外集》一卷《明詩綜》。

　　釋方澤《冬谿內集》二卷　《外集》二卷《曝書亭著錄》《四庫存目》。

　　釋法聚《玉芝內外集》《明詩綜》。

　　釋守節《東林遺稿》　釋圓理《雲東漫稿》二卷《檇李詩繫》。

　　釋戒襄《平野集》二卷《浙江通志》。

　　釋真蘊《谷聲集》《檇李詩繫》。

釋圓鬯《青蓮居集》《明詩綜》。

釋德勝《藕花社集》《橋李詩繫》。

釋斯德《金粟齋漫稿》二卷《曝書亭著録》。

釋法濟《竹間語》《橋李詩繫》。

釋如觀《夢華集》　《幻住集》　《禪餘集》　　釋明曠《小品齋詩略》二卷《浙江通志》。　《橋李詩繫》有《紺園集》。

釋斯學《幻華集》二卷《四庫存目》。

釋智舷《黃葉庵集》六卷尤氏《藝文志》。　《采集書録》：《黃葉庵詩草》二卷。

釋道昂《苾蒭文集》于《志》。

國　朝

錢汝霖《紫雲先生遺稿》七卷錢儀吉編輯。

曹溶《靜惕堂詩集》四十四卷《四庫存目》。　《總目》曰：溶記誦淵博，詩文亦富。然其集初無定本，此本爲雍正乙巳刊行。凡古今體詩幾四千首，乃其外孫朱不戴所裒輯，溶生平吟詠具在于是。　《文集》四卷未刊。

俞汝言《漸川集》十卷《浙江通志》。

李寅《視彼亭詩存》《橋李詩繫》。　《枕波亭詩草》　徐白《竹笑庵詩鈔》　殳丹生《貫齋遺集》三十卷周廷譚編。

胡明遠《壽花居詩鈔》《浙江通志》。

徐柏齡《晜光樓集》《橋李詩繫》。

張履祥《楊園詩文集》十八卷門人姚璉編輯。　《四庫存目》：《楊園全書》三十四卷，《考夫遺書》五卷。案：朱坤重刻本十九卷。今吳郡局刻全書，文二十四卷，蓋彙合未刻之文，通爲刊行。

周拱辰《聖雨齋詩文集》十卷　《問魚篇》二卷　朱萬錡《惠風堂集》《浙江通志》。

張嘉玲《安孝先生遺稿》未刊。　鈔本現藏盛澤秀水王氏。

蔣熏《留素堂詩集》十卷　《文集》十卷《橋李詩繫》。

計東《改亭文集》十六卷　《詩集》六卷《四庫存目》。

徐贊宸《霞蔚軒稿》《浙江通志》。

王睿曠《期堂集》　《莆陽稿》《橋李詩繫》。

魏廷薦《息踵居集》　屠爌《晜齋集》《橋李詩繫》。　錢陳群曰：屠氏爌有《郊居集》，今不傳。　案：今刻本作《大經堂遺集》二卷。

屠焯《漁莊詩集》一卷《梅會詩人遺集》。

徐真木《懷古堂集》《清芬集》。

黃濤《橋李古蹟詩》一卷　李新枝《淡巖小詠》《橋李詩繫》。

孫一驥《硯隱居集》《浙江通志》。

徐淮《愛竹軒詩》　沈文輝《瓜田遺稿》《橋李詩繫》。

王翃《二槐草存》《四庫存目》。　沈季友曰：其舊作《春槐堂集》，後作《秋槐堂集》，共千餘首。壬辰舟次贛州被盜，皆没于水，深自痛惜。每終夜擁被記憶，後入粵，惘惘自失。復撫拾記聞，作詩二百餘首，買舟向北，其稿又爲鼠齧,不可綴補,益不樂。泊京口,無疾而卒。友人朱彝尊有《選抄》一册,其弟庭刻之。

彭孫貽《茗齋集》　《百花詩》二卷　　王庭《三仕草》一卷　《二西草》一卷　《秋閒草》一卷《浙江通志》。　《漫餘草》一卷《四庫存目》。　《總目》曰:是集刻于康熙戊辰,乃其晚歲所訂,時年已八十有二矣。凡五百餘首,大約近體多于古體,七律又多于各體。

浦越喬《樗岡聊宣稿》十二卷　　郭袞采《西翠樓集》《清芬集》。

陸濬睿《未庵詩》十刻《橋李詩繫》。

施洪烈《詩史集》　《粵遊集》　《觀海集》　《雄遊集》　《天中集》《浙江通志》。　沈季友曰:《詩史集》弔甲申殉難者,凡四十九章。

錢本一《柏園集》　張履祥《序》。

胡夏客《谷水集》二十二卷《四庫存目》。

周恂《耕餘集》　　陳孝治《友于集》　　周映康《雪芸詩草》一卷　　姚世靖《翠樾軒稿》《橋李詩繫》。

徐豫貞《滄浮子詩鈔》　　崔培芳《止庵遺稿》《兩浙詩鈔》。

陳恪《瞿庵詩草》　　沈中琛《抱一軒吟稿》　　李明嶅《樂志堂集》《橋李詩繫》。

葉封《慕廬詩稿》　　錢琰《畇亭詩稿》《兩浙詩鈔》。

丁彦《暇日堂集》　　魏學渠《青城山人集》《浙江通志》。

曹爾堪《南溪集》《浙江通志》。　《南溪文略》二十卷　《詞略》二卷施閏章《曹公墓誌銘》。　案:爾堪詩,新城王侍讀士正薈萃為八家,刻之吳中。

陸濬明《東園漫興稿》《橋李詩繫》。

勞之辨《靜觀堂詩集》十九卷　《文集》二卷《兩浙詩鈔》。

沈朝英《晚香亭五集》伊《志》。

施日升《蠹餘草》　《使楚吟》　《燕河漫錄》　　陳增新《高傲堂集》　《浙江通志》。

杜臻《經緯堂文集》十六卷　《詩集》十卷　　繆師伋《學圃吟》《曝書亭著錄》。

曾王孫《清風堂集》六卷　　姚汝胐《電勉園詩稿》　　姚夏《兩溪文集》十卷　　俞長策《檀溪詩文集》六卷　　俞長城《可儀堂文集》四卷　　仲宏道《子來堂集》《橋李詩繫》。　又有《改庵集》二十卷。　《采集書錄·閨集》:《改庵偶集詩》八卷,《雜著》一卷。

王槃山《飛泉立堂集》《經世文編》。

沈日星《蘭石齋詩草》《浙江通志》。

卜休《漫存稿》　　錢芷《欸乃餘吟》　《滄洲集》《兩浙詩鈔》。

張天植《北遊草》　《湖上偶吟》　　陸渭《燕齊遊草》　《登岱詩》　《漱雪堂集》《浙江通志》。

繆永謀《荇溪集》一卷《梅會詩人遺集》。

徐賫《樀崖稿》《兩浙詩鈔》。

柯聳《霽園詩集》《浙江通志》。

屠又良《佇月軒草》　　陳忱《誠齋詩集》《兩浙詩鈔》。

陸之瀚《蜀歸記》　《鶴山草堂集》　　沈煌宏《益堂稿》《浙江通志》。

吳蕃昌《困勉齋文集》　《祗欠庵詩集》八卷　《吳門同遊草》　《思居堂集》　　吳謙牧

《繭窩集》八卷《吳氏家乘》。

王之圻《鳴鶴堂稿》　　錢鴻《撫松居集》　　周宸藻《柿葉齋詩》　《自東詩》　《客游詩》　　楊應標《永思堂集》《浙江通志》。　　　顔鼎受《嶧山堂集》　《半樂亭詩》《槜李詩繫》。

魏允枏《維風集》《浙江通志》。

魏允枚《壺領山人詩集》　《楚遊集》《浙江通志》。

魏允札《東齋詩文集》　　支隆求《泊庵集》　　高佑釲《懷寓堂詩》　　沈進《袁溪文稿》《東園詩》　《藍村稿》　《半巢居稿》　《退叟行吟》　《力圃蕭閒詞》《浙江通志》。

徐震亨《且漁草》　《蘭舲集》　《聲最齋集》　《澄江雜詠》　《灞橋寓詠》　《西溪雜詠》《烏青文獻》。

楊瑄《栗齋詩稿》二卷　　楊樹本《蔭軒文稿》　《自蔭軒詩鈔》　　張宏范《霽陽詩鈔》四卷　　虞兆清《素業堂文集》　《蜀行草》《浙江通志》。

邵延齡《耐軒全稿》《槜李詩繫》。

虞兆漋《軒渠詩稿》《浙江通志》。

徐善《蕳谷遺稿》《槜李詩繫》。

沈廷勱《克齋遺稿》《浙江通志》。

鍾淵映《信志堂詩集》二卷曹溶《序》。

王益朋《清貽堂存稿》四卷　　楊雍建《景疏樓詩文集》十卷　《自怡集》一卷　　徐發《清引亭稿》　《嘉禾續古百詠》《槜李詩繫》。

陸世楷《越吟》一卷　《秋吟》一卷　《晉吟》一卷　《齊吟》一卷　《嶺外集》　《思陽集》

陸菜《雅坪文稿》十卷　《詩稿》四十卷《浙江通志》。

朱彝尊《曝書亭集》八十卷　《附録》一卷《四庫著録》。　《浙江通志》曰：初刻《竹垞文類》二十五卷，未通籍時所作；《騰笑集》八卷，官翰林時所作。　《曝書亭外集》十卷　　案：是編爲馮登府補輯。

朱昆田《笛漁小稿》十卷《四庫著録》。

李繩遠《尋壑外言》五卷　　李良年《秋錦山房集》二十二卷　《外集》三卷　　李符《香草居集》七卷《四庫存目》。　　李菊房《跋》曰：刻于滇南者曰《香草居詩》，刻于金陵者曰《耒邊詞》。未刻者曰《花南老屋集》，排偶之文曰《補袍集》《後補袍集》，寄于容城胡其慶家，遂亡其本。《花南老屋》亦僅存詩一册，此集即以《香草》《花南》二集合爲一編，凡五卷。第六卷以下，即《耒邊詞》也。

彭孫遹《松桂堂全集》三十七卷　《南泩集》三卷《四庫著録》。

徐嘉炎《抱經齋集》二十四卷《四庫存目》。

周篔《采山堂集》二十四卷　　周篁《寒玉樓集》　　徐晟全《刈園稿》六十卷《浙江通志》。

孫琮《山曉閣詩》十二卷《四庫存目》。

吳震方《晚樹樓詩稿》四卷《四庫存目》。

陸祚蕃《淳意齋詩草》二卷《浙江通志》。

沈岸登《黑蝶齋詩鈔》四卷　　沈不負《老雲齋詩删》十卷《四庫存目》。

陸洽原《話山詩文類稿》三十六卷　　吳之振《黃葉村莊詩集》十卷《四庫存目》。

周元會《冰淵集》六卷　《雪崖詩集》八卷　　趙香營《采采樓稿》　　錢以塏《研雲堂詩》　　沈廷文《廣居樓詩集》六卷　　沈爕《蓉湖詩集》　　唐堯天《落花詩》一卷　　唐永齡

《鳴候稿》二卷《黎里志》。

盧生甫《戀敬齋詩稿》　　李元繡《澹寧堂稿》二十四卷　　于東昊《錦璿閣詩稿》　　沈廉《雲錦齋詩鈔》八卷沈德潛曰：補隅方壯入秦，有"去題百二關中壁，要看三千里外山"之句，聞者壯之。後足跡幾遍天下，而《蜀遊》一集，沈鬱中復極縱橫，頗得杜陵氣骨，一時揣摩其壘者。

張劭《木威詩鈔》六卷　　徐懷仁《柘南詩集》《兩浙詩鈔》。

沈孔鍵《小羅浮山人詩鈔》十卷　　《柴門集》一卷　　曹曰瑚《大珠山房稿》　　陳廷煒《二觀齋稿》《兩浙詩鈔》。

楊煒《桐鳴小草》一卷　　《雲竹詩集》二卷　　楊燮《晜亭詩文集》八卷　　張其是《碧草軒詩鈔》一卷《濮川詩鈔》。

湯敘《金臺集》三卷　　《白下集》二卷　　《狎鷗集》二卷伊《志》。

岳昌源《經野堂詩删》厲鶚《序》。　　案：昌源，字泗庵，元聲從子，遷居歸安之菱湖。

張雍敬《閒留集》一卷　　《環愁草》一卷《靈雀軒書目》。

張翊清《靈雀軒詩集》　　丁嗣徵《雪庵詩存》二卷《四庫存目》。

譚吉璁《嘉樹堂集》二十卷　　《鴛鴦湖棹歌》一卷《檇李詩繫》。

錢煐《息深齋詩集》八卷《浙江通志》。

陸隴其《三魚堂文集》十二卷　　《外集》六卷　　《附錄》一卷《四庫著錄》。

葉燮《己畦集》二十一卷　　《語溪倡和》一卷　　《禾中倡和》一卷　　葉舒崇《宗山集》《謝齋集》　　曹鑑平《南溪集》　　濮淙《半閒樓集》　　《浣雪居草》一卷　　《月巢草》　　《蓬園草》《浙江通志》。

沈機《鸚笑軒詩稿》四卷　　《梅涇草堂集》二卷《檇李詩繫》。

陳瀍《寄松堂集》　　李明嶅《樂志堂集》《浙江通志》。

陳國政《陳子古業》二卷　　《詩集》二卷　　蔣睿《聽鴻樓詩集》《檇李詩繫》。

趙泅《資真集》　　《度嶺言》　　郭襄圖《更生集》《浙江通志》。

李煒《圃趣偶存》《檇李詩繫》。

陳光綷《調鍾集》　　周紹宗《岐陽詩鈔》《浙江通志》。

屠廷楫《鹿干草堂集》十二卷　　朱彝尊《序》。

高士奇《清吟堂全集》七十二卷　　凡《清吟堂集》《詩》九卷，附《神功聖德詩》《平漠北頌》各一卷，《經進文稿》六卷，《隨輦集詩》十卷，《續集》一卷，《苑西集詩》十二卷，《城北集詩》六卷，《歸田集詩》十四卷，《獨旦集詩》八卷，《竹窗詞》《蔬香詞》各一卷。　　案：士奇所著，又有《四明山題詠》一卷，《簡靜齋集》《唐悼亡詩》二卷，《田間恭紀》一卷，《竹牕集》十二卷，《清吟堂續集》十二卷，載見《浙江通志》。

沈皡日《柳慶集》十二卷《沈氏家乘》。

顧人龍《流憩軒詩草》一卷　　《征途雜詠》四卷　　《思樂軒文集》一卷　　吳家騏《雙硯堂集》十卷　　吳鴻振《寶書堂集》《松陵詩徵》。

金樟《南廬詩文集》　　金檀《文瑞樓稿》十卷　　曹三才《廉讓堂詩集》三卷葉燮《序》。

范路《靈蘭館集》二卷《梅會詩人遺集》。

高陽《山南草堂集》　　項玉筍《懶真堂集》《兩浙詩鈔》。

沈槎《墨亭詩鈔》　　蔣玉立《泰茹堂集》《浙江通志》。

徐天秩《雙桂堂詩稿》　　盛遠《瓣香庵稿》《兩浙詩鈔》。

蔣玉章《三徑草》　《靈威集》《檇李詩繫》。

陸敷樹《世滋堂集》《浙江通志》。

錢枋《南村長圃詩》《兩浙詩鈔》。

張茁《學心堂詩鈔》　　陳奇《談思集》《浙江通志》。

柯崇樸《振雅堂集》《兩浙詩鈔》。

柯維楨《紀遊草》　《澄煙閣詩》《檇李詩繫》。　　曹鑑徵《紅藥園集》　《白石樓集》《初月樓聞見錄》。　　吳源起《硯山稿》《兩浙詩鈔》。

張英《一經堂集》《鶴徵錄》。

陳英《東谿詩稿》《鶴徵錄》。

卜玠宣《泠溪詩草》《卜氏著述考》。

沈時《瑞芝堂詩草》　　沈棻《柏亭稿》　　于琳《香祖庵草》《浙江通志》。

范長發《息園集》《兩浙詩鈔》。

孫鍾麟《可人集》三卷徐善《序》。

俞昱《茗柯詩集》　曾王孫《序》。

俞焄《石函詩集》十二卷　《文集》四卷　　王靄《偷閒集》　　沈祖蔭《古音齋詩集》二卷　　沈傳弓《朗山遺稿》《兩浙詩鈔》。

曾安世《梅聽吟稿》四卷　　朱丕戴《洞庭湖櫂歌》一卷　　盛大鏞《匏庵集》十二卷錢陳群《盛高士傳》。

沈宗良《鴛鴦湖竹枝詞》一卷李良年《序》曰：吾友朱檢討竹垞倡《鴛鴦湖櫂歌》，譚登州舟石繼作，蓋倣湖湘欬乃體，猶竹枝也。今沈子賦《竹枝》五十章，風調頗類，採取或殊，蓋同工而異曲者。

戴錡《魚計莊集》二十六卷《梅里詩緝》。

顧仲清《扶青閣詩草》《清芬集》。

郭麐徵《西翠草堂詩稿》《清芬集》。

莊歅《休休吟》五卷歅，武進籍，康熙間自元和遷秀水，孫肇奎入籍。

沈范孫《又希齋詩集》四卷　　盛楓《丹山草》十二卷　《鞠業集》　　盛禾《膏馥集》十二卷齊召南《序》。未刊。

周晊《緩庵詩鈔》　　張師范《花外集》二卷《兩浙詩鈔》。

馮嗣京《梓紅亭詩稿》　《因樹屋詩稿》朱彝尊《序》。

鈕世楷《草亭詩文鈔》二卷　《鴛鴦湖櫂歌》一卷　　陸塒《曠庵集》《檇李詩繫》。

蔣禹錫《漁邨稿》《檇李詩繫》。

高孝本《固哉叟詩鈔》八卷《四庫存目》。

王爕《素心堂稿》二卷　　魏坤《倚晴閣詩鈔》十卷　　沈季友《學古堂詩集》六卷《四庫存目》。

曹偉謨《和鴛鴦湖櫂歌》一卷朱彝尊《序》。

陳謀道《百尺樓稿》　　朱宏栻《藕塘詩存》八卷　《夜雨對床集》二卷　　高以永《高戶部詩集》　姜宸英《序》。

馮辰卿《絳雪亭集》　　沈巇《榜花草》　　項奎《晚盤堂詩學》《檇李詩繫》。

錢爾復《半完圃詩集》　　錢綸光《晚香文鈔》　　王明福《聞川懷古詩》　《聞川雜詠》　　沈炘如《文史園詩稿》二卷　　蔣鶴鳴《慎餘軒稿》　　吳朝銓《已晚亭詩文集》三十卷《澉浦詩話》。

汪森《小方壺文鈔》六卷　《小方壺存稿》十八卷　　汪文桂《鷗亭漫稿》　《六州噴飯集》《西湖近詠》　　汪文柏《柯庭餘習》十二卷朱彝尊《序》。　《柯庭文藪》　　李宗渭《瓦缶集》十二卷《四庫存目》。

杜致遠《玉東詩集》《皇朝風雅》。

懷應聘《冰齋文集》四卷《四庫存目》。

汪繼燝《雙椿草堂集》　　馬維翰《墨麟詩》十二卷　　鍾彝《則鳴集》八卷《續檇李詩繫》。

王錫《棲碧堂詩稿》蘇州石《志》。

陸奎勳《陸堂文集》二十卷　《詩集》十六卷　《續詩集》八卷《四庫存目》。

馬金章《問天樓文集》　　蔣如馨《若林詩鈔》二卷未刻。

葉之淇《寒碧齋詩》五卷　《黃山遊草》　　葉之溶《小石林詩稿》《兩浙詩鈔》。

柯煜《石庵樵唱》十二卷《國朝詩別裁集》。　《慈恩集》五卷　　張楷《雪泉詩存》四卷　　沈廷瑞《靜趣軒詩草》一卷　　陳光裕《石墩草》　《荻書樓草》　　王士駿《清貽堂賸稿》一卷　　錢陳群《香樹齋詩集》十八卷　《續集》二十六卷　《文集》二十八卷　《續集》五卷聞元晟《竹洲詩鈔》二卷袁枚《序》。

金陳登《蔗餘集》四卷　　錢元昌《益翁詩存》四卷　　諸錦《絳跗閣詩稿》十一卷《四庫存目》。

朱荃《香南詩鈔》《鶴徵錄》。

祝維誥《綠溪詩稿》《鶴徵錄》。

祝喆《西澗草堂詩稿》《墨林今話》。

褚菊書《投筆齋集》　　李宗潮《二守齋詩鈔》《鶴徵錄》。

沈青崖《寓舟詩集》八卷沈德潛《序》。

屠嘉正《恂齋文集》八卷　《別集》八卷　　朱公珪《序》略曰：恂齋先生詩古文，講畫利病，如指諸掌。

鄭世元《耕餘居士詩集》二十四卷　　沈德潛曰：耕餘詩未嘗求新立異，而胸次高朗，卓犖可觀。

曹庭棟《產鶴亭詩集》十卷　　曹庭樞《謙齋詩稿》二卷　《補遺》一卷《四庫存目》。

曾都《宮亭詩存》　　曾郁《竹廬吟稿》　　曾郇《茨舫詩存》《兩浙詩鈔》。

張庚《強恕齋文鈔》六卷　《詩鈔》四卷《四庫存目》。

張時泰《實懶齋詩集》四卷《四庫存目》。

汪紹焻《金佗吟蘽》　　吳紹曾《愚庵集》　　陳梓《刪後文集》十六卷　《刪後詩存》十卷　　張敬業《篔園吟稿》六卷　　凌樹屏《瓠息齋集》二十四卷《四庫存目》。

朱稻孫《六峰閣詩稿》盛百二曰：所刻皆少年之作。又有《續稿》十餘卷，未刻。　《紀行絕句》二卷《擬古樂府》三卷　　萬光泰《柘坡居士集》十二卷《四庫存目》。

蔡以封《觀光集》五卷《四庫存目》。

陸天錫《古香閣詩稿》二卷　　陸祖錫《松鱗集》《鶴徵錄》。

周宣猷《禾中雜吟》一卷　　　胡慶豫《東坪詩集》八卷《四庫存目》。

鄭韻《蘆村偶存詩稿》二卷　　　鈕汝騏《南雅堂文集》十卷　　　江浩然《北田詩臆》一卷　　　鄭虎文《吞松閣詩集》二十卷　　《文集》二十卷　　　張雲鶴《抱山詩鈔》四卷　　　朱佩蓮《東江詩鈔》　　　徐廷棟《晚香堂集》二十六卷　　　王元啟《祗平居士集》三十卷　　　沈祖惠《虹舟集》九卷《鐵橋漫稿》　嚴可均曰：虹舟詩各體穩稱，五律尤高渾，逼真唐音。其賦草，先君子鈔存一卷，其高弟子王元文蒐輯遺詩，獲《三秦遊草》四卷、《洞庭遊草》一卷、《拾存草》二卷、《經進草》一卷，謀付梓不果。余獲之，合編爲九卷，世間無第二本。

吳文暉《燈庵文鈔》一卷　　《詩鈔》三卷　　　徐肇泰《棟鄂詩草》四卷　　　施曾錫《借林棲遺稿》四卷《兩浙詩鈔》。

吾定保《築巖詩鈔》十二卷　　　吳懋政《八銘堂集》　　　鄭炎《雪杖山人詩集》八卷外附其祖典《友陶居士詩》、父挺《秦濤居士詩》各一卷。

姚夏《石經堂詩文集》　　　方粲《雪屏詩存》　　　沈光曾《夢遊録》六卷　　　錢載《籜石齋詩集》五十卷　　《文集》二十六卷　　　王又曾《丁辛老屋集》十二卷　　　汪筠《謙谷集》六卷　　　錢受穀《沖齋遺稿》四卷　　　王德普《竹堂詩稿》十卷　　　曹培亨《松風堂集》　　《閒閒居集句偶存》　　　朱嵩齡《予齋集》六卷　　　朱一蜚《浣桐詩鈔》六卷　　　沈初《蘭韻堂詩集》十二卷《御覽集》六卷　　《蘭韻堂文集》五卷　　《經進文稿》二卷　　　朱琰《笠亭詩集》十二卷分十二集。

朱芳藹《春橋草堂詩集》八卷　　　陳朗《青柯館詩鈔》　　《琴思堂集》四卷　　　鍾洪《溪南書屋文集》　　《玉溪生詩集》《兩浙輶軒録》。

汪孟銷《厚石齋詩集》十二卷　　　汪仲鈖《桐石草堂集》八卷　　　汪又辰《彳石齋集》一卷　　　汪彝銘《吉石齋集》二卷　　　汪大鏞《綠雪齋詩稿》八卷　　　張性《鷦蟀吟》八卷　　　李集《願學齋文鈔》十四卷　　　曹秉鈞《種梅詩鈔》　　　金標《怡耕堂稿》　　　盛百二《柚堂文存》四卷　　《皆山樓吟稿》四卷　　　汪如洋《葆沖書屋集》四卷　　《外集》二卷　　　汪如淵《羼提居士詩集》　　　吳熙《春星草堂詩稿》八卷　　　王焯《白華堂文集》二卷　　《詩集》八卷　　《外集》二卷　　　皇甫櫃《勘書閣詩集》二十二卷案：櫃尚有《牛鐸集》《雙槐居士逸稿》。

李旦華《青蓮館集》六卷凡詩四卷，詞二卷。

李三才《茹古閣遺稿》四卷　　　薛廷文《聽雪齋詩鈔》四卷　　　方熏《山靜居詩稿》八卷《題畫詩》二卷　　　金德興《桐華館詩鈔》四卷　　　馮浩《孟亭居士文稿》五卷　　《詩稿》四卷　　　馮應榴《踵息居士詩文集》　　　馮省槐《蜀游草》一卷　　　馮集梧《貯雲居詩文集》　　　陸燿《切問齋集》十六卷　　　朱辰應《清谷文鈔》六卷　　　朱麟應《賴業齋詩詞稿》　　《續鴛湖棹歌一百首》　　　楊黻《伽陵詩稿》三卷　　　朱珏《秋籟閣詩集》十卷　　《詠史樂府》三卷　　　方廷瑛《曇華集》二卷　　　王復《晚晴軒藁》八卷　　　吳文溥《南野堂詩集》七卷　　　沈叔埏《頤彩堂文集》十六卷　　《詩鈔》十卷　　　陸世崧《蟬吟草》四卷　　　陳熙騰《嘯軒詩鈔》三十六卷　　　夏敘典《力軒遺稿》一卷　　　夏葛謙《受齋稿》五卷　　《旦聞亭詩》二卷　　　張大齡《西園詩稿》八卷　　《懷真自言》四卷　　　董潮《紅豆詩人集》十九卷　　《附錄》一卷潮，號東亭。武進人。少孤，贅於海鹽，遂寄籍焉。其詩沈博絕麗，爲"嘉禾八子"冠，嘗題《紅豆山莊圖》，以潮詩爲最。果邸賞之，贈以紅豆詩人，玉章遂以名集。

邵源《虛白詩鈔》一卷　　　邵澂《方滋集》一卷　　　郭咫宸《集虛齋詩草》二卷　　　呂坤《茼

坡集》　《㵮船草》　《鴛鴦湖棹歌一百首》和朱彝尊原韻。

湯萬祚《潔圃詩稿》二卷　　丁子復《見堂文鈔》五卷　《見堂詩鈔》四卷　　鍾駕鼇《海六詩鈔》八卷　　武承烈《秋樵詩鈔》四卷　　吳肇燈《竹香詩鈔》　　吳錫麟《自怡集》十二卷　　吳展成《春在草堂集》八卷　　潘孝基《餘香草堂集》四卷　　潘鴻謨《小餘香詩鈔》六卷　　葛嵩《晚晴閣詩》二卷　　葛澂《谿陽詩屋稿》　　姚雙慶《稼軒遺稿》五卷　　鄭湘《得蔭軒賸稿》二卷　　王鏞《小鹿柴遺稿》二卷　　邱光華《三畝草堂詩鈔》五卷　　陸應爐《瓣香書屋詩鈔》二卷　　蔣浩《思無邪齋詩鈔》十卷　　李寅熙《秋門草堂詩鈔》四卷　　岳鏞《省齋詩文集》八卷　　岳鴻振《菊照山房詩稿》五卷　　岳澐《金佗詩存》八卷　　沈步瀛《擷英軒詩鈔》　　王炳虎《秋坪詩鈔》五卷　　金永昌《凝雪書屋詩集》二卷　　朱天衣《漁山詩稿》十卷　　朱鄄《盈川小草》三卷　　高型《守愚詩鈔》二卷　　費融《紅蕉山館集》十卷　李震《鴛湖櫂歌百首》　　金綸《養疴集》　　金璋《春草堂集》　　姚駕鼇《一粟窩詩存》《梅花溪櫂歌百首》　　徐世鋼《通介堂稿》八卷　《題畫詩》二卷　　朱桂《嚴客詩鈔》十二卷　黃大本《南遊吟草》乾隆戊辰《自序》。

濮祖型《竹石居詠物詩》四卷　　沈可培《依竹山房詩集》四卷　　閔朝珍《五雋居詩》二卷　　周汝珍《舞草堂詩文集》八卷　　徐澍《谿南老屋詩集》一卷《桂馨堂集》。

鄭國僑《書帶草堂詩草》二卷《黎里志》。

朱廣川《政和堂詩文稿》未刊。

范璨《樂志堂集》《南潯鎮志》。

王璋安《流舫存稿》二卷　　王璣《復初集賸稿》一卷　　王元鑑《鵝谿草堂詩稿》六卷　王錦《蘭堂詩草》一卷　　石杰《虹村詩鈔》五卷詩分《焚餘》《鵑啼》《江皋》《雅南》《柘枝》五集,各一卷,冠以小序。道光間,莊仲方刊。

莊肇奎《胥園詩鈔》十卷　《詩餘》一卷詩分《浙西》《黔滇》《塞外》《嶺南》四稿。

章愷《北亭全集》八卷錢陳群《序》。

奚大綬《紅豆山莊詩文集》二十六卷　《湘江吟蘖》二卷《魏塘人物記》。

王家英《冰甃寒林館詩集》　　吳東發《尊道堂詩文集》《桂馨堂集》。

劉錫勇《待廬集》二卷宋景關刻。

劉世教《寶硯齋稿》十二卷　　崔應榴《吾亦廬稿》　　蔣元《叢桂堂詩文集》未刊。

王士竑《峨眉山人集》　《埽紅仙子集》　　鍾錫齡《小山山房詩文稿》五卷《濮川所聞記》。

曹三選《吹雲閣詩稿》十二卷　　程苪《三十六鷗草堂詩集》《靈芬館詩話》。

朱方藹《小長蘆漁唱》四卷　　王澄《橘香堂賸稿》一卷　《北遊草》一卷　　錢人杰《華陔吟館詩鈔》四卷　　張源濬《寫韻樓集》　　方泂《洞庭遊草》　　唐維申《磨閒詩文集》《梨里志》。

錢楷《綠天書屋存草》六卷　　王曇《煙霞萬古樓文集》六卷錢泳《序》曰:王君仲瞿著作甚多,有《經解》三卷、《史論》三卷、《西夏書》四冊、《洪範五事》《官人書五類》,未分卷。歷代《神史》一百卷,仿班固《漢書》例,《居今稽古錄》二十卷,《讀竺貫華》三十卷,《繙帠集》一百卷,《傳家六法》一卷,《隨園金石考》四冊,《煙霞萬古樓文集》四十四卷,計散體六卷,四六文六卷,本集十六卷,外集十六卷,俱未刻。僅刻駢體文六卷,亦殘闕矣。　《煙霞萬古樓詩選》二卷原稿十餘卷,道光間錢塘陳文述《選存》二卷,今刻入上海徐氏《春暉堂叢書》。　　張翀《寶書堂遺稿》二卷　　　陳珍《從吾好齋文稿》顧廣譽《三先生傳》。

孟彬《賦魚齋稿》二卷　　　《十國宮詞一百首》一卷並附刊所選《鴛湖詩鈔》後。

汪大經《借秋山居詩鈔》八卷　　　楊學林《捫心齋詩稿》七卷　　　金菖《古春詩稿》二卷李廣芸《稻香吟館詩稿》六卷　《文稿》一卷　　張逢年《懷永堂詩存》二卷　　　李大翰《雲莊詩鈔》　《輪臺使草》　　李大恒《鐵巖小草》《黎里志》。

唐桐封《愚峰小草》一卷　　　唐寶霞《藝菘莊詩稿》《黎里志》。

沈之璵《雲暢樓詩草》二十二卷　　　顧修《菉厓詩鈔》　　　譚學詩《傳清堂稿》　　　汪淮《小海自定稿》　　　譚有淇《橫山遺稿》　　　汪聖清《賜書堂集》未刊。

王寅《牆東吟草》　《居巢小草》　《潛夫學吟稿》　　　程泉《十年一覺草》　《夢硯齋稿》姚城《西村文集》　《天一齋詩存》　《楚游草》　　　陳澐《冶塘櫂歌一百首》　　　汪雲《雪谷詩鈔》　　程拱宜《净綠居詩稿》　　　程拱寅《邗上閒吟草》　　　程拱宿《竹香堂詩集》一卷　《柏悅堂詩集》六卷　　《竹所堂詩集》二卷　　《松風堂集》六卷　　《雪爪軒詩集》十二卷　　《花深樓詩集》二卷　《小漫吾亭詩集》一卷　　　孫祖赤《小石山房集》八卷　　　金蓉《青岳詩稿》　　　吳瀛《蚓吟集》　　樊鍾岳《壺山草堂詩稿》二卷　　　鍾山《吉雲集》　　　鍾肇封《蛾術居詩草》仲學孟《大雅堂集》　　　李敏芬《學古堂集》　　　錢世錫《麂山老屋詩集》十六卷　　蔣元龍《春雨齋詩集》十六卷　　　朱輔《紉蘭集》　　　李兆熊《白蘋堂稿》　　　虞黃昊《景銘集》　　　顧列星《苦雨堂詩集》八卷　　　朱休度《梓廬吟稿》六卷　　《壺山自吟稿》三卷附錄一卷　《俟寧居偶詠》二卷　　計楠《一隅草堂詩》十六卷　　　孟晟《松韻詩鈔》　　　汪世楨《春草稿》十二卷　　　夏儼《清琅室詩鈔》二卷　《續鈔》一卷　　　錢枳《雲門詩鈔》四卷　　　朱仁榮《桂軒小稿》二卷《詩餘》一卷　　陳觀圻《星圖詩略》二卷　　　楊培立《春堤詩稿》　　　沈旋《吉姑存集》二卷俞沅《紹德堂詩》二卷　　曹三才《半硯冷雲集》三卷　　　沈爕文《鶴園詩鈔》二卷　　　徐濟貞《霞蔚軒稿》　　　徐仲選《鶴友詩稿》　　　史宣綸《茗游草》　　　史翼經《吹篪集》　　　許箕《捫郄軒詩草》　　湯璘《偶成詩鈔》　　　張慎《南廬詩鈔》　　　顧雲清《暉山屋詩稿》　　王曾厚《粟阜詩鈔》四卷　　吳有榆《居易居詩文集》　　　張世傑《希白詩草》　　　夏爕《磊軒詩稿》　　崔學泗《蒙齋叢稿》　　胡季瀛《灌木庵詩集》　　　查遹《學圃堂稿》　　　吳雲龍《希淵詩文鈔》黃鼇《鳳巢前後集》　《漱六草堂集》　　　張胙《賦閒樓詩集》　　　錢振鷺《一庵詩草》　　　錢樟《耕菖堂詩集》　　陳世倕《成齋詩稿》　　　錢大樽《復齋詩稿》　　　朱鼎鉉《豐岩文集》　《豐岩詩鈔》　　陳克鎬《柳塘詩稿》四卷　　　徐焕然《桐村詩文集》　　　葛覃《無隅館集》　　　張元龍《松筠齋詩稿》　　　張宗松《寒坪詩鈔》　　朱丕烈《如蘭軒詩集》　　李常吉《傅巖集》　　　朱邦垣《梅簃詩鈔》　　蔣泰來《寅谷詩鈔》　　　顧一清《邇綠軒詩》　　　朱鴻緒《小滄洲詩集》潘華《懷古偶成》　《寄湖詩稿》　　張柯《攬雲樓詩稿》　　　陸以誠《沃洲草》　《剡溪草》　《廣李西涯擬古樂府》二卷　　《鴛鴦湖櫂歌》一卷次朱彝尊原韻。

吾祖望《以章山房詩鈔》　　　陸以謙《太沖詩選》　　　徐容《半舫詩存》四卷《耐冷談》。

孫塘《湘碧堂詩鈔》四卷　　　沈禮《雙樹軒詩草》六卷　　　沈家珍《竹素居詩存》一卷吳陳勳《梢雲山館詩鈔》一卷　　　陳寬《津門吟草》　　　張諤《筠心堂稿》　　陳熙《春臺詩存》　　　徐震修《東村吟稿》　　　陳濤《問渠詩草》　　　錢溶《應雅吟》　　　張訒《晚香樓吟草》　　　湯衡《出岫吟》四卷　《紫雲草》二卷　　浦銑《百一集》正續集二卷　　丁維時《拙漁詩存》　　　柯

汝鍔《眠琴居詩鈔》 《劍川集》 魏正錡《清涼庵詩鈔》 《石如詩筌》《魏塘人物記》。

顧之葵《昈柯軒詩集》五卷 褚鳳祥《大愚稿》二十卷 《禾事雜吟》一卷 張咸德《卷石山房詩鈔》四卷 沈鈺《雲泉佚存稿》 周霶《半村居詩草》 丁棠發《侍御公遺稿》 陳宏業《雪樵稿》 孫牲《半齋詩集》 丁旭《寶晉齋初刻》 《二刻》 孫燕昌《柳南草堂吟草》 《延春竹舍吟草》 《魏塘竹枝詞》 曹應青《烏榜閒吟草》 《花陰不系舟吟草》 錢濤《雪山詩課》一卷 曹奕雲《寶綸堂詩草》 曹煥《硯香齋集》 吳遇坤《隅齋自訂文稿》二卷 查奕照《東望望閣詩鈔》十八卷 張誥《粗洲詩鈔》八卷 馮應泰《東湖櫂歌百首》 徐光燦《山影樓詩存》二卷 陳謨《拙修書屋文稿》五冊未刊。

張誠《嬰山小園詩集》十六卷 賈朝琮《嘯軒詩集》十二卷 屈何煥《騷餘吟館詩稿》八卷 胡昌基《石瀨山房詩文集》十卷 胡正基《瑤潭集》 吳鵬《鑑湖詩草》二卷 孫熊《越中吟》三卷 屈宗建《萍槎吟稿》 張躍鱗《攟庵詩草》六卷 張論《春農草堂文集》二卷 朱鍾《古白山房詩鈔》四卷 邵澍《修竹廬詩鈔》三卷 邵洙《鷗群館詩鈔》四卷未刻。

郭喧《適意航詩鈔》一卷 屈爲彝《古音閣吟草》 屈爲章《紫華舫詩集》四卷二集未刊。

胡金題《桐華館詩鈔》三卷 胡金勝《聽秋室詩鈔》四卷 陸坊《草心亭詩鈔》八卷 陸樹蘭《抱月軒詩鈔》四卷 高廷璨《小瓶廬詩鈔》四卷 鍾晉《勺泉集》一卷未刻。

方樹本《詠花軒詩草》三卷 袁步先《循陔吟草》二卷 袁路先《日香居詩草》二卷 戈溫如《適我廬詩鈔》三卷 《星溪詩存》四卷 胡雅塤《小隨庵詩草》四卷 錢仁榮《舊霞軒詩鈔》二卷 徐士偉《鉢花館詩鈔》二卷 戈士英《愛墨軒遺稿》 蔣殿《敝帚集》 張達慶《聽泉詩鈔》二卷 張慶成《秋樵文鈔》二卷 《秋樵詩鈔》六卷 張湘任《抱璞亭詩文集》 丁泰《傮蒬廬詩文集》 陸拱斗《當湖竹枝詞》一卷 一百首。

蔣澐《春煦秋陰館詩》 朱爲霖《似山堂詩鈔》二卷 《文稿》一卷 方坰《生齋詩稿》九卷 《生齋文稿》八卷 《續刻》一卷 方金彪《寅甫小稿》一卷 錢椒《數峰草堂稿》二卷 俞嗣勳《翠微小草》三卷 陳文藻《鏡池樓詩草》六卷 徐軝《鐵匏樓詩》二卷 莊敬《南華堂詩鈔》 屈庚興《小園賸稿》 王文海《乍浦竹枝詞》一卷 何慶熙《紅藥山房詩文稿》 徐士芬《漱芳閣詩文集》十卷 馬世榮《俯浦詩草》二卷 鄭時敏《寶拙堂集》 鄭亮《三山遊草》 陸三德《菊隱小草》 馮汝麟《完璞堂吟稿》 沈延銘《靜園集句》 繆天章《雪舫齋詩草》一卷 葉耕《清嘯堂集》七卷 湯敘《退食吟》 陳樽《古衡山房詩集》十二卷 陳士麟《清源志》三卷 俞兆曾《鷗外吟箋》四卷 任昌運《香杜草初集》二卷 《二集》四卷 《三集》一卷 馮人佺《娛齋雜詠》 徐景穆《柘塘遊草》 曹森山《左紀行草》一卷 徐友貞《焚餘草》 沈曾懋《遊燕草》 王延齡《胥川草堂詩稿》四卷 馬之炎《對山詩鈔》二卷 陸張烈《愚亭近詠》 馬緒《抱璞居詩》四卷 孫廷權《宦楚吟稿》 朱殿颺《斯覺堂百花詩》一卷 馬駿《僧廬集》一卷 王用誠《西樓詩鈔》 俞用繁《賢已小稿》 吳應和《榕園吟稿》十二卷 朱絲《雪芽詩選》 吳以敬《匏齋詩文鈔》二卷 朱維魚《眉洲詩草》四卷 孫映煜《齲齋詩存》二卷 陳顯《晦韜詩存》一卷 夏宸英《竹趣山房集》 徐泰清《樾存稿》 陳玉垣《集翠軒詩集》七卷 吳修《居易居小草》三卷 《吉祥居存稿》四卷 《湖山吟嘯集》一卷 《思亭近稿》一卷 《居易

居文集》　《青霞館論畫詩》　　　朱瑞椿《春山詩存》四卷　《外編》一卷　　　陳廷獻《玉樹齋詩稿》　　　陳履亨《挹翠樓詩草》一卷　　　吾德懋《南園詩鈔》　　　馬國偉《愚庵詩稿》四卷　　　馬用俊《少白詩稿》五卷兄弟二人詩合刻爲《鄂韡聯吟集》。

　　黃仙根《銀花藤館詩集》十卷　　　陳石麟《小信天巢詩鈔》十八卷　《續鈔》一卷　《文集》四卷　　　朱履中《玉堂存草》十二卷　　　錢一桂《雙橋居詩草》四卷　　　陳震省《意鈞山房詩稿》一卷　　　李應占《小方壺仙館詩鈔》一卷　　　張燕昌《石鼓亭集》　《鴛鴦湖櫂歌百首》一卷　　王善樞《禦兒集》一卷　　　杜正藅《語溪偶吟》一卷　　　吳寶芝《小斜川詩集》　《小蓬萊集》　《重校月泉吟社》一卷　　　吳渭《復齋詩鈔》　　　吳子峙《竹裏吟》　　　胡毓琦《郎山居集》　吳瀚友《鯤詩文鈔》　　　吳淳《以牧詩鈔》　　　田錫祚《自怡集》　　　吳惟楷《敬直文鈔》　　　吳關杰《更崖詩文鈔》　　　勞斯清《止泉比事集》四卷　　　陳世修《因綮樓詩文集》　　　吳蘭同《回瀾詩集》　　　顧鎔《鴻鳴小草》　《游梁集》　　　曹肩吾《自貽集》　　　胡宗裒《濤聲倡和集》　葉棠《野鶴軒文集》　《初桄集》　《山右行稿》　《山左行稿》　《滇南行稿》　《暮年行稿》　《歸田集》　　　陳淇《漁晴遺稿》　　　周光大《納堂詩鈔》　　　史善煌《瀨江唱和雜詠》　　　吳宗元《約言書屋詩鈔》四卷　　　金鏻《留雲樓詩稿》　　　倪大宗《鶴亭遺稿》　　　費芝《惜陰齋集》　李元綸《留真稿》　《惆悵集》　　　陳萬全《三湘吟館詩鈔》　　　吳于宣《楚遊吟稿》　　　范成模《夢園文集》　《芷怡詩草》　　　蔡衡元《秋漁詩草》　　　姜之垣《百鹽詩》　　　章英《秋浦詩鈔》四卷　《惕若樓詠物》一卷　　　吳克諧《南泉詩草》一卷　　　戈朝英《抉雲堂詩鈔》　　　施嵩《少峰詩鈔》　　　施鍾成《實初學啥》一卷　《秀芝堂遺稿》一卷　　　夏惟善《碧雲春樹樓稿》　程同文《密齋文集》　《密齋詩存》四卷　　　徐瑩《北遊小草》　　　陸世采《秋畦詩鈔》二卷　陸元鈜《青芙蓉閣詩集》六卷　　　沈啟震《慎一齋詩集》　　　陸應麒《寄閒集》　　　吳森《綮亭遺稿》　　　沈大成《靜觀齋詩集》八卷　　　孫牲《半山詩集》三卷　　　汪繼熊《聽香館詩鈔》五卷　孫元琦《清芬館詩集》十卷　　　錢清履《松風老屋詩詞稿》十二卷　《續稿》五卷　　　黃凱鏞《書耕堂詩集》三卷　　　黃凱鈞《友漁齋詩正續集》十六卷　　　黃安濤《詩娛室詩》二十四卷　《息耕草堂詩》十八卷　《真有益齋文編》十卷　　　黃若濟《百藥山房詩集》十卷　　　郭麐《靈芬館詩初集》四卷　《二集》十卷　《三集》四卷　《四集》十二卷　《五集》九卷　《靈芬館雜著》二卷　《續編》四卷　　　郭鳳《山礬書屋詩初集》八卷　　　孫貫中《桐谿草堂詩》十卷　　　徐畿《春郊詩集》四卷　　　程綸《小隱山房詩鈔》　　　沈世勳《卷石山房詩鈔》　　　李炎《耕雨草》　　　周鳴盛《桐北偶稿》　　　郭演《雲門集》　《北征草》　《東華草》　《帝京篇》　　　嚴寶傳《吟秋館詩存》　　　沈棱《東廬遺稿》　　　方駕《鶴仙漫稿》　《吳下遊草》　　　嚴大奎《醉經齋存稿》　陸費鑑《虛堂待定稿》　　　柴源《桐陰草堂詩集》　　　徐鑛《鐵庵詩文集》　《東遊集》　　　朱雯《自知齋詩集》　　　吳輅《菜廬吟稿》　　　黃士塡《宏雅堂集》　《瀛山館課詩》　　　馬俊良《嵊山詩鈔》　　　許觀光《迎素樓詩》　　　吳汶《近言集》　　　吳涵《匪庵詩文鈔》　　　董采《始學齋遠遊草》四卷　《後遠遊草》一卷　　　盛宗楷《鍾溪竹枝詞》　　　徐錦《釣珊瑚客詩選》　　　汪澍《古梅溪館二集詩》八卷　　　沈寶麟《雙琴齋文集》　　　戴光曾《從好齋詩集》　　　曹言純《徵賢堂詩集》八卷　《擬唐宋雜體詩》二卷並未刊。

　　陸開誠《花南老屋詩鈔》　　　鍾鼎《月橋吟稿》　　　金蓀《香谷詩鈔》　　　屠雲堯《薇右吟草》二卷　　　張昌衢《春陰閣詩稿》　　　馮登府《石經閣文集》八卷　《拜竹詩堪詩存初集》十

卷 《續集》二卷 沈濤《十經齋文集》四卷 《柴辟亭詩集》四卷 《荃畹補題》一卷 李貽德《攬青閣詩鈔》二卷 馬汾《耨雲軒詩鈔》四卷 徐錫可《得酒趣齋詩鈔》未刊。

張廷濟《桂馨堂集》八卷 《外集》三卷 張慶榮《稻香樓詩稿》一卷 張邦棟《花臺吟草》四卷 張邦樞《鶴齋存稿》六卷 李超孫《拙守齋詩文鈔》十五卷 李富孫《校經廎文稿》十八卷 李遇孫《芝省齋集》 沈愛蓮《青珊盒初集》 《六峰攬秀閣初稿》 《讓庵偶存稿》 楊春《夢蕉書屋詩鈔》四卷 錢天樹《是耶樓初稿》一卷未刻。 章溥《蘋花閣集》未刻。

岳鴻慶《寶爵堂詩鈔》 沈步青《鍾溪櫂歌》 王楨絜《華樓詩稿》三卷 王相《無止境初存稿》六卷 《續存稿》六卷 《鄉程日記》一卷 鄭炎《雪杖山人詩集》八卷 胡祥麟《省過齋詩鈔》 沈濂《蓮溪詩稿》八卷 《續稿》三卷 葉維庚《鍾秀山房吟草》四卷 陶琯《綠蕉山館詩正續集》 王士珠《槐蔭草堂集》六卷案：此皆士珠四十歲以前之作，晚年更編數卷。未刊。

計芬《二硯齋詩集》 計光炘《守龎齋詩稿》八卷並未刊。

張岳鎮《二欲齋詩鈔》未刊。

楊景雲《芸客詩薰》 曹大經《吟秋館集》 姚吉祥《竹雨吟鈔》二卷 鄭士喬《雪樵山人詩稿》 郁鼎鐘《彝齋文集》 倪以埴《銀藤花館集》 《斜塘竹枝詞》 管溥《恬養齋詩鈔》 柯萬源《墨磨人齋集》未刻。 《斜塘竹枝詞百首》 曹信賢《魏塘竹枝詞》 沈丹培《青箱館詩鈔》八卷 朱蓮燭《棲僻園詩鈔》二卷 朱時謙《静濤齋詩鈔》一卷附刊其父蓮燭詩後。

汪能肅《韓齋詩文稿》 《魏塘集》 《可休集》 沈濤《紅藥山房詩存》二卷 《詞存》一卷 《幽湖百詠》一卷 鄭以嘉《谷口山房詩草》六卷《新塍瑣志》。

鄭鎌《抱山樓詩集》六卷《新塍瑣志》 《新溪櫂歌百二十首》二卷 崔以學《桐石山房詩》一卷海寧蔣氏刊版。

朱葵之《妙吉祥室詩鈔》二十二卷 《文鈔》二卷 《詞鈔》一卷 《雜著》一卷 黃錫蕃《醉經樓存稿》二卷未刊 《海上竹枝詞百首》 朱恒《武原竹枝詞》 張步蟾《壺隱詩集》二十卷 陳希敬《菰蘆老屋吟稿》 《退畊堂詩集》 陳謙《就莊詩》二卷 《古文》一卷 張伯魁《寄吾廬詩稿》二卷 俞浩《海月堂詩文集》 朱方增《求聞過齋詩鈔》十卷 詩爲女子葆瑛編次，朱錦琮《序》。

朱錦琮《治經堂詩文集》二十卷 《續編》四卷 《外集》四卷 《續編》一卷 朱昌頤《鶴天鯨海樓詩文稿》 吳廷燮《小梅花館詩詞集》 朱毓文《坦坦居詩文稿》 朱嘉玉《水心雲意軒詩鈔》 任沛霖《雙桂軒詩稿》一卷 馬恒錫《古直廬詩》三卷 劉東藩《硯北吟巢稿》二卷 徐熊飛《白鵠山房詩集》十卷凡《初集》三卷、《詩選》四卷、《挂笠吟》一卷、《風鷗集》一卷、《前溪風土詞》一卷。 《駢體文》四卷 後附《詩賦鈔略》二卷。 《古文鈔》四卷案：所著又有《續詩選》四卷，《詩類》四卷，《詩鈔補遺》二卷，《郼藹軒別集》四卷，《續文稿》三卷，並未刻。

徐金鏡《山滿樓詩文遺稿》 朱爲弼《蕉聲館文集》八卷 《詩集》二十卷 俞鉒《蹄涔集》 吳松《古琴樓詩稿》 沈廷燿《愛吾廬遺稿》 沈以堯《白石山房稿》 陳錦《蘭芳堂集》 高三祝《頓紅集》 《京口草》 劉以燦《友花居詩》一卷未刻。

蔣槐《瘦藤書屋詩鈔》　　謝燧《池春詩詞稿》未刊。

陸增《鴨船吟草》　《鸚鵡湖櫂歌百詠》　韓戴錦《寶墨齋詩鈔》　陸沅蒔《桂堂詩鈔》二卷　張躍鱗《拙存居詩草》二卷　盧奕春《乍浦紀事詩》　顧邦杰《橫山草堂詩鈔》三卷　賈敦復《知止堂詩集》十卷　《粵西集》二卷未刊。

賈敦臨《守約齋詩鈔》二卷　賈敦艮《餐霞僊館文集》八卷　《詩集》八卷未刊。

郁載瑛《味雪齋集》　張嘉錦《棣華廬詩稿》　張嘉鈺《晚香居詩稿》　《清溪竹枝詞》　吳文照《在山草堂詩稿》　吳文杰《讀易軒遺藁》　吳蘭森《紅蕉花館詩鈔》　吳玉森《紫櫻桃花館詩鈔》　胡鈖《了齋詩鈔》　譚有洞《苻葉邨莊吟稿》　顧丙南《有竹居吟草》　蔡錫琳《梅花猶是廬稿》　畢發《滌研齋集》八卷　沈宗德《靈蘭僊館詩存》　王發《柿葉山房吟草》　陸瀚《愜所遇居詩草》　陸憲曾《繕性居詩草》　沈鈺《雪香舍詩稿》　沈鎔夢《瀛齋詩稿》　沈瀛《遙岑把翠樓詩草》　沈浩《凝碧軒遺稿》一卷　沈沆《桐蔭草廬遺稿》　沈鴻藻《紫薇花館詩集》　沈炳垣《斲硯山房詩鈔》八卷　《祥止室詩鈔》十四卷　沈淮《三千藏印齋詩鈔》　張千里《珠村草堂集》未刻。　《閩遊草》　《菱塘櫂歌百首》　孫德中《晴雲小草》　畢灝《息影廬詩存》　周楨《愚堂詩鈔》四卷　張陶詠《瞿溪草堂詩稿》三十二卷　闕鳴珂《碧筇仙館集》　馬洵《五千卷室詩集》　馬濬《春星帶草堂稿》　岳廷枋《醉六居詩稿》四卷　錢儀吉《衍石齋紀事稿》十卷　《紀事續稿》十卷　《刻楮集》一卷　《旅逸小稿》一卷　錢泰吉《甘泉鄉人稿》二十四卷　錢炳森《邠農偶吟稿》一卷　吳昌榮《登嘯集》　沈維鐈《補讀書齋遺稿》十卷　胡永成《鶴谿草堂集》　沈道腴《穗樹軒詩草》　楊建《維園詩錄》　楊韻《息笠庵詩集》　楊智涵《山堂吟稿》　徐錦《靈素堂詩文集》七卷未刻。

朱嘉金《臞僊吟館詩詞稿》未刻。

莊仲方《映雪樓文稿》　唐模《蕉閒館詩鈔》七卷　姚仁瑛《懷芬館詩鈔》四卷　姚觀光《寶甊堂集》　陶鵠元《六有西齋吟稿》　陳坤《清娛閣詩草》　金衍宗《思貽堂詩稿》十二卷　《文稿》一册　汪元憬《三十三峰硯室詩稿》　陸鑨《鬱林山館詩集》八卷　于源《一粟廬詩一稿》四卷　《二稿》四卷　鄭瑞清《求是室詩稿》六卷未刊。

許楨《二畝半園稿》　許煌《閩遊草》　《怡清吟稿》　張來儀《蓬萊仙館集》　龔璜《橋西草堂稿》　陶淇《忠孝堂集》未刊。　高均儒《可亭文稿》未刊。

葉思澄《夢玉仙館詩稿》　錢維榦《愛日吟詩草》四卷　俞錦《澹如齋吟稿》　《北遊草》　黃燮清《倚晴樓詩集》十二卷　《續集》四卷　陳其泰《桐華鳳閣詩文稿》　王燮《陶塔影樓詩稿》十六卷　《駢體文》一卷　朱文治《珠宿山房駢體文稿》　崔德華《秋聲山館詩稿》　朱恒《武原竹枝詞百首》　《答閒吟稿》　黃金臺《木雞書屋文集》三十卷凡《初集》四卷,《二集》六卷,《三集》八卷,《四集》六卷,《五集》六卷。

朱壬林《小雲廬晚學文稿》八卷　《詩稿删存》五卷　沈筠《守經堂詩集》十六卷　《乳水流芳錄》一卷　《瑤池冰雪編》一卷　鍾步崧《夢栞山館集》七卷　劉建標《吟白廬稿》　顧廣譽《悔過齋文稿》七卷　《續文稿》八卷　徐金誥《春暉堂文集》五卷　王均《暢真機室詩稿》　朱嶽宗《玉溪漁唱百詠》　鄭敬《懷帶草堂詩鈔》　張光裕《紫荷花榭小草》　宋恭敬《小壺山館詩詞稿》　陸費瑝《真息齋詩鈔》四卷　《續鈔》一卷　馬蘭芬《青溪一曲

樓集》　　周官勳《深柳讀書堂稿》　　何毓芳《秋芬館遺稿》　　嚴廷珏《小琅玕山館詩詞集》
十卷　　嚴謹《清歡樓集》　　嚴錫康《餐花室詩稿》六卷　　黃媛介《越游草》《兩浙詩鈔》。
以下閨秀。

　　陸觀蓮《蔣湖寓園草》《檇李詩繫》。　觀蓮爲殳丹生室。

　　沈榛《松籟閣集》《國朝詞綜》。

　　錢吳黃《荻雪集》　嘉善舉人錢栻室。

　　彭孫瑩《碧筠軒詩稿》《續檇李詩繫》　海鹽諸生徐復貞室。

　　歸淑芬《雲和閣集》《浙江通志》。

　　徐範《紅餘草》《清芬集》布衣真木姊。

　　陳瑞麟《綠窗閒吟》　　沈畹《餘香詩草》桐鄉吳儁室。

　　蔣紉蘭《鮮潔亭繡餘詩存》嘉善人，禮部尚書錢以塏室。

　　聞璞《詩鈔》一卷　　費倪氏《映雪齋吟稿》一卷桐鄉人，石門費勝初繼室。

　　陳元琳《渤海遺吟》海鹽武舉人沈定穎室。

　　沈金《山青堂集》平湖諸生邵松室。

　　朱迷《慈雲閣詩存》海寧人，海鹽運同陳克鋐室。

　　蔣素貞《德滋堂稿》　　楊守儉《靜君閣稿》海寧人，中允楊中訥女，海鹽縣丞彭載奕室。

　　吳元善《玉軒吟稿》海鹽庠生朱奏室。

　　林枝芳《生翠集》　《蕉軒別集》平湖諸生陸塘室。

　　丁文鸞《倚雲樓詩稿》海鹽知縣沈變文室。

　　吳巽《聽鴻樓詩草》《梅里詩輯》。

　　沈佩《繡餘殘稿》　　張周氏《蘋香閣詩草》　　沈蘭《繡餘遺筆》　《雪齋詩餘》《續檇李
詩繫》。

　　陳克毅《餘生集》　　吳文卿《琅嬛集》一卷于《志》。

　　張儷青《繡餘稿》　　孫淡英《繡閒集》　　李貞媛《凝香閣集》平湖知縣陸培室。

　　錢復《桐花閣詩》　《拾瑤草》復，嘉善人。明大學士士升女孫，監生查開室。

　　陳絢《吟香閣集》　　沈吳氏《青霞寄學吟》　《惜陰樓賸稿》　　汪亮《采芝山人詩存》
鮑詩《鶴舞堂小稿》一卷　《吾亦愛吾廬詩鈔》二卷《初月樓續閒見録》。　詩，平湖張徽士雲錦室。

　　楊素中《煮石軒詩》　　陸全《松石居詩》平湖諸生王垣室。

　　吳瑛《芳菰書屋存稿》四卷《國朝別裁集》。　　倪夢庚《聽松書屋詩草》　　鄭李氏《黃梅詩
草》　　陸瞻雲《適吾廬詩存》二卷　　王範《蕉雨樓吟草》桐鄉諸生李靈皋室。

　　錢查氏《自憐吟》嘉善人，知縣查學女，庠生錢庭柯室。

　　王荃《飲緑軒殘稿》《勺園詩話》。

　　曹鑑冰《繡餘試硯稿》　　梅玉卿《紅豆山房稿》　　孫蘊雪《紅餘集》　　汪張氏《清心玉
映樓稿》　　盧蘭《露倡隨集》石門貢生胡家琪室。

　　梅清《月樓吟稿》　　楊素書《茗香樓集》　　李檀《生香樂意齋稿》嘉興人，知府李宗渭女，平湖
官福建糧儲道高衡室。

　　胡順《焚餘小草》　　顧德《繡月樓稿》　　徐錦《紅餘小草》一卷《清谷文鈔》。

陸許氏《篆雲樓稿》海鹽人，工部主事惟枚女，嘉興通判陸昌祖室。　　朱衣珍《樹萱小草》平湖諸生陸夢求室。

孔昭蕙《樹香詩草》　　陳玉徽《冰崖詩草》　　蔣永端《焚餘草》　　查淑順《攬秀軒稿》沈彩《春雨樓集》　　屈鳳輝《古月樓詩詞鈔》平湖舉人胡之垣室。

王允執《玉映廬詩鈔》于《志》。

沈小芳《遺芳集》　　顧慈《韻松樓詩草》二卷　　張鳳《讀畫樓詩草》二卷于《志》。

鄭辛《攬翠樓稿》秀水鄭虎文女孫，許樸室。

王吳氏《清閨遺稿》一卷秀水王訓導澄室。

任湘《海上雜吟》《紅餘小稿》海鹽諸生許師謙室。　　范素英《養疴軒小稿》　　李璠《倚閣吟》嘉興人，貢生李旦華女，張之梁室。

陳如璋《西溪集》《初月樓續聞見錄》。　　吳德旋曰：嘉興女子陳如璋，受詩於華亭沈大成，所著有《西溪集》。

金禮嬴《秋紅丈室遺詩》一卷秀水舉人王曇室。是編刻入《春暉堂叢書》。

趙德珍《得月樓存稿》平湖進士楊于高室。

陸素心《碧雲軒詩鈔》一卷平湖人，武康舉人徐熊飛室。

陸荷清《唐韻樓詩鈔》一卷徐熊飛繼室。

周桐春《棲鳳樓吟稿》海鹽人，庠生張步曾室。

唐敏《竹影軒詩》二卷　　張鏡蓉《紅蔭閣詩存》海鹽人，庠生任百卿室。

胡緣《琴韻樓詩鈔》二卷　　張步護《嗣香樓稿》　　陸彬《評花問月樓詩燼》一卷　　孫湘畹《倩窻吟稿》二卷　　徐淑安《嗣陶吟》一卷　　陳爾士《聽松樓遺稿》四卷錢給事儀吉室。

陸以湉曰：錢新梧給諫官京師時，無力延師教子，與其室陳煒卿女史親自督課。女史嘗于講貫之暇，推闡經旨，著《授經偶筆》以訓子女。

包韞珍《凈綠軒詩詞稿》嘉興莊丙照室。

吳畹香《早花集》一卷嘉興舉人李貽德室。

陳葆貞《綺餘書室詩稿》　　陸瑀華《裁香室詩鈔》一卷《冷廬雜識》。

郁徵《吟香閣詩鈔》　　邱杏《紅餘小課》趙菜《序》。

王文瑞《韻篁樓詩存》　　朱素誠《德隱樓詩稿》嘉興庠生岳廷枋室。

張朱瑩《蘭心閣詩稿》嘉興舉人張慶榮室。

潘蕙《種紅樓小稿》　　張莕蓀《餞月樓詩鈔》　　朱蘭《先得月樓遺詩》　　徐寶輝《瓵月樓遺詩》　　錢斐仲《雨花盦詩詞稿》僅刻《詩餘》一卷。

嚴澂華《含芳閣集》

釋通複《冬關詩鈔》六卷《四庫存目》。　　以下釋子。

釋宏言《澗庵詩草》《浙江通志》。

釋達純《悉擅吟草》《印須集》。

釋行日《萍遊草》　　釋聖潛《蕊香詩草》四卷　　釋德衛《停雲檳影集》　　釋元璟《完玉堂詩集》　　釋岳峙《采霞集》十卷尤侗《序》。未刊。

釋心香《聽月詩稿》　　釋行深《寄寄吟》　　釋宗泰《閱世堂稿》伊《志》。

釋常岫《祖華堂集》《聽濤稿》《寒濤閣稿》《墨香幢集》《遂清堂集》《邃園稿》

《東峰蘭若集》　《復古堂稿》　　釋通容《漁樵集》　《掛瓢集》《浙江通志》。

釋明中《炗虛詩鈔》杭世駿《序》。

釋復顯《雪廬吟草》　　釋成修《達意辭詩文集》十四卷　　釋心印《分柿山房集》釋際一曰：檂公梓，梅里名士。詩行世，此禪家風韻之不多見者。

釋露文《舊松詩草》　　釋際一《田衣詩鈔》　　釋傳發《環清集》　《攝山集》　　釋潛朗《抱月庵存稿》　　釋源衍《柏谷詩草》　《當湖百詠》徐熊飛曰：朗懷嘗作《當湖櫂歌一百首》，水鄉舊跡，捘歷殆盡。

釋達鑑《雲塢詩存》　　釋乘誠《西竺軒稿》　《谷水集》　《天台行草》　《書田詩稿》釋本白《二竹軒詩鈔》三卷黃安濤刻入《慰託集》。

釋天寥《詩稿》二卷　　釋際囷《觀幻山房稿》《續檇李詩繫》。

釋智幻《疏庵詩鈔》　　釋淳恬《鄰沙稿》　　釋瑞文《愚山詩鈔》一卷　　釋海鷗《臥雲詩集》《新塍瑣志》。

釋德山《留雲草堂詩集》　《新溪雜詠》　　釋真見《寄閒山房詩草》　　釋傳嚴《石城集》釋彌邵《芥園詩稿》　　釋文峰《如山居未悟編》並《新塍瑣志》。

釋悟瑩《旅泊吟草》　　釋竺溪《黃葉吟草》《鐙窗瑣語》。

賀炳《雲濤散人集》　　　以下羽士。

王薾《湘草詩稿》　　右別集

晉

干寶《百志詩集》五卷《新唐書·志》。

諸朝彥《過顧況宅賦詩》一卷鄭氏《通志》略，未詳編輯者姓氏。　《嘉禾詩》一卷《書錄解題》。　未詳編輯者姓氏。

宋

魯詧《會稽酬倡》二卷周必大《魯公墓誌銘》。

李如簾《古樂府》十卷　　莫琮《椿桂堂詩》一卷　　莫若沖《清湘泮水酬和》一卷《宋史·志》。錢勰《會稽公集》一百卷于《志》。

元

黃玠《唐詩選》王氏《續通考》。

繆思恭《至正庚子倡和詩》郁謙識。　伊案：是集，思恭與高巽志、徐一夔、姚桐壽、釋克新、江漢、陳世昌、鮑恂、樂善、金綱、潘澤民、殷從先、朱德輝、郁遵凡十四人。

曹睿《至正辛丑倡和詩》徐一夔識。　伊案：是集，睿與呂安坦、鮑恂、牛諒、釋智寬、常真、邱民、張翼[1]、王綸、來志道、聞人麟、徐一夔、尤存、周枈，凡十四人。　又案《四庫全書存目》《浙江采集書錄》俱有《至正庚辛倡和詩》一卷,前有周伯琦《序》,稱庚子兵後之作,悲音於邑辛丑避暑之作,逸興超群,是元季已合二集爲一編矣。其二十六人,爵里、事蹟,郁嘉慶爲《考世編》,附于後。而朱彝尊亦嘗編訂是書,於每詩之前,人各爲傳,所述與《考世編》相出入,蓋未見郁本也。

釋克新《金玉集》杭氏《藝文志》。

【校注】

[1] 張翼:當是"張翬"之誤。

明

高遜志《自得齋類編》徐一夔《序》略曰:河南高公德進甫有藏修之室,曰自得齋。既得宗工鉅儒爲之論著,而先隴白雲山舍亦皆有述。其子遜志慮其久而散軼也,彙而次之,合記、序、銘、贊、志、狀、詩、詞,凡若干首。公由御史掾調浙東宣慰司都事,善謌詩,有《紀夢集》十卷。　《師友集》杭氏《藝文志》。　梅江《檇李耆英倡和詩》《静志居詩話》　盛楓曰:項忠家居日,與金禮、梅江、戴祐、姜諒、伍方、包蒒、湯篪、陳蒙福爲檇李耆英會,江彙其先後倡和詩爲一集,府教授蕭子鵬《序》之。

朱翰《檇李英華》十六卷《百川書志》。　盛楓曰:翰取洪、永以來一郡諸家之詩,詮以成集,附以己作,惜其搜羅不廣,去取未當,然用心良苦,有功先哲,爲不可泯。

劉常《武原集》《檇李詩繫》。

包節《苑詩類選》三十卷《嘉禾徵獻録》。

黃洪憲《明文憲》　李景孟《明正音》《浙江通志》。　朱彝尊曰:是編所録,多嘉興人作。若沈鎰孟鈞、陶瑾廷璧、朱孟德維新、陳善敬佐、李澄若淵。往予輯《詩綜》,悉無從采掇,即景孟詩亦遺之。景孟曾孫儒烈,曾刊是編以行,惜今之雕本流傳者寡矣。

徐泰《明風雅》四十卷《明内閣書目》。

釋文湛《江海群英集》　龔勉《三過堂集》《浙江通志》。

陸坪《風雅輯略》《檇李往哲列傳》。

陸基仁《明四部律選》　《絶句類選》　《十子詩選》《浙江通志》。

周履靖《古今歌紀》二十四卷　《群英赤幘》十二卷　《宋明名公和陶詩》二卷　《晉宋明十三家歸去來辭》一卷　《毛公培倡和》一卷《梅墟類稿》。　《梅塢貽瓊》杭氏《藝文志》　《四庫存目》。伊案:是編皆明人贈周履靖之作,姚士粦删定爲四卷。　《古今宮閨詩》十六卷《浙江通志》。

懷悦《士林詩選》二卷尤氏《藝文志》《四庫存目》。

鄭履淳《衡門集》十五卷《四庫存目》。　《總目》曰:是編乃履淳以其父曉所喜讀古人詩文近于曠達閒適者,彙以成集,分體排纂,凡詩十一卷,文四卷,每篇之首皆不題作者姓名,始刊于隆慶乙巳,至萬曆乙酉,其子心材補輯爲此本。

卜大有《古文翼》　《曾王文粹》《卜氏著述考》。

錢孺穀《小瀛洲社詩》六卷《四庫存目》。　伊案:是編孺谷與鍾祖述同編,爲明嘉靖中海鹽徐咸與其兄泰,同邑朱朴、錢琦、吳昂、陳鑑、劉鋭、鍾梁、陳瀛、釋永瑛,共十人社會之詩。孺穀、琦孫祖述、梁孫孺穀,又各爲小傳,列于首卷。

姚氏《尚元齋三世詩》十二卷《四庫存目》。　案:爲姚悦子兖孫舜聰撰。

釋正勉《古今禪藻集》二十八卷《四庫著錄》。

陳懿典《明館閣文抄》一百卷《嘉禾徵獻錄》。

沈懋孝《文林合璧》十卷 《選鈔》 《七言律詩韻編》《浙江通志》。

李日華《四六類編》十六卷《采集書錄》。

陳泰交《廣秀水藝文志》《嘉禾徵獻錄》。

馬維銘《廣文選》二十五卷 湯紹祖《續文選》二十七卷《采集書錄》：三十二卷，所錄唐人、明人，且明人惟取正、嘉"後七子"一派。

胡震亨《續文選》十四卷莊仲方曰：錄梁代及後魏、北齊、後周、陳、隋之文，以補《文選》之遺。 《唐音統籤》一千二十四卷《明史·志》。 《傳是樓書目》曰：甲籤帝王詩凡七卷。乙籤初唐詩七十九卷。丙籤盛唐詩一百二十五卷。丁籤中唐詩三百四十一卷。戊籤晚唐詩二百一卷，又餘閏六十四卷。己籤五代雜詩四十六卷。庚籤僧詩三十八卷，道士詩六卷，宮閨詩九卷，外國詩一卷。辛籤樂章十卷，雜曲五卷，填詞十卷，歌一卷，謠一卷，諧謔一卷，諺一卷，語一卷，酒令一卷，題語判語一卷，讖記一卷，占辭一卷，蒙求一卷，章咒一卷，偈頌二十四卷。壬籤仙詩三卷，神詩一卷，鬼詩二卷，夢詩一卷，物怪詩一卷。癸籤體凡發微評彙、樂通詁箋、談叢集錄，凡三十六卷。王士禎曰：胡孝轅《唐詩統籤戊集》二百一卷，皆晚唐五代人詩。《統籤》凡千餘卷，未盡刻梓，此其什一也。又曰：《唐詩統籤》卷帙浩汗，久未版行，余僅見其癸籤一部耳。康熙四十一年，上命購其全書，令織造兼理鹽課通政使曹寅鳩工刻於廣陵，胡氏遺書幸不湮沒。然版藏內府，人間亦無從見之也。 案《四庫全書存目》：《唐音戊籤》二百一卷，所錄皆晚唐之詩，閏餘六十四卷，所錄皆南唐、吳越、閩廣之詩，刻於康熙二十四年。其後，癸籤僅有續刊，全書唯繕本流傳。康熙四十二年，《御定全唐詩》，即以《唐音統籤》爲稿本，而詳加補正者也。王氏云：廣陵重刻，版藏內府，說恐未確。 《李杜詩通》四十卷杭氏《藝文志》：李二十一卷，杜四十卷。 《鹽邑藝文志前編》黃虞稷曰：《前集》始秦漢，迄元。《後集》明。 案：是編爲天啟時知縣樊維城輯刻，凡《甲集》二卷，《乙集》四卷。

陳梁《潁水遺編》《浙江通志》。 盛楓曰：集其祖父著述。

陳禧《武陵倡和詩》一卷《嘉禾徵獻錄》。 伊案：《浙江通志》作《武林倡和詩》。今考《嘉禾徵獻錄》，天順中，禧以鄉貢任常德府教授，因有此集，當作武陵爲是。

蔣之翹《檇李詩乘》四十卷《浙江通志》。 朱彝尊曰：楚穉搜錄鄉黨先正詩無遺，兼能備翠軼事，晚年無子，書籍散佚無存，《詩乘》亦亡，可歎也。

卜世昌《明八大家文選》《卜氏著述考》。

釋文貞《檇李禪林詩輯》 徐濟貞《海谷遺風集》《浙江通志》。 沈季友曰：集海鹽先輩詩。

袁黃《評注八代文宗》八卷《四庫存目》。 《八代文腴類選》杭氏《藝文志》。

陳山毓《賦略》五十卷《明史·志》。

陳龍正《李文饒集刪本》 《李忠定集刪本》十卷《雪舫齋讀書書後》。 徐熊飛曰：《李忠定集》，幾亭先生錄存十卷，篇刪其句，句刪其字，頗稱簡要。弘光初，已用朱文方格繕寫付梓。適丁國變，未及剞劂。而止《李文饒集刪本》與此合編，今蓋失傳矣。

陸時雍《古詩鏡》三十六卷 《唐詩鏡》五十四卷《四庫著錄》。

陳許廷《八代詩箋》《嘉禾徵獻錄》。

宋咸《忘機社詩選》《浙江通志》。

姚瀚《八代文統》《徵獻錄》。

譚貞默《鴛社詩選》一卷伊案：是編爲明萬曆己未上元至六月，凡六集，李日華《序》。 嘉興湯《志》作四卷。

國　朝

沈嗣選《南宋文鑑》一百卷《浙江通志》。　錢泰吉曰：果庵《南宋文鑑序目》二册。《序》作于順治戊戌，《凡例》九條，則康熙改元七月晦前一日也。《目》凡四十八卷，每體各有小《序》，持論多平允，文章宗旨已略具卷中，多附評論，亦姚、吕所未及也。倘全集尚存於世，則果庵撰集之苦心，或終不泯没歟。

查大韶《漢魏六朝百三名家選》　陳菼《明九大家詩選》選李夢陽、何景明、李攀龍、王世貞、徐中行、吳國倫、宗臣、梁有譽、謝榛九人之詩。

陳忱《南湖倡和詩》一卷曹溶《序》略曰：我禾自乙酉有兵革之事，作者不復出。越三十七年，用宣陳子始置酒尚友堂，鳩里彦爲談詩之會，今刻倡和是也。原詩所由興，不當無因而作，遭時瘄痍，耳目所親歷，不能托諸諷諭，備史氏採，則爲失職可恥。繼自今追古者，風人之遺，人才進退，土俗盛衰，物力登耗，舉於此有所考以風，凡百有位者。

彭孫貽《歷代詩鈔》　《五言妙境》　《茗齋四韻合編》《嘉禾徵獻録》。

蔣薰《梅溪詩選》伊《志》。　朱彝尊《明詩綜》一百卷《四庫著録》。　莊仲方曰：彝尊以錢謙益《列朝詩集》顛倒是非，乃編此以糾其謬，每人略具始末，備載諸家評論，而以所作《静志居詩話》附後。　《朱譚倡和詩》二卷《浙江通志》　朱彝尊、譚吉璁撰。

陸葇《歷朝賦格》十五卷《四庫存目》。　凡《文賦格》五卷，《騷賦格》五卷，《駢賦格》五卷。

吳之振《宋詩鈔》一百六卷《四庫著録》。　之振與同邑吕氏同輯。　《八家詩選》八卷《浙江通志》。

汪森《粤西詩載》二十五卷　《粤西文載》七十五卷《四庫著録》。　案：此二書合《粤西叢載》，爲《粤西通載全書》。　《貫珠集》三卷《自序》。　案：是編輯録古人聯句之詩。

高士奇《續唐三體詩》八卷莊仲方曰：士奇嘗注《周弼三體唐詩》，復爲此書。弼以七絶、五七律爲三體，士奇選五七言古詩、排律爲續體，以補其缺。惟此每體以人爲序，各有小傳詩話，爲稍異耳。　《唐詩掞藻》八卷並《四庫存目》。

沈季友《檇李詩繫》四十二卷《四庫著録》。　朱彝尊《序》，略曰：比來編輯有明一代詩，陸子聚緂貽示南疑沈君《檇李詩繫》，其於逸民、寓公、方外、閨秀，蒐羅甚備，余頗得什一之助。宋元而下以迄今代詩人，間有闕略，即偕聚緂手抄補入，越三月卒業。其間忠節孝義之事，森然臚列，山川古跡，土風物産，擴撮靡遺，雖曰一郡詩林，是千秋文獻資也。

李繩遠《澄遠堂三世詩存》八卷《四庫存目》。　《總目》曰：是集合刻其曾祖應徵、祖士標、父寅之詩。

陸奎勳《八代詩揆》六卷　《洛如詩鈔》六卷　吳震方《朱子論定文鈔》二十卷《四庫存目》。《總目》曰：是編取經傳子史以至唐宋諸家之文，曾經朱子論定者，纂録成編，皆元列朱子之論，而以其文列於後。

杜庭珠《唐詩叩彈集》十二卷　《續集》三卷《四庫存目》。　案：庭珠與無錫杜詔同編。

釋净溥《興善寺歷代名賢留題集》二卷《四庫存目》。

陳增新《柳洲詩集》十卷《四庫存目》。　《總目》曰：順治初，增新與同里魏學渠等結詩社，稱"柳洲八子"，因遞次所作爲一編。　案：魏允柟、曹鑑平有合選本。

盛大鏞《竹林倡和詩集》六卷康熙庚辰至乙酉。朱彝尊《序》。　盛百二曰：菀庵先生結竹林詩社，多至百餘人。

盛遠《南池詩集》五卷康熙丙戌、丁亥、戊子三年之詩。海寧查升《序》。　盛百二曰：昔吾鄉有南池詩社，首倡者盛宜山先生也。　《瓣香庵倡和詩》四卷　《瓣香詩匯》二卷　沈鴻輯《瓣香詩鈔》　李光基《梅里詩選》　　李集《梅里詩鈔》　　陳光裕《濮川詩鈔》四十五卷《四庫存目》。　案：光裕與沈堯咨同編。所采沈機、仲宏道、濮淙、周映康、馮允秀、沈朗、周龍雯、陳選勳、楊煒、楊爕、陳曾祉、張其是、徐嘉、沈履端、鍾梁、周旬、周曤、陳樂、濮光孝、徐晞、張宏牧、楊炯、曹士勳、陳梓、張宏范、潘亮、程琦、沈孔鍵、沈鍾泰、釋佛眉、寂解三十一人及光裕、堯咨二人之詩，凡三十三家。

李元繡《新溪詩鈔》六卷案：元繡與沈莘士同編。元繡先歿，莘士重加增訂，即以元繡詩入之卷末。自明以來作者凡九十二人。元繡有《斐亭詩話》，莘士有《郊居詩話》，亦間附焉。

沈莘士《新溪文鈔》四卷　　朱乾《樂府正義》十九卷門人、大興朱珪《序》。　《自序》：乾隆己酉刊行者僅十五卷。卷首《原樂辨證》頗精，其唐人之沿《古樂府》體者，別鈔爲二卷。又《新樂府》二卷，均未刻。

黄家遴《凝香亭瑞蓮詩》一卷　　曾郁《墨松題詠》一卷案：是編，郁以曾祖贈員外郎元良墨松真跡徵題，得同時高孝本諸人詩詞，録爲此集。

李維鈞《梅會詩人遺集》案：是書編次明季國初李袞純、王翃、范路、屠爛、周賚、徐貞士、繆泳、屠焯、徐在、史宣緒、史翼經、李琇、李符、蔡耀十四人詩，刊行之。

諸錦《兩浙詩鈔》二十四卷　《秀水文廟學宫詩文集》一卷《自序》略曰：己卯、庚辰兩歲以來，得秀水文廟學宫詩凡若干首，薈萃付雕，以備學校藝文掌故之一則。　《嘉興郡廨梅花詩》一卷厲鶚《跋》曰：使君延草廬諸太史掌鴛湖書院課士，以郡廨梅花爲詩題，且限清字韻二絶句，徧徵同人屬和，積成卷軸，梓而行之。　《詠物倡和詩》一卷《自序》略曰：是集海寧施叟蘭垞倡之，水村項氏和之，同人屬和者數十人，不爲事縛，不爲韻拘，殆有得于唐宋作家三昧者。

曹庭棟《宋百家詩存》二十八卷《四庫著録》。　《曹氏一家詩》　　徐庭棟《四六菁華》程鵬程《桐溪遺詩》十卷　　陸燿《切問齋文鈔》三十卷　　沈廷鑨《文章宗范》《海鹽續圖經》。

盛百二《古文意宗》三十卷《自序》曰：余年二十五始有《古文徵信録》之鈔，意在於考據。壬辰四月自都南下，阻風潞河，因發舊篋，删其大半，加以新得，定爲六編：曰内，曰外，曰雜，曰通，曰逸，曰餘，凡若干首。年來遞有增損，先儒文集亦略見一二，因取昭明太子意，易名曰《意宗》。　《唐詩式》十六卷　《自序》。

馬俊良《麗體金膏》八卷是編輯歷代名臣四六奏疏，凡國朝人五卷，漢宋梁周一卷，唐宋一卷，補遺一卷，刻入《龍威秘書》。

吳光昭《賦彙録要箋略》二十八卷沈德潛、錢陳群《序》。

李稻塍《梅會詩選》三十二卷　　許燦《梅里詩輯》三十卷　《梅里三家詩》爲朱翰宣、王鴻宇、陳源三人之詩，刊版豫章。

錢佳《魏塘詩陳》十五卷佳與丁廷烺同編。

周一鳴《鹽邑藝林》二十五卷　　宋景關《乍川文獻》　　汪大經《江湖故人集》《續檇李詩繋》。

馮時桂《歷朝閨媛詩選》《勺園詩話》　未刊。

曹三德《歷朝尺牘》六卷　　《静惕堂尺牘》二卷于《志》。

馬維翰《宋詩選》七卷　《舊雨集》七卷　　顧列星《舊雨遺音》　　孟彬《聞湖詩鈔》七卷胡昌基《續檇李詩繋》四十卷未刻。　今存三十九卷。

朱爲弼《清河五先生詩選》八卷平湖張氏合刻一家著作，爲張世昌、世仁兄弟，張誥、張誠兄弟、及張達慶之詩，徐申錫補選慶成詩二卷，爲六先生詩選。

戈温如《星溪詩存》四卷　　徐中道《和聲唱和詩》　　朱琰《明人詩鈔正集》十四卷　《續集》十四卷　《三朱子詩選》三卷　　張旀《鹽邑藝文續鈔》十二卷　　釋名一《禪林詩品》六卷

蕭應槐《方壺合編》二卷　　李應占《蘭言集》　　鍾駕鼇《選詩精理》《桂馨堂集》。

郭麐《唐文粹補遺》二十六卷　　岳洙傳《濮川詩續鈔》二十二卷　　朱嶽宗《讀山樓談藪》八十卷《耐冷談》。　摘録名人著述之精者。

馮登甫[1]《清芬集》八卷輯録梅里詩人之無後者。

黄安濤《慰托集》十六卷　　徐熊飛《錦囊集》二卷　《聞湖盛氏詩鈔》五卷盛民譽《盧陽集》、盛大鏞《匏庵集》、盛楓《鞠業集》、盛熙祚《春草亭稿》、盛禾《膏馥集》。

宋咸熙《桐溪詩述》三十六卷　　沈愛蓮《梅里詩輯續編》十二卷　　郁鼎鐘《平川詩徵》朱美鏐《胥溪文會堂詩鈔》八卷　　莊仲方《南宋文範》七十卷　《外編》四卷　《作者考》二卷凡賦二卷,騷詩七卷,文六十一卷。其文未合選,而或以人存,或以人所傳誦而存,爲《外編》。《作者考》爲作者之小傳,以具知人論世之意。

《金文雅》十六卷體例一同《文範》。凡賦一卷,詩二卷,文十三卷。　《古文練要》三十八卷未刊。此選歷代之文,取其尤警練者及關一代開國經世之要者,分類成編。其周秦諸文,不可類分,別爲四卷,曰前編。其寫本今藏嘉興徐氏。案:仲方所選各朝之文讀本,有國語文四卷,公羊、穀梁傳文二卷,戰國策文四卷,周秦諸子文十四卷,史記文八卷,西漢文十卷,東漢文八卷,三國文三卷,晉文四卷,南北朝文三卷,唐文四十六卷,北宋文三十五卷,南宋文八卷,金文五卷,元文十二卷,明文十六卷,均未刊。　　黄金臺《今文愜》此選國朝人古文,凡十一冊,家藏未刊。

《盛藻集》此選國朝人駢體文,凡五冊,家藏。未刊。

孔憲采《雙溪詩匯》　　許楨《新溪詩續鈔》十卷未刊。

朱壬林《當湖文繫》二十四卷　《當湖朋舊遺詩》　　錢儀吉《盧江錢氏文匯》四十九卷《盧江錢氏詩匯》　《盧江錢氏清風集》十二卷　　錢泰吉《頤和室合稿》四卷　　沈筠《龍湫嗣音集》十二卷徐一麟《序》。　《海上文徵》八卷　《滄海遺珠編》二十四卷　《乍浦集詠》十六卷徐同柏《竹里詩存》　　王逢辰《竹里詩輯》八卷　　顧焕《楓水詩存》　　王均《柘上遺詩續編》四十卷　閨秀。徐寶輝《柘上名媛録》二卷

右總集

【校注】

[1] 馮登南:當是“馮登府”之誤。

宋

魯詹《杜詩傳注》十八卷張守《魯公墓志》。

魯訔《編注杜少陵詩》十八卷周必大《魯君墓誌銘》。　《自序》略曰:余因舊集,略加編次,古詩近體一其先後,摘諸家之善,有考于當時事實,及地理歲月與古語之的然者,聊注其下。若其意律,乃詩之六經,神會意得,隨人所到,不敢易而言之。　姚桐壽曰:《杜少陵集》自游龍門至過洞庭,詩目次第爲此州先正魯季欽編定,大都一循少陵生平行跡,可以見其詩法升降,隨其年自少而壯,而老愈入於細而化也。注脚多所補益,極爲後學借資。第音切類多吴音,不免可議。　蔣光煦曰:魯訔《杜工部草堂詩箋》有高麗刻本,相傳爲善本,蓋聞之吴枚庵明經翌鳳云。

明

陳許廷《李義山詩箋》《嘉禾徵獻録》。　朱丕基曰:許廷蒐奇摘隱,語多前人所未發。

蔣之翹《韓昌黎集輯注》三十五卷　《外集》十卷　《遺文》一卷　《柳河東集輯注》四十五卷　《外集》五卷　《附録》一卷之翹《韓柳集論例》曰：韓詩舊多爲校讎者所誤，得朱子《考異》一一正之，兹悉遵焉。倘有所未是，則第注云某當作某，不敢妄改。至于柳集竄謬特多，乃爲遍搜諸本，訛者正，闕者補，計千有餘條。多所臆見，亦竊比于《考異》云。韓《集》李漢所編，則詩在文前，柳《集》劉禹錫所編，則詩在文後。其例不同，而余不爲改者，存其舊也。詩之次序亦然。

國　朝

高士奇《唐三體詩補注》六卷案：是書宋周弼編，以五、七言律詩，七言絶句分爲三體。元釋圓至注，士奇爲之補注。

張庚《古詩十九首解》一卷　　樊紹述《遺文輯注》一卷《自序》。　案：唐樊宗師《絳守居園池記》艱深奇澀，讀者皆以怪目之，注者向有七家，各有是非。庚乃輯各家注本，正其句讀，分節疏義，遂令積滯胥通。盛百二《李播大象賦注》一卷《柚堂著述序》　案唐《志》：《大象賦》《黄冠子》，李播撰。

王元啟《讀韓記疑》十卷　　馮浩《樊南文集詳注》八卷　《玉溪生詩詳注》三卷　　馮集梧《樊川詩注》四卷　　馮應榴《蘇文忠公詩合注》五十卷　　金檀《高青邱詩箋注》十八卷　江浩然《曝書亭詩箋注》十二卷案《凡例》有云：同邑前輩沈萊畦、周文石諸先生並有注本，今都不傳。　　楊謙《曝書亭詩注》二十二卷　許河《袁文後案》二卷未刊。　　浦銑《唐宋律賦箋注》四卷　孫銀槎《曝書亭集箋注》二十三卷　　柯汝鍔《曝書亭詩補注》《魏塘人物記》。吳修《曝書亭詩集集注》　　李富孫《曝書亭集詞注》七卷

右詩文注

元

陳秀民《東坡文談録》一卷　《東坡詩話》三卷《四庫存目》。
秦約《詩話舊聞》杭氏《藝文志》。

明

徐泰《詩談》一卷《海寧衛志》《四庫存目》。
王文禄《文脈》三卷《浙江通志》《四庫存目》。
黄洪憲《玉堂日鈔》三卷《四庫存目》。　《總目》曰：是編鈔撮宋陳騤《文則》、李耆卿《文章精義》、明何良俊《論文》、王世貞《藝苑巵言》、吳訥《文章辨體》五家之言，爲一書。
周履靖《騷壇秘語》三卷《浙江通志》。
懷悦《詩家一指》一卷尤氏《藝文志》。
陳懋仁《續文章緣起》一卷　《文章緣起注》一卷杭氏《藝文志》。　《藕居士詩話》一卷《浙江通志》。　《采集書録》作二卷。
李日華《恬致堂詩話》三卷《四庫存目》。

袁黃《詩外別傳》二卷_{尤氏《藝文志》}。

支允堅《藝苑閒評》二卷　　吳統持《卍齋詩話》_{杭氏《藝文志》}。

項嘉謨《清居詩話》_{《嘉禾徵獻録》}。

李天植《深省堂詩話》_{伊《志》}。

李璋《嗜泉詩說》_{于《志》}。

國　朝

朱彝尊《静志居詩話》二十四卷　　徐嘉炎《賦範》一卷_{《學海類編》}。

柯維楨《小丹邱客譚》_{《鶴徵録》}。

葉燮《原詩》二卷_{沈德潛曰：先生論詩以少陵、昌黎、眉山爲宗，成《原詩内外篇》，埽除陳見俗諦。沈珩《序》略曰：《内篇》標宗旨也，《外篇》肆博辨也。}

吳文暉《漱浦詩話》二卷　　方薰《山静居詩話》二卷　　吳文溥《南野堂筆記》十二卷　吳東發《續漱浦詩話》四卷　　張誠《梅花詩話》二十卷_{未刊}。

胡昌基《石瀨山房詩話》_{未刊}。

浦銑《歷代賦話》二十八卷　《復小齋賦話》二卷　　魏正鈔《詩筌》_{《魏塘人物記》}。

孫濤《重訂全唐詩話》六卷_{原書宋尤袤輯}。　《續輯全唐詩話》二卷　《全宋詩話》十二卷　陳克鎬《柳堂詩話》十二册　　孫謀《意林詩話》_{未刊}。

郭麐《靈芬館詩話》十二卷　《續詩話》六卷　《爨餘叢話》四卷　　徐熊飛《春雪亭詩話》一卷　《修竹廬譚詩問答》一卷　　沈濤《匏廬詩話》三卷　《瑟榭叢談》二卷　　馮登府《勺園詩話》二卷　　沈愛蓮《小靈蘭館詩話》　　黃安濤《詩娛室詩話》_{未刊}。

王燮陶《吟窗揮塵録》六卷　　于源《鐙窗瑣話》十卷　《柳隱叢譚》四卷　　陸攟湘《幽芳齋詩話》二卷_{未刊}。

右詩文評

宋

毛滂《東堂詞》一卷_{《書録解題》《四庫著録》}。

吕濱老《聖求詞》一卷_{《宋六十名家詞》。　《書録解題》作吕渭老。　《四庫著録》}。

陳與義《簡齋詞》一卷_{《書録解題》。　《百川書志》作《無住詞》。　《四庫著録》}。

朱敦儒《樵歌》一卷_{杭世駿曰：今三卷}。

張掄《蓮社詞》一卷_{《書録解題》}。

許棐《梅屋詩餘》一卷_{王氏《續通考》}。

岳珂《續東几詩餘》_{《明内閣書目》}。

明

支大綸《華苹詞》一卷　　王屋《草賢堂詞》十卷_{《明詞綜》}。

沈懋德《湖目詞》《歷代詩餘》。

周履靖《閒雲館詩餘》　　李肇亨《醉鷗長短句》杭氏《藝文志》。

錢繼章《菊農詞》一卷《浙江通志》。

錢應金《古處堂詞》二卷　　朱一是《梅里詞》一卷　　夏完淳《玉樊堂詞》一卷　　吳熙《非水居詞》三卷　　周珽《疑夢詞》《明詞綜》。

國　朝

王翃《槐堂詞》《浙江通志》。　　案：王言遠所刻爲《秋槐詞》。

曹溶《靜惕堂詞》一卷　　陸世楷《種玉亭詞》一卷　　《踞勝臺詞》一卷　　王庭《秋閒詞》一卷　　徐嘉炎《華隱詞》　　魏學渠《青城詞》三卷　　曹爾堪《南溪詞》二卷　　丁裔沆《香草堂詞》《國朝詞綜續編》。

魏坤《水村琴趣》四卷朱彝尊《序》略曰：予嘗持論，謂小令當法汴京以前，慢詞則取諸南渡。錫山顧典籍不以爲然也。魏塘魏孝廉獨信予說，頻與予倡和。詞成，掩其名示人，見者或疑所作云。

柯崇樸《振雅堂詞》朱彝尊《序》略曰：柯子寅皰，助予編次宋元人之詞，又同周布衣青士博采詞人體制，探其源流，爲《樂章考索》一書。

戴錡《魚計莊詞》朱彝尊《序》略曰：休寧戴生錡，僑居長水，從予遊。其爲詞務去陳言，謝朝華而啟夕秀，蓋兼南北宋而擅場者也。

陸垐《曠庵詞》一卷　　陸菜《雅坪詞譜》三卷　　高士奇《蔬香詞》一卷　　《竹牕詞》一卷《浙江通志》。

彭孫遹《金粟詞》　　《延露詞》三卷　　朱彝尊《江湖載酒集》三卷案：《曝書亭集》又有《靜志居琴趣》一卷、《茶煙閣體物集》二卷、《蕃錦集》一卷。

李良年《秋錦山房詞》二卷　　沈皞日《柘西精舍詞》一卷　　李符《耒邊詞》一卷　　沈岸登《黑蝶齋詞》一卷《浙西六家詞》。

葉舒崇《謝齋詞》二卷　　汪森《月河詞》　　《桐扣詞》　　汪文柏《柯亭樂府》一卷　　鈕世楷《秋樹根詞》一卷《新溪詩鈔》。

魏允札《東齋詞略》四卷　　徐梗《西溪詞》一卷　　沈進《藍村詩餘》一卷　　沈季友《迴紅詞》一卷　　袁揆燮《華煙詞》一卷《國朝詞綜》。

張奕樞《芳莊詞》二卷　　盛楓《梨雨選聲》二卷　　盛禾《稼村詞》二卷　　盛本柟《滴露堂小品》二卷案：盛氏兄弟三人之作，彙爲一編，名曰《棣華樂府》。楓及本柟歿後，禾乃刊之。

俞兆曾《鷗外吟箋》四卷　　沈崑《味菜山房詞》　　顧仲清《喝月詞》　　柯炳《月波詞》　　徐懷仁《柘南詞草》一卷　　鄭培《苧西詞》一卷　　葉之溶《小石林詩餘》　　陸綸《莞爾詞》一卷　　柯煜《月中簫譜》二卷　　《小丹邱詞》一卷　　楊恒《賞靜軒詞》　　張宗橚《藕村詞存》二卷　　張玉綸《練峰詞鈔》一卷　　陸培《白蕉詞》四卷　　張奕樞《紅螺詞》一卷　　沈修齡《蜜香紙閣詞》一卷　　萬光泰《月波款乃詞》二卷　　《聞漁閣雅詞》一卷　　章愷《蕉雨秋房詞》一卷　　張雲錦《紅蘭閣詞》一卷　　陸烜《夢影詞》三卷　　徐志鼎《玉雨詞》二卷　　朱芳藹《小長蘆漁唱》四卷　　汪孟鋗《語冰詞》　　汪仲鈖《懷新詞》一卷　　王又曾《丁辛老屋詞》一卷　　金蓉《湄莊詞鈔》《清芬集》。

張庚《瓜田詞》一卷《柚堂文存》。　未刊。

查奕照《滕琴館詞鈔》一卷　　董潮《漱花集詩餘》一卷　　張宗松《捫腹齋詩餘》　　方薰《山靜居詞》二卷　　金德輿《釀春詞》二卷　　施曾錫《香草詞》一卷未刊。

胡奕勳《蓴菜詞》一卷　　馬緯雲《鶯聲細雨草堂詞》　　王方恒《亦是山人詞》　　王啟曾《南田詞》二卷　　蔣元龍《桃花亭詞》一卷　　吳展成《擘絮詞》　《啖蔗詞》　　李旦華《青蓮館詞》二卷　　顧列星《風雨閉門詞》一卷　　姚汝翼《江邨買花詞》三卷　　沈一誠《鏤冰詞》一卷　　屈為章《竹滬漁唱》一卷　　徐熊飛《六花詞》一卷　　胡雅塤《遠香詞》　　胡金題《金屑詞》一卷　《酒邊詞》一卷　　胡金勝《笛家詞》四卷　　陸錫謨《清芬館詞》二卷　　邵源虛《紅柳詞》一卷　　王復《晚晴軒詞》一卷　　朱仁榮《桂軒詩餘》一卷　　嚴駿生《餐花吟館詞鈔》四卷　　汪如洋《葆沖書屋詩餘》一卷　　張誠《鶴厂詞》一卷　　陳朗《六銖詞》二卷　集漢魏六朝人句。

陳珏《瑤林詞》一卷　　沈振鷺《紅樹山房詞》四卷　　李汝章《餘霞樂府》二卷　　邵豐城《蕉隱詞》　　陳咸慶《紅蕉仙館詩餘》　　陳新清《舉樓詞稿》　　沈蓮生《香草溪詞》　　余鵬飛《夢箋書屋詞》一卷　　施鍾成《玉屑詞》一卷　　柴源《桐陰草堂詞》一卷　　沈濤《洺州唱和詞》一卷　《九曲漁莊詞》一卷未刊。

汪繼熊《花樓詞》　　黃安濤《綠箋詞鈔》二卷未刊。　案：是編為黃燮清手定，其稿本為袁氏子攜往湖北，失於粵匪之亂。見《國朝詞綜續編》。

蔣澐《睫巢詞稿》　　張昌衢《春陰閣體物詞》一卷　　馬汾《藕雲軒詞》二卷　　馮登府《種芸仙館詞》《月湖秋瑟》二卷、《花墩琴雅》二卷、《釣船笛譜》一卷。

曹言純《種水詞》四卷　　項映薇《藤花館詞》　　周樽元《寶晉甎室詞集》　　馬洵《瓶隱詞》　　楊懋麐《閒雲潭景詞》二卷　　李貽德《夢春廬詞鈔》　　胡咸臨《炙硯詞》　　朱聲希《吉雨詞》二卷　　趙華恩《碩軒詞鈔》四卷　　計光炘《守礱齋詞》一卷　　柯萬源《杏花春雨館詞》　　吳廷燮《小梅花館詞集》　《水仙別譜》　　沈愛蓮《小靈蘭仙館詞鈔》　　王家英《鴛湖漁唱詞》四卷　　陸增《紅蕉詞》　　秦光第《半枯樹齋詩餘》　　邵建詩《聽春閣詞》　　陳其泰《鴻雪詞》　　宋恭敬《拜石齋詞》一卷　　黃燮清《倚晴樓詩餘》四卷　　張金鏞《絳跗山館詞錄》　　賈敦艮《東武挐音》二卷未刊。

俞錦《澹如齋詞稿》

沈榛《松籟閣詞》一卷嘉善錢進士黷室。　　以下閨秀。

虞兆淑《玉映樓詞》《國朝詞綜》。

吳藻《花簾詞》　《香南雪北詞》　　錢斐仲《雨花盫詩餘》一卷　　以上詞集。

明

錢應金《北牕詞箋》《嘉禾徵獻錄》。

國　　朝

曾王孫《名家詞鈔》凡六十家。　案：王孫與廬陵聶先同纂。

朱彝尊《詞綜》三十六卷《四庫著錄》。　案：彝尊與汪森同編。

周篔《詞緯》三十卷　《今詞綜》十卷《浙江通志》。

汪森《明詞選》《自序》。

陳澍《蕉雨軒詩餘彙選》八卷《四庫存目》。

汪大經《詞雅》《續檇李詩繫》。

程鵬程《桐溪詩餘》十卷　　金蓉《紅香館詞選》　　薛廷文《梅里詞緒》六卷《清芬集》。

馮登府《浙西後六家詞》十卷　《梅里詞輯》八卷　　黃安濤《續昭代詞選》　　黃燮清《國朝詞綜續編》二十四卷　　以上詞選。

彭孫遹《詞統源流》　　李良年《詞家辨證》　《詞林紀事》《學海類編》。

張宗橚《詞林紀事》二十二卷　後附《樂府指迷》《詞旨》《詞韻考略》三卷。　　以上詞話。

明

沈德符《顧曲雜言》一卷《四庫著錄》。

姚宏誼《樂府統宗》十五卷《嘉禾徵獻錄》。　《自序》曰：采摭南北樂府，新舊牌名，類入九宮十一調，仍各以引子分列于前，以過曲具贅于後，而詞中遇字有多寡，句有長短，版有不同，腔有不一者，亦隨其牌名，以附綴之。

卜世臣《樂府厄言》　《樂府指南》《卜氏著述考》。　　以上南北曲。

右詞曲

嘉興府志卷八十二

藝文〔一〕

文之記事、論事、詠事者，已詳見各門矣。藝文則取有關茲土而無門可附者也。伊《志》：《柳貞女記》《戚孝子記》暨于《志》各記各碑，擬改編《列傳·節孝》門，而表其撰人姓氏焉。至姚思仁、岳元聲、錢嘉徵、徐石麒諸疏，于《志》采之雖伉直可風，似止宜歸入本傳，以其事與嘉禾無涉也。地志之書，文以地屬，胡可濫登。志《藝文》。

詔 誥

漢

武帝《賜嚴助詔》

詔會稽太守：君厭承明之廬，勞侍從之事，懷故土出爲郡吏。會稽東接於海，南近諸越，北枕大江，間者闊焉，久不聞問，具以《春秋》對，毋以蘇秦縱橫。

宋

神宗《元豐四年前秀州崇德縣尉左惟溫詔》　劉敞行。

天下無事，人得養老長幼，修孝悌之行，甚善。而猾惡民起爲盜賊，奪攘以侵擾之，郡縣所患者也。汝以邑尉，捕擊如律。尚書條上閥閱，遷爾糺曹。祗服明命，益思自奮。可漣水軍錄事參軍。

表

唐

錢珝《代陸扆謝再入表》

臣扆言：臣昨蒙恩制，除授中書侍郎同中書門下平章事。今日面宣聖旨，不令更有陳讓者。臣聞虞、舜、成湯之爲君也，舉皋陶、伊尹之賢，處補袞宰衡之任，不仁自遠，大道甚夷。上可致君，下可遂物，相須之用，古策具書。獲彼[1]寵靈，再當燮理。仰成之重，內省至難，披肝鬲之所藏，冀封章之可達，煩言無取，睿睠莫迴。親奉清光，復傾丹懇，讓不容於稽首，進可務以沃心。臣誠憂誠感，頓首[2]。伏惟尊號皇帝陛下濬哲守文，高明立極。廣好問則裕之美，推任賢勿貳之誠。思舉直以化人，待封比屋；念偃兵而屈己，欲拜昌言。是宜慎擇濟川，博求在野，並稷契之稱前代，若姚宋之贊本朝，使竭謨猷，以光輔弼。臣器殊王佐，質謝卿才，常念立身，但希承嗣,未曉必聞之政,合居不急之官。雖臨事秉心,如秤敢畸於輕重;而自天率性,佩弦亦戒於因循。頃者徒幸遭逢,且乖斟酌,既塵公餗,果驗素飧。旋叨就列之榮,每荷匪瑕之道。今者忽流霈澤,又執淇鈞,信夢寐之難期,詎著龜之可卜。頃雖當軸,竊類代庖,是非誠畏於人言,去就敢違於君命。中台不耀,先憨箕斗之光;元首自明,何效服肱之力。銜恩匪稱,揣分彌憂,詞不盡於抽毫,淚空滋於承睫。負戴聖造,辭莫能揮[3]。臣某無任感激榮忭屏營之至。

【校注】

[1] 彼:《全唐文》卷八三四作"被"。據文意,當作"被"。

[2] 頓首:《全唐文》作"頓首頓首",是。

[3] 揮:《全唐文》作"殫",可從。

宋

沈括《秀州謝表》

伏蒙聖恩授臣秀州團練副使、本州安置、不得簽書公事,勳、賜如故,臣已於今月日到秀州訖。祗荷寬恩,曲矜舊物,重見故里,獲庇餘生。伏念臣早以庸才,謬叨繁寄。上負任使,客祭已決於此身;下念孤忠,生還特出於聖造。復覩江湖之路,尚疑夢寐之遊。感極心驚,潸然涕落。此蓋皇帝陛下揚對天之大烈,握盡神之潛機。丕圖庶工,總攬淳治。造化至力,肖翹亦荷於昭蘇;天地為心,枯槁一均於化育。使垂盡之朽骨,與萬化而同新。雖奮竭之心,難伸於已廢之日;惟忠孝之志,敢馨於未死之前。瞻望闕庭,臣某無任感天荷聖激切屏營之至。

明

王升《謝賜金帛藥物表》

洪武四年閏三月日,布衣臣王某言:伏蒙聖恩,賜臣詔書,并銀絹椒藥,謹上表稱謝者。伏以聖明御極,自慚無補於涓埃;詔命臨門,忽沐分霈於雨露。輝生蓬蓽,歡動鄉閭。欽惟皇帝陛下德厚道高,功崇業廣,智勇天錫,聖敬日躋。任賢使能,與堯舜之心同大;賞功罰罪,如天地之德無私。端居九重之中,明見萬里之外。伏念臣性資愚陋,學術迂疏,分甘老於山林,名敢求於簪紱。教子乏義方之訓,承恩忝科甲之榮。大邑分符,深佩選掄之重;安書寄遠,勉加忠孝之全。俾恪守於廉勤,庶少酬於知遇,何冀上聞於天闕,過承下逮於星軺。白金光照於琴書,黃絹春生於筐篚。芳椒助養,上藥扶衰,豈期枯朽之餘,遽拜駢蕃之賜,徵徭特免,喜懼交臻。臣瞻仰清光,鈞陶聖化,心同犬馬,願攄報效之誠;景迫桑榆,欣覯太平之盛。

疏

明

施儒《請分立縣治疏》嘉靖十七年十一月。

奏為便宜創立縣治,以弭鹽盜,以安地方等事。臣竊照隣近烏鎮大市,地僻人稠,商賈四集,財賦所出,甲于一部。第烏鎮爲烏程、歸安、桐鄉、秀水、崇德、吳江等六縣輻輳,四衝八達之地,比年以來,民風惡薄,鹽徒出沒,盜賊猖獗,賭博盈街,娼優塞巷,甚至白晝殺人,肆無忌憚。且如烏程唐縷、唐珣父子,桐鄉吳愷夫婦,歸安蔣仁兄弟,及不知姓名徽州等處商客,或因小忿被殺,或以見財謀害,或賭錢宿娼,爭鬥致命,不下百數,此臣所目擊耳聞者也。至於本鎮左右,前後溪港,私鹽拒捕,惡少剽劫,殺傷人命,姦污婦女,不可枚舉。遠近恐恐,眠不貼席。官府亦嘗禁捕,緣係六縣交割,凶徒各立黨與,分聚窠穴,彼追此遁,互相拒奪,官兵限於越界之禁,竟莫誰何。蓋緣歸安、秀水、吳江等縣俱與本鎮相去百里,遠難控制,此固習俗不良,亦由地勢使然。欲求地方寧謐,必須在鎮創立縣治,庶事權歸一,民有依庇。又恐獨見有碍,再三訪諸有識耆老,曉事生儒及鄉鎮大小居民,俱各踴躍稱便。又慮創立衙門,工費浩大,衆口皆曰立縣治,則有普靜、廣福、慈雲等廢寺;立儒學,則有密印、寶閣等寺;立倉場,則有北利濟等寺,堂宇廨舍,前項寺院房屋足勾修改,搬移工食,居民咸願酌量多寡出辦,何費於官,何害於民。臣思立大事,以人爲本,今人心悅服,事必有濟,但以君門萬里,上達無由,臣故不敢以樗朽自棄,昧死爲陛下陳之。臣又思往年叨受廣東惠潮兵備,正值彼處盜賊滋蔓愈熾,比臣查得廣東、江西、福建先年各因盜賊生發,奏立平和、和平、東鄉等縣,俱有明驗。臣乃訪順民情,通呈撫、按,奏請改設惠來、大埔二縣,迄今盜息民安,遂爲樂土。由是觀之,設縣弭盜,誠爲急務。本鎮事勢無異前項地方,若不早爲區處,不無釀成大患,良民轉徙,市鎮益敝,深爲可憂。伏望皇上軫念生靈荼毒,特敕戶部轉行撫、按衙門,委官體勘,相度將各縣附近里分酌量分割,百里上下,創立一縣,則前患可消,居民安堵。況各縣大者五六百里,其次二三百里,每縣分割一二十里,不穀二十之一。夫仁人以公天下爲心,而論治以利國家、安民生爲上,又何分之足恡哉!有議設巡檢司以鎮之者,有議設巡捕通判以鎮之者,見今東有爛溪巡司,北有後潘巡司,南有皁林巡司,西有璉市巡司,各與本鎮相離不遠,盜賊生發,略無顧忌。又福建南詔地方會[1]設捕盜通判,并千戶所賊發竟不能支,後請設縣,遂乃寧謐。以彼驗此,應否昭然。且本鎮地厚土沃,風氣凝結,居民不下四五千家,叢塔宮觀,週布森列,橋梁闤闠,不煩改拓,宛然縣城象氣,似乎有待開創,以補前人區畫未及。傳曰:"不一勞者不久逸,不暫費者不永寧。"伏乞聖明留神採納,地方幸甚。緣係請立縣治,以弭鹽盜,以安地方事理。爲此激切具本,專差義男親齎奏聞。伏候敕旨。

【校注】

[1] 會:《烏青文獻》作"曾",是。

屠仲律《禦倭五事疏》

一絕亂源。夫海賊稱亂,起於負海姦民通番互市,爲賊腹心,勾引深入,因而作亂。其人雖概稱倭,其實多編戶齊民,此所謂亂源也。故禦盜之標在腹裏防守,弭盜之本當邊海制之。邊海諸處,漳、泉、福爲始,而寧、紹次之。其一禁放洋巨艦,其二禁窩藏巨家,其三禁下海姦民。三法者立,而亂源塞矣。即使舊賊未盡殄滅,然而後無所繼,其勢自孤,退無所歸,其情知懼矣。

二防海口。夫海口[1]涯涘無際,然賊泛海來犯,放洋則衝濤,入口則起陸,非可絕險而徑渡也。故其往來出入所可防拒者,姑自浙東西大江以南濱海數郡言之,入平陽港則近金鄉,入黃花澳則近盤石而逼溫州,入海門則越新河而寇台州,入寧海關、入湖頭灣則窺象山、定海而瞰寧波,入三江口則搖尾於紹興,入龍子門則垂涎於杭州,入乍浦硤則流毒於嘉興,入吳淞江則犯松江,入劉家河、入七丫港則寇蘇州,此其大勢也。中間經行,或潛形於馬蹟山,或遁跡於大七洋及大小衢、上下川,則其要害也,此沿海諸郡之通患也。故守平陽港,拒黃花澳,據海門之險,則不得犯溫、台;塞寧海關,絕湖頭澳,遏三江之口,則不得窺寧、紹;把龍子門,則不得近杭州;防吳淞江,備劉家河、七丫港,揚威馬蹟、大七洋、大小衢、上下川諸險,則不得掩蘇、松、嘉興。此皆險地,一處失守,蔓延各處,不可以彼此分遠近異也。且賊長於陸戰,短以水鬬,以其船不敵而火器不備也。在我宜用所長,棄所短,則莫若恃海船。請以見在把總船隻,通行查齊,不足則令福建如法添造,或即令沿邊地方買補。每大小船百隻或五十隻號爲一綜,募以柂工水手,而充以原額水軍。於前諸海口,各量緩急以爲置船多寡。又爲遊艟數綜,分布上流往來要害。芻糧衣甲之給,比陸軍加優,令其更番巡邏,併力捍禦,來遏其衝,去擊其惰,責以毋令賊入。賊入而力拒,有功者陞賞,其失備者重究,此禦寇之長算也。

三信賞罰。臣聞倭之入也,豈盡無軍之患,蓋有有軍而移入便地者矣,有失於巡哨者矣,甚有買渡報水受其釣餌者矣,若此則地方奚賴焉?夫百處守之,一處失之,無益也;千日防之,一日疏之,無益也,是在督撫及海道諸臣明信其賞罰耳。夫荷戈戟,載甲冑,爭鋒死刃者,將士之能也。保封域,固郊圻,全境安民者,守令之任也。今之守令不肖者,棄城守走矣,其賢者大率遇警則嬰城守耳,其關廂村落,委之無可奈何。夫城之外獨非赤子乎?且邊海孤城猝然無備,猶可諉也;腹裏巖都,江南奧壤,寇非可長驅而卒至者,顧使徜徉去來,若履無人之境,則國家建邦設邑,張官置吏,將焉用耶!自今江南守令之職,當以訓練士兵,保全境土爲殿最,仍敕吏部凡遇沿海守令員缺,必慎擇其才且賢者然後授之,庶保障足賴耳。

四議調發。近日徵調各處兵民,遠近四集,徐邳山東,永保川廣,及軍門編調各府義勇,無慮數萬。然師老財殫,竟不見膚功之奏者。臣請指諸臣不善用兵之弊陳之。夫古者用兵,潛機密計,電馳霆擊,進退倏忽,妻子莫聞,所以能有成功也。今則先發後行,剋期始動,前軍未啟,而先聲已聞,其弊一也。古者名將,算不百勝不輕動,今也謀不預成,計不先定,冥行突進,動陷伏中,其弊二也。守不據險,屯不列要,奔急救難,賊逸我勞,其弊三也。語曰:"夜戰聲相聞,足以相救;晝戰目相見,足以相識。懽愛之心,足以相死。"言兵之貴熟習也,今也兵不專一,主客雜聚,卒遇狡賊易衣變飾,突然來前,不能別識,其弊四也。兵無素統,將不預設,一遇有警,卒然命官,以烏合之人,帥以未經識面之將,其弊五也。夫三軍之衆,所以冒白刃,蒙矢石,至死而無敢卻顧者,威之素也。今法令姑息,紀律不肅,進有必死之恐,退無伏鑕之慮,是以但畏敵而不畏將,其弊六也。地形不習,險易不識,趨利不及,避難不早,其弊七也。糧糗不儲,料理不周,遠兵勞役,撫恤未至,枵腹待釁,窮愁思歸,其弊八也。士不精選,勇怯無辨,前擊後懈,讙然而散,雖有悍夫勇士,或以無援而力屈,或見先奔而膽喪,其弊九也。地狹人衆,不能旋轉,互相排擠,雖有勇敢,無以效其所長,其弊十也。近日汀州如賴百戶兵敢死先登,足當一面,以不善用之,使頭領陣亡,軍士逃遁,如此則徵兵雖多,亦何益哉?夫賊非有遠略大志,約束號令,不過群聚爲姦,利在貪淫耳。所以制禦之則,非兵少之憂,而實寡算之患,蓋欲防盜者必知盜情,欲制盜者必怵盜心,故必詳謀而熟計之,然後成功可期也。

五作勇敢。沿海如沙民鹽徒、打生手及村莊悍夫皆勇敢可用,然多樂效用於私室而不樂報名於公家,何者?以公家勢遠而役繁也。豪民以之保村里則有餘,以之充行伍則無益,何者?

以行伍之多而心力渙也。然則順其情,相其宜,以振作鼓舞之,必有術矣。乞敕下各該有司,通諭豪家大族及里巷豪傑,各爲身家併力拒守。其有能團結鄉民、保固村鎮者,先與免其糧里押運重役及均徭一應雜差,獲功者一體陞賞,其有願授文職,審其果能保障一方及斬首十顆以上,民得比輸粟例入監,係有職役者,並得起送赴郡,與本等常選陞授。閭里之人並得以其功累增至赴部實選。其不願官爵者,則重給賞優恤之,或亦制賊之一策也。近蘇、松、嘉、湖之民,常有糾集智勇,乘賊怠玩,或掩其昏暮間,能殺賊,奪其輜重,隨爲官軍劫其財用而奪其功。夫居民出百死之力,卒被劫奪,曾不獲分毫之報,不亦激衆怨而失民心乎?又有村民團結,自相防護,志在全家保妻子耳。有司輒謂其能,遂報名入官,以致人各畏避,不敢復謀拒賊,此又沮民之氣而抑其忿也。請諭地方官凡義民不願在官者,不得一切附報,且嚴禁官軍不得攘奪民功,則民見利而動,無畏而奮,各思所以自效矣。

【校注】

[1] 口:《皇明經世文編》作"固",是。

陸清源《白糧官運疏》

臣閱邸報,見應天巡撫黃希憲《北運當極敝之時》一疏,奉聖旨:"白糧僉占滋擾,包棍胥役歲滋侵蠹,種種積弊,委宜釐正。奏內照畝均派專官督解,及復近裁員缺等議,誠裕國便民長策。該部速與議覆。"

夫北運至今日而疲困甚矣,如僉點之鑽營而漏富坐貧也,如包棍之盤踞而誤公蝕私也,如抽兌之侵漁而名存實亡也,如總協之公費而科派多端也,如胥舍之虎視而勒索不休也,如船戶之凌詐而逼借無限也,如引戶之包納而違制橫加也,如漕壓之難越而剝費浩繁也。百千難苦,誠有繪圖難盡者。至邇年以來,在在起剝,節節提淺,一解數年,浮費不貲,室家如洗,性命隨之。總捕魏通判因糧無措而仰藥,聶同知續委受事而挂冠,官之慘至此,民之痛可知。今幸應撫詳計,聖聽如流,特允照畝均派,專官督解,釐從前之積弊,盡百世之長算,行見蘇、松、常三郡之遺民,欣欣有起色矣。但嘉、湖與三府其糧派大約相同,而罷累亦彼此不異。今三郡特蒙官解,而嘉、湖尚仍民運,是受困不與三郡異而受恩未與三郡同,當亦聖明所不靳均施者。臣備員侍從,目擊雨露洪敷,而能不爲桑梓請命乎!謹比例上陳,乞敕該部將嘉、湖二府照蘇、松、常一體議覆官解,并移咨撫、按確核。經久良規,庶聖明惠養窮黎之德意徧滿東南矣。抑臣更有請者,十三年分嘉、湖二府糧解,一運三年,時日既久,起剝復多,米之在途者,偷竊去其半,潯爛去其半。彼十二年以前已蒙捐免,十四年未經起解,亦蒙改折三分,獨十三年分介在兩年之間,奇荒異苦,跋涉到京,欲終事而不得。仰勾聖明矜憫,俯照十四年改折之例,量與蘇息,在皇上止是改本爲折,不虧國課,在窮民各得以銀代米,生還有日,於以再生兩郡,非淺鮮也。事關民生大計,謹瀝陳上告。

徐必達《國賦原平奸民釀亂乞救嚴行勘結以靖地方疏[1]》

先該南京督理黃冊給事中一本,爲田糧欺隱有據收正無時等事。又該嘉善縣里老俞汝猷等一本,爲隱田三萬餘畝有據賠糧三十餘年無休等事。總以欺隱爲名,歸之正疆界,以圖肆其攘田之實。臣等以爲當道自有主持,小民自當靜聽,不意今日奸民群起不逞,庭辱持公秉正、任勞任事、查册燭奸之道臣、府臣、縣臣,至各杜門求去,則臣等靜聽之,局始窮,敢直陳始末。竊照洪、永間,止嘉興縣耳,至宣德四年,始分秀水、嘉善,時承平垂六十年,人户既以籍定,田地過割從人,如趙甲本一都人户,而買坐落十都或二十都田地,值大造,彼推此收,一切坐落十都或二十都之田地總收爲一都趙甲之事産,此祖制也。計宣德四年以前,大造黄册者六次矣,據册分縣,自多錯壞,如一都分屬嘉興縣,趙甲即是嘉興人户,其原買田地雖坐十都而分屬嘉善者,不得不從趙甲爲嘉善[2]一都之事産。蓋承平分縣,故與草昧不同。草昧恒因疆界以定册籍,承平必因册籍以定疆界。就今嘉、秀界中,錯有嘉善田地,是錯壞原在未分縣之前,而疆界豈得正于既分縣以後也。同時海鹽分出平湖,見今海鹽田錯在平湖最多,崇德分出桐鄉,見今崇德田錯在桐鄉者最多。見有嘉興縣先爲別事弔存嘉善縣,遷西區底册一本,内開本區田地蕩各若干,外縣田各若干,千户所田若干,所載錯壞甚明。今又弔取平湖底册,所載錯有海鹽縣田地,亦同前法。必如嘉善所云正疆界,平湖、桐鄉之爭,寧有極與?至萬曆九年,丈量嘉、秀錯在嘉善界者,丈歸嘉、秀;嘉善錯在嘉、秀界者,丈歸嘉善。攢造實徵黄册,以八年之原額爲舊管,以九年丈量之歸爲新收。此户有開除,必查彼户有新收。甲合里,里合都,都合縣,查算磨對,毫無差誤,士民各守分義,毫無異言。不意嘉善有故紳自謀隱漏者,藉口瘠土,將丈實田或二三畝折一畝,以濟其私,合縣譁然,始倡議取償嘉、秀,以謝國人。主令里長吳旃等誆呈府縣,會有所挾,自作申文,强令余知縣、張知府用印,不令一毫漏泄,暗申撫、按,詳允霸取二邑額田三萬三千畝。嘉、秀士民闃然大震,不謀而奔訴三院者數萬人。三院色動,批道行府,合同本府官及七縣正官、三縣鄉官于城隍廟博采輿情,再三酌議,僉謂當仍舊額,以萬曆八年實徵册爲主,當立議單,俱僉花押,隨經轉詳三院,蒙劉巡撫復批,據會勘三縣田糧,士民既僉以復舊額爲便,如議行各該縣查照八年册額徵輸,永爲遵守。李巡按復批:三邑田糧,既有萬曆八年實徵册額徵輸不缺,群情稱便,似宜聽其便也。會議無異,候行給告示知悉。又蒙葉巡鹽批:據詳三邑田糧,照舊册徵輸,此息爭蠹弊之要法也。如議行。等因。夫三院非有前後更代也,刻印銷印,不啻翻然,亦悔其始之誤聽耳。憲案具在,勒石大察院中,永久依行,邇來又將二十年矣。汝猷等忽將後詳盡行抹殺,直據暗申前詳,以誆君父,是猶獄囚已經審明,猶執前案以議斬也。至云朦朧暗繳,大察院中巋然豐碑,是何物與?且據彼疆界之説,不過以請復舊額爲由。又查嘉善初析,原額田地共六千二百六十二頃六十二畝零,至丈量後十五年,題准刊定碑式,開載田地六千二百七十頃一十九畝零,虧乎,不虧乎?彼自亦苦無辭。乃乘吳知府弔册之時,將通縣魚鱗册攫至家中,逐圩任意割去。又攫至慈雲寺中,逼令縣官補印,以致吳知府止據割册,誤信有二萬八千之虧。比蒙嘉興陸知縣查對該縣誌書迥異,建議逐圩抽丈,汝猷等懼露,又復增入,以致見蒙王僉事行令府縣,開局磨算,比較前吳知府縣册,纔及四圩,已多六千餘畝,俱係昔割今增,印文各別,具載三縣申文中,而姦謀始盡敗矣。據稱飛詭俱在九年丈量時,何不執八年原册,比對九年文册,要見每户八年原額若干,九年飛詭嘉興若干,又飛詭秀水若干,在嘉、秀何辭之有?今問以八年田册,則曰無之。要見前册的是何年、何人減去?及查嘉、秀實徵各田,原無隱漏,則又曰昔漏今增。夫增則增矣,新增之糧有無申報,誰爲乾没?且就此三萬三千秀水籍中嘉善鄉紳亦有一百三十畝與焉,但問本紳遞年有無完糧,原與某人交易,契上原開某縣田糧,委否先在嘉善何人名下,今于何年月日,用何機關忽飛秀水,田糧作何開豁,著令何人賠補?請自隗始,而餘可例矣。嘉善又以糧之輕重爲言,則其故尤三尺童子所知者。三吳之糧,獨甲天下,國初以二十七則起科,自三升民田以至九斗、二斗、三升,官田至懸也,即一户之中數畝之田科則輕重,迥自不同。至嘉靖間有趙知府扒平通爲一則,然各縣自爲扒平,各不相及。如此縣民田少,官田多,糧額原多,計畝扒平自多;彼縣民田多,官田少,糧額原少,計畝扒平自少。本府七縣各不相同,即秀水已重于嘉興,而嘉善安得以此欺世。夫田至三萬三千,其賦則七千金,其糧里等役,則一百六十餘名也。今嘉善一則,曰册不可查,再則曰田不可丈,直欲白奪三萬三千之田,令嘉、秀代賠七千餘金之賦,代供一百六十餘名之役。瘠人以肥己,即驕子不能得之慈父,而嘉善顧欲得之。至平至公之公租不一,得而攘臂相加,磨牙相向,稍持定則狂奔闕下,敢罪官府之擔延,稍清查則鼓譟公庭,敢亂清朝之法紀,誰生厲階至于此! 極伏乞敕下部院,慰留各臣,嚴究倡亂,仍乞備加查核割册增册之姦欺,守二百餘年之舊額,以安三縣錯壤之生靈,地方幸甚。

【校注】

　　[1] 國賦原平奸民釀亂乞敕嚴行勘結以靖地方疏:《檇李文繫》(正編)卷八題作《請勘定嘉秀兩縣境內嘉善錯壤疏》。

　　[2] 嘉善:《檇李文繫》作“嘉興”,是。

國　朝

周宸藻《兑漕奏疏[1]》

竊惟財賦半由東南,故漕運爲國家大命。然東南諸郡兑漕之法,臣不能悉知,獨至臣鄉而弊已極,臣不憚,悉爲皇上陳之。兑漕之法,以軍運爲定制,每歲旗軍運京倉米一百石,外贈隨船耗米二十五石,進倉耗米一十五石。是民間兑糧一百四十石,旗軍交完止一百石也,是謂官貼。又以米或溼潤故,令民間兑米百石,外加四石,免其晒乾,又加四石,免其篩颺。百石之中,七十平斛,三十加尖,每尖折米三升,摠算添米一石八斗,此九石八斗所自起也,是謂私貼。則是九石八斗,凡米色篩颺、折尖,無不在其中矣。若安家則有月耗,鹽菜則有行糧,起剝僱夫,別有輕齎,以至修船有銀,回空有銀,費國課三石,而得收一石之用。朝廷之所以恤軍者甚詳,且至迨相沿久,而加四之耗,粒粒皆曰正糧矣。于是巧爲截貼之説,不論正耗,每兑米一百石,貼銀三十八兩,外加火耗三兩八錢。糧長投之于官,官給之於軍,敲扑追比,不異正項銀糧之完納矣。又於截貼之外,有綱司話會錢、開厰錢、篩颺錢、著押錢,名色甚多,不能枚舉,稍不遂意,則勒掯不兑,甚而綱司水手,什伯成群,辱官劫搶,江南之已事可見。揆厥所由,軍强民弱,官不敢與軍争,民又安敢與軍抗! 惟祈剜肉補瘡,得以交制爲厚幸。比年以來,民困日甚,每臨出兑,如蹈鼎鑊,遂有不保田畝,輕去其鄉者。[2]以臣愚見,漕規宜復舊也。截貼使用,軍雖嚚悍,終爲私勒。聞江南兑糧百石,止加米五石,銀五兩,經蘇松舊按臣秦世禎條奏遵行,此正合九石八斗之制。而臣鄉獨照舊徵比,雖嚴綸之屢頒,漕臣之申飭,而地方有司絶不奉行。小民之膏血有限,旗軍之谿壑無窮,誰非朝廷赤子,安能歲歲供若輩之机肉哉? 若行糧舊制,每石折銀五錢,于條鞭項下取之,自明季改徵本色,積漸至今,行糧亦索使用,每石二三錢不等。臣愚以爲行糧既照時價給發,必須嚴禁雜費,然非天語嚴飭,力復舊規,痛革積弊,欲民之振起也不可得矣。

至如兌漕稽遲,皆由出兌之時多方需索,而地方倉蠹又交通旗軍,私行講兌,以致耽延誤期。今新運在即,伏乞敕下管漕諸臣嚴行釐剔,去害民之弊以恤民,并去害軍之弊以恤軍,務使漕規一而起運速,國儲庶有攸賴耳。

【校注】

　　[1]兌漕奏疏:康熙六十年吳永芳修《嘉興府志》卷十五《藝文下》題作《直陳兌漕流弊始末祈睿照嚴飭以定規制以甦民困事》。

　　[2]輕去其鄉者:康熙《嘉興府志》此下有"職是故耳"四字,宜從。

范承謨《請買穀平糶疏》

　　竊照嘉、湖、杭、紹四府被災,雖有輕重,而小民總無儲蓄,嗷嗷待哺,拯救似難刻緩。臣雖代爲請蠲免,請折漕,稍甦其困,然有田者,耕種三番,車戽之工已竭;無田者,平無半菽,將成溝瘠之捐。設非買米急救,何能暫延喘息?除勸諭鄉紳富民及各官捐助,並罰贖米穀通發備賑外,更令災民墾除荒淤,急種菜麥以備來春。惟是民多米少,雖目前稍可支吾,至冬必竭,非預爲之計,米穀一盡,民必流亡,彼時雖招荒議賑,恐無及矣。臣再四圖維,惟量發司庫存留銀兩,遴選能員,前往江、楚等處採買米穀,照價平糶,得價之後,照數還庫。民免炊珠之歎,官無仰屋之嗟,救荒良策,莫此爲善。更請敕下榷關守隘等官,毋得苛稅阻撓,庶百萬之生機可延,而朝廷不蠲之蠲,恩同天地矣。

請緩徵漕折疏

　　爲照嘉、湖二府異常水災,臣以漕糧關係國儲,不敢輕爲籲免,乃酌爲改折之請,荷蒙俞允。百萬窮黎,莫不仰沐如天之仁,叩頭感激,歡聲如雷。惟是被災已深,重者顆粒無收,輕者斗石不繼。入冬以來,又雨雪連綿,飢寒滿路,呼泣傷心,地方有司不敢稽悞正供,凡漕糧、白糧等項,俱已極力徵完,而折漕一項,追呼盡術,收納無多。臣每檄問有司,及傳窮民之在省者,詰其拖緩之故,咸稱小民感朝廷再生之恩,恨不即輸將,奈以前用三番車插,工費已窮,以後秋未收成,冬遭久雪,不但錢米俱乏,而田無稈草,薪爨皆空,是以奉公之心雖急,措辦之術無從。臣聽其訴言,深爲憫惻。伏念嘉、湖所產惟穀與絲,上年籽粒固已無成,今歲鹽桑尚有所望。凡未完漕折銀兩,墾乞皇上准俟鹽熟之候[1],催徵起解,統於康熙十年歲終奏報。雖曰限期稍寬,實於原額無損,可免百姓賣妻鬻子之苦,而恤災拯溺之洪恩始終克全矣。

請釐正白糧耗米疏

　　浙省糧賦之重,莫過嘉、湖二府,而額外多給之款,無如白耗一項。案查《全書》開載,嘉屬白糧,每正米一石連耗并椿折,准徵糙平米一石八斗,而額設夫船經費每石銀八錢;湖屬白糧每正米一石連耗并椿折,准徵糙平米一石五斗五升,而額設夫船經費每石銀一兩五分。蓋嘉屬耗米比湖屬多編二斗五升,而湖屬經費較嘉屬多編二錢五分,兩府錢米之數雖若參差,而嘉屬多米,湖屬多銀,兩相折算,數亦相當。至於耗米,則皆以五斗五升徵給也。惟是編徵正耗,《全書》明註"准徵糙米"四字,並未令徵白米也。歷年奏册報銷無異,乃該府兌給不分正耗,皆係全白,則不惟民力難堪,且與《全書》甚悖。夫《全書》所以給耗者,原爲徵糙以備椿折之費,今既皆徵白,則無椿可折,乃仍徵椿折之耗,且并耗而亦給白,是軍之所取多而益多,民之所出重而又重,當此百姓窮苦之際,安能歲歲供無已之耗贈乎。臣自上年嚴飭行查,隨發糧道確議。茲據詳,稱每石五斗五升之耗,照條議舊例,相沿未改。臣以當時徵糙恐有椿折,故加五斗五升,今皆徵白,並無椿折,何可仍舊?臣檢奏銷康熙七年等事,案内部查進倉白耗,止交四升有奇,則是所交者甚少,所給者甚多,徒竭民膏以恣軍欲,大非經制之初意也。臣駁復再三,務求至當,有議止給白耗四斗者,有議仍給五斗五升平糙者。臣恐弁軍借端稽遲,致悞上供,於是再四籌畫,除原編銀米折算相當,并各項經費俱照舊不議外,今請將兩府正項白米一石外,給白米四斗五升,以爲盤剝進倉之耗,則運軍所得,不爲不厚,而減徵一斗,以抵糧里椿折,則窮民之力藉以稍寬,與《全書》徵糙之意亦無大悖,軍民兩利,事屬可行也。今值《全書》改纂之際,正宜核定,永著爲規,不過釐正《全書》之所無,並非議減《全書》之所有。仰祈皇上敕部議覆,俯賜允行,刊入《全書》,恪爲遵守,此後如有弁丁印糧官役私加顆粒者,臣即據實題參,庶歷年之積弊永除,而國賦民瘼均有裨益矣。

【校注】

　　[1] 候:《范忠貞集》作"後",當是。

張惟赤《海氛蕩平謹陳末議疏》

　　國家景命方新,滇黔底定,正屬寖昌之會,而海氛橫肆,乘我不備,深入江干,虛聲振動,人心惶駭。今桓桓禁旅,迅速徂征,或誘其登陸而殲之,或扼諸海口而擊之,從此合閩、浙、江南三省之全力,會同大兵搗其巢穴,必以剿滅爲期。彼亦何能,以偏僻之一隅,當全盛之大勢,此在皇上神武睿謀必有經畫,非廷臣所能參贊萬一也。獨是封疆騷亂之餘,宜先聯不可動之人心,先固不可犯之守備,敬抒末議,一一爲我皇上陳之。

　　一曰困危之民心宜收也。賊乘虛入犯,沿江郡縣多被破傷,雖由賊勢披猖,亦屬平時長吏撫循無術,亦致人心渙散,不能固守。夫皇上恤民之德意無所不至,而有司未必真實奉行。窮民往往失所,即江、浙郡縣錢糧逋欠爲多,雖民間或有未輸,而大半皆爲官吏之侵漁,數年以後,官則陞降更易,吏則花費無存,新任守令事關參罰,不得不仍取於民,往往攤派重徵,民力何由不困。至於蠹役狼虎百方吞噬,疾苦顛連,控訴無從。官民相與初無恩義相維,是以臨變倉皇,不復相顧。至於失守諸處,或賊兵蹯入,或逃竄一空,百姓抛家失業,奔走流離,焚掠殺傷,在所不免。又如山東、河南一帶,雖寇亂所不經,但孔道之區,兵馬過往,縴夫則動點數千,挨門拿取,或守候連朝,或迫驅過界,貧民無食,累死道傍。芻粟則一時取辦,不入正供,供億星驅,疲竭財力,則有司雖無可奈何,而百姓已不堪其苦。臣辦事垣中,見東撫許題爲水災異常等事一疏,内稱濟寧、單、鄒、曲阜等縣,陰雨連綿,山水泛漲,已登之禾麥盡爲漂蕩,在野之秋苗全然淹没,婦號子泣,嗷嗷待斃。乃其連名公呈,則云不敢望蠲求賑,但求本年秋分錢糧稍緩一分,則民受一分之賜,是明以蠲賑遷延時日,徒屬虛文,無救旦夕之死亡。夫使百姓遭此奇荒窮餓之慘,而且不敢望蠲望賑,其苦可知矣。以如是困苦之民,而欲供夫役芻粟之費,其能堪乎?請乞皇上敕部速行各撫、按細心籌畫,其内地孔道之區,供應疲勞作何休養,災傷里分作何救濟,或皇言軫恤如在春臺,但得民心樂附而堅固不搖矣。

一曰姦宄之竊發可虞也。頻年以來,近自齊、豫,遠至江、浙,盜賊竊發所在而有。大則劫庫劫獄,小則搶掠客商。今江上震驚,此輩思亂之心愈熾,若內蠹不清,重爲民擾,地方官亦不能專心辦賊,克奏膚功。夫盜之盤踞必有地,窩主必有人,有司苟申嚴保甲,加意澄清,何難窮其踪跡。請乞敕部通行各撫、按,責成郡縣長吏協同駐防將領嚴緝密拿,或偵其始聚,或掩其方萌,務比平時百倍嚴飭。至有一等姦民專造訛言,煽惑人心,希圖逞亂,并乞嚴敕該撫、按密訪嚴拿,審實正法,則姦宄可弭而亂萌可靖矣。

一曰駐防之汛地宜嚴也。海寇犯順,雖在在可登,而前朝設有軍衛城堡,阨守要害,不爲不密,防守者守于要害之地,賊縱欲捨舟登陸,而我兵遏其方至,自不能奮飛直上。臣竊聞各處駐防鎮將每貪安逸,高居腹裏郡縣,圖放營債,盤剝小民,其海口汛地不過命千百總,瞭望撥兵不過一二十人,即如江南之吳淞,爲賊舟可泊之地,而松江府遠去海口,離吳淞二百餘里,今鎮將不駐吳淞而駐松江。臣鄉之乍浦爲賊舟可泊之地,海鹽縣雖臨海口,舟不可泊,離乍浦四十餘里,今鎮將不駐乍浦而駐海鹽。一時賊艘驟至,止憑撥兵飛報,往返數十里、數百里之遙,則賊已安然登岸矣。臣辦事垣中,見浙撫佟議有僞將馬龍帶水踞船五隻率衆百餘泊乍浦城投誠一事,幸彼係投誠之賊,撥兵飛報,該鎮將始往接應,倘係犯順之舟,幾何不乘虛直入,而地方受其荼毒乎?請乞敕部通行各撫、按,嚴督該汛鎮將,務須駐防海口,不得仍留內地,以致疏虞,則汛地既嚴而防守自密矣。

右各款皆從固圉起見,雖儒生末議,未必有當,但目擊江上震驚,不能緘默。緣係條陳,字多逾額,伏乞睿鑒施行。

楊雍建《改折白糧疏略》

康熙三年,户部議將康熙四年江浙白糧正耗盡行改折,以充兵餉,每石照舊例折徵銀二兩。以臣愚見,合諸所聞,竊歎其病民也。比年江浙之米,每石價七八錢,今每石改折二兩,加以倉蠹勒索,非本色三石不足以完折色一石。小民終歲勤動,所獲畝止一鍾,今以有盡之膏脂,供逾額之催科,徵收敲扑,勢必賣男鬻女,流離播遷。國家天稊所備,半仰給於東南。數年以來,江、浙民力竭矣,錢糧積欠百餘萬,叠奉蠲免,方仰皇上之深仁,乃以改折一項重累窮簷,宸衷能無惻然也。查二省白糧正米二十一萬七千四百七十二石五斗零,耗辦等米一十六萬六千一百四十七石九斗零,加以本色之三,完折色之一,改折而多費民間八十萬石矣。又況有夫船等銀二十九萬三千九百兩零,一併徵解者乎。臣愚以爲有本色,則有耗辦,既已改折,不應併耗辦而折之;有本色,則有夫船,既已改折,不應并夫船而又徵之。事有便于國,而未便於民者,則改折之議可以權宜,不可以久遠也。京師根本之地,太倉之粟,陳陳相因,必不得已而議折,則當權衡穀價之高下,酌量折徵,總在便民而已。

錢以塏《教忠普被疏[1]》

皇上臨御萬方,整齊綱紀,秩叙彞倫,開導人心,勸忠教孝,凡屬從前守義盡節之人,特敕該直省查明核實,建祠崇祀。臣一介庸愚,仰荷聖恩拔擢,歷陞卿貳,高天洪造,未效涓埃。兹臣有下情,展轉五內,不得不跪陳始末,叩籲於聖主之前者。竊臣祖錢楞係浙江嘉善縣貢生,國初隨征入閩。順治四年，總督臣張存仁委署延平府將樂縣知縣，於三月十八日到任，因山寇竊據建寧，連陷數縣，將樂被圍，城中守弁先已調援順昌，無兵禦敵。臣祖督領鄉勇家丁，登陴固守，至九月初六日，賊衆破城，臣祖猶率家丁夏允中、沈貴等巷戰，中銃墮馬被殺，主僕同殉。是時臣父錢煐年十一歲，遠在浙籍，音信不通，一家離散。至順治九年三月，福建巡撫臣張學聖爲邑令殉難等事，將沙縣知縣董潀、順昌縣知縣錢嘉倫、永安縣知縣高咸臨、大田縣知縣胡天湛，并臣祖錢楞具題部議。董潀等四員俱准賜卹，臣祖楞因係委署知縣，咨文尚未到部，册缺無名，議駁不准，孤忠沉鬱，垂八十年矣。恭遇雍正四年，欽奉諭旨，通查八旗各省從前被難之人，自王公大臣官員以下，至末弁微員兵丁人等，賜給恤典，建立廟宇，設牌入祀。臣在部檢閱舊卷，現有臣祖錢楞與董潀等四人同時殉難之案，伏思委署雖非部選，殉難均屬孤忠，臣若隱默不言，上負皇上曠典殊恩，下掩臣祖效忠苦志，覥顏臣子，踟躕何以自安？用敢瀝陳，叩懇伏祈，敕部查明順治九年撫臣張學聖題請舊案，俾臣祖錢楞得以上荷皇恩，分叨俎豆之榮，孤忠不致泯滅，臣節得以表揚。不但臣祖感戴九泉，臣子子孫孫，生生世世，頂祝永遠無極矣。

【校注】

　　［1］教忠普被疏：《檇李文繫》（正編）卷一十九收錢以塏此文，題作《爲祖楞請恤疏》。

錢陳群《代母恭謝疏》

　　本年二十一日跪聆聖訓，蒙皇上垂念臣母年近八旬，恩賜硯一方，人參二觔，内府紬緞各四匹，臣祇領後，即差家人恭齎到浙。臣母恭設香案跪領，訖今于本月内接臣母寄臣信内云："汝自幼孤苦，寒素食貧，遭際聖明，久叨侍從清班，屢畀文衡重任，每接邸報，見汝蒙恩遷轉，我感激惶悚，清夜思之，輒至涕下。但願汝恪守官箴，力圖報稱，我即布衣蔬食，實爲榮幸。乃仰荷恩賞，下賁蓬門，被命服之五章；光逾翟茀，拜靈苗之三秀，澤潤衰顏，感切餘生，舉家頂戴。但我係婦道，所有感激下忱，無由上達，汝現在視學直隸，密邇禁籥，其敬謹繕摺，代申蟻悃。"等語。伏念臣一介微賤，少承母訓，長沐皇恩，自通籍以來，一絲一粟，得盡子職，皆出自皇上生成所賜。今臣母復膺錫類洪仁，實臣世世子孫，浹髓淪肌，矢報靡涯之厚典，所有臣母感激下忱，理合繕摺恭謝，可勝感激惶悚之至。

劄

宋

黃榦《石門申提領所請截留本錢劄》

　　榦么麼小官，無足比數。適承庫務積年久壞後，雖未及踐事，而曠敗之狀已見。近准使帖，以前官拖欠煮界格目錢，遂截去來年歲計三百千，以補煮界之欠。榦聞命恐懼，不能自寧，已具申懇，未蒙允可，故敢復布陳之。竊見本庫每年歲計所給本錢二千七百貫，趁辦息錢八千貫，吏之請給，場務之支費又幾千貫，是以一錢而取三分之息也。累政之所以敗壞者，正以本少息多耳。本少息多，則造酒必薄，私酒必多，拍户必逃移，官課必虧折，此不待智者而後知也。盡得二千七百貫本錢猶不能辦,況又截去三百千邪?況幹今之所處尤有可矜念者。每仗[1]月造麴以供煮界之用,幹之到庫,麴數殊少,比之常年,已將本錢買麴,計三百千矣。清酒本錢例得一千二百貫,爲六月造買清酒之用,幹之到庫,卻有兩月發賣清酒,本已不復有,又將本錢四百千造兩月清酒矣。以二者計之,無故坐費七百千,則本錢所餘二千貫耳。若使又截去三百千,則所餘者一千七百貫耳。以二千七百貫尚不能辦歲計,況又削去其半,又何以支吾邪?竊念犒賞諸庫所以敗壞者,皆生于上下之情不通,監官不恤酒之厚薄,必欲拍户之納錢;使所不恤本錢之多寡,必欲監官之趁辦。上下煎熬,但見追專知、索印紙,對移閣俸,終歲紛紛,而酒課卒不辦。幹愚庸無似,惟知關防滲漏,撙省餘費,縮水加料,使所造之酒于心無愧,則拍户不患其拖欠,然亦須使所多給本錢,然後可辦。方欲于清本之外再有陳請,況又截去其九分之一也。故敢冒瀆台嚴,欲乞盡與支撥,使幹得以悉力展布,庶幾不誤使令。石門爲酒庫之首,其敗壞不振,積有年數,使幹勉竭駑鈍,是庫久敗而復興,則不惟小吏得以逃責,而使所亦免追胥之勞。以使臺輟三百千,特一毫毛耳,而庫中解發不至虧欠,則其爲利豈但三百千而已。

【校注】
　　[1] 仗:《勉齋集》作"伏",當是。

頌

元

柳貫《嘉興鹽運分司紀惠頌》

　　漢置郡國均輸鹽鐵官,鹽官天下凡二十八郡,而在大江以南者,會稽郡治海鹽。會稽地聯東西部,封域廣矣。海鹽以地産得名,庸詎止嘉興一州境哉?負海之利,煮水爲鹽,齊蓋徵[1]之,爲富國强兵之術。漢均輸法猶曰,推夫人用之數,官自受之,而以平價出之。敢私鬻者,鈇左趾,没入其物。所以佐百姓之急,奉軍旅之費,抑兼并而防溢佚也。當時所舉賢良文學,皆對願罷鹽鐵、均輸,議者重以安邊足用之本難之,遂卒不罷。唐置巡院,峻權增估,民已甚病。至宋,給官本請鈔受鹽,則屬禁加密,而公私交瘵,無遺策矣。漢之鹽官,其制莫詳。若會稽所部,縱廣數千里,海濱斥鹵之地,地盡鹽也。而以一官領之,大數百升而釜,十釜而鍾,偶筴之而爲籍錢,人無以避此數也。今給本請鹽之法,尚仍宋舊,而統之以轉運鹽使司,置使員二,同知、副使、判官員四。重其官,故常選用能臣,然佩以三品銀章,出入乘三乘傳,其所部之總管府州若縣,承命不敢少後。官以轉運名,則夫開闔利柄,隨時變通,諸使判官,固得專而制之。非如他司,受成法于上,按而行之,猶衡石之不可以輕重低昂之也。國制二使總凡司事,同知、副使、判官歲出分司,准校其鬻鹽之次第,而上下其賞罰。凡冒禁而私鬻者,即議寘于法。任專責重,則雖同知、副使、判官,職有等差,固視二使而與之侔焉,其選宜不輕矣。嘉興大郡,郡內列置五場,場歲有課。有官吏以奉其成畫,有倉庾以時其出納。自比年旱乾潦溢之不常,凶荒札瘥之繼起,亭民疲於刮鬻,逋課未償,新額日積。官吏胥爲訹戻,若束溼然,急則促數耗矣。元統改元之明年,轉運副使潁川李侯實分涖其郡。于是侯在官踰三年,詴于聽聞,酌知其弊,至則進其長貳曹吏而誠之曰：鬻鹽有火服，給本有户帳，私鹽必出于場亭，私鬻必受之卒伍。法所當禁，吾不貸之以情，法所當予，吾不私諸其屬。利所當舉，弊所當革，爾明告吾，吾其敢不悉力！自吾身以及吾之屬吏，知以簡御煩，以廉率貪而已。凡著令之所具，吾與若曹共守之，一或不恭，吾不以絲毫貰汝也。唱名給本，隨至隨與，無晷刻之淹，無銖兩之損。按行團竈，單馬羈童，糗糒所資，取諸裝橐。勸其勤而懲其怠，不啻父兄之督其子弟，教戒之出，威于笞箠。有犯私鬻者，就逮而來，則爲之疢心疾首，推見至隱，傅之輕典，開其自新，使不陷于酷吏之深文，不入于上罪之桎梏，雖被重錮，人自以爲不冤。倉庾受納，辨其色澤，爲之平槩，取足釜鍾，無贏合龠。羸孺癃叟，以次進輸，莫敢先後。手執算籌，鈎校登耗，飯疏飲水，若固有之。無賓客之迎將，無庖傳之讌娛，去之日如始至焉。蓋亭户鹵丁，躬受涵煦之恩，感戢不忘，義也。而若齊民獲安力作，以無鹽突之虞，以免織羅之害，如春風時雨之及物，而物不之知，則仁不勝用矣。今侯以治辦還司，而民之飲惠沐德者，咸願列侯之績，刊之貞石，示後至楷法。乃相顧言曰：「吾儕小人，躬稼而食無盡。藉[2]於鹽官，而終歲勤動，積布縷粟粒之贏，曾不足以當捕吏一飲醨之資。自吾侯之至，而始得率作興事，以遂有生之樂。孰能詩乎？其往請辭，以永無窮之思。」予方悲世鑒之不明，慨民曷之滋甚，而于是舉，獨喜夫人心天理之不可以終泯者如此，則爲叙而繫之。侯名某，字正卿。由中書掾入官，宰滿城，守泗上，皆有惠政在民，民爲樹碑，以頌遺愛。有爲有守，今將陟明于朝，宣其智略，紓民隱憂，薄海東南，于胥望之，鹽筴固其一事焉耳。侯之四子皆學爲儒，仲子國子進士，第三子舉至治丁卯進士第一，詩書之教，藹然一門。侯之所存，兹可見矣。頌爲郡民紀惠而作，非其屬之私焉。先之以辦課之實，亦推本而詳言之，庶俾來者皆有所考焉。頌曰：

鹽實地產，厥味惟鹹，海王之國，利盡東南。齊正其筴，積之成富，漢鹽鐵官，視爲寶路。均輸使屬，賦及邱民，籠利而行，兼并相因。唐置鹽院，宋始定課，權其重輕，以滋食貨。經費之出，有國之常，權法既密，民用疾傷。聖元龍興，制則因舊，轉運名司，官以選授。籍户給本，課無羨贏，請鈔以估，予鹽以平。徒法不行，人執其柄，校厥盈虧，戒不恭命。曰是嘉禾，望於浙西，臚分五場，有弗能齊。歲龍在戌，元統之二，副使李侯，持節往涖。謂吾奉法，維以視成，毋愆于素，毋蹙于傾。官育工備，俾時散給，爾有常輸，則以時入。稽其耗登，示之勸懲，爾無私鬻，麗于大刑。法令在人，照如星日，吾將與汝，守而勿失。國有加[3]量，坊民于奸，吾飭庾吏，毋爾面謾。吾少也賤，衣龍食糲，今而賦祿，行有舍茇。繼粟繼肉，有廩有庖，敢以口腹，貽爾告勞。一夫逮繫，株連百室，侯鑒孔明，罐穴斯室。邱民力生，食稻與魚，向非吾侯，曷寧爾居。昔侯未來，蹙頞屢嘔，侯既戻止，燕及黃耇。治功成矣，侯則言旋，民之戴侯，列宿在躔。儌侯重來，持節按部，以卒保我，綏我眉壽。顯允吾侯，家有《詩》《書》，掄魁碩望，承慶之餘。懷仁負義，侯所自致，梀笏如林，觀厥報施。官守言責，世豈嘗無，無得有失，是誠負予。侯德之純，如金如錫，矢詩揚之，垂後楷式。

【校注】
　[1] 徵：《全元文》第二十五册卷七九六《柳待制文集》卷九作"足"，是。
　[2] 藉：《全元文》作"籍"，宜從。
　[3] 加：《全元文》作"嘉"，宜從。

記

宋

陳舜俞《海鹽李宰遺愛碑記》

秀州海鹽縣有賢宰太常博士李君,愛養其民,而爲之興利,又教其敦本節用。既去,而民思之。有吳承潤、潘彥昌者,與衆紀君自始至及去,爛然見於成牘、藏於群心、稱於衆口之事,詣余求爲文詞,以信當世云。瀕海之民,其生不勤,有川不溉,有田不耕,若歲屢雨,四野爲瀾,而注於海。旋時微暘,則無所溉,坐視赤地,攜手流徙者衆矣。故十年之耕,稔無一二。君初即事,人方頻饑,轉入山海,持茗與鹽,以給衣食,而君皆權宜弗禁。乘春可耕,而室無稻粱之種。君曰:“天有其時,而人無其力,咎將誰執?”會運使元公絳行郡,君持告身敕文數通,乞置郡帑,假官錢三百萬,貸民糴種及糧,元公嘉許之。歲終,民賴以稔。先是,唐有賢令李諤通邑鑿涇,凡三百有一,歲久以塞。君曰:“溝川不浚而望歲,猶氣血之竭,求爲無病,不可得也。”於是作《勸書》一篇二百餘言,布告於民。始命之積貯慎嗇,以養生送死。卒詔其具畚鍤,隨所占田,人自浚治,因土爲塍,以禦水旱。提憲張公師中察其能,即以上聞,君曰:“浚涇,利之略耳,我功未完。”已而歲亦小歉,君乃大勸民爲橫塘堰,旁植木爲閘,長水、永泰、開濟鄉以下,皆爲鄉底,堰幾三十所,以訖一時之利。凡前後興作命令一下,民知以佚道用其力,未嘗不老幼相告語勸,從之惟恐後,不戒不扑而告備。戊戌仲冬,吳中雨,迄於己亥之仲夏而後已。旁州接軫,幅員千里,皆被水患,獨君之邑有堤防流決之備,而君則去矣。以是民之思君也尤甚。噫!古者劭民務農,而爲之開地利以當天時,於政爲最先。是以周有司勲掌六卿賞地之法,而民功爲庸。在漢若杜詩、召信臣之屬,始能當之。以君視古,奚其愧哉!君之政,大略其刑以寬,其令以簡,其分爭辯訟,皇皇焉惟恐不得盡其情。其視一夫不獲,靦然愧於面目,宜其居則勸以至法[1],去則久而益思也已。予嘗陪君爲別頭主試官,知君有文行。嘉興之新[2]舊又能爲余道之實,悉如來告者之言,故不愧爲之辭,以俟史氏之捃撫。君名維幾,字景純,嘉祐元年四月受署,四年四月代還。其年六月乙亥,嘉興陳某記。

【校注】

[1] 法:《都官集》作“治”,宜從。

[2] 新:《都官集》作“親”,是。

常棠《鮑郎場東陽厲君政績記》

鮑郎催煎場,舊共澉浦政事,裕如也。自分創以來,局冷如冰,廩稍不足以供事育。庚子歲大歉,亭民相臠肉自捄,九竈不煙,倖活無幾。宿奸陸梁,倒持蓮勺,撞搪傲睨,來者當署涉筆,嗫不敢問。催煎之職,至是難爲矣。東陽厲君夢龍到官,庭空皁走,案卷塵燕,野廢盤舍,鹺火爝熄,上官朱黻紛紛來,自立不容頃。於是喟然曰:“旱魃肆虐,饑饉荐臻,則鹽不可催;銜勒寬縱,期會玩愒,則鹽不可催;賂門乘機,洗手未净,則鹽不可催。倚海築場,刮壤聚土,暴曦釣鹹,漏竅瀦滷，三日而成功，驟雨至，則前功又廢，催鹽之職，重難如此！」迺清苦檢飭，奉公竭廉，戴月披星，鋤獮狡蠹，盡心力而爲之。復鹽竈一所，復鹽丁四十餘戶，復鹽額一萬六千八十七石有奇，一年而鹽場之課額羨，所謂才全而能鉅者也。省臺薦剡，獎諭疊至，將以上幕奏辟，不且有功於鹽場乎哉？淳祐五年記。

元

黃溍《新成大成樂記[1]》

古之釋奠，折俎升觴而已。其爲禮也略，故其用樂之始莫得而詳。《記》曰：「凡釋奠者，必有合也。」説者或以合爲合樂，然則釋奠之有樂，其出于古歟。若其音節器數，則自漢儒未嘗言之。前史所載，元嘉之六佾，特施于太學。開元之宮懸，僅設于兩京。政和造雅，樂名大成，始頒行于天下。而紹興著令郡邑釋奠，其樂二[2]成，蓋至是而州縣學有事于先聖先師，無不用樂者矣。我國家有因有革，存其聲音器物之舊，而變其稱號，以新一代之觀聽，今所謂大成樂是也。海鹽昔爲縣，時既立學，而廟祀孔子，建版圖，入職方，朝廷以其地大人夥，易縣爲州，而廟學之制猶循其故，禮具樂缺。有司以吏議所不責，久置弗講。至正元年夏四月，陳侯某來知是州，首務興舉學政。問其籍，則爲士者百家，爲田者萬畂。問其春秋之祀，則有牲幣而無樂。侯爲之惕然，與僚佐延諸儒共圖之。僉言義真有貝君者善樂事，老而不仕，寓迹于雲間，欲正雅樂，非君不可。侯聞之，即俾持書幣迎至焉。侯躬率耆俊，詢作樂之要。君曰：「樂以導和，不和不足以爲樂。僕觀江淮間所用樂，雜出伶人賤工之手，器不中法，音不中律，左右高下，參差混淆，烏足致和哉？苟徒捐厚費而飾虛文，僕弗爲也。」侯曰：「作樂以和神，惟君言是聽。」君乃爲考其數度齊量，範金爲鍾，而協以古律管，彼此適均，吹其律而鍾自應。至于琴瑟，亦率自製。惟笙磬之屬，擇善工，使受指畫而爲之。集諸生三十二人，教之肄習，而以明年春二月上丁合奏焉。在列者，無不忻豫。于是教授陳陽翁以狀來，屬予書于麗牲之石，用垂永久。予聞帝王之設教莫重於樂，非止用于釋奠也。侯之于樂，不但欲辨其鏗鏘，又必求通其義者，相與討論之，可不謂知所本乎。宜其能舉天子之命，而爲民師帥也。諸君子從侯修其時事，周旋升降于堂序之間，必有聞其樂，而知其所感動奮發，而鼓舞于鳶飛魚躍之下者矣。溍勿辭而謹志之。至正二年。

【校注】

[1] 新成大成樂記：《黃學士文集》卷十題作《海鹽州新作大成樂記》。

[2] 二：《黃學士文集》作「三」。

明

楊一清《嘉興何縣令見思碑記》

嘉興縣故有見思碑，碑有亭，嘉興之人爲其前令尹何公天衢而作也。公以弘治丙辰進士出令嘉興逾六歲，惠政及民甚多。壬戌徵拜河南道監察御史，民不忍舍，至請其轄留以寄思。明年癸亥,始爲亭貯之,其鄉宦戴僉事佑爲之記。越今正德辛巳二十年于茲,公已累遷至浙江左布政使,近拜都察院右副都御史,巡撫江南矣。先是,桐城秦潮來丞茲邑,嘗即茲亭蒞事,瞻誦亭記,而詢諸邑之人,知公之惠政入人之深,去而人思之,至于今勿置也。歎曰:"召棠勿翦,羊碑垂淚,所以表先烈,貽後芳,茲亭以之。顧孤立草莽間,規制勿稱,久不葺治,將敝且頹矣。"請于郡守徐君盈,欲有以新之。君曰:"可。"顧時絀,難舉贏。越三年,歲豐人和,力稍紓,乃蕆事。庀物鳩工,卜良,即其地而堂之,而樓之,以壯亭觀。自門徂廊,次第就緒,經始于庚辰之冬,凡數月而告成,是皆秦丞所規畫。邑之人無老稚愚良,聚觀嗟咨,第見崇楹巨欂,巍然煥然,不知經費所從出,儼若何公之臨乎其上。又以嘉秦丞之志,而羨其能也。僉是謂役雖小,而足以慰輿情,且可風屬夫天下之爲吏者,宜有言以詔後。秦丞于是具書,肅使者走數百里至鎮江以告于予。予維古今天下,凡有官者,守令最親民,而縣令尤親,何者?其令易行,而澤易流,士苟無志及民則已,有志于民,無弗被其澤者,是故名易起。然心之弗淑,政之弗臧,則怨讟易生,謗易騰,坐是以姦法觸禁,敗厥官,遺穢後來者亦多矣。公爲人,予所素知,精敏而峻潔,其爲政大不綱弛,細不目漏,不茹柔吐剛,其視民溫然如恐傷之,而法之所執,確不可撓,民隱吏慝,蒐獵幾無遺,而實未嘗爲矯亢凌烈之行。嗚呼!令而若是,宜其得民之深,去而思之不衰已。漢室循吏最多,而何武去思之名最著,史稱其在官無赫赫名,去則有遺愛焉。公固其苗裔乎,何其政之相似也。雖然,古之人有優于郡縣,而登之高位,則不相副者,故黃霸郡治,爲當時第一,比入相,功名頓損,豈小大之才,各有所宜,而宦成名立,亦或有驕心乘之乎。武後爲御史大夫,爲大司空,俱以公諒收時譽。其可重者,以此公爲御史,爲郡守,爲按察,爲藩伯,所至聲稱赫然,柄用方自今日始。要其所造,何武有不足爲?予直以去思一事及之耳。記成,系以詩,俾邑之人歌焉。

詩曰:"曷去之思,公政在茲。我氓我心,惟惠之懷。曷去之思,公我父母。恤我飢寒,問我疾苦。曷去之思,公我師帥。我有子弟,迪公是賴。曷去之思,碑之亭之。公開之先,後賢其承之。公之至矣,我寧我止。公之去矣,我思曷已。"

張廷志《宗都督碑記》

古忠臣孝子所重者,一死耳,惟重者,故能輕之。當其時忠義所激,視死如歸,至功及萬姓,名垂千古,而英靈永永,則一死之所關甚重,茲於宗將軍益徵矣。將軍諱禮,嫻韜略,善騎射,迺河朔驍將,非官守於浙也。嘉靖丙辰,倭寇入犯,連艦蔽海而來,分銳趨浙,所至蹂躪。時中丞阮公鶚與將軍有素,因其挾糧入閩,道經浙甸,遂留爲部署。阮公移節巡檇李,將軍與副將霍貫道、侯槐、何衡實爲後勁。倭雄徐海帥兵亟追阮公,公入桐鄉城,將軍奮勇而前,禦寇于皁林市之三里橋,桐邑之襟喉也。時將軍精銳悉屯塘棲,卒未集,將軍以單騎格賊,且戰且東,一勝於崇德,再勝於石門。三戰至此,未得一湌,枵腹血戰,衝突往來于數千輩雕面少年之中,斬首闖河,河水爲之不流。賊乃退伺其隙,登龍翔寺之鴟吻,望將軍止踽踽殘師,賊復嘯集,合圍四擊。將軍砍桑木壘橋西塊,以當櫓楯。賊入河,夾橋分射,箭發如雨,礧石中馬足[1]。將軍一躍而墜,失所執持,徒步空拳與賊鬥,攫賊刀,復斬數人,勢莫支,踴躍大呼,挾二賊投橋下,遂自刎。越月餘,寇退,始覓將軍尸,眉目如生,將軍真英烈哉!是時大司馬胡公宗憲總督四省,方誘汪直議和,不復聲言戰爭。阮公困守桐鄉,宗以客將死事,功幾弗敘。已而卒得題請史載遊擊宗禮帥兵九百，禦倭于阜林之三里橋，三戰[2]賊兵，斬首四百餘，兵興以來，稱血戰第一功，即其事也。《祭法》有云：“能捍大患則祀之。”今將軍廟食桐鄉，而家尸戶祝，亦不負將軍一死矣。風雨淒黯之夕，里中士庶猶見霓旌霜戟，飄忽隱現於長林野水之間，此其忠勇，猶擁庇我桐也。乃巫覡託之，以惑愚民，凡有疫癘，咸曰：“宗實爲祟，豈庇此者，而反爲厲於此耶？”廟貌塵生，諸生父老倡義修葺。余紀此以慰將軍之靈，解愚民之惑，有敢祟者，將軍當以桃弧百萬射卻之。

【校注】
　　［1］馬足：光緒《桐鄉縣志》卷十《名宦》“宗禮”條作“左足”。
　　［2］戰：光緒《桐鄉縣志》作“覆”。

孫植《門攤碑記》

粵自先王體國經野，國有廬賦，野有田賦，即唐虞三代不廢也。顧其法，貴均焉。我檇李田稱膏腴，而征徭亦甚重。先是，占田者率十年一編役，役有輕重，重者至罄田不足供費，民甚苦之。隆慶間，侍御龐公廉其狀，疏請爲均平之法，于是田野之民得保恒業矣。至市民所爲供億，如總甲、火夫、義官、坊民之數，其法猶未均也。富而狡者得夤緣而脫漏，貧而良者率疊役無更休，甚至破産廢箸而不得免。乃有里民施于國，慨然條其隱情，列其實禍，首鳴諸當事者之前，然且甲可而乙否。幸天之猶未忍禾民也，而施于國之剖陳益詳，其利病若別黑白，藩臬郡邑諸公遂可其議，定爲門攤之法。薦紳大夫與鄉歲例貢、黌序之士所居不起稅，其餘則估其屋舍，值十金，大都租一金，租一金，稅其廬歲不過八分五釐。百金上下，準是爲衰益。而道路僻陋，人眦貧苦者，則又遞減之，不滿法。嘉興爲坊者九，總六千九百五十戶，稅可得銀一千三百八十一兩八錢五分，輸之官，官乃召募習事者爲總甲、坊民諸役。總甲役最繁，而宣公、放生爲旌旄駐節之所，其役尤甚。故食于官值約一十二兩，如春波、北板、鹽倉、常豐，其值十兩八錢，蒯搭、王家、角里，其值九兩六錢。次義官八名，伺候巡道府縣馬頭，逐日差使，其值每名七兩二錢。又八名聽候院道按臨背護，敕印府縣差用，稍減其值，每名三兩六錢。次火夫，其值五兩四錢。次坊民，其值三兩六錢。下至儀從、鼓吹、木鐸、執燧、汲水之屬，皆量其役繁簡，受值多寡，總其費亦共銀八百五十五兩六錢五分。于是民樂輸而易辦，上薄征而事集，富者無規避，貧者無重困焉。則其法之均也於休哉。余以爲有三善焉，民之由于官也，力役則無常費，僱役則有定額，初坊間屋舍不滿百金者，輒充總甲，歲值一月，一月之費少者，不下七八金，而多者過十金，民寧不坐困哉。兹門攤行，即屋舍百金者，稅不足一金，民勉力輸稅，則可安枕而卧矣，善一也。役在民，則其費多，役在官，則其費少。如總甲坊十二人，其費以百金爲常，兹定爲僱役之法，則不及十金而辦矣。諸役皆稱是，善二也。市廛之民非商則工，不諳于官，足跡入府縣，輒爲股栗矣，故其費常多，且時遇譴責焉。兹募習事者爲之，則練而不罹于法，且使民無職業者得以役于官而恤其私，善三也。蓋一法行而三善集，其便俗而惠民也，不微渺矣。雖然，昔人有云：“有治人，無治法。”一法之立，一弊之隨也。善始善終，其在循良哉，其在循良哉！

鄭茂《靖海記略》

嘉靖甲寅夏四月五日乙亥夜，漏下三刻，倭舶二自乍浦來。亟登城，召居民分垛守。六日丙子黎明,二舶抵龍王塘,吹螺登,賊五百餘,直趨東門,箭如雨發,佛郎機卻之,賊退,焚其舶,復進。時戍守海鹽者,有參將盧鐣,兵調赴廣陳,無可出戰,余塞四門,以死守諭衆,衆皆惟命。賊攻西門,燬民舍三百餘,煙燄蔽空,矢鏃交集攻城,幸擊斃當先者一人,遂退,屯天寧寺左右,晚復出,擾城下。群情洶懼,乃與衛所諸君分守各門,方君泰東門,彭君瑞、劉君潮北門,南西二門,則余與陳簿鈇,余仍左右督焉。邑博士鄭、歐陽、許三君,暨諸縉紳先生、賓造秀士,咸徒步從,爲士卒先。每垛軍一民一,垛十有五,一胥吏攝之,敵臺以驍兵、勇壯老人攝之,人各米二升,燭五枝,夜及子,賊以長竿探于北城,守垛者以亂石擊退。是夜,馬不停策,火不滅燼,柝鈴矢石聲相屬,統城六帀,天始辨曙,賊乃解圍去犯郡城。八日戊寅,賊還,至孟家堰,盧兵遇之,敗績,是午復進,薄城下,知不可犯,又去。十一日,至海昌石墩,立柵巢焉。嗣後,揮使劉君岱松、丞林子士儀、朱子光裕、尉李子茂並歸,自調所協力守,巡督益嚴,四門惟開其西出入。諸水關皆瓦甓,軍民守垛如初,置竹牌以避矢石,建篷廠以禦風雨,修鞭銃、火藥、弓矢,以壯軍實,皆先後就緒,可裨實用,旦則詣縣治兵事,夜則宿西城樓,視公廨若浮萍矣。賊在石墩,四出劫掠,縣西北境隣海昌者多殘,至五月十八日丁巳,賊掠飽,奪海舟四,宵遁,水兵者舟百餘追擊之,覆其三舟,斬首二百有奇。時統領水兵者,揮使劉君隆、潘君鼎,千户晏君繼芳也,奮翼桑榆,過緣功準,亦不負初心焉。

范言《何侯政略記》

俗有鬼祠,壒一總管者,旌旗鼓吹,喧夜塞途,牲醴舟楫,往來輻輳,雖縉紳章縫之士輒相附和。大夫曰:"此聖世之弊俗也。"竟毀其像,召師祝,杖而遣之。俗好怙勢,群小或呈身豪貴人陵轢其鄉里,以肥其家。投鼠忌器,往往陰怒而陽恕之。大夫一切實之法,不少貸,貴人亦踟躕,歛戢知懼。歲飢,作粥以食貧者,日嘗千餘人。肩摩踵接,出入顛仆,或相枕籍。大夫爲之唱名給籌,魚貫而列。又慮其涉遠匍匐也,乃五日一散錢穀,活者無算。歲課之餘,積羨金五千餘兩,一無所取,貯庫以給公私之緩急。丁田歲派,大率畝餘五分以贍里甲;他邑所徵,或倍蓰之。大夫悉自處辦,未始毫髮擾民。

徐泰《海城外墉記》

嘉靖癸丑夏四月,漳倭海寇犯海鹽,鹽及乍浦內外居民傷害逃移無算,惟時撫、按、藩臬當道諸公咸用驚惕,既謀檄邠州參戎湯侯克寬、淞陽令今陞僉按察司事羅侯拱辰,相繼提兵剿殺,寇用潰散,然鯨鯢未即歛跡,洪濤巨艘猶不時出没,乃復謀必求智勇元戎坐守其地,蓋慮客兵或弗克卒應。於是中軍都指揮台衛劍崖張侯鈇承檄,分督西浙,駐節吾鹽。侯既至,軍民生氣,流移復業,寇不量力,輒復敗去。鹽有海寧衛,侯乃自衛,躬歷澉、乍,及海寧等守禦所,相度地勢,求防禦之策。乃具畚鍤,役戎卒,各緣城濠掘土,築爲外墉,基厚僅六尺,惟其堅;其崇一丈三尺,惟其峻削不可涉。外瞰深濠,而減其內以洩水。各關外爲關門,門有柵,柵置守卒。惟澉委成于衛使徐行健,餘各委官監築,而侯則往來督視,役以樂從,功固易集。蓋自是城有障蔽,衛及各所官軍咸曰:"吾其可力守矣。"四城黎庶咸曰:"吾其可寧居矣。"當道諸公嘉之,咸曰:"吾其可舒海上之憂矣。"今侯既握兩浙兵符,坐鎮列城,海鹽之大夫士及諸父老相與謀曰:"是惡可無述。"乃代徵予言記之。予惟南仲城朔方,而獫狁于襄。張侯墉四濠,而海寇斯遠,孰謂古今人不相及？然予竊有説焉。功以大垂，業以嗣久，是墉霖澇，崩剥或不免於他日。時加修葺，無墜侯功，是則嗣守者之責也，亦記者意也。敢即民誦侯之詩，併詔將來。詩曰：崇崇外墉，下瞰深濠。捍彼寇攘，屹如虎牢。伊誰是築，張侯孔勞。崇崇外墉，内障城垣。壯我形勢，嶸如龍蟠。伊誰是築，張侯孔煩。侯築外墉，詎曰干名。民之攸恃，恃此孤城。城有障蔽，士有甲兵。蠢彼醜物，望之逃形。侯築外墉，詎曰徒飾。不傷民財，載守載役。惟是戎卒，成之不日。天念我民，生我張侯，克武克文，有爲有猷。海寇既遠，邊防益修。外墉之築，計遠慮周。桓桓張侯，功垂千秋。

陳懿典《嘉興縣太和陸侯碑記[1]》

史稱何武爲法，去後常見思。夫爲治而民思于去後，則其任事之日，無赫赫炎炎之聲以釣奇，無沾沾煦煦之恩以悦衆，明矣。夫不釣奇，不悦衆，則其所爲永賴地方者，必非取快目睫可知，其闇然約己裕民于不見不聞之中，又明矣。迨其去後而地方受其賜，上下信其誠，彌久而不忘，故足述也。獨怪近世貢諛風盛，當令長蒞事，瓜期將及，即倡建生祠，廟貌如林，工作接踵，而恂愞循良者或反闕焉。故爲憤世之論者，欲建一總祠行營寬大之所，凡遇長吏遷去，即置主升祔，如廟制之禮，以次而升，以次而祧，而功德之最著者久而不遷。蓋公論惟久，則愈定人心；惟久，則愈真。去後之論，斯定論，去後之感，乃真感也。太和陸公之令嘉興也，凡七年，三修覲事。丙辰以治行高等，借留春曹，以俟披垣之選。自侯去邑，今又數年矣。侯治不近名，清畏人知，士民愛戴感慕，不啻召、杜。而仰體侯意，又不敢以世俗建祠肖像之事獻媚。乃侯去邑愈久，其清真之德澤愈益顯。毋論其他，即如三縣田糧一事，武塘蓄謀愈久，詭算甚深，假名羶而發毒，迅幾弄兩邑于股掌之間，賴侯力持，得未即決裂。而其最握要領，則以他訟事弔，彼中有總魚鱗册中數本，每區皆明開本縣田若干，別縣田若干，以及千户所田若干，一一如指掌者，封識留貯不發，且題曰：「嘉善爭田太急，則發此。」即今所索匿册中之數本也。丁巳大閲，開所封識，遂盡露其割補、藏匿諸罪案，即有力如虎，有口如簧，而卒莫能逞。微侯遠識周慮，不及此。侯雖不以此見德，兩邑人能無繫思于去後乎。侯治邑，念念在民，求可久，而最不欲取虛怪緣飾之名。初下車，謂筦庫端緒淆雜，難于窮詰，乃創置手籍，出納勾稽，耗羨扣除之例盡絶，而胥吏莫能高下其手。侯去後，有不人人嘆頌否？大造之役，集衆議而折衷調劑，然後畫一頒行，今日公府遵欲解之規，民間省繁重之累，京運有津貼之利，而出途無苛索之擾，伊誰之賜也？侯加意黌序，月課歲程，譽髦才俊，每推轂弘獎，而不令其知，士之受知于侯者，皆陰荷陶鑄，而無煩于奔走羔雉之瀆紛。聽訟務求得情，諄諄懇懇，民自不忍欺，不能欺。案無留牘，獄無覆盆，蓋侯治求自信而不求信人，施實德于民而不爲炫赫類如此。今天下多故，邊事孔棘，動稱掣肘，則惟取民狥人之意，多于實心擔荷之意，而不[2]默收其成也。用侯之心，行侯之事，言期必行，行期必效，豈復憂難阻哉。余交侯日久，周旋盛德，穆如恬如，鄙吝盡消，而侯亦信余之樸拙，虛懷折節，皆非世局謬相引重之比。父老子弟及文學金生星耀子泰寧等謀所以志去思，徵文以勒貞珉，顧余雖不文，何敢辭！且頌德于去後，不以廟而以碑，庶幾余所稱百世不遷者也。侯勳名方遠，異日當爲國家名臣重臣，治邑不足以盡侯。而余邑人也，在邑言邑，論其大者，爲鼎彝竹帛之發軔云。侯名獻明，字君謨，別號太和。丁未進士，直隸之太倉州人。

嘉興縣新定均田役法碑記[3]

國初我郡領縣三,曰嘉興,曰海鹽,曰崇德。宣德中析嘉興增置秀水、嘉善,而海鹽增置平湖,崇德增置桐鄉,爲七縣。而嘉興爲首,賦多役繁,又與秀水同附郭,界吳越,爲孔道,冠蓋之甲第、阡陌,繡錯肩比,一切踐更皆免。新安大賈與有力之家又以田農爲拙業,每以質庫居積自潤,户無多田,用是往時編審不能畫一,其田以均三百八十里之數,或以數十畝而充者,或户無田而充者,困累莫訴,識者憂之。乃援外邑之例,有均里均甲之議。又因里多田少,復有銷里之説,以求其均,而卒齟齬不行也。今皇上龍飛天啟之元年,適當十年大造之期,邑侯蔣公軫念民瘼,求爲地方永利計,與秀水湯侯博詢輿論,斟酌時宜,謂創法未可以速成,而革弊必先其太甚。有久沿之寬政,不可不爲更張者;有新立之規條,不可不爲劑量者;有一切之中不可不特爲加意而存厚者。列款上之中丞、直指、藩臬司府諸當事,皆稱善,報可。侯殫厥心力,始于季夏,迄于初冬,凡四閱月告竣,士若民無不帖然服、懽然誦者。吁!斯亦難矣。語云:非常之原,黎民懼焉。及臻厥成,晏如也。夫均田之議,言之非一日,講之非一人,行之非一方,而我郡中獨難之,非法之難行,而行之無其法耳。侯大指,坊里兼論田與力,小里尚論田,而論力之意亦在其中。士大夫昔全免而今限免,昔分其户而分免,今併其户而額免,又恐官里與民尸[4]混,則民猶受其累,令官里與民里别,民始實減其役。官里不與民同其役,則官自全其體。官里與民里同其費,則民益甚其困。以此行之至公,應之至虚,宜人人共安之。至于外邑寄莊之久免也,則以他邑不受我邑之寄,連柱其口,故宦與他途之日濫也,則以久近中外,遞其等,名臣大賢之裔,存其最著。徽賈之舊以税免,市民之以不緣南畝免,則以坊里責其往役,此數者盡出而應公,賦入版籍,所以減舊役之不能堪者,何啻什百,皆所謂以美意行其良法也。垂之于後行之,愈熟愈便,寧不爲百世之師哉!父老子弟孫弘祚、翁尚賓、邵九徵等,徵文勒之貞珉,媿無如椽之筆,聊論次其大如斯。東南民力久困,今疆事孔棘,徵兵轉餉,皆從履畝,以佐公家。此法行之至均,計之至遠,昔人謂《周官》一書,乃姬公運用天理爛熟而成。余于侯亦云。郡中國初有官民田諸則,自五升至數斗,相懸殊甚,避重就輕,不可勝窮,自郡伯趙公爬平,迄今稱便。郡中自賦税外有雜泛之徭不一,重者立傾家,侍御麗公條鞭法行,歲增派于田,徵銀僱役,海内無不遵行。二者之均,其功並稱不朽。今併蔣侯而三矣,不可不記。侯名允儀,丙辰進士,直隸之宜興人。

【校注】

[1] 嘉興太和陸侯碑記:崇禎《嘉興縣志》卷二十二《藝文》題作《嘉興縣太和陸侯去思碑記》。

[2] 不:崇禎《嘉興縣志》作"不能",是。

[3] 嘉興縣新定均田役法碑記:崇禎《嘉興縣志》卷二十二《藝文》題作《嘉興縣蔣侯新定均田役法碑記》。

[4] 民尸:崇禎《嘉興縣志》作"民户",是。

賀燦然《郡丞初庵方公碑記[1]》

郡太守綰符篆,得專發興之宜,澤易究,故去而人多碑之。貳特佐贊太守,施澤難,自非懿政較著,去則泯泯爾。故檇李郡貳昔無碑,碑之自方大夫始也。方大夫多懿政,更僕未易數,請表其大者。先是,有星孛于斗,占在吳越。臨安襟江帶海,吳越一大都會也,頃執政者議減兵餉三之一,兵訌焉,鼓噪至排轅門,擁督臣去,幾爲變。未幾,愚民效之,以苦踐更,燬人屋舍,攫人金錢,又幾爲變。賴天子神靈,命少司馬張公重壓之,得便宜從事。張公捕殲百餘人,民遂定。閱歲,廉兵之首事者,密謀誅之,兵亦遂定。天子嘉張公勳勞,賜緋魚服,召還本兵,浙人亦深德張公,相與刻石頌功德焉。迺兵民之變,我檇李亦有之,竟安堵無恐,不致上厪宵旰,則方大夫之伐也。我檇李往者水潦相踵,民不聊生,至望屋乞食,少者數百人,多者千餘人。富人稍不予,輒抉其倉庾攘分之,莫敢誰何。市野騷然,至喧而遮郡邑之吏而請賑,人情洶洶,幾爲變。大夫乃昂首諭之曰:“爾等皆良民,將爲亂,抑欲賑耶?”民皆叩首曰:“某等安敢爲亂,欲賑耳。”大夫曰:“賑固有司事,有司業已議賑,不三日當分賑爾等。爾等當保首領,念及妻孥,毋蹈國法,取大罪不赦。”于是民皆羅拜,歡呼去。大夫迺爲佐畫發粟之策,全活數萬人。我檇李十餘年無桴鼓之警,兵聚而無事,乃爲分戍巷市郊野。更番稍後期,遂怨詈騰起。會臨安兵變,未有創,兵益驕,至椎牛歃血盟,欲賊殺武胄之典兵者,又幾爲變。公密聞之,出片紙曉以禍福,兵皆頓首謝,爲部分之均其逸勞,于是兵皆頓首謝。夫臨安號稱善地,日者兩變繼起,鄉縉紳先生、都人士女咸用凜凜,藩臬郡邑長吏至,裹足不欲入,幸張公撫定之。迺大夫消變未形,不戮一民,不殘一卒,令檇李若不知有兵民之變也者,此其功德豈渺小哉!無論他懿政,即此足碑矣。大夫寬和似黃霸,儒雅似文翁,端亮似尹翁歸,好古教化似韓延壽,發奸摘伏,善發巨盜似趙廣漢、張敞,清白遺子孫似楊震。至褆身被俗,動則古人,則孔門冉、閔之儔,又非漢吏所及也。大夫人品海內所共推轂,其懿政略具黃太史生祠記中,茲不復贅云。大夫諱揚,歙人,隆慶辛未進士。

【校注】

[1] 郡丞初庵方公碑記:崇禎《嘉興縣志》卷二十二《藝文》題作《郡丞初庵方公去思碑記》。

姚弘謨《汶上張釣石遺教碑記》

　　太史公稱齊魯閒於文學,蓋猶有古聖人之遺焉。釣石君生汶上,博學好古,不爲世俗所染。嘗讀《易》蜀山中,盡搜其玄奧。而齊魯間推文學者,必首釣石。官秀水,惟篋圖書,隨兩三蒼頭來,冷局環堵,處之翛然。匾其軒曰“尋樂”。日進弟子員,匡坐談經,不廢寒暖。間出所著《三極説暨河圖洛書考》示弟子員,象數理奧,點畫指扣,發儒先所未發,真與羲文心畫千古相符契。其容貌甚莊,繩趨矩步,動可楷法,于是弟子員咸彬彬嚮方矣,吳越士聞風者率擔笈從君游焉。且其操甚介,每歲時弟子員例有餽遺,輒弗省,雖菜果亦謝去,家人化之,即蒼頭奴亦以弗受爲愜。每從東魯致荵、麥,爲饘餅以自給,冬夏一葛一裘,皭然自持,視文錦粱肉如糞土然。噫,若釣石君庶幾古人哉!君在秀水,方三禩即遷去,今且數年矣。弟子員過尋樂軒者,猶欷歔慨頌,謀樹石以垂不磨,因屬弘謨爲之記。弘謨昔官祠曹,前太宰望湖先生吳公爲予稱釣石君行義爲甚詳。比歸,而所見符所聞,故爲記之如此。是舉也,予嘉釣石君,予又嘉碑釣石君者。近世重制科,博士白首寒氊,無復公輔之望,卓卓者固有之,大都闒茸無聞者耳。今釣石君遡齊魯淵源,闡學振教,俾博士輩去久益思,相與伐石而頌德,故予嘉釣石君。然釣石君以貢起,非聲勢焜奕,去且久,博士輩猶不忘謀所以志永久,豈樹碑規勢利者比耶!故予又嘉碑釣石君者。予嘗謂校官雖卑,與宰臣等。校官育才,宰臣用才。弗育,奚用?今視校官爲冗員,徒取人于帖括之陋,譬之鉛刀,韜以錦貝,飾以瓊琚,非不煜然若莫邪,用之截楮葉弗銛矣,矧斷蛟兕、切金玉耶！故誠欲羅真才，佐明主，則莫若重儒師之官，簡天下碩德重望如張君者，豐其禄，晋其秩，即部院監司賓遇之，俾儼然爲博士範。其教士振肅者輒論薦，補三公，如國初故事，次則補胄監學使者，如此則師儒官必章軌貞教，育真才，以待國家之選用，弟子員亦斌斌多真才，持此登至治，無難矣。予因記釣石君，不能無感于斯云。釣石君諱綸，字宣甫，前秀水縣博，後遷青縣，以薦令三河，今爲通州守，所至輒有聲云。

國　朝

張履祥《生公遺事記》

宣德間，知邑事牛公報最，入覲，疏言：“邑僻民窮，科不及額，請即司寇。”上閔焉，特旨減桐鄉賦。又御書一畫於牛字之下，賜姓生，復任三載。自是，桐鄉之賦輕於崇德，蓋其原如此。甲午重九前一日，里老云。　遺民張履祥曰：桐鄉分自崇德，而賦不同，竊嘗疑焉。則解之曰：阜林驛移至崇德故，未有詳生公之事者也。若老者之言，民到于今，受其賜，而邑乘曾不之及，何耶？豈所謂没世不忘，不俟金石而壽者耶？亦因以見天子仁民愛士之異數，可以爲百世作牧者勸也。

鄭寒村《希聖堂記》

家有塾，黨有庠，術有序，國有學，古也。後世學校自成均而外，唯設於郡縣，而鄉里無聞焉，此書院所由興也。書院盛於宋元之際，至明季而大壞，蓋天下之無教也久矣。嘉興之有養賢堂，書院類也，兵火之餘，瓦礫茂草。雲間袁公治郡之明年，將爲郡中士聘名儒講聖學，乃與鄉薦紳某某等謀建堂於故址，而命郡學訓導范光燮董其事。既竣工，更名之曰希聖堂。以光燮與余有舊好，俾來求文爲記。余考養賢之説，始於《大易》之《頤》卦，而未嘗明言其所以養。竊嘗疑聖人養賢，必非徒禄糈饋廩之末。《頤》之爲象，下動而上止，有範圍曲成，優柔漸漬之意，殆即《孟子》所云：“中也養不中，才也養不才”之養。《周禮》之六德、六行、六藝，固即其養之之具也。由此言之，先王之養賢也，無非教天下以爲聖人，而後之人不察，以爲養終與教異。於是學校之中徒優之以廩禄，而誘之以富貴，置一切智仁、聖義、中和、孝友、睦婣、任邮、禮樂、射御、書數，古之人所以學爲聖人者，漠然不問。而其弊也，士惟知有科名仕宦，不復以聖人爲人所當爲，即幸而得功名氣節之士，亦往往非三代以上之人物。嗚呼！士不希聖而可以爲賢乎？則是不明於養之一言誤之也。公搆堂以養賢，而必更其名曰希聖，其所以教禾之多士者遠且大矣。雖然，史稱鄭侯餽餉於漢，有萬世功，而其言不過曰養民以致賢而已。其後，桑大夫以鹽鐵均輸爲國大利，而疾賢良文學之士如仇，漢之根本遂摇動而不復安，是賢之不可不養也又如此。今天下用兵五六年矣，供億煩，調度闊，主計之臣，苟免乏興，凡朝廷所以優禮士大夫者，一切奏罷；牧民者但知奉急符從事，不土芥書生則已，更何暇爲國家培植人材？嘉興當江浙之衝，王師征閩豫，孔道應酬，日不暇給，而公顧於錢穀兵刑之際，留心教化，復修承平時書院故事，就使養之而止其意，亦與蕭鄭侯之意合，而可以愧當世之爲桑大夫者矣。又況諄諄以聖人相期，而欲躋多士於三代以上乎。吾聞之劉辰翁曰：“凡干戈潰亂之出於宇宙，如雷霆風雨，危不可處，而天體霽然，不待明日，光復其舊，必歸於禮樂、性情、道德、風俗。”方今聖天子右文禮士，而粤蜀滇黔之寇漸以削平,吾知四海之內文治蒸蒸起矣。他日復黨庠術序之制以教天下,尋源遡本,其必曰自嘉興之希聖堂始,是誠可書也。堂建於己未之七月五日,成於某月某日,郡丞季公某、知嘉善沈公某、知海鹽張公某,及縉紳士某某等,凡若干人,實相與助之。因併記焉,以俟有聖人者起,尚其不忘所自。

錢陳群《張東侯郡守屏風記》

江浙同爲財賦重地,浙東西十一郡,計財賦所出,浙西三郡實可曹鄖餘郡,國家轉漕,每歲貢天庾,數溢平江西郡[1]。至鹽桑所成,供三尚衣諸織局,衣被華夷,重洋絕島,翹首企足,面內而仰章身者,惟嘉、湖兩郡是賴。凡官於浙者,得浙西一邑治之,咸稱賀,以爲榮至。領郡符,爲通侯,則必由宸衷特簡,或封疆大吏薦剡,非是弗獲膺斯任也。乾隆二十六年,海豐張君東侯以解州牧報最來守吾郡,下車之日,郡民咸肅然瞻仰,所屬胥吏咸凜然畏君威名,屏息不敢犯。君平易坦白,未嘗務赫赫名。初入境,時聞子衿有不守臥碑興滅詞訟者,思小懲示警。適一生以田土細故被人控其滋事,令承勘得免,君批令戒飭。翼日生伏地訴曰:"生貧,贅於嫠婦家,婦無子且病,令生具狀耳。"君察知其情,且年纔二十,補博士弟子甫一歲,遂釋之曰:"爾毋悸,但歸讀書,吾不罪汝也。"不泥成見類是。郡習俗棄產之家杜絕多年,猶屢索益價,嘵嘵不休。君曰:"是紲在售者。"亦有恃富欺貧,利人之產,依年例取贖,屢請不許,請添價以絕,亦不許,孤貧困之。君斟酌情理,務求其平。郡漕粟甲於諸郡,徵納發兌有弊在官者,有弊在胥吏者,有弊在運弁者,君條列榜示,公私便之。偶遇旱,率屬步禱,甘霖應時以沛,連歲有秋。公餘課士,必躬詣講塾,勸經論文,雖溽暑祁寒未嘗廢也。歲科試童子,弊絕風清,古學、時義並重,凡列前茅者,往往受學使賞拔。郡城河久湮塞,君延集紳士耆老酌議疏濬,有建言開支汊曲沂者,君曰:"郡城河故狹,通舟楫,納粟輸倉,居民擔水漿以活流濟食,不致遠涉足矣。毀寧居以浚,甚無取焉。"議遂寢。二十七年,調杭州。是年,上親視海塘,時大吏仰稟睿畫,加築石塘,君督修甚力,數月工竣,柴塘亦次第告竣,海不爲患。杭爲旗民雜處地,閩廣通衢,莠民相與爲匪,踪跡詭祕,君密得其情,痛懲爲首者數人,餘散去,爲良民。各屬刑法將成讞,時愚民罔識輕重,自蹈重罪,君爲平反者數案,曰:"吾敢紲法滅之耶? 民愚,如盲者墮溝中,一拯之耳。"居無何,以前任晉中失察州民邪教,例應鐫級,上令督撫勘君治狀,仍命來浙。先是,吾郡缺出,三韓甘君來守是邦,適湖州守李君以親老乞養去,大吏奏請君守湖州,君奉檄之官。湖毗連秀州,熟知君政,懷德威民,四境帖然。君亦雅愛苕霅佳山水,且曰:"浙西三大郡,代多賢守。唐韋左司刺蘇州,嘉禾僅半屬;吳郡白少傅由杭遷蘇,未治湖也;眉山先後杭、湖,未守嘉郡。予何人? 斯五載中,握浙西三郡符。惟景行前徽,勉稱職守,上報國恩耳。"月餘奉特旨,仍知吾郡,郡民扶老攜幼,歡笑望左輴,道迎者數里。君勤勞父老曰:"吾政何能及此?"數日,君詣予請見,曰:"鎮重涖茲土,思欲師古人聽事壁記,請先生文識之,庶幾朝夕觀省乎。"君齊海豐右族,自高曾祖父及君父子皆以縣令起家,代有治行,尊甫季膺先生與予先後出德清大司空徐公之門。予視學直隸,知君官畿東劇邑有聲。及君守吾郡,予懸車郡城,目擊君爲政清勤,寬猛相濟。予平生不能作諛詞,所書一二事,皆得之里巷所稱述。及君自言鞫勘刑罰宜詳慎體察,不迎不拒,以協於平,予深然之。以君之才,方受主知,毗倚屏藩,沾漑通省,持是以往[2],《泂酌》之議[3],予于君有厚望焉。唐貞元初,韋應物、房孺同時守蘇、杭,以詩酒相尚,後白傅繼之,旬宴一章,與左司燕寢凝香,同爲風雅公案。予所期於君,殆又有進於此者,本末先後間,惟賢者自度之耳。是爲記。

【校注】

[1] 西郡:《香樹齋文集》卷十九作“四郡”,是。

[2] 持是以往:原作“特是以”,據《香樹齋文集》改。

[3] 義:原作“議”,據《香樹齋文集》改。

張惟赤《濬河濟民永利碑記》

鹽邑三面環海,惟西北流爲通吴會,且其地平高,而民務農業,貫澮穿溝,遥源難激,以故常苦旱,不苦澇,地勢然也。況兹城歷千百年,生斯聚斯,塪埃瓦礫,久久彌積,不覺其益,有時而壅。聞之每歲冬春之交,輸漕孔亟,倘霖雨愆期,則舟楫不通,荷擔道路,汗揮若雨,喘發成雷,費添額外之貲,勞頓民間之力,可勝道哉。歲在辛丑、壬寅,兩年亢旱,近城數里之地,溪塵鮒涸,井深盡枯,山川絶雲,呼天莫應,將問之海濱乎?即苴兹土者心迫惻惶,能驅饑餓之民,負鋤錙耜開濬乎?仰屋而歎,誠爲無策。然而古之大臣謀國深心有當,凶荒之際復起興作,蓋窮民離散,必去而爲盜,欲聚之以食,故鳩之以工,而賴以弭患者不少。適給諫張公讀書家居,恤衆之心,本以愛國,不謀之野,不費之官,捐貲備糧,經營惨澹,選於邑中得耆老王紹俊者,屬以董事。環濠深浚,迤及漕倉,救負郭之枯苗,立起生色。於是糧艘屆期鱗集城根,出入倉厫,祗須進艇,上以裕國,下以庇民,厥功偉哉。至於減損家食,施粥賑饑,體恤閭閻,營民平市,遠邇之衆藉以安全者不少,尚德好義,士人樂得而傳誦之。霖雨四海,此其先徵矣。邑人德公,求表其事,以壽諸碣。雖不敏,其奚辭!憶辛丑之旱,余嘗步禱備苦,天亦憐而應之。然祗一時事,孰與我公爲地方永賴也。余故珥筆以識,將以勵後之官此土者,并以勵後之搢紳先生世此土者。

查培繼《重修海鹽縣儒學碑記》

蓋聞先王之造士也,教始於黨庠州序,以達於王國,固無地而不設之學也。乃曩時學宮之建,自《魯頌》而外靡述焉,何居?蓋其黨有正,州有長,皆以其鄉之賢者爲之,猶以父兄教其子弟,而朝夕絃誦之必聞,則其經營學宮,以爲讀法之地者,當無不豫也。後世州縣學不常建,漢文翁守蜀郡,修起學宮於成都市中,而蜀地學者比齊魯;晉范寧爲餘杭令,興學校,洎守豫章,又立學臺;庾亮於武昌開學宮,繕造禮器:皆以牧民者維風而式士,見褒史乘。而求其鄉之賢士大夫,有事於學校者不少覯見,則以學校之典載之,令甲牧民者司之,而士大夫得以謝其責也。宋初,士大夫更建鄉黨之學,其後遂廣爲書院,而教養之厚往往過於州縣學,是又以州縣之學爲具文矣,豈猶古庠序之義哉。國家建學徧宇內,山陬海澨,莫不有學,生徒多者至數百人,文教廣敷矣。然牧民者簿書期會之冗間,且累日而計貲,方竢秩滿而遷,何暇勸學?其司教者俸禄益薄,惟歲時釋奠之兢兢,而士大夫之振迹於學者,又視其學爲蘧廬焉。故有議修佛圖仙壇者,未必蒙福也,而聞者色喜;有議修鄉校者,未必不蒙福也,而聞者以爲迂闊而弗報,豈非俗之敝使然乎?海鹽瀕海,多烈風,學宮頹圮。今三韓靖公張公以神明愷悌宰是邑,將追武城單父之治,每遇上丁習禮而薦馨香,仰瞻廟庭,輒低徊而不能去。會司教者錢塘千里張公,以周情孔思之文廣勵學者，而考業講德於斯，體公之意，捐其歲之俸禄，更請於督學使者，以學租養士之餘，佐繕修之一二，且兢兢焉懼不勝任。維大司諫螺浮張公稔知二公之廉，而不能以身爲精衛也，抑大祲薦至而多士屢空，鳩工庀材之未遑也。乃捐橐中裝，而不日鼎新，俾肄業者如生於成周，而覿黨庠州序之雍雍也，其賢於建書院以標榜而以學宫爲具文者遠矣，雖古之賢士大夫疇能尚之。公筮仕以來，豐功偉績，天下莫不聞，而其爲德於鄉也，塗歌巷謳，日新月異。蓋嘗修鎮海龍王廟而海波不揚，從形家言開新河於白苎橋而人文蔚起，皆其德之大者。余故因是役也，并記之以示輿人，俾知公之爲德於鄉恒有如是役者云。公名惟赤，海鹽人。順治乙未進士，今官刑科都給事中。靖公名素仁，其知海鹽也由父蔭，知鳳縣，以能治劇遷。千里公名文鴻，以順治辛卯鄉進士授今職，皆勵教化於學而與公爲道義交者也，宜並書之。

馮浩《重修城隍廟碑記》

自古建都立邑，必爲城池，以莅官治民，緝良遏暴，《易》所謂王公設險，以守其國也。在泰否之交象，取城隍以示戒，治亂所繫，大矣哉。沿及後世云有神焉主之，視社稷爲震耀，且或云某賢，某官歿，而陰居其職務，要之祀事虔重，民所敬信服畏必爲神所憑依，感應之理昭昭也。吾縣桐鄉，明宣德五年析崇德置，禮制備舉，始廟祀城隍。景泰、天順間，邑侯永平張泰修增之，詳秀水吕文懿公撰記。於今三百年矣，歲月之頹朽，風雨雀鼠之剥損，幾傾覆是懼，曷以尊吾神而肅禋祀。邑侯江右新城潘君安智勤慎明練，民悦安其政，既修學宫，遂及斯廟。居高一倡，四境響應，輸金庀材，選工趨事，經畫皆得其宜。舊觀聿新，規模載廓，重門顯闓，堂殿安敞，廊廡垣墉，旁室環繚，經始於乙未六月，成於丙申歲。而侯以卓薦遷擢矣，邑之人屬余紀其役。余世居邑治西偏，雖移嘉興，恡守舊籍，桑梓必恭敬，況赫赫明神哉。夫人神之道相通，治民[1]治幽，皆以天地間賡裁成輔相之責者。方今重熙累洽，德化醲醲[2]厚，成民致神，陰陽咸理，而保泰持盈，宜共凜日中之惕，必得庶徵協應，年穀順成，儒術懋修，賢才輩出，養之以怡和，敦之以淳樸，有俯仰作息之樂，無疵癘夭札之憂，庶長此承平之福於無疆，普天之下，一邑之中，不言而同然矣。余敢因廟貌之維新，敬陳民隱，以申祈禱。聰明正直之神，鑒觀不爽，其必默相治理，而永綏斯民也乎。

【校注】

[1] 民：馮浩《孟亭居士文稿》作"明"，可從。

[2] 醲，原作"釀"，據《孟亭居士文稿》改。

錢儀吉《宋某官知嘉興縣事段公遺愛碑》

嗚呼！昌黎韓子有言矣："事有曠百世而相感者，不自知其何心？"蓋聞蕭依之咨，儆睠懷良，佐軺輯圉之決策；拊髀將材，踌躇闕史之文激。卬殘隴之碣，其疇不根，失同時神游千古者乎。而況七百年之代嬗，猶是人民十數字之廟存，樂只父母。予讀弁陽《野語》之文，考浙西公田之事，而於故侯段公不勝甘棠之思，遺愛之頌焉。公田者，議萌於謝方叔之限田，禍稔於吳勢卿之視漕，詭謂和糴可罷，邊儲易供。始也，準官品而除贏；繼也，履民莊而攘利。三分買一，及於百畝之小家；十斗輸八，偏於兩年之受代。而且督催提領，法重于青苗；度牒告身，價鄰于白没。公方踦蹋驥駕,輊行鴛湖,濟物存心,爲民請命,擬歐陽之擅止新法,而時異元豐;類尹鐸之庶鳩趙宗,而功在保障。當是時也,立東南之蓍壤,增中外之吏二萬;竭數十之郡資,養環衛之兵七億。危同棋累,窘甚矛炊。豈惟盧扁庸醫,亦且驚心;將圖風雲鷙鳥,必先審爪。然而季氏世卿,冠軍外戚,不悟賂虞之計,旋興入洛之師,齎五日之糧,議三京之復,病不求息,鋌愈走險。於是葵范珙玠,張眷冒刃;漢蜀荊淮,塗原膏草。幸也李璮之請未行,郝經之使繼至,庶幾知難悔禍,保境息民,猶且輕性命而張暮氣,方謀括脂膏而奉軍實。公以爲割肢體以果腹,緜愀奚存;鑿基址以增高,巖敧立待。甘觸權網,何恤身災。假令象笏近君之輔,墨綬親民之官,咸能抱公之明見,敿公之直節,孤忠徇國,衆志成城,敗二帥而上軍不動,殺三人而執簡如故,庶幾君之一悟,回天眷于渙汗;何至日蹙百里,悲宗社之淪胥也哉。噫!析珪擔爵,愛閭閻者何人?吮脂茹柔,輕去就者幾輩?若乃君謝端門之受降,侈興土木;相忘合州之議幣,娛嘯湖山,徒傳字民之訓,竟無褒廉之賞。莫知我心,猶行其志,斯豈非神明公忠之宰,豈弟子惠之風乎。若使遇堯湯之朝,憂深水旱;遭文景之際,詔勤滋殖,而或競肆饕貪,不顧魚爛,登朝陳寬恤之言,行野忍流亡之哭,誰尸民社,有靦面目。哀哉!古人不可望,淚起枯蟻之穴;九京如可作,魂歸負鼃之碑。按:公諱浚,本貫未詳。景定二年,以不奉行公田,爲提領劉良貴所劾。其同時被罪者,又有宜興宰葉惄佐其人焉;其先事謝去者,又有吾邑分司陳茂濂其人焉。皆罕傳者,因附書之。

蔡履元《重建田公墩橋閣碑記》

距邑城西北里許,有田公墩,兀崎中流,環水四面。舊建傑閣其上,奉祀田公地母,名稱殊不典,而遠近業耕桑者祈報集焉。考古者天子諸侯以下,卿大夫有采地者皆立社。六鄉中有州社,六遂中有縣社,下此,百家之社,二十五家之社。凡以五土之神能生萬物,故宜崇祀之,示有土也。古制之湮沒者多矣,苟有其意,名不妨從俗也。石門蕞爾,邑城僅三里而贏,由郊而野,水田桑地,犬牙相錯,故樹藝之利,田與鹽亦相垺。茲墩因土建祠,爲土穀之神所憑依,重農寶稼,於是乎在。閣之上層,供奉文武及斗奎三星,夫亦既富加教之意乎,有其舉之,莫敢廢也。乃歲久而通往來之木筏先圮,欲度無梁,由是閣漸頹廢。同志諸人慮舊跡之就湮也,謀更新之。勸輸樂助,稍廣故址,縈石爲岸,崇搆周垣,不雕不飾,橋則易木以石[1],樹門於上,令僧人司啟閣。是役也,經始於乾隆三十九年六月,落成於十月。其經營相度,則周子鶴、聞子永綏二人,實始終其事焉。經其地者,見樓閣崢嶸,層波迴繞,而像設謹嚴,儼乎田祖效其靈,奎光助其彩,蕭謁之餘,其油然興孝弟力田之思乎。夫農桑者,民生之本計也。文學者,教化之先聲也。衣食足而禮義生,教化行而風俗厚,則斯舉也庸有合於教稼明倫之至意。若夫形家言,茲墩西北二水,迆迆而東,當城池之衝,故築以爲鎮,則余素未諳此,未敢深論也。

【校注】

[1] 橋則易木以石:“橋”字原脱,據《檇李文繫》卷二十四蔡履元《重建田公教橋閣碑記》補。

秦瀛《貞壽圖記》

嘉慶元年二月,桐鄉金節婦年六十,距其夫之死已四十有四年矣。先是,乾隆五十八年,其宗郎具節婦事實上之有司,有司以聞於朝,得旨旌門如制。及是屆節婦週甲之辰,方處士薰寫松石爲圖，以壽節婦。又閱一年，爲嘉慶二年六月，比部金君德興持是圖來杭州，屬余爲之記。節婦姓王氏，適貢生金際墊。金故桐鄉著姓，而際墊無兄弟，不幸以瘵疾夭。時節婦年十七，無子，將殉焉，而節婦舅氏一疇多方慰諭之，曰："吾老矣，如天不絕我嗣，復舉子，子長而生男，即後汝，汝冢婦何遽死爲？"節婦乃强起視事。際墊故旁生子，其生母死而繼母在，節婦勸其姑爲舅氏廣置籐室，遂連舉男子四，女子七。四子者，以報、以執、以垂、在兹。不十年，其舅姑相繼歿，子女皆幼。節婦佐其庶姑劉、張、馬，鞠育之，卒爲四子娶，而嫁七女。其間，爲舅姑及其夫辦治窀穸，悉中於禮。今以垂舉子元鑑後節婦。余惟節烈之行，世所艷稱，顧烈婦以身殉夫，而節婦者堅貞不渝，往往多壽考，其節同而轍則異也。今夫物之貞者莫如石，而樹之壽者莫如松。節婦喪其所天，歷艱屯連蹇之遭，而確然不易其守。草木黃落，百物萎死，而凌霄之姿雖蒙犯霜雪，而無改柯易葉之態。處士寫是圖，而題曰"貞壽"，此志也。余故參傳體記節婦之生平如此，並以復於比部。

序

元

俞鎮《盧侯德頌詩序》

東平盧公來知是州，時旱潦相仍，浙以西米斗七十錢，關陝且七倍于此，朝募能輸粟往賑，則賜爵以差。於是州有甲輸粟若干，爵七品，乙輸粟若干，爵九品。州以飢民方阽死溝壑，匍匐遮公馬首告。丁丑公立召甲乙等十有五人，喻之曰："年饑勸分，古之政也。然分人以財，必自近始。今貿貿然來，鳩立鳶吟吾前者皆若等巷南舍北人也。若等尚能輸數千粟甦關陝民，況隣里鄉黨乎。"十五人皆愧謝，許諾，請歸，轉粟于州，減糴價之半以賑，三日而盈四千焉。公乃括口定法，裂楮畫期，大口人日二升，小口人日一升，俾民得什五相保，計口更番以糴。及期，公必親坐於堂，視民易粟，庭下如持左券，責償無不足，乃去。未幾，鳩立者腴，鳶吟者呼，阽溝壑者甦，而流逋者安厥家，咸扶老攜幼，稽顙道傍，遮公馬首謝公。乃弭節下，立撫之，曰："活汝等者，亦汝州粟，非我粟也。第當謝甲乙等，我何與邪？"民益喜。是歲恒雨，自夏五月至秋，舉目一見日，輒旬月，汩陵谷焉。閏七月甲申，復大雨，連十日，震風夜作，州人大恐。甲午，公宿齋待旦，袖香之浮屠寺，露薶拜伏中庭，禱于天，風雨立止。州社在道宮南叢棘中，門無側堂，典祀時舉天雨，人無所於宿。公除道封壇，新其門，翼齋室以衛之。延祐中，浙漕用會口食鹽筴，州戶爲口三十五萬九千九百有一，歲食鹽爲引八千四百六十有三，輸鈔爲錠三萬八百有二。歲既荐饑，民方絕粒，不能獨食鹽負鏹，視他歲尤夥，漕司急取盈焉。公爲移楮富僧大家，視力等差，均買以輸，且建議轉白大府，乞體聖天子恤河北，詔責諸商賈，無派吾民，而民未之知也。若乃公明馭吏而蔽欺絕焉，平易治民而壅塞決焉，簡訟恤刑而德化宣焉，崇儒興學而風俗淳焉，蓋不二月而綱舉目張矣。由是州之民愛公如父母，敬公如神明，感公之德無窮，服公之才有餘。或贈之詩，或紀之書，或謠於郊，或歌於途，謂陞州以來見未之見。而公聞之，以爲此特常職之萬一，夫何足以盡吾區區也。予失怙[1]，讀禮苫塊中，不可以頌。然幸邦大夫賢，無橫征科以窘吾廬，無悍吏卒以騷吾鄉，使吾負土以葬吾親，耕田力學以教吾子孫，生養死葬而無憾，不知所自邪。予將原始以爲公美，要終以爲公勉，故不頌而采其出於學校縉紳之林者，爲叙列之，以俟觀人風者採焉。食者，民之命也，故勸粟先之。得民，則得天矣，故禱晴次之。社稷擧，則食不闕矣，故修社次之。賦斂均，則力不絀矣，故理鹽次之。吏或失馭，則權下移矣，民或可遠，則中不孚矣，故馭吏近民次之。訟或不簡，則不能無訟矣，刑或不恤，則不能無刑矣，故簡訟恤刑又次之。儒不知崇，則忘道矣，學不知興，則無教矣，既富而教，政之治[2]終備矣，故崇儒興學終之。是則叙詩之義也。

【校注】

　　[1] 失怗：原作“失怗”，據《檇李文繫》（正編）卷二改。
　　[2] 治：《檇李文繫》作“始”，可從。

明

貝瓊《送嘉興知事雨齋徐公上淮安推官序》

治天下之事非一，而事莫重於司刑。唐胡元禮爲少卿，欲殺一囚，司丞李日知以爲不可。元禮曰：“吾不離刑曹，此囚必無生理。”日知曰：“吾不離刑曹，此囚必無死法。”當是時，其事之曲直固不可辨，而君子以爲元禮之嚴不如日知之恕焉。吾從而考之《舜典》，自象刑至於流贖，各有一定之法。而繼之“欽哉，欽哉，惟刑之恤哉”，則司刑者當以恕爲本，不可以嚴爲事。蓋恕者德恒勝法，嚴者法恒勝德。德恒勝法，則無心於用刑。無心於用刑者，惟聽人之所犯，法從而輕重之，雖殺之而無怨。法恒勝德，則有心於用刑。有心於用刑者，必以刑加人，而不得其當者衆矣。此胡、李二公皆以至公行之，而優劣之判，不啻霄壤如此。世之刑官宜有所擇而處之乎？洪武四年春正月，三衢徐公雨齋由嘉興府知事陞淮安推官，實材選也。余聞之，喜而不寐。蓋雨齋讀書而通律，其掌簿書四年，上下稱其文而無害，則今專用刑之寄，必能日知之恕而無元禮之嚴，可以上副明天子恤刑之意，而淮安小大之獄，知其無冤矣。其行也，邑之大夫士咸賦詩以餞之，屬余爲之序。於是乎書。

送石仲明序

嘉興尹秦郵石侯仲明之代也，三吳之士莫不悵然而慽與。山墟海聚之氓，雖不及識侯，而一登其堂者咸駭焉，非特秀之一邑也。及其守崑山也，則其士又躍然而喜。山墟海聚之氓不及識侯，而一登其堂者咸信也，非特一州也。吁！仲明何以致是耶？夫民之利病，繫其守令之得失。天下之廣，環百里而爲邑者非一，求令之賢者不數人。環千里而爲郡者非一，求守之賢者不數人。令而賢，則利及于百里，守而賢，則利及于千里，故能安生樂業于遐陬僻壤大山長谷之中，否則爲病，奚啻蛇虎之毒哉？守令之賢者不數人，其德之難也如此，故日夜冀其父母于我也若歲焉。使一朝以無罪去，則是終不得賢守令以父母于我，而民之窮且死者，欲其脫蛇虎之毒無時矣。仲明之爲人，予雖不獲接，而考其所施，即三吳之士與民稱之者，若符之合，其賢可知已。嗟乎！有國者務仁其民，爲簡守令而牧之，恒病不得其人。得其人而使不能行其志，又豈務仁其民之心乎？此余以毀譽進退，數易不安，爲今日惜，而幸仲明由秀而升崑山也。秀爲余鄉,侯之均賦、興學于歲月間,其父兄子弟蒙其利者深矣。其行也,必推其施于秀者施于崑山可知已,然不能不爲秀之父兄子弟惜焉。王君弘道者,與余言侯之賢,且求文以道其行,故書其説,蓋不獨爲守令之勸,而爲天下守令之警。侯名光著,由寶泉庫提舉四轉而爲今職云。

楊述《送大尹田公考績序》

浙有郡十一,而嘉興爲大。舊統屬縣三,宣德中,大理卿胡公奉敕巡撫東南,以地大民衆,賦税夥繁,難于剗理,請諸朝,分嘉興一縣爲三,崇德、海鹽爲二,而桐鄉則崇德之分地也。當分縣時,若官吏率背公狥私,凡富庶之里,膏腴之田,悉爲崇德有,而桐鄉之所治多貧,民所徵多逋賦,爲令者難其人。正統辛酉,内江田公德潤以太學生來尹是邑,始下車,問所疾苦,前政有不宜于民者,立更之。鋤奸抑强,植弱扶善,居三載,貧民遂有生之樂,逋賦無後期之愆,方將奏績天曹,適以外艱去任。瀕行,垂髫戴白之人扶老攜幼,挽其舟,不得去。已而闔邑父老連署姓名,詣郡乞留,郡上事于藩、臬,轉而上聞,廷議僉曰:“教民以孝,縣令職也。太平之世奪情,豈令典哉!”事遂寢。公既去,繼之者多非才,民愈思之不置。候公釋禫之京,復申前請益力,聖天子順民所欲,俾再治桐鄉。民既得公,嬉嬉然如赤子之依慈母,公亦視民如子,而疾痛疴癢,若切于身。又三年,政以平,訟以理,簿書雜沓,軍務紛紜,而公處之若無事焉。凡若是者,豈聲音笑貌所能爲哉。由其存心以恕,出令惟公,故百里之民陰受其福,有莫知其誰之爲而爲之者矣。當六載報政趨朝,司訓儲君偕庠友孔瑨皆踵門求贈言。予辱公愛厚,知公久且深,雖不請,固所願也。方今皇上奉天子民,慎擇守令而寄以民社,凡有循良之政者,率不次用之。矧公之才德,爲浙東西縣令最,郡守知之,藩臬大臣知之,天官少宰知之者乎。魯子敬謂龐士元非百里才,使處治中、別駕之任,始當展其驥足,予于公亦云。

王世貞《桐鄉馮節母詩序[1]》

故茂才馮公之與張太夫人訣也,實手之曰:“而殉我身乎,乃殉我心。微而孰與代吾之爲子若父也!”蓋馮公訣,而太夫人隕越,不欲全也。既而曰:“有成言矣。爲死者死則可,爲生者生則可,吾不忍於馮氏之生者也。”於是,馮公之父母老矣。有一子,今大夫孜,僅三齡,而其一子敏在腹。太夫人出而哭於堂曰:“從公乎,微未亡人,孰與代而子也。”入而哭於室曰:“從公乎,微未亡人,孰與代而父也。”甫輟哭,益日夜拮据治生,而盡斥其生之餘,以奉公父母;即斥奉父母之餘,以資大夫及所謂遺腹者,咸就外傅業,文事彬彬有成矣。馮公之父歿,其母朱獨存,老而甘太夫人之養,忘乎孤且獨也。大夫之兄弟幼,而共義方之訓,忘乎孤也。今上隆慶之二年,大夫成進士矣。而會有詔旌天下之婦而節烈者,大夫上書闕下言狀,有司覆覈無異,上曰:“俞!旌其門節婦,如故事。”大夫縣進士得吾蘇之太倉,比二千石,太夫人不以子貴,而用節婦稱,來就養。業已六裘,大夫謀所以觴太夫人者,進之,太夫人却不御,曰:“家不幸,而使我有此名。即吾觴,如若父何?”固進之,乃請以觴公。母曰:“所不即下從公者,以姑在,姑幸健,善匕箸,是姑授我年也。”始一醻,即以醻大夫曰:“所不即下從公者,以若兄弟在,若幸而有成立,輝赫其家而聲大之,是若授我年也。雖然,若何以報我。”則又曰:“毋以我爲也。天子過,采若言,而以旌我,我何以報若也。精白一心而事之,毋使若愧於爲我子。州之民若赤子也,爲我所以撫若者而撫之,毋使我憾於爲若母於我,足矣。”大夫再拜曰:“請受教於是。”州之薦紳士沐大夫澤而高太夫人者,合詩以頌,屬世貞序其事。

【校注】

　　[1]桐鄉馮節母詩序:王世貞《弇州四部稿》卷六十九題作《馮母張太夫人節壽詩序》。

范言《贈少尹鄒東賓序》

　　嘉郡平原膴野,一望如掌,無高山疊嶂爲之阻限。一旦有不逞之徒操梃揭竿,得以肆行無忌,散漫潰決,而不可制防禦之具,識者慮焉,而惜材者莫之舉也。未幾海寇憑陵,勾引深入,其來自海鹽者犯吾南境,自乍浦平湖者犯我東境,自蘇、松及杭、湖還者犯我北境。膏血塗草野,煨燼積闤闠,俘虜剽掠,至不可算。郊關之民靡有寧止,良有司悽然悲惕。然而有儆也,曰:“郊關獨非天子之愛民耶,何至此極也?”于是有敵樓之議聞之巡撫,諸公皆報可。于是僉憲方湖王公實總督其事,簡屬分理,而錢塘尉鄒東濱則有事南境。至則揣高低,度厚薄,計徒庸,量工程,約餼廩,其磚石竹木之需,出納惟謹,不苟于猛,不緩于縱,民樂趨之。不踰時,先他境竣事。樓爲三層,高五丈,廣倍之,厚及半而差。其井竈牀厠之備,垛堞梯磴之周旋,弓弩鎗礮之頓置,莫不委曲安妥,觀者嘖嘖。東濱將歸錢塘,諸同事者請贈言於范子。范子曰:嗟乎!官不在崇卑,惟其賢;事不在鉅細,惟其才。昔白居易尉盩厔,婁師德尉江都,竟以顯名登樞要。陳平宰社,胙張湯,訊鼠獄,人占其大志,後竟如左券,亦奚必官之崇事之具哉。敵樓鎮一方,爲兆姓保障,非區區胙鼠比,而白之詞華,婁之德望,吾竊于東濱望之。且干戈衝斥,郡邑騷動,九重方切側席之思,使賢且才得如東濱者數輩,布列上下,何功不就,何事不成,而東顧之憂且藉以少釋矣。吾獨怪夫暴者以擊[1]搏,貪者以乾沒,而吾民如之何其不困且懲也。故于敵樓之立,東濱之行,諸同事者之請而重有感焉。

【校注】

　　[1]擊:原作“繫”,據崇禎《嘉興縣志》卷二十一《藝文》改。

黄洪憲《郡守黄毅庵海塘奏功序》

　　今皇帝五年,天下吏當朝,正月,浙撫臣奏,嘉郡海塘工鉅,請留李太守董成,率報聞罷,而李公因中蜚語,徙守梧。鄉大夫集都下者相視而嘻曰:“縣官不念海菑耶!何爲徙李公?”李公去,而天官推擇可者,以毅庵黄公名上,制曰:“可。”鄉大夫拊髀爵躍,慶太守得人。復相與諗公曰:“敝郡介在東表,往遭兵燹,仍以水旱,物力詘而民阽于危亡,賴聖朝德澤,賢有司先後噢咻之,郡稍安堵。今不幸懼[1]海菑,蕭然煩費,士民思見明府,如百穀之仰膏雨焉,願明府自愛。”黄公獵纓而語曰:“唯唯,否否。竊聞之,災由人興,故《五行志》曰:‘奢侈,逆,祀,厥災水。’又曰:‘政令失時,誅罰絕理,厥水流入國邑。’夫政之溺民甚于海,故曰:‘防民甚于防川。’吾不及目擊海患,願圖所以固吾防者。”鄉大夫稽首曰:“幸甚。”于是明府涖嘉,約己裕民,敦道範俗。其爲政,要在禁煩文,省浮費,崇教化之實。每月朔,群子弟讀法,曉諭馴之,俗用少變。蓋自吾奉使而歸也,見鄉士大夫宴有常品,少年多逡逡禮讓,銚鎒利而倡優拙,鳴桴稀于道,庶幾哉凜凜向化矣。人謂公下車以來,天無颶風,海無怒濤,公亦時調錢穀,嚴勾稽,以助隄,緜故不踰時而塘工告成，東南永賴。督撫奏功狀上，晉秩、錫金有差，而公首膺寵錫，諸屬邑令徵余言爲賀。余故述其治行，所爲弭患防災者，當不在經營畚鍤之科也。昔成周盛時，道隆化洽，越裳氏重譯而至，曰中國有聖人，海不揚波。今天子冲聖方隆成周之業，得長厚如公者，破觚斲雕，順流與民更始，將風移俗易，海晏河清，兆民亟蒙祉福，何論嘉郡！頃天曹業已奏最，有如一日降璽書，召公入朝，問何以治海邦，公惟曰：“聖德日隆，海波永且不揚，臣何功之有？”顧毋效渤海太守曰：“此下里黄生言也。”

屠應埈《〈吳浙水政圖志〉序》

　　屠應埈曰：予觀游燕薊兖豫之間，見中原之水河爲宗，然其隮[1]斷寘滅，此殆有天意，非人力所能制也。江淮之南，吳越之間，三江五湖，表裏襟帶，沃壤斥原，彌望而有。其他陂山通道，股引停蓄，河渠之數，以億萬計也，此皆有人力浚防水旱之備焉。而地濱在東海，夾障之費，歲數千萬，即稍稍侵決，吏不時緝，輒有溢溢湛溺反壤之危。又漁艘海賈往來其間，小則剽竊，甚則交東夷，爲中國患，故國制以憲臣總江南十五郡水政，職專而理劇，視他僚重倍也。天子臨馭之十二年，詔有司若曰：“夫財用，所以經國也；水泉浸溉，所以生五穀也。比者東南數郡，旱澇失序，貨源埋沈，而租挈甲他郡，元元流移，朕憫然而無寧慮，其令有司務舉才儁，以行水懋利，毋循故常。”于是銓曹具浙憲僉朱公專督其政。公既至，則行視諸山川形勢，財用長久之宜，物土均野，博議利害，裒爲圖志。則間以示埈，中覽而歎曰：“嗟乎，甚哉！水之爲利害也，禹之平揚州也，厥田下下，今田租乃當天下十九軍國取給焉，豈非工力底緝，積勤勞之漸哉。夫爲政者，始未嘗不敕而後稍弛靡也。明興以來，東南經理之臣，夏忠靖、周文襄其最矣。楊廷獻之于鹽城，民猶戴焉。而今之興利者，苟浚民以給賦，至言水政，則曼視而哂耳。是何異索夏冰而榮槁木也，于國家何賴哉。夫瀹源斯流，深注時泄，增埠益障，三者水政之綱也。是故撲川澤之原，量輸納之宜，順水性之所奔湊，大川無防，小水得入，所以慮始也。原隰殊勢，山壤別任，深溝浚洫，瀦瀉無壅，旱不淤絕，水不爲敗，所以導利也。江南之地，土疏水溢，衝決爲患，獻瀹之間，陂岸故設，因頹舉廢，倍薄就堅，使左右游波迫而不得入。至于捍海之役，無取具文，歲徵楗石，以漸集事，不爲奸吏豪猾之所侵牟，所以豫患也。三者事便而易循，民悅而永安，勢無格弗行也。而有司或怠弗事，非執憲之臣臨振之于其上，而以歲責功，蔑有濟矣。夫朱公，天子之所簡而使也。予習與之遊，又何其彊毅不反君子也。迺圖志之作，辯原委，具經略，諭周而慮遠，三者詳焉。吳浙之利，其將有興乎，其將有興乎？”予故有竢焉，而并望於後之司水政者。嘉靖十三年冬十一月朔，翰林院修撰、邑人屠應埈序。

黄獻可《〈嘉興縣水利圖志〉序》

　　案嘉興舊爲吳越分境，無高山大川，環邑平時沃壤，水道縱横，爲渚爲湖，爲河爲塘，曠者爲蕩,支者爲渠,其迀入爲港,號曰澤國。縈紆周迴,有古井田溝遂之形制。水發源自天目,西來而入,北抵于太湖,東及平湖、海鹽之流會入于松江,直注于大泖野,平水多岐流,無奔潰激突之驟,灌溉利之。國家疆理底定,是地爲東南財賦邑,是故無閒原曠土。民耕播維勤,修防捍築維時,河堰圩岸悉維舊,疏導溉沃,各因其利,是故無廢壞。全吳水勢近太湖者有瀰漫停蓄之患,近潮海者有隄防不支之虞。嘉興距吳門、松江各百餘里,當數邑之中,據東北之支流,非衝瀉要害地也。田高下,去水近,旱澇及之,可桔槹而給也。是故其患差少而疏治差易焉。邑所轄爲都區二十有八,田七千九百頃一十四畝九分二釐七毫,而河塘蕩港什田之二云。嘉靖十三年九月,知縣黃獻可撰。

錢夢得《寧輯石門市民序》

　　吾邑接壤而近者爲禦兒之石門,一日諸父老踴躍嚮余曰:"盍爲吾一方頌侯德乎?"余曰:"靳侯德翔爾邑,將一邑尸祝之,而一方何居?"父老曰:"請先以一方爲一邑,頌我邑之有侯也,造士我文翁也,平反獄我于公也,巡行問疾苦我召伯也。乃若均徭役,緩催科,裁夫甲令不擾,戢隸胥令不敢玩,標先賢達之遺跡令世有典刑,諸惠政未易更僕數。吾一邑實尸祝之,無寧茲一方。雖然,吾一方獨倍有感也。石門故商賈藪也,土著流民錯而居,隣壤髡黥之餘,往往匿名托傭工作于其間,久之群聚驕橫,大爲鄉井蠹。一夫怒呼,千百攘臂,市白晝而攫之金,莫敢誰何。近且滋無狀捲楊氏之廬,威斃其婦,吾民方惴惴焉。竊群而嘆曰:'嘻,異哉!邑已有神君,即虎,若宜渡;即鱷,若宜馴,何物么麿,而猶公行也。'幸而聞于侯,侯既憫且震而霆擊之,殲渠魁,諸脅從俱褫魄喪膽去。吾儕小人,乃始帖席,式歌且舞。侯之德吾一方獨倍有感,請先一邑以徼惠于天,祈侯萬年,盍爲吾一方頌侯德乎!"余踴躍曰:"有是哉,宜誦東里大夫之撫鄭民也,實維紀綱,而槩之曰'惠'。人莠不芟,則嘉種不殖,侯其衆人之母哉。一方之頌,一邑之頌也,無寧茲一邑。天子修漢故事,褒卓異行,且下璽書超擢,將海內尸祝之,自爾一邑始矣。'"父老復踴躍嚮余曰:"允善頌!"于是率子弟暨商賈躋彼公堂,稱彼兕觥,舉手加額,而爲之禱曰:"願世世食侯之恩,願世世受天之寵。"萬曆戊申歲孟冬日。

許相卿《贈倪公在先生榮擢序》

　　正德十三年春,詔起前禮科給事中、今嘉善丞倪公之任丘縣。嘉善人士相與惜之弗已,又相與留之弗得,相議乞言贈之,而使來謁予。今夫天下仕者,近于君惟諫官,近于民惟縣令。丞,令之佐也。故昔人論道易行者曰宰相,曰諫官,余則曰縣令。宰相以道,諫官以言,縣令以政。政,道之迹也;言,道之文也,亦道爾矣。且夫政行于一邑,而推之一郡猶是也,擴之一方猶是也,達之天下亦猶是也。故能爲縣,斯可以爲天下矣。公以天子諍臣謫丞遠鄙,能不卑其官,以其未盡于言者施之政,盛氣銳志,職丞而當令之任,興革損益,修舉抑揚,仆植之宜,悉若民志。至于建書院而興文教,修水利而惠農民,庶幾乎有漢吏敦本之風焉。宜嘉善之民,感之頌之之不能已也。持是而往任丘,昔佐行者今則專行之,繼將大行之,公其益勵厥志,益慎厥政也哉。況夫任丘水旱,師旅之後凋羸,蠢蠢之民邇當畿輔而以沃衍名,諸賦百役倍于前,地材物力才半南服,民何以堪命?乘以豪右并兼之徒媚謁而悍撓,以瘠其鄉、以肥其家者武屬于庭也。尚其堅持而力拯之,無憚于威,無恤于怨,寧病吾官與病吾身,而不忍病吾民也,庶其有瘳乎。

夫朝廷之于四方猶心腹四肢也，病内虛者必慎外感，公姑爲之慎于外也哉。腹心之憂，當有任其責者。

朱大啟《陳貳郡條議序》

夫民以衞社稷，兵以衞民，自古議字民詰兵者，豈易更僕數？而若令，若軍司馬，其于兵民最親，于以關治平尤最鉅。乃功令日急，而民生日促，兵氣日驕，民之思亂者且將弄兵潢池，彼朽鈍，安所用，不一厭意。又脱巾，輒呼以爲吾民梗，有司莫可誰何。噫！其甚矣。蓋能議者，未必能任。即任矣，或阿徇上官以爲名，未必嘔血誠冒嫌怨以爲實也。西陽陳君治清豐，再閱歲，多惠政。公府凛神明，其狎于民，若嬰孺之就哺。當事者以爲能移貳吾郡。吾禾故瀕海，水陸兵碁布沿海，其四千餘人歲糜餉數萬有奇。大都把哨而上，遞爲侵削，士卒相習爲窳惰，非一朝夕已。逮陳君爲政，悉以其狀上，赫然振之。旌旗頓易，凤蠱一清，海上庶幾稱有備。會二三不逞，爲茖上賊所誘，將有變，竟搜捕，盡得罪人，地方安堵，人咸頌軍司馬振刷功。已而讀條議，并得其所以治清豐者，鴻石犁舉，確不可奪。乃知陳君先行其言，非胸中素有定畫，豈隨試輒效如此！清豐諸治狀不具論，即如其地不可水田，輒移檄力爭以罷，使其稍喜事好名，或徇上官指，姑試之，驛騷井里，貽害有不可言者。惟其實意爲民，民安其業。平原自無造福孔多，陳君能以無事治民，而以有事治兵，各有攸當已。陳君爲人直亮，有特操，遇事必辦，一片真實心。任之署郡時，適督學下檄校諸士，一人窮日夜力，毛析而絲分之，穎異畢拔，寒畯罔遺。又人人稱快，以爲陳君非徒能治兵也，又能治士。總之以實心任事，治民民安，治兵兵肅，治士士服，非可以口舌得也。衞民以衞社稷，終將賴之，指日且拭目下璽書召君矣。

郡司馬晏季復署秀邑得代序

吾秀水爲浙西巖邑，曩令是邑者鮮不銓瑣選，官無虧賦，民多樂生。數年來邑胥侵賦，輒鉅萬計，大司農責通檄如雨，上官及他司隷省郡奉文，守催吏趾相錯。會舊登撫濫出官帑錢，勘償其家，家籍盡傾，不償百之一。逮若族姻戚中人無完膚，不償百之二。檄責嚴，急則虛報數千金塞責，實烏有。于是邑長令日攢眉束手，仰屋而欷。會艱去，更難署者，郡之佐暨他邑令畏避署檄若螫毒。當是時，軍司馬晏公下車甫旬日，僉議屬之，慨然曰：“臣子安所避難，吾辭，誰當署者？”單車入邑，邑胥吏故踉蹌跛倚以嘗公，公陽不知。明日坐堂皇，摘其素點而鶩者，大創之，左右股栗。治文書，猾胥舞故智，更顛倒急緩以嘗公，公一一立剖姦利狀，又大創之。蓋相顧懾服，不敢謾。故事：交盤册詳載己未徵賦若干，公閱庫如洗，册具文而已，無所載。僅藉日徵而句校之，乃得解給盈縮之數，而以次繩之。火耗既絶，比勘更精，經承無所上下其手。有應給庫金數百緡，胥隱匿不出，公廉得狀，低首盡入官抵法。積逋金花上供五千餘金，太守坐罰，不得奏最。議者擬以見金代解，公遲不報。一日，立呼承胥書所逋户，約曰：“如開不以實，必任償而置之法。”悉責認狀而獄之，亟令丞若簿分任徵前逋，遂不那而解。出入公帑一錢，必手自識。日辰不遑暇食，夜乙輒至丙，口血咯下，不可頫也。于是邑中錢穀頓異舊觀，公私急需，無不立辦，諸守催吏亦漸漸引去矣。若夫兩造盈庭，就讞立剖，濡毫灑灑，各數十百言，庭訟人人無不厭意，扣顙謂府君實揭我肺肝，多解去，不復科罪成讞牘。或搆細忿，輒溫諭息爭，即事有掣肘，必引經以斷，不少徇。先是，登撫案，轉相援告，追捕紛出，見告者家立破，僅以飽追捕者腹爲脱兔計，而饒有力者窩多金，不可問，不得入官帑一錢。公洞鑒凡蠹，不復遣一役往捕。有挾詐上首者，即令首人呼愬情實，悉條上開釋，不株連無辜一人，而向所貪脫者竟伏法，吐萬餘金。凡應輸者亦洗心樂輸，惟恐後。待青衿有禮，而以非分干，雖簧巧不爲動。頃奉檄刻期試儒童以文而質者，公爲明析題義，間有改竄，試之日而閱幾半，覆試人各一題，以杜替倩之弊。不數日竣事，情法兩盡，士心翕歸。俄而新尹至，公得代。士大夫聚而頌于室，曰："吾輩所覩記近邑長吏之賢，潔躬焦心，不遺餘力，能差肩晏公者幾何人？"父老子弟復聚而謀于野，曰："吾儕所身被近邑長吏之賢，真心而造民命，精心而悉民隱，能差肩吾晏公者幾何人？"即通邑吏胥亦幬不瞿然自訟，曰："晏公秉法綜覈，府庫仍歸之府庫，吏胥仍歸之吏胥，庶不以吾糜公賦，以公賦糜身家。公實生我，誰其嗣之？"若人人恨公署邑之晚而還郡之速也。余稽昔人謂處以治中、別駕之任，庶可展其驥足。其治中，隋改爲司馬，即今郡同也。然地節、五鳳間，所謂循吏者艷稱穎川、渤海，亦多以丞尉佐郡，何寥寥寡所稱述，獨黃霸內敏溫良，爲丞處議當于法，太守甚任之。及隋敬肅非躬詣東都，則心如鐵石之狀，未必上聞當亡，而後世之佐郡者，率以縮符握篆而顯，豈壓于長吏，不獲盡騁其材用，見其底裏乎！而以治中、別駕署篆者，又往往傳舍厥官，一切興螫，遇難輒罷，能騁材用、罄底裏者亦不數數見，則豈官之負人也哉。晏公家世，篤于道誼，以循良著稱者指不勝屈。余司李江右，素已欽其風尚。起家粵西州守，有異蹟；余典選，得之以高第；借寇郡司馬，乃署我邑于極難措手之日，不三月而大治，能深得士民之意。懇惻若是，霸、肅不足專美于前矣。以是爲良二千石，則穎川、渤海之譽舍公其誰？天子且璽書褒公，召入爲公卿，如漢故事。吾郡邑遺澤在人，尸祝永不磨也耶。其以余今日之言爲券。

李日華《兵憲蔡公浙西憲牘序[1]》

浙以西苕、禾二郡，皆澤國也。受天目諸谿谷水，縵地漫流，紆折以達江海。以故便耕畬而通航販，一時走集，遂目爲殷蕃。然婦子終歲力作，僅足支常賦。性又柔愿，隸卒虎冠，以虛聲恫喝之，即便委命。萑苻之雄，處處可出，亦處處可没。崇禎辛壬間，有凶渠一人，白晝橫行都市，跡捕者不敢問。事連省直，上軫宸慮。環海扦揪，狃平而玩，閩粵之警，與之脣齒。白羽交馳，間閻震悚，迨癸酉秋冬，官民交憮，幾於莫可誰何矣。廷議謂須卓品真才，文武兼濟，緩急可倚者，往鎮而消之。於是怡雲蔡公由豫章學憲晉秩浙藩，秉憲節以臨禾郡。公昔司理於杭，浙西利弊，靡不燭照。又公家姑胥、農田水利、江海禦防，無不與此地共之。既得命，公慨然登車，有永奠我一方意矣。及涖事，韻度殊蕭然，然而意念深穆，日進郡邑大夫與之陳心論道，因而與商地方事宜，則指畫井井，期于宿垢盡滌，頹綱悉整，氣和旨嚴，即深中士大夫之隱，弗顧也。郡邑大夫承之，靡不懽然心佩者。已又進職戎者、司警者暨諸材官將士，廷羅而申飭之，期於疎玩必繩，紕隙必杜，而又激昂以開功名之路。諸將士靡不人人思奮者。故事，監司體尊，所螫舉文具行下[2]，稍一督之，不復甚措意，以故多在行不行間。公所條畫，不需胥手，皆自運之。事必洞其源，飭其歸，不徒力任督，而亦力任行。有所費則蠲贖蠲俸，百端補湊，不令下苦[3]虛炊。有所忤，不便於豪者，亦必力任之，如海糶之闌出，役兵之曠伍，夷諜之窩住，皆公瞠目而行之者也。顧機事之密，有不容播之文告、形之意色者，公寸心自窺，沉慮審括，指縱既定，而一旦捷得之。如公之擒凶渠屠阿丑，不遺一矢，不糜斗粟，一壯夫縛之庭下，質佐明確，礫之以謝人心之積憤，以消諸郡國不可知之隱憂，以紓廟堂南顧之患，勳亦鉅矣，機亦神矣。公不自矜炫，即諸功賞,自捐帑酬之,不以煩上下。公戡定綏輯之略,亦可窺一斑矣。劇寇既夷,海氛稍靖,公又按行域中,知此中形勢以水爲控扼,頗采余舊議,於繞城水會、三塔、白蓮等處建大柵九座,以遏賊艘。又建陸路城内外港柵二十五座,以禁小偷。所費不貲,咸公自營厝,與嘉邑張令君鳳翼捐助,乃百年鞏固之良策也。公又手畫鄉約保甲事宜,將倡率行之,以逆折奸萌,釀美風俗,會一時令長入覲,稍徐之,而公罹太夫人之憂,奉旐旋而行矣。公之心精注于政事,政事行于憲令,人得奉而行之,是公之福我無窮也。於是各屬盡彙公牘梓行之,而委敘於不佞,以不佞頗辱公知,或能言其一二也。

【校注】

[1] 兵憲蔡公浙西憲牘序:李日華《恬致堂集》卷十三題作《兵憲蔡公備兵杞言序》。

[2] 下:原作“不”,據《恬致堂集》改。

[3] 不令下苦:原作“令下若”,據《恬致堂集》改。

國　朝

朱彝尊《〈太守佟公述德詩〉序》

嘉興在吳越號開元府,更爲秀州者百餘年,宋慶元中卒升爲府。以地則海環其東南,具區浸其西北,受苕、霅諸水,分注百川。陸有鹽桑麻麥秔稻之利,水有菱藕魚蟹之租。行者乘船戶外,居者織機宵中,蓋終歲勤動而忘其勞也。鄉之大夫士好讀書,雖三家之邨,必儲經籍,恥爲胥吏,罕習武事。其俗少險狡,訟者始躁而終柔,有辜恩而不滋怨毒,故易與爲治。今也不然,游民薄夫農,胥吏榮于大夫士,武人雜之子衿,比邱尼多於鹽織婦,僑居者奪土著之利,僕訐其主,女慰其夫,婚姻非其耦。且也奇贏之利,不逮吳閶十之二三,而畝税幾與相埒,冠婚喪祭燕享,效其靡麗,惟恐不及。民貧而奢,苟非課農桑以足其富,崇學校以明禮教,將見風俗日敝而莫之救已。以言爲治之要,不其難哉。瀋陽佟公來守斯土,化民以誠,不呴呴於市德,而在於[1]下者,帖然如赤子之依慈父母焉。會上丁釋奠於庠,公親詣廟下齋宿。五鼓既畢,衣朝衣,正冠束帶,樂備升階,執爵奉帛於先師,而教授錢塘屠君率弟子駿奔襄事,裸酒割牲,祇祇肅肅,數十年所未覯也。而又進諸生童子試之,拔其尤者,資以奉錢。鹽月舍於郊,勸民織。農月造於野,勸民耕。勤者勞以酒脯。公之重民也至矣。夫農桑,國之本計,本計修,而佐以魚鹽果蓏,則民可使富。學校者,士習所出,士習端,而下及百工商賈,則俗可使移。奢示之以儉,儉示之以禮,然則公之爲政,其知所先務者與。於是興人之頌公者,連章累牘。屠君會粹其詩,成若干卷,鏤板傳之,請予爲序。予聞古之爲治者,歷三年而政成。惟仲尼有以自信,謂期月而可。然其用魯,魯人驚誦之,至云“投之無戾”,若是其不易也。公下車甫九月爾,而邦人之述德者,千舌一口。言者,心之聲,此非可以力致者也。《詩》言之矣:“樂只君子,邦家之基。”《序》以爲得賢則能爲邦家立太平之基也。良二千石,共治天下者也,公其始基之矣。由是而政教日明,則邦家之光。由是而言之不足,長言之,則德音不已。將太平之基,上以贊天子之治,自我公始。予,舊史氏也,願操邦國之志,特書之。

　　[1]於下:《曝书亭集》卷三十八作"字下",是。

鮑鉁《〈嘉興郡廨梅花詩〉序》

　　梅植于郡廨,以爲梅之遭乎,否也。梅品高潔,不夭冶與桃李爭妍,宜托根于山之坳、水之裔,充野夫園林籬徑之觀,斯不妨其性也。以爲非梅之遭乎,則又否否。當繁英早動,物序標先,假無帮屐之寵游,酒茗之矜賞,何足以償三冬蘊蓄,暢厥敷榮也。蓋栽之培之者所以重其品,詠之歌之者所以揚其芬,懁娛者藉以蕩情志,清寂者假之博興趣,梅之遭固自有在,詩人其所倚重者乎。在昔梅之咏於詩,自三百篇以來稱盡致矣。其最著者,惟水曹東閣處士孤山何遜以高韻流聲,林逋以雅音擅勝。此官梅、野梅之區別,其人其地之相遭也。今嘉禾郡廨公堂之兩墀,列梅森然,胥吏跡于前,供帳施于側,花時州人士女喧嚚雜遝,俗塵坌起。原夫種植之初,乃前守山右閻公之所懃芟,至今思人愛樹,流連不絕,竟[1]爲一城遊集地,若綺思妍唱,爲之洗穢,則甘棠亦幾可翦伐矣。太史諸草廬先生,翰苑之幽人,詞場之名宿也,里居暇日,首賦二絕句,一時傳唱,三吳繼聲屬和,哀然盈帙。太史不欲遺余名,編次以待。第余自領嘉興首邑,摳衣束帶,常時趨走梅所,每以不勝折腰爲嘆,遑復巡檐索笑爲,且素不多勤損爲詩,而又不忍拂太史意。今卷中所錄余作,乃"——鶴聲飛上天"句[2]也。故太史亦不必强余作,乃獨以序屬之余,於是作《〈郡廨梅花詩〉序》。雲中鮑鉁。

　　[1]竟:原作"意",據民國《檇李文繫》(正編)卷三八改。
　　[2]句:《檇李文繫》無此字,當是。

錢陳群《〈圩岸樂成詩〉序》

　　嘉善去郡城三十里而近。余歸田後,往來其地,熟聞邑大夫梁侯之賢。蓋侯以名孝廉來令此邑,積于今六年矣。豈弟明允,民安其政,而尤以敦崇本計,董勸有方,爲課最先。大都浙西三郡,嘉禾地苦卑下,善邑又處郡之下委,東接三泖,北通震澤,每春漲秋霖,水不歸其壑,則流溢阡陌間,圩田受其害。方春農事未興,地方大吏檄下有司,督民加築圩岸,預爲之防。然狃因循而憚興作,閭閻視爲具文久矣。維侯擘畫于數年之前,經營于農隙之候,籲衆矢言,往來相勸,俾數百圩之圍岸不帀月而工竣。而又教民種植,以期鞏固,刊定規條,以垂久遠。從此田盡可耕,潦不爲害,宜乎邑之人士同聲歌咏,以道其美也。詩既多,謀付梓,請余弁其首。余維侯之興利惠民,慮周務切,誠足以希古循良之治。而嘉郡七邑下隰之地,所在多有,尤宜倣其法以行之。若乃邑中風雅,能推述侯意,以傳無窮,其于歌謠之義,抑尤有當歟。故不辭而爲之序。

錢臻《程氏義莊序》

　　余歷官三十餘載,仰見我國家周道親親,教民敦本睦族者至深且遠。吾郡各屬仰體聖天子訓俗型方之意,置田贍族不一其人,休哉,是非興仁之大效哉!然往往以出息之有限,致規畫之難周,未有如我程素莘觀察之法良意美者。觀察以族中生齒日繁,成先人未成之志,建立祠宇,捐置義田一千五百畝有奇,式法一如吳郡范氏。請之有司,申之大吏,奏章榮列,志乘光昭,其必縣遠而弗替者,實爲邇年同郡善舉之冠。考范氏之後,有若吳奎、何執中、向子諲、余晦等俱有是舉,詳見《宋史列傳》,而世皆莫知。獨范氏縣延至今,譽滿人口,匪特創始之難,亦由文正之法良意美,得與一生之功德並傳也。觀察雖未大用於世,而能承先啟後,誼篤本支如此,將見後之繼美者,亦如范氏之忠厚傳家越數百年,子孫守法如舊,無不齒於庠序之事。貧者猶賴以養,豈非既富方穀,流澤孔長與。且觀察又於本邑義學捐田五百餘畝,以資寒士膏火之需,樂善好施,福田彌廣,《洪範》以好德居五福之一,《大易》以餘慶爲積善之徵,以天道論之,其食報又安可量哉!觀察與余族孫衡卿爲葭莩之好,介衡卿勾余序之。後之覽斯文者,孝弟之心,桑梓之情,皆可以油然生矣。

魏攀龍《平林義學序》

濂溪子周子云:"師道立則善人多。"唐虞三代之盛,稱黎獻,頌時雍,端由以養以教之有素耳。國學,大學正教之;鄉學,鄉大夫頒吏教之。凡族黨里閭,莫不有學,此民日遷善,而鄉鄰風俗之美也。子周子裔孫曰商尊,居鄉食貧,識超而願大。見夫鄉隅貧寠者流,幼則無力從師,一丁不識,長而罔知禮法,犯義干名,心甚愍焉。誓建義學,養而教之。迨經年廣募,汔無一遇。甚且焚香告天,效趙清獻故事,雖至餐風沐雨,百折不回,其所以爲教養計者亦至矣。癸亥秋,天作之合,有朱、伍二君先容于湯君紹岐,即首助重貲,并邀袁在山、張錦淵諸同志爲衆擎之舉,度地鳩工,延師授粲。予曾信宿修道齋,不第外觀輪奐,而且學徒百人,書聲溢户外,皆循循規榘。歲科試,近更有采芹者。此雖非一木之支,然歷盡艱難,在周君洵能遵祖訓以立師道,而湯、袁、張諸君合捐經費、田畝,功亦不淺。凡在鄉曲,能倣而行之,將見户習《詩》《書》,人知禮教,善人叢集,歌詠太平,聖朝舉行,超拔流俗。巍科平林,諸善士應運而興起,不與唐先天中杜昱、賈登輩後先輝映乎哉!

吳璥《〈當湖五事紀略〉序》

爲善之難,創之固難,傳而行之者亦難。世有惑於報應之説,從而奔走附和之,則其嚮善之心先薄,而其行善之心必不堅。惟天性仁厚,常充不忍之心,而又宅衷恬澹,見有利人利物,不見所爲利己也,乃能積德累行,而其事可法可傳矣。當湖風土淳美,搢紳士夫樂善好施,由來舊矣。而邑令之賢者,往往爲之倡立義舉。凡興學育才,仁民愛物之規,粲然俱備,莫爲之後,雖盛弗傳,則所以董其事者,尤不可不得其人。吾鄉黃封翁菊坪,好善之士也。憶自甲寅歲不辭遠道,訪余梁園,商所以修葺文廟經費。余爲捐俸緝,并爲之記其略已。菊坪繼迤捐貲創設思源義塾,以補社學之闕,復偕同里諸君公捐永安局,修復馮、陸兩氏放生湖,贊成普濟堂,以紓惸獨之哀,盡心竭力,擘畫周詳,彙成《當湖五事紀略》一書,計垂久遠焉。今值余引疾家居,攜編問序余。惟甲寅迄今且三十稔矣,余氣體羸弱,而菊坪五年以長,神明不衰。其子若孫俱筮仕南河,勖以奮勉圖報,仍獨居鄉里前後數十年,孳孳爲善,今且老而彌堅,知其嚮善之心不薄也。而書中綱舉目張,則皆出之仁厚之性,恬澹之衷,其爲利人利物而絕無利己之意,亦粲可見已。然則五事創之難,傳而行之亦難,惟賴司事諸君及菊坪後人黽勉經營,永行勿替,有厚望焉。

徐鏞《〈謝孝子傳〉序》

　　余守禾中,聞謝孝子之名,心嚮往之。詢於耆老,悉無所間,意必其人能人之所難能。不然,何稱頌之多也。惜未見其事實,其詳不可得聞焉。明年冬,其孫丕勳持郭君廖、沈君維鐈、黃君安濤所作傳、誌,乞序於余。余曰:"孝子之名,已旌於朝而祠於鄉矣,奚待余之表揚哉!且三君既有傳與誌,孝子之行亦詳言之矣,余又何言哉!獨念孝者,人之庸行,何謝君多出於非常之變也,豈天故阨之以成其孝歟!人情所懼者莫如死,如其視親之死不甚於己之死,安往不形其可懼。當孝子之投水、赴火、搏虎也,豈有入水不濡,入火不然,與夫暴虎之技哉。蓋誠動則情迫,情迫則志專,志專則氣壯,此即捐軀而無所濟,孝子已不朽矣。況猶有鬼神必呵護之,詎忍違孝子之心,遺人世無窮之憾耶!夫能處變者,誠篤皆積於平時,非於倉卒中方見其孝也。不幸於倉卒見其孝,孝子之心所不忍焉。凡為人子,當師其處常,無徒重其處變。然觀其處變者若此,而處常者不愈,當自勉耶!"是為之序。

嘉興府志卷八十三

藝文二

論

國　朝

盛百二《編審論》

編審者,治道之根本也。蓋積州縣而成天下,積鄉里而爲州縣,積户口而成鄉里。故户口清而鄉里治,鄉里治而州縣治,州縣治而天下亦治矣。《周禮》:鄉遂之法,始於比鄰。詳稽其夫家之衆寡貴賤,老幼廢疾,六畜車輦田野,以施政教,以行徵令,以辨施舍,以起徒役,而奇衺奸宄,亦無所容,此歷代以來不易之法也。明洪武十四年,令天下編黄册,在城曰坊,近城曰廂,鄉都曰里,共編爲册。册首爲一圖,里有一百十户,以十户爲長,餘百户爲十甲,里長甲首,董一里一甲之事。鰥寡孤獨,不任役者,附十甲後,爲奇零。其册凡十年一更定,此即今編審之制也。明初但有夏税小麥、秋税粟米及絲綿之徵,百姓皆聽役於官。十六成丁,六十而免,無所云丁銀也。自後乃有銀、力二差,力差者,差役也;銀差者,雇役也。又其後雖有二差之名,亦皆一例徵銀而已。於是胥吏上下其手,隱匿脱漏,百弊叢生。又丁銀之增損,關於考課,故丁口有增無減。所謂溝中之瘠,猶爲籍上之丁,黄口小兒已入追呼之册,此仁人君子所以歎息也。自我朝康熙五十二年滋生人丁永不加賦,至雍正四年又行丁歸地畝之法,百姓優遊於耕鑿之中,有司無考課之累,從容而賦繭絲,良法美意,三代以來,未之有也。然因此有司遂視編審爲具文,惟胥吏是任,以至户口不清而貧富不辨,貧者有貧之實而無貧之名,富者無富之名而有富之實。又飛灑詭寄,遂有無田之税,無税之田矣。且雇役惟可行於平日,如非時力役、河防、土工之類,其勢有不得不出於差者,於是徭役有不均之歎。況編審時吏胥按户索其飲食簡畢之費,百姓又恐差役之及身也,於是并户減口,專爲一切徵倖。平時案籍而稽,不見其多。不幸天災流行,朝廷有大恩恤,計口給發,其數又驟增。於是編審、賑恤二册,自相矛盾。雖有才能,亦無所措其手足,始悔平時之失計亦已晚矣。況欲求賦役均平,奸宄屏息,安可得哉!論者不察,竟以編審爲不足憑,而無益於治道,益惑矣。

說

國　朝

屠延禧《跨水弓説》

丈量舊有"跨水一弓"之説,殊不得其解,因詢之父老,云:凡高鄉之田,圩岸之外,尚有堋灘,雖不能藝黍稷,亦可刈草栽蔬,故以一弓跨之,非真以水爲田也。若低鄉水與岸齊者亦跨一弓,高鄉于塍灘外復跨一弓,真無謂矣。偶閱《攟堅錄記》,成化初,邢宥爲蘇州守,以民多隱田,立丈量之法。有投邢詩曰:“量盡山田與水田,只留滄海與青天。如今郡少閒洲渚,寄語沙鷗莫亂眠。”邢爲廢法。今康熙乙巳,奉旨清丈。各屬圩長有欲逢迎當事者,每每跨水一弓,以此法求多田,至溢額七千有奇。嗟乎! 嘉興欲以虛報陞糧,平湖則以跨水增地,均屬厲政。我嘉興幸賴金父師,涖任伊始,力除苛令,閭井安全,不特群黎無賠糧之害,并令武塘免起釁之端,此實係惠民一大政。當湖溢額既多,自乙巳歲增糧起,歷年帶比。夫本年條銀尚難猝辦,而欲併徵數載。當湖萬姓,敲骨吸髓,苦不堪言。乃欲補救於事後,嗟何及矣。今丈局已竣,無容復議,而余姑記此者,或數十年之後,或百年之後,倘復有丈量之舉,豈可以此法厲民乎。故備陳之,以爲後來者勸。

書

宋

陳舜俞《上歐陽內翰書》

具官某,謹齋沐裁書,頓首載拜,有聞於郡牧內翰先生坐下:某雖不肖,從事於學,蓋有得古人一言,竊藏於心,日思所以行言之道而未能者矣。某自少小時誦《禮記》,至曾子曰:“夫所謂孝者,國人稱願然曰:‘幸哉,有子如此!’可謂孝矣。”是使其親爲君子,未嘗不撫卷三復。又追考古人之所以著見功業,顯榮其親,必先有志於斯言耶。自是居就師友,出遊場屋,未嘗不恐恐自重於言語去就之際,懼有以辱乎親者。慶曆中,天幸及第,爲天台從事,歲未滿而罪罰遽至。先人不幸卒於官舍,既而由深山窮谷中負柩獲返於家。輒自號訴於宗族鄉里之人曰:“某罪逆深矣,顧隕身草土不足贖而適重之。請得變禮行藐塗之事,使某夙夜勉强,固所樹立。萬一有聞於當世,而吾先人教子之勤,見紀述於天下取重之人,且能蒙取朝廷一命,及於漏泉而後葬。”然而聲名不章,道德不進,聲牙連塞於簿領文墨,心日負而事日違,至於今十有三年。前此者,嘗求天下賢士大夫而歸之,至於不愧而置身門下,自比於門生故吏,是亦大懼日沈沒於小人俗吏之中,使先人之德不足以有聞也。某今也天重其幸,由科選改官,屈指日月,其覬贈典以酬其言者,所不逮三年耳。若其獲以先人之見於紀述,以取重於當世,而垂信於後人,則未知果能也。然念某始以頑殘,奉教誨於坐下,往來牆宇之間,亦於今十年矣。提其誠心,而欲以先人之事見紀述於一言,則又在其前也。卒以今日果於不避棄絕而布之者,非敢即謂有可稱願。蓋某拳拳之心,以爲勉强行道,至於樹立,稱家有無,以事窀穸,過此以往,亦將有日求金玉之賜,爲論撰之美,不在今日言之。旋踵先生入宰天下大政,方提其筆進退天下之賢不肖,位日隆而不可聞,而某求償其心則無時矣。謹錄友人姚闢所狀,涕泣俯伏門下,以俟裁擇。不宣。

明

王守仁《與李太守書》案:李,名伸,《名宦》有傳。

此學不講久矣。鄙人之見,自謂於此頗有發明。而聞者往往詆以爲異,獨執事傾心相信,確然不疑,其爲喜慰,何啻空谷之足音！別後時聞士大夫傳説,近又徐曰仁自西江還,益得備聞執事任道之勇、執德之堅,令人喜躍奮迅。"士不可以不弘毅,任重而道遠",誠得弘毅如執事二三人,自足以爲天下倡。彼依阿傁偏之徒雖多,亦奚以爲哉？幸甚幸甚！比聞到郡之始,即欲以此學爲教,仁者之心自然若此。僕誠甚爲執事喜,然又甚爲執事憂也。學絶道喪,俗之陷溺,如人在大海波濤中,且須援之登岸,然後可授之衣而與之食；若以衣食投之波濤中,是適重其溺,彼將不以爲德而反以爲尤矣。故凡居今之時,且須隨機援引,因事啟沃,寬心平氣以薰陶之,俟其感發興起,而後闢之以其説,是故爲力易而收效溥。不然,將有扞格不勝之患,而且爲君子愛人之累,不知尊意以爲何如耶？病疏已再上,尚未得報。果遂此圖,舟過嘉禾,面話有日。

夏浚《與徐泰論志書凡例書》

昨妄擬縣志凡例,將以就正有道,若附衛所于有司之末之類,皆有深意,但鄙意猶有一二未盡者,猶俟請質,以求成一家之言。蓋志也者,史也。《禹貢》《職方》,萬世作志之法。後之爲志者,取則于方輿諸書,條析雖詳,而史法遠矣。昨者所擬,其義實取諸《禹貢》《職方》也,但恨無古人筆力,無緣似之,如《食貨》總于《地輿》者,有土此有産,有産此有賦。物産以詔其地之所出,貢賦以詔其地之所入,任土作貢,固夏后氏之法也。《祀祠》載于《職官》,似若未安,然傳有之,先王先成民,而後致力于神,故曰有民人焉,有社稷焉。又曰建學立師,乃釋菜于先聖先師,是其序也,此所以置《祀祠》于《職官》也。《人物》《選舉》,二者後先若無大區別,然人物實統言之,凡仕進、隱逸、孝子順孫、義夫烈女皆是也。選舉特仕進之一途,所以增地靈而關世教者,豈專在此哉。此《人物》《選舉》之序也。至若《雜志》者,將以言天下之至雜也,《易》有雜卦,《詩》有亂辭,皆此義也。故名物不可以預設也。凡此數端,皆愚意所未盡,而欲求終教焉者也。有疑不厭往復,惟裁之。

吳麟徵《上某撫軍書》

澉浦斗大一城,屼衝海上,實東南之門户。先年屢經寇亂,危而復安,以城壘高厚,守備完好也。自改里遞爲官修,而城垣日隳,無過而問者。幸雲怡蔡公祖毅然振舉,一時改觀。今數載,復遭風潮,樓櫓、雉堞、窩舖,在在傾圮。千百生齒,日夜孤露,寄命于盜賊之手。此地去縣既遠,情同孼子,不復關切,而天聽彌高,衆弁力微,徒作大聲之呼,未聞流水之令。日復一日,究且無城,居此土者,惟有轉徙一法。而人盡轉徙,寇至曷守？

國　朝

屠延禧《上嘉邑林父師書》

謹啟：丈量一案,費繁事重,因奉明旨,圩長、弓算手各役,方將竭蹷從事,以仰副師臺憂勞至意。不意近有新頒號票一紙,要開原載姓名、田數,必須照萬曆九年魚鱗底册。因經鼎革,自藩司、府、縣,俱無一存。或民間偶有私本,不過十之一二,且泡爛殘缺者居多,未可遽以爲準。而欲懸空以追百年之故籍,其勢萬萬不能。況官册既無,在民間者保無有奸人私加增損,以開索詐之端者乎。丈溢一款節,奉師臺面諭,謂溢者開溢,虧者不可開虧,則是以虧作實,不過"虛報陞糧"一語盡之。此其所未便者約有數端。進議者必謂增糧若干,方可報功。乃閱邸抄,康熙三年九月,内户部題覆捏墾之弊一疏,奉旨云:"據奏,臨、鞏二府知縣許上通等捏報開墾荒地,府、道各官劉芳聲等朦混轉報,巡按金鼎、張吉午不行查核,草率具題等語。開墾荒地,原以便民裕國,似此虛行捏報,利己邀功,反致見徵錢糧拖欠,貽累小民,有悮國計,殊爲可惡。著該部嚴加議處,具奏"。則知報墾陞糧,當萬分詳慎,倘以虧作實,日後難免指摘。竊計嘉興一邑,勢屬平陽,既難移愚公之山以填滄溟;地遠江海,無能竭精衛之力以漲浮沙。古今止此塊土,東開則西贏,此增則彼絀,截長補短,大率八十七萬有奇之土田,減之不能,增之亦未可必也。今之要領,或于各圖之中,計其原額,總數若干,或甲圖有虧而乙圖有溢,丙圖有溢而丁圖有虧,將溢補虧,適如原額,已足告成事矣。即或八十七萬之田數稍虧,而八十七萬之糧額自在。朝廷正供,原無少減,又何煩師臺之過慮乎。更有當爲早計者,蓋七縣之中,各有嵌田,如糧完本縣,而田坐于外縣,界内必須移文關會,始得總數無差。故或六縣丈局已完,而一邑移文未到,即碍難合。總此,尤望亟飭經承,即行移會,庶日後造册不致紛更,于以惜民膏而遵憲限,胥在此矣。

朱坤《上督學雷公請祀張楊園書[1]》

當明季姚江良知之説盛行,獨考夫張子確守程朱,其邃密似薛文清,篤實似胡敬齋,醇乎醇者也。曾受業劉念臺門下,往來問答,見于劉子之集及張子之書,所輯《劉子粹言》,尤大有功于師門者。今紹興蕺山書院爲劉子講學故里,前守曾爲專祠以祀,而配以門弟子二十二人及其子伯繩,獨遺張子。至嘉興鴛湖書院祠祀陸清獻公,而張子爲此邦先輩,均宜行府造主合享,俾後生末學知道德之報,不在一生之顯晦,誠有死而愈明,久而益光,如布衣張子者,則所以敦薄寬鄙,廉頑立懦,出自大人之教思無窮矣。昔了翁陳公與淳夫范公同事禮部,范公曰:"顔子之不遷不貳,惟伯淳有之。"陳公曰:"伯淳誰也?"范公默然久之,曰:"不知有程伯淳耶?"陳公遂作《責沈文》以自警。今張子名不登仕籍,畔則農,讀則士,憂勤惕厲于窮簷破屋之中,間有著述,如《伊川易傳》,踐履已盡,因而寫成。一布帛焉,非有錦製翠織,可以娛人目也;一菽粟焉,非有異饌珍羞,可以適人口也。没後數十載,姓氏里居幾不挂人齒頰。大人,今之范公也,發潛表微,揭其名而日月懸之,將見窮鄉僻壤,恥不早知有張子之學,誦其詩,讀其書,論世以知人心嚮往,而力行以求至之,其功豈小補哉!元揭文安誌陳定宇之墓云:吳先生澄居通都大邑,又數登用于朝,天下學者四面歸之,故其學遠而彰尊。而明陳先生櫟居萬山間,與木石爲伍,不出戶門動數十年,故其學必待書之行,乃能知之。及其行也,亦莫之禦世以爲知言。今清獻公與先生道德相埒,一用一不用,惟其用也,故天下知有陸子之學矣;惟其不用,故天下至今不知有張子之學。猶幸遺書具在,不至泯絶。伏冀刊布學官[2],俾師生講習。倘久而論定,如宋之蔡九峰,元之趙仁甫,明之胡敬齋,俱以布衣從祀,則天下幸甚,萬世幸甚。坤知識淺陋,無所發明,好善之誠,竊懷有素,冒昧瀆陳,不勝戰慄之至。

【校注】

　　[1] 上督學雷公請祀張楊園書:《檇李文繫》(正編)卷二二題作《上督學雷公請以張楊園與陸清獻合祀兼刊佈遺書書》。

　　[2] 官:《檇李文繫》作"宮",當是。

啟

宋

黃榦《通兩浙趙漕使啟》

財貨源流之寄,孰與畿甸之尊;塵埃篲楚之閒,無若酒人之賤。豈姓名之敢徹,冀悃愊之少輸。竊以在昔肇民,以酒爲禮。五齊之掌,周始列於天官;大酉之監,秦復著于《月令》。凡祭祀之供,賓客之奉,皆秫稻必齊,麴糵必時。苟爲曠職以弗虔,每以乾餱而失德。至詩人而有酤我之訓,及夫子而有沽酒之文。則是懋遷有無,奚間今古?然皆旨且多、旨且有,孰不醉言舞、醉言歸。至於厭棄而不售于人,則亦薄惡而不適于口。自世已降,奚弊不生。漢人以米麴三斛成一釀,而味不醇;唐人以銅錢三百飲一斗,而價苦貴。遂使天下命士,類多空薄之欺;市上酒徒,稀復醉眠之樂。究弊原之自出,皆吏道之不修。背公狥私,見利忘義。夜入此舍,不辭盜飲之名;日醉後園,自取廢事之責。及課額之不辦,則奸計之愈生。求善價而沽諸,皆市貨之滯者。于于然來矣,何異餔糟而餟醨;望望然去之,無復登臺而飲酎。間有悉心營職,洗手奉公,求以自見其長,庶幾獲免于戾。然木以冗蠹,冗深則木何由生;水以源長,源竭則水於何有?所謂通變幹旋之策,實資聰明仁惠之賢。激濁揚清,興壞補廢,郵其有無而究其實,憫其卑賤而通其情。庶疵賤之微官,得展布其四體。求之于世,今見其人。恭惟某官實大聲宏,行高能鉅。歆、向之學,博雅該通;賀、白之文,溫醲典麗。蚤攄素抱,俯拾巍科。揚歷滋多,聲稱甚籍。悉心州縣,屢興襦袴之歌;策足班聯,自結冕旒之眷。即正秉鈞之任,尚淹挽粟之權。有巴蜀之轉輸,始見鄭侯之績;非江淮之運漕,孰明劉晏之功。奏課朝聞,璽書夕至。幹迂疏無學,局促不才。瓠落半生,偶叨一命;蹉跎十載,備涉百罹。齒髮侵尋,神識凋耗。自合退歸于農圃,豈宜復玷於縉紳。家無數十畝之田,身有二百指之累。既飢寒之未免,于仕進以難忘。智類絜瓶[1],自知無用;職當滌器,猶恐弗堪。待君子以爲歸,則官箴之可免。豈其幸會,獲隸按廉。雜居備保之閒,惟有鞠躬而盡力;仰賴帡幪之庇,尚蘄藏疾以納汙。

【校注】
　[1]絜瓶:原作"負瓶",據黃榦《勉齋集》卷二三改。

宋

潛說友《吳越考》

杭地本屬吳屬越,諸家爲說不同。以爲屬吳者,《晏元獻公類要》、皇都郡縣志及乾道舊志皆然,而不著其說。惟《淳祐志》引《吳越春秋》所載,越王句踐"入臣于吳,群臣送至浙江,臨水祖道"。又載吳王夫差"爲越所敗而走,止秦餘杭山"。又《史記》:楚威王伐越,"盡取故吳地至浙江",遂謂吳越必以浙江爲分界。以爲屬越者,杜佑《通典》、歐陽忞《輿地廣記》皆云:春秋時屬越,越敗,屬吳。東陽王象之本其說,謂錢塘舊爲越有,夫差敗越,地始入吳。雖皆知爲越地,而未知分界所在。惟《太平寰宇記》引《吳地記》云:"越國西北界至禦兒",則是吳越以禦兒爲分界。二說各有所據,今精考之,當以後說爲是。《春秋》:魯定公十四年五月,"於越敗吳于檇李。"杜預註云:"嘉興縣南檇李城。"又《史記·世家》:闔閭十九年伐越,"句踐迎擊之檇李。"賈逵註云:"檇李,越地。"據此,則檇李以南皆爲越境,杭在其中矣。此杭爲越地,一也。《吳越春秋》:"句踐既臣于吳,夫差賜之書,增其封,東至句甬,西至檇李,南至姑末,北至平原,縱橫八百餘里。"且謂"越本興國千里,吾雖封之,未盡其國"。則是所封之地皆越故疆。又,《越絕書·越地記》云:"語兒鄉,故越界,本名就李。吳疆越地以爲戰地,至柴辟亭。"《吳地記》云:"柴辟亭到語兒就李,吳侵以爲戰地。"則吳越疆界尤極明白。此杭爲越地,二也。若《淳祐志》所引三說,皆有可辨論者,其一,謂越群臣祖句踐於浙江,則是吳越以浙江爲界,殊不知是時句踐保棲會稽之山,浙江以西皆爲吳有,宜其祖道,止于江濱,又未嘗云送之境上耶!其一,謂夫差走餘杭山。《姑蘇志》云:"陽山,又名秦餘杭山,在長洲西北三十里。夫差棲於此,死,因葬焉,至今號夫差墓。"又,《越絕書·吳地記》云:"秦餘杭山去毗陵縣五十里,有湖水,近太湖。"今餘杭去長洲太湖遠甚,豈可以名之偶同,強合爲一?且越在東南,吳在西北,吳王不西北走蘇、常,而反東南走餘杭,必無此理。其一,謂楚伐越,盡取故吳地,至浙江,則浙江之西乃吳地。殊不知此句自是兩義:所謂故吳地者,言越故取于吳者也;所謂至浙江者,言併越原有之地,而盡取之也。豈可概以爲吳故地乎!《皇極經世》以其詞不別白,故于"楚滅越,盡取其地"之下書曰:"東開地至浙江。"則是浙江以西,本非吳境,乃楚因越地而開者也。合是三說,則前志之誤可以渙然無疑矣。

國　朝

朱彝尊《浙江分地考》

浙江布政使司初設,所轄九府而已。嘉興、湖州統于直隸。故《實錄》洪武九年十二月,書直隸湖州、嘉興諸府水災,遣户部主事趙乾等賑給。十一年五月,敕工部定議[1]造軍器之數,其書嘉興、湖州,亦冠以"直隸"字。至十四年四月,復置巡檢司,嘉興府一:嘉興縣之杉青堽;湖州府三,烏程縣之後潘,德清縣之下塘、新市,仍以"直隸"文冠之。宋濂《京畿鄉闈記録序》云:"洪武辛亥秋八月,涖當鄉貢之期,凡畿內三州十七府之士,皆歡忻相告,裹糧而奔走。儀曹具以狀聞。"所云十七府者,直隸之府十四,其一廣德,四年以後始降爲州,合嘉興、湖州而共計之也。天台徐一夔《送趙鄉貢序》云:"元置行省于浙,領郡三十二,杭隸焉。今領郡九,杭亦隸焉。"崇德貝瓊《轂江漁者詩序》云:"洪武五年秋,校文浙江。太末徐復禮迫有司命,起與九府之士俱,遂與四十人之選。"鄞人鄭真跋《同年録》云:"洪武壬子秋,浙省承詔旨,合九郡之士試之,得四十名,上諸京師。"又《送何本道還金華序》云:"洪武五年,詔命三年疊試,于是浙江所屬九郡,以其名上之行省,而金華何本道與焉。"其云"九郡"者,嘉興、湖州不在其內。逮洪武十四年十一月,始以二府改隸浙江。攷《清類天文分野之書》,于洪武十七年進呈,二府沿革,祇書今屬浙江布政司,語焉勿詳。後之人罔聞知。由是柳琰、鄒衡、趙瀛、劉應鈳志嘉興,勞鉞、栗祁、張鐸志湖州,俱不言分地本末。惟仁和夏時正撰《杭州府志》,獨云:"元至正二十六年十一月,皇朝平浙,置浙江等處行中書省,領府九。洪武九年,改爲浙江等處承宣布政使司。十五年,割直隸嘉、湖二府隸浙江,領府十一。”又云:“洪武三年,詔開科舉,浙江行省即杭州府學之西爲貢院,合試九府之士。”書之特詳。嘉靖中,武進薛應旂修《通志》,自言郡縣志可采錄者,十無一二,顧夏氏之志具在,何漫無考稽?夫畫野分疆,地志之大綱,乃置而勿書,後之紀方輿者,率本《通志》,則紕繆多矣。作《浙江分地考》。

【校注】

[1] 議:《曝書亭集》卷五十八作“歲”,當從。

辨

國　朝

張炎貞《丁晉公祠辨》

舊志:青鎮索度明王祠內有丁晉公謂像。公嘗知嘉興,免民丁錢,里人感德,因祀之。然《宋史·丁謂傳》不言知嘉興,《府志·職官考》亦無謂名。今考祝允明《前聞》記載,沈君玉《逸民漫抄》云:國初,蘇州人戶編免丁錢一萬六千餘貫,今無之。世言繇丁謂爲三司使,曰請而除之。案《真宗實錄》,祥符四年七月,詔除兩浙、福建等身丁錢凡四十五萬四百貫,當時謂實爲三司使,而《實錄》不書其請。謂本倖進,天下不聞其德,而能此舉,史氏不應没人之美如此。是年八月,謂言東封汾陰,賜予億萬,加以給復諸路常租,除免東南口算,皇澤寬大。然有司慮經費不給,上曰:國家所貴,澤及于民,但敦本抑末,節用愛人,自富足矣。則知身丁之免,必非謂所請無疑也。又,嘉熙間,王實齋以法從典吳門,詣岳廟,拘捕不係祀典之神,碎其像,沈于河。謂亦在從祀之列,問典謁李祁云:“奸謂何得廟食於此?”祁以昔曾奏免丁錢對。實齋信之,乃倖免。至寶祐間,丁大全當國,與謂同姓,騷動天下。吳門汎羅三百萬,皆以官誥折直。有士人李姓者入岳廟,書一絕,曰:“實齋昔欲便加刑,幸得全完土木身。底事若無悛改意,又教孫子害生民。”詩傳四方,人皆發笑。允明按僧文瑩《湘山野錄》云:“吳越舊式,民間盡算丁壯錢,以增賦典。真宗一切蠲放,吳俗始蘇。”文瑩當時人,其言想得其實,云云。予詳錄此,欲後之人瞭然知謂非知嘉興而免丁錢,吾里謹而祠之,於義無當也。

朱丕基《東江谷水辨》

東江即谷水之說,肇於《續文獻通考》,而原于《水經注》所引《吳記》。至胡渭《禹貢錐指》,并繪圖而爲之說。于是,東江于海鹽澉浦所入海,若自唐以前故道,確有可指。然浙西地高,自錢塘、海寧、海鹽以漸殺,水逆而上,非水性。或謂築捍海塘始自唐,塘未築,東江入海故有道。顧江流清而不滓,不若濁河易淤;地高水下,不若太湖之旁可占作圍田。而《唐書》:海鹽有“古涇三百,長慶中,令李諤開以禦水旱”。苟縣受東江水,道雖湮,其支港必多,何俟後人鑿以溉?又《宋書》:“元嘉二十二年,揚州刺史始興王濬上言:‘二吳、晉陵、義興四郡之水同注太湖,而松江滬瀆,壅噎不利,故處處涌溢,浸漬成災。欲從武康紵溪開河,直出海口一百餘里。’”《梁書》:“吳興郡屢以水災失收,有上言:‘當漕大瀆,以瀉浙江。’中大通二十年,詔遣前交州刺史王弁假節發吳郡、吳興、義興三郡人丁就役。"茍縣受東江水,何云二吳之水同注太湖?茍縣受東江水,何必別漕大瀆以瀉?是知海鹽古故無東江道。且《水經注》之不足信久矣。唐李吉甫有《删水經》十卷,宋《崇文總目》云:酈注四十卷,亡其五。金蔡正甫撰《補正水經》三卷,元歐陽原功爲之《序》,謂其可正蜀版遷就之失。則自明以前已多增損。況今所傳酈氏《水經注》,大抵出明李長庚本,以宋時亡其五者,一旦復四十卷之舊,其掇拾割剥,必有迥異宋槧本者,故《自序》亦曰:紬繹補正十之六七。若《吳記》一書,《隋·經籍志》稱顧夷撰。杜佑《通典》載海鹽曾引其説,自後史志及《書錄解題》《讀書志》《文獻通考》皆不載,蓋亡逸已久。今觀《水經》《通考》二書,迥然不侔,使原《水經注》而引《吳記》,則《通考》何別爲二?使原《水經注》而不引《吳記》,則後人附會之言,何足爲唐以前水道證?且馬罩城在鹽官縣東北,而曰"谷水又東南逕鹽官縣"。古城南舊海昌都尉治谷水之右,有馬罩城,柘湖在今華亭地,鹽官即今海寧地,而曰鹽官縣,即海鹽縣故城,後没爲柘湖。散浦疑澉字之譌。然東江可塞,焉知鹽官縣故城南不別有散浦以通巨海?則其書果出顧夷、酈道元,亦不足信,即堅信顧夷、酈道元之書,亦難確指東江在海鹽澉浦所入海。考《揚都賦》注、《吳地記》《史記正義》"三江",其入海道祇有二,而東江故道至今未湮。蓋三書,無松江入海文。所云松江,但指震澤東注三江口七十里地,若婁江、東江,則松江下流而入海者。故朱長文曰:"今松江大黄浦入海者爲東江。太倉劉家河入海者爲婁江。"潘應武曰:"一路徑下吳淞江二百六十餘里抵海。又一路,自急水港五十里下澱山湖,由港浦入海。"夏原吉曰:"嘉定之劉家港,即古婁江,又松江大黄浦乃通吳淞江要道,此即《禹貢》入海之迹。"王同祖曰:"今太湖自吳江長橋東北合龎山湖者,又東南分流出白蜆江,入急水港,澱山湖迤東入海者爲東江。此單鍔《水利書》所謂'開白蜆江,使水由華亭青龍江入海者'是也。"今三江口在崑山縣治南,劉家河在太倉州治東,于三江口爲東北境。白蜆湖在吳江縣治東南,澱山湖在崑山縣治東南,黄浦在松江府治東,于三江口爲東南境。然則澱山湖雖塞,東江徙道終不離松江府境,迤邐于黄浦入海,何得云于海鹽澉浦所入海?夫東江于海鹽有亡亦無關邑利害,然宋欲穿紵溪以出海梁,欲瀉吳郡之水,從浙江入海。而王圻引故老言,亦欲以太湖之水納之錢塘。一旦有拗執如王安石者興水利,據《水經》之説而尋東江故道,雖地勢高卑,議必寢。然陸公隴其論修志,凡古蹟可疑者例不載,慮擾民也。

贊

宋

鄭清之《陸宣公像贊》

賢才降嶽,問學源深。道濟台衡,文光翰林。忠翊國步,善牖君心。廟謨奏議,救旱商霖。立朝正論,治世德音。於昭廟貌,祀典永欽。

程俱《陸宣公祠堂贊》

唐相陸宣公贊,嘉興人。建炎三年夏四月,信安程俱假守秀州,始訪公之像,圖之資聖佛寺,率僚吏祠而拜之。謹爲贊曰:天下無事,湛于宴安。視此神器,隱如泰山。是以其臣,惟得是嗜。以諛爲恭,以憸爲智。世方紛亂,上下岌岌。忍於其間,覬得患失。偉哉宣公,興元之初。夷險一致,爲君矢謨。如彼大廈,載支載扶。如彼赤子,以調以虞。格君之非,砭國之肓。卒以一旅,還之異方。西平之功,宣公之畫。外戡內籌,心膂惟一。檇李之郊,吳越所虔。公生其間,種蠹汗顏。顧視故國,喬木蒼然。豈無若人,莫九堰兮!

箴

明

樊維城《海鹽官署十箴》

人亦何失,多欲爲愆。欲之所起,以身爲緣。衣皮血食,世固不沿。列珍曳綺,在身可捐。推此以類,抑其次焉。聖學之要,無欲而全。王道之佐,寡欲爲先。素朴以化,百姓自然。帛冠衣布,駹牝三千。魚飱脫粟,齊晉以安。儉其治本,聞諸昔賢。寶吾共德,不殄於天。儉箴。

心聲無出,出則可窺。人苟未諒,爾何人斯。洪鐘難叩,鏘響易虧。既鮮知德,豈易託辭。微言不悟,强聒奚爲。況以口煩,發人陰私。隰子伐樹,胡不鑒之。兵頸莫救,刺血焉追。道可目擊,交在心期。待言而合,其合必離。聖臣無口,百世可師。吾守吾默,以養吾知。默箴。

人責于我,以爲過求。我之已甚,人乎何尤。五官百體,時不自由。豈隔軀殼,而即相投。天空海闊,能任物遊。器果大受,誰不當收。前路若狹,祇以自愁。欲容吾足,寧爲人謀。污茵何害,薑丞可留。此持世法,亦獲其休。士志于道,可願其修。變化蕃若,惟恕之猷。恕箴。

需能賊事,輕實喪功。二害雖異,失忍則同。吾所謂忍,剛柔必中。舍近圖遠,割纖濟洪。勿快一擊,勿惜一恫。彼逆來者,如刀截風。行常守黑,心則知雄。堅惟無忍,垂晉興戎。寇賈排難,豈賴谷崇。虞侯乳母,斯見令公。此大人作,如日當空。丈夫用世,惟忍有終。忍箴。

屬垣之耳,其聽必真。關室之目,其視必親。謂予不信,不密失身。妻子慮泄,胡不謂人。詭辭而出,豈獨愛君。上貴可望,猶惜笑嚬。代終之貴,矧不自遵。李杜憂國,更以禍民。龔生竟天,坐不隱鱗。黃龍甘露,抑又非倫。誰知幾者,而不諄諄。害成可戒,生寧不辰。密箴。

好生之德,其象威如。若雷春震,甲坼蟄舒。發爲事業,群陰盡鋤。威克厥愛,不激不徐。以正天下,正家之餘。如而夫者,可使親疏。是謂易與,是謂尤虛。豈振其末,曷循其初。何以嚴治,反身在予。敬以直內,驕氣盡祛。瞻其顏色,孰不承諸。洪澳之什,請以紳書。嚴箴。

大人不作,寧取鏗鏗。管言害霸,不果爲京。先賢惡室,正愛其名。房謀杜斷,相濟乃亨。喑而不發,舜禹亦盲。怯夫速決,坐享休聲。矧智而勇,萬夫之英。達仁必武,守義須貞。以戰則克,從政斯成。自茲以降,何事不行。蓄疑弗果,謀用是傾。鑒于古訓,斷以全明。果箴。

本無隔礙,只此分形。思通其際,如魘得醒。君民親友,動以吾誠。肝膽胡越,形氣列星。思不思異,豈有逕庭。山崩鐘響,落月謝冀。無情尚爾,況人之靈。感竹躍鯉,隕霜致霆。虎渡蛇避,賊去身寧。昭然史册,孰謂不經。動于天地,去辱而榮。君子有九,使一情冥。思箴。

百年寓宇,樂少憂多。以吾觀之,憂樂者何。神交而夢,或泣或歌。形開俱失,孰別唯阿。而吾真樂,實不關他。若人羈旅,洵美非家。得返其室,樂且無譁。孔樂蔬水,浮雲經過。人難堪者,顏樂不磨。後儒尋得,名安樂窩。天下爲任,先後一科。彼或未寤,尚寐無訛。樂箴。

彼教有成,儒者不敦。寧知可患,惟此六根。聞諸夫子,及吾聖孫。略陳三槩,精入睹原。蒙莊稱引,義命是尊。即此已攝,麤細二門。人守戒律,如室有藩。設教宼至,不毀我垣。久而習慣,有律覺煩。頭冠腰帶,自適忘言。何爲逐物,後輕前軒。戒亦有要,君形者存。戒箴。

銘

宋

黃幹《石門酒庫器銘》

上動下靜象天地,前推後盪象父子。晝夜運行命不已,精粗紛紜物資始。君子省身盡顧諟,無大無小亦一理。磨銘。

責酒清易,責人清難。智者於酒,可以反觀。酢牀銘。

一綫之漏,足以敗酒。一念之差,得無敗所守乎?陶器銘。

厚其耳,廣其腹。厚故勝,廣故蓄。綿薄任重,祇以覆其餗。燒器銘。

凡物之理,不平則鳴。不足則歉,太溢則傾。誰謂剖斗而民不爭?其取也寧過于嗇,其予也寧過於盈,是又所以爲不平之平乎!升銘。

議

明

沈㮮《養士議》

國家養士,所以植材儲用也。設師儒,端訓導,豐廩餼,廣優恤,恩至渥矣。及其仕而歸老,猶得以恤典令終,故農、工、商、賈不齒于士。蓋以士民殊業,大小異能,則於所謂士者,望之厚而養之豫、待之周,分則然也。昔有軍餘陳質,缺籍當補,我聖祖特原之。夫役莫重于軍,質以爲士得免,況其他乎!優養有恩,真才輩出,養士之效可覩也。厥後學校漸弛,其教士也,不惟其行,惟其藝,故士方藏脩于家,惟藝之工拙是較,苟非豪傑之士能無至于苦窳弗式而器使之,則缺也者幾希。夫惟士不自器也,故臨士諸公率勿器之,而生卑視之心,一遇審徭役,案籍點差,罔有寬貸。呼遣繩督,下同編氓,而士氣爲索餒,如掌稅京解之屬,皆典守錢穀,刑憲所係,自好者不屑爲。近年此役或編士類爲之,使其人更有親子弟同財爨者,當遵奉優免三丁,詔敕事例,休其家以資文業,如其無之而以田執役,則乞養僮奴,謹寄肝膈者,名雖他委,勢必親爲,而較利保家之心作矣。夫貨利之場禁而遠之,猶懼其邇。顧乃或迫之使然,而用之非其所長,是驅衣冠而納之商賈之群也。譬諸向茂梗楠,萌芽摧拉,可復責成于梁棟乎!此固有濫籍青衿者所宜自取,然而門牆可惜也。職此之故,在學者年抱役擾之憂,不免降志于鄉人,乞哀于官長,豫養之情安在哉!至于已仕之人,賢勞既久,一旦捐賓客而其家輒困,征徭者已不足訝,雖引恬辭祿以禮乞身者,亦或受累,以故在位臣僚詳于却顧,不免以官爲家,無暇爲骸骨計也。此等情狀,雖近年以來役重民貧,勢或波及,然而救弊足民,當自有長策焉。夫士夫免役,既有成憲,今復爲此紛紜者,不過以產多爲辭,執念力役時制,里甲均徭,皆輪年户役也。所應優免者,以位秩崇卑,分其品節,但與士夫之家量與銀差,使無勞力之累,斯可矣。若夫糧長之屬,乃雜泛身役耳。雜差優免,衣冠所同,初不計田之多寡也。鄉閭點輩未明斯旨,而以士民援爲一律,搖惑上聽,其意蓋欲柔脆儒流,染指財利,咸得視爲魚肉,以濟其私耳。化本陵夷,浸淫若是,如其漸之不防,使崇文之典日墜,吾恐業儒者囂然解體,而士習益偷,其風不可復振,豈朝廷之福哉!爲司衡者計,孰若敦本覈實,士可教教之,優而養之,不可教者擯之。歸農乃執民役,俾所養必所用,所用必所養,使彬彬之士不至戾法辱身林泉。耆舊亦遵例優崇,以風勸來學。如此而謂士習不變,材器不蓄,治化不隆,元氣不厚,國祚不昌者,吾未之信也。

章士雅《夜防議》

　　縣當浙直交壤,東爲華亭、青浦,吳淞江在焉。北爲長洲、吳江,震澤、洞庭在焉。南爲平湖,西爲嘉、秀,煮海負鹽之徒在焉。其地無山谷橋梁,一望皆水澤,支河干派,湖蕩連接,蘆葦蒹葭,曠野無際。輕舟小舫,倏往忽來,鼓浪乘風,瞬息百里。是以舟船商賈,擄掠之警不息也。今已嚴行禁戢,樹立柵壩,不許夜行。但本縣設立巡船,僅僅六隻,而河港瀠迴,相去多三四十里,防禦難周。宜添設兵船六隻,共爲十二隻。其各船兵械即于守城民壯内量行增加,工食分派汛地,于各要害去所防守。遇有緝獲盜贓,量行充賞,如或失事,責有所歸。前船時加修緝,以便永久。其巡檢衙門,近在城内,見今議遷移出外,以便巡獲。但原係魏塘,止可禦東南鹽盜之往來,其直北數十里,蘇、松四縣交界之地,勢難遙控。必得特請增設巡檢一員,駐於斜塘鎮之北,專緝北來鹽盜,則防禦密而道路清,亦息盜安民之一策也。

抑囂訟議

　　嘉興俗故靡,而嘉善獨稱健訟,爲七邑之最。每至告期,遮擁者數百人,而常日叫呼争鬬,不絶于耳。及案而審之,十不得一實焉。皆由屢荒之後民失本業,猥薄之夫聚而爲黨,日以告訐爲生。至有良民,目不識城市,生未嘗與人争競,輒詭名其中,牽纏不休,買和求息,棄產傾家,相習成風,户皆樂訟,人能作狀。其初,錙銖之利,訟言之傷,至後必至文卷數宗,歷告各衙門而後已。蓋原被本皆願息,而中間衣食主唆之輩徑自作狀代告,有一日數狀齊下者,原告畏其迫脅,只得順從。此輩即爲借貸費用,後則傾產而償,每上司一狀告準,鄉里且有酌酒稱賀者,次日遂誇耀于里中。以此相高,即至坐誣,終不爲恥。此各縣所無,而嘉善獨有者也。且告一人,必捏開惡行一紙,事皆烏有,人皆鬼名,惟圖聳聽。而一狀中必告三四鄰縣之人,關提動至數月不得歸結,彼之計已售而欲已飽矣。本縣雖嚴加禁戢,乃積習已深,勢不可挽,甚有冒籍别縣告擾,關提紛紛無已時。自今務嚴行反誣主唆之律不可輕恕,其隔屬冒告者,審非緊要,不得槩行關提。凡中證里遞,限有名數,不得于連數十。狀中一事,不得牽連别事。其户婚田土,數年之前者不得迭加訐詐,庶刁奸或可懲其萬一也。

置柵議

　　案本邑,昔于要津橋下各設木柵,督令本境塘長協同附近總甲輪撥火夫,晨昏啟閉。凡以禦寇安民,在魏塘鎮者四,在斜塘者三,在風涇者二。遇有朽壞,歲或脩葺。其在村落者三百五十六橋，有圮廢，柵多不存。是以水鄉舟楫，宵行達旦，鰌徒出没，肆無阻遏。矧今四鎮各設常平倉積貯，在野建柵之議似不容緩矣。第恐乘機生事者，或妄派俻橋椿木，或私索守柵工食，間又以視柵爲名，掊括地方，指爲供饋，而徒從又縱漁獵，挾詐善良，是欲安民而顧擾之也。然則于鄉都内量擇要津，處置木柵，興廢舉墜，而務在使民無擾，不有厚望于將來之司水利巡捕者乎。

靳一派《申詳均役議》

本縣坐臨劇衝，差煩役重，民多苦之。今蒙撫、按二院準均解呈詞批行道、府轉屬下議，卑縣奉牒之次，退而三思，何以答上行至意。伏睹院[1]、道、府參詳海鹽縣揭申，或議加貼，或議裁減，或議仍舊，皆因役之重輕爲劑量，官民兩便，勞逸以均。再閲先詳寧邑刊書，齊編有漏，均貼無遺；齊編年煩，均貼永逸。況編雖定，其人未必果堪；榜雖懸，其後未必不改。雖均贍不免于加賦。然照解偏費與贍解均費總屬民膏，而偏孰[2]與公，則莫如均貼便矣。更查徐寺丞奏準内"米解非民不可，絹銀等解決宜差官"等因，爰會同父老、士民虛心採訪，法惟期于便民，事必求于經久。今據闔邑輿情，參互斟酌，大率兼用寧、鹽寺丞之條例，而通融于有餘不足，調濟于在官在民。漕米等解宜民，三四等解宜官。宜民則僉民役，而以槃縣之秋糧照田派費，務令貼銀者不病，力役任役者不虞賠補。宜官則休民役，而以原額之水脚量勢厚給，務令以官府代民解之苦，以合屬答官解之勞。至於民解貼銀，則縣給印信、官票，聽令圖内對支。其官解給費之法，則新舊貼銀，隨正另封解府，倒批驗給員役，似屬官民兩便，勞逸均適。或謂輸財小民之分，以官代民，于體非宜。不知設官食禄，正以爲民，民財既徵，亦即官物，十三藩司，歲歲解額入京，何嘗非官哉！況省吏書之雜費，釋愚民于欺累，無若官解，是即以家督而經營子姪之勞也。或謂課額已[3]重，議減不得，何堪再派。不知每年分潤節餘，便穩過十載黄册，合邑衆擎力易，不致獨撑破家，且使有田者不須花分詭寄，當運者可無避重就輕，派貼一行，是即散癥疥于肢膚而救癰疽者也。或謂派銀須徵入庫，照役點發，沿户支收，似滋拖賴。不知民間派數有幾，逸享無窮，苟有仁心，豈忍不與？況以官徵民，敲扑未免滋擾；由庫發役，出入豈保無奸？竊恐時局滄桑，胥吏上下，今日以正額而加派，異日以加派爲乾没，皆不可知。對支之法是即桔橰灌苗，而涓涓滴滴，皆田受之者也。或謂本縣里長每年二百一十三名，計今承役北白等項，止八十三人耳，餘既按産編里，安得退而與甲户並幫？不知役由田僉，貼由田派，彼願出力，則役色即是膏脂；此願認幫，則膏脂何非役色。人户田最寡，津貼亦寡。遞年田稍多，津貼亦多。且里長尚有輪流見年，奚遽而與人户同者。均貼之説，是即兄弟各營一業，而左右手自相爲也。若乃通邑士紳，例有優免，計大計小，宜寡宜多，此皆本縣之所嘔心熟思，而與吏民共權之者。且使今兹以往，鑽刺請托之計漸無所庸，嚇詐需索，包攬糜費之弊，亦不復長。衆議既同，人情允便。

【校注】

　　[1]院：原作"縣"，據康熙二十一年刻本《嘉興府志》卷十八《公移條議》、光緒《石門縣志》卷三《田賦·斂解法》改。

　　[2]孰：原作"屬"，據康熙《嘉興府志》、光緒《石門縣志》改。

　　[3]"課額已"：三字原脱，據光緒《石門縣志》補。

陳龍正《墾荒議》

財之用，不過三端：人口所食、人身所衣、出入起居所依賴而已。其他耳目玩好，皆暴殄洩越，非用也。天下之財，亦不過三端：布帛、菽粟、器械而已。其他金錢貨幣，皆以權輕重，便分合，而非財也。生財之人，亦不過三端：農夫、織女、工匠而已。其他皆享財之人、耗財之人也。惟商賈處生耗之間，任轉輸之事。蓋五方所產，互相資藉。農不能輸，工不暇輸，士不屑輸，此商之亦有輔于生也。腹地墾荒，近來自徐貞明、汪應蛟數人而外，絕口不道。或以爲無荒可墾，或以爲積荒終不可墾，而其通病，則尤在混認墾荒即爲興屯。豈知國初之制，二事截然。以興屯之事，責之邊腹衛所之軍兵。以墾荒之事，聽之百姓。屯者，官爲政授，產有定數，所耕之人皆官人也，所耕之田皆官田也，其專爲養兵設也。墾荒者，民自爲政，曰儘力墾闢，產無定數矣；曰與其世業，雖王土實私田矣；曰永不起科，則又自古未有之曠恩，特以阜西北之遠民矣。此屯、墾之異，異在官民。更有事相類而名不容混者：屯，屯聚之義。上之人統領其衆，團聚以耕。若夫富商巨室，或以千夫耕萬夫耕，亦有團聚之象。顧人不率于官，事不隸于官，非初制所云屯也。一號之曰屯，雖就其中分官分民、分軍分商、分舊分新，總爲官物矣，誰敢輕赴？惟專提之曰墾荒，見其爲民閒事，而官法不預。夫然後與特制相合，而仁言可信。故興大利必先正其名。至于山谷細民各從所居，附便而墾，多或百畝，少者數十畝。饒鮮隨其土，土各自占；厚薄隨其力，力各自給。正以參差分散，故可使地無遺利，人無遊閒。必待有統聚之者而後興，則僻野孤村，人多袖手矣。此尤與興屯之事判不相蒙者也。但使招徠有法，民樂耕耘，別無驚恐，數年後民間菽粟漸多，上可資京儲，旁可通邊餉。漕速固兼美，漕遲未大憂，故今日事勢，墾易于屯；今日濟急，墾又捷于屯。奈何苦求其難且遲者，而不先試其易且捷者？本西北爲倉箱，存東南爲外府，則公私常便、南北均裕矣。豈至如今使軍民上下遠寄命于不可必之漕艘乎？於今物極勢窮，欲大挽回，惟兹一策。欲行兹策，尤在及時墾闢之事，勞來安集二三年而見矣，廬舍溝洫四五年而成矣，禾黍桑麻十年後約與東南相似矣。然東南屢荒于天，而西北恒荒于地，惟治地荒庶可救天荒。凡人賴飽暖以生，皆飽暖于布帛菽粟，誰謂飽暖于金銀珠玉？使及今設法招大商巨室，廢官爲主，農則隨地，貧民皆爲之用。餓殍可生，最切於荒政者也！民之財生，而國用憂詘乎？足用之外，猶有切時六大利焉。兵亦可強：有力者能率衆開耕，其財求智斷，優于馭下，家自爲營，人自爲衛，遠勝客旅矣。流焰亦可衰：主農招新民爲客農，彼脅從者聞之，必多舍賊巢而還故土，增一田夫減一賊黨矣。戎馬亦可困：南東其畝，水土縱橫，榆柳棗栗，側斜掩映，利步不利騎矣。河決亦可殺：禹盡力溝洫，至周定王時，千七百年無河患。使後此溝洫長修，中國皆容水之處，莊農皆行水之人，及今相水道，闢荒田，固與治河相表裏矣。苞苴亦可清：庸情專貴折色，不惟舞智，尤以便貪。使兵餉改主，本色少佐，以銀扣剋，饋遺略阻大半矣。海運亦可罷：凡一艘壞，溺者數十人，以人命與養人之糧爭，倖容忍言乎？隆慶間，王宗沐曾再運三百艘，遇龍躍，壞七艘而罷。往事可鑒，況今議海運者慮涸耶，畏河旁賊耶？慮涸，實謀濬法可矣。與其避堂奧之梗傳餐于牆外，曷若圖廓清于牆內哉！再久之，而漕工亦可省，舟廠亦可裁也。

文德翼《均徭役議》

國初編賦役，以百一十户爲里。推十户丁糧，多者爲長。餘百户爲甲，甲十户曰全圖；不能十戶,四五六七朋爲戶者曰半圖。而里册皆有首曰總圖,力不任役,繫於百一十戶外者曰畸零。期將改造,許戶各以實自占貿易者一除一收,過割其糧稅而長消乏者,於百十戶內遴丁糧,近上者補之,戶絕者附畸零。他欺隱影射飛灑詭寄者,皆科罪。已,更定爲糧長者,以殷實者爲之。督切鄉賦多者至萬石,次亦不下數千石,大抵立法,里長多主賦,而糧長兼主役矣。初則有司若細民便之,其後糧長永充不易,力能爲細民重輕,得陽浮科斂之。甚有收糧不解,而私貿易家累巨萬者,雖終歸隕絕,而當時所在有司多不能治議者,始欲革永充,以里甲爲差次,從公僉充。一里甲任役,全圖派銀六兩,半圖三兩,而奸猾一無所上下其間。然邑之祇應多名賦錢,曰里甲銀,或以戶斷,往往優形勢之家而攤之單小戶,議者始以爲均徭之法如稽册籍乎,則富商大賈多積厚藏得免役而土著困矣。如覈人戶平,則官吏里胥輕重其手,恣胸臆而細民蹙矣,故不若以丁糧爲專斷也。苟以丁糧爲專斷,上下編點,必得其徭役難易輕重之適,將應役中除優復外,先丁糧多者畢,以次編其小者居後,自極大以至極小,編填一鼠尾册,上戶一名或二名,下戶朋編一名,其丁糧畸零者并免法,至簡而便也。自本朝十歲一改造,五歲一均徭,無慮皆以里甲定丁糧,以丁糧定徭役,無名之派,雖墨吏不敢爲非。此大較也,職於西浙而不能不致疑焉。天下賦,江南居十九,浙東西居江南十九,而嘉禾半之。民力方竭,浮巧之役名沿之而不可更。極重難反,良有司當之而且誰何也。必有所致,難於此矣。均徭他省,五歲一更,惟嘉禾率歲更。徭役輕重,難易凡三等,曰北白,曰北絹,曰胖襖,重役也;曰南白,曰南糙,曰永福,漸輕矣;曰三倉暨府斗級,輕又輕矣。而莫重於北白,北白正米止二百五十餘石,石加耗八斗矣,貼米百二十石矣,又庫腳水腳銀二百兩矣。脫有不測,邑且與本運衆運三分派補矣。如斯優之,而北白猶重者何也? 催艘,一難也;涉險而遠,二難也;曠日持久,三難也;候凍守淺,四難也;盤剝維煩,五難也;投收勒抑,六難也;掛銷不以時,七難也。役如此乎,其重也,其可不以上戶充之歟。上戶挾狡獪之伎倆,與歇家比陰賄,册書或不無居間,輒以田暗入宦戶,至散入甲戶。已得脫,然於重役之外審榜既揭,昔之暗入、散入者,仍推歸本戶自若也。久之而單小戶翻爲長,上戶翻爲甲,且爲畸零事,至怪也。議者以爲歇家册書奸可摘,而特動色於居間者,蓋以長令苟毅然以上戶獨名充重役,獨名盡而始稍及朋名,否則竟執歇家册書,而責充之奸,計阻喪上戶之與比者,不敢不陰任其力。歇家册書之奸得除,而居間者曉然於良有司,爲細戶之心可以義勸矣。昔都御史歐陽公撫南畿,倡從圩不從戶之説,以徵一抑大族,衆譁然訟搖之。時吳中顧相公當國,曰徵一法若行,吾家增額且千石,然細戶減千石矣,固當爲地方遠慮不可易也。嘉禾紳士多賢者,獨不可以此事風之乎。苟較丁糧之多寡,次定徭役之重輕,法至平也。然職之所致疑而復以爲長吏之所致難者,尚不在此。蓋嘉興之例,重輕徭役,約凡三等,三等之外,里甲殊多贏餘,特設一空役名,空役者,無所役而空之云爾。空役之下,或兌軍,或貼白,或收頭,爲名不一。兌軍者,漕兌也;貼白者,即北白,貼米百二十者也;收頭者,管櫃者也。輕與空役,差等三者,僅什之二三,餘空者皆收貼役,貼役者納銀於庫,猶宋之免役錢也。空役之爲名至遠久,而上多不得核實。始也,潘巡道曾代爲請申,然不能定其名,而稍裁其名之數,大率名納銀八兩三錢云。雜泛祇應無慮,皆取諸其中。然以所聞,十年來坊漸圮矣。加至十八九兩,二十三十兩寖,加至百兩,強半皆胥吏乾沒。縣之所爲雜泛,祇應者得半而已矣。高皇帝之大誥天下也,以多名上溢,害民之奸甚於虎也,蓋實指斥浙西所司云耳。今概皆賢能謹凜功令,何難翻然一更,即不然,宜稍復潘巡道之所故定額。縣歲僉空役,理亦宜以實數申報,若所納免役錢數盡取入查盤册,庶幾吏胥知上之有以譏之也，不敢大爲非，以浮巧盡漁獵之術。近奉旨練鄉兵節縮之，輒可得餉，然外是猶能代畫三策焉。一曰脩城，額派以縣，計之年，且數百兩，久未度支，可議一也。一曰南運額貼，案《全書》，南運皆有耗米，解户仍貿易，從蕪湖市米貼之，如請改折，則縣歲可餘米萬石，可議二也。一曰糧米派補，派補法至輕，例宜準里均攤，近有批坐以射利者至不貲，可議三也。三者爲均徭役計，法宜悉捐，然未能捐，而移之以餉鄉兵，未必非寄一時之權。

嚴漕兌議

國家轉餉江南，經絡二千餘里之水以爲漕。說者譬漕於人身，猶員官也，員官通塞，繫天下之大命。然以準江南，猶人身有脾胃也，脾胃不病，可以授權員官；脾胃病矣，員官雖日流注，必無益於大命之數矣。故察理脾胃至急矣。江南之賦，兩浙爲重。而全浙獨西有漕，漕獨嘉興爲稱首云。攷全浙夏秋二稅，共米麥二百五十一萬二百九十九石。嘉興漕糧已共五十三萬三千一百一十二石六斗，而北白、南白、南糙、永福、常積、廣儲、斗級之數不與焉。繇是以推，是以一郡當全浙之半也。官軍之視糧長，秦人之視越人，肥瘠也，豈惟不恤之而已，且因而剝之以取利焉。愛人者莫如行恕，立法者莫如持平。糧長，吾人也；官軍，亦吾人也。揖進官軍而與之屬，屬糧長最病勢格形禁，抑勒之受而不顧其可安，官軍亦最病矣。蓋國家漕法凡三四易，始制海險陸費者無論矣。其變爲支運也，更淮、徐、臨、德四倉，雖軍民各半乎。西浙糧長無慮皆狎洪閘、淺凍、風濤之阻，與官軍共之。其變支運而爲兌運也，實始於工部侍郎周公忱、平江伯陳公瑄上請。然西浙糧長猶民運，至瓜洲，至淮安，乃兌與軍耗，有給脚價，有給搬淺，有給蘆蓆費，有給而軍乃勉受之。其變兌運而爲改兌也，實始於都御史滕公昭上請。然罷瓜、淮兌運，令裏河官軍於江南水次，交兌糧長，加過江耗，視遠近爲差。且議者疏論，方其改兌之初也，民惟恐官軍之不來，一至水次，賓主懽然，犒待有加，人人以爲如釋重負焉。久之，而糧長視官軍無德色矣。又久之而如商賈較量，稍形爭攘矣。又久之而隱若一敵國交，尋怨矣。嗟乎！使吾民而不忘疇昔之患苦也，亦稍念官軍矣，況勤勞軍國乎。職愚以爲官軍特以發難端者，心雖主於耗贈，而口必以米爲責。無米者固受責也，而插和有責，蒸溼有責，細碎有責。責雖無已時，而卒無可以加責於米之足，與圓若乾、潔者，至若加贈，漕規九石八斗，功令日星，官軍雖猛於虎，貪於狼，無所用之。參伍上下，未嘗不適於權，然卒爲惠於法之內而已。故受事以來，與諸長令約其開徵也，必以《全書》之實徵册爲主，徵以是册徵，比以是册比，若巧胥甲乙那移，近造名約量册者，可焚也。其已徵也，倉有定廒，廒有定號，號有定名。名有定米，借廒有禁，移名易米有禁，草囤柴墊有禁，而後乃比米，曰圓，曰乾，曰潔，始問之收者，中問之上者，終問之廒者而已矣。其將兌也無他防，防私折耳。在總書之欲私折也，割裂兌單而爲碎派，官軍一而派兌之户八九，則守候難而官軍不能不議折矣。在官軍之欲私折也，貿亂兌單而爲花搭，糧長一而派兌之船八九，則需索難而糧長不能不議折矣。他若押差宜去也，倉甲宜去也，綱司宜去也，籌手宜去也，公役宜去也。督兌時，惟有騶從損舖設，損儀席，損犒賞。損，靜以治之耳。職與長令敬守其約五年，庶幾無得罪於斯漕乎。然持一日之法，不如釐百年之弊。夫官軍之所過，責於糧長者，非敢悍然欲決漕規而隤之也，蓋自詘力於耗贈少也。耗贈有額，一旦而漸至少者，何也？宦户日加而民户日減也。嘉興人文雖隆盛乎，視昔亦上下而參伍之者也。何以驟盛，曰僞宦户多也。僞宦户者，內則綱紀，外則媚戚，假宦以立户耳。近歲於徵糧，日持一籍，齋至縉紳先生家,取一私記爲信,狐鼠稍稍戢去,然此其小者也。至大而可汰者凡三,曰故宦,曰客宦,曰不成宦。案國制,官故仍免徭三年,況明德子孫,理宜優復者,今則强半非是也,且故已數十年至三百矣。優邮之恩,宜有所底止,此豈亦國制不可改者乎,可汰者一也。邑之爲力有幅也,四鄰有邑,而俱占籍焉。邑之力竭矣,四鄰之郡而俱占籍焉。邑之力愈竭矣,四隣之省直而俱占籍焉。邑之力殆不可支,三者雖已故,亦仍縣而不刑,此豈今之君子求田問舍如此之遠乎,强半胥吏爲之耳,可汰者二也。孝廉明經,清貧而優,復之宜已。若弁種,若貲郎,若上舍,生之三者,邑至無數也。非擁世禄之稱,即擅素封之號,且上以冒乎紳袍,而下以累乎編户,何以稱焉,可汰者三也。三者汰而宦户清矣,宦户清而民户力漸復其初矣,民户力漸復其初而官軍之加耗已裕,漕規始可議循矣。說者持以爲主怨之事不敢行,愚則謂此法行而宦户不惟不致怨,且致德,何也?以鄉三者闇冒宦户之名,而且墮損宦户之實也,苟一汰之,今後喜可知也。

練鄉兵議

　　鄉兵者,民兵也,考諸古無之。在宋始有禁兵、廂兵、蕃兵、鄉兵四制之號,鄉兵名始此矣。然其制視鄉大小爲之數,選土著以充,有部伍,無營壁,所在團結訓練以爲防法,不得擅調,如斯而已。本朝軍民異籍,民力農養兵,兵守戍衛農,已與古制殊科。後衛所不足,賴清勾抽丁無虛日,皆以摩切軍卒,無一及民者。後釋軍不深治,令府、州、縣招募民壯,所在官率領操練,以待調發。民壯之名自正統末年始也,後令州、縣增額民壯。百里,里五名;五百里,里四名;七八百里,里二名,小不減至百,大不增踰千,快手、會手、打手不一名。然約名爲機快,機快之名,自弘治中始也。後不惟衛所亡,其漸并機快寡,實議者欲調土漢狼達兵而用之。狼達,天性暴戾,所過患苦之。王文成公提督南贛,始命兵備官於所屬州、縣機快中選驍勇者,大縣十餘名,小縣八九名,二省數僅五六百人,名爲精兵,因用以平盗。精兵之名,自正德中始也。迨後更民壯爲精兵,復精兵爲民壯,無慮悉以備奴充,竟詘於用。始參伍舊制,城司守緝,鄉立保伍。盗王堂起,山東大司馬彭公議欲調邊兵,咨之崔文敏公。公曰:"不可。邊兵至中國,弱必致輕,且恃功,恣睢難御。不如調保定達舍在前,土民從後,而總以一將,既可平賊,我兵以漸練矣。"彭公從之,王堂卒賴以平。是土兵之名,即保甲遺法,自嘉靖中始也。後者保甲法不力行,盗平,漸且撤而謹守緝之,民壯盡化而供追胥,守巡官始有增選標營之議。標營兵大抵取自招募,初應募者多客户,無家室以累。其心漸,且爲土著,利害不相捐,然卒無一試於用者。標營之議,增自萬曆中始也。繇正統末以至今,國家所以戰守之具,皆在民不在軍矣。雖法屢以意變,然要不離民壯者近是。今特奉有練鄉兵之明旨,守令奉行惟謹,豈宜無應書者?職愚以爲民壯不足用而始改練鄉兵,蓋猶軍兵不足用而始改練民壯也。置軍兵而練民壯,是輕將領而重有司;置民壯而練鄉兵,是寬有司而嚴編户矣。民壯練而軍兵冗食可也,以有屯也;鄉兵練而民壯冗食不可也,以無餉也。豈惟無餉而已,民壯之初應募也,因事立防,應之者必多材武。起自徒步者,久之而無事安食,坐避丁徭,得以更易,獲頂首錢矣;久之而守若令假之事權,攘臂追呼,一身不足供,且有副名,而郡邑多白捕矣;久之而大家巨族利其餽廩,虛設册中,倩人應點,而郡邑多空名矣。身不任甲,目不識兵,縱數百虎狼於郡邑之中,雖欲禁其不噬人,豈可得哉!有識者謂莫若即練民壯爲鄉兵,有十利。蓋額有餉,不煩更派一;衣甲器械,素所具備二;類多土著,無鄉井思三;力能爲役此,其家不貧,不敢爲非四;郡邑役頓減,肅清易治五;身就伍鄉市,白捕無所容六;操宿不得虛七；應捕即其徒，爲之練習，使盜益懼八；大家巨族，無所私之九；踐更不敢取利，入伍亦損將領所需十也。然奉行練鄉兵矣，民壯雖有十利，將焉用之？勢莫若參伍而上下之，立期會招募。一曰試之以力，力不任，不與也。二曰授之以技，技不成，汰之。三曰肅之以法，犯法者，治以律。大抵欲練五十人者，招募百人，始有所伸縮而法不窮。然招募之始，亦不無權衡矣。苟或乖爽其愚我者，市以市備應，鄉以鄉備應；其強有力而欲專斷我者，市以市點應，鄉以鄉點應。弱者懦而不可用，驕者悍而不可使，異日之患也。至若餉之爲餉，各邑稍於貼役，中爲盈詘，亦不至於放濫不理，而民壯之罷老不任者可更也。更其人，旋收其餼廩以給鄉兵，法爲至平。且以嘉興計，民壯額設載在《全書》，嘉興三百六十名，秀水二百七十五名，嘉善、平湖各三百名，海鹽二百五十四名，崇德三百二十名，桐鄉二百五十七名。若以弘治間額推之，里多者二名，里少者五名，合於嘉興府所屬之里，今於數爲絶遠矣。豈弘治之練民壯者可緜里準，今時之練鄉兵者獨不可緜里準歟？無論爲民壯，爲鄉兵，或大縣以五百名爲率，小縣以三百名爲率，額有所定，法在必行。募鄉兵以合民壯，汰民壯以餉鄉兵，因時設勢，寓變通於其間，豈徒可以守而已，攻取戰勝於是乎在矣。

弭盜賊議

國家設守令以治民，郡更設丞，邑更設尉，主盜賊。盜賊，害民者也。事有主者，守令之責宜稍寬，近復以盜發不捕，重守令罰綦嚴矣。盜賊猶不爲衰止，其咎安在？近者，天幸歲多登，脫一二年，水旱相仍，盜不當益多乎。嘉興所轄雖劇邑，非巖邑也，一時長吏天幸多賢能，以賢能吏治內地，二三竊發，不能靖脫，一旦當寇賊之衝，講戰守，攻取無虛日，勢不當益絀乎。盜聚亦什爲群，伍爲耦，見斗粟銖絲，輒滿志去，大者不至斬揭，小者亦何至推發，不必用潁川鉤鉅，朝歌誘劫，法儻一示嚴，輒得旬月靜矣。失今不治，脫漸有連巨浸、伏匿山藪間。威重不當，益墮損乎。然今之治盜立法，不爲不峻矣，莫不曰保甲，莫不曰連坐。夫保甲者，舒國之所用以振宋，而連坐者，商君之所行以強秦。法至弊也，今不難舉。而任之以勝盜，而盜間作如初時，何也？蓋保甲者虛名，而連坐者終碍而難施也。宋蘇學士軾著論，古者朝夕求民間之小盜而搜剔之，以至於盡，若農夫之耘畊，不欲一莠雜置其中，庶幾大姦無所得乘間以肆而民得安。漢陳尚書忠疏曰：穿窬不禁，則致強盜；強盜不禁，則爲攻盜；攻盜成群，則大姦生而土崩。今州郡諱以盜賊爲負，曾莫省憂，雖有發覺，不務澄溯，至逞威怒，僵仆告者，或踟躕比伍，轉相賦歛，是以盜發之家不敢申告，隣舍比里至出私財以償所亡，其大章著不可掩者，乃得發露。陵遲成俗，寇攘之咎，皆原於此。言盜至痛深，夫盜芽一抓而可絶不爲，而尋用斧柯，豈智不足歟？抑牽於斷也。如尚書旨即保甲連坐法，不碍而難施，而亦無裨於止盜，誠在乎治民主盜者之得人也。苟得人而善度用其法，盜賊不難弭。職愚以爲弭法凡三：一曰治地，二曰治窩，三曰治捕。然治地不如治窩，治窩不如治捕。盜賊非能自天而下者也，勢必緜地，地之交接，有水、陸二者。陸，衢道，易治也，而蹊徑難治；水，通河，易治也，而汊港難治[1]。陸多徒步，跟蹤風雨不可跡，而水捨舟不能。舟，龐然大物也，其理不難察矣。以嘉興論之，固水國也。東南大海，防倭夷甚謹。乍、澉二浦，羊、許三關，有衛，有所，有參府，有總司，有巡哨官，春、秋二汛，法至愻也，不具論。論其壤之錯接也，崇之大麻，接杭之仁和，而海寧之硤石、長安二鎮，則錯於嘉、海、崇矣。桐之青鎮，接湖之烏鎮，而湖之嚴墓，則又錯於秀矣。善之楓涇，接松之華亭，而松之五保、六保，則又錯於平矣。秀之王江涇，接蘇之吳江，而蘇之平望，湖之南潯，則又兩錯於秀矣。郡無大山絕塞以爲阻，水之縈迴，如腸胃盤辟，此固盜賊之樂郊也。然舊法有二巡哨，恃船阻絕，恃斷船之絡繹奔會，以有兵聲援也。一船例捕盜，及兵凡十二人。今聞宿者僅三四人，多僱替，罷弱不可使，而悍者且爲村堡深患。曾聞之父老，江陵相公當國時，雖洞庭、彭蠡之阻險，盜不得輒發，詢其故，蓋責指縱於漁船不獲，輒坐之，何當時漁船亦用命，而今日兵船反衡命也？江南呼水中之橫木曰斷斷者，斷宵夜之往來也。此法惟涸臨時始可施，然亦必有人謹司其啟閉，苟無偵守鐵索，且可爇而鎔，況一木之力乎。曾考之史册，南唐防淮甸，每冬當淺涸，恆發兵戍守，謂之把淺。議者以爲無事，坐費資糧，罷之。劉仁瞻固爭不勝，而江南國卒以失守，把淺之法何古可用以防敵，而今不可用以防盜也？治地之法，二者審焉。何謂治窩？古之綜吏事者曰盜非通容，則不能爲通容言窩也。然有通窩，有容窩，容窩者，客盜至，偶一居停之耳，偶一指縱之耳，偶一伏匿之耳，爲患猶小。通窩則養盜爲奴矣，招盜爲卒矣，連絡盜爲指臂使矣，船則其所任也，凶器火具則其所備豫也，妻子則其所恩畜而養也。未就縛而摘伏彌縫之，則其狡獪之伎倆也，或一就縛而串胥更獄制官祝網，否則劫質而闌奪取之，皆其役鬼通神之權數也。故爲之部下者，劫則有三七納贓法，不劫則有月比法。凡此者，非埋輪之威，發屋伐樹之令，不能破壁下車而立取也，爲患至大。嘉興如通窩者，雖鮮著聞，然江南之聞，是也遠矣，治窩之法，二者審焉。何謂治捕？捕者，盜賊之大父母也。養盜而養於盜者捕乎，天下共患苦之，而嘉興爲甚。以耳目所覩記盜，則必不捕，而捕則必非盜，不止一二數也。捕者有一非客盜者乎，主盜無恙也；有一非新盜者乎，宿盜無恙也；有一非助盜者乎，執牛耳盜無恙也。且有盜發矣，一月而盜輒得者無有乎；且有盜發矣，一黨而盜全獲者無有乎；且有盜發矣，一案而窩與贓歷可數者無有乎。按月金錢，非盜無納，經年火檄，逢捕便沈矣。至若窮鄉之民，單戶之婦，瓶有儲粟，牀餘繭絲，輒以爲奇貨居之，排衙於古廟，設案於浪船，有炮烙之刑，有懸弔之刑，有麻繩反指之刑，有灰湯灌喉之刑，納之陰室，閉之重門，賈虐宣淫，奪田攘室，無所不至。爲司牧者，收捕不得而知之，縱舍亦不得而問之。迨痛定禍已，弱植不能牒訴者什之九。其稍能自通於所司者，諸捕輒闌而執之曰："某，故積盜也。"嗚呼！窮鄉單戶之爲荼毒也，極矣。治捕之法，儻循捕之所以拷盜，與窩之所以比盜，法而用之，豈不愉快矣乎。故曰治地不若治窩，治窩不如治捕。三者治，而弭盜賊思過半矣。

【校注】

　　[1] 而漢港難治：五字原脫，據《檇李文繫》（正編）卷三十六補。

錢薇《修塘濬河議》

　　執事軫恤時艱，以修塘濬河之策下問。某也生長斯土，見聞所習，敢不披瀝以俟收採！竊維修塘濬河，雖爲兩事，而重實在塘則修爲急，河特修之一事耳。請以塘之利弊論，夫築塘捍海，非堅不可。顧其易壞有四。海之爲水，與江湖異，顛風怒浪，浴日吞天，衝盪所及，山岳披靡，況於人力所築之塘，其易壞一也。吾邑海之外有白塔諸山，角立其間，潮之來也，從夾峙之中奔湧而入，其勢憤激雄壯，噴清撼地，其易壞二也。瀕海煮鹽戶必藉鹹水灑之，謂之晒灰。塘固，則水不入，鹽戶乘間鑽穴引水，初若一線，終乃滔天，難於抹塞，其易壞三也。沿海之夫，每利築塘,塘不壞,無以爲生,故日毀月剥,以侵削之,希冀包攬,其易壞四也。而築塘之難,又有三患。舊制:徵塘工銀,獨平湖以瀕海免徵,餘六邑約各該千兩,遇塘壞,則催夫買石,塘偶不壞,則徵積郡帑待用。及其弊也,相通爲姦,漫無稽考。議者遂欲削去前銀,此又因噎廢食也,築價何需焉,此可患者一。每當築時,調各邑人夫應役,相去海塘近者百里,遠者倍之,皆樂避而畏出。多齎銀到塘,催募土著。土著利其催,有一身包數丁者,遇點閱,援彼應此,百計支吾。夫雖多而力實少,此可患者二。又民不可與慮始,興功之日,浮議雜然,一有不達,信聲吠形,更相傳遞,以白爲黑,化蘭成蕕。前者蹶而後者恐,遂因循塞責,以掩目前,莫肯堅任,此可患者三。夫兼此四壞,又值三患,塘之所以未築而先傾,方事而難固也。然百雉孤懸,溟濤湧洞,雷霆砰轟,相隔曾不百武,億萬生靈,係此一線。塘可不議築,築可不議砈乎。今且酌芻蕘爲執事獻。受洪流之衝,當擊盪之勢,此係於天,吾弗論也。其竈户鑽穴引海,實資鹽課,則有可説焉。聞竈場每歲所入運司,鹽價不過百兩,盍若於塘夫銀六千兩之内,歲支百兩,代解於是,而猶有穴隙者重懲之,塘庶其可固乎。其每歲塘夫銀停徵之説,不可徇也。但往日有侵詭未完者,可不追乎,追不可罪乎。其各縣應役之夫,齎銀催土著者,宜令納銀者聽而官自催募,就役之夫不得冒代不猶愈乎。雖然,是補偏救弊之論,猶其膚也。竊意今之急務,在用得其人耳。今之執事紀綱於上,水利憲臬督率於中,其隨地分布,責之董衆者,或以武職,或以耆老,愚謂此曹奔走車塵之前而不恤,甘受不測之辱而不憚,此其意何哉?亦欲乘機射利耳。一萌利心,不過承上之旨,徇己之欲,苟且畢事,豈復遠圖,故爲今計,莫如總計當修之數,畫界分區,選擇素有廉隅者,不拘官民,使之督役,其工價即付之,使募健夫,聽其驅率,但期以十年不毁,如不及年數,即歸咎其人。而在今任事之秋,宜稍加禮意,或撥以隨從,或優其餼廩,事完之日,立石爲紀。一遇毁壞,隨令整葺,如此塘庶幾有永乎。顧督工之人不在聰明才辨,而在有心計、知水利者。又必絶其他務,得專精鋭思於塘,朝而往,暮而歸,程衆能以勸懲之,合衆策以商確之,成敗利鈍之故,一肩於身,而不以付之天,斯得人矣。人得而塘之修無難矣。若河之濬,似可不加力而自致者,何也?築塘必以土,取土必於附塘之地,土以漸取而墟,則河亦不力而濬,一事而兩效也。若夫運石築塘,宜舟乎,宜車乎,抑宜以人力乎,要在因其便矣。水便則舟,陸便則車,不可車則人力挽之,務求濟用,非膠一定也。雖然,天下事有治人,無治法,懸法核人,難以求濟,以人運法,庶或砈成。考之吾邑之塘,亦有難一槩者。如近城一帶,潮水似緩;若宋莊天闕,其潮十倍,故於此則當如常法,於彼特宜表裏皆石,石必擇其最巨,且以鐵尺貫之,不爲一時速就之功,務期經久不刊之利。嘗稽之昔王介甫築寧海之塘,但用甕石,以其潮平也;高駢築瓊州之塘,則用排石,即取諸海濱之岩。河南築黃嶺岡之法,可以捍河,而不可以捍海;江左築長隄排木之法,可以捍湖,而不可以捍海,要在得人而已。得人而宜與不宜,惟所用矣。執事固善用人之人也,宏遠之猷,高朗之識,有出於尋常萬萬,可以吞吐滄溟、底柱碣石者,區區一塘,何有於愚言。

國　朝

黃季瀚《浮糧議》

浮糧之增,非古也。江西則南昌、袁州、瑞州三府,以元季陳友諒竊據之故;江南則蘇州、松江二府,浙江則嘉興、湖州二府,以宋季賈似道公田及元季張士誠竊據之故。建文時曾減之,至永樂時復增。我世祖章皇帝軫念故明初與一方讐怨,錢糧加重,惟袁、瑞二府已叨輕減矣。南昌以入告稍後,因未連及。至若蘇、松浮糧,中外言事,屢請酌減,獨是嘉、湖浮糧,從未有流賈生之涕者。夫一方之利弊,必本土有芻蕘,而後可以備仁人之採擇。將來度支稍裕,正沐浴膏澤之時,倘獲仰邀薄賦,嘉、湖之民得與蘇、松一體減徵,不至如南昌之補牘,豈非浙西二府生靈之大幸哉!伏讀律例,開載官田起科,每畝五升三合五勺,民田每畝三升三合五勺,重租田每畝五升五合五勺,没官田每畝一斗二升。今《全書》所載嘉、湖二府屬,惟長興縣無浮糧,其餘一州十二縣,除徵平徭、馬兵壯、雜項銀外,有每畝另徵折色米,又徵本色米一斗二升以上,至有將及二斗者,非惟不得與民田比,即没官之田亦無此等重科,其爲聖世之必當減徵可知矣。且兩浙同壤,而浙東之賦較輕,如紹興府蕭山縣之田,每畝科米七合六勺,他縣亦不甚相遠,乃浙西之科米數十倍於浙東。議者動謂嘉、湖財賦之鄉,絕不知啼飢號寒,窮苦萬狀,真昔人所謂可爲流涕者也。

毛一駿《海防議》

海防大勢,浙西要地,專在海鹽澉浦南、乍浦北,分左右兩翼。海賊入犯之處,如西海口、蔡岐港、梁莊、獨山、白馬廟、秦駐山、黃道關、壺蘆山等處,南北約二百里。防海之要,遠哨海外,不令入港爲上策;循塘拒守,不令登岸爲中策;若縱令登岸,斂兵入城,閉門固守,受其攻圍,則無策矣。且查前朝舊制,本縣有福艙等船一百餘隻,水兵三千餘員,名遠哨,吳淞、寧、羊、許等處,又設有陸兵二千五百餘員,名防守沿海地方等處,威伸海外,烽火潛消數十百年。太平之民不復知有兵革之苦,職是故也。今鼎革之交,海防盡弛,水師船隻無一存者,安能遠哨海外!止有循塘拒守一法,尚得中策。然澉、乍三處守兵一千二百,視昔已減其半,合則實此虛彼,分則寥寥數人。政復有幾,連綜入犯之賊多則萬餘人,少亦數千人,安能遂拒其來不令登岸乎!且海上列城,遠者二三十里,近亦十數里,獨海鹽相去數百十步,近在咫尺之內。賊若登岸,便是到城。城即無恙,城外室廬、財產、玉帛、子女之饒,盡爲賊有,可不爲之寒心哉!今若欲慎固封疆,便當盡復前朝之舊,不得不議增兵,不得不議增餉。四盡三空之日,安得雨金雨粟而酌於不竭之源耶!捉襟露肘,事實兩難,關係錢糧,未敢輕爲置喙也。如造船一款,本縣曠土平夷,實無干霄蔽日佳材堪作艢艫之用。又係鐵板硬沙,造成亦難出水。所以三百年來專責浙東而不及浙西者此,似應即爲停止,不煩覆議者也。又築堡一款,本縣沿海二百里,皆是巨浪衝擊處所,別無支港入我內地,土壩木柵,無所用之。若烽堠臺寨,久已鞠爲茂草,不行修復,則防兵不能露居,修則應用何項錢糧,事在上臺,題請議行,非有司所敢擅專者也。

袁國梓《均田均役條議》

看得均田之利,首在革除。現年革除糧長,次在革除總甲,幷革除塘長,此均田之所以稱善也。然均田之法,又必彙田以收各區圖散亂之田,使人自成圖,人自成甲,則花分之弊絕,又須設板串以定花名應完地丁之總額,計一年之總數,分每月之完數,則比較之法簡。而又恐彙田則區圖田號混淆,故仍存新舊二冊,以憑查對而田號瞭然。且恐設板串則銀數煩重難完,故又分一月三限,以紓其力,則輪將易便。他若開河雜徭,勢不可廢者,則按田出夫,眾擎易舉,至於官戶加徵田畝,昔以免雜差而起加徵,今仍加銀米以免力役,則賦役均平而法始可久也。今將條議開列于後。

一均田。從來圖分大小不齊，田之多寡不等，如遇雜項差徭，田多者尚難支撐，田少者益見困苦。自前憲有均圖之行，每圖以三千畝爲準，各縣遵行，今應仍照前屆定額。如有推收，不得踰數，以致盈縮參差。都則領圖，每都編十圖；圖則領甲，每圖列十甲。每甲額田三百畝，總一里計之，爲田三千畝，便可杜多寡偏枯之患。

一併田。凡田地，大約零星置買，分屬各圖，錢糧既分頭完納，差徭又各處奔馳，甚爲民困。今將一己之田盡收一圖，如田多者儘圖彙收，田少者儘甲收，户或少至數畝，數十畝，不足一甲者，各就弟男子姪親族共成一甲，務使人自併田合成圖甲，則百姓完糧既便，亦不苦差役分擾，庶糧徭易值矣。

一挨原號。新圖之田，皆從舊圖收來。田入新圖，恐幾經推收，而舊册之原號杳不可問矣。今須將舊圖原號與新圖號户挨對，註明凡舊册則挨號領户，新册則定户領號，兩册會同，不許一號舛錯，一户遺失。任田之推收，分散而坐落，原册瞭然也。

一併户。從來立户之弊，患于子户花分，或父兄已故，而仍舊鬼名；或殷實田多，而捏析名號，以致徵比花户之法難行。今必令併田之時，一人止立一户，業户務須的名，則户少易稽，而徵比不煩，一洗花詭之積習。

一革糧見。先奉憲行革現年糧長名色，然名雖去，而實猶存。或改稱柱頭，或設當分名色，是欲去糧見而仍移禍于圖首、甲首也。今併田併户，則正項錢糧花户各自輸納，凡有雜辦差徭，照田承值，可無按甲輪當挨年催辦之事，庶不致以一甲而支十甲之費，以十年而併一年之累，則糧見可以頓除，歇家包攬之弊亦從此永杜矣。

一設板串。浙中地丁錢糧不能歲内全完，其弊在每月不定分數，每户[1]不設板串，故頑户得以遲延。今仿江南華、婁事例，定限每月一分，一分又分三限，計一年十分，設立四十連板串，每連四張，其一張留作串根，每户總算額，縷析一分，分註每月三串之上，如每月應完銀一兩，每串填三錢三分三釐三毫，每月初限初幾日完一串二限，十幾日完一串三限，二十幾日完一串，足一分之數。如本户全納一月之銀，則全截一月之三串。如止完一限之銀，則截一限之串，仍存二限之串。查對串限而完欠了然，則官之稽比完欠便也。每月一分如數完足，至十月則全完，官之考成更便也。況一月一分，又三限，限期不促，爲數又輕，則民易輸將，民力之拮據尤便也。況板串一設，胥役無從侵隱，可無民完役蝕之弊矣。

一禁優免。各縣俱有官圖、儒圖之分，向猶循優免陋例，故民圖有徭役不均之歎。嗣後止除加徵圖分外，其餘如遇開濬河道，修築海塘，葺理城垣等項，須照田承值，闔邑均攤，不許濫行優免，役既得均，民困永甦矣。

一便推收。凡民間之田有買有賣，則大造之年共推共收，圖非一人，人非一户，田數紛煩，或查舊册爲推，或入新册作收，百姓必東奔西走于新舊胥役之門，日既遲延，且恐勒揸多費。今莫若于縣擇一公所，爲編房局，使百姓各將田地數目造明細册，投入編房，該書照造推收册，則彼推此收，當面了了，既無舛錯之患，亦可省需索之端。

一恤賠荒。每縣必有荒圖，每圖必有絶墳、絶地，在百姓則視爲不毛之土，在有司同在稅額之中。向來每令糧見包賠，今糧見既除，勢必正額有虧，應仿江南華、婁事例，就近攤搭，如在某號中有絶墳，即令某號業户承管。如某户近側[2]有絶地，即令近地民承召；如或居民不願承召，似難強以所不便，則或合縣均攤，每畝不過釐毫之間，而荒地得有著落，官民均受其益矣。

【校注】

　　［一］戶：原作"石"，據康熙《嘉興府志》卷十八《公移條議》改。

　　［二］側：原作"則"，據康熙《嘉興府志》改。

金昭鑑《條議官收官兌漕政八款[1]》

　　一造滿倉廒之利。古制：漕兌一法，能使軍不見民，民不見軍者，由于倉廒櫛比，秋成後有司即斂正額，以貯足于倉，故臨兌糧無不足，旗軍無需索之釁，則造廒一節，爲清規杜詐之第一喫緊事也。邇來廒舍傾圮，窄狹不過十分之三，以致糧米或散貯別所，或不足掩藏，勢不能不使民輸米于軍，軍取米于民，欲不相見得乎？相見則弊有不可勝言者矣。是故造廒最急，而費于何出？竊計嘉興一縣共三百八十一里，除去坊廂銷圖六十里，官民圖共三百二十一里，其該三百二十一廒一圖，除均攤白糧、雜糧若干外，嘉興約貯漕米二百五十餘石，秀水約貯三百五十餘石，每廒約費銀三十兩，每甲出銀三兩，秀水亦照里起造。此係衆擎易舉，一勞永逸，勝于頻年妄費無益，爲小民之所樂輸盃作者。伏乞憲天頒飭郡縣出示，徵取前項分費，責令糧官鳩工董成，務須堅緻牢固，勿令狹陋塞責。年久修葺，官民酌視量捐。

　　一徵糧之法。每年當于未起徵前，先給均攤易知，由單令糧書細填里遞田數，算徵米若干，除均攤白糧、南耗南糧、鹽糧行糧外，罄運入倉，自十月間起，寬設數限，至十二月止徵足，即給完單。如有不足，許糧長開里遞頑戶單，比追完足，糧盡入倉矣。若防維之策，自有更夫數十名，晝夜巡警。其每人工悉照舊規不贅。

　　一上倉經管之法。糧米上倉，勢不得不用倉甲，蠹弊者多，當互爲保給。又倉甲之中點一樸誠練達者，爲十廒領袖，名曰什長。倘糧長上米若干，必眼同本圖倉甲，并糧官什長，庶無插和水穀之弊。驗畢，即將倉廒封固，如盡行上足，再給完單，以杜重徵苛索之累。糧長上米十石，再加一石，防折耗也。

　　一永革派單。照蘇、松倒廒掣兌之法，每糧長約出漕米二百五十餘石，一軍約兌米六百餘石，則一軍兌二民有餘矣。歷年派單雖出督糧道衙門，然糧蠹上下通弊作奸，故將一單零星散派，有一軍而兌數十民者，有一民而應數十軍者，苛索之端，自派單始。今既貯足倉廒，則集收時糧已交卸給票矣。臨期只須堂官照直隸倒廒掣兌之法，有一廒，掣一軍，立督兌完，不足，鱗次挨補，則糧長零星派單之害可永除矣。

　　一出兌之法。斛米既軍民不相見矣，然運米下船，勢不得不用腳擔。向來舊例，每擔腳米二升，以升四合給散籮夫，六合給籮夫頭，挑數以竹牌爲記，朝給暮收，後因夫頭剋減，復有加籮錢之索，今議照舊給足。短少，許散籮夫不時呈稟，其加籮錢亦不許妄索。

　　一漕規宜復舊例。每歲旗軍運京倉米一百石，外贈隨船耗米二十五石，進京倉耗米十五石，民間兌正米一百四十石，旗軍交完，止百石也，是謂官貼。又念嘉禾水鄉米多溼潤，故令民間兌米百石外，加四石，免其晒乾，復慮米或不堪，再加四石，免其篩颺。百石之中，七十平斛，三十加尖，每尖折米三升，算共六十斛米，總添米一石八斗，此九擔八斗所自起也，是爲私貼。則是九擔八斗，米色在其中，篩颺在其中，折尖順風在其中矣。若安家則有月糧，鹽菜則有行糧，剝淺催夫則有輕齎，以至修船有銀，回空有銀，費三石國課而得收一石之用，朝廷亦何負于軍哉！迨相沿久，而加四之耗晦矣，官軍發兌，粒粒皆曰正供也。又久而九擔八斗之耗晦矣，漕規發運，粒粒皆曰額糧也。于是巧爲截頭之説，初謂以耗米本色，因時價改折色銀十七兩六錢四分猶之可也。何爲乎外又添綱司二兩，又添截頭使用銀十八兩，共三十七兩六錢四分之議乎。豈非旗軍得官貼之外，又有九擔八斗之私貼，私貼之外又有綱司截頭之私貼，則耗外有耗，耗之外又有耗也。然則此議也，出於糧道張之條示以付旗軍者，實欲行軍不見民，民不見軍之説也。不意近歲兑漕日增月累，又私加米色錢、免篩颺錢、開厰錢、伍長錢、著押錢、順風錢、綱司話會錢、獻土地錢、束道錢、插籌錢、倒籮錢、管船錢、洗澡錢、踢斛錢、折尖錢、摇籮錢，名類頗多，不堪枚舉。民間兑米一石，則有倍石之費。設復有進于此者，流將安止乎。揆厥所由，皆緣民不明其本，不敢與軍争；官不明其本，則不與軍争。畏其咆哮，安其習狃，積漸然也。爲今而籌救時之急者，則漕規宜復舊也。截頭使用，軍雖囂悍，終屬私勒，自三十八兩之議，完之在官而居然官物矣。使此議行久而日晦，將此三十七兩六錢四分必又如昔日加四加一之耗，作爲正供，曷足怪乎！前制旗軍兑米倉門外，止許一旗一綱，不許打花，違者坐以軍法。今不能禁之，勢必聽之，聽之必且嚴比以授之，是何爲者。惟其視爲官物，而需索米色如故，需索話會如故，需索著押篩颺如故，則是民有百石之糧，無端而添出三十七兩六錢四分之櫃銀矣。故加耗一説，首宜痛懲。

一行糧宜復舊例。行糧資旗軍鹽菜、薪水、路費，故每石折銀五錢，于條鞭項下取之。自崇禎六年公家之賄賂盛，而運軍之倖竇生，交通藩司移文改折本色。其時徵書雖下，而民之折與軍者，較米時價猶能稍減，故人樂從而趨之。積漸至今，逢兑行糧，亦索使用，索票錢，索重兑，爲浮于時價者，每石不啻三四錢矣，故曰行糧宜復舊也。夫同一輓漕也，同一飛運也，蘇、松、常、鎮、兑米百石，糧里雜費不過四五兩，並無米色之增，並無折尖踢淋之酷。彼獨非軍也哉，時同地同交卸完納同，彼未嘗獨欠，此未嘗獨完，則知禾地之重困，吾民者徒奉旗弁之狼籍盤殤繭絲家室也。敲萬姓之脂血以奉軍，隨路呼盧，到處宿娼，是誠可慨已。蘇、松之糧，一老人董之而晏然。嘉禾之糧，以糧道刑廳數上臺臨之，而時或生變，愚深維其故，由于倒厰掣兑之法不行也。今既造滿倉廠，自無從前陋習，而直隸良法可一朝舉矣。

一永除差單之害。每年兑漕，既責成倉甲徵收給發矣，而單差何爲者，此衙門虎蠹，巧立押單名色，每單先賄通糧蠹，隨差糧單一紙，差人不過袖手旁觀，立厰中數日耳。何爲乎欲索糧長銀每石一錢二錢者，名曰工食，約共計之，則糧長無端又費錢數十兩矣。或糧長有不肯如其數者，則曰我先費本錢在内，極其追迫糧長兑漕之後，無有不賣男鬻女以飽單差之腹者。更可恨者，與刁軍串通，巧立各項名色，始因糧蠹之得銀，任其索取，繼爲梟旗之首尾，仗其威神，故單差之害雖經憲臺屢革之而不能革者，殊非解也。今既照直隸官收官兑，民困頓甦，則無所用此輩矣。

【校注】

　[1] 條議官收官兑漕政八款：《檇李文繫》（正編）卷四十五題作《條陳漕運八款》。

馮至《城河議》

城之有河，財之源，人文之淵藪也。海上前賢，自顧、陸權輿，下綿唐宋，史不絶書，而前明尤爲極盛。國朝百餘十年，元相詞林，尚復聯鑣接武，自董庶常以後則寂寂無嗣音，于今三十年矣，士大夫咸知其故在城河之不濬也。決策濬之，而兩河居民抱無涯之怨。思當事者，亦既無可如何，而署訓事馮至願得以權宜之説進有請也。請於城門之内，取七尺之松椿，入地三尺，出地四尺,築爲泥壩,常令城中之水有四尺之深,深則清,清而深則財聚,深而清則人文復振,此壩之利也。有利則必有害,載柴薪而至者,壩阻而不得入矣;載糞土而至者,壩阻而不得出矣。怨之興也亦復何涯,而吾以爲無阻也。問壩上之水,盈盈乎則依然無阻也;壩上之水,平平乎又可以拖而過也,猶無阻也。壩内之水深深,而壩外之水淺淺乎,則可以搬而過也,終無阻也。有發大難于前者曰:築壩之利,未必財源之魚貫而人文之鵲起也。而搬運之害,已及於貧民,則請應之。曰:未壩之先,外之水淺淺矣,曾見内之水深深焉,而舟楫之可通乎。吾但見其涸也,雖求搬運之害而不可得也。與其未壩而舟楫原不可通也,則何如壩焉,而舟楫得不通而通之利乎,而況財源之必魚貫,而人文之必鵲起乎。故請得以權宜之説進,爲士大夫陳之。

顧廣譽《乍浦九山辨》補録。

我邑與松江壤相接,談雲間山水之勝,輒曰九峰三泖,以故我邑亦稱焉。乍浦濱海多山,故老相傳以當九山之名。而潛夫李氏遂舉龍湫山、苦竹山、觀山、湯山、量頂山、高宮山、益山、雅山、獨山實之,作《九山志》,人多宗其説。龍湫山者,陳山也。予嘗陟其巔以望,審其岡巒之起伏,陘巇之斷連,不過一兩山而已,烏覩所謂九山者哉?心頗疑之。後覽趙子固《彝齋集》、魯子謙《閒窗括異志》,皆言陳山絶不涉其餘諸山,益疑苦竹、量頂諸稱,至明始有而非古。且就《九山志》言,亦尚有東西常山、馬鞍、龍尾、黄山、尖山者,又何以定彼六山之不當數,而此八山之必當數邪?論山勢則未見判然爲九,論峰巒又不止有九,予固知乍浦非有九山,而九山之初不指乍浦也。及讀徐氏碩至元《嘉禾志》,於乍浦僅載陳山、雅山,然後信向所疑之果不謬。《志》言山高八十一丈,周回一十五里。《括異志》亦云。然此《九山志》,與各志之所同也。試如其言,而加之以八山,若六山則周回當以數十里計,是豈區區乍浦所能容者邪?然《志》於《碑碣》門載,宋紹熙間陸峻《叢冢記》稱縣治東北三十六里曰湯山,則湯山古亦有之。觀徐氏之失載,湯山與獨山,其間未必一無挂漏,度在宋元時必不多至十有餘山,如今所云云也,不然九山之説果有自來,徐氏何以槩不之舉,而祗舉陳山、雅山爲也。大抵自明初築乍浦城,而民居始稠密,名稱亦益繁,世俗喜析一山爲數山,用以相識別。故太行、中條皆一山也,其隨地異名至不可勝記。而吾浙會城之吳山,曰某山某山者,亦未易以僂指數,其皆此類邪!而《志》又有故邑山,高八十丈,周二十里。李氏辨之以爲鹽邑舊治在此,後徙而西。回視此山,槩稱之爲故邑云耳,非别有一山名故邑,其説良是。然則故邑山之云,統西東雅山至獨山言之也。徐亦未核,而其書較近古,差可依據。徐《志》首及松江,於水明云三泖,山阜則臚列至二十有三,亦無九山之説。可知九峰云者,特以形容其山之多,而非實有九峰之可指。彼松江且然,而況在乍浦,李氏之折衷雖善,要之於事實未符,予故辨之,以補其千慮之一失焉。

祭 文

宋

蘇軾《祭陳令舉文》

天之生令舉,初若有意厚其學術,而多其才能,蓋已兼百人之器。既發之以科舉,又輔之以令名,使取重于天下者,若將畀之以位。而令舉亦能因天之所予而日新之,慨然將以身任天下之事。夫豈獨其自任,將世之士,識與不識,莫不望其如是。是何一奮而不顧,以至于斥,一斥而不復,以至于死。嗚呼哀哉,天之所付,爲偶然而無意耶?將亦有意,而人之所以周旋委曲輔成其天者不至耶?將天既生之以畀斯人,而人不用,故天復奪之而自秘耶?不然,令舉之賢,何爲而不立,何立而不遂。使少見其毫末,而出其餘緒,必有驚世而絕類者矣。予與令舉別二年而令舉没,三年而予乃始一哭其殯而弔其子也。嗚呼哀哉!

明

仲聞韶《祭徐中明文》

嗟乎中明,我郡一人。死忠死孝,罕有其倫。上慰祖考,下光友姻。憶昔總角,歌風咏豳。各言其志,侃侃閭閭。歲在辛亥,結盟洞真。意氣遒邁,文彩嶙峋。仲欽霞變,秉生雲屯。惟余誕肆,酒中稱臣。歷落數載,共拙效顰。兼余不造,連哭二親。直至戊午,君始魁麟。又復三年,獲步後塵。同上公車,屢困燕秦。繼均師席,亦共社民。惟余不才,早遂思尊。惟君望隆,蜀楚秉均。餉窮兵盡,隻手莫伸。挺身赴鬭,匹馬橫瞋。父子爭死,許遠張巡。在地爲嶽,在天爲神。千古英杰,百代維新。聲揚四海,名震九宸。恤典優崇,仰聽殊綸。春來飛札,念我誕辰。仲欽秉生,存没諄諄。某自後死,觸目驚心。詎謂寓言,竟成其真。楚山之側,楚水之濱。怒車奔馬,彷彿來臨。出師未捷,泣下沾衿。英魂不泯,誓殺狂氛。無戀故園,鑒我明禋。文可在傍,赫然其振。

國　朝

錢陳群《祭范大夫文》祠在城西金明寺。

由拳之窟,槜李之城,地實介乎吳會,爲伯圖之所必爭。曠百世其相感,惟令德之可馨。當辭政而出賥,偕柘稽而行成。黢此邦之衆庶,倚夫子而爲命。懼偵諜之相躐,曾蕭蕭而宵征。既宰嚭之中餌,罷二紀之甲兵。伺夫差之驕縱,敗齊師于艾陵。僅老弱之留守,遂搗虛而繫頸。決生死于指掌,俄已亂而扶傾。緬王佐之不克見兮,夫孰與子抗行。功既立而不有兮,師介山子之孤清。變姓名而躬耕海壖兮,薄卿相于守筳。歷三徙而不遑處兮,規利入以遺餘生。嗟英雄之末路兮,心耿靡寧至今。邦人之蒙業兮,申麥飯以來迎。洵無德之不報兮,神歆鑒而式憑。亂曰:宛之三户,君故土兮。執辰而往,勗則樹兮。逝水不可返,靈其奐取兮。又曰:鴟夷浮海,乃行意兮。名難久居,行避地兮。齊非所安兮,則不我棄。不我棄兮,降福濃濃。沙户祈鹽兮,杭稌祈農。擊鼓兮考鐘,雲旗飄兮雨濛濛。鳴玉佩兮雍容,翩其來兮城之墉。

跋

朱彝尊《書孫氏〈同爨會圖〉後》

吾鄉孫簡肅公治家以嚴,子弟侍立,暑不去衣。然其教初學,飯後必散步歌詩,以吟咏性情,故其子六人皆善詩。家居爲同鬷會,三日一集,必有詩。列圖于前,聚詩其後,裝池爲卷。孝友之語,充溢丈幅之中,可謂天倫樂事矣。公嘗誡諸子曰:"家人暌離,必起于婦人,但得兄弟時時相聚,讒何由生?"今裙屐子弟,往往晝居於内,兄弟無幾相見,此讒柄所由階也。若盡如孫氏六公,飲酒之飫而不愆其儀,讌集之頻而勿傷其侈,賢子孫循而行之,雖百世可已。公裔孫某出示,予因跋其後歸之,并著于《禾録》焉。

張履祥《書保甲論後》

保甲之法,即管敬仲内政遺意。内政猶是井田遺意,行得其道,不獨設險守國爲第一義,雖選賢與能,講信修睦,亦存乎此。變十家爲百家,可以行於城市。若鄉,則村與村相結,其奇零散户,隸于人烟衆多之村,而不限以家數。遷徙往來必有驗,士農工商必有業,啟閉巡警必有時。但使一保之中,推其衆所信服者一人主之,不得,則富室或薦紳家主之。循等而上,百統于千,千統于萬,如軍之有伍。官司不以苛法生擾,則人自爲守,而無良窳所駐足,衆勢固於金城矣。蓋暴民不作,流亡不生,天子所以守富貴也。盜賊寢息,鄰保相救,亦封君巨室所以長子孫也。自天子至庶民,富貴有大小,其欲長保所有,以貽後人,一而已。上下志通,何事不善。後世有司,動至倚法擾民,無賴亡命,遂攘臂奮舌,以撓敗其間。所以有事力之家,縮首避禍,不得已,寧東西播越,不敢在事。雖有保甲,徒爲厲階,而盜勢日昌,土田日蕪,里俗日敗矣。夫人情古今,大率喜亂者皆窮人,憂亂者皆富人也。不與憂亂者共守,而與喜亂者滋擾,惑甚已。嗚呼!安得實心生民如循吏,相與講求安集之策乎!

嘉興府志卷八十四

藝文三

賦

元

佚名《語溪賦》

市曰義和,古之禦兒。州曰崇德,今之語溪。境接吳越,道達京畿。居湖之東,鎮浙之西。澤通運漕,陸走輪蹄。昔子男邦漢封轅終古爲語兒侯,文恬武熙。今開州治元陞縣爲州,民繁而滋。闠闠星列,樓觀雲齊。運河一帶,彩鷁交飛。南北二橋,橫跨虹霓。其地產也,山川秀麗,土壤膏肥。桑綠宜鹽,繭白宜絲。夏麥芃芃,秋穀離離。四時之果,千乘之梨。其風俗也,魯泮文雅,義塾禮儀。武城弦誦,洙泗書詩。衣冠萃止,商賈駢斯。農耕而食,女織而衣。其人物也,鍾靈產瑞,毓秀孕奇。福王忠定,世寄安危。狀元沈晦,文耀璧魁。臺省八座,椿桂五枝。子明曹監,先哲成規蔡開。潛庵理學,後進蓍龜輔廣。繡衣獻替,朝廷羽儀徐馳年、蔡闒皆御史。翰苑詔勑,文章階梯陳塏、張伯淳。清廉郡守,道德賓師。橋梓聯芳,棠棣交輝石門張氏。子姪金紫,雲仍門楣。聲名文物,四海遠馳。詠之於楮,傳之無期。

國　朝

陳佑《檇李人物賦》

吳越之邦,斗牛之宿,睇天目以山明,匯具區而水秀。乃有檇李名城,辟塞古堠,跨澉湖於澤國,抗疎峰乎胥皐。會山川以信美,越古今之儔偶。地固奧區,產亦才藪。詎止淮海賦會稽之人物,甫里載襄陽之耆舊。未遑殫述,試略鋪揚。建炎之際,帝子之祥宋孝宗,虹流華渚,誕毓少陽。此乃其偶,不復再詳。若夫炎精炳漢,桂華靈長。孝武之盛,賡和柏梁。忌嚴忌工詞賦,助嚴助舉賢良,會稽翁子朱買臣,後先翶翔。嚴夫子與兩中大夫,並摛藻以雕章。匹鄒、枚與皐、朔,傲文囿而頡頏。南粵東甌之域,朔方東越之疆,駕樓船以薄伐,並功載乎旂常。此則椎輪爲大輅之始制,而畫渙爲繪藻之前光也。已迫三國六朝,哲人杳矣。僅野王顧野王之書臺,止徐熙之故里。豈顧、陸占籍乎古鹽,而吳越或淯乎載紀。至唐而瀛洲之選,德明陸元朗肇起。貂蟬奕葉,以昌厥裔。內相宣公,本仁祖義,侍從平章,垂於奏議。過邑式甜瓜之巷,游客訪寶花之宇,俎豆猶馨,風流未墜。彼裴相休之清暉,遜先民之遺矩。若乃邱爲三畝,顧況雙峰,處仁徐岱復禮,表里採風,侍金鑾而作賦,佐蓮幕以從公。陸祥文扆之屬詞疇匹,殷堯藩之風采誰同,於唐爲盛,亦未易逢。越宋聚奎文,浙宗洙泗,行橐誠於安道聞人安道,學博識乎令舉陳舜俞。清叔衛涇談經,正叔衛湜考禮。誦後樂之篇,合櫟齋之著,一門師友,闡明傳註。

化南謝炎宗韓、柳之傳，彥發妻機開馬、班之緒。若晦沈炎之抗直於言路，宗厚朱張恂之殉節於海澨，炳於青史，又其著已。至有元碩儒，萃於鴛渚，東甬張翼之長，西溪鮑恂之子，澤民潘著宗考亭之傳，竹林陳堯道與鐵崖之侶。歎何代之乏才，感斯人之在邇。若乃高曾規矩，故國儀型，金甌卜相，玉鼎調羹，則有若廊府舊輔俞綱，入贊槐廳；文懿呂原宅揆，正色守經。文恪朱國祚歷事乎三朝，正國本而泰階以平。文昌樞府，晝省名卿。則有若襄毅項忠，折衝樽俎，偃武銷兵。越南州司馬徐必達，運籌開濟，丹陛再振乎履聲。中臺之亞，六卿之貳，則有若俞少宰山之清介，畫圖寵賜；朱司寇大啟之平反，門閭表異。俱夙夜以匪懈，矢靖共於爾位。承明金馬著作之廷，則有若蘭暉宮諭屠應埈，碧山學士黃洪憲，金門吏隱先宮詹，具區司成馮夢禎。即未視草乎鑾坡，雅若尚寶戚元佐，博若同卿李日華。譚公昌言藻鑑，垂粵與閩，早蜚聲乎藝苑，並咀華以含英。彤墀露奏，白簡霜凝，則有若滄江虹月，柏府風清姚綬。身非臺諫，抗疏攖鱗，則有若受杖之主政沈思孝，為民之監丞岳元聲。媲柱石之遺直，追折檻之朱雲。運逢百六，天步既傾，則有若太僕徐世淳殉城以激烈，司寇徐石麒殉國以忠貞。烈更甚於常山，忠不忝於廬陵。識其大者，尚論久矣。寧俟淵雲之麗賦，已烈南董之良史。試徵文而考獻，慨前人其專美。倘繼往以開來，勗大賢其有俟。

<h2 style="text-align:center">趙佃《白龍宮賦》</h2>

海浦之偏，陳山之巔，俯千盤之危石，漱勺水之清泉，曰是所謂龍湫者也。爰有樵客出於松間，余詢之曰："是湫也，何以龍名？客其為我言之。"客曰："嘻！子以龍之不於湫耶。夫龍，神物也，或躍在淵，或飛在天，伏于一泓，遊于百川，蓋大小之齊形久矣。又何疑乎，與螺蚶同觀。若乃旱魃為崇，巫尫涕漣，豐隆失御，雨師告愆。父老扶攜而祈望，大夫禱祀而致虔，起視湫中，有物乎蜿蜒。金光玉曜，游戲無端，白日為之退舍，赤熛于以摧遷。俄不知其所之行，上薄于穹圓。蓋膚寸方合，而甘澍已溉乎千萬頃之田也。于是邑士大夫請曰：是不可不報賜乎天。遂築宮山昳，勒名顯濟，豐碑如椽，而肇始于崇寧之年，至于今而彌宣。嘻，子以所聞止于是耶！當山之椒，有龍母冢在焉。鉅石忽起而盤陀，雲霧時覿其連緜，湫之所見者，即其子也。不知其所自來。此蓋出于相傳，繫神龍之變化而不可測也夫，又安見其不然？"余聞其說，曠曠乎若遊六合之表，而與神者往還也。久之，乃與樵客徜徉乎山之隩，瀏覽乎勝槩之全。象勾陳之翼衛兮，知遥應乎星躔。俯群峰之環列兮，不足當夫一卷。面稽天之巨浸兮，駭潮汐之奔騫。望三山其可接兮，以彷彿夫群仙。雲山萬疊而若可辨兮，羡鷗鳥之飛旋。欲凌飇而直上兮，庶幾與浮邱洪厓把袂而拍肩。時惟春暮，風和日暄，翠禽集于沙渚，芳草繡于陌阡。都人羅拜，士女闐駢。金鞍馳驟而屢卻，香車躑躅而不前。已來恨晚，欲去流連，莫不快山容之靚麗，怡海色之澄鮮。斯可謂極遊覽之樂而娛心意之便者乎。樵客曰："子知其樂，而不知其所以樂也。惟昔之日，長鯨振鬐，猛虎奮銛，比屋播蕩，負擔迻遭，欲求一日之安而不可得矣。今者聖人在上，有司皆賢，蛟穴已掃，海波不濺，將軍罷樓船之號，堡塞無斥堠之煙。猛獸絕蹟，夜戶不拴。廛市區匝，林木葱芊，飢則折松而爨，倦即倚石而眠。風雨以時，取禾百千，祝鰲如織，棟宇益堅。斯遠近之至者，但知茲山之樂，而不知其有由先也。"今取其語，著之于篇。

詩

周

越王五年五月,吳破檇李。王入吳,與群臣臨水祖道,軍陳固陵,作祝詞二章:

皇天祐助,前沈後揚。禍爲德根,憂爲福堂。威人者滅,服從者昌。王離牽致,其後無殃。君臣生離,感動上皇。衆夫哀悲,莫不感傷。臣請薄脯,行酒三觴。

大皇德壽,無疆無極。乾坤受靈,神祇輔翼。我王厚之,祉祐在側。德銷百殃,利受其福。去彼吳庭,來歸越國。

越王二十一年冬十月,王伐吳。國人各送其子弟于境上,三日徙軍檇李,作離別相去辭:

躁躁摧長惡兮擢戟駚殳,所離不降兮以泄我王氣蘇。一軍飛降兮所向皆殂,一士判死兮而當百夫。道祐有德兮吳卒自屠,雪我王宿恥兮威振八都。軍伍難更兮勢如豼貐。行行各努力兮於乎於乎!

晉

　　佚名《阿子歌》三首晉《樂苑》:"嘉興人養鴨兒,鴨兒既死,因有此歌。"

阿子復阿子,念汝好顏容。風流世希有,窈窕無人雙。

春月故鴨嘵,獨雄顚倒落。工知悦弦死,故來相尋博。

野田草欲盡,東流水又暴。念我雙飛鳧,饑渴常不飽。

齊

陶弘景《書海鹽陸逸沖十賚文後》

賚爾十事,事準前史。對揚嘉策,循言求理。無或驕惰,以騫斯旨。援筆申懷,敢告處士。

梁

簡文帝《題海鹽令蕭特墓[1]》

威鳳五色,朝陽千仞。孫枝發響,將離[2]流韻。瑾既誕子,恒迺瓊允。銀鈎之巧,重世遹雋。況此臨池,蟬輕露潤。

【校注】
　　[1]題海鹽令蕭特墓:《全晉文》卷十三題作《太子舍人蕭特墓志銘》。
　　[2]離:《全晉文》作"雛",可從。

唐

獨孤及《觀海弔秦皇》

北登渤海島，迴望秦東門。誰尸造化工，鑿此天池源。涳洞吞百谷，周流無四垠。廓然混茫際，望見天地根。白日自中吐，扶桑如可捫。迢遥蓬萊峰，想像金臺存。秦帝昔至此，登臨冀飛翻。揚旍百神會，望日群山奔。徐福竟何成，羨門徒空言。惟見石橋足，千年潮水痕。

邱爲《湖中寄王侍御》

日日湖水上，好登湖上樓。終年不向郭，過午始梳頭。嘗自愛杯酒，得無相獻酬。小童能膾鯉，少妾事蓮舟。每有南浦信，仍期後月遊。方春轉搖蕩，孤興時淹留。驄馬真傲吏，翛然無所求。晨趨玉階下，心許滄江流。少別如昨日，何言經數秋。應知方外事，獨往非悠悠。

王維《送邱爲下第歸江東》

憐君不得意，況復柳條春。爲客黃金盡，還家白髮新。五湖三畝宅，萬里一歸人。知爾不能薦，羞稱獻納臣。

劉長卿《送陸澧倉曹西上》

長安此去欲何依，先達誰當薦陸機。日下鳳翔雙闕迴[1]，雪中人去二陵稀。舟從故里難移棹，家在寒塘獨掩扉。臨水自傷流落久，贈君空有淚沾衣。

【校注】

　　[1] 迴：原作“逈”，失律，據《全唐詩》改。

錢起《送陸贄擢第還蘇州》

鄉路歸何早，雲間喜擅名。思親盧橘熟，帶雨客帆輕。夜火臨津驛，晨鐘隔浦城。華亭養仙羽，計日再飛鳴。

崔峒《送邱二十二歸》

春水與寒烟，嘉禾路幾千。孤猿鳴海嶠，群鴈起湖田。曾見長洲苑，嘗聞大雅篇。却將封事去，知爾得閒眠。

南　歸

老病力難任，猶多鬢雪侵。鱸魚消宦況，鷗鳥識歸心。急雨江帆重，殘更驛樹深。鄉關殊可望，漸漸入吳音。

顧況《歸山作》

心事數莖白髮,生涯一片青山。空林有雪相待,古道無人獨還。

邱丹《奉酬韋使君送歸山之作》

側聞郡守至,偶乘黄犢出。不别桃源人,一見經累日。蟬鳴念秋稼,蘭酌動離瑟。臨水降麾幢,野艇縱容膝。參差碧山路,目送江帆疾。涉海得驪珠,棲梧慚鳳質。媿非鄭公里,歸掃蒙籠室。

姚合《送顧非熊下第歸越》

失意尋歸路,親知不復過。家山向城遠,日月在船多。楚塞數逢鴈,浙江長有波。秋風别鄉[1]老,還聽鹿鳴歌。

【校注】

　[1]鄉:原作"江",與上"江"字重,據《全唐詩》改。

朱慶餘《送顧非熊東歸》

但取詩名遠,寧論下第頻。惜爲今日别,共受幾年貧。聽雨宿吴寺,過江逢越人。知從本府薦,秋晚又辭親。

許渾《酬殷秀才堯藩》

相知愧許詢,寥落向溪濱。竹馬兒猶小,荆釵婦慣貧。獨愁憂過日,多病不如人。莫怪青袍選,長安隱舊春。

再寄殷堯藩秀才

直道知難用,經年向水濱。宅從栽竹貴,家爲買書貧。就學多新客,登朝盡故人。蓬萊自有路,莫羨武陵春。

羅隱《秦望山僧舍》

巉巉危岫倚滄洲,聞説秦王亦此遊。霸主捲衣纔二世,老僧傳錫已千秋。陰崖水瀨松根直,蘚碧苔侵畫像愁。各是病來俱未了,莫將煩惱問湯休。

宋

梅堯臣《送羅拯知秀州》

陸雲嘗誇千里蓴,便輕羊酪同埃塵。君今得郡正千里,已患無羊厭北珍。乃知南北各所樂,乘舟豈如乘馬惡。水邊不見秦羅敷,縱有西施肌肉薄。使君事事未稱意,緑水芙蓉定何若。

與海鹽李寺丞

吴帆千里去,邑屋富魚鹽。霜鶴亭皋唳[1],風烏海客占。滄溟朝日近,紫翠晚山尖。若過陸機宅,寒蕪應不嫌。

【校注】

　　[1] 唳:原作“淚”,據《宛陵集》改。

蘇舜欽《送張統尉嘉禾》

濯濯桂枝郎,尉邑上檇李。青衫未足榮,蘭衣應自喜萊子衣荊蘭之衣。威聲入崔蒲,吟思發山水。美才仕云初,令聞當日起。

蔡襄《崇德夜泊寄福建提刑章屯田》

宿昔神都別,于今浙水曹。故情彌切到,佳月事追遨。太守才賢重,清明土俗豪。犀珠成戚削,鉦鼓去啾嘈。湖樹延天闊,船旗冒月高。醉中春渺渺,愁外夕陶陶。新曲尋聲倚,名花逐種褒。吟亭披越岫,夢枕攪胥濤。論議刀矛快,心懷鐵石牢。淹留趨海内,分散念霜毛。鱸鱠紅隨箸,瀧波綠滿篙。試思南北路,燈暗雨蕭騷。

蘇軾《次韻周開祖長官見寄》周時令崇德。

俯仰東西閱數州,老于岐路豈伶優。初聞父老推謝令,旋見兒童迎細侯。政拙年年祈水旱,民勞處處避嘲謳。河吞巨野那容塞,盜入蒙山不易搜。仕道固應慚孔孟,扶顛未可責求由。漸謀田舍猶懷禄,未脱風濤且傍洲。罔罔可憐真喪狗,時時相觸是虚舟。揭來震澤都如夢,只有苕溪可倚樓。齋釀酸甜如蜜水,樂工零落似風鷗。遠思顔柳并諸謝,近憶張子野陳令舉與老劉孝叔。風定軒牎飛豹脚,雨餘闌檻上蝸牛。舊遊到處皆蒼蘚,同甲惟君尚黑頭。憶昔湖山共尋勝,相逢杯酒兩忘憂。醉看梅雪清香過,夜棹風船駭汗流。百首共成山上集,三人俱作月中遊。海南未起垂天翼,澗底仍依徑寸麻。已許秋風歸過我,預憂詩筆老難酬。此生歲月行飄忽,晚節功名亦繆悠。犀首正緣無事飲,馮驩應爲有魚留。從今便踏青州麴,薄酒知君笑督郵。

贈錢端公安道兼寄其弟惠山山人時錢以臺官爲秀州監税。

鴛鴦湖邊月如水,孤舟夜傍鴛鴦起。平明繫纜石橋亭,慚愧冒寒錢御史。結交最晚情獨厚,論心無數今有幾。寂寞抱關嘆蕭生,耆老執戟哀揚子。怪君顔采却秀發,無乃遷謫反便美。天公欲困無奈何,世人共仰真疎矣。毗陵高山錫爲骨,陸子遺味泉冰齒。賢哉仲氏早拂衣,占斷此山常洗耳。山頭望湖光潑眼,山下濯足波生指。儻容逸少問金堂,記與稽康留石髓。

韓琦《周沆著宰秀州嘉禾[1]》

庇身名邑得嘉禾,銅墨猶嗟滯後科。前席未期宣室召,聞絃還繼武城歌。酒旗穿柳春堤迴,魚艇藏花夕唱和。對此不勞披縣譜,且求新句解詩魔。

【校注】

[1]周沆著宰秀州嘉禾:《安陽集》卷四題作《周沆著作宰秀州嘉禾》,是。

沈括《秀州秋日》

草滿池塘霜送梅,林疏野色近樓臺。天圍故越侵雲盡,潮上孤城帶月回。客夢冷隨楓葉斷,秋心低逐鴈聲來。流年又喜經重九,可意黃花是處開。

李綱《嘉禾道中遇夏子陽》

京華契闊已再冬,扁舟野岸欣相逢。天寒水遠飛霜風,談笑坐覺迴[1]春容。年踰七十兩頰紅,真氣上泝泥丸宮。剖符南海窺祝融,欲求丹砂訪葛洪。問汝執筆侍九重,胡爲謫墮溪山中。迂愚久合親耕農,君恩未報徒忡忡。飄零孤蹟隨斷蓬,他日相憶看雲鴻。

【校注】

[1]迴:原作“迴”,據《李綱全集》改。

沈與求《過嘉禾野塘》

木末孤煙起夕炊,茅檐直下釣魚磯。蒼荒遠水連天碧,一葉短篷何處歸。

楊億《寄劉秀州》

驛置迢迢阻玉音,鱸魚江海遂初心。朱絃道直消浮謗,春草才多動苦吟。震澤析醒千樹橘,華亭驚夢九皋禽。郡樓晴日東西望,幾處甘棠接翠陰。

呂祖謙《送邱宗卿博士出守嘉禾》以視民如傷爲韻。　案:宗卿,名容。

檇李國西門,道里去天咫。訟庭人摩肩,客館舟銜尾。涼燠變須臾,怵聽復歡視。心平理自見,周道本如砥。

堂下萬休戚,堂上一笑嚬。是心苟不存,對面越與秦。豚魚尚可孚,況此能言民。君看津頭柳,葉葉皆相親。

奮髯疾抵几,解衣徐探雛。古來多快士,氣吞兩輪朱。簿書高没人,迎筆風摧枯。自許豈不豪,歲晏終何如。

折肱稱良醫,識病由身傷。開府事如麻,豈盡昔所嘗。平生老農語,易置復難忘。麥黃要經雪,橘黃要經霜。

游九言《秀州道中二首》

一春煙雨歇空濛,高下川原杳靄中。畢竟春光遮不得,滿邨花柳自青紅。

漠漠秋原禾黍空,藤蘿古木梵王宮。孤邨野水斜陽外,無數歸鴉落晚風。

范成大《秀州門外泊舟》

拍岸清波拍[1]岸埃,黑頭霜鬢幾徘徊。禾興門外官楊柳,又見扁舟上堰來。

【校注】

[1] 拍:《范石湖集》卷二十一作“撲”,是。

楊萬里《過崇德二首》

北關落日送船行,欲到嘉興天已明。睡起一河冰片滿,槌瓊摌玉夢中聲。

水面光浮赤玉盤,也應知我縛夫寒。滿河圭璧無人要,吹入詩翁凍筆端。

劉仙倫《過嘉興》

惆悵嘉興路,三年幾度經。雲帆連夜發,更鼓隔城聽。落月低煙樹,秋風冷露螢。客懷容易感,宜醉不宜醒。

魏塘道中

霜葉紅于染,寒溪湛若澄。幾聲歸鴈急,數點暮山青。深琖頻斟酒,長塗小作程。萬緣天已定,得喪一毫輕。

葉適《秀州寄王道夫二首》

袞袞紅塵五月留,來時落木不勝秋。只今春事濃如許,萬里滄浪又一舟。

潘君狂甚詩能古,葉子文高世莫驚。何處有田求二頃,向來三月決歸耕。

葉紹翁《過崇德》

野塍泉自注,斷岸柳空存。雨霽雲開塔,船過犬吠門。柴籬斜著水,草逕別通村。翻羨田家樂,盈盈酒瓦盆。

趙潛夫《澂浦》

怪他蟹舍蠔房地,不是吟情住亦難。數尺短牆圍畫寂,半鉤疎箔障春寒。水生草滿蛙鳴合,日薄花陰鶴夢安。底處青山病司馬,浩歌東望取琴彈。

陸埈《送奚宰二首》

茂宰慈祥意,三年只似初。折腰寧為米,掣肘固難書。機静漚浮鳥,刑疎網漏魚。終然清議在,袞字到公車。

失學兒俱嬾,師資點化開。砭鍼瘳痼疾,膏馥起枯荄。指授方知緒,從遊奈溯洄。武城門下士,應許厠澹臺。

周紫芝《送黃文若歸嘉禾》

烏帽猶衝九陌塵,扁舟誰釣兩溪春。久憑歸夢尋香國,忽喜清樽對故人。滿眼窮愁嗟我老,此生交舊獨君真。華亭一水無多地,細作來書莫厭頻。

將軍十載半鳴珂,才武憐君中異科。但把長吟作回雪,不妨瀕海看熬波_{時黃授鹽監}。方愁隻影身如寄，便買扁舟意若何。一別應須五年事，好詩從此爲誰哦。

程珌《送常世卿歸嘉興》

悔作塘山來，山深交友絕。相逢忽相得，乍見乃乍別。嗟此冰玉人，寒梅疎帶雪。胸次羅文奎，筆底耀離繼。朝家渴英雋，結網仍高設。行且收殊科，勉哉嗣先烈。一編忠義傳，姦萌歠先折。千載懦夫魂，脆骨變奇節。識此吳中奇，復幸拜前哲。何異魯國人，一朝獲雙玦。晴雲起芝田，東風催啼鳩。慈庭有近書，明朝動歸轍。新抽草可茵，微露花堪折。相思復相思，後夜天邊月。

朱南杰《曉發嘉禾》

曉發嘉興路，人家門未開。閘關船側過，水漲堰平堆。濃綠暗官柳，肥紅綻野梅。城中簫鼓發，知是使君回。

出嘉禾

舟出嘉禾五里城，僧樓山塔互崢嶸。酒旗密比隨風舞，漁網橫拖漾日晴。畫舫貴人帆去穩，單衣遊女著來輕。山歌已接長河堰，到得臨平月又明。

趙善應《寧師西閣》

飄泊南來幾歲寒，追譚往事謾心酸。雲煙莫隔中原望，歸折梅花忍淚看。

趙汝愚《題竹贈衛清叔之潭州》

颸颸忽見青鸞尾，掃遍翠崖岡上頭。昨夜月明仙子過，玉笙吹徹萬山秋。

黄幹《謝葉宰四首有序》録二。

效官語溪，與金華鄭君聯事相好。葉明府鄭出，予未及識。適有以予閔雨詩呈，似者不鄙而和之，輒以爲謝。

誰推雙轂達天飛，短髮蕭疎早是遲。腸斷金錢門外月，曉天秋露稻花時。自注："余嘗侍東萊先生，出金錢門，觀稻花甚樂。"

歲晚投身糟甕傍，旋除野服著公裳。折腰可愧更無米，贏得虛堂一味涼。

莫若沖《初春趙仁甫宴邑官平綠見招》

平綠題詩四十年，尋幽不厭水雲邊。一犁還又耕春後，三白曾來醉臘前。自笑挂冠林下客，獲陪揮塵坐中賢。絕嫌幻色撩人思，快覩晴川遠接天。

吳龍翰《嘉禾道中》

趁得東風便，千錢買一舟。嘉禾三日路，陰木四山秋。野色緘詩思，鵑聲替客愁。煙波渺無際，是處可盟鷗。

汪應辰《送刪定聞人丈歸嘉禾》

漫作中都士，柴門每日扃。遺經究終始，奇字講聲形。前輩今無幾，微言世莫聽。扁舟轉河曲，已見故山青。

婁機《題日哦軒》

高軒多暇日，燕寢獨怡神。風俗隨今古，雲山自主賓。灘平分燕尾，松老半龍鱗。徙倚清陰下，吟懷媿昔人。

姜特立《出使過嘉禾城外》

江南清絕處，此地數經過。疏柳依秋浦，歸船亂晚波。王侯幾蟻穴，天地一漁蓑。安得元真子，同編唱和歌。

王廷珪《和葛主簿寄朱希真》

主簿四海士，先生千載人。羈遊厭旗鼓，談笑出風塵。高卧屢違旨，榮名忽中身。清詩何絕妙，釐臼識餘辛。

陳必復《舟行崇德》

落日挂征帆，西風客袂單。燈明村店近，船重水程寬。蘆蓼作秋意，汀洲生晚寒。鐘聲煙外寺，山色夢中看。

周文璞《檇李道中》

吹徹鵝笙醉碧桃，古城斜日泛輕舠。此行憶著維舟處，綠樹黃桑一樣高。

何昌弼《橫塘道中》即半邏北橫塘閒。

一舸凌風去，縈紆度幾村。水清魚引子，田美稻生孫。山近塵埃遠，秋晴枕席溫。悠悠迷處所，疑是武陵源。

方回《聽航船歌四首》

北來南去鴈還飛，四十年間萬事非。惟有航船歌不改，夜深老淚欲沾衣。

南到杭州北楚州，三江八堰水通流。牽板船篙爲飯碗，不能辛苦把鋤頭。

雇載錢輕載不輕，阿郎拽牽阿奴撐。五千斤蠟三千漆，寧馨時年欲夜行。

南姚村打北姚村，鬼哭誰憐枉死魂。爭似稍工留口喫，秀州城外鴨餛飩。《癸辛雜識》作："跳上岸頭須計取，秀州門外鴨餛飩。"

林景熙《五月五日寓嘉禾學宮顧東浦載酒相過二博士偕來飲就醉翌日留詩爲別》

嘉禾古三輔，積水何蒼茫。舊遊夢歷歷，況此逢端陽。束艾肖人形，傾葵抱天常。蕭蕭老逢掖，得依夫子牆。鴛湖無五月，宿雨生微涼。客從東浦來，手持紫霞觴。采蒲泛纖玉，沃我書傳香。殷勤兩博士,雜出肴與漿。書囊談未了,一醉齊彭殤。酒醒忽不樂,起看北斗芒。歲月感疎髦,風煙渺殊方。明當理征棹,斜日鱸魚鄉。

文天祥《次韻劉左司營繕事落成適潘秘丞得郡檇李併餞以詩》

蓬壺日月四時春,金碧新來絢帝宸。俎豆幸陪麟省雋,衣冠中有虎符新。詩餘和氣生談塵,坐久風光入醉茵。多謝蘭臺舊盟主,好歸群玉領儒珍。

元

趙孟頫《秀州》

秀州人家知幾多,郎君兒女唱山歌。白馬橋頭拾明月,鴛鴦湖畔折天荷。碧水朱樓爲誰惱,短簫長笛奈儂何。共歸田園對山色,江南江北更巍峨。

陳秀民《送陸德中赴海鹽知州》

陸侯有仙骨,晚歲學長生。服氣歸元海,游神入太清。渴惟餐玉露,飢不飯青精。酒後頻看劍,愁來即洗纓。宦情聊復爾,江海一麾輕。

馬祖常《送史正翁經歷之嘉興》

京華春滿眼,楚客傍船歸。花送行衣舞,鶯從上苑飛。盤餐隨俸入,桑苧接田肥。鈴閣文書少,還知小吏稀。

傅與礪《送唐子華赴嘉興》

聞君秋思滿南湖,行李今晨發帝都。幕府初乘從事馬,江城還憶步兵鱸。村浮白日山侵越,湖蹴青天海入吳。閒暇凭高動詩興,須來一醉掃新圖。

黄庚《石門》

羸馬東山路,駸駸抵石門。落花春雨夜,流水暮煙村。久客悲行役,新愁攬夢魂。勞生多感慨,餘恨付乾坤。

陳孚《嘉興二首》

簫鼓聲中十萬家,垂楊淺映綠窗紗。象梳兩兩蟬鬢女,笑擁紅橋買藕花。

燕子穿煙水荇開,顧家猶有讀書臺。平生雙耳松風裏,又向華亭聽鶴來。

薩天錫《石門懷舜咨夜坐》

道人挂劍丹陽去,欲入茅山恐未曾。飛去難尋雲外鶴,歸來獨禮斗前燈。夢回洗鉢分秋水,酒渴敲壺碎夜冰。獨有江東未歸客,西風詩骨瘦稜嶒。

方瀾《石門曉行》

風高木葉脱,從此曉寒新。積雨初見日,遠山如故人。煙邨一葦渡,野寺數家鄰。獨念行藏異,沙鷗未我馴。

楊載《送邱子正赴海鹽教授》

珠生滄海底,玉韞碧山中。夜氣交明月,陽精現白虹。有賢兼重價,當代振英風。好學由天性,能書至國工。知名傳冀北,作賦擬河東。始欲徵楊子,旋聞薦褚公。陰符難道美,遺教實爭雄。絕藝雖宜進,奇才自不同。交遊傾上國,掄選屬南宮。鄧禹官初試,匡衡對漫通。海邦終寂寞,學館尚穹崇。已注千人録,當成五典功。星辰皆在水,渤澥信浮空。把酒歡何限,乘槎興不窮。文章趨浩瀚,物態入牢籠。子必登芸閣,吾方守桂叢。索居彌寡陋,荒業執磨礱。勿獲披雲霧,惟思對華嵩。知音期郭泰,流俗易王充。江海從兹逝,飄飄任短蓬。

周致堯《登崇德州城有感》

溪上孤城百雉餘,城門猶自護儲胥。灞陵空宿將軍騎,范叔應隨使者車。雞犬蕭條兵過後,漁樵散謾市休初。老年觸事多成感,閒向芭蕉葉上書。

送崇德州夏同知

慷慨持征節,雄談息戰塵。有生皆帝力,無地不王臣。爲國丹心在,論功白髮新。他年忠義傳,端合繼前人。

邵亨貞《横泖》在平湖縣東,又名谷泖。

横泖清晨望,人煙樹幾重。三江歸禹貢,衆水會吳封。雲倚孤邨堨,潮生半夜鐘。田翁談古蹟,隔浦是青龍。

廣厦人來少,青山遠對門。緩潮通曲港,高樹接遙邨。井記袁崧宅,鄉連宰我墩。行吟聊適興,心迹未須論。

胡奎《過崇德》

一灣流水碧,船到語兒溪。官舍三通鼓,人家半夜雞。大星臨水動,斜月傍城低。擬作還家夢,驚烏莫浪啼。

梁寅《贈濮元戎》

回首英雄即是仙,孤標直跨子房先。毓精鉅野麟生處,感歎華亭鶴杳年。驚坐頗存遊俠氣,忘機不似愛空禪。遼陽被亂經三載,亟起東山試逖鞭。

黄玠《留石門待内弟子經不至》

乘舟駕言邁,長夜方漫漫。滄涼物華老,趦趄年景換。顧予遠適子,庶與同館粲。近行乃未來,久別良足歡。

飛鳥有遺音,啁鳴念故鄉。長風鍛羽翰,迴薄空翱翔。顧我日衰邁,樂子年富強。飄零豈不遠,死生貴勿忘。

方行《東歸謠贈貝仲琚》

天目青逾藍,上有危峰橫空插。漢高巉巖,滄海深莫測。下有六鰲,迭負蓬壺方丈於其側。山峻極兮水波瀾,千盤萬折行路難。愁看混沌開鑿處,尚有斧跡留人間。𡘾山仙翁髮如雪,胸蟠太和吐日月。手中鍊石輕女媧,五色曾將補天裂。憶聞羽客從之遊,青霞光亂雲錦裘。金雞叫海白日慘,桂樹四落空山愁。昔年寒月照樽俎,明珠百斛輕于土。君山鐵笛悲向人,羞殺堂前柳枝舞。君歸東吳懷故廬,明星古宅非吾居。會稽泱泱浙江險,誰探千載太史禹穴之遺書。興因東歸發,遂作東歸謠。他年相憶五情熱,應知淚濕雙龍綃。

倪瓚《元初真士居嘉禾紫虛觀好與吳仲圭隱君遊今年十月出示畫幀命僕賦詩因次隱君韻題於上紫虛觀在海鹽治西南》

鴛湖在嘉禾,湖水春浩穰[1]。家住梅花邨,夢繞白雲香[2]。弄翰自清逸,題詩更悠長。緬懷圖中人,看雲杖桄榔。

【校注】
　[1] 穰:倪瓚《清閟閣集》作"湯",與吳仲圭原唱韻合,是。
　[2] 香:《清閟閣集》作"鄉",與吳仲圭原唱韻合,是。

釋克新《初至檇李》

通越門中逢故人,爽溪橋上送餘春。燕飛官巷桃花老,鶯囀江亭楊柳新。行李風塵千里道,縕袍天地百年身。未聞淮海休兵甲,回首關山一損神。

馬臻《送范起之赴海鹽州判分得一字》

喬木留高陰,多君富儒術。分符佐海郡,不減江左逸。睠茲鄉黨彥,餞祖賓筵秩。此邦足魚鹽,利自氓庶出。願言問凋瘵,惠化均所恤。萬物適生意,茲理在得一。維時青春深,鳥語桑間日。懷君鬱素抱,返軫守蓬蓽。倘寄雲中書,飛鴻及秋律。

寄澉川楊如山

吾聞沙邱之馬黃驪牝牡世莫知,九方皋去不復有。天風吹我滄海邊,忽地相逢釣鼇手。論文托契輸心胸,傾倒金尊斟綠酒。登高望遠古意多,百年之樂能幾何。男兒屑屑志不展,秋霜滿鬢空蹉跎。酒酣眼極情未畢,笑指青山歌落日。却憐徐福向蓬萊,蒼蒼煙浪無消息。明朝挂席我歸來,西湖十月梅花開。梅花開,動詩思。思君不待春鴈回,因之一寄平安字。

明

貝瓊《檇李郭宗夏兄弟五人友愛尤篤後值兵變
東西散處宗夏思之爲作五鴈圖賦詩一首》

五鴈何翩翩，飲啄同清池。失路在中道，飢寒不相知。昔爲八龍聚，今作四鳥離。驚飆廣漠至，十月百草衰。天高羽翮短，苦受胡鷹欺。上林豈不廣，念汝歸何時。管蔡興流言，坐使君臣疑。京城死太叔，寇生手刃之。淮南歌尺布，千歲有餘悲。東阿苦不容，七步詠燃萁。骨肉成虎狼，所爭毫與釐。我觀五鴈圖，爲繼鶺鴒詩。

送黃仲簏上官檇李

嚴霜戒秋杪，百草俱已衰。子別何匆匆，一尊聊共持。今晨白門道，後夜滄海湄。長歌獨慷慨，健步何逶迤。古來聲利場，日出紛奔馳。進非才不任，退亦分所宜。吹竽我豈濫，售璞人皆嗤。峻節當自厲，坦途方在茲。從容有新語，千里慰相思。

嘉禾道中

秀州城下雪漫漫，旅客蕭蕭行路難。鷹渡空江孤月冷，馬嘶長路曉風酸。吳趨欲賦知誰和，漢節忘歸幾自看。俯仰乾坤正寥落，雲間身寄一枝安。

歸石門

不待秋風起，匆匆歸石門。宦遊情已薄，婚嫁願猶存。竹所方開徑，花時獨灌園。比鄰共來往，適意倒芳樽。

江漢《濮川月夜清遊歌》

有客來扣門，邀我清夜遊。夜長苦無寐，夜遊慰淹留。于時仲冬十五夜，小星喈喈奎與婁。乾坤上下絕塵滓，團圓月色如中秋。恰如銀盤出東海，照我毛髮寒颼颼。此時清興發，與客相綢繆。即從西街入，便至西河頭。行行渡溪曲，石梁跨清流。魚鱗萬屋似城市，市廛行盡皆田疇。我行興已盡，客指歸路休。歸去語妻子，此時是清幽。不知百齡內，夜夜得此不。生平不作不平事，遊時不覺心優游。客如有期我不爽，相攜再作明朝謀。

高啟《贈武塘沈徵士》

清時猶在野，獨臥見高情。移艇聞煙唱，開簾見雨耕。江晴雙鶴下，樹晚一牛鳴。回首徒相憶，柴車不入城。

送唐博士肅移家檇李

楊柳發初齊，春陰廢院西。故人乘醉別，新鳥傍愁啼。舟重全家去，詩多一路題。杏花開北閣，誰復共招攜。

送陳郎中出守醉李

出幰方爲郡，行車動畫輪。圖書歸省吏，風俗問州人。塘水龍鱗細，城槐兔目新。莫言花已盡，君到自陽春。

送范架閣赴嘉禾兼簡李使君

陸相祠前路，孤舟欲上時。空江難晚別，荒郡易秋悲。月送潮生早，雲隨鴈去遲。幛中知有子，太守只題詩。

送張文學之檇李

回川帶綠樹，窈窕有鳴禽。江郭去非遠，傷離空滿襟。林中古殿静，池上高齋陰。應想彈琴士，杏花春雨深。

徐賁《曉發秀州》

路出雙湖煙樹東，舟行長是雨兼風。夢回重有離家恨，惆悵春寒此夜中。

卞榮《嘉興留別諸友》

春波門外上春船，春漲葡萄綠浸天。共君細細酌篷底，西望落日橫孤煙。倚篷橫玉徹三弄，飛花誰遣回風送。須臾月出光滿湖，杯光灩灩金波動。美人相逢良不多，美景豈可成蹉跎。爲歡未久又爲別，空勞春夢落春波。

張以寧《嘉興有感陸宣公事》

官家忘卻奉天時，歲晚忠州兩鬢絲。今日北來車馬客，夕陽祠下讀殘碑。

張寧《贈楊憲副築塘》

吾聞浙江潮，湧撼勢莫比。迴流趨鹽官，一射數百里。海鹽當其衝，適際南北趾。何年作長防，去郭數丈許。礨石類懸崖，壁立瞰其涘。剗中實外障，高岸埋入水。表裏湖海間，相隔纔一指。譬如潰瓜形，皮好肉已毀。潮來石奮角，潮去石拔齒。時平漸離缺，風汛遶披靡。工役歲無涯，漂蕩日常耳。皇皇魚鼈民，貌貌冠裳子。剝牀不及膚，解牛未得理。豈無達務材，遺我徒好語。使君人中英，萬物備一已。咨詢度豁如，顧盼心隱只。發彼巉巖孤，砌作盤屈峙。軒然巨鼇側，坦若長坡迤。罅漏互蔽虧，力勢相併倚。盈不與石鬭，縮不隨浪委。肉厚骨不疏，腹飽背復傴。秦鞭竟空談，漢緡無用此。何期既倒瀾，忽見急流砥。但恐述者能，不類創者美。速成功易隳，舉重力易弛。安得百使君，歷歲如大禹。

徐禎卿《嘉禾道中》

檇李城何在，蕭條草樹存。未温吳苑酒，已動越鄉魂。問水來天目，看桑過石門。愁聞鶀鴒[1]語，寧聽楚山猿。

【校注】

[1]鵩鴒：原作“鵩領”，據徐禎卿《迪功集》卷二改。

徐中行《檇李舟中贈張生》

相逢秋色滿江湖，攜手羅浮興不孤。試問舍人春殿柳，還如張緒少年無。

海中樓閣盡仙家，明月遙隨秋渚槎。若道炎方無過鴈，好從庾嶺寄梅花。

吳國倫《聞故人沈純甫復官志喜二首》

微官不解事，一語欲回天。死決投荒地，生餘謁帝年。仙班誰舊侶，優詔只名賢。直道無今古，賈生還席前。

去國關何事，還朝此一時。天心存骨鯁，吾道起鷗夷。瘴癘身差健，冠裳夢亦疑。向來梅福疏，曾恨徙薪遲。

途中得吳中望書有感祖墓在嘉興

闕下仙班夢未回，白頭相望遠登臺。馬經芒部山煙過，鴈帶昆明瘴雨來。萬里論心天咫尺，百年懷土日徘徊。離離高冢虹橋畔，猶自延陵瑞氣開。

嘉禾道中

津亭落日繫蘭橈，檇李城臨海國遙。百里魚鹽長水市，萬家煙雨瑞虹橋。青樓越女歌相屬，白苧吳兒舞自嬌。最是江南佳麗地，可憐機杼日蕭條。

鄭曉《秋日海上》

孤城海上若星棋，聞說三遷事更悲。百谷東南空地力，九秋潮汐自天時。黃灣水落魚鰕亂，白塔煙深草木遲。鼙鼓年來猶未息，何人肉食抱長思。

獨立滄溟歎禹功，長隄隱現亂濤中。鹽田何處蘆花雨，茅屋誰家燕子風。漂泊苔痕連水碧，參差楓葉帶霜紅。珊瑚樹底垂綸者，豈盡天涯白髮翁。

徐渭《送鳴教赴嘉興館》

念子將飛棹，而我亦閉門。開筵出海俎，滿酌坐芳園。客寓無三月，論詩上萬言。同心不在此，秋夜起煩冤。

盧柟《登西城嘉禾樓重送張罏山赴部》

高樓西望縈空煙，南風渺渺吹河船。碧河細草遠相送，一夜飛過黎陽川。驚魂如縷隨君還，恨無雙翼淩青天。魏闕霾陰雷隱怒，霸水橫波不可渡。此時揮手重堪悲，千里相逢未有期。燕臺倘值悲歌飲，擊筑先尋高漸離。

王世貞《莫大參招飲天寧寺》

東風依步屧，愛此禪房幽。一雨忽秋色，諸天來暝愁。鳥隨托鉢下，僧逐鳴鐘投。尚有三車喻，能同信宿留。

寄鄭室甫

十年封事爽鳩多，總爲憂時鬢早皤。天地祇看容一柱，風霜不遣夢三禾。懸車坐領青山色，扣角閒爲白石歌。共道履聲明主識，璽書何日下煙蘿。

劉鳳《晚行石門鎮望西湖寄杭州太守》

乘興遠遊無定期，舟行常及暝鐘時。河平兩岸月初上，溪到石門帆自遲。春來花鳥宜晴日，湖上風煙有夢思。爲報使君多勝事，酒深蘭棹更堪移。

至嘉禾

霜滿馳歸鞅，言過檇李亭。石門猶挂月，舊館有疏星。已隱吳煙白，還憐越甸青。可能悲泛梗，客歲幾沉冥。

田汝成《嘉興曉發別陳子常》

江南春盡落花天，桑柘籠煙水滿田。野店酒香新雨後，斷橋人渡夕陽邊。羈懷瀟灑惟歌嘯，世路崎嶇只醉眠。傾蓋逢君成坐久，片帆乘月下吳川。

孫承恩《過嘉興》

望望吳山水，鄉音聽漸真。天涯空歲月，脚底幾風塵。桑梓人情好，鶯花客夢新。男兒詎懷土，堂上白頭親。

高穀《送倪廷用致仕還嘉興》

青雲遺宦轍，白首夢歸田。舊著宮袍重，新裁野服鮮。草堂留月色，花徑隔塵緣，陶令門前柳，春來穩繫船。

王守仁《石門晚泊》

風雨石門晚，停舟問舊遊。煙花春欲盡，惆悵遠溪頭。

屠本畯《次檇李》

暮雨飛仍急，飄飄檇李船。重雲不歸海，積水自浮天。捩舵鴟鵊溼，聞香菡萏偏。濁醪吾已醉，隨分過澄川。

薛應旂《答鄭嘉興》

驛舍臨西水，相逢鄭子真。幽懷在空谷，征旆尚風塵。日暮憐漂泊，途窮念苦辛。文翁元愛士,應不爲官貧。

茅坤《七月三日過檇李城移舟避暑南湖》

雲漢火初流,江城暑未收。慚非蒼水使,倦倚木蘭舟。伐鼓沖鼃黽,淩波問斗牛。夜闌芳
杜曲,露氣貯新秋。

蔡經《贈鄭次山守嘉禾》

陌頭楊柳綠毿毿,相送臨歧酒半酣。獨贈一枝君識否,欲將春意到江南。
潞河南下望江村,草屋無人空閉門。誰信三吳歌舞地,邇來財賦及雞豚。

春波門

旭日照高樹,之子戒晨裝。雙鶴癯且鳴,孤琴發清商。迢迢春波門,祖送分道傍。感嘆有
垂泣,顧之縈我腸。食禄倐三載,撫字慚無方。群囂未屏息,歲歉飢以僵。殷勤諭主德,黽勉事
發棠。民心轉淳懇,菜色甘稻粱。茲將遠行邁,解纜河之梁。黃童與白叟,惻惻牽衣裳。提攜
不可及,眷戀徒傍徨。

戚元佐《任長卿按西江過余泛鴛湖觴之王氏園亭同宗晉卿沈瑞伯作》

蘿徑穿雲入,松亭抱水斜。吏人涼傍竹,驄馬晝嘶花。臺省曾分地,文章是一家。相過即
成別,寧惜醉流霞。

張佳胤《送余舜畊曹長歸嘉興》

抱病誰憐楚執珪,江東芳草正萋萋。茂陵春樹浮城郭,檇李青山急鼓鼙。明月懷人滄海
上,落花高枕太湖西。清時未許先招隱,漢柱功名好再題。

沈槃《聞王伯安過嘉興驅舟特訪不遇》

出門未梳頭,旭日紅欲起。遙持十年意,瀁瀁扁舟裏。停橈問北郭,遲回復西市。高人不
可逢,寒雲臥秋水。

沈周《題沈月溪卷》

月爲大家物,何獨此淡有。千溪萬溪月,同光無薄厚。惟是溪上人,雅與月相偶。君于此
溪外,他月能識否。逍遥見在鏡,此月隨所取。低頭弄清華,白璧落我手。尚呼酒酹之,溪月我
三友。

項元淇《重陽後嘉禾堂翫月》

玉塵清談秋水涯,竹林深憩夕陽斜。蘭尊未盡歌前酒,菊檻猶芳賞後花。灌水涼多風屢
拂,虛堂夜靜月偏嘉。不知坐久侵苔石,已覺衣裳浥露華。

乙卯春倭奴據海堧自八團七團以次侵入柘林曹涇等地蓋自去
年夏秋間去住自由了無阻扼當事者計無所出若置此地於度外
正月稍稍南出二三月徑襲崇德城陷因剽掠德清練市烏鎮南潯
震澤皆湖州地盤旋幾月四百餘艘捆載北自平望循嘉興東還官
兵奔潰死者三千餘遂安然抵柘林舊巢矣至四月廿二日復南出
自鹽官趨嘉興沿西河秋涇北去聲將指蘇也會永順保靖兵徵至
遇於吳江東乘銳斬獲殆三千餘此未之有也師旋凱樂播之歌詠
前是田州守岑孟妻瓦氏率兵勤王雖無成功亦勇矣義在得述

君王神武馭英雄，五寨保靖三溪永順率服同。敵愾本期終殄絶，太常已擬待元功。

利刀八尺一鈎彎，軍有鈎刀手名。勁弩千鈞箭羽斑。蕩寇疾如風電掃，歸師競執馘俘還。

自昔倭奴畔海陬，元戎獨數廣寧劉。劉江，洪武初平倭功，封廣寧伯。于今郢楚多飛將，當宁勞南顧憂。

皮服猩猩血染腥，兜鍪鳳翼赤龍鱗。翻令婉孌爭雄武，始信鬚眉多婦人。

沈奎《和史大參登嘉善西城翫月》

朝發西水濱，夕登城上樓。凭樓望行客，落日明長洲。天際征哀鴈，雲邊急歸舟。相攜得高侶，呼尊成讌遊。滄海放孤月，桂滿清光浮。良晤豈前期，嘉賓信難求。露下忘嚴寒，城隅行且謳。慮淡勢自輕，心交意終投。此夕是何夕，張筵爲誰留。中夜忍分袂，城戍傳更籌。不寐憶清勝，翻疑夢初收。人生貴適意，一遣遺百憂。

胡應麟《登檇李煙雨樓寄沈純父侍郎》

夾岸春波漾綠蘋，千家晴色照垂綸。獨爲煙雨樓中客，遙憶昆明殿裏臣。九塞兵車閑仗鉞，五陵冠蓋避埋輪。應知屠狗風塵下，大有華陽擊筑人。

屠隆《喜馮開之予告歸》

滄江豈是學垂綸，龍性終於不可馴。三殿晴雲傳賜詔，五湖煙月引歸人。西灣水綠堪消夏，南浦花紅好送春。持節歸來還四壁，蕭然惟有馬卿貧。

申時行《御史大夫沈純父邀泛南湖集真如寺》

畫舸乘流錦席開，招攜仍到給園來。新投慧遠三生社，舊識休文八詠才。抗疏功名真脫屣，逃人踪蹟且銜杯。相從並是忘機者，湖上群鷗莫浪猜。

祝允明《秋晚嘉禾道中二首》

晚發西南郭，秋深雨氣偏。人家低似岸，湖水大於天。日崦長如閣，風檣不用牽。辭燕還入越，纔費半流年。

湖尾橫波急，船頭轉港頻。幾家危傍水，一木老存身。黃菊看如客，青山坐送人。空舟隨處泊，不用擇行鄰。

王穉登《夜泊嘉禾》

此邦名檇李,異代産嘉禾。煮海嚴刁斗,栽桑富綺羅。魚燈歸市盡,鴈塔出城多。百里分吳越,鄉心奈客何。

湯顯祖《秀州》

雨浥松陵春滿煙,杏花榆莢映新田。不知何處唱歌好,東栅平湖日夜船。

孫巡司還嘉禾懷馬[1]心易岳石帆

家近南湖煙雨邊,漁歌那復羨臨川。君看滿目高華客,大向雲林作散仙。

不爲蓴絲想越鄉,斷帆秋老秣陵霜。歸家得向錢郎醉,分取吳江蟹半黄。

【校注】

[1] 馬:原作"馮",據《湯顯祖全集 · 玉茗堂詩》卷十六改。

王叔承《入越觀潮同陳濟之諸子石門雨》

孤帆下石門,旅宿暗秋原。兩岸蘆荻雨,幾家桑柘村。酒堪今夕醉,心與古人論。此去錢塘近,江潮引客魂。

章士雅《大澇行二首》

濃陰不可極,五月氣如秋。水闊搖殘樹,沙傾出亂流。村農無故業,野老有新愁。最是滄洲吏,含嚬向白鷗。

白浪全生户,青泥半掩扉。浥薪燃鬼火,嬌女泣牛衣。萬井蛙聲合,千畦荇菜肥。流民應可繪,莫道一官微。

方太古《嘉善夜泊》

十月望之後,畸人何所歸。江清霜氣薄,堂静夜燈微。木葉背風落,孤禽向月飛。援琴不成調,新淚欲沾衣。

何喬遠《答嘉興陳無功》

野鶴群中不受塵,歸家屠釣得天真。泉書兩牘無功所著堪稱史,爾雅稗官有此人。吳蜀名都皇甫序,春秋繁露漢時臣。江湖魏闕吾無與,已掩山扉欲廿春。

都穆《舟次石門》

讀罷新篇如覿面,石門知有幾番遊。小軒暮坐清閒甚,落日蟬聲碧樹頭。

黄輝《送章循之赴嘉善》

東來翻出國門西,雪路南枝望不迷。仙吏故鄉長水近,美人別恨遠山齊。乍便越舫移萱背,不隔吳歌過韭溪。家世風流誰得似,向來看劍氣成霓。

李日華《題由拳讀書圖》

淞陵南指禦兒東,小築濛濛煙雨中。繞篽王餘千縷白,堆盤郭索滿筐紅。朱簾竹檻家家月,青舫蒲帆浦浦風。合眼不須思岱華,一痕猶得見胥峰。

樊維城《觀還東鄉薦紳詩》

二載徒荒飽,千程入帝都。人如春柳弱,蹟似塞鴻孤。注考誠宜下,無才亦不虞。見君仍賜璽,又得仰前模。

父兄夙所事,承教尚如新。梅柳皆生趣,桑麻可得春。年深吏事習,宦久物情真。勿以疏庸棄,箴當朝夕頻。

海邦春已暮,民事始相侵。紅女修筐筥,漁人視罶罧。插青祈密雨,熬白苦多陰。不識今時候,容能愜眾心。

吳山《禾水道中》閏秀。

春早猶寒草未齊,落梅村墅鵓鳩啼。虎林煙月勞清夢,秀水雲山入品題。竹岸人家門巷靜,桑園風景夕陽低。小橋漁艇閒來往,何處花源更有溪。

嘉興府志卷八十五

藝文四

詩

國　朝

吳偉業《送曹秋岳以少司農遷廣東左轄》

秋風匹馬尉佗城，銅鼓西來正苦兵。萬里虞翻空遠宦，十年楊僕自專征。山連鳥道天應盡，日落蠻江浪未平。此去好看宣室召，漢皇前席問蒼生。

宋犖《題嘉興李武曾灌園圖》[1]

荷鋤忘旦暮，得慰北堂萱。人在一方水，天留數畝園。讀書知孝貴，食力羨農尊。閉户高吟外，垂垂雨露恩。

【校注】

　　[1]宋犖《題嘉興李武曾灌園圖》：宋犖《西陂類稿》不見此詩。但周亮工《賴古堂集》有《題李武曾灌園養母圖》詩，與此全同，疑"宋犖"當爲"周亮工"之誤。

姜垓《自楓橋至嘉善舟中雜詩》

天子念堯封，將軍重保庸。荒烟浮地遠，戍壘望雲重。羽箭連青海，銅牙障黑龍。傳聞帷殿出，惟傍翠華容。

方拱乾《檇李感舊》

甲申來檇李，乾坤方多虞。傷弓投穩枝，群指鴛鴦湖。湖上借書屋，俯手拾茭蒲。湖下繫畫船，夜酒朝可漁。朋知多餽遺，米白盈酒壺。是年春大雪，梅花壓屠蘇。野麋耽集聚，含哺謀妻孥。闇議昧先幾，遂欲長安居。誓賣桐城田，并棄白門廬。轉盼大地搖，遁跡海西隅。眼望烟氛紅，腥風徹太虛。回船泊舊岸，華屋成荒墟。戊子再經過，人民漸耕鋤。今來景物壯，城闉耀臺興。煌煌角里街，高甍百貨都。向無片瓦存，今如崇禎初。真如浮屠寺，劫火延浮屠。寺僧指檀那，木石謀更圖。興廢廢復興，轉換付須臾。一身歷治亂，得天賴頑愚。三宿戀桑下，況乃歲月餘。步履觸故新，中腸鬱難舒。復此悟身世，漚沫同乘除。當年披破衲，入市兒童呼。至今平橋畔，依稀識老夫。

曹溶《袁實齋王邁人項東井陳用亶姪堯夫集采山亭限鍼字》

斗運初熹節，州依薄海陰。萬家迴凍瘵，一老塞蕭森。臥轍嗟廉吏郡丞季闢山以鐫級去，揮戈惕素襟。牛將疲漢喘,象莫審商霖。火借星橋剩,春從蟄户尋。狎來存土俗,動處見天心。古致閒雲在,恩光湛露深^{新詔得免加徵}。掩關情不愜,贈縞道相欽。肆雅當酤醑,陳薈到盍簪。碩儒周自貴,渴病越同吟。歲歉餘盤菜,寒消感砌禽。竹迷茶曰遠,苔净鶴巢侵。小藝凌霜樹,堪橫啟曙參。皴乾資石髓,鬚嫩怯蜂鍼。泥軟輪無染^{實齋、邁人皆步至},欄空屧易沈。醉呼燕市月,清逼晉人琴。此會聊投轄,諸侯孰贈金。傷多添意氣,痛定必山林。寶劍鳴如昨,扁舟逸至今。挂帆乖艷偶,閟匣待知音。窮鬼全膠漆,文鋒侈縱擒。勇曾逃仕瘠,贏勿悔書淫。拂蠹僅能習,浮蛆麴更斟。憤腸崩峽溜,苦語激秋砧。捷奏方乘傳,苛征乏獻箴。違時耽蟻蠓,遠座乞球琳。韻嗇神逾助,毫香帝亦歆。興移殘永漏,快甚撤重衾。反藉狂爲藥,兼容礦作琛。展期湖上去,傑構補危岑^{美闢山修復烟雨樓}。

與右吉商草檇李先賢傳

幼學何來髮漸皤,銳心積日恨空磨。地分星野春秋古,道叶明良宰輔多。自失鄭公無斧鉞^{謂端簡公},真嫌戚子隘搜羅。乘閒小屈如椽手,益部襄陽並駕過^{《檇李往哲列傳》,戚尚寶元佐著,不及明以前人物。}

當湖懷古四首

舊事惟聞巨鎮偏,彈丸封壤盡原田。天圍桑柘收平野,地擁蛟龍俯百川。積鹵夜明千竈月,麗譙朝散五[1]湖船。近逢仙令多閒暇,臨眺長歌大有年。

宋室南遷此附畿,溪連村郭憺忘歸。僅傳宗子耽書癖^{謂趙孟堅},亦有名卿得性微^{謂聞、魯諸氏}。遊舫晝停花外塢,釣絲秋漾石爲磯。一從列[2]邑開雄象,滄海雲霞百道飛。

分隸[3]新圖海上餘,煙橫萬井見安居。山靈欲厭秦皇氣,鄉俗爭誇陸贄書。泖水西迴漁舍集,朱樓俯瞷雉城虛。欣逢盛世徵求簡,叢竹初開處士廬。

乍浦孤城泣遠烽,島夷曾此駐艨艟。兵威閩粵開專闡,廟算神仙仰世宗。驟馬沙平吹萬柳,射魚波静立千峰。即今荒服圖王會,戰士無勞甲數重。

【校注】

[1] 五:原作“石”,對仗失工,據曹溶《静惕堂集》卷二十九改。

[2] 列:原作“別”,據《静惕堂集》改。

[3] 隸:原作“穎”,據《静惕堂集》改。

黄雲《經落帆亭是癸巳春與陳澹仙先生別處》

故交十載散浮萍,檇李風煙此再經。今日獨齎磨鏡具,當時相送落帆亭。東門蟻酒春猶綠,南浦絲楊晚更青。只有寢園生宿草,鷓鴣啼處不堪聽。

季振宜《送沈馨聞歸嘉禾》

明月何皎皎,白雪何漫漫。借問誰家子,中坐發哀彈。沈子來檇李,腰細帶殊寬。少輸并州兒,不屑事銀鞍。抱書守家風,夜猶升屋看。二十餘年間,都爲兵火殘。海内今無事,烽火報平安。家道已衰歇,萬緒如歲闌。豈無木石街,大海何時乾。思憐微禽志,結瘁心力殫。異人授祕錄,亦知玉當餐。祇園慚良馬,世俗實寡歡。苦言接軟語,余聞再長歎。朱門臭酒肉,高士稱貧寒。身墮塵壒中,可謂無心肝。一唱黃鷄曲,星斗欲闌干。江畔有輕舟,羽翼未爲難。但憐餘雪在,慎勿著衣單。

張玉書《送吳孟舉歸石門》

殘雪官橋路,鶯啼送客亭。人歸芳草綠,春入片帆青。摩碣收奇字,囊書擁石經。清流真第一,相望暮雲停。

孔尚萃《嘉興道中》

苕雪村村水,流來有落花。好峰行恐盡,芳草思無涯。棋局雲容變,機絲雁陣斜。鄰舟星月下,野泊即爲家。

陸圻《風雨過烏戍》

昨宵泊鶯脰,今此近南潯。四野寒烟重,三江新漲深。景陽曾苦雨,子建亦愁霖。何况停橈客,鄉思淚不禁。

項玉筍《朱葵石招遊鶴洲與旅師茶話》

載酒尋春色,看梅到鶴洲。雲深三過寺東坡訪文長老處,雪映兩湖舟園居鴛湖之中。喜客開芳徑,延僧閉竹樓。亂流趨渡處,補得小山幽。

朱克生《同計甫草泛東溪訪朱子蓉不遇》

迴廊高閣幾躋攀,鼓枻仍尋舊路還。翠竹兩崖人不見,塔鈴聲在水雲灣。

徐崧《冬日集曹司農秋岳倦圃分賦》

聞有金佗集武穆孫名珂,著《金佗粹編》于此,曾居武穆孫。昭忠又昭忠書院故址名不滅,懷古蹟堪論。老樹山藏徑,扁舟水到門。臨淄觴詠在,直欲擬西園。

孫自式《夏日游嘉禾褚孝廉園林登峰在閣》

高閣白雲裏,相招共怡悅。開襟受涼風,不覺生冰雪。孤塔當窗牖,平疇接林樾。時時見山僧,來往踏松月。竹密常晝陰,花繁自夜發。主人意無窮,清歌時散髮。

徐乾學《海鹽同吳修齡彭駿孫作》

鹽官郭外霽烟開,馬羃遺蹤問俗來。百里風帆連浦漵,千畦井竈變汙萊。海雲想像鴛機錦,潮信分明葭管灰。東望扶桑幾萬里,陽烏易逝不勝哀。

俞汝言《檇李三忠詩》

吾鄉故饒忠義,即建文中程、楊輩,其人也精忠苦節,布在方策,以時遠不具論。天啟丁卯,魏公首忤奸璫,瘐死詔獄。崇禎甲申,京師被陷,帝后殉國,吳公自縊,以從地下。乙酉,江南不守,徐公時家居,誓與城俱亡。三公者,鄉先生也。魏、吳兩公,生不獲瞻拜顏色。徐公屢獲燕聞,得侍杖履。然魏公子學濂、孫柟,吳公子繁昌,徐公嗣子柱臣,皆生友,且親見其槧。托諸詠歌,以志景仰之私云。

吏科都給事中贈太常寺卿魏忠節公大中

魏公稟庭直,矯矯負奇節。夙昔厭蒿藜,食貧以自潔。十載伏青蒲,封事屢摩切。時當驪龍睡,豎貂肆窺竊。痛哭丹陛陳,壯志何偈桀。朝騰司諫章,夕暮膺金鐵。妻子飽糠秕,獄吏日饕餮。鍛鍊既以深,土囊一朝設。褒章榮身後,帝曰斯臣烈。三子志不同,忠孝亦並揭。

太常寺少卿贈兵部右侍郎吳忠節公麟徵

奉常何卓卓,夙齡表英朗。鸞翮既云翔,志已超吾黨。再司郡國理,金矢貞不爽。帝用嘉直臣,屢擢青瑣長。蹇蹇事匪躬,屈軼樹廷壤。紛何國守疏,黃巾遂攘攘。龍馭忽已升,雒經亦繼往。實惟妖夢踐,國破委草莽。斯人千古徒,我昔瞻遺像。清風百代師,頑懦興景仰。公第時,夢人書文信公詩:“山河破碎風飄絮,身世浮沈雨打萍”之句。

太子太保吏部尚書徐忠懿公石麒

尚書秉清規,雅範式朝彥。婉婉畫遠謨,休休獎群善。夷居何恬愉,深藏類愚賤。及乎臨大節,圭鎮屹然奠。援忠忘身眚,體國計時便。一違柄臣意,曳履下清殿。遯野自蕭條,社稷隨舒卷。江介既已披,忠懷亦云展。存亡與代俱,魄往神不變。吞聲譜徽烈,遺風有餘絢。

二士篇

乙酉之變,高子昌芩死於兵,屠子震光削髮入道。二子者,余友,詩以述之。

南風飄飄暗塵陌,戎馬一夜屯城北。馬上纍纍載婦女,抽矢橫刀恣戕賊。牛酒迎拜者何人,孜孜進賢居顯職。高生屠生志不平,棄置家室捐爾生。穿齦透爪傑士分,空門老去全其名。泰華崩摧黃河走,誰能砥柱砣然守。就義從容香滿城,二生烈烈真難偶。秦溪賤士何所爲,霜天老樹俯東籬。一絃獨鼓被髮臥,五柳牆低醉不辭。豈無妻子飢欲死,采薇千載高名垂。嗚呼二生真我友,保我初服期永久。

高珩《泊舟三塔寺前見先大父築隄碑記感賦》

百載金堤利尚宏,橫遮衣帶浪崩騰。遲舟看竹穿荒寺,下馬尋碑問老僧。載酒須穿霜後葉,放生誰續塔中燈。先公賜履遺謨在,再拜摩挲百感興。

三塔堤邊一繫船,殘碑讀罷意凄然。水犀百戰春秋地,花甲重周壬子年。芒屨行沾吳岫雨,布帆遠挂越溪烟。羊公峴首思前事,自愧江湖雪滿顛。案:碑文爲萬曆壬子秋,即念東先生生于淛署之年。

支許追隨喜此行,滄桑過眼意還驚。新來風物或同異,舊日交遊半死生。煙水雙舟楓下宿,霜天兩度越中行。故人湖上應翹首,爲祝長風促去程。

嘉禾道中

煖應小春十日晴,濃雲瀊雨怒湖生。孤舟短燭薰香臥,斜漢殘星破曉行。人望青帘商酒價,馬嘶紅葉帶溪聲。妙高峰頂知誰在,童子南詢憶福城。

落照荒陂急槳行,纔驚滴瀝綠波盈。寒霜催柝人無寐,急雨連溪夜有聲。雲嶠青鞵追舊約,篷窗紅日待新晴。茫茫震澤天無際,又喜飛雲貼水平。

潘耒《過長水訪朱竹垞閱其藏書同過天香菴
看梅尋繆天士李斯年周文石諸故舊口占長句》

將爲汗漫遊,取別膠漆友。小別動經年,那能遽分手。我已懸旌不可留,君言停橈且少休。子非壯年我頭白,豈可相遇如浮鷗。感君此意住一日,闖君藏書富無匹。列櫝芸籤盡祕本,連牀蹠紙多鈔筆。隻字搜來刔火餘,兼金購自故家出。一龕已堪壓鄴架,三篋定可補石室。今年積寒勒江梅,絕奇上已逢梅開。野菴疏籬十數樹,娟娟香雪粘蒼苔。此鄉故友多零落,繆李猶存欣矍鑠。浮沈不異九秋萍,出處何殊一邱貉。古南禪伯今則無牧雲和尚,米市詩翁不可作文石之父青士。人生良晤非偶然,不惜明燈照深酌。吾曹自有千秋期,莫嗟衰晚愁鬢絲。旂常鍾鼎非吾事,著書藏山猶未遲。我方躡屩登匡廬,君亦浮舟遊武夷。歸來各攜赤文綠玉字,要補上世石鼓銅槃辭。

彭孫遹《夏日過孫大山梅溪精舍題壁》

灌木蕭森敞夕陰,禪關下枕碧溪深。徵君廬阜新歸社,高士蘇門獨鼓琴。疎磬晚通風竹響,清蜩晨抱露桐吟。頻年湖海嗟行役,何處相期出世心。

南湖觀漲

水滿寒塘似不流,亂帆乘漲晚來收。斷溪不辨孤村路,遠樹高懸細雨舟。催渡客歸紅葉暮,釣魚人老白蘋秋。西風處處煙波闊,搖落空生萬里愁。

宿南湖客樓以疾不及訪旭曙悵然作

湖上風吹綠滿林,憑欄商氣入蕭森。高樓雨過延秋暝,遠水帆迴卸晚陰。多病自驚吟骨瘦,澆愁不厭酒杯深。故人近在城西舍,乘興行當更一尋。

登郡樓眺望

晚出嚴城道,步至東郭門。高樓一長眺,秋色滿郊原。地帶江湖阻,山連海嶠昏。天低雲影碧,日夕秋陰繁。束髮倦行役,車馬怠且煩。途窮起痛哭,慷慨憑誰言。解劍謝知已,荷鋤歸邱園。意氣忽已盡,功名安足論。

黃與堅《語水道中》

垂垂雲影黑，吹雨入篷窗。樹迴爭遮越，山低欲渡江。一灣打魚舍，數點採菱艖。更作回頭望，汀飛白鷺雙。

朱彝尊《送樊明府咸修之嘉興》

仙鳧南發指江關，到及梅花點地斑。倚郭千家齊傍水，登樓百里更無山。郊坰近日園亭少，旱潦頻年稼穡艱。憑仗賢侯妙爲政，不難風景舊時還。

徐嘉炎《十二月十九日東坡生日譚掃庵先生於南宮舉滌塵第七會》

嚴冬凜凜朔風餘，碧天生雲雲卷舒。寒光杳冥白日晦，呀嗟萬物方權輿。琳宮寶閣生輝彩，霜花凍瓦遥相待。蘭亭艷質未足觀，梓澤高人竟誰在。高人今日自相將，莫辭晝短苦夜長。作賦還思驚八斗，雄談直欲傾千觴。先生颷發吾黨間，清風灑然不可攀。軒裳雲冕舉一笑，襟期放浪留湖山。湖山飄飄解人意，烟霞結伴尋真奇。渺渺雲開天始青，迢迢歲晚波空逝。却憶名賢此日生，峨眉秀插雙芙蓉。徒聞墨跡遺三過，幾見丹青下九重。當年磨蝎時長嘆，只今海內傳詞翰。待漏金鑾詎足榮，押牙紫府初登岸。前暉後映誰酬唱，先生却出秦黃上。海南明月古今同，嶺外梅花今已放。先生歌爲諸君壽，諸君試進一杯酒。不向溪邊采杜若，那堪塞外歌楊柳。寒花春花參差開，江南亦有嶺南梅。凝霜結露曉難必，感時懷古空徘徊。文章月旦留芳躅，山水應知君所欲。不然胡爲六合皆鴻濛，長嘯一聲下視塵寰中，先生小子詩酒長相逢。張華自識三都賦，愧我才非左太冲。

查慎行《禾中田家》

到耳初聞鴯鶒啼，平疇小稜趁高低。茅鍼已老桑芽嫩，時節人家正罱泥。

冬曉語溪舟中

江鄉已牢落，冬候更蕭條。風葉鳴孤樹，霜溪影一橋。沿塘收蟹籪，遠市插魚標。雀鼠何多耗，年[1]荒爾獨驕。

曉過鴛湖

曉風吹我挂帆行，綠漲春蕪岸欲平。長水塘南三日雨，菜花香過秀州城。

蚤發嘉興

茫茫曉路出杉青，風色初回霧氣醒。夾岸黃雲三十里，片帆飛渡菜花涇。

【校注】

　　[1]年：原作“軍”，據查慎行《敬業堂詩集》卷二十三改。

萬斯備《嘉禾寄懷巢端明先生山居》

戎馬徧南國，荆扉獨隱淪。琴書娛白髮，版蕩失青春。世事袁閎老，生涯阮籍貧。向來高蹈志，寂絕更誰鄰。

楊樹聲《褚研耘招飲園亭》

寂寞揚雄宅，蕭疏仲蔚棲。雲封石砌暖，月出版橋低。弱柳迎樽斝，名花引杖藜。那知千古意，珍重付黃鸝。

黃陽生《醉里訪褚研耘先輩園居》

十載聞風義，今來訪隱淪。浪遊爲俗累，高臥足天真。暗水趨池滿，秋聲出樹頻。會心何在遠，魚鳥自親人。

王爾梅《晚泊嘉興》

日斜低檇李，蕭寺起鐘聲。燈火移舟見，星辰穿樹行。近城喧爆竹，到岸罷棋枰。應對鴛湖月，飄零酒一舠。

張履祥《壬子仲秋許大辛過半邏候予不至留詩一章末有閔農句述此以答之》

閔農初望雨，插植苦不前。植之未成苗，飛蝗忽至焉。趨趨蠂既出，憂心殆已煎。八月霖雨作，溝渠成巨川。車庌兼晨夜，伊誰敢息肩。所冀雨滅蝗，庶幾小有年。重經水旱後，殘喘或得延。豈知甂尤篤，降此蟲萬千。集根苗遂槁，集穗幹失鮮。初猶十二三，漸乃靡一全。彌望皆朽折，西陌接東阡。蒼天誠何意，斯民日顛連。仁愛寧異古，必也民多愆。我友其敬矣，三復《有皇》篇。

俞瑒《右吉先生過桐溪鹿牀與余皆同姓也作長句贈之》

月上梧桐映草堂，尊前握手語文章。三人恰喜皆同姓，一夕相逢在異鄉。江左詩篇推大謝，西都經學辨《公羊》。吾宗並有耽書癖，欲向名山問所藏。

王士禄《禾中二首》

挂席東南日，裴回問水鄉。山連秦駐遠，溪溯越來長。皁帽江花映，青簾杜若香。落帆亭畔路，吟眺意蒼涼。

江城還檇李，望古一踟躕。老寺裴休宅，春沙范蠡湖。遠烟明渚鳥，斜日冷檣烏。太息東流水，年年浸綠蕪。

石　門

落日石門路，語溪明夕波。女牆纔幾尺，一半入藤蘿。

王士禎《送杜尚書肇余予告還嘉禾二首》

遺榮一疏謝金貂，祖帳東門集百僚。北斗文星兼將相，南宮地望迥雲霄。直清譽重推三禮，禁近恩深荷兩朝。最羨鱸鄉亭下泊，蓴絲入饌雨瀟瀟。

潞亭雲樹望中迷，一片歸帆落日低。心戀觚棱別金馬，夢迴煙水聽潮雞。五湖鰕菜身將隱，九列功名物久齊。亦欲投簪東海去，便從梅里問幽棲。

俞昱《僻處芑谿幸無兵馬之衝感賦》

市盡橋通一柳邨，先人風雨敝廬存。門沿細草雞豚散，路折平林鳥雀喧。客過每逢花在几，躬耕直欲稼名軒。牀頭數卷猶無恙，自覺箕裘吾道尊。

周篔《懷桐鄉張考夫》

契闊張夫子，平生實典型。立言惟布粟，爲政在家庭。上下論千古，東西有二銘。閒堦帶草色，幾日又青青。

彭孫貽《桐鄉夜泊》

桐鄉無限綠，桑柘抱城灣。微雨冷秋色，清溪明客顏。岸花村逕暝，船火夜漁還。遙指青帘下，提壺叩竹關。

沈荃《壬子長至日過嘉禾適古燈和尚駐錫龍淵以詩見示依韻酬之》

葭管陽回客裏過，幽懷常自遶煙蘿。擬從初地窺金相，未許雙林繫玉珂。塔影曉浮寒樹迥，鐘聲晚逐野雲多。與君漫話無生諦，十載風塵悵逝波。

屠廷楫《澱湖雜占》

五龍溪遶仁王塔，放鶴洲藏釋子廬。好景兩湖猶未足，碧光池上看朱魚。

坐嘯乾坤雲與齊，故侯落筆笑天低。二三父老霜侵鬢，猶對新樓說舊題。

李繩遠《南湖春詞》

鴛鴦湖頭翡翠樓，鴛鴦湖畔木蘭舟。幾度相思隔春水，憑欄日暮不勝愁。

倡家門巷柳陰迷，吹管調笙和曲低。曉帳春寒人未覺，城烏聲起畫樓西。

嚴勱《夜泊語水》

一望寒烟渺，扁舟傍大溪。怒濤兩岸闊，雲樹萬山齊。風急漁燈暗，霜清鴈字低。客途愁不寐，危坐聽鳴雞。

查容《由西塘抵楓涇》

蘆荻風多颭雨涼，漁村歷歷似瀟湘。烟波千里橫塘路，鴉背西來帶夕陽。

沈季友《雙珉詩》爲王柘湖、李龍湫兩先生題墓作。

埋玉荒留野蔓中，柘湖遺韻溯嘉隆。世皆欲殺真名士，官亦宜呼小醉翁先生由中祕謫判滁州。有客苔碑題晚翠，無兒麥飯哭春紅。一抔不閉才千古，葉葉吹人鶴氅風。

龍湫老去大名存，一拜春荒小墓門。鷗外廬空符劍夢先生居曰鄰鷗，曾夢天上墜劍而喪子，梅邊月到想詩魂遺槀有《梅花百咏》。青山獨映連蜷字，白叟同澆塊磊尊謂王復園。不有半堆冰雪裏，誰將冷骨傲乾坤。

　　兩姐詩爲李因仲、馬和衷兩先生從祀鄉賢作。

吾生不識老夫潛李改名確，字潛夫，仰止高於萬仞尖。葱嶺尚穿居士屩嘗織棕屨，鬻於僧，以易食，蜃園空閉隱居簾其居曰蜃園。魂來午海潮頭壯，名在丁祠座尾嚴。所重豈關香一瓣，要將苦節破濃甜。

聞風自小束書藤，今日縱容拜豆登。同氣難爲聯璧弟馬之兄給諫，亦負隱操，渾身苦似打包僧。香名國典還堪勒，碧血人心尚可憑。無後益章公論在，熱雲不化此清冰惟一女適吾家雙松老人，夫婦皆下世矣。

　　陳維崧《舟次石門》

小邑一江明，江頭鸛自鳴。那堪今夜雨，獨宿語兒城。作客年空老，依人氣未平。此鄉烽火後，戶户擣衣聲。

　　姜圖南《晚過語溪》

歸棹已如此，微微向暮情。豈知秋月滿，更覺野烟生。帆落斜依渚，人歸半入城。紅霞飛不盡，一片樹中明。

　　楊雍建《南湖有感》

佳人何縹緲，綠水夜光浮。寂寞梨園曲，蕭疎竹徑秋。滌愁還問酒，乘興既登舟。鄉夢蘋花冷，浮生愧浪游。

　　吳爲龍《壬寅九日長水李分虎席上醉贈諸同人詩》

九月九日天氣涼，出門爲問君子鄉。挂帆一下秦谿路，乘風直到長水旁。長水遥連李氏堂，芝蘭玉樹生輝光李氏昆季：長斯年，次武曾，次分虎。二陸風流昔鳳鶱，三謝文章今雁行。雁行儒雅真堪羨，冥冥高飛雲漢翔。公超舊里變成市，海內名士居相望。海內名士稱朱郎，雙珠照耀何煌煌朱氏昆季：長彝尊，次彝鑒，皆有詩名，自郡城遷于長水。休公石公揚清風，道安慧遠同芬芳休公，武林人。石公，故鄆人。皆來振錫于長水。坐上客滿皆賢良，周生林生才昂藏周，名篔。林，名尹。詩最著。後來英俊不可量，是中年少推周篔篔之弟。我行對之喜欲狂，相知爲新樂未央。丈夫意氣會有在，見之不覺披肝腸。玉漏迢迢秋夜長，明月皎皎照嚴霜。論文浮白慨以慷，高歌長嘯神飛揚。吾儕會合寧無意，素心原在窮縹緗。今日相見不盡樂，明日相思天一方。

殷麗《嘉禾道中》

柳色旗亭半郭村，昔年遊處景猶存。船過三塔驚龍窟，漁集雙橋見石門。乍得市酤銷白日，卻看戍火又黃昏。南行不厭宵征苦，十載滄洲繫夢魂。

沈道映《登武水城橋望胥塘》

閒攜雙屐向河橋，綠塹青塍入望遙。幾處鶯花迷古堞，一川煙雨送輕橈。英雄去後名還在，芳草春來恨未銷。無限吳宮零落盡，空城猶在伍胥潮。

鍾嶔立《秋涇晚發》

落日片帆輕，春江一望平。微風三十里，已度射襄城。岸岸垂楊接，村村布穀鳴。不愁明發雨，魚尾斷霞生。

錢芷《退倭歌》

明嘉靖丙辰，倭寇東南，間由乍浦入。攻禾，轉掠桐邑。金令之築城，阮副都之設守，宗義勇之血戰，功績著國史、縣志。而父老每言城圍時，困四十餘日，阮鎔釜鐵以灌，糜賊數千，遂逭得全。法創而效捷，曾不知計出何人。康熙庚寅春，過柞溪沈氏，讀其先東溪公《退倭紀略》，始聞所未聞于遺錄，而百五十載之湮沒，得賢裔表揚，知設策功不在宗、阮諸公下。歌紀其實，以備採風之補掇云。

嘉靖年中海氛擾，鯨鯢走陸蛟離島。東南一帶盡遭迍，廟算無成空撫剿。禾郡近海稱要衝，沿塘轉掠蹂吾桐。桐城蕞爾況新築，築工未竟城先攻。阮公金公相角觭，遊擊將軍血戰死。四旬圍困苦難支，斗絕何堪累卵似。誰歟畫策挫群鋒，布衣乃有東溪公。獻奇寧倚礧石力，卻敵惟將釜鐵鎔。鐵鎔成汁勢彌熾，一灼旋澆百人斃。骨糜肉爛幾千餘，俄頃之間窮賊技。火攻那必法孫吳，田單火牛能似無。全城退寇厥功偉，區書銜授徒區區。此事沈埋百餘載，故國邱墟朝市改。但知績向當時傳，豈識名從田堘採。柞溪賢裔琳與梁，少年秀茁工文章。競追祖烈廣搜採，從茲志乘添輝光。功德于民世祀永，如公保捍事實審。俎豆春秋報若何，金阮宗祠應附沈。

陳光裕《歸自桐鄉途中口占》

雨過桑畦潤，風來麥壠香。深村人寂寂，忙殺養蠶娘。

沈進《自桐鄉至濮院舟行二十里夾岸深林茂竹清幽可愛口占四絕與碧巢》

出郭迤東正午晴，小舟欹側御風行。麥枯豆坼蠶成繭，桑柘陰中見太平。

溪橋罷畫掩籬門，處處繅絲不出村。野老看人漫停櫓，綠波翻動小魚艕。

粉瓣檀心葉底藏，刺花開落拂衣香。水楊陰下清無暑，細語黃鸝白晝長。

欲尋深隱臥溪山，咫尺雲林未擬攀。何日把茅苫老屋，留君小住萬松間。

俞南史《皁林舟中和薩天錫韻懷汪晉賢》

南風吹船疾如射,遥山隱隱飛蒼鷗。溪灣葉亂魚戲波,菡萏花濃香未謝。美人不見空暮雲,月出山橋傍茅舍。思君不寄一行書,舊驛荒凉無使借。

張劭《贈陸稼書先生》

屏居移疾後,課士罷官時。進退平生裕,文章當代師。簞瓢存至樂,風月有新詩。倘許過從數,洮洮領緒思。

朱鶴齡《朱錫鬯過訪時膺舉將入都》

相國門廳高,孫枝盛繁衍。韋經與魏笏,傳家未云遠。子蓉懷儁才,錫鬯霸文苑。相攜入竹林,時推大小阮。望望一水間,韭溪清且淺。形跡何參商,如隔陂陀緬。席門忽見臨,蘭風拂偭俛。子昔遊京都,才名噪軒冕。今者徵賢良,一舉親禁臠。豈無傾國媒,行見霜蹄展。如余悠忽身,自安鑿齒塞。江干肯維舟,木榻同息偃。

錢陳群《乾隆甲戌上旬郡守舉鄉飲酒禮即事敬賦和張徵士庚韻》

由升及拜既,禮樂安且節。器數本自然,於以寓施設。聖務重引年,鉅典三光揭。衆著達州郡,如星各陳列。孝治隆漸摩,四海歸有截。閹茂守歲辰,孟陬指寅月。堯階蕡莢齊,萬彙方生發。盛氣導之來,温肅見更迭。行立和不流,身正義無褻。我生慕緇衣,對之心如結。洋洋聞二南,雍雍告三闋。信修比造車,自合門外轍。君子飲無數,令矩必中折。惇史我未逮,厥事敢勿述。側聞司正言,賓主幸無越。乞憲念上庠,同日胥欣悦。

沈天基《和前詩韻》

王道本自然,聖人以禮節。制爲鄉飲酒,位如天地設。三讓定賓筵,四維互昭揭。煌煌俎豆陳,蕭蕭冠裳列。齒德苟非儔,坐與善良截。布澤自朝廷,欣逢始和月。庠門善氣迎,生意油油發。嘉哉鄉大夫,洗爵相酬迭。觀者如堵牆,長幼無敢褻。此爲仁義根,至性所由結。拜至禮益恭,拜既樂乃闋。攸好在秉彝,古今同一轍。揖讓靖囂争,規矩中周折。小子樂觀型,先民盛傳述。欲清聚訟端,罔遣範圍越。風俗繫持衡,揚休符衆悦。

羅鳴鑾《同張鐵珊訪浦山徵君》

移家近在子城西,妙畫貽來手自題。十丈松風樓上坐,須知高士愛幽棲。

李漾《九日嘉禾道中》

越水吳船去不窮,鴛鴦湖畔望空濛。天雲漸釀重陽雨,客况行愁九月風。櫓背菊殘緣兩岸,渡頭桑矮列千叢。明朝棹入南屏路,似拭秋山翠靄中。

張賁《秀州道中》

檇李兵戈地,勾吳接戰門。溪流荒時落,煙火幾家存。古陣陰雲合,秋風老馬奔。行行田陌斷,隔水問前村。

沈廉《秋日過南湖有感》

湖天冷浸蓼花秋,耆舊風騷逝水流。荒草斜陽映凄絕,瓣香閣並水明樓。

梁瑤峰舍人載酒同人遊南湖烟雨樓集浮玉亭分韻得南字

天空落木淨寒潭,畫裏樓臺載酒探。雨映楓林霞散綵,烟橫鷗渚水挼藍。傾心縞紵成膠漆,抵掌風雲寄笑談。他日往來成逸事,旗亭畫壁又江南。

汪由敦《舟過嘉興曹載庸賀經三兩文學道別》

峭帆指城闉,水西報津鼓。故人出郭候,扁舟臨曲渚。送別申平生,遠遊愴徒侶。嚴程易分手,離思無終緒。前歡悵難追,後期尚斯阻。景光各自愛,素心敦古與。勗德事媺修,申章託贈處。社雨燕初來,春波渺南浦。迴艫隔楊柳,烟中聽鳴櫓。

尹繼善《吳門喜晤香樹前輩即和見贈原韻》

居傍鴛湖勝十洲,停橈昔日記曾游。遙山雲樹頻牽夢,白露兼葭幾度秋。見面定驚頭似雪,裁詩真覺目無牛。漫因兒女添離緒,好看雙旌引去驪時送東麓少司寇還京。

揚帆暫出白蘋洲,楓落吳江任泳游。愛我多情吟暮雨,思公有句寄殘秋有《懷香樹》詩,九月望寄去。林深每羨幽棲鶴,力倦空慚負重牛。纔喜相逢還恨別,西風前路促行驪。

屠嘉正《題桐鄉余明府青芥圖》

味淡莫如畦中菜,氣烈莫如菜中芥。淡則清兮烈則剛,維清與剛遠俗派。桐鄉令君黔中來,青氈廿載神不懘。苞苴屏絕耽藋藜,種菜青青滿官廨。紫陽爲貽青芥圖,箇中氣味誰能解。介然之胸辨澠淄,介然之守恤凋瘵。菜根日齕百爲果,菜色絕無萬民快。我觀此圖轉自箴,薑桂之性何可壞。與君共勉矢清剛,報國無他在匪懈。人世紛紛競寵榮,縑書且凜官邪戒。

馬湘《送春日懷故鄉》

何事春歸人未歸,故園風景覺依稀。鹽車雨過豆初熟禾中以鹽月之雨爲鹽車雨,燕壘泥乾筍正肥燕來筍最早出。白玉欄邊橫芍藥,紅雲架上覆薔薇。最憐香閣喃喃語,買得生綃促製衣。

周弢《瞻拜張楊園先生遺像》

濂洛再傳薪,天心寄此人。撐持徵道力,恬静葆天真。曲徑花爭豔,空庭草自春。寒風儀範在,千古照常新。

吳昌祺《甲戌之澶淵任留別桐溪紳士》

每憶賓朋接軫遊,桐溪人物盛風流。多情舊雨分離近,薄宦深春去住愁。雲滿甄山催別騎,波搖練浦促行舟。遲留莫唱驪駒曲,驚起沙邊兩白鷗。

輕裝千里去如梭,北望寒雲雁影過。自笑儒宮官舍冷,更憐衰鬢道途多。人家細雨黎陽樹,客渡殘春瓠子河。落日江天凝盼久,故園芳物恐蹉跎。

舒瞻《舟過皁林》

皁林百戰地,薄宦兩番遊。我自慚新政,人猶識故侯。日斜村市散,雨過野塘秋。望裏烟波好,無緣更泊舟。

桐溪雜咏

浙西名勝屬桐溪,百里柔桑一望齊。最是養蠶時候好,綠楊多處鵓鴣啼。
鳳鳴寺裏鳳曾鳴,來鳳橋邊瑞靄生。滿地桐花開又落,一溪春水十分清。
皁林古驛戌樓荒,是否當年舊戰場。一片蒹葭隔秋水,亂蟬聲裏幾斜陽。
車溪烟水雨茫茫,夾岸菰蘆泛野航。滿目秋容堪入畫,西風十里稻花香。
當時避地有詩翁,曾與金華角兩雄。試問讀書牀在否,行人指點野田中。
白衣歸臥舊茅茨,寓客風流是我師。碧玉壺中弄孤棹,何人重唱鐵龍詩。

鮑鉁《晚發秀州》

鴻飛迹又留,異國有歸舟。天氣淡於夕,人情涼似秋。流螢闖帆腹,落月仰船頭。浩浩忘腰組,吾身原自浮。

讀秀州沈大經明倫泳廣集有贈

天從江岸起,山帶樹聲來集中句。五字驚人句,千秋大雅才。此邦饒麗則,斯道闢榛萊。當代沈千運,《篋中》須見推。

由拳官舍雜咏四首

西院梧桐樹,中庭檜柏陰。已看秋色老,彌覺曉雲深。猶是郎官宰,重違客子心。不知誰始事,覆轍理難尋。
天下稱窮處,陽山彷彿如。甘從謝莊笑,轉達巨源書。豈謂謀家食,應須慎國儲。十年故鄣長,一月此躊躇。
聽雨眠難穩,憂時稼正殷。心無俄晷暇,迹有遽人勤。薦僕書盈帙,應官橐少銀。皤然雙髩雪,瑣瑣語誰聞。
憂思且無暇,況復賞心時。俸爲他人損,神因底事疲。朝歌迴墨翟,貪水飲夷齊。意豈在高爵,止期名不虧。

盛禾《移居聞湖酬苧村見贈即用來韻二首》

先人蓬户柳橋西,松竹雖存徑草迷。隙地空餘三畝宅,舊巢方搆一枝棲。田家過雨鋤春陌,釣艇初晴泛碧溪。好待舍南秔稻熟,閒情應不厭招攜。
平生結想在巖阿,羨殺林泉勝隙多。屏迹故園甘寂寞,賞心風景正清和。蒼松嘯雨聲如虎,怪石堆烟碧似螺。梧竹早涼消溽暑,不嫌岑寂一來過。

讀清權堂集有感即倣其體

南國蘭爲畹,名家鳳有雛。才華推阮曲,花月擅留都。儷句韋端己,叢書洪景盧。凄凉耆舊傳,第宅半榛蕪。

盧存心《嘉禾雜咏》

摘向枝頭帶葉繁,吳王苑裏一枝存。欲知净相流傳種,先看西施指爪痕。

馬瞳黄雀勝熊蹯,秋鳥屠墳引綠尊。獨有一般[1]風味别,飣盤堆置鴨餛飩。

運杵成風臘底忙,家家舂米上新倉。今年收秫饒三石,隔壁人聞[2]煮酒香。

宋錦人傳出秀州,清歌不用舊纏頭。如今花樣新翻出,海内争誇濮院紬。

【校注】

[1]般:原作"船",據盧存心《白雲詩集》卷七改。

[2]聞:原作"家",與前"家家"字複,據《白雲詩集》改。

杭世駿《禾中雜興》

近水家家小築塘,暝烟初起接湖光。香茅縛作尖頭屋,賃與吳淞上水航。

密葉叢根貼水高,菱湖十里不容篙。小娃時蕩瓜皮艇,劃破横塘賽翦刀。

烏　戍

蒼凉西北栅,六邑一灣通。遠樹歸帆隔,斜陽戍壘空。風流思九老,顉頷倚孤篷。回首吳趨路,荒荒有朔風。

送舒明府還桐溪

暫寬趨謁當還鄉,路指桐溪水驛長。密樹童童迎偃蓋,雙隄宛宛翼歸航。官多善政詩篇美,邑有流風草木香。回首六街徵舊事,因君忽發酒邊狂。

諸錦《鮑明府自嘉興再調海寧作雲中君一篇以爲贈》

前年得太守,太守之清冰不如。去年得使君,使君之操玉不渝。太守卧理治有餘,使君有鞭只用蒲。樓邊烟雨五色敷,分司朱轓隼兩旟。下考再屈爲萑苻,盗賊爾獨非人乎。坐令賢者牽絲紆,抱關不如寵傳呼。金布令甲他時須,然非内熱心冰壺。我只有懷吟且呿,言容繭繭綴不殊。敢賦無衣代援裾,胸羅武庫萬卷書。入則客舍出借車,長安秋雨同萊蕪。瞥然二十年光徂,重來鴛水華頭顱。戴星如織安亡逋,烟波往來非釣徒。咄哉三遷縣大夫,龍宫寂寥企歐蘇。海神鼓舞入奏無,有聽我努隸我酤。莫言陛下三萬歲,臣至執金吾,于蒍于蒍勝菀枯。爲問雲中君,我言有是夫。

沈青崖《里門雜感》

八月江鄉吐稻齊，秋涇橋畔水平畦。小舟乘月尋三徑，高士門闌似剡溪謂蔣敬持孝廉。

童時弄筆讓吹塤張浦山徵士爲余中表伯兄，至竟鴻詞數芑村。只愛浣花追杜老，千旄未許叩衡門。

鄭虎文《莊中翰愈廬招飲南湖次韻奉柬兼示徐茂才南田》

瓣香人去斷清遊盛宜山舉南皮詩社時，先君子與焉。居士歿後，瓣香之遺址既荒，而南湖文酒之會亦絕響矣，挂杖從誰覓阮修。勝地空傳高士會，遺編無復茂陵求。西風湖面菱絲弱，落日堤邊樹影稠。極目蒼茫秋水闊，一痕殘月上漁鈎。

錢載《隔湖望朱大進士沛然所居偶圖》

雪意澹河天，村深隱爨烟。詩人茅屋底，梅樹石闌前。未試彈琴宰，都亡坐客氈。此時池上酌，寒甚鷺鶿肩。

少司寇公攜汝恭從叔及載至海鹽舟經半邏歔城檢得石湖詩田園雜興
三十一首分賦公得十一首從叔及載各得十首錄二。

花事纔過二月頭，短篨攜我上扁舟。買將燕筍隨薹菜，春味今年傍故邱。

乍罱河泥未出鉏，桑含雀口尚如枯。兩涯白屋東西問，門掩書聲早納租八世祖、太常封公號兩涯，半邏村先宅後水門舊題額曰"兩涯白屋"。

萬光泰《初歸嘉興題北郭新屋壁》

稻花深處結柴荊，南陌東阡十字橫。鄰近鐘魚資佛力，巷疎冠蓋得山情。烹雞作社年時稔，種柳當門樹價輕。一水蕭蕭澄晚碧，小窗憑罷濯纓清。

汪孟鋗《送董曉滄庶常歸海鹽》

玉署清嚴選俊才，看花得意首頻回。一鞭疾試春風馬，想見歸來雁未來。

海濱百里近堪航，負土經今廿二霜。此日因君腸轉轂，披離秋草墓田荒先塋在海鹽餘塍。

汪仲鈖《三月二十九日同茅湘客錢蘗塘陳介亭錢擇
石陳匏村陳魚所兄厚石泛舟城南紀游》

丱桃髳柳四垂陰，健舌黃離漸革音。無限韶光去如矢，今朝纔得果幽尋。

樓子湖陰勝㮰稱，攬衣也逐衆人登。煮茶亭址河邊是，隔岸青黃菜幾塍。

名園客至版扉開，檻檻廊廊繡遍苔。卸罷袂衣池上坐，嘗新先撲一竿梅。

竹環松覆最深堂，蠻榼攜來占酒場。一笑主人行作吏，眼前風物代平章。

冬至前二日俗謂米王生朝即先農神也率以風之
南北卜來歲豐歉今冬是日南風人咸憂之

梁懸龍骨宮藏牛，太平菽麥地上流。農人得隴更望蜀，私心但祝明年秋。米價端能占貴賤,自來村落成謠諺。旁皇最是瑶灰飛,吹背風來勝吹面。諺云:"吹我背,無米不貴。吹我面,有米不賤。"飄飄昨夜聲自南,無方辟穀將奚堪。刲牲瀝酒賽田祖,再拜祈熟先春蠶。

王又曾《夕石招同過白苧村看荷花晚泊釣鼇磯待月禁體得泊字二十韻》

好風東南來,追涼勇出郭。樓臺鬱中洲,有國魚亦樂。衆客集清曉,開襟赤雙腳。暫得避塵喧,如鳥脫纏縛。風潭漾百頃,菱葉光的皪。延緣烟汊屢,到處香漠漠。群鷗導青篙,船脣柳陰著。于時日卓午,艷蒸萬紅蕚。細浪嬲不勝,風外枝枝弱。誰能惜娉婷,覆以千丈幕。鳴烟翡翠低,曬翅蜻蜓薄。心地已清涼,微雨忽間作。迴橈就深樹,冷剥蓮蓬嚼。漁村漏斜照,翳翳片雲閣。此中醸酒情,詩思亦澹泊。泛泛釣磯水,鑒我髩髮鶴。花外愧陳人,相顧輒命酌。三五盈復缺,暼眼又今昨。狂欲坐深宵,衣上清露落。我醉喚不應,但夢花綽約。

盛百二《題柚》有序。

先府君令龍川時,官舍東西齋各有柚一樹,東樹瓤微紅,西樹瓤白而微碧,味更勝,爲邑中冠。予攜核以歸,種之北堂,十七年不花。丁丑春,予入長安,其歲始花,垂實六,且大,味亦不減于粵。十月歸里,見餘果二,一投瓜田微君張丈,張丈繪圖題詩,并爲説以贈。又以其一並微君説呈于司寇香樹先生,先生亦題詩,又別爲圖,並書詩與説,彙成卷,屬百二題詩于尾,作吾鄉嘉話,俾後之誌物産者有取焉。

淮海惟揚州,厥貢兼橘柚。柚實橘之魁,體大壓橙樕。榮讓桃李先,凋與松柏後。殿春花始敷,入夏子方逗。漸肥黃梅時,初熟白露候。晚秋始懸金,流芬入清齅。擘之滑肌膚,剖處尋理凑。液解步兵醒,殼已督郵嗽。名雖雲夢同,味則交廣厚。憶昨鯉庭趨,齒方陸績幼。臨窗對佳樹,垂實滿涼囿。素中含碎玉,甘裹醨重酎。品第一城推,風聲鄰邑購。自從歸五湖,此味不可復。初疑物性遷,或謂書傳謬。非無閩舶傳,中乾皮外縐。幸有懷核存,降之北堂霤。荂甲油然生,扶蘇忽爾茂。雪壓霜更欺,幹挺直不仆。彈指十七年,濃蔭空自覆。竊慮化爲條《爾雅》"柚"條疏云:"柚一名條。"案:此則終南有條,亦即柚,但不花不實,私心默自祐。去年長安遊,歸及日在虓。開軒覷碩果,狂喜繞庭走。喧然動里閭,求者爭輻輳。應接苦不遑,強索或遭詬。好事瓜田翁,揮圖肯償售。深情猶末已,著説白司寇。胡盧竊自嗤,彫飾竟忘陋。篇章敵華袞,珠玉耀圭竇。經進呈黼座,鄭驛遞牋奏御製《賜司寇》詩有"詩筒附牋奏,翰苑傳風流"之句,蓋司寇家居,每有作,許隨時進也。他年光志乘,紀歲在丁戊。遭逢柚亦榮,千古一時逅。不羨問瑶琨,包貢錫夏后。

蔣士銓《嘉興謁錢香樹先生》

玲瓏淺碧認由拳,通德門依略彴偏。立雪人來千里外,開眉歡動一鐙前。忙中問對兼悲喜,別後精神驗食眠。且效團圞三宿話,絳紗帷底坐彭宣。

薛㒷廷《南湖客感》

霜天雁影度雲深,倚徧湖亭傷客心。隄柳如人半搖落,沙鷗與我對浮沉。無端感舊山陽笛,不分移情海上琴謂蔡季實修撰、錢根堂編修。歸計未能淹節序,月波勤貰散愁斟。

宮去矜《舟抵平湖》

舟楫吾能慣,篷窗引興長。煙銷明粉郭,水落出魚梁。估客白沙岸,人家黃葉莊。并刀快何許,一段翦秋光。

發乍川

布帆十幅小烏篷,如練溪光信晚風。剛是一年秋絢爛,霜林紅併夕陽紅。

夜過石門

人靜板橋橫,水邨斜帶郭。沉沉夜春聲,簹鐙耿籬落。

題朱梁在孝廉續鴛鴦湖櫂歌

供奉音塵渺十洲,先河故自有支流。五千六百真珠顆,罊括滮湖事不留。

沈初《三君詠》有序。

自清溪至乍浦不數里,于明季有三人焉。慮其久而無傳也,各爲詠之。

沈進士中桂字石臣。

進士厲清節,始受吉水令。抗疏賑飢荸,嚴刑制豪橫。橨槍掃明堂,草竊據天柄。白衣孤軍中,矢志擊獷猰白衣從軍,擊李自成。轉眼見太平,披緇理清淨。常感風樹悲晚擇初地,名懷木菴,爲謝繡帛聘。當其通籍初,憂時氣方勁。能救黃石齋,上書諷執政。末造投英才,設施詎能竟。

李孝廉天植字因仲。

李君遠塵俗,潔身棄簪組。偃息東山隈避跡龍湫山中,著書北堂廡。名字經變易改名確,字潛夫,居止少儕伍。梅花伴孤吟著有《梅花百咏》尚存,泉聲拂清塵。餱糧無宿舂,杖屨有閒圃有蘆圃,以名其集。詩憐晞髮窮,跡與桃椎古嘗賣草屨自給。

王處士端

王生有令名,遭際時艱虞。青衫謝塵土,黃冠揖沖虛棄諸生,稱道士。身行萬里路,歸寫《五嶽圖》徧遊名山歸,自畫《五岳圖》。普陀山、五臺山二圖尚存。壯遊涉幻海,靜慮依圓蒲。生前自營墓,老梅環其區。老友李天植,送之歸元廬。題曰明處士,遂表靈邱隅。

朱炎《曬海謠》有序

鹽場曬鹽曰曬海。海塘下,開竇引潮,作溝曲曲依鹽田。田在石塘內,土塘外,治之甚謹,不容一黍許瓦礫。細如粉,光如鏡。隨丁爲界,每丁于田中積土四高,中陷以實灰,曰灰池。池旁有井以積滷,曰滷井。溝水澄田[1]曝乾曰灰。灰入池,漬水入井曰滷。滷入竈,燒之成鹽。圍竈之丁依此爲業,戴星負日,沐露櫛風,如農夫之望歲也。而商人販夫,場吏倉卒,亦緣之爲利矣。作《曬海謠》。

吳東有海鹽,志地詳班史。漢封老濞王,鬻鹽從此始。洞洞起小竇,引潮來作溝。沿塘犁作田，町町橫廣疇。瀩田細而勻，矼田平又整。田中方築池，池畔圓掘井。井滷自地滲，池灰自田來。田溼泥是海，田乾泥是灰。灰乾必須攤，海溼必須曬曬海法：搆水潑田，日中曬之。略乾，以木板繩曳，攤勻成灰，積田中如埂[2]，次第歸池。滷好始煎鹽，煎鹽分有界。南場曰海沙，北場曰鮑郎。填引付肩販，待掣歸鹽倉本縣食鹽用肩販，設公堂。商人領引販子納稅販鹽，引有額，額滿，土商出錢買之，歸官倉以待掣。滷缸試鹽滷，浮沈視蓮子。蓮子多苦心，鹽花出海水試滷法：以蓮子浮而直者爲滷足，沈者薄甚。《江鄰幾雜志》："十蓮子爲官鹽"，爲此也。東南船載鹽，莫嗟上阪車。包葦載莫盡，鹽田還有餘《越絕書》注："越人謂鹽作餘。"

築塘謠有序

　　海鹽三面海，賴石塘衛之，所係甚重大。近歲奏安瀾，而秋汛作時不無所損，歲修不免焉。然不可不慎，移東掩西，虛內實外，慮工吏之奸，宜預防之也。作《築塘謠》。

　　登登聞築塘，築塘衛廬舍。伐石南山巔，伐木南山下。木截訂梅花，石琢排魚鱗。鐵錠筋絡骨，土備齒附齦截木作樁，五五相比，曰梅花椿。築石，上狹下闊，縱橫間之，曰魚鱗塘。鐵錠聯石，交處積土護石，曰土備塘。此舊制也。海門兩山夾，怒濤一箭射。吐納海與江，來往潮又汐。天子時下詔，陽侯近有靈。磊磊海上石，歷歷天上星。沓潮最足虞，颶風秋作汛。防秋如防邊，避風如避刃。風來胡可避，築塘計已周。塘石小齟齬，官府議歲修塘工歲修，例有經費。歲修誠難爲，倉卒慎次第。有石不能言，毋使失連理。談山通鹽官，驅馬看塘來。莫謂蹋石面，安步過平臺。

【校注】
　　[1]田：原作"日"，據朱炎《笠亭詩集》改。
　　[2]埂：原作"硬"，據《笠亭詩集》改。

汪如洋《懷鄉詩》

　　卅年興廢城南社，裴屣重新事亦宜。逭暑瓜教蒲鴿買，消寒裘稱木棉披。湖樓續禊晴篙泛，塪院登高野櫒移。想得迴溪老居士，醉懷落拓似東籬。

　　書樓裒杼太荒涼，帝里居同傳舍忙。但使征帆歸卓驛，終思葬地指桐鄉。孤城蝸縮人蹤僻，老屋鱗排祖德長。寄語當時王謝燕，雙雙棲穩舊雕梁。

　　金風亭長吾州望，百首懷鄉妙埶倫。楊柳竹枝音節換，蛤蜊黃蜆土風陳。歸漁笛唱淒涼夢，故里梅魂黯淡春。約略烟波餘韻在，綠蓑青篛一元真。

　　白頭籛老歲華增，幻寫林坰妙筆矜。丹詔頻聞憂旱歉，青疇何計慰豐登。鄉心病鶴常延頸，宦跡游鯈未脫罾。報國文章慚力竭，艱難休道角磨菱。

王昶《過石門》

　　秋水鴛湖路，涼風薄暮天。殘燈臨驛市，寒笛隔溪船。桑柘蕭蕭雨，菰蒲漠漠煙。披衣清露下，吟望意翛然。

《過桐鄉訪朱吉人不值》

　　遠道三年別，閒門一櫂過。蕭晨空悵望，芳會尚蹉跎。徑曲行人少，橋荒落葉多。吳閶留滯客,相憶更如何。

過鴛湖懷受銘西曹

初冬陽景暄,竹樹互葱蒨。扁舟澄湖濱,蘅蕪尚連衍。馳懷軫暮節,結念屬親串。喆兄解華簪,於茲得蕭散。雖殊茂陵渴,頗學嵇生懶。煙波邈幽居,花藥翳高館。屢空日晏如,稍喜塵累遣。夙枉新詩貽,數奉清尊讌。相望非迢遥,緘情莫云展。永懷滄洲期,來往接芳款。蘅杜霜未零,歡攜庶繾綣。

秋杪桐鄉訪金雲莊西曹

橫橋界小溪,蕭瑟萬竿竹。頓覺清風寒,照此征帆緑。桑柘已久枯,蠟梅頗可劚。遂造主人居,荒城等郊牧。閒扉晝常掩,俗侶矢弗告。花影上書籤,茗香浮畫軸。計自遂初衣,十載理幽獨。矧有同岑人,賞雨共茆屋。頗喜道心深,詎願生事足。嗟我幸歸田,貧賤尚局促。水程百里餘,未獲遂信宿。所期肺氣蘇,兼俟春暉燠。抱被過高齋,論文再翦燭。

朱珪《題海鹽張氏重模石鼓文》

韓謂石鼓張手持,千年又覯君家奇。北橅十碣辨汻沔,南校宋本親礱治。籀文可讀三百廿,蛟黿斷斫皆闕疑。升庵完璧吾豈敢,岣嶁誰篆承帝咨。作亭架覆石筍列,攝召魂魄鞭冰斯。示我目眩舌更撟,但覺元氣施心脾。我游禹陵摩穵石,不識科斗空嗟噫。君思信宿卧其側,鳥翾蟲股求偏欹。又言此刻願移置,郡庠鄉校千秋垂。斯舉誠豪會有數,知君好事公非私。

阮元《用朱石君師韻題海鹽張氏重模石鼓文》

北搨石鼓槌親持,又登范閣搜瑰奇。辨析章句證訓故,古文直與經同治。周篆四百四十九,察書樹石無然疑。薛鄭施潘各有釋,同聚一室相詢咨。安置妥貼鳩匠作,具刻明白有僕斯。昌黎所謂乃唐搨,先時已入人肝脾 _{義山句}。蘇公若見張生本,何勞畫肚多嗟噫。今君所模出北宋,願傳億載無傾欹。辛年有詔摹十鼓,命下籀史諧工垂。此本若能入太學,小臣之願非敢私。

詞

宋

張先《花月亭》_{天仙子}

水調數聲持酒聽。午醉醒來愁未醒。送春春去幾多時,臨晚鏡。傷流景。往事後期空記省。　沙上並禽池上暝。雲破月來花弄影。重重翠幙密遮燈,風不定。人初静。明日落紅應滿徑。

陳與義《青墩僧舍作》_{玉樓春}

山人本合居巖嶺。聊問支郎分半境。殘年藜杖與綸巾,八尺庭中時弄影。　　呼兒汲水添茶鼎。甘勝吳山山下井。一甌清露一爐雲，偏覺平生今日永。

予甲寅歲自春官出守湖州秋杪道中荷花無存者乙卯歲自瑣闈以病得請奉祠卜
居青墩鎮立秋後三日行舟之前後如朝霞相映望之不斷也以長短句記之虞美人

扁舟三日秋塘路。平度荷花去。病夫因病得來遊。更值滿川微雨、洗新秋。　去年長恨
拏舟晚。空見殘荷滿。今年何以報君恩。一路繁花相送、到青墩。

夜登小閣憶舊遊臨江仙

憶昔午橋橋上飲，坐中多是豪英。長溝流月去無聲。杏花疏影裏，吹笛到天明。　二十餘
年如一夢，此身雖在堪驚。閒登小閣看新晴。古今多少事，漁唱起三更。

朱敦儒《漁父詞》好事近

失卻故山雲，索手指空爲客。蒓菜鱸魚留我，住鴛鴦湖側。　偶然添酒舊葫蘆，小醉度朝
夕。吹笛月波樓下，有何人相識。

元

張可久《別漵川楊安撫》越·小桃紅

晚風吹上海雲星。山色秋偏淨。了得相思去年病。不堪聽。　尊前一曲陽關令。斜陽恁
明。寒波如鏡，分照別離情。

明

錢繼章《秋夕同曹顧菴學士集滌覽堂》一尊紅

憶當年。飛絮燕泥香，往往落芸編。記宗雷在座，阿連攜手，靈運齊肩。俯仰亭臺猶昔，殘
淚溼紅鵑。芳草池邊路，一樣芊綿。　生怕老懷作惡，似常凋短髮，乍冷秋天。賴高談如綺，撥
悶晚山前。儘破除、名香法酒，付餘情、晚柳與衰烟。又爭奈、虞淵日薄，笛響淒然。

國　朝

王翃《南湖秋宿》醉高歌

半湖明月蘆花，淡照一泓秋影。空邊風雁哀相應。聲與客懷相并。　叢他短髮如蓬，深得
閒愁似井。誰堪獨夜孤舟冷。又是離蛩喚醒。

曹溶《題項東井畫贈文公》木蘭花慢

禾興慳岫色，賴張璪、富霜毫。恣翠蔓安籬，烟絲倚瀑，全取空寥。登臨送情不淺，帶斜暉、
又聽暮鐘飄。疑有支公故業，閉關安問征橈。　名山何許傍雲招。吾欲借書寮。向王猷買竹，

蘇耽釀橘,兼種芭蕉。春應去、人未遠,肯蹉跎、三萬六千朝。除卻圖成景物,眼前都是蓬蒿。

陳維崧《雪中舟次語溪》浪淘沙

枯柳挂疎汀。烟火星星。昨宵西水驛邊經。猶記津樓綃幔底,誰喚銀瓶。　寒氣逼空舲。客夢初醒。亂帆又過語兒亭。我與落花同一例,隨路飄零。

寄嘉禾俞右吉朱子葆子蓉憶舊遊

松陵東去路,記水程、煙驛幾多般。鴛鴦湖裏泊,重城燈火,一派潺湲。船樓玉人行酒,碧浪瀉紅顏。更纍纍丹鱗,綿濛黛甲,上下哀湍。　十年。成間別,想怪侶良朋,一樣慵斑。縱玉清歸去,怕滿天風露,猶憶人間。只是南湖柳色,憔悴不堪攀。長望語兒亭,故人爲我且加餐。

沈謙《嘉興曉發》夜飛鵲

前汀月初上,喧動鄰舟。漁火遠映津樓。從來客睡不曾著,況聽旅雁啾啾。征衫露華暗滿,恨孤身衝曉,衰鬢驚秋。吳歌欸乃,動離情、一樣聲柔。　宛轉寒溪數里,回首見孤城,宿霧徐收。遙憶蘭閨昨夜,殘燈攲枕,也恁閒愁。苦無消息,擬緘書、又怕沈浮。奈鴛鴦湖水、再三囑付,不肯西流。

朱彝尊《送魏禹平還魏塘》摸魚子

一身藏、萬人海裏,姓名慵注官簿。秋深門巷堪羅雀,只共酒徒爲伍。君又去。認百疊、寒山似綫鄉關路。冰霜最苦。盼到得江南,平波斷岸,猶及泠風舞。　竹林伴,依舊攀酴交呂。笛家琴調簫譜。燕臺縱有尋春約,忍負鏡邊眉嫵。君且住。算我便、歸遲定不過闌暑。高荷大芋。待縛個茅亭,能來夜話,同聽紙牕雨。

汪森《午日同俞犀月舍弟季青泛舟皁林》驀山谿

蒲觴令節,共儗閑遊好。搖曳木蘭舟,趁片雲、招提尋到。榴紅艾碧,隨意插篷牕,官亭小,女牆低,郭外人家少。　青娥勸飲,只解雙眸俏。試著接羅歸,伴既醉、何妨也倒。沙頭乳鴨,占斷柳陰眠,風驟起,雨斜時,一里漁歌杳。

沈修齡《庚子冬日自長水歸西邨感賦》邁陂塘

放儂船、鴛鴦湖上,一篙早指西浦。雙鐶悄攏銅魚鑰,多少珠絲織戶。儂此住。似烏鵲、南飛三币寒林樹。不堪細數。悵倏忽春殘,剎那秋盡,吟鬢遽如許。　浮生事,只算蓬飄萍聚。薄遊休恨耽誤。蘆簾紙閣清于水,歸也依然羈旅。煙暝處。看柿葉、翻風愁對屏山句。此懷誰語。但長簞相尋,短檠自剔,聽到殺更鼓。

陸培《落帆亭漫興示胡近言》八歸

杉青開口,舟移如畫,帆影片片低壓。荒亭一角斜陽裏,遙趷繞城壘堞。矗雲香塔。捩柁吳娃生笑語,看卸落、檣竿時霎。最好是、景占江南,水次鬧花鴨。　誰分裝攜襆被,籤程同數,波浪今番輕狎。渚烟凝淡，白蘋浮小，漸遠高樓簾押。傍虹橋跨處，六幅翻催趁風插。閒輪與、載歸烏榜，棹轉嘔啞，行歌聲互答。

萬光泰《鴛鴦兩湖俱以菱繩取勝支河小澳在在有之九月後
净如明鏡矣春末夏初漁船競集蓋植竿種菱時也》蝶戀花

湖水一冬平似鏡。春水生時，湖上鴛鴦病。玉唾無痕柔渌净。五龍橋下漁船並。　插水長竿千个勁。長短菱繩，那憶風波定。綠葉青枝鋪漸竟。月微黃處烟千頃。

莊曹圩荷花以六月二十四日爲極盛好事者謂花初度是
日亂絲繁竹啁晰波間兩湖畫船俱移入内浦矣解語花

圍波入障，展岸成圖，人外天無縫。静香微溢。紅衣密、人道彩雲晨凍。烟嬌霧寵。剛放著、文鴛相共。翠蓋深、雙羽偷移，幾箭青蘆動。　還道擷簫伴遠，趁花深不見，獨倚紅鳳。越謳潛送。清音出、卻在暗橋深洞。蘭圍桂擁。更十色、游船齊縱。銷夏灣、休種梧桐，怕晚風成夢。

嘉興府志卷八十六

金　石

伊《志》列《金石》云：“父己鬲，見沈揆《古鼎記》。始皇碑，見《輿地碑目》。赤烏東晉殘塼斷碣，時見海上唐、宋以降碑文，載至元《志》。”掇略資采，殊簡當也。于《志》分《金石》《碑碣》爲二門，又其所收《金石》，多家藏物，似淆體例。兹仍遵伊例而稍變之，首石，次金，次甄，以甄乃陶屬也。至私家珍秘，既非公物，聊入《叢談》，不混。志《金石》。

府　治

蘇州嘉興屯田紀績碑頌　　文存。唐廣德間，李翰撰。至元《志》：“高豐廟，唐屯田之所。”

嘉興監記　　文存。貞元十七年歲在辛巳正月朔記，前秘書省著作郎顧況撰。伊《志》：“此爲嘉興監廷評渤海高日倫作。”

月波樓記　　文存。宋政和四年十一月日記，毛滂撰。

重建州學記　　文存。紹興癸亥十月辛酉[1]，襄陽張嵊記。

秀州陸宣公祠堂記　　碑存。淳熙四年，東萊吕祖謙記，廉里龔敦頤書石。後十有一年五月辛亥，郡太守天台陳揚善立石。伊《志》：陸宣公祠本在府學後，遷城外，屬嘉興縣。嘉靖間，改建城內，又屬秀水縣。兹總列于府治。

州學古鼎記　　文存。淳熙己酉中秋日，中大夫、守、國子祭酒兼權中書舍人沈揆題。伊《志》：“秀州于慶元元年始升爲嘉興府，此記應稱州學。或稱府學，誤。”

府學承置柴蕩記　　文存。紹熙四年，從事郎充州學教授尚朴記。

府學田記　　文存。嘉定元年十月望日，通□郎、秘書郎兼吳王、益王府教授陸。

嘉蓮圖記　　文存。癸酉孟秋既望，東陽潘友德書。伊《志》：“此記有‘寺丞商公治郡’之語，則爲嘉定六年商逸卿守郡時作。”

復學田記　　文存。嘉定十二年三月既望，朝奉郎、充樞密院編修官錢撫記。

復學田記　　文存。嘉定十□年七月，文林郎充嘉興府學教授吳杜謹誌。

增修府學記　　文存。嘉定十三年□月，朝議大夫、寶謨閣待制、提舉南京鴻慶宮袁燮記。

海頭謠　　文存。謠後有四明樓潗、樓淳、錢唐于有成題，嘉定十四年。

府學新創小學記　　文存，嘉定甲申，文林郎、國子正高熙績記。

重建觀頤堂記　　碑存。紹定二年己丑，郡文學黃夢高記。寶祐五年丁巳，郡守謝堂重建，咸淳四年戊辰，府學教授林霝、方恢立石，學正沈□、學錄婁拱辰、馬□發、直學顧德龍、司計侯□發雕刊，直學李文虎書。

廣惠院記　　文存。紹定辛卯七月，朝散郎、權發遣嘉興軍府兼管內勸農事、節制金山水軍吳潛記。在天馬橋北。

改建城隍廟記　　文存，闕半。嘉熙改元，歲在丁酉正月初吉日，中奉大夫、知嘉興軍府事兼管內勸農使、節制澉浦金山水軍劉炳記。

　　渙堂記　文存。嘉熙改元冬十二月,朝議大夫、煥章閣待制、知嘉興軍府事兼管內勸農使、節制澉浦金山水軍、鄞縣開國男食邑三百戶、賜紫金魚袋、四明史宅之記。

　　增建府學記　文存。開慶改元六月望日,通奉大夫、尚書吏部侍郎兼國子祭酒兼直學士院,時暫兼權給事中,攝吏部尚書兼同修國史、實錄院同修撰兼侍讀張鎮記。

　　嘉興府進士題名記　前進士葉隆禮序。咸淳改元九月吉日書。

　　免解陞甲記　文存。咸淳三年六月朔日,朝散郎、權發遣嘉興軍府事兼管內勸農事、節制澉浦金山水軍陳肖孫記。

　　嘉興推廳碑　文存。咸淳己巳三月望日,後學永嘉王持垕拜手謹書。

　　府學重建小學置田記　文存。咸淳五年己巳三月望日,迪功郎、差充嘉興府府學增差教授方恢記。

　　皇帝御製牧民之銘　碑存。咸淳辛未。

　　嘉禾王總管守城記　興地碑目。侯渙文。按:嘉興湯《志》有"王總管廟,在通越門內,總管因高田賊作,以身死難。"

　　曹史君廟記　至元《志》:"廟在郡治西北二百五十步,有碑在廟後,磨滅不可讀。《興地碑目》云:'吳感文。'"

　　尊經閣記　元至元丙戌,徐碩撰。

　　嘉興路儒學正禮堂基址本末　碑存。上刻劄付一道,下刻記一篇,甲午四月望日,何觀謹書。伊《志》:"此記作于前至元三十一年。"

　　重修嘉興路總管府記　碑存。大德己亥仲秋既望,里人、前太學進士金吾撰。崇德州儒學教授鄧文原書并篆額。總管府提控案牘韓昱、邊汝翼,將仕佐郎、嘉興路知事薛亨,從仕郎、嘉興路經歷趙昇,承事郎、嘉興路總管府推官劉鐸,承務郎、嘉興路總管府推官燕允賢,承信校尉、嘉興路總管府判官岳兀魯赤,朝請大夫、同知嘉興路總管府事李衎等立石。伊《志》記云:大中大夫、達魯花赤撒剌兒,字仲文;中憲大夫、總管辛仲實,字仲和重修。舊《志》作辛仲寶,字仲延,皆誤。

　　嘉興路重修儒學記　碑存。嘉興路儒學教授傅光龍記。嘉興路儒學教授孔照書。□□□□□浙等處儒學提舉范霖篆蓋。大德庚子。

　　儒人免役公文并記　碑存,闕數十字。上刻公文一道,大德七年十二月。下刻記一篇,大德甲辰孟秋既望,嘉興路儒學教授沈天佑記,山陽王國書。

　　嘉興路儒學歸復田租記　碑存。即牧民碑陰,闕數十字。大德甲辰季秋,前太學進士雋李金吾撰。應奉翰林文字、承事郎、同知制誥兼國史院編修官、東昌周馳書。朝列大夫、前江南浙西道肅政廉訪副使堯山霍肅篆額。

　　嘉興路重修儒學記　碑存。大德十一年七月既望,前朝奉大夫、大理少卿牟巘記。集賢直學士、朝列大夫、前江浙等處儒學提舉趙孟頫書并篆額。前進士趙由漳立石。伊《志》:"趙由漳官泰州錄事,與記中之學正趙由僑是兩人,或合為一,誤。"

　　加封大成至聖文宣王敕　碑存。《天下金石志》云:大德十一年。

　　重修廟學記　碑存。嘉興路儒學教授陳良弼撰。集賢大學士、榮祿大夫廉希貢書。榮祿大夫、齊國公劉□[2]篆額。延祐庚申。

　　嘉興路重建廟學記　碑存。奉議大夫、前常州路無錫州知州兼勸農事、郡人張采撰。朝列大夫、僉江南浙西道肅政廉訪司事尚師簡篆額。中議大夫、前江南浙西道肅政廉訪使徐傑書。至順二年八月十有五日記。中大夫、嘉興路總管府達魯花赤兼管內勸農事八札,中憲大夫、嘉興路同知別蒲臺武德將軍、嘉興路治中李新,奉直大夫、嘉興路判官童童,承務郎、嘉興路推官金惪溫,承務郎、嘉興路推官王勛,承事郎、嘉興路經歷劉巨源,登仕郎、嘉興路知事□元振,將仕佐郎、嘉興路照磨程茂,路吏石義矩,儒學教授朱謙,學正孟良貴,學錄董珪等立石。伊《志》:"府學大成殿梁上題云:'時至順二年歲次辛未三月丙子朔,越九日甲申吉辰謹題。'中大夫、嘉興路總管府達魯花赤八札鼎建,至今字跡如新。

合以此記,知'八札'二字乃達魯花赤之名。舊志作'八札崇'者,誤。"

重修尊經閣記 文存。至元五年歲在己卯三月望日記,張采撰。伊《志》:"此記作于教授强可仕在任時,而舊《志》以可仕列入前至元者,誤。"

重修嘉興總管府治記 至元五年後己卯,賜進士出身、承事郎、秘書監典簿韓璵撰。正奉大夫、江浙等處行中書省、參知政事吳秉道書。光禄大夫、江浙等處行中書省平章政事馬合謀篆額。中大夫、嘉興路總管府達魯花赤兼管内勸農事也列不干,中順大夫、同知嘉興路總管府事閭兒,朝列大夫、嘉興路總管府治中馬合馬,承德郎、嘉興路總管府判官小雲失海牙,承務郎、嘉興路總管府推官劉好禮,承德郎、嘉興路總管府推官陳惟一,承事郎、嘉興路總管府經歷項文質,將仕佐郎、嘉興路總管府知事馬皋,將仕郎、嘉興路總管府提控案牘兼照磨承發架閣馬原道,董工路吏王敬,凌元,士民陳敏、王日升等立石。伊《志》記云:"至元五年後己卯夏四月,法忽魯丁守兹郡,蓋嘉興路總管也。"

嘉興路太守興舉學校之記 碑存。前鄉貢進士鮑恂撰。承務郎、江浙等處提學副提舉李祁書。奉議大夫、江浙等處行中書省左司郎中張純仁篆額。至正六年十二月日立。

嘉興路重修宣公書院碑銘 文存。至正十五年三月既望,青田劉基撰。

重建宣公書院記 文存。至正二十二年六月日,中奉大夫、江浙等處行中書省左丞、鄱陽周伯琦記并書篆。山長常貞、直學陸光祖、司吏周誥立石。

嘉興路重修儒學記 文存。至正二十三年,建寧路儒學教授徐一夔序。案:此記全文惟見《始豐稿》中。趙《圖記》删存前半。

重修陸宣公祠堂記 碑存。承事郎、前太常寺博士、錢唐陳彥博撰并書篆。洪武六年秋九月日,耆老陳子貞、司禮唐景純立石。

禮部曉諭生員卧碑 碑存。洪武年。

重建陸宣公祠堂記 文存。資善大夫、太子少保、禮部尚書兼武英殿大學士、國史總裁、臨江金幼孜撰。宣德四年。

胡槩祭陸宣公文 碑存。宣德五年戊申閏四月朔。 案:文内列名教授陳立。舊《志》失載。

嘉興府儒學鄉貢題名記 碑存。中順大夫、詹事府少詹事兼翰林院侍讀學士、國史總裁、泰和王直撰。奉政大夫、吏部郎中兼侍書、廣平程雲書篆。宣德十年乙卯冬十月吉。 案:此碑題名,自洪武甲子科起至成化丙午科止,專記府學諸生也。

嘉興府儒學重建明倫堂記 文存。正統九年陳循撰。

陸宣公祠奏准春秋祭祀勘合石刻 石存。景泰三年閏九月二十二日。

唐陸宣公祠廟記 文存。嘉議大夫、南京大理寺卿、河東薛瑄撰。景泰六年歲次乙亥九月吉日,嘉興府知府延祥,同知侯康遠,通判龐端、鄧鏞,推官傅恭等立石。

嘉興府儒學祭器記 碑存。嘉興府儒學訓導、會稽章璠撰。吏部考功清吏司郎中錢塘董璵書丹并篆。明景泰七年歲次丙子季春吉旦。 案:此記所載祭器甚詳。

重修嘉興府儒學記 賜進士出身、中順大夫、福建汀州府知府、前禮科給事中、賜一品服、海鹽張寧撰。賜進士、大中大夫、浙江等處承宣布政使司左參政、盱江左贊篆。賜進士出身、文林郎、前廣東道監察御史、郡人姚綬書。成化二十一年歲乙巳五月望日立石。

嘉興府重修儒學碑陰 即張寧碑陰。成化二十一年乙巳歲孟秋吉日,賜進士第、中憲大夫、嘉興府知府、前刑部員外郎金谿徐霖用濟識。

嘉興府儒學明倫堂重建記 碑存。嘉議大夫、吏部右侍郎、前詹事府少詹事兼翰林院侍講學士、長洲吳寬撰。正議大夫、資治尹、太常寺卿、仁和林章書丹。朝議大夫、雲南等處承宣布政使司右參議、秀水金禮篆額。弘治九年歲在丙辰六月吉日立石。

重建嘉興府儒學尊經閣并宣聖燕居記　　碑存。將仕佐郎、嘉興府儒學教授、新淦蕭子鵬撰文并書篆。弘治十二年歲次己未秋八月日。

嘉興府重修廟學記　　碑存。賜進士及第、嘉議大夫、禮部左侍郎、前南京國子祭酒、經筵講官、同修國史、永嘉王瓚撰文。賜進士出身、通議大夫、户部左侍郎、前都察院右副都御史、總督漕運、無錫邵寶書丹。賜進士第、翰林院國史檢討、徵仕郎、四明吳惠篆額。正德己卯三月朔吉。

書遺愛祠碑陰　　碑存。嘉靖元年壬午冬十月之吉，知府事貴溪徐盈書。

陸宣公祠漱芳亭記　　文存。正德庚辰四月既望，後學秀水范言記。又有《書漱芳亭記後》一篇，嘉靖己亥秋九月既望，陸泉張本潔撰。又有《謁唐陸宣公廟》詩三首，嘉靖二年四月望，晚學當塗祝鑾書。新安後學胡宗明拜次，嘉興縣儒學教諭錢文拜次。

帝王聖賢贊　　石存府學。嘉靖四年，陳鳳梧謹贊。

嘉興新建察院記　　陸深撰，嘉靖五年。

新修嘉興府廟學記　　碑存。賜進士出身、中順大夫、知濟南府在告、海鹽鍾梁撰文。賜進士出身、翰林院檢討、楚府左長史、進階亞中大夫、嘉興朱綬書丹。賜進士出身、南京雲南道監察御史、奉敕巡按江西、秀水陶儼篆額。嘉靖六年歲次丁亥季春吉旦立石。

嘉興府題名記　　文存。鄭曉撰。嘉靖十囗年[3]。

明嘉興府儒學進士題名記　　碑存。嘉靖甲午二月吉旦，賜進士第、行人司行人、秀水沈伯咸公甫撰。　　案：此記自洪武七年乙丑科至嘉靖十一年壬辰科止。

嘉興府鄉貢進士題名記　　碑存。前鄉貢進士、知泰安州、郡人雙湖戴經謹撰。嘉靖甲午。　　案：此記自洪武三年庚戌科至嘉靖十三年甲午科止。

嘉興府儒學歲貢題名記　　碑存。嘉靖甲午春三月吉旦，賜進士出身、奉敕提督學校、貴州按察司僉事、前兵部武選員外郎、郡人吳鵬撰。

嘉興府儒學歲貢續題名記　　碑存。嘉靖十三年歲在甲午春三月辛巳之吉，賜同進士出身、徵仕郎、刑科給事中、侍經筵官、秀水沈謐撰。

改建唐陸宣公祠記　　文存。嘉靖十八年夏六月既望，賜進士第、中憲大夫、知嘉興府事、安福東蒙王學孔撰。同知陳鳴鑾，通判陳文昌、陳嘉猷，推官嚴光冶，嘉興縣知縣盧梗，秀水縣知縣阮復初同立石。

改建陸宣公祠記　　嘉靖十有八年秋仲月吉旦，賜進士第、奉政大夫、廣東提刑按察使司僉事、奉敕提督學校、秀水後學默泉吳鵬撰。　　伊《志》："今祠自嘉靖十八年遷建于嘉興縣學舊址處。"

改祀陸宣公祠文　　碑存。署嘉興縣事、本府通判張本潔立。嘉靖十八年歲次己亥七月立石。上刻公文一道，後刻祭文一篇。

重修嘉興府儒學記　　文存。嘉靖戊申趙文華撰。

嘉禾新築敵樓記　　文存。趙文華撰。

嘉興府重修吏廨記　　文殘闕，賜進士出身、奉政大夫、奉敕整飭沂州、兵備山東等處、提刑按察司僉事、前本府同知、蒼溪任希祖撰。賜進士出身、中順大夫、知臨江府事、前工部都水司郎中、郡人沈科書丹。嘉靖癸丑。

陸宣公祠象賢堂記　　碑存。嘉靖戊午秋七月，後學同郡沈爌記。

重修陸宣公祠堂記　　碑存。嘉靖癸亥秋八月，賜進士出身、資善大夫、南京工部尚書致仕、前南京禮部右侍郎、翰林院學士掌院事、右春坊、太子諭德兼侍講、同修國史會典、莆田康太和撰。

嘉興府儒學重修紀成碑　　碑存。萬曆丙子仲秋，賜進士出身、朝列大夫、南京國子監祭酒、前翰林院編修、奉敕提督學校、湖廣按察司副使、郡人姚弘謨撰。賜進士第、朝列大夫、四川布政使司右參議、前侍經筵、工科左給事中、郡人沈伯龍書丹。賜進士出身、奉政大夫、刑科山西司員外郎、郡人許應逵篆額。

重修嘉興府儒學碑記　　碑存。萬曆癸未歲孟春吉旦,賜進士第、奉議大夫、前行人司行人、刑科右給事中、治下生嚴從簡撰文。賜同進士出身階、正議大夫、雲南提刑按察司按察使、秀水范之箴書丹。賜進士出身、朝列大夫、廣東布政使司左參議項篤壽篆額。

重修嘉興府治紀略　　萬曆十二年甲申季夏立。賜進士出身、中憲大夫、知嘉興府事錫山龔勉撰文。賜進士第、奉政大夫、嘉興府同知北海顧連璧書丹。賜進士第、承事郎、嘉興府推官漳南俞咨禹篆額。

曹郡侯修學記　　碑存。萬曆丙申仲春立。賜進士出身、正治上卿、資政大夫、吏部尚書、前刑部尚書、南京工部刑部吏部尚書平湖陸光祖撰。賜進士出身、奉議大夫、南京大理寺寺丞、前考功司郎中、奉敕提督江西學政、光祿寺少卿、郡人朱廷益書。賜進士出身、奉訓大夫、工部虞衡清吏司署員外郎、郡人樂元聲篆額。

嘉興府儒學義田記　　碑存。賜進士第、中順大夫、知嘉興府事、前戶部浙江司郎中、洛原張似良撰文。萬曆二十七年季夏十五日,賜進士第、中順大夫、知嘉興府事、安成劉應鈳立石。郡人項穆書。

重修嘉興府儒學碑記　　碑存。賜進士及第、通議大夫、吏部右侍郎兼翰林院侍讀學士、記注起居經筵日講官、郡人朱國祚撰文。賜進士第、奉政大夫、修正庶尹通政使司右參議、前江西道監察御史、巡按直隸、山東、河南,侍經筵官、郡人姚思仁書丹。賜進士第、承德郎、吏部文選清吏司主事、前行人司行人、郡人賀燦然篆額。萬曆癸卯。

重建嘉興批驗所碑記　　文存。萬曆戊申,青浦張以誠撰。

郡侯長谷吳公鼎新儒學記　　碑存。賜進士及第、通議大夫、吏部右侍郎兼翰林院侍讀學士、記注起居經筵日講官、郡人朱國祚撰。賜進士第、奉直大夫、右春坊右諭德兼翰林院侍講、前編修贊善中允同修正史直起居注纂輯章奏管文官誥敕、郡人陳懿典書丹。賜進士及第、文林郎、翰林院編修、郡人施鳳來篆額。萬曆辛亥。

嘉興府學重修明倫堂記　　碑存。萬曆三十九年,郡人沈思孝記,雲間董其昌書。

嘉興府城記　　文存。吳鵬撰。

李邦華祭陸宣公文　　碑存。萬曆四十三年,歲次乙卯正月戊申朔越九日丙辰。

郡守鄭公鼎建弘文館記　　碑存。賜進士第、嘉議大夫、協理詹事府詹事兼翰林院侍讀學士、前翰林院侍讀學士、掌南京翰林院事、右春坊諭德中允贊善起居注、纂輯奏章管理文官誥敕正史纂修官、通家治生陳懿典拜撰并篆。崇禎十年歲次丁丑冬仲длинный月。　　舊《志》作黃承吳撰,誤。

嘉郡詹侯德政碑記　　碑存。賜進士第、光祿大夫、柱國、太子太保、工部尚書、通家治生姚思仁拜撰。賜進士第、中憲大夫、詹事府少詹事兼翰林院侍讀學士、右春坊諭德、中允贊善直起居注、纂輯管理文官誥敕正史纂修官、通家治生陳懿典書丹。天啓七年孟秋。

世祖章皇帝欽頒臥碑文　　立石府學。

至聖先師孔子贊　　康熙二十五年七月,張玉書奉敕書。立石府學。

聖廟四配贊　　康熙二十八年閏三月,張玉書奉敕書。

御製訓飭士子文碑　　康熙四十二年。

上諭訓士文碑　　乾隆五年。　　以上二碑,乾隆十三年,知府馬淇理、教授沈廷標、訓導鄭瑞鳳敬刊。生員朱振聲敬繕。

嘉興郡重修儒學碑記　　欽命予假國子監司業兼掌祭酒事、整理祭器書籍、前戊辰二甲進士、工部虞衡清吏司郎中、大理寺左寺副、里人譚貞默謹撰。賜進士第、銀臺觀政、里人汪挺書丹。賜進士、工部員外郎、里人莊鏻篆額。順治十三年歲在丙申仲秋吉旦。

重建嘉興府學碑記　　賜同進士出身、觀工部政吳元英書丹。賜同進士出身、觀戶部政朱霞篆額。順治丁酉歲秋八月吉旦。

嘉興郡重修儒學碑記　　康熙十有六年丁巳夏六月,中憲大夫、知府、廣寧盧崇興記并識。

重修嘉興府學明倫堂序　　康熙丁巳季夏,浙江嘉興府教授、舉人、會稽姜廷擇撰并書。

　　兩浙劉文宗學政碑記　賜進士第、文林郎、翰林院編修、奉命纂修《明史》、治年家弟彭孫遹頓首拜撰。賜進士出身第一、特召博學宏詞、御試簡授翰林院編修、奉命纂修《明史》、治年家弟沈珩拜篆。賜進士第、文林郎、翰林院編修、奉命纂修《明史》、治年家弟陸菜拜書。康熙三十年辛酉正月。

　　兩浙文宗晴峰張公學政碑記　翰林院編修、奉命纂修《明史》、治年家弟彭孫遹拜撰。翰林院編修、奉命纂修《明史》、治年家弟沈珩拜篆。日講官起居注、翰林院檢討、內廷供奉、治年家弟朱彝尊拜書。康熙二十二年。

　　王公錄士碑記　賜進士出身，御賜博學鴻儒第一等第一名、翰林院侍讀、前國子監司業、翰林院編修、治年家眷弟彭孫遹拜撰。賜進士及第、文林郎、翰林院編修、治年家眷侍生吳涵拜篆。賜進士出身、文林郎、翰林院編修、治年家眷侍生許汝霖拜書。康熙二十有五年丙寅冬臘月。

　　周大文宗學政碑記　賜進士出身、奉命纂修《明史》、年眷弟陸菜拜撰。日講官起居注、右春坊右諭德兼翰林院修撰、年眷弟徐嘉炎拜篆額。賜進士及第、欽授翰林院修撰、年家眷門人沈廷文頓首拜書丹。康熙二十八年己巳仲冬。

　　文廟祭器樂舞碑記　嘉興府郡公佟公捐製。康熙四十年歲次辛巳孟冬朔日，賜進士第、光祿大夫、經筵講官、禮部尚書、治年家眷弟杜臻拜撰。賜同進士出身、朝議大夫、奉旨特調吏部文選清吏司郎中、治年家弟袁定遠拜篆額。賜進士出身、奉政大夫、雲南曲靖府同知、年家晚生屠文良頓首拜書丹。

　　重修嘉興府學碑記　巡撫浙江等處地方、提督軍務、都察院右副都御史兼管兩浙鹽政盧焯拜撰。乾隆四年歲次己未仲冬。

　　聖賢像贊　照禮部頒式，爲題款像贊八十首，高增敬撰。初刻于山陰縣，王給事澍書，再刻于保定府，方公觀承書。今刻贊八十首，原跋六首，續跋三首，皆秀水張廷桂書。各像標目及篆額，皆檇李徐鈞書，蔣型繪。武林陳履安、張漢文刻。乾隆乙未仲秋望日，檇李吳高增謹識。先贈公旭昭先生殫心聖域，學粹行醇，少時謁孔陵四配聖廟，恭紀以詩。出示藏吳道子畫本，命兄高增勒石山陰。茲復重鐫，樹立嘉興郡庠。雷翠廷先生謂一舉而三善，備洵不誣乎。吳高埈謹識。

　　清理楊公祠田並附入徐、何二公合祀碑記　乾隆三十二年丁亥六月，秀水縣知縣馮坽撰，嘉興府儒學教授凌樹屏篆額，嘉興府儒學訓導張洪圖書丹。

　　鴛湖書院增定經費碑記　乾隆四十年乙未三月，署知府、如皋王燧并書。

　　鴛湖書院再增經費碑記　乾隆四十三年戊戌十月，署杭嘉湖兵備道兼理海防事務、湖州府知府兼攝嘉興府事、如皋王燧撰并書。

　　鴛湖書院規約碑記　嘉慶三年三月，知府長白伊湯安撰。嘉邑庠生朱□書丹。

　　重輯嘉興府志碑記　嘉慶五年秋八月，知府伊湯安纂，仁和縣學生朱文藻書并篆額。

　　改建試院文場碑記　賜進士出身、誥授朝議大夫、知府、嘉定李賡芸撰文并篆額。賜進士出身、誥授榮祿大夫、尚書房行走、內閣學士兼禮部侍郎、嘉善錢樾書。嘉慶十有一年丙寅冬十月。

　　重修嘉興府學碑記　廣東潮州府知府黃安濤撰。鄉貢士張廷濟書。工部左侍郎、安徽學政沈維鐈篆額。道光丙申四月。

　　嘉郡禁販字紙碑文　石在鴛湖書院。道光二十四年仲冬，長洲陳奐撰。嘉興張廷濟書。

　　重建嘉興弘文館碑記　同治四年乙丑，知府善化許瑤光撰、書。

　　重建鴛湖書院碑記　同治四年乙丑四月，知府善化許瑤光撰。

　　嘉興府常平倉碑記　同治八年己巳四月，知府善化許瑤光撰、書。

　　東瓶山銘　同治十三年甲戌，知府善化許瑤光撰、書。

　　右石。

【校注】

　　[1]紹興癸亥十月辛酉：按紹興癸亥，即宋高宗紹興十三年（1143），此年十月無辛酉日。而與"十"形近的七月初六日是辛酉日，故疑"十月"是"七月"之誤。

　　[2]劉□：《兩浙金石志》卷十五《嘉興路重修廟學記》作"劉珪"。

　　[3]嘉靖十□年：按萬曆《嘉興府志》卷二十五收鄭曉《嘉興府題名記》，文內有句"嘉興開府者百六十八年，未尚有題名之刻"。嘉興在元稱路，在明稱府。明代自洪武元年（1368）算起，加一百六十七年，應是 1535 年，即嘉靖十四年，故此處"□"疑是"四"。

　　父己鬲銘　　府學祭器。其文曰："癸亥王徙刊作冊，收新宗王商作冊，豐貝太子錫練大貝，用作父己寶鬲。"篆文四行，計二十八字。《博古圖》其末云：作己己寶鬲。己，見于商之帝號，蓋商以十干名，至周則有乙，公得于己，則未之見焉。是器獸足素耳，純緣之外作螭紋，而雷紋間之文鏤皆周制也。《鐘鼎款識》："觀其銘文，乃周鼎也。而曰'父己寶鬲'，蓋商末周初之器耳。"宋沈揆《府學古鼎記》曰："鬲，鼎屬也。凡銘稱父乙、父丁、父己，皆商器。《鐘鼎帖》及趙明誠《金石錄》皆云：'此商末周初器'，其說是矣。重和戊戌歲，知安州安持圖上孝感縣民賈卿田中所獲六器，此鬲在焉。中更亂離，莫知存亡。紹興中，嚴私鑄之禁，故家藏器悉上送官，遂歸秀之公帑。乾道己丑，守徐藏子禮嘗出以示俗，器已穿蝕，'寶'下一字頗漫滅，而銅色紺潤，形制醇古，殊可愛。去年冬，因語前使君、郎中陳侯，呼吏問器安在，則猶無恙也，相與摩挲嘆玩久之。侯曰：'此非藏器之所。'命寘諸學宮，使學者目見三代之器，稍考識其讀，以知古人制器崇禮之意。嘉興令黃度文叔因請摹勒于石，于此可以觀二君之政矣。"伊《志》："徙，舊釋作'徒'；王商作冊，舊釋'王賡'，皆非是。收新宗，'新'當讀爲'親'。《書》：'新迎我國家。'《大學》：'在親民。'新、親，古通用也。徙，遷也，收集也。親，謂九族；宗，謂五服以外。收親宗，猶《左氏》云：'合族，蓋王因遷都，作冊以安輯同姓，猶盤庚之作誥也。'商章也，錫具以章有功。豐貝，言錫之多練繒也。大貝，貝以大爲貴。《書》云：'大貝是也。'此蓋公族受錫，命用作其父廟器。己者，其父之字，非名子不名其父也。商周人皆以十干爲字，此則疑爲商末之器。何以證之？練，素繒也。商人尚白，故錫練。此器久失，而其文具見于《博古圖》及《鐘鼎款識》，故附考如此，明章璠有《嘉興府儒學祭器記》。"

　　大德銅鐘款　　沈天佑造，篆文三行，凡二十四字。上下模糊不可辨。　　案：此器章璠《記》不載。

　　銅鑪款　　至大戊申，嘉興路學文廟祭祀用。篆文二行，凡十三字。

　　至順銅鑪款　　嘉興路嘉興縣儒學教諭俞觀孫、學生竇居敬。至順三年十月吉日，凡二十六字。

　　至大四柱銅鉼款　　至大戊申冬，嘉興儒學置，分書二行，凡十字。

　　又銅鉼款　　至大戊申孟冬，嘉興路儒學造。篆書三行，凡十二字。　　案：此器章璠《記》不載。

　　銅酒尊款　　至大戊申孟冬，嘉興路儒學造。篆書三行，凡十二字。**象尊款**　　**犧尊款**　　**銅簠款**　　**銅簋款**　　**銅豆款**　　**盥洗盆款**　　篆文，皆同上。

　　鐘款　　至元三年歲在丁丑十有二月十五日，嘉興路儒學造。篆文三行，凡二十一字。

　　爵款　　嘉興府學，篆文四字。　　以上府學祭器。

　　宋景定漏壺　　知府長白瑞元著《府庫舊存》，刻漏銅壺五件，鏽澀斒斕，制度古樸。其一方形，高一尺七寸，面徑約一尺五六寸，底徑七八寸，腹微鼓，底旁鑲一銅龍，口內有細孔，可以滴水，腹上鑄有陽文。其辭曰："余以景定癸亥孟秋十有三日領郡事，首見麗譙不整，更鼓不明，非所以示觀聽。亟命工葺理樓宇，鑄造銅壺。越歲甲子季春，壺成，爲之銘曰：晝夜往來，是之謂道。昔有挈壺，罔差忽渺。彼何人斯，竊取莫考。號令無居，不暮則蚤。是究是圖，載用有造。天一所生，中涵渺杳。匪徒正時，亦我儀表。是能能之，勿使澤槁。是能疏之，勿使瀾倒。如受斯循，如刻斯曉。上下同流，補豈曰小？凡我後人，必戒必保。敬勒諸銘，萬古浩浩。嘉禾郡太守、天台陳詧書。"又一面，腹上亦有文，曰"嘉興府新鑄壺"，大小三件。又舊百分壺一件。其三皆圓形，上下勻停，口面徑二尺及一尺七八寸不等。高亦如之。底旁亦有細孔，可以通水，並無刻鏤文字。右四件，殆即陳公時物。惟所稱舊百分壺者，今亦無從辨識。又一件，圓形，高三尺許，面徑尺許，上下如一，腹上亦有鏤刻序文。銘語悉仍陳公之舊，後數行刻云："萬曆歲次乙巳季秋，知府蔡承植、嘉興縣知縣顏欲章，秀水縣知縣陳于廷重造。督工老人顧元鑄、銅匠易旺。"此件自係明代之物，惟銘語"是究是圖"，圖字誤刻罔字。款內天台陳嘗，嘗字誤刻讐字，義殊難曉。案：嘗字，即古文訓字。攷《府志·官師表》，宋景定間，守郡者有陳公墴，鄞縣人；又陳公著，奉化人，皆入名宦。傳名嘗者，並無其人，豈纂志者之漏略與？又查《府志·金石志》，此器亦未列入，未解何故？前賢制作，留傳至今，良非易易，用特廣徵詠歌，以誌梗槩，庶此器之不朽云。　張廷濟《跋》："壺貯嘉興府庫，舊不知有是器，長白瑞少梅世叔始以此器發題課士。"　案：嘉興何《志·職官表》載："景定三年，陳嘗以府丞督催秀水嘉興公田。"攷景定三年，系壬戌，明年即癸亥，似與文辭相合，實舊《志》所失載也。

　右金。

嘉興縣

　胥山碑　嘉興湯《志》：胥山上有子胥廟，廟左有石龜，蓋碑趺也。故有古胥山牌，有"石棧自錢塘抵禦兒之胥口"，凡十一字。

　陳夫人碑　文存。趙《圖記》："晉張林陳夫人碑曰：'夫人姓徐，吳郡嘉興人也。'"

　神龍本蘭亭敘　張廷濟《跋》："褚摹本神龍蘭亭，以六字雙勾本爲第一。此卷紙墨俱古，洵宋本也。"　同治十有一年，知府、善化許瑤光以石有廷濟《跋》，乃屬嘉興秀才鍾沈霖上石，嵌之南湖。

　唐故中書舍人吳郡朱府君神道碑　文存。建中四年，北海李紓撰。

　净土寺石幢　至元《志》："净土院，邑人陸求宅基。曾收得唐咸通十二年石幢。至清泰元年，奏漢南王捨宅爲安福寺。"伊《志》："今在移風九都，聞寺僧修殿，以碑石作階基矣。"

　宋米芾草書　同治癸酉，知府、善化許瑤光得此蹟于禾中，甲戌摹于《鑑亭銘》之碑陰。

　馬券　碑存嘉興縣學流虹亭。"元祐元年，予初入玉堂，蒙恩賜玉鼻騂。今年出守杭州，復沾此賜。東南例乘肩輿，得一馬足矣。而李方叔未有馬，故以贈之。又恐方叔別獲駿馬，不免賣此，故爲出公據。四年四月十五日軾書。""方叔來別子瞻，館于東齋。將行，子瞻以賜馬贈之。方叔作詩，次韻奉和。轍：小坰臥客笑元龍，彈鋏無興下舍中。五馬不辭別後乘，輕裘初許敝諸公。隨人射策氣終在，□□□□□□□。遙想據鞍橫槊□，□□□□建安風。""翰林蘇子瞻所得天厩馬，其所從來甚寵，加以妙墨作券，此馬價應十倍。方叔豆羹常不繼，將不能有此馬御，以如富貴之家，輒曰：'非良馬也。'故不售。夫天厩雖饒馬，其知名絶足，亦時有之爾，豈中可求錫馬甚良也！或又責方叔受翰林公之惠，當乘之往來田間，安用汲汲索錢？此又不識蚌痛者從旁論砭疽爾，甚窮亦難忍哉！使有義士能捐廿萬，并券與馬取之，不惟解方叔之倒懸，亦足以豪矣。衆不可。蓋遇人中磊落者，試以余書示之。元祐四年十月甲寅，黃庭堅書贈李方叔。"伊《志》："山谷跋中闕'常不繼'以下二十八字。　順治甲午仲冬，陸卿文《跋》。"　乾隆丙申三月，韓城王杰《跋》，略云："蘇文忠公馬券帖，並穎濱詩、黃山谷跋，共四石，舊藏陸宣公祠，歲久散失。順治甲午，宣公後裔求得之，尋有好事者購取其二，餘二石遂湮榛蕪中。今乾隆甲午，嶺南梁君宰禾，訪購人間所藏二石，又於祠中牆角并獲二石，而四石復完。"知府許瑤光《跋》："蘇文忠與李方叔馬券，向在流虹亭。有穎濱詩暨山谷跋語。咸豐十年，亭燬于賊。同治三年春，官軍復之。四月，余來守郡，命嘉興訓導蔡欽堯于廢營疊石中覓得之，而字已漫滅。乃訪舊本，倩秀才鍾沈霖修洗之。今年，孝廉石君中玉、程君瑞生謀復流虹亭，嵌石于壁，真盛事也。因誌顛末，并系以詩：昔賢敦友誼，此券足吾師。數載沈兵燹，千秋見筆姿。杭州君賜渥，元祐故交知。玉鼻今何在，人猶磊落思。　吳越森金石，於今賸幾何。蘇黃留寶墨，滄海未消磨。舊蹟南湖鎮，高風北宋多。友朋無馬共，愧我守嘉禾。"

　宋岳武穆王謝和議表　武勝定國軍節度使、開府儀同三司、湖北京西宣撫使兼營田大使臣岳飛上表言："今月十二日，准進奏院遞到赦書一道，臣已即恭率統制將佐官屬等，望闕宣讀訖。觀時制變，仰聖哲之宏規；善勝不爭，實帝王之妙算。念此艱難之久，姑從和好之宜，睿澤誕敷，輿情胥悦。臣飛誠歡誠忭，頓首頓首。竊以婁敬獻言于漢帝，魏絳發策于晉公，皆盟墨未乾，顧口血猶在，俄驅南牧之馬，旋興北伐之師。蓋古魯不情，犬羊無信，莫守金石之約，難充谿壑之求。圖永固而解倒垂，猶之可也；顧長慮而爭中國，豈其然乎。恭惟皇帝陛下，大德有容，神武兼備，體乾之健，行巽之權,務和衆以安民,迺講信而修睦,已漸還于境上,想喜見于威儀。臣幸遇明時,獲觀盛事,身居將閫,功無補于涓埃;口誦詔書,面有慚于軍旅。尚作聰明而過慮,徒懷猶豫而致疑。謂無事而請和者謀,恐卑辭而益幣者進。臣願定謀于全勝,期收地于兩河,唾手燕雲,終欲復讐而報國,誓心天地,當令稽顙以稱藩。時建炎二年三月黃道之吉,臣岳飛上。"于《志》:"此表墨蹟向藏新安程安琅家。道光八年,作琅送歸秀水岳祠裔孫岳鴻逵,藏于支祠之寶經閣。"

惠寂院觀音記　　文存。宋慶元丁巳閏月望日,朝奉大夫、知嘉興府軍事、澶困王補之書。

東塔廣福教院記　　文存。慶元庚申二月己未日,承議郎、新僉書江陰軍判官廳公事、賜緋魚袋永嘉鮑義叔記。

東塔寺置田度僧記　　文存。歲次甲子仲夏初吉,中奉大夫、行秘書省著作郎兼資善堂小學教授兼權駕部郎官婁機記。伊《志》:"甲子爲嘉泰四年,此與鮑義叔《記》,皆爲僧清雅作也。"

嘉興軍府給永昌院榜示　　文存。嘉定十六年二月日榜。　　伊《志》:"永昌院額題云:'皇伯奉國軍節度使、開府儀同三司、充萬觀使、嗣秀王食邑三千八百户,食實封一千二百户師揆書。嘉定二年歲在己巳十一月辛卯朔初二日壬辰,開山住持、賜紫金净惠大師智圓立。'又殿梁題云:'皇宋紹定五年壬辰閏九月庚戌朔二十四日辛未吉辰,住山釋道欽建。'在嘉會二十都。"

易庵寂照講師雅公塔記并銘　　文存。嘉定甲申,不著撰人姓名。

嘉興府嘉興縣重建永昌院記　　文存。寶祐甲寅五月五日,朝請大夫、直秘閣、差知沅州軍州兼管内勸農事、賜緋魚袋許應龍立。承議郎、通判嘉興軍府兼管内勸農事陳造書。訓武郎、閣門祗候、持添差嚴州兵馬鈐轄、仍釐務石孝儼篆額。住山釋道欽立石。

施府君廟賜靈顯額牒　　文存。太傅、右丞相、魯國公、同樞密院事兼權參知政事葉,簽書樞密院事兼權參知政事姚。景定五年九月日牒。　　郡人進義副尉、新浙西安撫司準備差使臣聞人依叔請立,臣曹元德刊。在思賢二十二都。

淳水橋柱題石　　石存。歲次戊辰咸淳四年十一月吉日重建。都勸緣李六二郎、□六三公謹題。在新行里北一里湧卍禪院橋柱上。今名淳水廟橋。

申請興學校公文　　文存。咸淳五年七月七日,迪功郎、嘉興縣主學張夢吉狀。咸淳五年八月八日,迪功郎、知嘉興府嘉興縣、主管勸農公事兼本府安撫司僉廳張汴狀。咸淳五年十月十六軍府帖文。

嘉興縣學記　　文存。咸淳六年,宣教郎、宗學博士、福王府教授梅應發記。

殷澄殘碑　　高道淳《瑤池長生記》:"予里瑤池畔得殘碑,有大宋年號,及'殷澄'二字。澄,故宋遺民,即郡志所載泖南浪翁也。"

善住庵記　　文存。元至元癸未良月旦日立,前進士、郡人魯天琪撰。在感化鄉。

石縣尹善政碑　　文存。至元二十五年十月初吉,承務郎、前衢州路總管府推官張世昌撰。

八大人覺經　　石存東塔寺禪堂。至元三十一年,釋溥光雪庵書。明萬曆間包公樨芳命工勒石。國朝咸豐間遭兵劫,字有殘缺。光緒二年,里人金涵捐貲,楞嚴僧朗珠捨石,鍾沈霖摹原拓補刻之。

徐家橋題字[1]　　皇慶元年建。上有題名"皇慶改元,歲在壬子仲冬吉辰,當里高森一力建立謹題"二十二字,在竹林廟西。

嘉興路智覺寺常住之記　　文存。延祐元年,僧文彬狀,并田畝四至。在長水二十一都。

净相寺重興記　　文存。延祐二年八月二十四日,前朝奉大夫、大理寺少卿牟巘撰。在里仁九都。

西沈橋題字　　延祐四年建。上有題名"國號大元,歲在丁巳延祐四年仲秋吉辰造。主首沈端書"二十三字,在新篁里西。

净相寺橋題字　　至治二年建。上有題名"當寺前本路梵天教寺住持百川法海一力重建,時至治二年,歲在壬戌正月吉日,主首嗣景題"兩行,三十七字。

南倪橋題字　　泰定二年建。上有題柱"泰定二年,歲次乙丑八月日建"十二字,在净相寺南。

西廟橋題字　至正二年建。上有題名"大元至正二年壬午仲春吉日,清隱比邱□□□□所集功德。上報山門,歷代祖宗,同登道品,共證菩提"二行,四十字。在新篁鎮東。

曹邨涇橋題字　至正九年建。左右二柱,各有題名。一云"嘉興路嘉興縣永豐鄉十三都□上里辰一字圍居□信士于文貴同妻錢氏壽一娘同發誠心,施財并募衆緣建造。所覬增延壽算,雙太吉祥,伏願八千歲靈椿獻壽,愈老愈堅,九萬里金翅搏風,曰富曰貴者。至正九年十月吉日謹題"四行九十字。一云"嘉興路嘉興縣永豐鄉陸墓□居檀越信士戴國珍同妻陸氏謹施長財,助立橋架,椊砥砥柱,通濟往來,跂行大道。所冀現在之功,身全五福門闌,增瑞靄之風□;他世之中,性□□品蓮社,證菩提之密□。□□□。時在至正九年□月□□□□□"四行,可識者八十字,其餘不可讀。在曹村。

韓公義井石欄　石存韓公義井,皇元至正十一年歲次辛卯仲夏吉辰謹題。在净相寺大殿前。

嘉興縣儒學重修大成殿記　文存。陳達記。至正十三年,歲在癸巳六月吉日。本學賓序、將仕佐郎、邵武路泰寧縣主簿朱魯卿,鄉貢進士、太平路儒學正陳善,宣聖五十四代孫、將仕佐郎、前瀘州路總管府知府孔善元等立石。

嘉興縣尹承務郎陳公德政記　文存。將仕郎、蘄州路録事解觀記。至正十四年三月望日。

梅道人畫竹　石存煙雨樓。自題云:"山窗思寂寥,銅博香委曲。客中乞丹青,寫作秋雲綠。"知府許瑤光詩:"鴛鴦湖上釣磯磯,舊時翠竹含烟霏。兵後何有有苦笋,孤負清風無處歸。我藏梅花道人竹,枝枝搖曳秋雲綠。刻石湖中龍夜吟,碧波萬頃戞寒玉。滄桑金石半消沈,藉吾邦人話前躅。我聞道人劍術奇,臨老卻題和尚碑。仙耶佛耶且莫辨,筆墨自與乾坤垂。魏塘墓前有八竹,題詩字字騰蛟螭。究竟道人以竹重,至今重竹兼重詩。人生那可無絶藝,丹青也定千秋計。我思古人貽後人,他年應入禾中志。同治六年刻并題。"

禮部曉諭生員卧碑　碑存縣學。洪武年。

重修嘉興縣儒學記　文存。洪武六年秋八月吉日立石,承事郎、前太常博士、錢塘陳彥博記。

重建普光明殿記　文存。賜進士及第、奉議大夫、翰林院侍讀學士兼修國史、廬陵曾棨撰。　伊《志》:"此記是永樂二十年壬寅作,在東塔寺。"

三賢祠記　文存。宣德五年,廬陵羅汝敬撰。

嘉興縣丞署修建記　宣德九年,尚書魏驥撰。

復闇和尚重修東塔華嚴講寺記　碑存。正統八年歲次癸亥秋九月吉日,通議大夫、禮部左侍郎兼翰林院侍講學士、國史總裁經筵官、臨川王英撰。

重建嘉興縣儒學記　文存。景泰三年歲在壬申春三月既望,賜進士及第、翰林院侍講、承德郎兼經筵官、吉水劉儼撰。

重修東塔華嚴經閣之記　碑存。景泰三年歲次壬申閏九月菊節,賜進士及第、翰林院右春坊右中允、承德郎兼經筵官、秀水呂原撰。

明中奉大夫福建等處承宣布政使司左布政使黄公神道碑　文存。景泰六年,呂原撰。在勸善鄉。

資善大夫吏部左侍郎俞公墓誌銘　文存。天順二年,呂原撰。

方沈庵記　天順戊寅,御史姚綬撰。

重建興善寺記　文存。天順五年歲次辛巳孟秋七月日,賜進士及第、翰林院學士、奉議大夫、知制誥、春坊大學士秀水呂原撰。

奉政大夫翰林院學士贈禮部右侍郎謚文懿呂公神道碑　文存。天順癸未八月二十日,資德大夫、正治上卿、太子少保、吏部尚書兼翰林院學士、知制誥、南陽李賢撰。

鬱秀道觀重建殿宇碑記　文存。成化三年丁亥,張寧撰。

新豐鎮重修建妙峰環橋記　文存。成化六年歲次庚寅冬十二月吉旦立。賜進士、吏部稽勳司員外郎、進階一級、邑人沈淳撰。

清真道院銘　文存。成化十四年戊戌冬孟吉旦,賜進士第、前廣東道監察御史姚綬撰。

净相寺重建觀音記　文存。成化十四年歲在戊戌應鐘月十有九丁未吉日,賜進士、資德大夫、正治上卿、禮部尚書鄒榦撰。

崇玄道院碑文　成化壬寅秋,張寧撰。

嘉興縣學科第題名記　吳寬撰,弘治年立。

新築常豐塘碑　文存。承直郎、江西南昌府通判致仕、郡人徐春撰并篆書。弘治四年歲次辛亥八月吉旦,住山志寧立。

漏澤寺重建山門記　文存。弘治六年歲在癸丑夏四月吉旦,賜進士第、文林郎、南京廣東道監察御史、魯東徐璘撰。

修建白蓮寺碑　文存。弘治六年龍集癸丑孟冬之吉,賜狀元彭教榜進士出身、文林郎、前廣東道監察御史、郡人姚綬撰并書。

東隱庵記　弘治七年歲在甲寅五月吉日,賜進士出身、蘭臺逸史、雲東姚綬撰。

圓通寺重修佛殿記　文存。弘治七年歲在甲寅孟夏朔日,承直郎、江西南昌府通判徐春撰。

重建嘉興縣廳堂碑　文存。弘治八年九月,四川按察使僉事梅江撰。

丹邱先生墓志銘　文存。賜進士出身、承德郎、禮部儀制清吏司主事、吳門楊循吉撰。弘治十年。

董節婦墓志　碑存。正德二年歲次丁卯三月上浣吉旦,賜同進士出身、文林郎、知嘉興縣事、金谿洪範撰。嘉興湯《志》:"地藏庵係烈婦王桂芳碑亭故址。"

重建太古道院碑記　正德二年丁卯春三月之吉,郡人朱綬撰。

廛隱道院重建記　文存。翰林院孔目支立撰。正德七年。

東湖書院記　文存。正德十五年十二月吉旦,賜進士及第、資善大夫、禮部尚書、前翰林院學士、經筵日講官、同修國史、太倉毛澄撰。即屠康禧祠。

明四進士記　碑存。正德間包鼎撰。在東塔寺。

嘉興縣重修預備倉記　文存。嘉靖五年龍集丙戌季冬,賜進士、吏科給事中、平湖趙漢識。

嘉興縣令題名記　文存。嘉靖丁亥六月,嘉興縣鄉進士、甘陵胡漟頓首拜書。賜進士第、文林郎、知嘉興縣事、湖廣茶陵龍欽,迪功郎、縣丞張雲翔、安邦直,將仕郎、主簿顧瀾,典史梁珍仝立。

嘉興縣重修預備倉記　文存。嘉靖十年辛卯夏六月朔旦,賜同進士出身、文林郎、知嘉興縣事新安黃訓撰。

大中大夫南京光禄寺卿陸公神道碑　文存。賜進士及第、吏部尚書致仕、進階榮禄大夫、前經筵官、國史副總裁、泰和羅欽順撰。嘉靖甲午。

新遷嘉興縣儒學記　文存。嘉靖十五年四月朔日之吉,奉訓大夫、左春坊左諭德、同修《大明會典》、校對累朝寶訓、經筵講官、前翰林院修撰、明山姚淶謹記。

黃獻可登東塔寺詩　碑存。丙申元夕。　案:黃獻可,莆田進士,嘉靖十三年知嘉興縣事。

正役亭記　文存。嘉靖丙申歲八月朔日,賜進士、知嘉興縣事莆田黃獻可記。

黃侯新遷嘉興縣儒學記　文存。嘉靖丁酉春王正月之吉,賜進士出身、承德郎、兵部職方司主事、甬江趙文華撰。

漢朱買臣墓碑　碑存。嘉靖戊戌,知縣盧楩題。

陸宣公遺像并贊石刻　碑存。嘉靖乙巳,李時行撰。

右春坊右諭德屠公墓誌銘　文存。嘉靖丁未,賜進士出身、通議大夫、吏部左侍郎兼翰林院學士、會典副總裁、纂修玉牒、校録國史、經筵講官、長沙張治撰。

重建烟雨樓記　　文存。嘉靖二十八年己酉歲十一月中澣,賜進士及第、國史修撰、淮南李春芳撰。

重建烟雨樓記　　文存。嘉靖二十八年歲在己酉季冬吉旦,賜進士出身、奉政大夫致仕、前國子監丞、五經博士、郡人范言撰文。

重修石筍夫人廟碑記　　文存。嘉靖庚戌秋九月望立。前徽、漳二州文學掌記、南湖野人、同郡曾丙撰。

重修嘉興縣儒學記　　文存。嘉靖壬戌仲春旦日,賜進士出身、中憲大夫、整飭密雲等處兵備、山東按察副使、前尚書刑部郎中賈名儒撰。

義勇武安王神祠碑記　　文存。嘉靖四十一年歲次壬戌臘月,賜同進士出身、文林郎、直隸蘇州府推官予告致仕王三錫撰。

嘉興縣新建便民倉碑記　　文存。嘉靖歲在癸亥春三月吉,賜進士第、通議大夫、南京刑部右侍郎、前南京大理寺卿、吳邑錢邦彥著。

新建白馬堰萬程橋記　　文存。嘉靖四十三年甲子歲季春月望日,賜進士、前工科給事中、奉直大夫、同知揚州府事、平湖馮汝弼祐山撰。

修建玄真觀碑記　　嘉靖甲子,李芳撰。

重修石佛教寺碑　　碑存。嘉靖乙丑夏,賜進士出身、翰林院庶吉士、前國史編修、郡人姚弘謨撰。

明監察御史穀庵姚公行祠記　　文存。嘉靖丙寅秋月吉旦,賜進士出身、資善大夫、南京工部尚書、莆田康太和撰。

嘉興縣儒學重新廟門記　　文存。隆慶元年孟春之吉,賜進士出身、中憲大夫、整飭密雲等處兵備、山東按察司副使奏准致仕、邑人賈名儒撰。

嘉興縣净土寺重修觀音殿碑記　　文存。隆慶歲次戊辰冬十二月吉旦,賜進士第、奉政大夫、刑部河南清吏司郎中、平湖春宇張大忠撰。

宋曹武惠王廟碑　　文存。隆慶歲次辛未季冬日,賜進士出身、前資德大夫、正治上卿、南京刑部尚書、都察院掌院事、右都御史郡人孫植撰。

修建瀛塘橋記　　文存。隆慶歲次壬申仲冬日,賜進士出身、前資德大夫、正治上卿、南京刑部尚書、都察院掌院事、右都御史、郡人孫植撰。

重建玉樞道院東嶽寶殿碑記　　文存。萬曆四年歲次丙子孟冬月吉旦,賜進士出身、中憲大夫、通政使司右通政、郡人湯日新撰。即天尊閣。

清真道院重建三元堂碑記　　文存。萬曆戊寅五月吉旦,賜進士出身、承德郎、兵部職方清吏司主事、奉敕鎮守山海關、邑人王家棟撰。

重修烟雨樓記　　文存。萬曆癸未孟春朔,錫山龔勉撰并書。後有豫章曾維倫跋。

釣鼇磯三大字　　石存。穀所書,即龔勉書。彭輅有《記》。

重修積慶庵記　　文存。明萬曆十一年癸未八月望日,賜進士出身、南京刑部尚書、平湖孫植撰。

唐氏修復先塋記　　文存。萬曆癸未孟冬之吉,賜進士出身、行人司行人、八代孫仲寅稽首謹書。

石佛寺復古蹟記　　碑存。萬曆乙酉仲夏日,賜進士出身、資德大夫、正治上卿、南京工部尚書、前南京刑部尚書、都察院右都御史、郡人孫植撰文。賜進士出身、亞中大夫、福建布政司右參政、郡人馮皋謨篆額。賜進士出身、苑馬寺少卿兼陝西按察司僉事、郡人戴鳳翔書丹。

新建嘉興縣養濟院記　　文存。包檉芳撰。萬曆乙酉歲孟秋之吉立石。

重修嘉興縣儒學建聚奎門碑記　　文存。萬曆十三年歲次乙酉秋,賜進士出身、通議大夫、吏部左侍郎兼翰林院侍讀學士、經筵講官、郡人姚弘謨撰。

重建竹林廟記　　碑存。萬曆十三年歲次乙酉九月吉旦，舉人、瀛臺高文登撰。　　後有重修記。一天啟五年，高道素撰；一康熙三十六年，高宗濂撰。

資德大夫正治上卿南京刑部尚書蜃川孫公墓誌銘　　文存。賜進士出身、資政大夫、都察院左都御史、仙居吳時來撰。萬曆丁亥。

東塔廣福華嚴講寺青白池記　　碑存。萬曆戊子季春三日，賜進士第、中大夫、浙江布政司右參政、前知嘉興府事、錫山龔勉撰并書篆。

光祿大夫太子太保吏部尚書默泉吳公墓誌銘　　文存。賜進士及第、光祿大夫、柱國、少師兼太子太師、吏部尚書、建極殿大學士、知制誥、知經筵事、國史總裁致仕、奉敕詔存問、華亭年眷生徐階撰。萬曆十六年。

新豐鎮重建登雲寺記　　萬曆十八年歲次庚寅仲秋，賜進士出身、大中大夫、江西布政使司右參政分守湖東道、前山東按察司副使、兵部武選司郎中、秀水王俸撰。

重建明倫堂記　　碑存。萬曆二十年二月朔日之吉，賜進士出身、中大夫、督理蘇松常鎮糧儲、奉敕專管江南水利、湖廣布政使司右參政、前太僕寺少卿、邑人許應逵撰。

陸氏祠堂碑記　　萬曆二十一年歲次癸巳仲秋，賜進士第、通議大夫、欽差提督軍務、巡撫江西等處地方、都察院右副都御史、宗生陸萬垓撰。

重修東塔廣福講寺記　　文存。萬曆甲午冬十月吉旦，奉敕贊畫薊遼保定山東等處軍務加四品服、兵部職方司主事、了凡居士袁黃撰。

嘉興縣新建常平倉碑　　文存。萬曆二十四年丙申夏六月朔日，賜同進士出身、奉政大夫、南京大理寺丞、前光祿寺少卿、邑人朱廷益撰。立石本縣延賓館中。

重修嘉興縣學文廟記　　碑存。萬曆二十四年歲次丙申孟秋，賜進士第、整飭淮徐兵備、山東布政使司右參政、前太僕寺少卿、邑人許應逵撰。

重修智覺寺碑記　　文存。萬曆丙申歲孟秋，賜進士出身、提督軍務、兵部職方司主事袁黃撰。　　伊《志》：“此《記》稱寺基肇自東漢明帝十三年，乃僧徒誆語。嘉興湯《志》駁之，甚是。”

嘉興縣北板坊興復社學記　　萬曆丁酉歲孟冬朔日，賜進士出身，朝列大夫、南京國子監祭酒、前左春坊左庶子兼翰林院侍讀、纂修正史副總裁、侍班官、里人馮夢禎撰。

嘉興府嘉興縣新建預備濟衆倉記　　文存。萬曆二十六年歲在戊戌仲冬十五日，賜進士第、資善大夫、都察院右都御史兼兵部右侍郎、協理戎政、侍經筵、前以右僉都御史巡撫河南陝西督理軍務、以太常寺少卿提督翰林院四夷館、邑人沈思孝譔。

嘉興縣學義田記　　碑存。萬曆歲在戊戌季冬，賜同進士出身、奉政大夫、南京通政使司右參議、前大理寺右寺丞、光祿少卿、奉敕提督江西等處學校僉事、郡人朱廷益撰文。賜進士第、中大夫、昌平兵備參政、前太僕寺少卿、奉敕督理蘇松常鎮糧儲兼管水利、整飭淮徐兵備右參政、邑人許應逵篆額。郡人項穆書。

嘉興縣儒學義田記　　萬曆二十七年己亥四月朔旦，賜進士第、翰林院編修、文林郎、同纂修正史兼直起居注、郡人陳懿典撰。

嘉興縣漏澤教寺承佃官地歸寺碑記　　文存。萬曆三十二年甲辰春仲，賜進士第、文林郎、知嘉興縣事、延吳鄭振先撰。

妙法蓮華殘碑　　黃承昊《法華庵記》：“陸太宰莊簡公一日至水涘，見青蓮花數十枝，掘地獲殘碑，彷彿如有妙法蓮花字義。相傳即宋之蘆庵。”

漏澤寺新建金湯室碑記　　文存。萬曆甲辰初冬，南京國子監祭酒、真實居士馮夢禎記。

嘉興縣創建仁文書院記　　中憲大夫、知嘉興府事、邵陽車大任撰。萬曆三十二年。

魚樂國三大字　　碑存。萬曆乙巳，董其昌書。

魚樂國記　文存。萬曆三十三年歲在乙巳正月之吉，賜進士第、中憲大夫、浙江提刑按察司副使、奉敕整飭嘉湖兵備、前南京禮部郎中、知福州嘉興二府事、邵陽子仁父車大任撰。

鬱秀道觀重建殿宇門廡新碑記　萬曆三十六年新正吉旦，賜進士第、南京國子監司業、前翰林院修撰、奉敕纂修兩朝實錄寶訓兼理制誥記注起居、充經筵官、當湖沈懋孝撰。

邑侯顏公重修嘉興縣儒學碑記　文存。萬曆三十有六年歲次戊申孟夏上浣之吉，賜進士及第、通議大夫、吏部右侍郎兼翰林院侍讀學士、記注起居、經筵日講官、郡人朱國祚撰文。

陸侯重修嘉興縣儒學碑記　文存。萬曆三十九年歲次辛亥孟冬之吉，賜進士及第、通議大夫、吏部右侍郎兼翰林院侍讀學士、記注起居、經筵日講官、郡人朱國祚撰。

嘉興縣給東塔寺免役帖　文存。萬曆四十年七月廿一日給帖。

嘉興陸侯東塔寺免役碑記　文存。萬曆壬子仲冬，賜進士第、福建按察司建南道副使、前湖廣提督學校、翰林院編修、知制誥、經筵東宮日講官、華亭董其昌撰并書。

東塔白蓮講寺禁約碑記　文存。萬曆歲次癸丑孟冬，賜進士及第、通議大夫、吏部右侍郎兼翰林院侍讀學士、記注起居、經筵日講官、郡人朱國祚撰。

重修興善寺毘盧閣碑記　文存。萬曆四十八年孟夏立石。包世杰撰。

仁文書院義田記　賜進士第、奉命冊封益藩、禮部精膳司員外郎岳和聲撰。

重修東塔寺記　碑存。萬曆年，朱國祚撰。

重復淨土禪院碧鮮亭坡公井記　文存。沈懋孝撰。

蔣侯重修嘉興縣儒學碑記　天啟元年吉旦，賜進士第、奉直大夫、翰林院侍讀學士、掌南京翰林院事、前右春坊右諭德、直起居注、纂輯章奏管理文官誥敕、正史纂修官陳懿典撰。

虹橋吳氏祖塋碑記　文存。賜進士及第、翰林院修撰、經筵侍講史官文震孟撰。賜進士第、中憲大夫、福建布政司參議、前奉敕提督學政、雲南按察司僉事范允臨書。賜進士第、文林郎、知嘉興縣事湯齊篆。天啟二年孟冬朔日，八代孫麟微等立石。

東塔講寺重建禪堂碑記　碑存。天啟二年十二月朥日，武英殿大學士、太子太保兼户部尚書朱國祚撰。秀水吳中龍書。

邑侯湯公捐助學田記　文存。天啟四年十一月，賜進士第、光禄大夫、太子太保、工部尚書、年通家治生姚思仁謹撰。

隱君春門徐公墓誌銘　天啟丁卯，華亭友弟陳繼儒頓首撰。

重修嘉興縣學碑記　碑存。賜進士第、中議大夫、提督操江兼管巡江、都察院右僉都御史、前分守浙西道轄杭嘉湖三府駐箚湖州府、左布政使、閩唐際盛撰。賜進士第、中議大夫、太僕寺少卿、邑人李日華篆額。賜進士第、承德郎、吏部文選清吏司主事、前行人司行人、邑人金麗兼書丹。崇禎三年庚午立。

重修嘉邑儒學碑記　碑存。崇禎三年，史官陳懿典撰。華亭陳繼儒書。

重建慶善橋及太平橋橫坳橋記　文存。崇禎四年歲次辛未正月穀旦，敕授徵仕郎、南京光禄寺大官署署丞、恭遇冊儲覃恩晉文林郎、里人高道淳撰。

黃忠端贈高寓公詩　石存高家埭。

重建樂善庵關帝廟記　文存。高道素撰。陳繼儒書。趙宧光篆額。即宋鮑廉葬處，名鮑塔庵。

董文敏題唐璵像石刻　崇禎八年乙亥，八十一翁董其昌。　石存新豐唐氏。

世祖章皇帝欽頒臥碑文　立石縣學。

御製訓飭士子文碑　康熙四十二年。

上諭訓士文碑　乾隆五年。　以上二碑，乾隆十三年，知縣楊承綜、儒學教諭沈莫尚、訓導諸葛秀敬刊。

御題烟雨樓用韓子祈詩韻　乾隆辛未春。

御賜錢陳群詩　石存鴛湖書院。一乾隆壬申秋七月。一辛卯仲秋。一辛卯孟冬。一壬辰暮春。

御賜錢陳群詩　石存鴛湖書院。一壬申嘉平月。一丁丑春二月。

御製烟雨樓詩　《名勝志》："處州、沔陽，皆有煙雨樓，並此而三，故及之。乾隆丁丑春二月。"

御書米字　乾隆二十二年十二月，賜刑部侍郎、在籍食俸錢陳群。

御題煙雨樓詩　乾隆壬午仲春。

御製登煙雨樓與莊有恭聯句用石鼎體　乾隆二十七年四月朔日之吉，浙江巡撫臣莊有恭記。

恭和御製登煙雨樓與莊有恭聯句　臣錢陳群敬書并跋，時年七十有七。

孝經　錢塘王曾期敬書。康熙丁丑，徐潮識。乾隆三年，史珏、沈鵬勒石。在嘉興學文昌閣。

重修嘉興縣儒學記　賜進士出身、奉政大夫、原任浙江道監察御史巡視西城、郡人徐鳳池撰文。賜進士出身、翰林院編修、邑人陸紹琦篆額。康熙五十四年六月。

重修嘉興縣學碑記　雍正癸卯夏，敘陞府同知、知石門縣事、署理嘉興縣印務、襄平王以和撰。

流虹勝地　乾隆八年十一月，知縣鮑鈐立石[2]。

重修嘉興縣學聖廟記　知嘉興縣事、雲中鮑鈐撰記。葛世華書丹。乾隆九年十二月。

重修嘉興縣學泮池記　乾隆十二年丁卯六月天貺節，昌黎閻公銑撰。

流虹亭記　賜進士出身、知嘉興縣事閻公銑撰記。乾隆十二年歲次丁卯仲夏。

楊承綜煙雨樓記事詩　乾隆十有六年。

重建嘉興縣儒學明倫堂碑記　乾隆閼逢閹茂皋月，知府、磁州張照乘記并書。知縣、中州張元文篆額。

太傅錢陳群八十自壽詩　石存鴛湖書院。

東塔廣福講寺清理禪堂碑記　乾隆三十三年歲在戊子九月之吉，杭嘉湖兵備道、前嘉興府知府、刑部郎中馮章宿撰。秀水縣儒學訓導陸勤茱篆。

重修嘉興縣學宫碑記　乾隆三十五年歲次庚寅夏五月，賜進士出身、光禄大夫、供奉經筵講官、太子太傅、刑部尚書、在籍食一品俸、邑人錢陳群謹識并書。時年八十有五。

庚子重修煙雨樓記　潞河金仁撰，錢塘梁同書書。

杭嘉湖道秦瀛遊煙雨樓詩　嘉慶丁巳冬。

汪淮遊煙雨樓詩　與秦瀛同作。

重修嘉邑城隍廟碑　嘉慶六年辛酉秋八月，内閣中書、嘉善沈鳳輝撰。秀水朱休甫書并篆額。

嘉邑創舉梯雲會集詳定條約　道光十五年立石。

杭嘉湖道陳鍾麟遊煙雨樓詩

嘉興梯雲集碑記　道光二十年庚子四月四日，嘉興鄉貢士張廷濟撰并書。歲貢生徐同栢篆額。

東塔講寺放生碑記　嘉興徐榴生撰，德清戚士彦書。咸豐元年歲次辛亥。

朱竹垞太史祠堂記　同治五年，知府許瑶光撰、書。

重建嘉興縣治碑記　同治七年歲次戊辰二月，知縣諸城臧均之撰、書。

重修嘉興縣學碑記　同治七年歲次戊辰孟夏月，知府許瑶光撰并書。

重建嘉興縣儒學記　同治七年孟冬月，知縣諸城臧均之撰。國子監學正、秀水蔣人彦書。

南湖八詠　同治九年歲在庚午，知府許瑶光撰并書。

南湖八景圖　　同治庚午夏五,包山秦敏樹畫。

來許亭記　　同治十有二年癸酉夏六月,前翰林院庶吉士、雲南廸東道、嘉興吳仰賢撰、書。

鑑亭銘　　同治十有三年四月,知府許瑤光撰、書。

煙雨樓編年詩　　同治十有三年孟夏,知府、善化許瑤光録。

重建城隍廟行宮記　　同治十有三年,知縣、陽湖史致馴撰,秀水朱輔仁書。

杭嘉湖道何題煙雨樓詩　　署尾云:"同治甲戌十月,古昇州何兆瀛澈叟稿。"後刻知府許瑤光和作。

彭宮保梅花橫直石刻各一　　其直石題詩云:"鴛鴦湖畔暫停舟,烟雨來登島上樓。一幅梅花乘醉寫,何妨半日爲句留。""我在孤山頂上來,水邊籬落見花開。筆端飽釀惟春色,疏影橫斜信手裁。"其橫石自題云:"作別孤山處士家,又來鶴渚泛輕艖。風流太守多情甚,笑索梅花向水涯。""橫斜亂寫兩三枝,難肖林逋月下詩。寄與鴛鴦湖上去,年年歲歲繫相思。""光緒乙亥季春,予由西湖退省盦出江道,過嘉興,許雪門太守、傅翼良總戎邀遊煙雨樓。於水際得此石,索畫梅,乘醉走筆,並繫二絶。南嶽七十二峰樵人彭玉麐并識。"知府許瑤光《構寶梅亭題詩》云:"世亂挺身天地中,世治抗身天地表。迎得春來不關春,惟有梅花似宮保。石鐘山畔焦山頭,鐵幹橫鎖長江流。蛟龍戰罷風雨卷,卻向西湖伴鶴遊。娛老山林臣實恥,一盦蕭爽湖心峙。栽花植石寓經綸,明月深潭足知己。暮春道出鴛鴦湖,橫直梅花乞兩株。直者龍伸橫者卧,筆墨變化乾坤驅。千秋不受霜雪虐,四海環顧同輩無。淡香疏影臣心孤,樓臺生色水鳥呼。寄語禾人永寶諸,自古名勝端賴名臣扶。"

梅里先蠶祠碑　　光緒二年臘月,邑人石中玉撰,秀水王鼎華書。

右石。

【校注】

　　[1] 徐家橋題字：光緒《嘉興縣志》卷三十五作《皇慶橋柱題名》。

　　[2] 按：光緒《嘉興縣志》卷十七《官師表·知縣》:"鮑鉁,字安之,奉天人。乾隆八年任。"卷十八《名宦》:"鮑鉁……乾隆八年,以鐫級改令嘉興,儉約彌甚。"由此,乾隆八年嘉興知縣是鮑鉁,"鮑鈐"非。下條"雲中鮑鈐撰記"同。

金塗塔　　《曝書亭集》:"吳越王嘗於宮中冶烏銀爲瓦,繪梵夾故事,塗之以金,合以成塔。鄉人蔣爾齡得一版,作放下屠刀,立地成佛相,以施城東白蓮寺僧。吾友周青士所目擊,曾以語余。及余歸田,則爾齡、青士皆逝。詢之寺僧,堅不肯承,真蹟不可復覩。"周賡《過白蓮寺觀銅塔》詩:"銅塔如片瓦,鎔鑄何工巧。墜起欄楯形,圖識尚可了。知是五代物,厥惟錢王造。是類萬有千,聚散不可保。幾歷兵火災,存者今已少。蔣生偶獲之,什襲逾重寶。施舍鎮精廬,此意實微渺。誦公吾至,出示光尚皎。窪處填黃金,顯見諸相好。屠兒額偏廣,下放刀仗小。一者既若斯,諸餘皆可曉。"原註:"是錢氏故物,蔣子僧果得之,施鎮此寺。"《金石契·金塗塔》有文云:"吳越國王錢弘俶敬造八萬四千寶塔。乙卯歲記。"凡一十九字。伊《志》:程珌《龍山勝相寺記》:"吳越忠懿王用五金鑄十萬寶塔。"而竹垞以爲武肅王,殆承周青士之訛耳。

鐵塔　　于《志》:"錢忠懿王所造舍利寶塔,座方二寸,高四寸。每面分三層,下層佛像五。中作割肉飼虎、捐舍寶首等像。上四尖角,外金剛像八,內佛像四。考忠懿王用五金造八萬四千塔,其銅而塗金者,每版分鑄一版,鑿款再用銅汁鎔合。若鐵,則一范鎔就座內,無可鑿字,故無字也。自宋至今,銅塔五見,至烏金所造,從此一出,真僅見之品。阮元《兩浙金石志》亦載此。"

岳祠銅爵　　秦瀛《岳氏銅爵記》:"吾友桐鄉金比部德輿藏有銅爵一,蓋岳忠武王孫珂所製,以祀王者也。爵高五寸六分,深二寸七分。口徑長四寸五分,濶二寸三分。腹容四合,重五百十四銖。中鐫'精忠報國'四字。三足二柱,左側有小印,曰:'岳珂建造。'舊傳嘉泰四年,珂鑄祭器,奉祀忠武,此其一與。比部以爵爲岳氏物,不敢私將訪王裔而歸諸王之廟。或曰:'珂家嘉興之金陀坊,坊故有王廟爵,故珂物宜仍歸金陀坊。'余獨以爲不然。王之廟最著者曰'湯陰’，曰‘西湖’。湯陰者，王舊里。而西湖則南宋故都，且王葬處也，非金陀坊比。王之精靈固無乎不之，而西湖之有岳廟，雖賤至匄夫、竈婦，無不過于生敬者。高宗之敕王父子之像，其守墓子孫至今藏焉。是爵也，歸于西湖之廟，當亦珂之志也。比部聞而韙之，遂歸之。而余爲記其事。時嘉慶二年也。”中丞謝公啟昆詩：“冬青麥飯一抔土，絮酒無人酹秋雨。鄂國巍巍尚廟宇，相臺裔孫作彝器。精忠仍鐫涅背字，一勺深涵萬古淚。比部藏弆不敢私，觀察作記無剩詞。爵歸西湖僉曰宜，我甫謁廟鳩粱材。光堯御敕嵌莓苔，恰遇此爵光雲雷。申王祭器頒宗府，冰山瓦解杯化羽。此爵不蝕篆文古，精貫金石甘鼎鑊。豈繫區區一銅爵，子孫永保王愉樂。”于《志》：此爵舊在西湖祠，裔岳開鼎收藏。嗣以此爵本金陀故物，今歸嘉禾祠內。

右金。

漢甘露甄　《兩浙金石志》：“甄出嘉興，厚一寸五分，長四寸。文曰：‘甘露二年’。‘年’字已損其半，漢宣帝紀元也。”

晉永和甄　永和四年作，隸書。于《志》：“嘉慶七年冬，後田村田氏掊土築牆，獲是甄二。藏張廷濟清儀閣。”

晉隆安甄　《兩浙金石志》：“甄出嘉興，長八寸餘，厚二寸。文曰：‘隆安五□□□周令，周氏之郭□□□典。’晉安帝紀元也。字體八分，實近今楷矣。”

右甄。　案：甄非金非石，嗜古者多攙入《金石》，茲附於後。

秀水縣

重摹天一閣北宋本石皷碑文　碑存秀水學。薛氏所摹石皷文，似據剪貼本，故於字之缺半者不收，且有顛倒之處。至於刻本、鈔本，摹寫多譌，更不勝計。今復摹刻天一閣，北宋置之杭州府學，因屬儀徵江氏德地據彼校此，註其誤於字之旁，以祛學者之惑。嘉慶二年，阮元識。嘉興王其昶重鐫。

跌隱寺碑　《聞川懷古詩》註：“浮隱寺在王江涇西。萬曆年間，民家築牆，掘出一斷碣，始知寺名，跌隱爲唐貞觀年建。有鉅鐘，沈斜橋河中，泅者能識之，然移徙無常處。或云深夜有物如困，浮水面，人或見之，則入水，作鈜鈜聲，亦神矣。王明福詩：‘梵宮無復見巍然，水底鐘沈不計年。佛土難逃三劫外，溪南溪北盡桑田。’”伊《志》：“跌隱寺，惟見王明福所刻《懷古詩》。”

中宗皇帝御製華嚴宗主賢首國師真讚　文存。

寶花尼寺碑《集古目錄》：“唐殿中侍御史鄒儒撰，蘇州刺史于頔書。秘書監陸齊望有女爲尼，曰法興。齊望捨宅，爲寺以居之。子渭等以貞元二年正月造寺始成，立此碑。”《墨池編》：嘉興縣寶花寺碑，于頔書。　《通志·金石略》同。　《輿地碑目》：今碑刻猶存，僅可讀，大曆丙申歲夏五月七日。　至元《志》：寺在郡治西南二百步。　《古今碑刻記》：陸贊祖宅碑，贊祖齊望，捨宅爲寺。碑刻在今嘉興府治之南。　嘉興湯《志》：碑刻存，在府治西南。　案吳《志》：寺久廢。

靈光寺靈祐塔銘　元和十一年夏，沈亞之撰。

文宗皇帝御製華嚴疏主清涼國師真讚　文存。

尊勝陀羅尼經石幢　石存。唐咸通七年。在精嚴寺。

尊勝陀羅尼經石幢　石存。唐咸通十年三月癸未九日辛卯，□內奉先考府君遺言，於當縣永安禪院前建立幢兩所，功德與當年內各得成就。福資主蘇州嘉興□□□□□。馮應榴《訪本覺寺濟如上人，見咸通石幢》詩。原註：濟如上人，近於寺外土田中掘得唐咸通十年尊勝陀羅尼經幢二，因移置之大殿前庭左右。

棲真觀北極殿記　至元《志》：“宋乾道中開齋堂，掘得二小石刻。其一《北極殿記》，知州宋坦以俸金創殿，雍熙三年五月二十七日記。其二《井銘》，軍事推官解九皋擬徐鉉《茅山許長史井銘》爲之。九皋，鉉門下士也。雍熙四年立。”

秀州棲真觀井銘　　文存。解九皋撰文，僅八句。見至元《志》，有脱譌處。

靈光寺碑記　　沙門法敏撰，淳化年。至元《志》云：今石刻不存。

仁宗皇帝御讚釋迦佛牙舍利　　文存。

徽宗皇帝御讚釋迦佛牙舍利　　文存。嘉興湯《志》：「吳越王得佛舍利，納於金鐸，以小銅塔緘之，寘諸寺中門側。二舍利塔，各有石刻御讚。」

真如教院法堂記　　文存。見《寺觀》。皇祐四年，館閣校勘、同知太常禮院司馬光記。

真如院石刻　　至元《志》：「有蔡元長、周開祖、范德鎮留題小石刻。商逸卿《華嚴閣記》：‘寺有題名石刻。’」

秀州資聖禪院故暹禪師影堂記　　文存。皇祐五年，僧契嵩撰。

秀州資聖禪院故和尚懃公塔銘　　文存。嘉祐庚子，僧契嵩撰。

修長水大師塔亭記　　元祐戊辰，章衡撰。在真如寺。

關廟碑　　《閩川懷古詩》註：「王江涇塘東，廟最古，有碑勒元祐年號。長虹橋未建以前，里人祈禱者皆渡河而祭。」

趙龍圖贈郉記　　至元《志》：「建炎初，知州趙叔近龍圖以王事死，殯於中，因鐫贈恤之詞于僧房，鄉人爲立祠。」

法華經　　維摩經　　至元《志》：「精嚴寺之西北有五臺山，内石經屋一十二間，刻《法華》《維摩》等經，建炎兵火後，石經獨存。」

惠安禪院記　　文存。紹興甲子四月壬午，朝請大夫、充秘閣修撰、權發遣秀州軍州事、主管學事兼管内勸農事、文安縣[1]開國男、食邑三百户、賜紫金魚袋、信安劉卓民記。秀水黄《志》云：碑刻剥落。

天慶觀增修聖祖殿記　　文存。紹興二十七年十月一日，左朝請郎致仕、維揚朱敦儒記。

醉翁操碑　　宋陸游《入蜀記》：「乾道六年六月四日，熱甚，午後始稍有風。晚泊舟本覺寺前，故神霄宮也，廢於兵火，建炎後再修，今猶甚草創。寺西廡有蓮池十餘畝，飛橋小亭，頗華潔。池中龜無數，聞人聲，皆集，駢首仰視，兒曹驚之不去。亭中有小碑，乃郭功甫元祐中所作《醉翁操》，後自《跋》云：‘見子瞻所作未工，故賦之。’亦可異也。」

保安寺碑記　　文存。宋乾道七年歲在辛卯冬十二月吉，奉敕督師江淮樞密院使張浚撰。

三塔白龍潭記　　文存。淳熙元年十月九日，通直郎、知秀州嘉興縣事、毘陵李時習記。

精嚴禪寺記　　文存。朝散郎、試兵部尚書兼給事中兼修玉牒官兼侍讀王希呂記。淳熙六年。

東坡三過詩并跋　　碑存。慶元元年五月望日，住山本覺跋。

真如寶塔記　　文存。慶元三年陽至後五日，奉議郎、新知紹興府上虞縣、主管勸農公事、賜緋魚袋、永嘉鮑義叔記。

興聖禪院記　　文存。通奉大夫、參知政事兼太子賓客、權提舉國史院實録院、權提舉編修國朝會要、同提舉編修敕令、嘉興郡開國侯、食邑一千七百户、食實封三百户、臣婁機撰。嘉定三年。

真如教院華嚴閣記　　文存。嘉定壬申八月旦日，朝散郎、權知嘉興軍府兼管内勸農公事商逸卿記。

嘉興府准尚書省劄子景德禪院復十方事　　文存。嘉定十二年三月日給。從事郎、嘉興府觀察推官趙，文林郎、嘉興軍節度推官魏，承事郎、簽書嘉興軍節度判官廳公事史，承議郎、通判嘉興軍府兼管内勸農事程，奉議郎、權發遣嘉興軍府兼管内勸農事岳。

本覺禪院三過堂記　　文存。嘉定甲申，潼川北碉居簡題。

三教院碑記　　文存。宋紹定六年歲在癸巳三月，賜進士出身、東宮教授、知兩浙貢舉官、吏部尚書、嘉興縣開國子、敕封三千户、實食一千六百户陸德輿撰。在靈宿鄉濮院鎮北。

隱真道院記　　文存。端平改元巧夕前三日，汲古軒關栻表卿記。

招提教院置田記　　文存。嘉熙庚子暮春既望，朝散郎、新知雷州軍州事兼管内勸農事徐植記。

參政婁機墓碑　　樓鑰撰文。《天下金石志》："在嘉興府。"

重建慈恩塔院記　　文存。淳祐五年上巳日，宣教郎、知紹興府諸暨縣、主管勸農公事兼弓手寨兵軍正趙孟堅題。

興聖寺記　　文存。淳祐十一年龍集辛亥仲夏初吉謹記。中大夫、寶章閣待制、新知婺州軍州事兼勸農使、眉山縣開國子、食邑五百户、賜紫金魚袋程公許撰。

興聖寺碑　　嘉興湯《志》："宋理宗賜額'流虹勝地，興聖之寺'。御書碑存，在府治東北。"

報忠觀記　　文存。寶祐二年六月甲子，寶章閣學士、大中大夫、新知福州軍州事兼管内勸農使、充福建路安撫使馬步軍都督管、嘉興縣開國男、食邑三百户陸德興記。

本覺禪院記　　文存。寶祐乙卯中和節，朝奉郎、前差通判昭信軍兼管内勸農事徐聞詩記。

報忠觀置田記　　文存。咸淳五年秋七月，朝散大夫、行太常丞兼樞密院編修官兼權尚右郎官黄夢炎記。

重修興聖寺記　　文存。朝奉郎、添差浙東安撫司主管機宜文字兼福王府教導官周方記。咸淳癸酉。

精嚴寺徐熙祠記　　朝議大夫、行開封府司士曹事侯渙記。　案：渙又有《王總管守城記》，當是宋人。

舞蛟二大字　　石存。趙孟頫籀書，詳見《古蹟》。今在徐太僕祠。

南涇道院記　　文存。趙孟頫撰。大德初年。在濮院鎮。

嘉興路資聖禪寺長生修造局記　　碑存。本覺禪寺住持佛鑑禪師如芝撰。前翰林學士承旨、榮禄大夫、知制誥兼修國史趙孟頫書。至治元年辛酉冬十月十五日建。

嘉興路重創玄妙觀記　　文存。至治三年六月，將仕佐郎、沅州路麻陽縣主簿顧文琛記。略曰："嘉興之天慶觀在郡城北。宋亡，有道士削髮爲沙門，遂改觀爲寺。易名天福道侣，無所歸。大德五年，以宋參政婁公天星湖故第址建元妙觀。"

慈濟通慧石湖美禪師塔銘　　至順癸酉。無撰書人姓氏。

稅署亭記　　文存。至元末，岑士貴撰。在王江涇。

市涇報恩院碑記　　至正二年龍集壬午三月廿五日，語溪覺隱釋本誠記并書。奎章閣學士院參書柯九思篆額。伊《志》："此記爲朱張穹壽所作。"

本覺寺大悲閣記　　文存。至正五年，僧梵琦撰。

資聖禪寺故傚禪師舍利塔銘　　文存。至正九年，僧克新撰。塔在長水鄉桃花里。

鏡寶庵記　　文存。元至正十二年春三月望日，吳興趙雍仲穆撰文并書。住山比邱尼無像立。

嘉禾天寧光孝萬壽禪寺記　　文存。元至正十二年歲次壬辰秋，翰林侍講學士、中奉大夫、同知經筵事、金華黄溍撰。

嘉興路景德禪寺之記　　碑存。至正十二年十月十五日，前翰林院侍講學士、中奉大夫、知制誥、同修國史、同知經筵事黄溍記。崇文少監、亞中大夫、同檢校書籍事兼經筵參贊官周伯琦書篆。

惠安禪寺重興記　　文存。至正十三年秋七月六日，楊維楨記。在府西坊，今廢爲内教場，即察院基。

敕大中祥符院碑記　　碑存。至正十五年歲在甲午夏五月，承務郎、嘉興路總管府推官方道叡記。將仕郎、翰林國史院編修官倪中書丹。崇文大監校書籍事周伯琦篆額。

資聖禪寺記　　文存。至正二十年歲在庚子，智文辨大禪師、住持釋克新記。

大中祥符禪寺重興碑記　　至正年，楊維楨記。

深雪軒記　　文存。夷白居士、臨海陳基記。

白庵禪師行業碑銘　　宋濂撰。

徹見樓記　　文存。永樂三年冬十一月長至日，浦江趙友同記。在天寧寺。

天寧光孝萬壽禪寺記　　文存。永樂六年歲次戊子春三月澣，資政大夫、戶部尚書、長沙夏原吉撰。

堅密軒記　　文存。永樂戊子冬十二月望日，湖廣主文江陰縣儒學教諭、豐城朱叔服記。在天寧寺。

重修長生道院記　　正統乙未，項忠撰。

天寧寺毘盧閣記　　文存。宣德三年龍集戊申孟夏閏四月甲午，賜進士出身、嘉議大夫、大理寺卿、廬陵胡槩元節撰并書。

寧慶菴記　　文存。景泰六年乙亥秋七月，資政大夫、太子少傅兼吏部左侍郎、經筵官、同邑俞山積之撰。

真聖庵記　　文存。天順壬午，賜進士及第、奉政大夫、知制誥、前春坊大學士、秀水呂原撰。

秀水縣廟學記　　天順五年，翰林學士林文撰。

濯纓磯三大字　　《聞川懷古詩》註："在雁蕩東北，四面皆水，名蓮花墩。東首有石，勒三大字。萬曆初，爲澄溪橋築工取去，置圯下。今具在焉。"

秀水縣儒學題名碑記　　碑存。賜進士及第、奉直大夫、尚寶司少卿兼翰林院修撰、充太子講讀官柯潛撰。從仕郎、中書舍人羅麟書丹。賜進士、朝列大夫、吏部郎中孫恭篆蓋。成化三年歲次丁亥冬。

秀水縣重修儒學記　　碑存。成化四年孟夏，賜進士第、知南雍府[2]事、前兵部郎中林茂撰。

本覺寺雲開堂記　　成化戊子，姚綬撰。

重修報忠寺記　　文存。成化□□，賜進士出身、中順大夫、福建汀州府知府、前禮科都給事中、賜一品服、海鹽方洲張寧撰。

玄真道院建復旌烈廟碑記　　文存。賜進士出身、中順大夫、福建汀州府知府、前禮科都給事中、海鹽張寧撰。成化己丑後作。

嘉興金明寺興復記　　文存。明成化五年冬十二月二十又六日，賜進士出身、中憲大夫、廣東南雄府知府致仕、前兵部郎中、同郡林茂撰。

重修報恩祠記　　明成化七年歲次辛卯正月，同郡荷鋤軒人革川周鼎撰文。

雨金嶽宮記　　碑存。正德紀元歲次丙寅秋，通議大夫、南京太常寺卿、前通政司左通政、郡人呂愅撰。在新塍鎮。舊志作成化甲午，誤。

本覺禪寺事蹟碑　　文存。成化十五年龍集己亥八月十有二日，賜進士出身，前廣東道監察御史、郡人姚綬撰并書。伊《志》："文長老乃蜀僧。文及翁乃太守，而和東坡詩者。姚記合爲一人，誤。"

楞嚴寺重建佛殿碑記　　文存。成化癸卯，項忠撰。

福善寺記　　成化年，遼府長史、里人楊述記。

玄真道院翠筠記　　文存。弘治改元戊申秋七月十八日，賜進士第、資政大夫、兵部尚書、前都察院左都御史致仕、郡人項忠撰。

重建保安講寺碑記　　通議大夫、資政尹、南京太常卿、前通政使司左通政、郡人呂愅撰文。

修建市曹廟碑記　　文存。弘治六年歲在癸丑，賜進士出身、中憲大夫、福建汀州府知府、前禮科都給事中、賜一品服、郡人張寧撰。

兵部尚書致仕進階光祿大夫贈太子太保謚襄毅項公神道碑銘　　文存。榮祿大夫、太子太保、戶部尚書兼謹身殿大學士、知制誥、經筵講史、會典總裁、長沙李東陽撰。弘治十六年九月。

景德禪寺歷年修造記　　文存。正德十二年龍集丁丑孟秋，賜進士第、朝列大夫、廣東參議、前南京兵科給事中、吳江司用撰。同郡興聖惠海書。

玄妙觀重修碑記　　文存。正德十三年歲在戊寅孟夏，鄉貢進士、海鹽董毅秀實書於蓬萊方丈。

楊公祠記　　費宏撰，正德年。

重建陡門橋記　　文存。正德年，屠勳撰。

秀水縣修理儒學記　　嘉靖元年十二月，提學僉事吳鵬記。

帝王聖賢贊　　石存縣學。嘉靖四年，陳鳳梧贊。

御製敬一箴　　石存縣學。嘉靖五年六月二十日。

秀水縣重修儒學記　　碑存。賜進士第、雲南道監察御史、奉敕巡按江西地方陶儼撰。嘉靖五年丙戌十二月望日立石。

秀水縣學修理告功記　　八閩鄉舉士、本學教諭南壺散仙翁泳撰。嘉靖五年臘月望。

湖天海月閣記　　文存。嘉靖戊子九月戴經撰。

文湖書院碑記　　嘉靖十三年，賜進士第、文林郎、知秀水縣事林應亮撰。在聞家湖中。

撤抵精嚴寺殿宇檄碑刻　　嘉靖十四年，奉巡按御史張景文檄、知縣林應亮立。

重修三過堂記　　嘉靖丙申，呂希周撰。

項襄毅公祠堂記　　文存。嘉靖十有六年九月上澣之吉，賜進士出身、工科給事中、長洲陸粲撰。在象賢鄉。

修運河官塘碑記　　文存。嘉靖丁未，趙文華撰。

秀水縣重修儒學記　　嘉靖二十七年，賜進士第、奉政大夫、通政司左參議趙文華撰。

天寧寺重修轉藏殿記　　文存。嘉靖己酉秋九月戊辰，精嚴寺冬溪沙門方澤撰。

重建薦橋碑記　　文存。嘉靖己酉九月，韶州府推官、郡人鶴山徐元春撰。

重建隆興橋記　　碑存。嘉靖三十一年季冬，陸儒撰。陸准《跋》并書。

漢壽亭侯廟記　　碑存。賜進士出身、通議大夫、兵部右侍郎、奉敕督察直隸浙江等處軍務、四明趙文華撰。賜進士出身、中憲大夫、提督膳黃通政司右通政、前吏部文選司郎中、郡人呂希周書丹。賜進士出身、中憲大夫、山東按察司副使、整飭密雲等處兵備、前刑部郎中、郡人賈名儒篆額。嘉靖三十四年十月。

　秀水縣儒學修塔濬池開路立扁記　　碑存。嘉靖四十年辛酉長至日，國子監博士王諷識。訓導丁汶書。訓導容文科篆額。

　平倭碑　《聞川懷古詩》註：“嘉靖年間立石紀功，旌其地曰‘平倭涇’。王明福詩：‘地自倭平後，時清蓽戶煙。石塘表京觀，還憶記功年。’”

　平倭大捷山五字　《聞川懷古詩》註：“在射襄橋夾河水中，名倭墩，石勒‘平倭大捷山’。”

　重建天妃宮碑記　　碑存。賜進士第、嘉議大夫、江西布政使司、前奉敕提督廣東雲南貴州學校、郡人吳鵬撰。嘉靖己酉春三月。

　棲真禪寺增建禪堂記　　文存。隆慶改元嘉平月哉生明，前太常少卿、五臺山人陸光祖記。

　能仁寺修改陸宣公祠記　　文存。隆慶辛未，僧方澤記。

　復禮鄉義倉碑記　　文存。隆慶年，馮夢禎撰。

　重修金明佛閣碑記　　萬曆戊寅，鍾一元撰。

　陶朱公里　　石存。滇南□池郭□書。萬曆辛巳九月，四明董渭立。

　東禪寺法雲堂記　　文存。萬曆十年十月朔，五臺居士陸光祖識。

　市曹火德二廟碑記　　文存。萬曆甲申，項篤壽撰。

　重修三過堂記　　萬曆甲申，鍾庚陽撰。

　楞嚴寺初建禪堂碑記　　碑存。賜進士出身、翰林院編修、文林郎、邑人馮夢禎撰文。賜進士出身、通議大夫、吏部左侍郎兼翰林院侍讀學士、邑人姚弘謨篆額。進士及第、翰林院修撰、邑人朱國祚書丹。萬曆丙戌正月廿八日記。

新建長水法堂記　　文存。萬曆丁亥孟冬朔日書。錫山龔勉撰。

東坡小像　　碑存。彭輅贊，周履靖貌并書。萬曆十五年十月朔旦立石。今在本覺寺三過堂。

秀水縣新建四鎮常平倉記　　萬曆戊子，吳弘濟撰。

秀水縣儒學新建尊經閣記　　文存。賜進士第、右春坊諭德兼翰林院侍讀、直起居注充纂修實録官、奉使册封魯藩陳懿典撰。萬曆二十三年。

重建能仁寺記　　碑存。萬曆丙申仲春，陸光祖撰。

秀水縣重修儒學碑記　　碑存。萬曆丙申夏五月之吉，南京國子監祭酒、纂修正史副總裁馮夢楨撰。本學訓導陳嘉謨篆額。許桂書丹。

重修真如寺碑文　　文存。萬曆二十有五年丁酉十月，三幸居士史叔成書於真如寺槐龍山房。

秀水縣儒學義田記　　碑存。賜進士第、中順大夫、太子少詹事、翰林院侍讀學士掌院事、知起居注經筵日講官黃洪憲撰。萬曆戊戌季冬，知秀水縣事李培立石。

金明寺放生池碑　　萬曆甲辰，車大任撰。

天寧寺禁約碑記　　碑存。賜進士及第、通議大夫、吏部右侍郎兼翰林院侍讀學士、記注起居經筵日講官、邑人朱國祚撰。賜同進士出身、文林郎、江西南昌府推官、邑人朱大啟篆額。賜同進士出身、文林郎、湖廣長沙府湘潭縣知縣、邑人包鴻逵書丹。萬曆四十一年秋九月。

重建新城西津土地祠碑　　碑存。萬曆庚戌，張之裔撰。

周高士墓四面碑　　碑存。一董其昌題："明海内高士周履靖墓碑"，十字。一孫克宏畫像，履靖自贊。又文嘉、皇甫汸、茅坤、屠隆、陳繼儒五贊。一葉向高撰傳。一朱之蕃撰記。萬曆甲寅立石。伊《志》："周墓在縣西十里白苧村，歲久，碑仆土中。嘉慶庚申，秀水令林鳴岡得其遺蹟，始掘土出碑，重構石亭覆之，悉如舊制。"

楞嚴寺妙莊嚴路記　　碑存。萬曆丙辰季夏，真悦居士朱大猷。

嘉興千户所均田碑記　　萬曆丁巳，黃承玄撰。

三塔寺重建觀音大士殿碑記　　文存。賜進士第、奉直大夫、翰林院侍讀學士、掌南京翰林院事、前右春坊右諭德、直起居注纂輯章奏管理文官誥勑、正史纂修官、郡人陳懿典撰。萬曆庚申歲春王正月之望立。陶欽惠書。

重建興賢橋碑記　　彭輅撰。

郡城修復天星湖碑記　　碑存。賜進士第、奉直大夫、翰林院侍讀學士、掌南京翰林院事、前右春坊右諭德、直起居注纂輯奏章管理文官誥勑、正史纂修官、郡人陳懿典撰。賜進士第、通議大夫、提督軍務、巡撫福建等處地方、都察院右副都御史、前應天府尹、郡人黃承玄篆額。府學生員陳寶集晉右將軍王羲之書。萬曆己未菊月吉旦立石。按：舊志作天啟，誤。

重建祥符寺蔣侯祠記　　明天啟二年歲次壬戌仲春吉旦，賜進士第、資德大夫、正治上卿、工部尚書、前奉敕協理殿門工程事務、尚書都察院右都御史、工部右侍郎、通政使司通政使、應天府尹、大理寺左右少卿、通政司左右參議、巡按直隸山東河南、侍經筵講官、江西道監察御史、邑人姚思仁撰。

金明寺復地記　　文存。天啟五年乙丑三月穀雨後三日，書于英溪草堂。梁父岳和聲。

楞嚴寺重建天王殿碑　　碑存。賜進士第、中憲大夫、詹事府少詹事兼翰林院侍讀學士、前南京翰林院學院事、侍讀學士、右春坊諭德、中允贊善兼本院侍讀編修檢討、直起居注纂輯章奏管理文官誥勑、正史纂修官、秀水陳懿典撰文。賜同進士出身、光禄大夫柱國、太子太傅、工部尚書、前太子太保、都察院右都御史、巡按直隸山東河南、奉勑閱視紫荊山海居庸三關邊務、江西道監察御史姚思仁篆額。四川重慶府涪州知州、里人馮玄鑑書丹。崇禎元年九月望日立石。

崇道宮斗閣捨道藏記　　碑存。崇禎己巳八月九日，岳元聲書。

重修神應順濟龍王廟碑記　　文存。崇禎甲戌，陳懿典撰。

琼師退院卓庵得營泉廢址緣起記　　文存。崇禎甲戌六月望後五日，郡人竹懶居士李日華齋沐撰并書。

秀水縣儒學重修諸門碑記　　賜進士第、通議大夫、詹事府詹事兼翰林院侍讀學士、掌南京翰林院事、直起居注正史纂修官陳懿典撰。崇禎七年歲次甲戌七月。

至聖先師孔子贊　　康熙二十五年七月，張玉書奉勅書。立石縣學。

聖廟四配贊　　康熙二十八年閏三月，張玉書奉勅書。立石縣學。

能仁寺碑記略　　碑存。順治乙未，蔡聯璧撰。

般若庵記　　賜進士及第、欽授翰林院編修、提督湖南全省學政、特旨內召提督四譯館、太常寺少卿、通政司左右通政、大理寺正卿、兵部右侍郎、蓬林張天植撰。康熙六年。在新塍鎮。

天妃宮碑記　　王庭撰。康熙三十一年仲春。

能仁寺松路碑記　　康熙四十年歲次辛巳，賜進士及第、翰林院修撰、同里沈廷文撰。

重建秀水縣學明倫堂記　　賜進士及第、提督浙江等處學政、鴻臚寺少卿、支正四品俸仍兼管戶科給事中事、太原姜橚撰文。賜進士出身、奉政大夫、吏部文選司郎中、邑人袁定遠篆額。吳江沈天寶書。康熙四十一年五月立。

重修秀水縣儒學碑記　　雍正四年仲夏，秀水知縣程世侚謹記。

重修柵堰橋碑記　　賜進士出身、經筵講官、內廷供奉、刑部左侍郎兼禮部侍郎事、今養疴林居、奉旨在家食俸、里人錢陳群撰并繕。時乾隆二十二年六月朔。

重築傾脂河岸碑記　　乾隆乙酉年清和月，朱芬撰，王模書。

重修忠孝祠記　　乾隆二十八年一陽月，秀水縣儒學訓導、後學陸棻謹撰。

重修能仁寺功德林碑記　　乾隆三十七年歲次壬辰，沈莘士撰并書。里人馮錫佑篆額。

重建秀邑城隍廟殿記　　署理嘉興糧捕分府、知原任秀水縣事張圖南撰。府學生員朱振飛書。乾隆三十九年歲次甲午三月。

秀水縣學移建崇聖宮記　　賜進士出身、吏部稽勳清吏司主事、邑人沈叔埏撰文。秀水縣學生員朱休甫篆額。恩貢生戚純浩書丹。嘉慶三年九月。

吏部稽勳司主事沈公墓誌銘　　嘉慶八年，阮元撰。

重修楞嚴寺大殿記　　道光八年四月，吳江郭麐敬書。錢塘高瑄敬書。吳郡石韞玉篆額。

重修能仁寺碑記　　道光九年歲次己丑仲冬，里人王承勳梅友氏立石。同里屠枌秋園氏書丹。

重修武廟碑記　　道光十六年，知嘉興府事、正白旗蒙古伊克精額盥手謹誌。嘉興方惟寅敬書。

重建秀水學宮碑記　　同治五年，知府許瑶光撰。

皇清勅授修職佐郎嘉興府儒學張公墓碑銘　　道銜知府、善化許瑶光撰并書。同治八年。

重建嘉興武廟碑銘　　同治十有三年歲次甲戌孟夏月，道銜知府、善化許瑶光撰并書。

翔雲書院碑記　　光緒二年丙子歲，補用道、知府許瑶光撰。在濮院鎮。

修建秀石桐沿河跨河各橋碑記　　光緒三年，知府許瑶光撰、書。

右石。

【校注】
　　〔1〕文安縣：原作“交安縣”，據崇禎《嘉興縣志》卷二十四《藝文》收錄劉阜民《惠安禪院記》改。
　　〔2〕按：下文《嘉興金明寺興復記》述林茂“廣東南雄府知府致仕”，查乾隆《南雄府志》卷八《職官·知府》載其“景泰五年任”，知“南雍府”應爲“南雄府”之誤。

唐聚慶墓誌甎　太和六年十月,諸葛崒撰。正書。沈銘彝《跋》:"秀水治南五里有螺潭。潭上有廟,廟南五十步,土人耕田得古甎,係《唐聚君慶墓誌》,吾鄉除僧寺經幢外,無唐刻,此可存也。"于《志》:"張廷濟藏。"

宋政和嘉泰甎　錢泰吉《序》:"甎修、廣各一尺。楷書八字,曰:'人豐翕集,市井駢闐。'左一行云:'大宋政和三年癸巳歲。'右一行云:'大宋嘉泰元年辛酉正月十六,用石重砌。'甎陰文十行,書募緣姓氏。嘉慶庚午,里人修弘文館側集街,葛孝廉星垣董其役,於土中得此甎。"

右甎。

嘉善縣

梁高史君廟記　《輿地碑目》:"崔琪臣文。"至元《志》:"高王廟在遷善鄉。高史君也,晉建武中,出爲監屯校尉。梁大通年立廟於縣北二百步,梁步兵校尉劉績之記。後移廟於此,地名江涇村。"　伊《志》:"宋張堯同詩有'步兵碑在否'之句,謂劉績之也。崔琪臣或別有《記》,今俱不傳。"

宋寶積禪院記　文存。尚書右僕射范宗尹撰。

婁億墓銘　文存。陳舜俞撰。

博士陳光遠墓石　嘉善章《志》:"墓在荒墩。景泰間,掘地得碑,角上有'博士陳光遠'數字。陳舜俞墓在烏程縣。荒墩之墓必其子孫。"　伊案:"吕懲《記》,謂即舜俞墓。光遠撰銘,恐非是。"

元泉石散人墓表　元至大四年二月丙寅日,翰林承旨、榮禄大夫、知制誥兼修國史、吳興趙孟頫撰并書。伊案:散人爲項冠。

嘉興路魏塘鎮慈雲寺記　碑存。泰定元年甲子冬十一月吉日,比邱宗敬謹誌。

重修慈雲禪寺記　碑存。泰定二年乙丑夏六月六日,江行省左丞、番陽周伯琦撰。　案:以上二碑,合一碑,上截載有《保安禪院記》,係武宗時文,僞託宣公撰,故不載。

元義士吳森墓志　吳興趙孟頫撰。墓表南陽胡長孺撰。墓碑　義烏黃溍撰。

風涇仁濟道院高王祠碑記　文存。虞集撰。嘉興湯《志》:"高王者,高昌山帖木不花。"伊案:"此《記》荒誕不經,恐非伯生作。"

白牛鎮戴氏義塾記　文存。至正元年歲次己丑冬十有一月二十一日戊寅,中順大夫、侍講學士、前江浙等處儒學提舉金華黃溍撰。

幽瀾二大字　盛唐《幽瀾泉記》:"景德寺右,相傳有異僧禪定,於月下見一女子。僧厲聲叱之,至牆隅忽隱。因識其處,厥明,掘之得一石,刻有'幽瀾'二字,石上清泉一泓。"

梅花道人畫竹八幀　石存。明李日華鐫石。于《志》載:石藏嘉興方氏,今在梅花道人墓祠。

梅花和尚之塔　元吳鎮自題墓石,六字。嘉善章《志》:"在縣治東梅花里北。萬曆間,建庵守之。"

嘉善縣治記　文存。明宣德六年,府學教授新淦張魁撰。伊案:"是年,知縣鄭時始建縣署。"

義倉記　文存。宣德十年,大學士黃淮撰。

新建嘉善縣儒學夫子廟碑記　碑存。正統元年,布政使、三山黃澤撰。知府淮陽齊政率屬立石。舊志作宣德八年,誤。

景德寺大悲閣記　天順二年,吏部尚書魏驥撰。

嘉善縣重修廟學記　碑存。天順二年,知縣林弘協撰、立石。

雲隱道院記　文存。天順壬午正月,桐村老牧周鼎撰。

重修嘉善縣儒學記　碑存。成化二十三年,教諭蕭時撰文,訓導陸鑾、李鏞立石。

大雲禪寺碑記　文存。弘治七年十月，郡人姚綬撰并書、篆。

題名碑　碑存。弘治十年。上半缺。縣丞耿亮等同立石。

重修儒學記　弘治戊午，程楷撰。

演武廳記　蔣愷譔。

城隍廟碑　邑人孫詢撰。

嘉善縣儒學記　碑存。弘治十三年，縣丞朱暕、訓導劉汝瞻仝立石。

開便民河記　華亭錢福撰。

水利成功記　文存。弘治十四年，翰林修撰、華亭錢福譔。

增修學宫記　碑存。弘治十五年，訓導王緒、劉汝瞻及主簿、典史等立石。

瓶山洞虚觀重修記　文存。弘治十五年八月，萍鄉縣知縣致仕、邑人汪吉撰。

重修慈雲寺阿育王塔記　碑存。賜進士、奉議大夫、江西贛州府知府、嘉善周澤撰。承事郎、前江西萍鄉縣知縣、邑人汪吉書。直隸河間府景州儒學訓導、同里孫璧篆。正德二年龍集丁卯春二月立。

陳令舉福源庵祠記　正德五年七月，吕嵩撰《記》云：墓在縣治東南七里，有墩隆然，而石函在焉。兆爲寺僧所廢，銘則先生之孫光遠、郡博撰者。寺僧欲滅跡，故碎之，或從瓦礫中得石一嵎，始知先生首邱之處。而寺有三木主，其一則先生也。

八蜡祠記　文存。正德中，員外郎蔣愷撰。

思賢書院記　文存。正德十二年，提學副使劉瑞撰。

重修嘉善縣儒學碑記　碑存。正德辛巳，訓導太倉吕屏撰。立石。

陸宣公祠記　嘉靖癸未，知府蕭士賢撰。又《記》，二十九年，知縣于業撰。

帝王聖賢贊　碑存。嘉靖四年，陳鳳梧謹贊。

築城記　文存。嘉靖乙卯，尚書趙文華撰。

築城成功碑記　文存。嘉靖乙卯，郡人、侍郎姚弘謨撰。

劉公墩碑記　文存。嘉靖丙辰，邑人沈爚撰。嘉善章《志》："嘉靖間，郡守劉慤以伍子塘水勢衝突，爲臺障之，士民竪碑。久仆。"

寧和道院記　刑部主事劉演記。

重修亞聖公祠堂碑記　嘉靖間知縣陳道基撰。嘉善戈《志》："陳公記亞聖祠石刻尚存。莫公如江篆額，陸公夢韓書丹。廣三尺，長六尺餘。斷殘零廢。"

溟陽蔡先生去思碑　碑存。嘉靖四十一年六月吉旦，門下生袁表撰。

嘉善邑博暘谿謝先生去思碑　碑存。嘉靖四十三年八月，賜進士第、行人司行人、迪功郎、邑人嚴從簡譔。

陳公去思碑　碑存。賜進士及第、翰林院編修、經筵講官、纂修實録、邑人李日華撰。賜進士第、中憲大夫、湖廣按察司副使、前湖廣道監察御史、邑人盛唐篆。賜進士第、中順大夫、湖廣布政司參議、前吏部考功司郎中、邑人毛汝賢書。隆慶六年季夏。

重修請益堂記　知縣、晉江史朝鉉撰。隆慶間立。

重修學宫記　碑存。萬曆二年，知縣李仕華、教諭凌廷錫、訓導高善同立。

指揮蔡某安人彭氏墓石　嘉善章《志》："萬曆戊子，邑侯蔡公彭以縣治湫隘，議拓之重築。後垣掘地得一石，上刻'指揮蔡某安人彭氏之墓'。夫婦二姓，適與侯姓名相符，亟命加土覆焉。"

陸宣公祠記　萬曆辛卯，知縣章士雅撰。

重修嘉善縣儒學記　碑存。萬曆癸巳，兵部職方司主事袁黄撰。教諭祝彦、訓導郭希召立石。伊《志》作十九年,誤。

重建便民倉記　文存。萬曆二十一年,邑人盛唐撰。

大勝寺記　吏部尚書陸光祖記。

重修劉公臺碑記　文存。萬曆二十四年,吏科左給事中葉繼美撰。

嘉善縣學宮記　碑存。萬曆二十六年,知縣余心純、教諭李白春、訓導朱煥等同立石。

嘉善縣重修儒學記　碑存。萬曆四十年,布政使、京山李維楨撰。

修梅花道人墓記　碑存。萬曆庚申,華亭陳繼儒撰。

嘉善縣儒學義田記　碑存。天啟三年,監祭酒朱國楨撰。知縣康元裕立石。

魏忠節家訓石刻　光緒二年,邑人金安清得遺墨勒石。

大勝寺禪堂齋僧常住田碑記　碑存。賜進士及第、詹事府詹事兼翰林院侍讀學士、實録副總裁、邑人錢士升撰。明崇禎二年歲在己巳臘月立春日,同邑孫叔昌書,邑人葉德陞篆額。

重修嘉善縣儒學碑記　碑存。崇禎癸酉,知縣馬成、教諭徐肇律、訓導朱樹杞同立石。

大勝寺請藏建閣記　碑存。崇禎甲戌,太子太保、詹事府掌詹事、禮部尚書董其昌撰并書。

景德講寺重建大慈悲閣記　碑存。明崇禎十六年歲次癸未孟春吉旦,賜進士及第、資善大夫、禮部尚書兼東閣大學士、奉敕同知經筵日講制誥、總裁國史玉牒、予告回籍、邑人錢士升撰并書。後有天目頭陀元神、徑山比邱愈奇二《跋》。

御製訓飭士子碑文　康熙四十二年。

欽頒太學訓飭士子文碑　乾隆五年。　以上二碑,乾隆十三年,知縣黃正學奉督撫轉飭敬刊立石。

重修儒學記　康熙癸丑,知縣莫大勳撰文、立石。

重修嘉善縣學宮碑記　康熙十二年,學使劉元琬撰,知縣莫大勳立石。

重建聖宮捐助姓名碑　康熙十二年,學使劉元琬、知縣莫大勳、教諭任雲蛟、縣丞盧燦、主簿周楹、典史王應舉及邑人皆捐助。

嘉善縣重修儒學記　康熙十二年,教諭任雲蛟撰、立。

重修文廟碑記　康熙五十九年,寧波府同知、攝知縣事趙永譽撰、立。

重修嘉善縣學宮碑記　嘉慶六年,侍講周升桓撰。

重修學宮記　道光十六年,知縣李東育撰,教諭汪能肅、訓導沈金淮、陳春華立石。

重修城隍廟碑記　同治四年,邑人張祖陸撰。秀水王鼎華書。

同善育嬰合辦記　同治五年,邑人顧福仁撰,秀水沈景修書。

訓導署新建怡雲小築記　同治八年,訓導章朱綏建。錢塘譚廷獻記,邑人錢啟錕書。

新修文昌廟碑記　同治十二年,邑人金安清撰,錢啟錕書。

重建吳涇橋碑記　光緒二年,教諭汪繩武撰、書。

右石。

海鹽縣

始皇碑《輿地碑目》:“《九州要記》:‘始皇登秦望山以望海。’今始皇碑在嘉興縣。”伊案:“海鹽秦駐山,《水經》稱秦望山,晉樂資《九州志》稱秦徑山。山有始皇廟,則碑當在秦駐山。嘉興湯《志》牽合天星湖旁古碑,殊不足據。”

秦駐山碑　　至元《志》："梁天監二年八月二十三日樹。今破碎失字,不知何人作。其可攷者有云:'前賢灼灼,後聖茂哉。始皇承天,越受帝命。業起上古,殲周滅鄭。七雄麕餘,六國是併。功齊太古,道深前王。堉炎均昊,美冠顓黃。通靈七代,敬構商堂。縱聖迎神,將紀百幾。菴藹餘輝,飛聲萬祀。'右刺史敬素立石,其碑不存。《續澉水志》:《武原志》載秦駐山有古碑,趙宋時已不存。見于《志》者,惟六十八言。其詞高古,頌美功德,真先秦文字。考《史記》,始皇刻石頌德凡七處,史載其詞者五,東南惟會稽秦望者尚存,則此碑乃《史記》所失載,豈遵海而南,先登秦駐而後登秦望歟?"伊案:"此碑無古字,無古韻,與嶧山諸碑迥異,'將紀百幾',尤不辭。《續澉水志》以為《史記》失載,非也。"

漢戚姬葬碑　　宋《澉水志》:"石碑在六里堰西,地名根村。有二碑,夾道而立,高一丈五尺。舊傳漢戚姬葬碑,歲久磨滅。"《續澉水志》云:"今不存。"伊案:"戚姬葬碑,恐屬附會。"

六里山石刻　　《輿地碑目》:"在海鹽。'天冊元年旂蒙協洽之歲,孟冬陽月,日惟壬寅朔,石簣神道忽自開發,拾得青玉璽,符云'吳真皇帝'。'共三十八字。至元《志》:"在縣西南三十五里金粟山。上刻云:'天冊元年……共三十八字。唐太和四年閏十二月,蘇州刺史崔蒧帖縣,取此石,攝令程予差人送州,今不復存。"《樂郊私語》:"六里山舊有石刻云:'天冊元年……共三十八字。余按:吳天冊元年,為晉武帝咸寧元年,是年七月甲申晦日有食之,則孟冬朔非甲申乃乙酉也,壬寅當在望後,安得有壬寅朔? 此必里人偽為符瑞,漫不考其日月,以悅世主於一時耳。"《海鹽圖經》案:"吳《志》:天璽元年,陽羨山出空石,長十餘丈,上有文,亦云旂蒙協洽之歲,月次陬訾之舍,日惟重光大淵獻,上天璽文云吳真皇帝,與此正同。"伊案:刺史崔蒧,《續澉水志》作崔銃。

征北將軍海鹽侯陸褘墓碑　　《集古錄目》:"吳陸褘碑,隸書,不著書譔人名氏。褘,字元容,吳郡吳人。仕吳至征北將軍、海鹽縣侯。碑以東晉泰寧三年立。"南豐《集古錄》:"碑云:'褘,字元容。其先家于陸鄉,因氏姓焉。'吳《志》云:"凱子為黃門侍郎,拜偏將軍,皆與此碑合。"《武原志》:"海鹽侯陸褘墓碑。政和間,知秀州毛漷取之,置月波樓。建炎三年,金人南侵,將逼郡城,太守鄧根碎爲砲石。"伊《志》案:"《海鹽圖經》載此文,殘缺不成語,末云'泰寧七年歲次乙酉,十二月壬戌朔十一日壬申立。'七年,當是三年之誤。"

宣城內史陸嗒碑　　《集古錄目》:"晉陸嗒碑,隸書,不著書譔人名氏。嗒,字公聲,褘子,晉宣城內史,前將軍。碑以咸和七年立。"《金石錄》:"陸氏有二碑,余皆有之。"《墨池編》有前將軍陸嗒碑。《通志·金石略》:在秀州。

梁蘇驃騎廟碑　　至元《志》:"廟在縣西一百三十步,梁大同間立碑。《圖經》云:'名舉,字[1]羽子。封烏程侯,葬金牛山北。宋高祖嘗夢其神,因贈平南大將軍。明帝加使持節都督、征北大將軍。'《海鹽圖經》引舊圖經云:"廟舊有碑,梁大同二年立。"今廢。墓亦無考。

唐劉長卿攝令詩刻　　《海鹽圖經》:"此《攝令詩》,上浙西節度李公者,碑本與集稍異。"

唐彭城劉府君墓誌　　文存。貢士潘圖撰文。略曰:"君諱源,字文宗。以開成元年十一月二十五日卒于私第,以其年十二月庚寅朔十五日甲辰葬于海鹽縣南三里,地號烏夜鄉。"

大中十四年經幢題名

咸通五年經幢題名　　元無名氏,《良準大法師傳》云:"經幢石刻,大中十四年庚辰,咸通五年甲申,俱有老宿良準題石。"明許相卿《重修法喜寺記》云:"寺創於梁,斷石仆幢,蘚書隱隱。"

準高僧塔　　塔角有題名云:"僧師約、僧自宗贖、僧清遠贖,又女弟子潘廿五年,女弟子徐六孃、女弟子張九孃。"塔中刻云:"聖宋宣和四年正月十五日重移。"至元《志》:"準高僧塔在法喜寺。飛鳥不棲,時有舍利放光。高僧名良準,唐司空曙有詩寄之。宋宣和四年正月,自東廊移就西廊,袈裟飛去。集僧誦《楞嚴》,衣復歸塔,有頌刻于塔云:'宣和年中重修塔,舍利乘空暫騰躍。衆諷《楞嚴》咒得歸,永隆佛日輝無著。'"《續澉水志》:"法喜寺高僧良準所建。"伊案:"唐司空曙有《寄準上人》詩,即上經幢題名所謂老宿良準者是也。此蓋其骨塔。《續澉水志》謂高僧良準所建,非。是題名僧三人,女弟子三人。建塔時所刻。其云贖者,蓋謂出錢建塔爲功德,贖罪也。唐經幢及造佛像記題名皆有某贖之文。宣和四年云者,則移塔時所刻,其塔至今無恙,並無頌語。至元《志》惑於傳聞之訛耳。"

光興寺記　　《寶刻叢編》引《復齋碑錄》云:"唐譚匡合撰。龍紀二年立,在海鹽。"至元《志》:"晉戴威爲右將軍,故宅在縣西一十七步,恭帝時因井放光,捨宅爲寺。唐昭宗時修寺,古碑尚存,其字剝落不可讀。"伊案:"龍紀,乃唐昭宗改元,當是一碑。"

義忠國佐正匡國功臣故節度左押衙親衛第三都指揮使靜海鎮遏使銀青光禄大夫檢校尚書右僕射御史上柱國朱府君墓誌銘　文存。謝鶚撰。略曰:"府君諱行先,字蘊之,吳郡人也。以寶大二年秋七月二十三日終于靜海鎮之官舍。府君世墓在湖州烏程縣,不克歸葬,續致桑梓,在開元府海鹽縣。以其年歲次甲申十一月乙未朔六日庚子,厝於本縣德政鄉通福里澉墅村之原,禮也。"董穀《碧里雜存》:"《五代史》載:'吳越國王錢鏐封落星石制書,稱寶正六年辛卯,則知其嘗改元。余家舊藏《武原志》,內載土中所得《朱府君墓銘》,則知尚有寶大二年,在甲申乙酉歲。又自稱爲義忠國,惜歐公不及見耳。'"伊《志》案:"至元《志》《碑碣》門中全載《朱行先墓誌銘》,而《沿革》門中不言開元置府事。柳《志》據此乃書云:'唐同光二年甲申,錢鏐改元寶大,于嘉興置開元府。'趙、劉以下各《志》從之。然以《屠瓌智墓誌銘》證之,則錢鏐天寶五年已稱開元府矣。細檢《五代會要》《舊五代史》、郡縣志、《五代史・職方考》《宋史・地里志》及《太平寰宇記》《輿地廣記》《元豐九域志》,皆不載開元府之名。至'義忠國'三字,他未之見,蓋即'忠義軍'之訛耳。"

吳越故忠義軍匡國功臣越州都指揮使前授常州刺史特贈武康節度使銀青光禄大夫檢校尚書右僕射開府儀同三司上柱國海鹽屠將軍墓誌銘　文存。丞相皮光業撰,略曰:"將軍諱瓌智,字寶光。世爲蘇州海鹽人,死事於昭宗天復二年,壬戌八月以衣冠歸葬於開元府海鹽縣南三十六里澉川之青山德政鄉歸仁里開化村。今天寶五年,特贈忠義軍匡國功臣武康節度使。"宋《澉水志》:"青山在鎮東三里,下有屠瓌智墓。"《海鹽圖經》引屠勳《砧基手記》云:"此吾先世祖也。正德七年,海鹽十三都人剷地得此磚。"伊《志》案:"《容齋四筆》載:明囊寺白傘蓋陀羅尼幢稱吳越國天寶五年壬申,乃後梁之乾化二年也。踰四年丙子,光業始以浙西安撫判官入貢於梁,不應預稱丞相,此疑有誤。"

海鹽縣儒學記　文存。宋大中祥符改元之二月二十九日,試校書郎知縣翁緯記。

魯浦亭記　文存。天聖六年正月,朝奉郎、守祕書丞、騎都尉黃鑑撰。

重修法喜寺碑　景祐間,元無名氏《良準大法師傳》云:"景祐重修法喜寺,碑云:'異人間出,有如良準,業四分律,慧行精通。'"

李侯惟幾遺愛碑記　嘉祐丙申後,陳舜俞撰。

秀野堂記　文存。嘉祐乙亥夏五月望,竹牎常棠記[2]。承議郎、新判兩浙路轉運司事常棣書。在鮑郎場。

修海鹽縣學記　文存。嘉祐八年季冬二十有七日,朝奉郎、尚書屯田員外郎、知縣事兼管勾鹽場、騎都尉、賜緋魚袋褚珵記。

淨業院結界記　元祐元年五月甲子,通直郎、知廣德軍廣德縣事葛繁記。

重修黃郎中廟碑　元祐年,何執中撰,略曰:"黃公不知何代,不知何名,亦不知何許人。惟此中舊老云,公爲縣,有善政入民,民不解于心,相與尸祝者,又不知幾何年。今廟且傾圮,民復奉主環泣,請余新之。"《樂郊私語》:"州衙前有黃郎中廟,相傳是前代賢令。考之舊記,惟紹興間有黃昱,乾道間有黃綸,然廟爲何執中重建,則何又先於二黃,竟不知爲誰。"《海鹽圖經》引宋志云:"縣衙前,相傳爲古賢令生祠。知縣何執中重建,林仰、李直養繼修。"又永樂《志》云:"魯公祠并入黃郎中主,亦名二賢祠。"

何侯執中去思碑記　元祐丁卯後,劉發撰。

彰慶館記　海鹽陳《志》:"紹聖四年,縣令閻建以樞密使郭三益父所居隘陋,令對門蓋亭,爲延賓之所,名彰慶館。宣和間,縣令徐盤立石,國子司業朱登作《記》。建炎三年十二月,敵騎戰於館前,碎碑爲砲石。"

東嶽廟記　文存。大觀四年七月日,奉議郎、權通判杭州軍州管勾學事兼管內勸農事借緋陸周撰文。將仕郎、權海鹽縣尉管勾學事吳遷,登仕郎、行海鹽縣主簿管勾學事趙昌宗,通仕郎、監海鹽監兼管砂腰海鹽場煎買鹽貨晏述,奉議郎、知秀州海鹽縣管勾學事管勾勸農公事兼管勾鹽場徐嘉言立石。姚士舜云:東嶽碑今尚完好,可搨。文亦快徹可喜。

知縣題名碑記　文存。政和三年冬十月丙子,西安徐嘉言記。伊案:"此《記》云:'得爲令者名氏,斷自魯公而下，凡四十餘人，刊之於壁。'蓋始於咸平六年魯宗道也。"

修嶽廟記　文存。紹興三年五月既望，從政郎、新硤州軍事推官張禄記并書。

題維摩像　文存。紹興壬戌十月望日，大隱居士李正民題。

法喜寺改十方記　文存。紹興十四年二月一日，左朝奉大夫、充徽猷閣待制、提舉江州太平觀、平原縣開國伯李正民記。伊《志》案：《海鹽圖經》於此文頗有删改。

資聖寺佛殿記　文存。紹興十五年十二月辛未朔日，左朝奉大夫、充徽猷閣待制、提舉江州太平觀、平原縣開國伯李正民記。

重修海鹽縣學記　文存。紹興十六年二月十日，左朝奉大夫、充徽猷閣待制、提舉臨安府洞霄宫、平原縣開國伯李正民記。

縣學講堂齋銘　文存。李正民撰。

城隍廟碑　至元《志》："陳文惠公八分書。"

乾道井闌　石存。在海鹽城内錦繡里。古井闌上刻"西焚化院修造。僧永。乾道元年正月旦日。"

鄉校頌　乾道年，陸崧撰。

資聖寺塔記　《聞窗括異志》："資聖寺，本普明院。舊《記》：晉將軍戴威捨宅爲寺，司徒王珣建爲光興寺。天禧二年，賜今名。寺有寶塔，極高峻。"伊案："陸崧，乾道間人，所譔乃資聖寺塔記也。《括異志》：'資聖寺，本普明院'句，截舊記二字，屬下句。《海鹽圖經》云：'普明院舊記又云："或即陸崧。"'蓋句讀不明，因致悮耳。"

資聖寺塔心經文　王文禄云：資聖塔災後，有游僧欲重建。撤基，予韶齡，猶及見塔心青石丈餘，上鑴有經文可識。後功竟不成。

宋宣諭使吳公墓碣　于《志》："墓在治南三十五里吳家山，有碣題曰'宋宣諭使雪樵吳公之墓'，楷書，無年月。"

法喜寺旛竿石刻　于《志》："在通園鎮寺山門外，紹興三十年三月初五日謹題。"

宋尚書徐勝二公木氏夫人墓碑　《澉水新志》："在徐灣南路山河西。考《徐氏家譜》，官尚書者三，墓碑上名氏不見於譜，未敢確指爲三尚書之一。疑當時别有姓徐官尚書者，葬於此。"

米芾書第一山三大字石刻　《八甎精舍金石記》："米襄陽'第一山'大字，原刻在安徽盱眙，而錢塘紫陽山、瑞安集雲山，皆從盱眙摹刻。此刻在海鹽澉浦金牛山，係碑刻，非磨崖，半掩土中。友人方明經溶搜出，筆勢飛騰，與他刻同。"

鳳凰山磨崖文　"南國子華營父墳於山南，淳熙六年春。"凡十五字，在澉浦孫灣。

省稼亭碑　治南一圖十四里，俗呼沈家亭。乾隆二十七年，郁氏宅旁掘得殘碑，額書"省稼軒"三篆文，及"淳熙九年"等字，相傳爲南宋時勸農之地。

縣丞廳壁記　文存。淳熙己酉歲，除邢城李直養識。　《記》云："緝諸名氏，得二十二人，蓋自紹興元年始。"

知縣續題名壁記　文存。紹熙元年六月中澣，邢城李直養記。　伊《志》案："此《記》云：'可考者東漢一人，六朝十一人，唐四人。'"

海鹽進士題名碑　文存。紹熙三年二月朔，從政郎、新監行在右藏西庫常濤孫記。

新修海鹽縣學記　文存。紹熙三年四月壬寅朔，焕章閣直學士、朝奉大夫、提舉江州太平興國宫、清江縣開國子、食邑六百户、賜紫金魚袋謝諤記并書。

小學記　紹熙四年六月，修職郎、監秀州海鹽縣砂腰催煎場施棐記。

宋故孺人郎氏墓碣　任澤和《跋》云："海鹽城河淤塞。余蒞任以來，屢欲開濬。去年麥熟民嬉，始次第從事。於魯公祠下石岸中得此石，額題《宋故孺人郎氏墓》，乃墓碣也。碑已磨滅，不成文，可讀者：'孺人郎氏，嘉興海鹽人。曾祖頡，朝請大夫。祖元亮，秉□郎。父□，隱德□。孺人年十有九而嫁。家世儒學，□方幼，而□不及養。'四十九字耳。此碑當在慶元以後,惜年月俱泐,不可推考。嘉慶三年戊午清和月,知海鹽縣事、新息任澤和書。”

　　澉浦鎮題名記　　文存。嘉定九年四月望日,朝散郎、宗正丞兼江淮創制置大使司參謀官常褚記。伊案:“是時以鮑郎鹽場兼澉浦鎮稅。”

　　鮑郎場題名記　　文存。嘉定十七年甲申仲春月朔,朝奉郎、新充福建路轉運司主管文事李昌宗記。國學免解進士常令孫書。伊案:“是時,初設鹽場專官,朱俯爲之。”

　　思賢碑　　文存。寶慶二年七月望日,建安葛紹禮撰。渭南高不華書。伊案:“此記爲鎮尹趙潛夫作。”

　　羅君德政碑　　文存。紹定六年二月望日,楊啟書。伊案:“此記爲鎮尹羅叔韶作。”

　　澉浦鎮新創廨舍記　　文存。端平三年上巳日,儒林郎、監嘉興府海鹽澉浦鎮稅煙火公事張思齊記。伊案:“是時,分監稅、鹽場爲二。”

　　福業院碑記　　文存。端平丙申重陽日,西蜀常棐記。奉議郎、知嘉興府海鹽縣主管勸農公事兼兵馬郎監李謐書。

　　重修法喜寺記　　文存。淳祐甲戌,承議郎、新權發遣南康軍兼管内勸農事楊幼度撰文。奉議郎、司農事主簿趙與㶊書。皇弟武寧節度使、開府儀同三司充萬壽觀使、嗣榮王、食邑三千七百户、實封一千四百户趙與芮篆蓋。伊案:“淳祐甲辰,《海鹽圖經》誤作甲戌。”

　　鮑郎場政績記　　文存。淳祐五年七月,竹隱常棠記并書。伊案:“此記爲鹽司令厲夢龍作。”

　　美固堂記　　文存。淳祐庚戌六月癸未二十六日庚申,浮光邢子政記并書。在澉浦鎮軍營中。

　　艮澤記　　文存。淳祐十一年,在黃道山,一作《黃道山水池記》。

　　澉浦鎮續題名記　　文存。寶祐二年二月朔,竹隱常棠記并書。

　　尚胥廟碑　　海鹽仇《志》:“德祐元年,徐林撰。里社宋瑤、詹智等立石。”伊《志》:“案《海鹽圖經》:‘宋初封子胥爲清忠英烈威惠顯王。’”

　　秦溪二大字　　至元《志》:“法喜寺有石,鑴‘秦溪’二字。”《續澉水志》云:“‘秦溪’二字猶存。”《海鹽圖經》:“法喜寺傍有石,鑴‘秦溪’二字,樹水濱。是宋時物。”

　　甘泉義井　　于《志》:“在海鹽樓真觀内。欄上刻‘甘泉義井,沈□□,至元十九年七月吉日。’”凡十六字。

　　重建福業院陳山龍君行祠記　　碑存。元至元二十年歲次癸未仲秋吉辰,敕授從仕郎、海鹽縣尹顧泳撰文。宣授顯武將軍管軍千户、鎮守海鹽縣張士特重建。宣授通真靈妙弘教法師、浙西道道教提點、住持西太乙宮兼玄真萬壽宮事馬世良立石。宣授大中大夫、嘉興路總管兼府尹趙若秀篆蓋。伊案:“龔頤正《陳山顯濟廟記》,本在乍浦之陳山,而此《記》稱陳山龍君行祠則在海鹽城内之福業院。《海鹽圖經》合而爲一,非也。”

　　加封忠孝威惠顯聖王伍員敕　　碑存。上刻大德三年八月某日敕旨一道,下刻“大德六年,儒學耆宿梅泰來記。成化八年,邑人張彝重摹立石。”

　　法喜寺良準大法師傳　　文存。大德九年結制日立石。不詳撰人名氏。

　　復永安湖碑記　　文存。至大四年二月,前權東坡書院山長趙若源撰。從仕郎、鮑郎場鹽司令金汝礪書。承務郎、嘉興路同知海鹽州事趙泰篆。奉政大夫、嘉興路兼勸農事朱緒立石。案:《續澉水志》作至正,誤。

　　宋咸和銘　　在寧海寺。

　　宣慰楊公報親齋糧記　　文存。皇慶二年歲次癸丑結制日,敕授嘉興路海鹽州儒學教授徐思敬撰。將仕郎、嘉興路海鹽州海沙場鹽司丞江正書。朝散大夫、嘉興路海鹽州知州兼勸農事朱維禎篆蓋。在天寧寺。

　　三賢堂碑記　　文存。泰定甲子。不著撰人姓名。案:此篇專記知州李仲彬、州同知李蘭奚、海砂鹽司令抹速忽之事。

　　鼎建帥正堂記　　文存。泰定四年歲在丁卯,前鄉進士、華亭陸居正撰。案:此乃達魯花赤之廨也。

　　海鹽州新修廟學記　　文存。後至元六年孟春吉日,應奉翰林文字、從事郎、同知制誥兼國史院編修官、莆田陳旅撰。伊《志》案:"《樂郊私語》:'州學在淨業寺南,神宇齋舍頗宏敞,有至元六年知州趙孟貫、賈禧重修碑。'未知此碑是否。"

海鹽州新設大成樂記　　文存。至正二年壬申三月,翰林侍講學士、大中大夫金華黃溍譔。

海鹽州修學記　　《樂郊私語》:"至正六年,葉彥中再修州學,亦有碑。"

砂腰村馮氏義塾記　　始豐徐一夔撰,至正年立。

資聖寺大隱禪室記　　元末,總管宣城貢師泰撰。

常氏墓碑《續澉水志》:"常同七世孫所立。碑述各墳本末,破碎,不可讀。"

海門寺冰檗禪師惟則傳《海鹽圖經》:"冰檗禪師維則骨塔在本寺。師茶毘後,獲舍利無數,頂骨、牙齒、舌根不壞,釋道原述傳立碑。"

鎮海塔記　　宋濂撰。《香樹齋集》:"鎮海塔之功,始於元僧梵石琦公。有龍舞于丈室,天雨寶花之應,潛溪宋先生碑志其異。"

天寧寺西齋和尚傳　　海鹽仇《志》:"永樂四年丙戌二月,資善大夫、太子少師吳郡姚廣文識。"

海門寺禮部劄付石刻　　石存。禮部劄付,宣德十年九月初三日,對同都吏王才、知縣楊克敬、縣丞吳疊、王昇,主簿李永宣、平湖縣丞梅□劄付海門寺住持宗福。

廣文沈盛墓誌銘《海鹽圖經》:"近有掘北門外冢,得墓碑,乃是宣德中廣文沈盛墓。有《誌銘》,莫用行撰。莫,布衣,能文,為張靖之所推。樊侯罪發墓者,為改葬之。邑人鄭端允有詩云:'古木彫殘陌上墳,哀猿聲慘不堪聞。憐君今日知名姓,好事爭傳竄石文。'"

慧辨禪師塔銘　　文存。海鹽仇《志》:正統四年己未四月,亞中大夫、翰林學士、知制誥兼修國史、金華宋濂撰。中順大夫、翰林侍讀學士、知制誥、同修國史、臨川危素篆額。奉議大夫、僉浙江等處提刑按察使事、暨陽陳穎書。在天寧寺,即楚石禪師。

重修金粟廣慧禪寺記　　資德大夫、正治上卿、禮部尚書、前太子賓客兼國子祭酒、毘陵胡濙撰文。正統十四年,歲次己巳,住持沙門崇源立。

覺林禪寺碑記　　天順三年己卯春三月上吉日,賜進士及第、翰林學士兼修國史、秀水呂原撰文。

慈會寺碑記　　文存。天順七年、邑人陳善撰。

重修捍海塘真武廟記　　南京吏部尚書致仕、蕭山魏驥撰。

海門禪寺碑　　文存。成化四年戊子九月重陽日,賜進士第、中順大夫、福建汀州守、前禮科都給事中、賜一品服、邑人吳興張寧撰。

重修海鹽縣儒學記　　文存。成化庚寅,賜進士、中順大夫、福建汀州府知府、前禮科給事中、賜一品服、邑諸生張寧撰。

重修尚胥廟碑記　　文存。張寧撰。

張方洲給事自撰墓碑　　文存。在順寧橋南。給事名寧。

海鹽縣儒學鄉試題名記　　成化八年某月日,賜進士出身、翰林侍讀學士、奉訓大夫、鶴城錢溥撰。嘉靖戊子,教諭廖輊重刻,有《序》。嘉靖丁未,教諭孫瑤有《跋》。

方洲草堂井欄銘　　銘云:海鹽方洲草堂西井,其源□,其流清,載之以利生。不竭不傾,子孫其永承。成化癸巳,草堂主人張靖之銘并書、刻。

楊公塘碑記　　仇俊卿云:"海上舊有楊公塘碑記,歲久損裂,為風潮飄沒。初有司慮其不存,置諸牆堵,迨今欲纂入縣志,不可踪跡。"伊《志》案:"楊公乃成化十三年副使楊瑄,築坡陀塘者也。"

南化城新建東西石梁記　　文存。成化丙午冬十月,鄉貢進士、邑人朱祚撰。

重修城隍廟記　弘治元年,邑人姚禎撰。

重修資聖寺兩廊記　弘治九年,劉演撰。

重建歟城橋記　文存。弘治中,邑人張寧撰。

重建海寧衛記　弘治甲子夏四月望,賜進士及第、翰林院修撰、華亭錢福撰。

王邑令葬子碑　文存。海鹽仇《志》:“弘治甲子,前令王璽葬子金粟山,有碑記。”

城隍廟碑　碑存。正德七年,邑人、饒州通判姚禎撰。

太公吕望廟碑　邑人鍾梁撰。在甘泉鄉,俗名三官堂。

明何訓術墓像贊　石存。《澉水新志》:“在金牛山下坡。首題‘東軒何公像贊’,末題‘嘉靖元年壬午三月吉旦,鄉進士、錢塘福應麒題并書。’”

修海塘記　嘉靖三年,蘇州府知府、吏部郎中、天水進士胡纘宗撰。

海鹽儒學教職題名記　嘉靖戊子孟夏日,教諭廖軽記。

歷代縣令題名記　嘉靖九年某月,海鹽知縣事玉山夏浚識。

思仲橋記　嘉靖十一年,知縣夏浚撰。

重修海塘記　文存。嘉靖十五年丙申秋,進士及第、華亭徐階撰。

總司前題名記　嘉靖辛丑,邑人徐泰撰。

重修海塘記　文存。嘉靖三十年,邑人、給事中錢薇撰。

太尉廟碑　文存。賜進士、禮科右給事中、海石錢薇撰。祀皇甫嵩,在縣西北二里。

重修黃道山神廟碑　嘉靖三十二年,邑人董穀撰。

便民倉記　文存。嘉靖甲寅,邑人鍾梁撰。

海城外塘記　文存。嘉靖丙辰冬十月,豐厓徐泰撰。

重修法喜寺記　文存。嘉靖三十五年,許相卿撰。

頭亭子義社記　嘉靖戊午,王文禄撰。在縣治西四里。

脩明倫堂記　嘉靖己未,知縣董玶書。

增建參將府記　文存。嘉靖庚申冬,古譙楊緝撰。

福業寺藏經閣碑記　文存。嘉靖庚申,王文禄撰。

寧海寺中興碑記《海鹽圖經》:“嘉靖間,婁江大史陸深撰。”

靈祠吴真人碑記　碑存。嘉靖甲子孟夏,海昌沈友儒撰,嘉禾徐行道書。在澉浦東門外青山下。

蕭相國廟碑　碑存。嘉靖年,里人錢琦撰。在歟城。

浙西參將題名記　文存。隆慶二年,馮皋謨撰。

茶磨山磨崖文　《澉水新志》:“許黃門雲村先生相卿棄官後,隱此山。有高巖,其上廣平,可坐百許人。下空洞,可列十餘席。石上題曰天只峰,曰文昌星晶石,曰弄月臺,曰枕流。巖後懸崖,昂首陡絶之處,題曰豐崖,皆古好事者所摹。巖下正北,大書‘天南第一山’五字,旁東向曰‘獨往’,皆先生所刻。巖背正南曰‘清修壯節’,則海寧尹題。‘石首廉泉’,高尚士所題也。”

學田記　文存。萬曆元年,知縣范梅撰。

重修敬一亭會講堂碑記　碑存。萬曆六年秋季之吉,海鹽縣教諭、江左新昌漆元中撰。舊志作二年,誤。

築捍海塘記　文存。萬曆五年,董份撰。

築捍海塘記　文存。萬曆五年,陸光祖撰。伊案:董、陸二碑,《海鹽圖經》謂陸尤實録也。

楊公報功祠記　　文存。萬曆八年，管浙直水利、浙江布政司右參議、晉安陳詔記。

英烈祠紀忠碑　　萬曆乙酉蔡逢時撰。

重修昭烈武成王祠碑　　萬曆丙戌，朝列大夫、維揚郡丞、前比部尚書員外郎、海昌沈友儒撰。鹽官里人陸廷誥篆。

重築捍海塘記　　文存。萬曆十八年，黃洪憲撰。

重築城記　　文存。萬曆二十一年，王穉登撰。

吳丞相步侯廟碑　　萬曆二十四年丙申五月朔，邑人陳昌期撰。

重修海門寺記　　碑存。皇明萬曆歲在丁酉仲秋既望，□□□山僧守德立。貴州道監察御史許聞造撰。鄉進士、邏南錢與暎篆。

增置學田記　　文存。萬曆二十八年，知縣李當泰撰。

雲岫庵藏經閣記　　文存。知縣李當泰記。萬曆庚子。

孚侯重修海鹽儒學碑記　　萬曆庚子，教諭葉梗撰。

鼎建城隍廟齋閣碑記　　碑存。萬曆庚子、知縣、蟆城李當泰撰。

增築六里堰閘涵洞碑記　　碑存。萬曆壬申春，里人吳仲偉記。在澉城西北六里。舊志作壬寅，誤。

重修鎮海塔記　　文存。萬曆三十一年，邑人吳仲偉撰。

邑父母喬侯聿新黌序碑記　　萬曆三十七年，沈孝徵撰。

重修便民倉記　　文存。萬曆三十七年，里人鍾光斗撰。

衛籍生員免丁碑記　　萬曆四十一年，知縣何杲立。在學署庫中。

天寧永祚寺藏經碑記　　萬曆四十八年，彭宗孟撰。

重建城隍廟記　　碑存。萬曆庚戌，里人沈孝徵撰。

總司後題名記　　文存。萬曆庚戌春孟，海寧備倭把總指揮使崔天錫撰。

澉乍賑運始末記　　碑存。萬曆四十一年癸丑仲夏，湖廣按察使副使、前奉敕提督貴州學政、刑部福建司員外郎、里人吳仲偉撰。在澉城東門內。

重建金粟寺碑記　　文存。浙江按察使副使趙國琦撰。萬曆丁巳。

海鹽縣新建關帝廟碑　　碑存。萬曆丁巳，知縣何杲撰。

重修東嶽廟碑　　萬曆年，邑人沈孝徵撰。

黃道山重建顯應廟記　　董穀撰。

普門覺路碑記　　碑存，知縣樊維城撰。

白馬廟重建常平倉碑記　　碑存。天啟辛酉，知海鹽縣事、黃岡樊維城撰。

樊侯重建常平倉記　　天啟元年辛酉，邑人胡震亨撰。

重建金粟山寺記　　文存。天啟三年歲次癸亥長夏小暑之吉，真丹居士樊維城撰。

海鹽縣學樂器庫記　　文存。天啟四年，邑人胡震亨撰。

重修寧武橋碑記　　崇禎元年，董嗣舒撰。

廣福庵碑記　　碑存。崇禎十年，里人胡震亨撰。

修建學宮記　　順治十二年，給事中柯聳撰。

永安湖張公堤碑　　在永安湖東颺山之麓。康熙十一年，知縣張公素仁與邑紳張給諫惟赤開濬永安湖，修築堤，澉人立碑頌德。碑中題"張公堤"三大字，旁題"康熙壬子立"。光緒二年，知縣王公彬重修堤閘，掘土得碑。三年，移置大閘旁悟空寺。

重修海鹽縣儒學碑記　康熙甲寅九月,給事中查培繼譔文,內閣中書吳甫及篆額。

張給諫捐建營房碑記　康熙乙卯,內閣學士杜臻譔,在資聖寺前。

重復新河中壩碑記　康熙二十一年,邑人彭孫遹譔。

福業院均房碑記　康熙二十八年,邑人彭孫遹譔。

重修海鹽縣關壯繆侯廟記　康熙三十年,邑人曹三才譔,查聲書。

育嬰堂碑記　乾隆三年,錢陳群譔。

重建天寧佛閣寶塔記　乾隆三十六年,錢陳群譔。

永安湖鮑公題碑　在颸山麓。乾隆三十五年,知縣鮑公鳴鳳倡捐,濬築湖堤茅塘,修大閘、小閘、張老人閘。又開引河西北積水,接濟大閘。瀲民築亭立碑,題曰鮑公堤。里人吳懋政《過鮑公亭》詩自註云:“康熙十年,知縣張素仁與張給諫惟赤開湖築塘,舊有張公堤三字碑。此堤張創鮑修,功蹟相埒。新碑但鐫鮑公,殊未安也。光緒二年,重修堤閘,掘土得張公碑。”

永安湖德政碑記　乾隆三十五年,邑人吳懋政譔。

重修大成殿碑記　乾隆四十年,知縣何肇灝譔。

蔚文書院碑記　乾隆四十二年,知縣張力行譔。

重建福業寺大殿碑　乾隆四十四年,知縣張力行撰。

修海鹽縣石塘記　道光二年,巡撫帥承瀛譔。

障海樓記　道光四年,知縣汪仲洋譔。

風神祠記　道光四年,知縣汪仲洋譔。

重建孔子廟碑　同治八年,邑人顏宗儀譔。

南魁星閣銘　同治十年,知府、善化許瑤光撰。

潮州府同知徐公暨朱夫人墓誌銘　光緒元年,户部員外郎朱丙壽譔,前翰林院侍讀學士顏宗儀書。

重建蔚文書院碑記　光緒二年,邑人徐用儀譔。

重建文星臺記　光緒二年,知縣王彬譔、書。

右石。

【校注】

[1] 字子羽:原作“字羽”,據至元《嘉禾志》卷十二《祠廟·海鹽縣》“蘇驃騎廟”條改。

[2] 按:《海鹽澉水志》卷七《秀野堂記》末署:“嘉熙己亥夏五既望,竹窗常棠記。”嘉熙己亥,即南宋嘉熙三年(1239)。而嘉祐是北宋仁宗年號,有己亥,而無乙亥年。故疑“嘉祐乙亥”是“嘉熙己亥”之誤。此碑排列順序亦須相應調整至南宋末。

宋咸平鐘款識　《澉水新志》:“在通元鎮寧海寺。款云:‘秀州大明寺僧慶先,咸平三年奉敕鐫。’”

魯簡肅公銅印　于《志》:朱文,諱二字,近海鹽鄉民掊土得此,藏畢士楷家,公裔孫模購而庋之祠中。

元延祐鐘銘　鐘存。在禪悦寺。　奉佛。中大夫、前浙東道宣慰副使、僉都元帥府事楊梓男初雄振杰、孫男泰孫,元孫洎家眷等謹啟誠心,喜施淨財,鑄造洪鐘,捨入澉浦鎮禪悦華嚴教寺常住鐘樓,永遠崇奉。所集善因先伸,回向真如實際,莊嚴無上佛果菩提,四恩等報,三有齊□,□伸報薦,宣授懷遠大將軍、池州路總管、輕車都尉弘農郡侯先考楊公,宣授弘農郡夫人先妣杜氏,宣授弘農郡夫人先室陸氏,門中祖禰親姻,俱仗良緣,同超淨土者。當太歲延祐七年十月十一日題。本寺伏承大檀越、中大夫、前浙東道宣慰副使、僉元帥府事楊相公喜施浄財,鑄造洪鐘,供入本寺,晨昏崇奉,所集良因,專爲祈求,國泰民安,風調雨順,文武官僚,同增禄位。右伏惟三寶洞明,天龍昭格,延祐七年十月十一日吉辰,禪悦華嚴教寺傳賢首教觀住持沙門懷寶謹題。上作四天王像,腰圍環作《心經》,下有梵書六字。明豐坊《禪悦寺神鐘記》云:"海鹽禪悦寺神鐘,勝國時宣慰楊梓用海外銅五千四百八十斤範鑄,建六丈樓懸之,聲聞數十里。國朝天順中忽無聲,渡海者覩其影在波中。浮屠用法攝之,聲乃復。"董穀《續澉水志》:"楊梓以倭銅鑄成,其聲清和洪壯,甚靈異,常好出神,時不受杵。今二百餘年猶存,鎮一城風水。"

　　至正鐘銘　于《志》:"藏棲真觀,重十六觔。銘曰:'至正二十四年三月日置。'凡十六字。"

　　明海門寺銅鐘銘　鐘存。洪武十一年正月日造,住持比邱惟則題。

　　資聖寺銅鐘銘　正統十一年造,上有梵書。

　　天寧寺銅鐘銘　天順三年己卯冬十一月,住持沙門道彜監製。

　　大成殿鼎　于《志》:篆文銘凡十八言,萬曆重光大淵獻,鹽官令喬拱璧摹勒。

　　金粟寺銅鍋題銘　《澉水新志》:文云"海鹽金粟山廣慧寺臨濟正宗第三十三世密雲悟禪師嗣法,石車乘禪師募僧通立,併護法檀越平湖陸致沖、錢天生、張玉綱、韓琦、胡成孝等鑄造。捨銅姓氏,勒石於寺。爐匠梅啟義。時大明崇禎七年正月吉日置。皈依金粟弟子陸門通裕,同男陸柬,比邱尼通度、妙圓,頭鍋領龍,施主趙嶸。"寺《志》云鍋重一千斤。

　　　右金

　　漢五鳳瓴　《金石契》:瓴,嘉興李上舍一徵得於吾鄉海上。側有篆文"五鳳□年"字。吾竹房爲琢硯,錢宗伯籜石爲製銘。今藏儀徵阮氏。

　　漢甘露瓴　《浙江磚録》:長二寸,厚一寸。文曰"甘露元"三字,出海鹽。嘉興張廷濟藏。

　　漢黄龍瓴　《兩浙金石志》:厚二寸二分,長四寸四分。文曰"黄龍元年建"五字。側面又有泉文。得于海鹽張氏。《浙江磚録》:出海鹽。

　　吴天册瓴　《浙江磚録》:文曰"天册元年",上有掌文,孫吴第六改元也。出海鹽。爲儀徵阮相國藏。

　　潘墓瓴　《金石契》:右瓴,兩側有文曰"嘉興象西潘儒南父母墳塋"。瓴兩端曰"潘冢"、曰"潘墓",皆篆書。《浙江磚録》:嘉興之名,不見于《兩漢·志》。沈約《宋書·州郡志》:吴孫權黄龍四年,由拳縣生嘉禾,改曰禾興。孫皓父名和,又改嘉興。則此磚當爲孫吴時物。磚出海鹽,本吴鹽官縣地。而云嘉興,吴《記》云鹽官屬嘉興,知在吴末置鹽官以前也。象西,疑地名,已淪於滄海矣。海鹽張燕昌藏。

　　晉太康瓴　《浙江磚録》:長九寸五分,厚一寸二分。文曰"太康四年八月十七日"。太作大,古文。又一品康上缺大字。又,長五寸二分,厚一寸八分。文曰"太康五年,太歲"。下斷,篆文奇古,並出海鹽,又,長一尺一寸,厚一寸二分。左側有文曰"大晉平吴六年造"。墓右側文曰"七年吴郡陳童"。上端文曰"□陳□造"。瞿中溶曰:吴亡在晉太康元年,則此磚爲太康六年所作也。出海鹽張氏藏。又伊《志》載太康五年十一月郭家葬,分書,藏嘉興張氏,得于海鹽。

　　晉元康瓴　《浙江磚録》:長五寸一分,厚一寸四分。文曰"元康五年八月七"。下缺,出海鹽,陳氏藏。又二磚,長九寸四分,厚一寸五分。文曰"元康九年八月癸未朔八日庚寅,哀子楊猛造"。一文曰"元康九年八月癸未朔□日,哀子楊若"。首磚八月兩字旁增,次磚一字缺損,蓋是九字癸未朔,九日則辛卯也。若字作□,見《古文四聲韻》。出海鹽,張燕昌藏。《兩浙金石志》:古喪祭稱哀,吉祭稱孝。此墓瓴葬時稱哀。後世加之區别,父没稱孤,母没稱哀,不合于古矣。伊、于《志》俱作湯猛。

　　晉永寧瓴　永寧元年六月十九日,淳于氏作奉在立。伊《志》:藏嘉興張氏,得于海鹽。

　　陽武亭侯墓瓴　《浙江磚録》:長九寸九分,厚一寸四分。文曰"永嘉六年六月庚戌朔,郎中陽武亭侯薨,世子淳于康所作"。反文,出海鹽,吴東發藏。考云:陽武,漢屬河南郡,晉屬滎陽郡。《續漢書·百官表》:郎中比二千石。此系于亭侯之上,蓋由郎中封侯,猶漢滕侯更始初爲郎中舍人,赤泉侯楊喜以郎中騎從灌嬰,共斬項籍,封侯是也。亭侯次於鄉侯,在關内侯上。陽武亭侯由郎中封,必有功勳,而不見於《晉史》,疑即永嘉三年王模之將淳于定破劉芒蕩五斗叟者,見《晉史》,亦傳疑之説也。

晉大興瓴　《浙江磚録》:長五寸六分,厚一寸六分。文曰"大興二年五",凡五字。下斷,字陰文,以坯時未經火,釘頭劃之。元帝第二改元也。出海鹽,陳氏藏。

晉泰寧瓴　《浙江磚録》:長一尺,厚一寸三分。文曰"泰寧三年,太歲在□□六月廿四日"。反文,側有"兒羕作"三字,出海鹽,張氏藏。三年乙酉也。兒,即倪。羕,即永字假借。

將軍瓴　文曰"□北將軍"。篆文。伊案:上一字,當是征字。疑即陸禕墓瓴。

晉建元瓴　《浙江磚録》:長五寸,厚一寸五分。上下俱空,中有"建元"二字,出海鹽。

晉永和瓴　《浙江磚録》:長三寸,厚一寸三分。文曰"永和二年"。右有"虞固"二字。出海鹽。郡守許瑶光云:光緒二年六月十三夜,海鹽大風潮。潮退,瓴露,居民得者,有"永和五年,歲在己酉"及"元康年,吳師、蜀師作"諸款。

晉太元瓴　《浙江磚録》:長六寸,厚一寸九分。文曰"太元四年"。字在上端,出海鹽資聖寺橋下。

東晉井瓴　宋《澉水志》:黄盤山邈在海中。淳祐十年,有于旁灘潮裏得古井及小石橋、大樹根之類,驗井瓴上字,則知東晉屯兵處。

晉億世典人瓴　錢氏大昕《潛研堂文集》:典人之官,爲民父母。億世銀艾,希風卓魯。得之何所,澉之海渚。誰其貽予,吳子芸父。

寄奴城瓴　于《志》:文曰"寄奴城"。國朝道光己丑,得於海鹽東城資聖寺橋下。

宋元嘉瓴　《浙江磚録》:長四寸五分,厚一寸五分。文曰"元嘉六年"。下斷。出海鹽。

唐干府君墓志　《澉水新志》:在通元西。道光十二年,土人耕田,掘得墓志,瓴文略曰:"唐故□川干府君,以咸通五年甲申歲五月終於私第,以六年乙酉二月窆於縣西南卅里尚父鄉修化里通元寺西。"其瓴約尺半,縱横稱之,厚約二寸許。碎而爲三,膠合之後,爲硤石蔣光煦所得。

案伊《志》尚載殷氏瓴、殷明分書。馬氏瓴、馬皋所作分書。戴氏瓴、戴氏篆書。高氏瓴、皋震作分書。宮壁瓴、宮壁。丁卯瓴,丁卯櫚壁。舊並未詳所出,以原列《海鹽金石》,故附于後。

右瓴

平湖縣

漢白馬將軍墓碑　《九山補志》:"龍虎山下,盛姓宅後,有一高阜,欲治屋,具畚鍤平之,得一碑,曰白馬將軍之墓。去城西二十里砂腰村有白馬廟,祀白沃使君。或是其遺跡云。"

唐吳郡陸府君墓志銘　《輿地碑目》:"陸府君碑,在海鹽縣北五十五里。"　魯應龍《閒窗括異志》:"昨得石刻,乃《唐吳郡陸府君墓銘》,葬於蘇州海鹽縣齊景鄉當湖里。"

唐吳郡陸使君夫人周氏墓志　《閒窗括異志》:"唐貞元十四年,《太子左贊善大夫吳郡陸使君夫人汝南縣君周氏墓志》云:袝於嘉興縣東界海鹽縣齊景鄉青墩原西北塋。"　伊案:《海鹽圖經》引宋《志》,正與此同。又引王象之《輿地碑目》,亦云此碑在海鹽,但未覩全文。竊疑王象之所收乃陸府君碑,或者墓一,而《誌銘》有二耶?

唐故陳府君墓志銘　文存。無撰人姓名。

齊景公廟碑　《輿地碑目》:"在海鹽縣齊景公鄉。"《閒窗括異志》:"齊景鄉有廟,《圖經》號齊景公廟。一云朱明大王。古志相傳齊景公遵海而南,觀於轉附、朝儛,曾游於此,立廟於斯。舊有碑,今磨滅不存矣。"

宋參知政事魯簡肅公墓誌銘　李迪撰。天聖七年立。平湖朱《志》:"在齊景鄉當湖里。"神道碑銘　張士遜撰。

敕建秀州海鹽縣普照寺碑記　宋慶曆三年九月，三班奉職、監廣陳鎮茶鹽鐵稅兼煙火公事江宗立石。程珪撰。

金山顯忠行廟記　文存。宋建炎三年，將仕郎曾壽淵，宣教郎致仕、賜緋魚袋曾壽寧建。朝請郎、提舉兩浙路市舶司、賜緋魚袋魯詹記。紹熙丙寅，廟廢碑仆。有紹興二十七年四月十八日魯可封重刻。

重修德藏寺碑記　至元《志》："隆興二年重修廊宇，魯衢爲之地。"

法界庵主自製塔銘　文存。釋可觀撰。塔在德藏寺西北隅。

普度庵記　平湖程《志》："宋淳熙間，尼僧慧性建。魯开有碑記。斷毁，故址在三登橋北。"

叢冢記　文存。紹熙二年五月既望，奉議郎、新知建康府江寧縣事陸峻記。

陳山顯濟廟記　文存。紹熙三年，龔頤正撰。伊案："此文，至元《志》中脱去二百三十餘字，柳《志》全載。《海鹽圖經》亦删二百餘字。《乍浦志》於封號内誤增‘威佑薦福’四字。此四字乃紹熙五年加封，見至元《志》，此文不應預載也。"

高郵司理魯公墓銘　喬行簡撰，紹定元年立。墓碑　紹定元年，魯錡撰、立。

金山順濟廟英烈錢侯碑文　文存。淳祐五年，彝齋趙孟堅記。在廣陳鎮。

石總管墓碑　平湖程《志》："在東泖口。總管廟西，有石氏隴，磧田者嘗探出碑板，爲學士歐陽元功筆。"

元處士趙友一墓碑　平湖程《志》："在新倉鹽運河南。七世孫趙漢題墓碑曰‘元處士趙友一之墓’。"

靖獻先生陸正墓碑銘　王昭大撰。至大元年立。在廣陳鎮。

福源普慧禪寺記　文存。鄧文原撰。陳循《重修寺記》："延祐五年戊午記。其存者，巴西鄧善之、雍虞伯生篆額，吳興趙子昂書石。"

重修福源普慧禪寺碑　文存。陳循撰。永樂二十年立。

重建城隍廟碑　文存。沈榮撰。成化二十年立。

筠翁橋記　文存。弘治十五年歲在玄黓閹茂，南京翰林院侍講學士、奉訓大夫、前經筵官兼修國史、南昌張元禎撰。

明太子太保屠康僖公墓誌銘　楊一清撰，正德十三年立。

重修平湖儒學記　鄭曉撰。嘉靖十六年立。

縣署記　嘉靖十六年，知縣黎循典撰。

開濬蘆瀝場鹽運河記　文存。邑人陸杰撰。嘉靖二十八年立。

重建譙樓記　孫校撰。嘉靖三十一年立。

築城記　文存。鄞縣張時徹撰。嘉靖三十四年立。

陸氏景賢祠記　文存。賜進士出身、浙江按察司、提督學校副使、吳郡范惟一撰。嘉靖三十三年立。

報功祠記　文存。馮汝弼撰。嘉靖三十七年立。

乍浦新建欽總司記　文存。嘉靖甲子夏孟，澉水董穀撰。即今守備署。

儒學更置義田記　文存。隆慶己巳，張大忠撰。

三計堂石刻　隆慶三年，知縣泗州謝良弼書。文曰："種穀一年之計，種木十年之計，種德百年之計。"

報本塔記　文存。孫植撰。隆慶四年立。

平湖縣令題名記　文存。沈懋孝撰。萬曆四年丙子十二月朔日。

遷建福源普慧禪寺記　文存。徐階撰。萬曆七年立。

平湖縣始建廟學記　三原溫純撰。萬曆十五年立。案：此《記》乃補述義民陸珪始建縣學之功。

普照寺基優免碑記　　文存。萬曆庚寅，觀大理寺政、邑人戈用泰撰并書。

重修城隍廟記　　文存。陸光祖撰。萬曆二十二年立。

重建福臻寺碑　　文存。陸恩錫撰。萬曆二十三年立。

重建東林禪院碑　　文存。馬維銘撰。

重建金山之神顯忠祠碑記　　文存。沈懋孝撰。萬曆二十九年立。

重建西林禪院碑記　　文存。包世杰撰。萬曆甲午後作。

重修德藏寺前殿碑記　　文存。馬維銘撰。萬曆三十一年立。

重修三將軍廟碑　　文存。馬維銘撰。祀田橫及其兄榮、廣。在梁莊。

福臻寺長生田碑記　　南海陳熙昌撰。

乍浦新開水門記　　文存。許丕祚撰。崇禎十二年立。伊《志》案：《記》云：洪武十九年湯和築七十餘城，乍其一，然猶擁土爲牆埠。正統間，有稱‘崇德城孔固[1]爲僞吳張士誠所築，徙築於乍’等語。考柳《志》云：洪武十九年，將崇德城拆運公用，即湯和築城時也。《記》誤。

存嚴祠碑記　　鄞縣王六龍撰。順治元年立，在湯山。

曉鐘山堂記　　王六龍撰。在湯山。

世祖章皇帝欽頒卧碑文　　順治九年立，在縣學。

知縣朱公祠記　　陸之祺撰。爲知縣朱之翰立，在接官亭。

關廟土神祠合記　　曹溶撰。順治十七年立，在乍浦城。

重建縣堂碑記　　金鍜撰。順治十八年立，在縣署。

張侯去思亭記　　楊燝撰。爲知縣張鳴遠立，在三聚庵。

李高士潛夫墓誌銘　　王漣撰。

雲水寮記　　鄭龍光撰。康熙三年立，在德藏寺後。

張氏宗祠記　　張著撰。康熙九年立，在兼葭圍。

重修全公亭記略　　何曠撰。康熙十年立，在東十九都錢武肅王廟左。

永垂菴記　　陸之祺撰。康熙十一年立，在縣治東十里。

大乘菴記　　郭紹儀撰，在張家廊下。

獅子林記　　越人姜希轍撰。康熙十四年立，在乍浦北郭外三里。

抱膝主人像贊石刻　　倪鍾瑞自撰。男淑則謹識，陸攀書丹，張遠畫像。康熙十七年立，在十相庵。

重修便民倉碑記　　陸茞撰。康熙十八年立，在倉內。

靈溪陸氏宗祠記　　陸之祺撰。康熙十八年立，在窰灘。

香嚴庵記　　過銘簠撰。康熙十九年立，在小南門外葛家。

聖祖仁皇帝御製學校論　　康熙二十三年立。

重修文廟記　　教諭姚淳熙撰。康熙二十三年立，在儒學。

沈氏樹德祠記　　陸茞撰。康熙二十四年立，在石莊里。

重修學宮紀事　　謝師昌撰。康熙二十七年立，在明倫堂右。

新建義學碑記　　朱維熊撰。康熙二十七年立，在城隍廟左。

重建明倫堂碑記　　陸茞撰。康熙二十七年立，在明倫堂右。

義冢碑記　　朱維熊撰。康熙二十八年立，在四十九都虢字圩。

搆營房勒石　康熙三十二年四月立,在德藏寺。

社學義田碑記　知縣王瑋撰。康熙三十六年立,在城隍廟左。

改建弄珠樓記　陸葇撰。康熙三十六年立,在湖濱。

大慈庵碑記　康熙三十七年立,在新溪。

御製訓飭士子文　康熙四十二年立。

御製製硯説石刻　康熙四十二年立,在化城庵。

聖祖仁皇帝御製平定朔漠告成太學碑　康熙四十三年立,在儒學。

高文恪公墓諭祭碑　康熙四十三年立,在東湖南。

陶贈君墓表　陳廷敬撰,王鴻緒書。康熙四十三年孟冬立,在高公山。

新建育嬰堂記　周維翰撰。康熙四十五年立,在佑聖宮右。

三山會館碑記　福建余正健撰。康熙四十八年立,在會館內。

儒學藏書記　董天眷撰。康熙五十一年立,在儒學。

董邑宰德政碑　康熙五十一年立,在儒學。

法慶林記　嚴思位撰。康熙五十三年立,在南門外。

樂器贅言石刻　陸世琮撰。康熙五十七年立,在儒學。

蜃園先生神道表　全祖望撰。康熙間立,在乍浦。

沈氏家園紀略　沈瑞盤撰。在石都尉莊。

西平令沈棻墓誌銘　長洲宋德宜撰。在楊樹漊。

竹溪菴記　陸葇撰。康熙間立,在葛家橋。

內閣學士陸葇墓表　陸葇自題。在南門外聽字圩。神道碑銘　蕭山毛奇齡撰。

劉氏永思祠記　陸祚蕃撰。在清溪。

明高士李延是塔銘　朱彝尊撰。在潔芳橋東北。

思州知府陸世楷墓銘　朱彝尊撰。在五行涇。

義友李慶乙墓表　馬培原撰。在乍浦。

興隆橋碑記　知縣楊克慧撰。雍正三年立,在乍浦城隍廟。

節孝祠碑記　楊克慧撰。雍正間立,在祠內。

東嶽行宮記　王通叟撰。雍正四年立,在乍浦。

增建育嬰堂記　陸奎勳撰。雍正五年立,在堂內。

重修文廟碑記　陸奎勳撰。雍正六年立,在櫺星門外。

世宗憲皇帝御製平定青海告成太學碑　雍正七年立,在儒學。

鸚鵡洲菴記　方以恭撰。雍正十年立,在鸚鵡洲。

三義廟塑像記　張誠撰。乾隆元年立,在兼葭圍。

先儒陸清獻公墓諭祭碑　乾隆二年立,在泖上晝字圩。

御製碑文　乾隆二年立,在清獻墓神道左。

九峰書院記　劉錫勇撰。乾隆四年立,在書院。

聖諭碑　乾隆五年立,在儒學。

磚城碑記　乾隆六年十二月立,在滿洲營。

陸清獻公祠碑記　　納蘭常安撰,戈守智書丹。乾隆九年立,在祠内。

陸清獻公祠堂碑記　　知縣高國楹撰,戈守智書。乾隆九年立,在祠内。

濬復清水若故河并築松風港東西兩隄紀略　　高國楹撰。

陸清獻公祠碑記　　督學彭啟豐撰。乾隆九年立,在祠内。

登燈光山記　　常安撰。乾隆十年立。

登弄珠樓記　　常安撰。乾隆十年立,在湖濱。

重建陸清獻公祠堂碑　　弟燾撰文,管世昌書。乾隆十年立,在祠内。

亭橋碑記　　乾隆十年立,在乍浦城。

福建臺灣道黃公墓誌銘　　陸嗣鼇撰。乾隆十年立,在乍浦。

重建關帝廟記　　知縣閻公銑撰。乾隆十三年立,在廟内。

高宗純皇帝御製平定金川告成太學碑　　乾隆十四年立,在儒學。

新建中普陀禪院碑記略　　署同知葉齊撰。乾隆十四年九月立,在外蒲山。

當湖書院碑記　　知縣閻公銑撰。乾隆十五年立,在陸清獻公祠後。

縣丞署碑記　　孫象治撰。乾隆十六年立,在署内。

高宗純皇帝御製平定準噶爾告成太學碑　　乾隆二十年立,在儒學。

百善會碑記　　高衡撰。乾隆二十一年立,在同善公所。

重修祭器誌言　　王恒撰。乾隆二十一年立,在儒學。

高宗純皇帝御製平定回部告成太學碑　　乾隆二十四年立,在儒學。

重修存巖祠碑記　　宋景關撰。乾隆三十三年立,在湯山瑞祥寺。

重修文廟碑記　　周大樞撰。乾隆三十四年立,在儒學戟門。

重修神聖宮碑記　　婺源張圖南撰。乾隆三十六年立,在乍浦博陸侯廟内。

重建三里橋碑記　　沈初撰。乾隆三十八年立,在橋側。

閩汀會館石刻　　乾隆四十年立,在會館内。

節孝祠碑記　　劉雁題撰。乾隆四十年立,在祠内。

重建文昌閣碑記略　　知縣劉雁題撰。乾隆四十一年立,在鏡漪堂。

鄒氏宗祠記　　鄒瑚撰。乾隆四十一年立,在祠内。

還珠行石刻　　知縣張力行撰。乾隆四十四年立,在弄珠樓。

詮香書屋記　　張力行撰。乾隆四十四年立,在縣署。

江村義學規條十則勒石　　乾隆四十四年立,在朱江坊。

陸清獻公祠港租碑記　　張力行撰,鮑煇書。乾隆四十六年立,在祠内。

世宗憲皇帝訓飭士子碑文　　乾隆四十七年立,在儒學。

重建東西兩廡碑記　　沈初撰。乾隆四十七年立,在學宮。

先儒陸清獻公墓碑　　張誠題。乾隆四十八年立,在墓前。

重修當湖書院碑記　　知縣王恒撰。乾隆五十年立,在陸清獻公祠後。

咸寧公所碑記　　同知李賡芸撰。乾隆五十年立,在乍浦公所。

重修祭器記　　王恒撰。乾隆五十一年立,在儒學。

修建便民倉碑記　　王恒撰。乾隆五十一年十月立,在倉内。

重修文昌閣碑　　王恒撰。乾隆五十一年立，在鸚鵡洲。

重修陸清獻公墓記　　王恒撰并書。乾隆五十二年立，在墓前。

沁泉亭記　　錢洪撰。乾隆五十二年立，在乍浦。

世宗憲皇帝聖諭碑　　王恒書。乾隆五十三年立，在陸清獻公祠内。

重修關帝廟記　　王恒撰。乾隆五十三年立，在廟内。

義冢記　　張誠撰。乾隆五十三年立，在小西溪。

桐陰書舍記　　縣丞彭澤濂撰。乾隆五十三年立，在縣丞署。

飽經堂記　　教諭何蕙撰。乾隆五十三年立，在儒學。

孝子張世昌墓碣　　無錫顧光旭題，在小西溪巾圩。

瘞骼會記　　王恒撰。乾隆五十三年立。

就樹軒記　　王恒撰。乾隆五十四年立，在縣署。

三魚堂記　　張誠撰。乾隆五十四年立，在陸清獻公祠。

當湖書院義田碑記　　王恒撰。乾隆間立，在書院。

當湖書院義田後記　　張誠撰。乾隆五十四年立，在書院。

重修節孝祠碑記　　王恒撰。乾隆五十四年，立在祠内。

永安局瘞柩碑記　　華亭沈步垣撰。乾隆五十四年立，在局内。

重修陸孝子祠記　　王恒撰。乾隆五十四年立，在東湖左。

關帝殿碑記　　錢超撰。乾隆五十七年立，在陳山寺。

文廟歲修田租記　　吳璵撰。乾隆五十八年立，在學宮。

關帝廟碑記　　陳謨撰。乾隆間立，在馬家蕩。

重濬飲馬池記　　陳謨撰，在乍浦城。

重修聖塘菴記　　知縣李賡芸撰。嘉慶元年立，在菴内。

重建寧善橋記　　李賡芸撰。嘉慶二年立，在橋側。

重修宋魯簡蕭公祠記　　署按察使秦瀛撰。嘉慶三年立，在祠内。

全公亭鎮城隍廟記　　李賡芸撰。嘉慶三年立，在廟内。

白沙司巡檢張大成墓碣　　李賡芸題。在新倉西坊。

當湖書院放生湖記　　知縣路錞撰，嘉慶三年立。

放生湖記後跋　　教諭何蕙撰。

放生湖記略册題詩　　巡撫阮元撰。

耘雅堂記　　訓導淩象山撰。嘉慶四年立，在訓導署。

吳氏義田記　　錢塘梁同書撰。嘉慶四年立，在吳氏宗祠。

沈文恪公墓諭葬碑　　嘉慶六年立，在落木園成圩。

重建廣行橋記　　李賡芸撰。嘉慶七年立在橋側。

永安祠勒石　　嘉慶七年立。

重建關帝廟記　　路錞撰。嘉慶八年十月立，在廟内。

放生院易田并立規條記　　吳顯德撰。嘉慶八年立，在棲心寺。

李介節先生祠記　　無錫秦瀛撰，錢塘梁同書書。嘉慶八年六月立，在祠内。

重建普福庵并置立義冢記　張躍鱗譔。嘉慶八年立,在乍浦。

創建呂仙觀記　吳璥譔。嘉慶九年立,在觀內。

滿營續置義冢碑記　副都統本智譔。嘉慶九年立,在乍浦。

滿營續置義冢碑記　協領噶爾杭阿譔。嘉慶九年立,在乍浦。

重建鴻義橋記　陸嗣淵譔。嘉慶十四年立,在新溪。

滿洲營重濬營河記　武康徐熊飛譔。嘉慶十六年立,在營內。

重修神聖宮碑記　阮元譔。嘉慶十七年立,在乍浦。

重修城隍廟碑記　都統西凌阿譔。嘉慶十九年仲秋立,在乍浦。

重建觀海書院記　署知縣事王鳳生譔。嘉慶二十一年立,在書院。

重修龍王廟碑記　嘉慶二十三年立,在雅山南。

生生泉碑記　顏崇燿譔。嘉慶二十五年立,在乍浦水仙廟。

重修石塘記　巡撫帥承瀛譔。布政使吳榮光書。道光三年立,在乍浦。

歲修文廟碑記　徐士芬譔。道光二十八年立,在學宮。

重建萬程橋碑記　朱壬林譔。咸豐元年立,在白馬堰。

重修陸清獻公祠墓碑記　布政使司楊昌濬譔并書。同治五年八月立,在祠內。

蘆瀝場忠義祠碑　同治五年,知府許瑤光撰。

開斜橋堰記　知府宗源瀚譔并書。同治十二年立,在新溪。

右石。

【校注】

［1］孔固:原作“孔因”,據光緒《平湖縣志》卷三《城池·乍浦城》收許丕祚《乍浦新開水門記》改。

太康甎　《乍浦志》:“乾隆二十一年臘月,雅山下居民營壙穿土,得古墓,取二甎以出,仍掩之。甎長尺餘,色黃。側有‘太康七年七月七日造’九字。”

咸和甎　《九山補志》:“觀山西麓有青龍觀故址,僧欲開築,得一古墓。方下圓上,石甎甃頂。甎徑長可尺有咫,橫三之一而斜墊。其徑之一角使可規圓而合砌。題其側徑曰“咸和元年八月十五日作”。橫曰“宜侯王墓”,斜墊角殺可五之一,鏤爲虎頭,而虛其墊,角之側徑無別識。甎質堅細,懸而下,中多紫藤,香甚。有石版長數尺。瓷鉢一,鉢中水甚清。大鏡一,純綠。小鏡一。又小似鉢者數枚,俱無款識。墓南數步,有隧道,碑塞之。碑有方孔二,疑內即空,所惜無辨其字者。知縣賴垓聞之,禁勿令開。所得鏡,觸手輒碎。及出墓道,迎風漸堅。小鏡與餘鉢俱歸之縣。時崇禎壬申五月二十八日。

唐元和甎　于《志》案:徐志鼎詩註:邑北邱墳塘,相傳爲唐邱爲葬處。村氓于墓旁掘得古甎,有“元和十一年”凡五字。又胡金題于月夜得一元和甎于塘側,築爲硯。

唐佛塯甎　于《志》:塯在廣陳普照寺。唐咸通二年建。明嘉靖間毀。今塯基尚有遺甎,首有“佛塯成就”四字。戈溫如得其一,長一尺四寸二分,廣七寸。有朱書“大悲咒一編”五字。

右甎。

石門縣

紀目坡碑　至元《志》:“石碑,斷闕。大略謂吳王夫差募兵,教養於此,詳見《古蹟》。”

　　唐朱夫人墓刻　　趙《圖記》：“唐長慶初，李公明母朱夫人墓。宋嘉定中，土人得墓刻云：在吳郡嘉興縣洲錢之陽。”

　　陀羅尼幢　　屠本畯《祇園寺碑記》：“余曳杖洲錢之晚莊，過祇園寺，有石幢屹然左右峙。乃手摹其所刻經文誦之。字半明滅，然字字皆唐闕賓沙門、佛陀波利譯。識曰：‘大唐咸通十年立，暨各善信名氏。’莓苔剝蝕。”

　　崇福寺石幢　　至元《志》：“唐乾符中所立。崇福寺二石經幢，一云嘉興縣語兒鄉，一云語兒市。”

　　無著禪師贊寧寺碑記　　《輿地碑目》：“在崇德縣。至元《志》：‘崇福寺有唐無著禪師贊寧寺碑記。’”

　　崇德團寺記　　《輿地碑目》：“在崇德縣。”

　　武肅王回翰碑　　“十一月三日，報道宏法師冬冷，想當安適。得狀，勞以節送軟棗、茶荈等，已令收領，爲愧殊多。迴人遣此不具，使人委曲付道。宏法師。”　“秋冷，想當安適，得進奏院狀報，蒙恩加太師，兼九錫叨功臣名號，勞致賀狀，迴人遣此不具，使人委曲付道。宏法師。　月　日。”上有總鎮東南節度使之印。崇德靳《志》：“碑石向存證聖院觀音殿，今藏裔孫錢懋修家。”

　　宋米芾襄陽紀遊詩詞石刻　　今在屠家壩胡安定公支祠。

　　修證院法堂記　　文存。宋景祐乙亥季冬十二日，宣德郎、守崇德縣令李嵩曳記。

　　修證院浴堂記　　至元《志》：“元豐中立。”

　　福嚴禪院記　　文存。宋至和二年八月一日，宣德郎、試大理評事、權雄州防禦推官陳舜俞記。

　　縣學記　　文存。朝散郎、守光祿少卿、分司南京騎都尉沈括撰。　伊案：是《記》爲元豐八年。

　　真覺禪師草庵歌　　元祐己巳，黃庭堅書。

　　社壇碑記　　至元《志》：“宋政和間重修。《社壇碑記》磨滅，幾不可讀，大率全備敕牒之語，敕牒則述江東提舉沈延嗣奏請之辭。當時案式圖鏤版行下，故式圖刻在碑首。”

　　東嶽廟碑　　至元《志》：“東嶽行宮在縣西南。宋政和修廟，舊碑磨滅，猶可讀。”

　　崇德縣記　　文存。紹興乙亥六月甲申，文林郎、知秀州崇德縣、主管勸農公事黃揚記。　柳《志》作己亥，誤。

　　平易堂記　　文存。乾道三年正月壬寅初六日丁未，左文林郎杜申記。

　　椿桂堂記　　文存。紹熙三年三月朔，煥章閣直學士、朝奉大夫、提舉江州太平興國宮、清和縣開國男、食邑三百戶、賜紫金魚袋謝諤記。

　　崇福寺田記　　文存。慶元三年十月旦，文林郎、新滁州州學教授陸埈記。　案：此《記》是陸埈，非陸峻。

　　崇福寺藏記　　文存。慶元三年十一月日，從政郎、新隆興府錄事參軍蔡開記。

　　魁星亭記　　文存。慶元戊午上元日，文林郎、新滁州州學教授陸埈記。

　　縣學田記　　文存。嘉定六年五月初一日，朝散郎、權知嘉興軍府兼管內勸農事商逸卿記。

　　懷庵記　　文存。嘉定丙子臘月九日，朝奉郎、秘書丞兼權右司郎官程珌謹記。

　　縣尉題名記　　文存。嘉定十三年中和節，樓澤撰。

　　崇福寺記　　文存。嘉定十三年十一月望，棘庵沙門妙寧記。

　　主簿題名記　　文存。紹定初元仲秋，趙汝遂撰。

　　知縣題名記　　文存。紹定己丑春上巳日，邑令、東陽樓演敘并書。

　　縣樓記　　文存。紹定二年四月望日，承議郎、行秘書省校書郎吳潛記。

　　縣丞題名記　　文存。紹定辛卯月正元日，俞夢符撰。

　　主簿廳記　　文存。從政郎、行太學正、釣臺洪揚祖撰。　案：此《記》是嘉熙戊戌年。

新建行衙記　文存。淳祐十一年三月初九日，廡下吟隱錢達善記。

傳貽書院記　文存。咸淳五年陽生十日，朝請郎、直華文閣、權知嘉興軍府兼管內勸農事、節制澉浦金山水軍文及翁記。

嘉興路儒學教授俞君墓誌銘　劉岳申撰。

千佛閣記　明景泰乙亥，費敬記。

重修廟學記　明資政大夫、南京吏部尚書致仕蕭山魏驥撰。賜進士出身、文林郎、禮科給事中、海鹽張寧書。賜進士出身、文林郎、禮科給事中、桐鄉楊青篆。天順三年立。

重修明倫堂記　成化六年，海鹽張寧撰。

石門東高橋記　成化十六年，潘蕃撰。

何城廟碑　成化二十年，俞德芳撰。

修建廟學記　賜進士出身、中憲大夫、福建汀州府知府、前禮科都給事中、賜一品服、同郡張寧撰。賜進士出身、廣東道監察御史、同郡姚綬書。太僕寺寺丞、同邑呂聲篆額，弘治八年立。

鄉賢祠記　文存。仁和趙銳撰。正德戊寅春三月既望。

重修崇福寺二塔記　正德八年，僧一峰撰。

名宦祠記　文存。吳興陳霆撰。正德十三年。

重立傳貽書院記　文存。邑人姚汝舟撰。嘉靖十三年。

儒學科第題名碑　嘉靖十六年，知縣喻冲、教諭鄧楷、訓導盧如岡同立。

贍學田記　進士、邑人姚汝舟撰。邑人范栻書、篆。嘉靖戊申年立。

關王廟記　姚汝舟撰。

築城記　嘉靖三十五年，呂希周撰。

改建啟聖公祠記　隆慶二年，知縣朱潤撰。

改建名宦祠記　隆慶二年，知縣朱潤撰。

改建鄉賢祠記　隆慶二年，知縣朱潤撰。

重修儒學記　賜進士出身、原任通政使司通政使、前提督膳黃右通政、以吏兵兩部文選職方郎中奉制充文武考試官、邑人呂希周撰。隆慶二年立。

崇德縣重濬漕河碑記　賜進士出身、前資德大夫、正治上卿、南京刑部尚書、郡人孫植撰。萬曆二年歲次甲戌孟春吉旦。在龍吟寺內。

復包角堰碑記　文存。萬曆三年，武林陳善撰。

興復孝義里龍舌灣水利頌　萬曆十四年，沈校撰。

崇福寺碑記　文存。萬曆乙未，知縣周應秋撰。

重修學宮記　萬曆二十六年，德清許孚遠撰。

學田記　萬曆二十七年，知縣陳允堅撰。

重建南觀音堂記　萬曆三十二年，顧爾行撰。

重建衛曹廟碑　萬曆三十二年，郭子直撰。

重修名宦鄉賢祠記　萬曆三十二年，郭子直撰。

張文穆公墓道記　文存。周應秋撰。萬曆丁未歲仲夏望日。

復張文穆公墓道記　萬曆三十五年，知縣靳一派撰。

重修傳貽書院記　萬曆三十七年,知縣靳一派撰。

重修魁星亭記　萬曆三十八年,知縣靳一派撰。

甘露菴記　萬曆三十八年,陸典撰。

石門鎮彰憲亭碑記　碑存。萬曆三十九年,嘉興賀燦然撰。

靳侯增置學田碑記　賜進士出身,奉敕整飭四川安綿道兵備僉事趙賢意撰,邑人李太淳書。萬曆辛亥孟春日。

知縣續題名記　文存。知縣靳一派撰。萬曆辛亥春王正月上元日。

戴星別署記　文存。武林陳禹謨撰,萬曆辛亥仲春花朝記。

重建預備倉記　文存。知縣靳一派撰。萬曆辛亥孟夏日。

重建趙忠定公祠記　桐鄉錢夢得撰。

重修儒學碑記　進士、邑人勞永嘉撰,李太淳書。萬曆戊午年立。

祇園寺重建大殿碑記　萬曆四十八年,鄞縣屠本畯撰。

演慶寺重建祥雲閣記　萬曆四十八年,吳興沈儆炌撰。

重修順慶寺碑記　崇禎六年,知縣龔立本撰。

石門鎮關帝祠記　崇禎六年,知縣龔立本撰。

福嚴寺止翁亭碑記　康熙五十九年,知府吳永芳撰。

蔡錫琳畫梅石刻　道光戊戌,戴熙、張廷濟、錢泳諸人有題詠。

雲版和尚塔銘　道光十八年,里人朱毓麟撰,徐兆璘書丹。在玉溪鎮永福庵。

蔡烈婦墓碑　道光二十六年立,里人沈振名書。

掛瓢亭記　海昌應時良撰,錢塘孫元培書。道光二十八年秋八月。

重建福嚴禪院碑記　道光二十九年,邑人蔡錫琳撰,餘杭董炆書丹。

蓬居庵捨田券石刻　咸豐紀元辛亥,里人鍾烺誌。

戴文節公縐雲石圖石刻　在福嚴寺。

修石門縣城碑記　同治六年,知府許瑤光撰,主簿楊純禮書丹。

重建傳貽書院碑記　同治六年,里人譚逢仕撰,汪福椿書。

建復洲錢鎮趙忠定公祠碑記　同治八年,知縣陳謨撰。

天中山訪勝詩畫石刻　郡守許瑤光識,同治甲戌上巳,偕嘉興石孝廉中玉、驛丞李寵桂履勘橋梁,石門令余麗元邀同主簿楊純禮遊福嚴寺紀事。石孝廉、余大令、楊主簿各有和詩,包山秦敏樹畫。

石門縣修橋碑記　光緒二年,知府許瑤光撰。

右石。

唐螭尾平底斗　洪《志》:嘉定中,洲錢農剗地植甃,穴中有甎刻,乃唐長慶元年李公明等葬母朱夫人之識。內有螭尾平底斗一枚。

宋刻漏圖銘　文存。嘉定八年五月望日,嘉興府司户參軍、權縣事趙與袞書。

元崇福寺銅鐘　洪《志》:延祐七年,僧本然等建鐘樓於寺東南隅,募鑄銅鐘,計重萬觔,聲聞十里。

福嚴禪院石補鐘　順治間,福嚴住持通容募鑄大鐘,鎔時銅汁不足,通容投以石三,鐘遂成,聲尤清遠,四方來觀者咸詫爲奇蹟。

右金。

桐鄉縣

惠雲院碑　　周顯德四年,無撰人姓名。

密印寺碑記　　無撰人姓名。宋祥符七年甲寅正月二十八日,僧惠聰立石。

孔飛傷廟碑文　　《烏青文獻》:南高田村有土地堂,相傳神係聖裔。宋大觀間建。碑文近祝史言,故不錄。

密印寺鐘樓銘　　文存。至元《志》:"瀘帥馮樴撰。"

索度王廟記　　文存。淳熙三年丙申六月乙亥,迪功郎、新荆門軍、當陽縣尉兼主簿、主管學事萬珪記。

監石門鎮酒庫碑記　　慶元間、閩縣黃幹撰。　　國朝康熙四十六年大旱,水涸,民濬玉溪鎮之德水岸,獲石碑一,蓋宋黃勉齋曾於此権酒稅,所酌規條刊於石,因築亭貯之,標以"宋賢遺跡"四大字。

青鎮徙役之碑　　文存。《烏青志》:宋嘉定二年中秋日,寄理從政郎、新監行在點檢所糧場莫光朝記并書。奉直大夫、主管建寧府武夷山沖祐觀、崇德縣開國男、食邑三百戶張顒篆額。修職郎、監湖州嘉興府烏青鎮稅兼主管煙火公事趙善垍立石。

重修土地廟記　　嘉定四年,平江府長洲縣丞張偏記,學正莫浚書。

橋道記　　文存。寶慶二年四月望日,朝奉大夫致仕、賜紫金魚袋[1]莫若沖記。

青鎮酒務題名碑　　嘉熙三年,邑人沈平撰。

青鎮興德橋記　　文存。元至元元年,廣西僉事宇文公諒撰。

古心禪師半葬塔銘　　碑存。曹鑑撰,趙孟頫書。至正辛卯年立石,在濮院福壽寺。

重修殿廡明倫堂記　　明天順四年,南陽李賢撰。

前朱村重建東嶽廟碑　　天順四年,蕭山魏驥撰,上虞壽章書丹,會稽陳贄篆額。

義冢記　　天順五年,學博危山撰。

重建大成殿記　　成化五年,安城劉宣撰。

新建便民倉碑　　弘治八年,餘姚王華撰。

重修桐鄉縣治記　　弘治十年,蕪湖胡爟撰。

重建鄉賢祠記　　弘治十六年,華亭錢福撰。

重修净土庵碑記　　碑存。正德二年丁卯,春江左外史廣源撰并書,郡人項忠篆額,弟子智深立石。在濮院鎮之南。

重建明倫堂碑　　正德九年,知縣任洛撰。

儒學科目題名碑　　正德九年,海鹽吳昂德翼撰。

新建尊經閣碑　　嘉靖二十七年,崇德呂希周撰。

大司馬胡公平倭全績記　　嘉靖四十年,教諭方懋撰。

胡公生祠碑　　刑部尚書顧德祥撰并書,知縣陳應詔立石。無年月。

報功田碣　　嘉靖四十年,署知縣、通判萬禾撰。略云:"軍門胡公解桐鄉圍,建祠肖像。邑人姚崑捐田十五畝以膳守者,樹碣祠中。"

重修儒學記　　嘉靖四十二年,萬時和撰,沈子勉書,祁鯨篆額。

修城碑記　　隆慶元年,主簿江以同撰。

青鎮新建分水墩記　　萬曆九年,邑人李樂撰。

青鎮密印寺鐘成碑記　《續見聞雜記》：萬曆四十年十月，里人、尚寶司卿李樂撰，唐瀧篆額、書。

錢夢得神道碑　萬曆四十三年，郡人朱國祚撰，李樂篆額，馬孟華書丹。

高峰妙禪師香火碑　萬曆丙辰上元之吉，董其昌撰并書。在密印寺。

李璽卿祠堂碑　秀水朱國祚撰。

阜林建關帝廟碑　邑人陸時雍撰。　以上兩碑，年月剝蝕無考。

閭中張公生祠碑　順治二年，邑人沈錫撰。

坤德祠碑記　順治十年，知縣張鳳羽撰，邑人沈元錫書丹。

匯龍山碑記　康熙六年，同知于琨撰。

生生菴記　康熙九年，邑人張超撰。

雙惠流芳碑　康熙十五年，秀水杜臻撰，教諭馮勸書丹并篆額。

重修明倫堂記　康熙二十年，知縣何金藺撰。

重建名宦祠記　康熙二十一年，知縣何金藺撰。

挹注亭記　康熙三十五年，邑人汪文柏撰并書。

重修壽聖寺記　康熙三十六年，邑人徐汝嶧撰。

前朱村重修東嶽廟碑　康熙三十九年，歸安唐之鳳撰。

重修福壽禪寺碑記　康熙四十年，里人仲宏道撰。

惠雲寺重建華嚴藏經閣碑　康熙四十六年，邑人汪文柏撰。

誠求堂記　康熙六十一年，邑人汪森爲陳邑侯撰并書。

居敬堂記　雍正元年，邑人汪森爲知縣陳大慶撰并書。

重建明倫堂記　雍正八年，知縣蔡可遠撰。

新建忠義孝悌祠記　雍正八年，知縣蔡可遠撰。

重建雲龍閣碑記　雍正十年，邑人馮景夏撰，金樟書。

重修寶閣寺記　乾隆十一年，邑人鈕汝騏撰。

重修縣治廳記　乾隆十八年，知縣王瑄撰，劉貢書丹，朱明儀篆額。

重修城隍廟碑記　乾隆四十一年，邑人馮浩撰，潘鏞書丹，孫映樾篆額。

新建分水書院記　乾隆五十三年，湖州府知府雷輪撰并書，嘉興府知府鄭交泰篆額。

重修文廟碑記　嘉慶四年，知縣李廷輝撰。

重修桐鄉縣學宮碑　同治十一年，邑人嚴辰撰。

三賢堂碑記　光緒元年，邑人嚴辰撰。

梅守備殉難碑記　光緒元年，邑人嚴辰撰。

右石。

【校注】
　［1］金魚袋：原作“金色袋”，據至元《嘉禾志》卷二十六收《橋道記》改。

嘉興府志卷八十七

叢　談

　　志，史類也。而綴以叢談，取之雜家小說，乃子類矣。然魏劉劭《人物志》列於雜家矣。班固稱小說家流，蓋出於稗官，是小說亦史之別出者矣。事涉典雅而門無可歸，存以助文獻之徵，亦居是邦者所不敢忘也。志《叢談》。

　　秦漢會稽郡治所統甚大，舉今兩浙之地皆在焉。武帝制詔，所謂東指海，南近諸越，北枕大江是也。是時，嚴助、朱買臣皆爲是郡，其任甚重。至後漢順帝時，分會稽之半爲吳郡之地，尚全有浙西之地，亦未爲狹也。自孫皓分吳郡爲吳興郡，但兼有杭、秀、睦之地而已。唐之蘇州，但兼秀州之地而已。晉天福間，錢武肅又分嘉興、海鹽二縣爲秀州，其隸於蘇者，地益削，不得漢會稽郡十五之一。而在浙右，已爲巨鎮，爲是守，顧亦偉且大矣。況嚴、朱之在漢，統全浙之地乎。《野客叢書》。

　　朱買臣爲會稽太守，懷章綬還至舍亭，而國人未知也。所知錢勃，見其暴露，乃勞之曰："得無罷乎？"遺與紈扇。買臣至郡，引爲上客，尋遷爲掾史。《西京雜記》。

　　《相貝經》，是朱仲上之嚴助者。仲曾受經於琴高。助爲會稽守，仲以徑寸之貝，并致《貝經》。其文甚奇，載《緯略》。嘉興何《志》。

　　陸續爲鬱林太守，罷官，不持南中一物，泛海而歸。舟輕兀傲，用巨石支之中流，風濤橫作，同泛者胥溺，續舟獨安流無恙。趙《圖記》。

　　晉干寶父瑩，先有所寵侍婢，母甚妬忌。及父亡，母乃生推婢於墓中。寶兄弟年少，不知審也。後十餘年，母喪開墓，而婢伏棺如生。載還，經日乃蘇。言其父常取飲食與之，恩情如在生時，家中吉凶輒語之，考校悉驗；地中亦不覺爲惡。既而嫁之，生子。又感兄病絕見鬼神事，寶以此撰《搜神記》示劉惔，惔曰："卿可謂鬼之董狐。"《海鹽圖經》。

　　干寶之兄干慶，無疾而終。時有術士吳猛，語慶之子曰："侯算未窮，我爲試請命，未可殯斂。"尸臥靜舍，惟心下稍暖。居七日，猛凌晨至，以水激之。日中許，慶遂張目開口，尚未發聲，闔門皆悲喜。猛又令以水含灑，乃起。吐血數聲，兼能言語，三日平復。初見十數人來，執縛桎梏到獄，同輩十餘人，以次旋對。俄見吳王北面陳釋，王遂救脫械令歸，所經官府，皆見迎接，吳君與之抗禮，不知悉何神也。《太平廣記》引《幽明錄》。

　　嘉興徐祖幼孤，叔隗養之如所生。隗病，祖營作甚勤。是夜，夢二人來云："汝叔應合死也。"祖叩頭祈請哀愍。二人云："念汝如此，爲活之。"祖覺，叔乃瘥。《搜神記》。

　　杜子恭有異術，嘗就人借瓜刀，其主索之，子恭曰："當即送還。"主行至嘉興，有魚躍入船中，破魚腹，瓜刀在焉。《幽怪錄》。

　　開成元年，宰相裴休留心釋典，精於禪律。常披毳衲，於歌姬院持鉢乞食。自言："不爲俗情所染，可以說法爲人。"每自設願："願世世爲國王，弘護佛法。"後于闐國王生子，手文中有裴休二字，聞於中朝。《北夢瑣言》。

唐顧況子非熊，年十七而殤，游魂不離況所。況悲啼不已，作詩哭之曰："老人苦喪子，日暮泣成血。老人年七十，不作多時別。"其子應之曰："若得輪迴，當復爲顧家子。"況果復生一子，七歲不能語，其兄戲批之。忽曰："我爾兄也，何敢批我？"因叙生前事，歷歷不惧。弟妹小名，悉徧呼之。始知羊叔子事非怪也。此即進士顧非熊，常親訪之，涕泣爲言如此。《酉陽雜俎》。

仇愈爲沿海制置使，建司於浙西。吕頤浩言："近創此司，最爲得策。然金人從海來，有二道。一自北岸來，至明之定海。一自南岸來，至秀之海鹽。萬一有警，遠不能及。乞令愈專管浙西，別命人管浙東。"從之。《羣書考索》。

唐以前，自杭州至嘉興皆懸流。其南則水草沮洳，以達於海。故水則設閘以啟閉，陸則設棧以通行。古胥山碑謂石棧自錢塘北抵禦兒之胥口，乃其證也。至今有石門、陡門之名，而其迹則湮没於阡陌久矣。《紫桃軒雜綴》。

《東坡志林》載：貞元五年，李白子伯禽爲嘉興乍浦下場雜鹽官，侮慢廟神以死。及考曾子固《序》，太白於寶應元年卒，去貞元五年幾三十載，伯禽年甚高矣。李華撰《太白墓志》云："有子伯禽，梯公之德。"范傳正《太白墓碑》云："訪公女孫二人，云父伯禽以貞元八年不禄。"俱無服官之説。然則慢神之伯禽，非太白子甚明。胡元瑞《讀書佔畢》有兩伯禽。一太白子，一嘉興監。與神婚，亦一證。《析酲漫録》。

嘉興令吴士季者，曾患瘧。乘船經昌武廟，遂遣人祠，乞斷瘧鬼焉。既而去廟二十餘里，忽夢塘上有一騎追之，意甚疾速。見士季乃下，與一吏共入船後，縛一小兒將去。既而瘧疾遂愈。《太平廣記》引《録異傳》。

張祜字承吉，爲冬瓜堰税官。憾牛户無禮，實欲鞭笞，無不取給於其中也。然無名秀才居多，職事皆怯於祜。錢塘朱沖和小舟經過，祜令語曰："張祜前稱進士，不亦難乎。"沖和乃自啟名，贈詩嘲之。祜平生傲誕，至於公侯，未有如斯之挫也。詩曰："白在東都元已薨，蘭臺鳳閣少人登。冬瓜堰下逢張祜，牛矢堆邊説我能。"《雲溪友議》。

張祜以詩上牢盆使，出其子授漕渠小職，得堰俗號冬瓜。或戲之曰："賢郎不宜作等職。"張曰："冬瓜合出祜子。"《桂苑叢談》。

張祜子虔望，小名椅兒。祜死，虔望亦有詩名。求濟於嘉興監裴洪慶，署之冬瓜堰官。虔望不服，洪慶曰："祜子守冬瓜，已過矣。"《南部新書》。 伊《志》云："以上三説，不同如此，今姑並存之。"

和魯公有艷詞一編，名《香奩集》。凝後貴，嫁其名爲韓偓，今世傳韓偓《香奩集》，乃凝所爲也。凝生平著述分爲《演綸》《遊藝》《孝悌》《疑獄》《香奩》《籝金》六集。自爲《游藝集序》："予有《香奩》《籝金》二集，不行於世。"凝在政府，避議論，諱其名，又欲後人知，故於《游藝集序》述之，此凝之意也。予在秀州，其曾孫和惇家藏諸書，皆魯公舊物，末有印記甚完。《夢溪筆談》。

夜航，唯浙西有之，然其名舊矣。《古樂府》有《夜航船》曲。皮日休《答陸天隨》詩云："明朝有物充君信，橘酒三瓶寄夜航。"《中吴紀聞》。

吴越時，民間盡算丁壯錢以增賦。貧乏之家，生子不能保守。或棄於襁褓，或賣爲僮妾，至有寄於釋老者。宋真宗一切蠲放，民俗得蘇。《湘山野録》。

兩浙田税，畝三斗。錢氏國除，上遣王方贊均兩浙雜税，方贊悉令畝出一斗。使還，責擅減税，王謂："畝税一斗，天下之通法。兩浙既爲王民，豈當循僞國之法？"上從之。王後官轉運使，

《仕學軌範》。

熙寧初，龍圖閣學士祖無擇以臺官下秀州獄。時鄭獬知杭州，上章救解，言甚切直。爾後，許將、沈季長、劉奉世、舒亶相繼下臺獄，而天下習熟見聞，莫有爲救解者。《東軒筆錄》。

宋劉忠憲公韐，宣和間鎮長樂。公以書生起白屋，一旦持帥節，過家上冢，與親舊把酒，勞問平生，留連旬日不忍去。晚益厭宦游，買田嘉興，舍旁有水竹。自長樂歸，日與里中賢士大夫逍遙放浪相娛樂，恬然無仕進意。《宋名臣言行錄》。

陳周士爲嘉禾倅，攝郡篆，一日宴客於月波樓。有周監酒者，乃趙與𥴡之隸，是日適亦載客薄游。知郡守在樓，急令艤棹趨避。周士已顧見，即怒形於色，曰：「某不材，望輕，被一卒相侮如此。」遂捃其數事，作書以達於趙。時趙守吳，即日遣逮，決脊編置，仍押至嘉禾示衆。時方炎暑，周士令暴之日中，瘡血臭腐，數日而斃。周臨危，嘆曰：「受陳通判屈害，當訴之陰府。」是冬，周士疽發背殂。《齊東野語》。

韓世忠留秀州，會上元節，張燈高會，忽引兵趨鎮江。及金兵至，則世忠軍已屯焦山矣。《宋史》本傳。

浙西自宋南躋以半壁支中原，竭取苟斂久矣。末年，賈相謬畫，凡所籍没田，抑以售民，名曰公賣。於民多者抽三分之一，抑以售官，名曰公買。此二種田，俱以原入佃租之數爲稅額，不啻十分而取其六七，民厭厭就困。入元，仍之。明興，因張士誠負固後服，凡其宗族戚里之產，悉以佃額充賦。國初之田，分官、民二則，而則又各分數等，輕重懸殊。民間以田轉售，利於速脫，改官作民，改重作輕，田去而糧存本戶，以累後嗣所不惜也。嘉靖間，郡守趙瀛建扒平之議，盡剗去則第而以一則徵收，民始得安。吳《志》。

紹興二十二年，有魯□者赴省試。納卷畢，將出門，偶思卷中詩誤押旁韻，倉皇反走求之。卷軸山積，斷難檢尋。有一老吏曰：「吾能爲公取之。」璙許以鏹。吏於亂卷中一探得之，遂塗竄其誤。吏囑曰：「謝鏹，送吳山坊第幾宅，即我家也。」叩其家，則云：「某爲太常吏，死已旬日矣。」詢其狀貌，正貢院所見者也。璙驚唶，以鏹付其家，已而登第。《睽車志》。

岳珂知嘉興府時，譙樓上更鼓連夜不聞。責問司更者，云：「每夜更次，即有五人至。云係侍郎姻戚，羅列珍錯，懽飲於此，所以不敢支更。」岳曰：「今夜若來，宜報。」至晚，自居清香樓俟之，令提振官二人攜府印，并擇兵二十名執器械以待。未幾，司更者報五人至。提振官即持印前曰：「侍郎在此，請相見。」五人驚竄，遺器皿滿案，取以貯庫，邪魅遂息。《異聞總錄》。

紹興間，有海鹽丞簡傲不羈，志輕一世。嘗謁一鄉大夫，主人偶遲遲而出。丞故好睡，比主人出，則丞已鼾聲如雷矣。主人以客睡不敢呼，亦復就睡。丞覺，亦以主睡不敢呼，更復就睡如初。究之主客更相卧醒，至日没，丞起而去，不交一言。趙子固愛其事，作圖，紀其說於上，置之座右，曰：「此二人大有華胥風氣，足以愧世之責望賓主者。」《樂郊私語》。

孝宗本生母張夫人常夢絳衣人，自言崔府君，擁一羊，謂之曰：「以此爲識。」已而有娠。及孝宗誕育之際，赤光照天，室中如晝。時秀王方爲秀州嘉興縣丞，郡人皆以爲丞廨遭火。久之，方知爲張夫人免身。是歲丁未，其屬爲羊。又有前夢之應，故孝宗小字曰羊。《雲谷雜記》。

張魏公在秀州，聞苗、劉之亂，議舉勤王之師。一夕獨坐，從者皆寢，忽一人持刃立燭後。公問曰：「苗傅、劉正彥遣汝殺吾耶？」曰：「然。」公起欲避之，且許以金帛。客笑曰：「殺公，何患無財。顧吾亦知書者，豈爲賊用？況公忠義如此，安忍相害？懼防閑不嚴，有繼至者，故特相告耳。"問姓名,不答。公留之,曰:"有老母在河北,未可留也。"振衣登屋去,屋瓦無聲。翼日,公命取囚斬之,曰:"夜來獲奸細。"後公以事至河北,屢物色之,不可得。趙《圖記》。

舊聞戴子微云:"崇德有市人吳隱,忽棄家寓旅邸,終日默坐一室。室中惟一臥榻,客至,共坐榻上。或載酒過之,亦不拒,清談竟日。隱初不學問,至是間與人言易數,皆造精微,亦能先知人吉凶壽夭,見者莫能測也。"因見吳令道夫問之,云皆信。然今徙居村落間矣。《入蜀記》。

秀水祥符院僧智和蓄一古琴,瑟瑟徽碧,文細,石爲軫,音韻清越。中刻李陽冰篆三十九字。朱長文《琴譜》亦著此琴,即李勉所製響泉也。《澠水燕談》。

謝諤字昌國,新喻人。爲監察御史,奏減秀州月樁錢。諤里居時,創義役法,編爲一書,至是上之。詔行其法於諸路,民以爲便。《宋史》本傳。

薛元鼎字升雲,莆田人。淳熙中,除戶部左曹郎,有獻貢籍之説。元鼎被旨,往秀州,欲以一州歲計綜覈盈縮爲天下則。議者以爲此法果行,民受其病。元鼎還奏曰:"但見郡縣窘束,不見有餘。"上可其奏,曰:"卿真實才。"而物議亦愈歸重。《福建通志》。參《循吏藪》。

趙子固清放不羈,好飲酒,醉則以酒濡髮,歌《古樂府》,自執紅牙以節曲,其風流如此。又嘗目姜堯章爲詞家申、韓。《研北雜志》。

朱希真居嘉禾,其家室中懸琴、筑、阮咸之類,檐間多育珍禽。籃缶貯果實、脯醢,客至,挑取以佐杯酌。嘗喜弄笛於煙波間,其詩云:"青羅包髻白行纏,不是凡人不是仙。家在洛陽城裏住,臥吹銅笛過伊川。"可想見其風致矣。《澄懷錄》。

吳萊詩云:"插竹侵沙魚扈短,籊燈映草蟹埼空。"《漢書·地理志》:會稽有鮂埼亭。埼,曲岸也,鮂生其中,故名鮂埼。鮂如蚌,有小蟹常在其腹中,名蟹所生處爲蟹埼,本此。凡捕蟹,用燈照多獲云。黃溍詩:"河塘燈火機聲裏,墟落鹽煙海氣間。"此一聯與前一聯寫海鹽風景,宛然畫筆也。《南窗新志》。

至正丙申寒食,趙初心率子姓掃壠。忽有老鶴聲,戛戛不絕。注聽,乃一柏樹。頃則衆樹同聲和之,移時方止。至八月,苗軍火其居。明年六月,紅軍掠其家,姪善如死焉。《輟耕錄》。

元末,後朱村徐通判素慕洞賓,朝夕供禮。一日,疽發於背,勢垂死,猶扶起,禮之如昔。見净水盂下白紙一幅,視之,有詩云:"紛紛墓上黃金屑,片片花飛白玉芝。君主一勑臣四兩,調和服下即平夷。"意其仙方,然不知何物爲黃金、白玉。乃召仙,以大黃、白芷爲問。仙曰:"然。"服之果驗。後以之醫人,無不效。徐無子,方竟傳壻沈氏至今以治生,數百里來貨藥者無虛日。《七修類稿》。

距禦兒東六十里曰澄林,其地多竹,溪水瀠洄,嵐光翠影,不啻左泉而右淇也。處士朱克恭家於此,顏其廬曰"水竹居"。郡人馬盛爲記,貝瓊爲志,一時題咏者有王鏞、王鈞、金天藥、陳鱗、陳熊、陳振、孫詢諸人,緝爲《水竹居詩》一卷。

元季,浙西有詩社,濮市濮仲溫集一時名士,爲聚桂文會,以卷赴者五百人。請楊廉夫評其優劣。於是紀風土者目爲樂郊。楊完者之亂,州無完郛。繆同知思恭猶招群彦集南湖,與會分韻者一十四人。越二年,曹教授睿復集於景德寺。是時聞人麟彦昭、葉廣居居仲、金絅子尚、潘著澤民、劉堪子輿,咸有詩名。吳鎮仲圭居魏塘,貝瓊廷琚居千金圩,鮑恂仲孚居郡城之西溪,郁遵子路居商陳村。四方避地者,溫州陳秀民庶子居竹鄰巷,閩人卓成大器之居甓川,江陰孫作大雅居南湖,崑山顧德輝仲瑛居合溪,天台徐一夔大章居白苧里,會稽江漢朝宗居濮院,桐廬姚桐壽樂年居海鹽之峩溪,河南高遜志士敏、東平牛諒士良、江都邱民克莊、錢塘陳世昌彥博、建德張翬翔南,皆來僑居。四明周斐以陸宣公書院山長留居黎林。日以文酒唱醻,詩成,輒鏤版鐫壁間,聞者以爲勝事。以上《靜志居詩話》。

楊廉夫來禾中,撰《吳越兩山亭志》,倂選詞人題咏,已就稿矣。夜半,聞剝啄聲,起視之,則皆江南之能詩者約數百人,各執金繒乞楊留選其詩。楊笑曰:"生平於三尺法亦有時以情少借,若詩文則心若借眼,眼不從心,未嘗敢欺當世之士。"遂運筆批選,見收者止鮑恂、張翼、顧文曄、金炯四首,楊顧諸公曰:"四詩猶爲彼善於此,諸什更須託胎耳。"然被選者無一在座。諸人相視驚駭,固乞寬假,以留姓名。楊揮出門外,閉關滅燭,罵曰"風雅掃地矣"。《樂郊私語》。

楊僉事青自少有才思,警敏過人。辛未試南宮,尚書以"織皮崑崙"命題,同郡張黃門寧號舍相比,張曰:"僕曾禱於城隍,夢登故鄉海塘,見前有大山,一老人指謂曰:'此崑崙山也。'今乃驗矣。"青得中式,名在第七,而張顧下第。及甲戌,張始登第,而名次亦如之。他日官位亦略相同。《嘉禾徵獻錄》。

陸莊簡以司寇假歸,令來謁。問曰:"今歲不登,錢糧合徵否?"公沉吟不答。令再問,公又不答。既去,子弟進曰:"彼竭誠相叩一邑事,待大人一言,奈何終不答耶?"公曰:"吁,爾何知!我以爲應徵,則得罪鄉里;以爲不應徵,則國家經費將何出?"令揣公意,遂經歲不徵。及公起大冢宰,而令以不催科,議落職。九卿僉押時,公亦無他語。但顰蹙曰:"如敝鄉賢父母何!"遂俱不署,令得無恙。《東湖乘》。

嘉興金晟,永樂中爲刑部主事。時湖廣有强盜若干人械部,金鞫之,其渠魁年百二十五歲,面如童子,金不信,移文驗之,果然。因問其所以致壽之故,蓋少時居荆山,有人以草炙其臍,云令而多壽,遂活至此耳。朝廷以其老,命杖殺之。《都公談纂》。

劉方伯炌居官最廉,余嘗見其手錄私記,自縣令以至藩司,每官識其所積,蓋守令積俸亦有數百金,若臬副至方伯,每任不過百金而已。又嘗讀鄭端簡公撰《方伯父威縣公墓誌銘》,以縣令進部郎,尋卒,盎中止餘脫粟數斗,不能具殮,清白門風,亦其流傳有素也。《芳州雜言》。

項襄毅以功業顯。其里居日,結橋李耆英之會,月一集於僧房道院中。同會者,雲南布政司參議金禮敬之,四川按察司僉事梅江文淵,福建按察司僉事戴祐元吉,漳州知府姜諒用真,武岡知州伍方公矩,碭山知縣包蕭汝和,通判湯彥和,教授陳蒙福,主之者公也。會始於弘治戊午春,所賦詩,文淵彙爲一集,府學教授新淦蕭子鵬序之,比於香山洛社云。

沈宏字惟遠,嘉靖乙未進士。廣東按察司乞歸,與里中耆舊蔡典籍天錫、呂州倅棟、胡上苑鑰、范博士栻、姚別駕汝吉、孫博士穀、郭轉運鼎、范郡幕鵬、呂納言希周、呂曹簿翀爲真率會,徜徉林圃,有洛下風。

孫詢,嘉善人,廣西布政司檢校,諭服洞蠻,尋致仕。邑令李懷玉等爲真率飲,尊齒德也。適詢歸,改爲耆英會。約里中頒白知禮讓者十二人,按歲朔之數,并詢爲十三,則餘閏也,月朔小酌,命子弟講禮讀法,歌詩撫琴。習奢惡儉者勿與焉。以上《靜志居詩話》。

呂文懿公原勤學,至老不倦。居秘閣,左右圖書,有得即識之,手錄口誦,自晨至昃不輟。暮歸,少暇即爲門人誦解。書史退,則呻唔聲達於外,蓋寢不踰時而起。所修《宋元通鑑續編》,義例甚精,有先儒所未到者。嘗考一事不獲,不懌者累昕夕,一日考得之,謂門人曰:"進我二階,不若得此之可喜。"《厚語》。

鄭端簡家規,雖晏貴客,不使粉墨粧場;雖給用有羨,不營子母之利;雖子姓繁衍,無一人入歌妓之室者。此規至今行之,誠縉紳家久遠之藥石也。《見只編》。

陸相㢸出典夷陵時,有士子修謁,與之從容,因飲以酒,辭曰:"天性不飲酒。"相曰:"誠如所言,已校五分矣。蓋生平悔吝若有十分,不爲酒困,自然減半也。"嘉興湯《志》。

嘉興太守郭公應奎,一日副憲駐驛,郭入見。副憲偶閱文書,未出見。郭呼門子,告曰:"爲吾上復,知府無久站禮。"竟出,副憲對少府以下力自白,非作意。復相見,兩公皆前輩人風味也。

王公貽德,乙丑進士,廣西全州人。以嘉興守陞河南副使,將去,夫人曰:"聞此地多絲,以俸金易一綿紬製衣,何如?"公欣然袖銀五錢出堂,僉役持票往舖家。舖家曰:"府公從不票取緞匹,此必詐也。"役與爭,舖家捶之,碎其票,扭至堂。舖家知狀,叩頭請罪,且曰:"以平日無票,故悮犯。"公喜曰:"汝信得我過,且我從不發票,今忽有此,宜不信。"釋之去,即以袖銀賞役人曰:"汝爲我受捶,特此酬汝,且索一醉。"入內與夫人言之。笑曰:"今日悔氣差人,打了銀子,失了紬,又不曾買得。"夫人亦一笑而止。以上《見聞雜記》。

袁了凡寄徐賓嶽書云:"吾鄉前輩陸簣齋名坤,治岳州有異政。世宗皇帝以己勤勞於上,而群臣無效忠宣力者,爲青詞告上帝。夢上帝語之曰:'本鄉有賢太守,仁明清慎,無媿兩漢循良,而十年不調,何謂無賢臣哉?'明晨敕吏部查之,則岳州守俸適十年矣。因命行取進京,授太僕寺卿。足下駐節岳陽,觀風弔古,亦嘗知其人,而尚論其行事乎。"《明人尺牘》。

趙掌垣漢佃戶陸大,朴野勤儉,頗足衣食。忽有由拳捕兵數人擁入其家攀害,拷掠追索,不勝其楚。罄家所有悉與之,猶不足,則賣田房以贖。中不勝憤,控監司行縣追問。陸素訥,不能質對,謀於趙。趙付以詩云:"自昔只聞人捕虎,於今駕虎徧傷民。何時得向龔黃語,除盜先除捕盜人。"戒之曰:"先勿洩,質對時出此。"陸如其言,遂得直。《烏衣佳話》。

楊公繼宗知嘉興府,治一豪強,伏罪而釋之。其民改行,杜門五年不出,後以事入城,行由治前橋,公識之,使人召而來曰:"爾今爲吾良民矣。"遺米一斛。勢人子由醫官謀署縣篆,大竊帑金,莫敢誰何。公至,收治追金。御史行部,欲出之,乃詰公曰:"盜有,失主何人也?"公曰:"朝廷即失主。"又曰:"原告何人也?"公曰:"知府即原告。"御史慚而退。公踰壯年即獨居,在嘉興九年,止一老僕,朝夕飯兩盂,蔬兩豆而已。夫人自其鄉來,閱三日,促歸去。《後渠雜識》。

伍文定初爲常州推官,以簡忤忤提學御史陳琳,左遷,起爲嘉興府同知,而陳亦來爲郡守。相見握手道舊,懽若平生,彼此各無芥蒂,時兩賢之。《延休堂漫錄》。

沈純父先生封事,觸江陵之怒,杖畢即加鎖鍊,復下獄,三日始僉解發戍。既抵嶺南,巡撫欲殺之,以媚政府。遽以尺符召之行,至恩平[1],先生袖匕首示縣令曰:"巡撫必欲殺我,我當與俱斃,不然,伏尸軍府中,令天下士大夫皆知巡撫殺也。"縣令密以告,得不死。蔡副使文範作《壯哉行》送之。其歸也,胡元瑞贈詩云:"豆蔻花前千里夢,桃榔樹下十年人。"《靜志居詩話》。

正統七年九月,海鹽縣民沈興進漆一萬斤,禮部請給與時值之半。上曰:"小民不遠數千里效勤,宜照時價給之,不可減。"事載《實錄》中。《讀書雜錄》。

葛山,在海鹽縣治西南二十里,其山卑猥,而所踞地亦僻陋,人罕至,惟石獨堅白,與秦駐、豐、雅諸山所產不同。萬曆丁亥,有築塘之役。議者欲開此山採石,業設官鳩工矣。忽傳山有銀礦,翕然聚觀。然其石皆碎小銀星,而實無礦脉,重不滿分釐,煎之十無一二。有司以礦砂微薄,不欲開利孔爲民害,閉不以聞,并採石而禁之,事遂寢。因記之,以杜他年之妄覬者。崔嘉祥《紀事》。

阜林有張浩者,身幹短而膂力絶人。其地有昌武廟,廟前石獅重七百觔,嘗持以行。有二僧,在廟相撲。浩旁觀,竊笑之。僧遂拳浩,浩應手擲僧於空中。僧稱師下拜。漁舟數十,取魚於浩門之灘。浩斥之使去,漁不顧。浩擲石破其舟,衆漁起,責其償舟。浩擠數人墮水。衆方呼號,適嘉興府同知伍文定提兵東征,聞之,召見曰:“汝可與我吳將軍對乎?”吳蓋北人,長大而多勇力,乃巡檢之子,伍取偕行者也。浩諾之。因命以鐵錨泊舟,各牽之行。吳雙手僅舉,而浩則挈以登岸。伍又曰:“汝二人可相搏乎?”吳氣阻,爲浩傷脅,伍因曰:“吾欲用汝,汝可唤家人來對。”曰:“止有祖母,不可出也。”因召其外祖,與銀十兩,命代養之。後至開化,殺賊甚衆。賊懼,以計刺之死。浩平日獲賊馬匹,及受賞,銀牌甚多。《七修類稿》。

嘉靖甲辰大荒,有趙通判者,下縣催徵,刑法嚴刻,邑人大恐。時乞兒甚多,有犬作人言曰:“趙通判領庫銀三千行賑,盍往。”懇相牽詣趙。倏忽數百人,無賴子又乘之大噪,趙惶懼,遁去,乃得停徵。《湧幢小品》。

嘉靖庚戌,西門外居民姚姓掘竹園,中見一古穴,磁器無數。中忽飛出一物,近視,莫辨其形,遠視,宛然一婦人也,立竹間,須臾躍水而去。《荻莊雜録》。

少司馬沈純甫戍嶺南神電衛,有故光禄卿劉玆子淮宅,以嘗屯聚蠻兵,疫死者衆,故多厲魔。忽淮夢群鬼語曰:“避去,避去。中朝直臣至矣。”是日先生卜居焉,影響皆絶。《六研齋筆記》。

陸莊簡少時館於陶氏,夜夢三神舁火器至前曰:“祝融將有所做,以公在,薄其罸。”語畢,欻起。莊簡力懇曰:“第及三舍,不旁延也。”翼日,果燄三楹。嘗渡江,遇疾風,舟幾覆。肅衣冠自訟,須臾,若有物曳舟者,抵淺洲免焉。《湧幢小品》。

陸御史坤授南京刑部主事,道出河間,郡守惡其倨,居以廢館。館多祟,遇者輒死。比暮,興阜憬然告出。既寢,半夜有聲割然,其怪頎而黑,立於榻前。陸以手擊床曰:“陸某在此,汝何爲?”怪遁去。後知武昌府,郡人謡曰:“陸青天,勝明月,青天無不青,明月有時缺。”《檇李詩繋》。

嘉靖中,指揮李振夜夢綠衣百數乞命於前,覺而異之。晨往郡,舟次,遇籠蛙百數,閣閣鳴,若哀救者。李憶所夢,贖之歸,放家池中。囑曰:“蛙可生,特憎其聒耳,吾救汝生,汝毋聒我。”後蛙果不鳴。海鹽仇《志》。

郭紹儀雪夜讀書,地湧汞,盈尺許,因悟坎離之義。又嘗飲酒肆,見一人,古貌翛然,徧身絲縷如牛毛,紅類丹砂,異之。就與語,自言是靖難時人。遂從受養生之術。《居易録》。

嘉靖時,海鹽諸生陸斯溟鷗讀書太學。時陸武惠方大用,索鷗譜系視之,知出自御史詔之後,曰:“吾與若族也。”鷗笑曰:“吾狄將軍不敢擅附梁公。”武惠數招之飲,不赴。益器重之。《端居録》。

我鄉先正,若吕文懿有子秉之,屠康僖有子文升,詩名皆勝其父。然兩公韻語,亦自成家。屠集如“浦樹遠分揚子渡,江風吹過石頭城”,“吟看雁影秋來早,坐聽潮聲月上遲”,“夢裏只疑身有翼,燈前未信眼生花”,“江湖路遠身仍健,天地恩深罪亦宜”,“野寺可能添一榻,水田應只欠雙鷗”,“山腰樓閣天低樹,江上人家水拍城”,“八韻八叉皆秀句,一年一度此深杯”,均饒風致,宜西涯、篁墩、守溪、遂庵諸公,交與和酬也。《靜志居詩話》。

海鹽朱朴,明嘉隆時布衣。其《西村詩》雖未脱臨摹之跡,亦有佳句。因略加揀擇,以備盛明時一種。七言如"數峰蒼翠寺門迥,三月落花溪水深","楝花風過鼃蛾老,麥秀城空雉子斑","千年玉骨湘纍墓,萬里堅城少保家","雁來關塞暮天碧,龍起江湖秋水腥","巫峽曉風鬟短鬌,楚江秋水練長裙","山圍野色迷秦駐,海送潮頭上浙江","落花時節已寒食,流水陂塘還被除","白雲出岫澹如掃,紅藕作花香可憐","月明蒼壁繫仙舫,風細幔亭流白雲"。此例皆佳。《漁洋詩話》。

桐鄉令陸公枝,字培吾,在邑五年。家常熟,離桐一日夜之程耳。終其官,無親戚故人投刺囑託留衙者。今之從政者,鄉里親舊,接踵填門,已不以為非,上官亦不以為怪矣。《見聞雜記》。

林弘,龍溪人。令嘉善,性嚴酷,作生革鞭,決人斃者,不可勝計。小吏周顯發其奸,假他事捕,顯及親黨論殺者十八人,雖孕婦、幼女、館客皆不免。顯別弟訟冤於監司,獄久不決。會中官與藩臬飲宴,一優扮雪獅子出,一優曰:"獅則美矣,第怕烈日,必無日地方可跳。"因問何地,歷山陰、江陰皆不可,曰:"惟嘉善可耳。"衆詰其故,曰:"嘉善林知縣打殺一家十八人而不償命,非有天無日地乎!"時問官亦在坐,相顧悚然。罷宴,乃按弘論死。嘉善于《志》。

吾鄉有三黃門,咸以敢諫著聲。張方洲先生以見忌時宰,出知汀州,棄官而歸。許雲村先生以知時不可,挂冠而歸。錢海石先生以犯顏觸忌,削籍而歸。歸雖不同,而絕意巖廊,終焉邱壑者,如一揆也。《海鹽圖經》。

黃少蒙老而喪子。包瑞溪,其老友也,憐之,贈以一婢。黃笑曰:"安知此婢能生子耶?若再得一,我有後矣。"包復贈一婢。歲餘,二婢俱生子。瑞溪此舉,古今所無,宜乎子孫科甲綿延也。《雲間雜識》。

明姚大司空羅浮,萬曆二十五年巡按河南。適奉旨開採,役始,南陽公上疏,極陳開礦之害,不報。因劾原奏官孫恪仲春,置之法。復命繪《開採圖》以進,圖各有說。後礦役罷於商邱沈文端公,而公之斯圖,則鄭監門《流民圖》是也。鄭疏謂:"但經眼目,已可涕泣,而況有甚於此者。"乃明神宗覽之甚怒,猶不及宋神宗之反覆觀圖,長吁數四,且至於寢不能寐也。圖有副本,向刊《姚氏家乘》中,竹垞序之,今罕見矣。錄其目曰:發帑救荒、奉旨開採、編派逼緤、搭棚折廬、石塌殞命、虎食殘屍、熏死溺亡、斷指刎頸、官民逃竄、賣妻完官、假牌激變、賣產包課、礦徒劫掠、兵餉繁勞、驛遞騷動、村舍蕭條、星隕樹妖、山吼沙竭、攀告苦楚、繪圖復命、罷礦興農、選將揚武、倭虜納款、福壽齊天。公之忠愛若是,則享遐齡而昌支裔也,宜矣。《開採圖說》。

士夫費堯年者,前宦浙臬家食數年矣。忽一日端坐化去,良久復甦,云有數輩走卒來請,得便擁去,所歷異境非一。耳畔備聞諸禽獸與人類呼號慘楚之聲,意是地獄。及至一院,卒備章服肅進云:此第六殿王也。費仰視,乃故南祭酒馮具區先生降,與費相慰藉如平生,云:召公無他,乃上帝前缺一掌判,故舉公補職耳。此美任,乃人所不易得者。費求歸與妻子別。馮曰:亦可,但上帝限嚴,止可八日耳。因呼卒輿去,至家得甦,日夜辦後事,八日果歿去。《味水軒日記》。

沈繼山少保以忠諫戍粵神電衞,副室王碩人身冒瘴毒,萬里隨侍。有附炎人劫奪行李,致王襪步百里。公偶染瘴,病絕,王蹋地哀號,公如井底聞喚而甦,一時有女忠臣之目。乾隆癸丑冬,少保公賜塋被發,幸主穴堅不可攻。左右祔葬七姬俱罹暴露,獨王碩人乃空棺也,衆咸驚異,謂神仙出忠孝,益信尸解為不虛云。明《姚士粦集》。參《善邑讖牘》。

萬曆丁丑,沈比部純父劾江陵奪情,戍神電衞。游某山,剝蘚見石刻"翠巖亭"三大字,旁題"謫仙三百載,此樂有誰傳?"鐫宋某年月日,因推至是年此日,正三百年也。巡臺徐時可欲辱之，示期閱武，純父短後衣，橫矛踞罵於演武堂，遂不至。總督臨武劉堯誨檄高州同知，令以戌見，純父應役，中道止之環召。時總督長樂陳瑞得報，方啜茗，失甌墮地，責中軍曰："城內有讁臣，何不我告！"亟通幣起居，且致賀，求面。純父行迫不往，遣蒼頭報謝，賜茶中堂，語次泣下。《棗林藝簣》。

萬曆八年，言官建議量田，計畝核實。有司務以額外增田爲功，乃立扇長、圖長、弓正，到田覆丈，伸縮其間。水涯草塹，盡出虛弓；古冢荒塍，悉從實稅。夫田間形勢，以四圍通水爲一圩，而圩之大小不齊，不可以計畝限也。法當每圩立一圩長，通計圩內田圩若干，每圩實田若干，某戶田若干，可無隱漏。今各役不論圩頭，止限田數人。一圩之田，數人分丈，一人之役，數圩分量。立法不善，滋弊至此，惜當時未有爲上人告者。《海鹽圖經》。

吾郡新行鎮净相寺有狡僧，乘民間多疾，穴地置一人其中，朝暮飲食之，以木橫安其口。候風雨夜，令群僧拽倒殿屋，瓦石覆壓。故遲三數日，始率鄉民撤所覆，則其人起坐無傷，因囈語喃喃，作神附體狀，且云：余觀音大士也，憐此人無罪，又敬信我，我故茁之。鄉民譁然，稱活觀音出現。僧輩百端誑惑，刮地泥雜他香藥，號靈丹治疾。又潛催男婦，僞作聾瘖跛躄狀，得藥服之，即示瘳愈。人益信惑，遠近相煽，所聚幾數千人，賺騙銀錢萬計。郡守吳長谷公廉得其奸狀，捕獲械繫之，始散，誠撲亂萌之首功也。稍緩旬月，即滋蔓難圖矣。

史仲純來，言亡友陳元康死後月餘，忽附體其將笄之妹。敕斷家事，了了如生平。且曰：速具飯食，焚楮錠，二健者在戶守余，以妹權質余來耳。問妹何在。曰：在城隍司。又具悉已受苦之狀，悔平生所爲多過犯。偶語人陰事，一不實，輒摘舌出，痛不可言。又呼其婢至前，罵云：初次作功課，被汝不净衝破，惟第三次小女所作功課得實，且正在油鑊邊，爲赦書至，幸免耳。又責其子慢游不讀書。談久，倏然起，執其妻手，擁至内室，令並枕卧，又附耳語，絮絮不令人覺。俄起，坐如前，其父懇無久苦妹，曰妹有師保護之，何得傷？迨妹醒，述所見城隍司事歷歷，果爲城隍之夫人留，侍坐賜茶不謬。蓋妹平日誦《金剛經》，齋素自治，故鬼神欽之如此。余觀《睽車》《宣室》《搜神》諸記錄，以爲有飾語，不盡信。今此事乃覿聞之極真者，人可不於善惡，轉頭處重惕之耶！以上《味水軒日記》。

魏忠節大中舉於鄉，夫人製綢衣，公不悦，解而裂之。歷官都諫，家人紡木綿，一如素士。江南風俗，富民避役，率以田詭寄官户，紳士入其賄，爲之優免。公獨不徇例，每冬月，本邑開倉揭示於門，曰本官田止二十五畝，兑米若干，並無寄户假託情弊，其清白如此。嘉善戈《志》。

吳忠節麟徵家居。時值歲荒旱，民生糠豆不贍，委棄童齡塞路。乃鬻郭外田，加假質畜米菽若干鍾，收群兒於路，爲廩僧寺，身督奴御徧授之饟，以葆蕘宿之。或瘴熱作厲，兼製善藥，且禜禱於神，爲之請命。遠邇禙負至者日千餘人，其父母來者抱持泣曰："汝豈有父母耶！"已而歡呼感歎，聲動閭巷。迨麥熟相繼攜去，無歸者更留養之，全活不可勝計。《忠節年譜》。

萬曆戊午六月初十夜，雷雨大作。圖澤居民馬若虛家有布裙在庭中，見紅印數十，字畫俱不可識。舉家惶懼，請道士以符水經懺禱之，付裙於火，火燄中現出佛壽二字。佛壽，乃其家僮名也。又見雷神露一手，手執鼓，光怪變異，莫測其故，後馬亦無恙。《埜談》。

居民王禮家一日雷震，其後園地少陷，掘之，得斧十三事，狀似鉞而各異，色紫澤如漆。《雷藪》。

嘉郡備兵使者春汛例發標兵船十四隻，過堰出海，協守乍浦。萬曆末年，一兵自南門出，日將夕矣,經湯山南,見有物如龍頭,大過於牛,兩角白髵,自山而下,若赴海者。兵驚仆,半响始甦。已不見。《九山志》。

嘉興東門外有史痴者,娶婦甚美,遣之別嫁,蓬首垢面,行乞於市。所乞之家,貨必倍售,以是人多樂與之。得錢即沽飲,餘置道旁牆隙中,云:"有緣者任求之。"間與人言禍福,多奇驗。里中有老嫗爲其素相識,忽詣,曰:"詰朝當有少錢助汝。"是夜即於其家門首端坐,坐化。人聞其事,咸致厚賻,嫗果大有所獲。既殮,舉棺輕若無人,蓋尸解矣。《觚賸》。

屠諭德應埈居秋涇橋,有鄰人負其子孟元銀,以屋基及小塋償之。孟元不肯受,曰:"吾當另酬汝直,前銀不追也。"鄰人感之,以實訴云:"契因抵負故昂寫,今酬直何敢多領?"孟元高其義曰:"汝不讀書,尚知禮義,不欲虛受值。我反見利忘義耶?"固與之。及諭德歸,鄰人來訪,述其子之厚德。公曰:"爾房已售,今何居?"曰:"移某所矣。"呼孟元檢契還之,且爲葺基,戒家人毋相侵犯。《善券錄》。

朱公國祚號養淳,爲人平易慷慨。一日,兩公子行街坊,暑月張蓋,觸損小户店篷,家人與店家喧競。適公乘轎過,店家泣訴。公爲駐轎,借坐一人家,命僕呼張蓋二人并持竹篦,責奴各三十,慰店家而去。當此季世,宦豅熾甚,如朱公者其可多見乎。《李臨川集》。

文恪篤於内行,孝親恭兄。與何夫人相敬如賓,坐必以次。里居時,座主朱相國賡過之。久不出,賡詢家人,始知袍帶留質庫中,賡嘆息不置。故諭祭文有曰:"忠著三朝,清師百世。"公之生平,具見於此。《嘉禾徵獻錄》。

海鹽之沈蕩有賢夫婦,惜久而失其姓名。其夫教授村落,一日偶出,過桑隴,有懸囊樹間,視之縶然,遺鏹也。持歸,告其妻,將榜其地,以招失者。妻曰:"不可,是非失者之招。且招猾者,不如默往以待。"從之,果得其所主,歸焉。吳衷仲稱其事。《見聞錄》。

東漢風俗之厚,期功之喪,咸得棄官持服,如賈逵以祖父喪,戴封以伯父,西鄂長柳弼以伯母,繁陽令楊君以叔父,上虞長度尚以從父,渤海王郎中劉衡以從兄,思善侯相楊著以從兄,太常丞譙元、槐里令曹金以弟,廣平令仲定以姊,王純以妹,馬融以兄子,皆以憂棄官。至晉而稽紹拜徐州刺史,以長子喪去職,陶潛以程氏妹喪自免,作《歸去來辭》。自是而後,古之道莫之行也。先伯祖名大啟掌銓東曹,聞先文恪公之訃,請於朝乞歸持服,德陵允焉。當時典禮者,亦不以爲過,斯國史所當附書於禮志者。此事尚未百年,今則父母之喪,有不去其官者矣。先文恪以宰輔歸,所遺僅墓田七十畝,先伯祖五倍之,恒曰:"吾官階三品,而恒産倍蓰於保傅,死何以見叔父地下。"鄉黨傳其言,數清門者,必先吾朱氏焉。

平湖馬嘉楨號和衷,己卯舉人,遇變隱於禪。同時負高行二人,孝廉巢端明、李潛夫也。端明寄蹟黃冠,潛夫逃於山野,人號爲"三高士"。

陸澄原當思陵初政,以職方首攻魏、崔,海内想其風采,無難遽躋膴仕。而乃厭薄門户,不屑附東林,其封事略云:"有市恩修怨,舉劾失平者,雖東林亦可謂之小人,不得以楊、左爲護身之符。有特立獨行,恪共厥職者,雖非東林不失爲君子,不得以崔、魏爲陷人之穽。"又云:"臣寧寡援孤立,爲硜硜之小人,決不依草附木,爲疑似之君子。"由是見嫉於東林,拒之惟恐不力,一官蹭蹬,被察而歸,放浪山水,以詩酒自娱。斯狂狷之流也。

詩流結社,自宋、元以來,代有之。迨明慶、曆間,白門再會,稱極盛矣。至於文社,始天啟甲子,合吳郡金沙、檇李僅十有一人,張溥天如、張采來章、楊廷樞維斗、楊彝子常、顧夢麟麟士、朱隗雲子、王啟榮惠常、周銓簡臣、周鍾介生、吳昌時來之、錢旃彥林，分主五經文字之選，而效奔走以襄厥事者，嘉興府學生孫淳孟樸也。是曰"應社"。當其始取友尚隘，而來之、彥林謀推大之，訖於四海。於是有"廣應社"。貴池劉誠伯宗、吳應箕次尾、涇縣萬應龍道吉、蕪湖沈士柱崑銅、宣城沈壽民眉生，咸來會，聲氣之孚，先自"應社"始也。崇禎之初，嘉魚熊開元宰吳江，進諸生而講藝，於時孟樸里居，結吳翿扶九、吳允夏去盈、沈應瑞聖符等肇舉"復社"。於時雲間有"幾社"，浙西有"聞社"，江北有"南社"，江西有"則社"，又有歷亭"席社"，崑陽"雲簪社"，而吳門別有"羽朋社"、"匡社"，武林有"讀書社"，山左有"大社"，僉會於吳，統合於"復社"。始於戊辰，成於己巳，其盟書曰："學不殖將落，毋蹈匪彝，毋讀非聖書，毋違老成人，毋矜厥長，毋以辯言亂政，毋干進喪乃身，嗣今以往，犯者小用諫，大用擯。僉曰：諾。"是役也，孟樸渡淮、泗，歷齊、魯以達於京師。賢大夫士必審擇而定襟契，然後進之於社。故天如之言曰："忘其身惟取友是急，義不辭難，而千里必應，三年之間，若無孟樸，則其道幾廢。"蓋先後大會者三，"復社"之名動朝野，孟樸勞居多。然而斂怨深矣。十年正月，蘇州民陸文聲疏陳"風俗之弊，皆原於士子，庶吉士張溥、知臨川縣事張采，倡立'復社'以亂天下。"思陵下提督學政御史倪元珙察覈，倪公言："諸生誦法孔子，引其徒談經講學，互相切劘，文必先正，品必賢良，實非樹黨。文聲以私憾妄訐，宜罪。"閣臣以公蒙飾，降光祿寺錄事。蘇州推官周之夔者，與溥同年舉進士，初亦入社，至有草檄以聲"復社"十罪者。大略謂："派則婁東、吳下、雲間，學則天如、維斗、臥子，上搖國柄，下亂群情，行殊八俊三君，迹近八關五鬼。外吾黨者，雖房、杜不足言事業，異吾盟者，雖屈、宋不足言文章，或呼學究智囊，或號行舟太保，傳檄則星馳雷發，宴會則酒池肉林。"所云"行舟傳檄"，殆指孟樸言之。至十五年，御史金毓峒、給事中張珂各上疏白其事，始奉旨："朝廷不以語言文字罪人，'復社'一案準注銷。"後福藩稱制，阮大鋮怨戊寅秋南國諸生顧杲等一百四十人之具《防亂公揭》也，日思報復。爰有王實鼎"東南利孔久湮，復社渠魁聚斂"一疏，大鋮語馬士英云："孔門弟子三千，而維斗等聚徒至萬，不反何待？"至欲陳兵於江，以為防禦，心知無是事，而意在盡殺"復社"之主盟者。時崑銅暨宜興陳貞慧定生輩，皆就逮繫獄，桐城錢秉鐙、宣城沈壽民亡命得脫。假令王師下江南少緩，則"復社"諸君，難乎免於白馬之禍矣。自昔黨錮之傳，列於後漢之書；"月泉"之社，附諸亡宋之籍。故錄其詩，綴於崇禎之末。以上《靜志居詩話》。

馮開之築室孤山之麓，家藏《快雪時晴帖》，名其堂曰"快雪"。為詩文疏朗通脫，不以刻鏤為工。《西湖志》。

嘉興高氏稽古堂藏書八十櫥，與項氏萬卷樓爭富。寓公先生諱承埏，解組歸田，雖當干戈俶擾，不輟吟哦。案頭留烈皇帝御書折疊扇一柄，有詩云："蕭蕭翠竹野人家，靜裏經春玩物華。綠樹千章啼百舌，香風吹盡紫藤花。"上用寶璽，其文曰："崇禎御筆，時一展玩，每每流涕。"臨卒，題句云："惟將前進士，慘淡表孤墳。"嗚呼！亦可以見其志節矣。《檇李詩繫》。

鄉會試作多篇者，不准謄錄，成例也。故明崇禎壬午科，嘉興譚元孩貞良全作五經二十三篇，中順天鄉試。至國朝康熙壬午科，桐鄉俞馭世長策以五經特旨授舉人。嗣後以五經掄魁者，秀水則張卓人起文，嘉善則孫頌年霖，嘉興則錢主敬陳群，平湖則胡近顏馬瑨，桐鄉則朱丹宸向中。自明至今，一郡止七人而已。頌年有五經文一千五百首行世，孔毓圻為撰《梅川五經堂記》，以褒其文行云。吳《志》。

嘉禾童謠云："貍貍斑斑，跳過南山。南山北斗，獵迴界口。界口北面，二十弓箭。"朱竹垞

《靜志居詩話》云："此余童穉日，偕閭巷小兒聯臂蹋足而歌，不詳何義，亦未有驗。"《檇李詩繫》。

支立之父爲刑房吏。案：《嘉善列傳》："支立，父名茂，爲樂安丞。"當先爲吏，而後爲丞也。有囚無辜陷獄，意哀之，欲求其生。囚語其妻曰："支公加意，媿無以報。明日延之下鄉，汝以身事之，或肯援我。"妻泣諾。及支至其家，妻出，告以夫意。支正色拒之。卒爲平反，囚出獄。夫婦登門叩謝，曰："公如此厚德，我有弱女，送爲箕帚妾，是則禮之可通者。"支爲備禮，納之，生立，弱冠中魁。曾孫大綸，登萬曆甲戌進士。《迪吉録》。

司空姚公思仁家居時，嘗患熱症，魂忽入冥。至一殿，冥王冕而登座。公長揖進見，請王勘校善惡。王命主者持簿至，公名下所註惡，即一念之動，悉書。公曰："此未嘗爲。"王曰："未爲，曰過；若爲，即罪，不可解矣。"及閱善簿，于"請賑畿南"一疏下，註有"大善"字，公曰："此疏，思仁僅具名，乃友人賀燦然筆也。"王命取賀籍閲之，賀名下初註無子，復註代姚思仁草《救荒疏》，報以一子。是歲，燦然舉子。《話舊志》。

某孝廉將赴禮闈，乏路資。適邑一富人，初以女許貧士，已委禽矣，既復改許某，以百金賄。孝廉乞邑令批照，即日與某成婚。孝廉夢其祖責之曰："汝作事大謬，本應登第，今拆人婚姻。貧士祖宗，爲此事日來相爭，我理屈而退。上帝已削汝禄籍矣。"孝廉驚痞，急訪女，欲還初聘者，而已無及，隨呼貧士，以前銀給之，使別娶，深自愧悔。及計偕，被斥，神氣騷擾，旋一病而卒。《海鹽圖經》。

水西寺僧真實揭云："順治二年閏六月二十六日，大兵臨城，居民死者甚衆。隨奉本府給示，着通城寺僧收化積骸，真實等遵，即斂屍焚化。時有本府鍾太爺鼎臣、鄉宦徐尚書石麒，俱殉國自縊。鍾太爺屍懸府署後堂，當即收殮。明日往徐尚書宅，屍懸可經堂後廊，面色微黑，肉不腐。隨尋一米櫃，將骸扶入櫃中，厝之中堂，并取書房中詩扇二柄，有寶摩圖書者各置一袖，又寫一木主，書'忠孝寶摩徐公'。僧念一係郡主，一係大臣，各以大義捐身，理合揭明始末云。"《徐忠懿事蹟》。

彭期生殉難章江，守備楊大器潛收其尸，瘞萬安之百家村，仲子孫貽訪其遺骸未得。久之，鄉人胡樞知萬安縣，一夕夢期生語曰："遺骸在縣境，君能歸之故鄉，幸甚。"會大器之友曾堯臬亦以狀白樞，樞資遣之，至海鹽，子女旋以血漬遺骨，俱沁入，乃慟哭葬之。説者比於思歸之溫序焉。《靜志居詩話》。

董雲驤，字紫冒。南都既亡，雲驤登閩榜，授行人，考選吏部主事。數上書言事，忤鄭氏。時御中劉湘客嘗以言事廷杖，雲驤上書爭之。隆武出亡延平，依同年桂林司理以居，鬱鬱病卒，司理以遺金買地葬山寺。順治壬辰，雲驤之友查培繼任東莞，夢雲驤角巾握手道故，曰："吾今得偕子歸矣。"心怪之。已而東莞一孝廉上謁曰："明府文章，海内莫不誦習，至於明府爲人，敝友董紫冒稔悉之矣。"查驚曰："先生何從識？"紫冒曰："同年也。"曰："今安在？"悶然曰："已作古人矣。"悉言其始末，查遂飛書招其子來，而桂林司理適以他事至東莞，與之言，捐金，遣其子入粵西，迎喪歸。《海鹽續圖經》。

王鹿柴名廷宰，占籍嘉興，著名"鴛水詩社"。乙酉之春，過外舅馮翁小飲，余陪末坐。忽問曰："曾學詩否？"對曰："未也。"先生乃言曰："詩有一學而能者，有終身學之而不能者，洵有別才焉。"余問："學詩何從？"曰："試作對句。"酒至，先生舉古人名，俾屬對。偶記憶顧野王對沈田子，鄭虎臣對沈麟士，蔡興宗對崔慰祖，蕭子雲對任伯雨，魏知古對顏相時，吉中孚對溫大有，楊完者對晁補之,杜審言對蕭思話,貢師泰對齊履謙,任蠻奴對張惡子,金安上對鄭居中,劉辰翁對逢丑父,韓擇木對李棲筠,蔡有鄰對徐無黨,王巖叟對阮佃夫,李思齊對石作蜀,柳三變對張九成,鄭櫻桃對郭芍藥,王僧綽對馬仙琕,祕彭祖對庾黔婁,劉方平對徐圓朗,劉仁本對范道根。先生見余應對之不窮也,語馮翁曰:“此將來必以詩名世,其取材博矣。”自遭喪亂,不復見先生,并不復見先生之詩,僅從社草中録其一二,回思知己之言,是亦蒙之李邕、王翰也。

王介人翃初擅詞曲,後研聲詩,志取多師,不遺偏體。其論詩於合處見離,於離處求合。啟、禎之間,大雅不作,毅然以起衰自任,而知者寥寥。惟平湖陸職方嗣端心賞之,嘗訪君於長水,值君洗硯河頭,挾之登舟,家人不知也,遍游苕霅乃返。既而入越,謁陳推官卧子,方置酒送客,君詩有“前路夕陽外,行人春草中”之句,卧子擊節曰:“此今之高三十五也。”爲序其詩詞。遭亂,所居不戒於火,惟餘小屋二間,一供婦孺,一吟咏其中。有故人官府寮者,造之不見,尋卒於京口。五言如:“江湖長至日,風雪上方山。”“驛路通秦遠,峰陰入晉多。”“桄榔千樹雨,瘴霧百蠻天。”“日氣溢秋雨,嵐光變夕曛。”“楓林依水盡,雲物近秋多。”“一二故人在,飄零佳訊稀。”“江山雄白下,人物近黃初。”“山雪行人少,江梅臘月多。”“文章身後事,邱隴夢中山。”“白社違人日,元關閉子雲。”“江山開一望,吳越在孤舟。”七言如:“夜月旌旗五馬渡,秋風草木八公山。”“周道秋風行黍稷,漢宮春雨長蒲桃。”“西蜀喻通司馬檄,中山謗滿樂羊書。”“秦塞忽驚三月火,漢家空待貳師功。”“三月晴風高戰鼓,九江春水下樓船。”鑄語高華,此方虛谷所云“律髓”是也。以上《静志居詩話》。

周篔字青士,家禾郡之梅里,以賣米爲業。自晨至午居肆,過午輒下簾閉肆,登小樓讀書。喜爲詩,與朱彝尊、李良年、鍾淵映比鄰相善。一日游嘉善,館柯氏園。月夜吟詩達旦。適郡丞季某以事至署,與園鄰,聞周吟聲,彷徨不能寐。詰朝詢知其故,逮至,杖而逐之。予曰:“袁彦伯使不遇謝鎮西,幾不免虎口。”《池北偶談》。

黃九煙名周星,性極簡傲。或以詩文就正者,哂而置之。其寓武水也,遇隱士崔金友於市,負擔而吟,黃揖之入室,索觀近著。崔出《樵隱近詠》,其五律《書懷》云:“花落無人徑,雲飛到處山。”《訪友》曰:“野曠天垂遠,花深月出遲。”七律《憶舊》云:“因風去住憐黃蝶,與世浮沈笑白鷗。”《贈友》曰:“吟思白社傾佳釀,坐對青山讀異書。”不禁驚賞,曰:“此真鏗金霏玉之音也。吾所厭惡者,大抵皆蛙鳴犬吠耳。”遂與之定交。《香祖筆記》。

予嘗面請學使者,以程公本立、姚公瑄、楊公任、高公遜志,建四忠祠於嘉興,而以蔣侍書兟[2]配食於高公之右。學使者諾而不果行也。世有主持風教者,表忠之典,冀吾黨君子留意焉。《静志居詩話》。

前明萬曆癸未,與先太傅同捷南宮者,禾郡凡八人,余皆未及見。獨太子太傅、司空羅浮姚公享有眉壽,兒時曾謁公,豐頤廣顙,至今尚能髣髴也。戊寅秋日,公之裔孫繩遠以所藏癸未硃卷示余,讀其文,益想見爲人。昔范文正公,當秀才時即以天下爲己任。而歐陽之識子瞻,亦第就其風檐揮灑之文,決其出一頭地。公生平所學,雖與年俱進,然他日之匡君定儲、救荒恤刑、弭亂止姦者,已於闈墨露其端倪如公者,豈特不媿科名耶!念舊懷賢,率題數語,繩遠其永寶之,此於魏公之笏可也。朱彝尊《跋姚尚書闈卷》。

駱復旦字叔夜,山陰人。嘗同會稽姜承烈、徐允定,蕭山毛甡赴十郡大社。連舟數百艘,集於嘉興南湖。太倉吳偉業,長洲宋德宜、實穎,吳縣沈世英、彭瓏、尤侗,華亭徐致遠,吳江計東,宜興黃永，鄒祇謨，無錫顧宸，崑山徐乾學，嘉興朱茂暉、彝尊，嘉善曹爾堪，德清章金牧、金範，杭州陸圻，越三日，乃定交去。《毛西河集》。

沈山子進與朱竹垞、周簣谷同里詩篇倡和，名亦相埒。一日，錢塘陸麗京遇之於潛采堂，甫問姓名，即大聲曰："得非'梅花高館落，春草斷垣生'之沈山子乎？"遂訂交，劇飲而別。《柳亭詩話》。

秀水西北前馬頭在爛溪旁，西南轄湖之烏程，東南轄桐鄉，北則轄於吳江，爲江浙商旅通津，屢遭盜劫。因地介兩省，捕緝最難。諸生張祚因弟被盜劫殺，三年不獲真盜，遂條議上之王大中丞。略云："地轄三縣，巡緝維艱。即飭民擊柝，亦始勤終怠。將設柵河中，波流急而難久，莫如於馬頭空地給之官價，以開池面，照杭州松木場潭子式，使商賈泊舟其內，撥兵防守，復設木柵爲禦，亦弭盜之一策也。"中丞下其議，以秀令去任，不果行。吳《志》。

康熙庚申歲，旗丁橫索議漕，時肆毆紳士，擒五人歸。漕艘路經學東，有王四者，支氏僕也，登屋，飛瓦奮救。翌日，衆紳造謝其門。時縣令私派紳衿，有狗庇附和者，人皆謂不如王四一編氓矣。後辛未歲旱，徐令建壇祈雨，王四挺身白令，謂"七日不雨，願捐生焚死。"因隨法師叩禱，旬內果沛甘霖。邑令具花紅酒肴酬之，潛匿不受。嘉善戈《志》。

倪翁名仲仁，澉浦所人也，壽百有五歲卒。翁貌不揚，而精神特堅碩，以孝弟力田，教子孫，於世一無所營，而壽過其算，此殆無懷葛天之遺民歟。《海鹽圖經》。

陸稼書爲嘉定令，有瞽者詣案，自陳曰："聰明正直之謂神，公即神也。我不幸兩目無見，特乞公一字，批斷來生，作有目人，地下冥王必不違公言耳。"公笑允之。瞽者歡謝而去。

陸孝山爲南雄守，迎養其父。值誕日，官屬紳士有餽遺孝山，悉以呈，俟有所受。密令備之以進，而外則盡卻之，真不媿養志矣。以上《受中編》。

錢侍郎載歸里後，深巷閉門，日繙閱舊書，課諸孫作文，尤以爲善勗後人。故爲諸孫命名，以善字爲行。嘗曰："爲善而不讀書可也，爲善而讀書可也，讀書而爲善可也，讀書而不爲善不可也。"鄉黨奉爲名言。

錢翰林世錫居家，喜接寒士。有以詩文相質者，一語之奇，輒擊節不去。日嘗語門人及子弟曰："增光門戶，不在科第仕宦。每見仕宦之家，不念其先人寒苦，黽勉保守，得有今日，乃驕滔矜誇，至子弟紈袴氣習不可緅邇，此適爲父母辱，何榮之有？"又云："凡人學問文章之高下淺深，人品之賢否，不關功名之得失。其人果賢，學問果好，果能文章，雖一老秀才，一老布衣，何嘗不足重。若其人歪斜，無所謂學問，而並不能文，雖得高第，亦何足貴？登車不落爲著作，體中何如則祕書。雖祕書矣，著作矣，而其人或未必稱，不反爲人所嗤笑乎？"以上伊《志》。

陸桴亭世儀《危齋銘》云："檇李巨手吳子始搆卍齋，與其少君項朝夕吟誦其中，有詩刻行世。巨手至婁，予讀其詩，得接其人，蓋奇邁卓特之士。既游四方歸，深悉世故，復搆一室，隱居讀書，名之曰'危'。獻可陳子爲之說云：'夫卍，古萬字也，於數爲盈，於義爲博，吳子其有博學之義乎。博而不已，必盈盈而不已，將有窮大失居之慮焉。繼之以危，惕辭也。吳子其又有兢惕之思乎！'桴亭陸子喜爲兢惕之學者也，故不辭而爲之銘。其詞曰：執危爾身，富貴勳名，以勞爾形。執危爾心，得喪榮辱，以亂爾聰明。戒之哉！不知危而危，其危也乃亡之續。知危而危，其危也爲安且福。乾之惕，坤之敬，朝斯夕斯永天命。即此一銘，古人之交道可見矣，所謂直諒之友非耶！"

趙啟周者,紹興山陰人。年十三,父某爲縣令於福建,力不能偕往。啟周與母祝氏及弟留京師,不數月,母病卒,同里人爲經紀其喪,厝之城外,刻片石識之。又數月,父始使人取二子至閩,二年而父卒於官。啟周習幕務,僅能餬口。乾隆辛卯,年六十餘,始得歸葬其父。乃至京師尋母瘞處,故老一無存者,一望亂冢,迷不能辨。而資斧既竭,不可久留,憂疑成疾。有其友之子曹君裕仲,恐其年老,且夕且不測,因速之歸,曰:“當爲先生徐圖之。”訪求半年不得。曰:“我既許之,無終負理。”禱於神,一夕夢老嫗指其處,旦而跡之,果得焉。片石中泐,入地二尺餘矣。飛書報趙,趙力不能行,日夜號泣。有感其孝者,與偕至京師,抱骨以歸而合葬焉。裕仲名基,倦圃曾孫。

秀水布衣屠岐山,名金益,博覽不應試,喪偶不再娶,無子。接人無貴賤,一以敬。一木棉裘,數十年不易。兄福金爲縣令,不一往。强之,乃曰:“余訓蒙足以自給,兄但撫諸弟,我心已安矣。”數分俸寄之,置簏笥以周戚友。惟一女,寡,及女卒,人弔之,曰:“我平生惟此一大心事,今女完節以死,是當賀,何弔焉?”

桐鄉馮柳塈先生名嗣京,偬儻不羈,善詼諧,與查初白、顧秀野輩以詩文相唱和,掉鞅名壇者二十餘年。不得志,以長興學博致仕,築別業於白苧村,題曰“大悲庵”。或問先生何故作禪語,不答。但微吟云:“少壯不努力,老大徒傷悲。”以無子,自題一聯於柱云:“樂事不防兒輩覺,詩篇自有後人傳。”先刻《梓紅亭詩稿》,又有《因樹軒集》未刻,爲朱香南翰林借去,不可問矣。《曝書亭集》所謂《馮君詩集序》者,即先生也。過無錫句云:“三疊吳歌千疊浪,亂帆如雪下蘇州。”一時傳誦。趙書山編修晉題《梓紅亭稿》云:“當代髯翁沈峙功,論詩真有古人風。項斯標格知何似,著我燒燈讀梓紅。”

秀水陳蓋謨,字獻可,所著有《度測》三卷,《皇極圖韻》若干卷,《象林》二卷。步算與占驗,二者本兩途,罕能兼之。王寅旭精於曆法,而占驗則不知。嘗云:“若將此事問先生,先生肚裏黑漆漆。惟獻可於此特精。”梅勿庵《送章穎叔歸山陰》詩有“兩法孰能兼,橋李有耆英。問津今非遥,嘉禾爾去程”之句。沈董浦爲勿庵作傳,凡與勿庵聞聲相知,長於象數之學者,皆爲之附傳,而獨缺獻可。因略述梗槩,以示後來。

米價驟昂,固有因乎富户頓積及牙户高擡者,然當事者從而抑之,非惟不能而或轉生他病,且物之貴賤,因乎自然,亦非牙行之所得而操縱也。吾邑韞齋觀察李公璜爲南澳同知,時值天小旱,米驟貴,朝異而夕不同,公開常平倉,連夜轉集鄉夫數百,秉燭礱穀,平糶不及二百石,而米價即平。止不復糶,以其價買補常平之缺,上官初不知也。以上《柚堂續筆談》。

陳太學元愷樂善好施,遠近稱長者,年踰三十尚無子。時石岳和尚駐錫天童寺,陳往叩之。石岳曰:“有子無子,總在寸心爾,第爲善,何患焉。”閱三載,復往。石岳乃遍召寺中僧曰:“陳居士,善人也,尚未有嗣。爾衆僧中有肯爲其後者否?”衆莫應。有執爨僧進曰:“我願往。”師頷之,謂陳曰:“子且歸,三年內育麟必矣。”既而生子廷敏,克世其家,迄今雲仍蕃衍,皆其出也。伊《志》。

錢太傅封公曬麥於庭。稚童窺見其家蒼頭竊麥,童潛告公。公搖手曰:“渠我家人,視我家物如己物,偶取以飼雞鴨耳。戒勿洩。”公之忠厚積累,人罕有知之者。《南野堂筆記》。

乾隆庚寅,南門外張家涇有馬姓者,掘古冢,中有磚,長約二尺,濶尺許。朱書云:“元至正三年,處士趙素功之墓。”及發棺,肌膚鬚眉,宛然若生。幅巾青袍,雲履顏色,與新製無異焉。

懼,以棺蓋擊其面,應手黑。乃出而焚之,臭聞數里,焚不能盡,投諸河。自是村人夜聞鬼哭。時乍浦諸生楊以梅方舉瘞骸會,聞之,率工人往撈取之,見其骸血筋縷縷,徙至原冢,爲加土築之。平湖王《志》。

秀水汪上堉知大理府,卒於任。卒前半月,夢輿蓋導從,至一處,若大官署者。僉云:“迎新太守。”有紅袍人迓於門,心惡之,不入。又數日,疾革,乃召僚友告以夢,且云:“帝命不敢違,期在十九矣。”衆未信。至十九,有知雲南縣王曰仁者來言:“昧爽行街上,見紅燈數十,輿蓋導從,云迎新太守。”一如上堉言。内外方驚異,而上堉果以是夕卒,乾隆丙寅八月也。後七年,上堉弟筠道經大理。先一夕,郡廟巫夢上堉衣冠出,蹴巫起,曰:“吾弟且至,其速候於途。”旦往伺,筠果憩候館矣。於是大理人咸知上堉爲府城隍神。蓋生而勤民,没而祭社,理固有之。

乾隆四十四年,有獸匿海筏至澉,形似犬,尾散,絕有力。迅走如飛,名山狗。遇小兒,輒嚙其喉,負之去。不數年,生育甚夥,山谷間所在皆有。獵戶捕捉,罕能獲者。辛丑六月十八日,颶風大作,山狗自此而絕。其先譚仙嶺寺僧見有楊府燈驅逐之,人謂楊四將軍之神應云。

乾隆五十年,大旱。餘賢埭東南里餘有鄉農繆姓者,其婦産一物,墮地即遶室跳走。適繆氏子闖入,怪欲奪門出,子持橛擊之,應手倒斃,唧唧有聲。其物長尺有咫,面具人形,身膚赤色,頂上有一目,腦後赤髮一叢,約五寸餘,此或旱魃是也。

澉浦介海寧、海鹽之間,三面瀕海,一綫土隄,向無石塘而幸免潮患者,全賴有高陽山、颺山、葫蘆山、長牆山、青山、秦駐山,環峙海口,足資捍禦。乃乾隆五十七年間,有宕戶承攬海寧塘工,於葫蘆山開採石塊,剷斷山嘴,海水盪進,沙塗坍卸,至今私鑿不已。伏讀御製《閱海塘記》云:“南岸紹興有山爲之禦,故其患常輕。北岸海寧無山爲之禦,故其患常重。是海口之山,俱關保障,以山捍海,即以山爲塘,況葫蘆山嘴名獅子山者,形如挑水壩,尤關要害所當。查照雍正八年禁止湯山採石之案,一體請禁,以免射利宕戶,貽害地方民生,幸甚。”以上伊《志》。

汪雲鏊先生之族叔在明少孤,不知生日,祈夢於于少保祠。于公贈以桃核,且曰:“問新狀元自知。”在明不解所謂,詢之先生。先生曰:“桃爲三月,核字乃木亥,當是三月十八日亥時。”後先生登第,在明年。九旬外,五世同堂。《補樓筆記》。

邑民李懷玉等始爲真率飲,尊齒德也。孫詢致政回,改爲耆英會,約里中斑白知禮讓者十二人,按一年月朔之數,并詢爲十三,則餘閏也。月吉治具,週而復始,其日不宰牲,不用樂,不談俗,務肴以魚肉,果以時品。命子弟講禮讀法,歌詩撫琴,習奢惡儉者弗與焉。嗣後,神宗丙申,邑侯章士雅加意敬老,延鄉人之耄耋者爲耆英勝會。盛唐八十八,曹德修八十五,孫嵐八十八,張可大八十三,吕洙八十一,姜圻八十一,凡六人。市廛皆結綵,列綺筵,張聲樂,社師率童子歌南山之詩,通邑侈爲曠舉云。嘉善萬《志》。

沈心松慈祥愷悌,十六歲而孤,適里中派以大糧之役,恐破家,走匿蘆墟。後聞里人更報其叔,心松曰:“叔家不及我,奈何我安逸而叔受困乎?”即自出任役,幸不大費。爲人樂易,與人語煦煦,惟恐傷之。一日赴燕浦氏,夜深僕從皆醉,沈自操舟而回。及旦未起,其夫人促之起,公曰:“吾恐諸僕見我慚,故未忍起耳。”其忠厚不肯斥人之過如此。生子科、孫道原,皆登進士,爲邑望族。嘉善萬《志》引《迪吉錄》。

魏忠節公之將生也,其母夫人方寢于床,見火光奕奕,緣壁而上。因急呼贈公,告以所見。公曰:“異哉!予適夢二童以絳紗燈,導一少年入室,金冠緋服,儀狀俊偉。”已而忠節生,少時即以不朽自期，後殉瑠難，名滿海內。嘉善萬《志》。

乾隆辛巳，邑紳蔡秋澄聚里中耆舊，仿香山故事爲九老會。在會者戴典簿二蕉年八十八，程封公績三年八十七，蔣司訓準菴年八十二，顧州牧虎仲年八十一，蔡封公秋澄年七十八，許閣學竹君年七十三，謝封公宸園年六十八，錢州牧第五年六十七，曹徵君慈山年六十三，集于所居之尊德堂，設宴陳樂，即席賦詩，并繪圖以紀其勝，刊有《尊德會詩》，吳門沈文愨公爲之序。嘉善萬《志》。

縣役楊三素無賴，以事革役，仍怙惡不改。乾隆四十二年，患時疫，僵臥旬餘，忽蹶然而起，兩手反接，若被綑縛。語其妻曰：“我適至冥間，冥王檢籍，謂我生平無一善狀，行將入畜生道，姑使回陽，藉以警衆耳。”遂匋匋出門，伏道上，觀者如堵。楊哀呼曰：“神杖我矣！”視其臀肉皆墳起，有青紫痕，呼號宛轉，三日而殂。嘉善萬《志》。

漕胥曹永康性狡獪，與刑胥王大榮稱莫逆交。兩人同惡相濟，適諸城劉公來令善邑，伺間而入苞苴，牟利侵漁，不數年貲雄一邑。有職監倪光遠者，素豪爽，以任俠聞鄉里，惡曹之橫，嘗塗辱之。乾隆辛丑，永康與大榮爲巡撫陳公訪拿下獄，衆怒稍平。會邑神誕日，群聚賽神，言及永康，無不裂眥，立毀其屋，曹之妻子僅以身免，闔邑稱快。事聞，上憲檄縣擒首事者未獲，曹心銜光遠，嗾其子控倪于官，誣指拆屋係倪所使，屢訊不移。讞成，劉令以縱役革職，曹比積蠹例，論絞如律，大榮刺配湖南，而光遠竟以擅毀人屋，亦問軍山左焉。嘉善萬《志》。

馮念羅學博名盛世，值旱災，作《救荒書》致邑令，甫脫稿，有蟻數萬環集於牆，繪爲山林雲物狀，里人神之，名其齋曰蟻繪軒。嘉善萬《志》。

張太學正銓字雪門，十齡時與隣童過荒冢間，見髑髏戲溺其口，俄而患病。恍惚至一署，有官南面坐，責其何故穢人骸骨。張心知髑髏，故惟祈原宥。官檢籍閱畢，曰：“爾祿壽尚綿，今姑宥爾命。”吏引之出，至堂下，見羽毛之族紛然向之乞命。詰之，皆平日所戲殺者，惶怖無措。吏諭之曰：“渠大限未終，俟回生後，爲爾等作福可也。”舉手撲張背，蹶然而醒，已氣絕一晝夜矣。自後，日誦《金剛經》，放生戒殺，壽至八十三歲。嘉善萬《志》。

陸佃曰：“龍珠在頷，蛇珠在口，魚珠在眼，蛟珠在皮，鼈珠在足，蛛珠在腹。”是知物類皆能孕珠，非獨蚌也。近日嘉興九里滙農人徐心橋，畜一牂羖，已五六歲。因爲子娶婦，宰以饗客。屠者覺羊肚中縈縈然，剖而濯之，得珠盈掬，圓大如豌豆。有老人云：羊食仙草或雷雨時與龍交，則生珠。然博物之書所未載也。《觚賸》。

處士鍾嶔立獲古鏡於新塍市之西，以百錢購之田父。土蝕其半，命工刮摩之，晶光瑩澈。挂諸壁，若弦月之燭霄漢也，驗其背，銘辭曰：“方尚作鏡真大好，上有仙人不知老，渴飲玉泉飢食棗。”“鏡”，省文作“竟”，蓋尚方鑑也。《曝書亭集》。

順治乙丑，探花張次修天值由編修至太常，轉通政。端午，世祖召入龍舟賜晏，人稱異數。

康熙戊辰狀元、秀水沈原衡廷文，年二十，父仲霖於大兵入粵時被執監禁，廷文哭訴軍府得釋，年已七十矣。及廷文官修撰，爲介壽，徵詩同里，陶越作引言，有“孝子身經百戰，幸覯止於鯨波鱷沫之餘；孤臣跡赴千鄉，正徬徨於電閃沙驚之候”之句，都下盛傳。以上《熙朝新語》。

國初有道士薛存素，住嘉興紫虛觀，爲含山盜所劫，索金不與，盜殺之。視其首，乃鵝也，存素仍無恙，盜異而釋之。王澹人有《化鵝堂記》。《履園叢話》。

嘉善武塘地方有劉姓，世業醫。其祖墓上古栢一株，偶爲暴風雨所摧，遂伐去。栢幹中空，其脂膏凝結成普門大士像，長五寸許。妙相端嚴，纖悉畢具，因送招提供奉焉。同上。

秀水王寄廷布衣，工草書，詩不留稿，見其《剔銀燈》一首："剔銀鐙，看細字，莫嫌鐙不明，模糊隔老淚。"苦吟似孟東野。《南野堂筆記》。

吾邑周孟侯先生拱辰，明季貢生。先世累著清德，母夫人夢硯生花而生公。比長，聰穎絕人，又勵志於學。嘗坐小樓，去梯三年，讀古今文五千篇有奇，由是才藻豔發，名噪一時。吳興莊廷鑨將刊《明史》，以厚幣聘公。先一夕，公夢其父畀以一盒，啟視之，則赫然一人頭也，驚而寤。適莊使至，有警於是夢，峻辭卻之。及《明史》禍發，諸名士株連被戮者多，公獨脫然無累。識者謂世德之報。《冷廬雜識》。

平湖東門外太平橋之北有趙墳，今其後裔皆業農。家有玉牒，真王孫嫡派也。族繁，散處鄉城。相傳每年居城中者來展墓，既歸，檢點什器，缺一壺，知遺失墓所，必爲行人所得矣。明年復往，則見壺懸樹枝上，無恙也。問鄰人見否，曰："我儕但見一舊草履耳，不見壺也。"

丹霞師澹歸，姓金，名堡，錢塘人。爲諫官，隨永曆入滇，後入丹霞山爲僧。及歸吳，與陸楷山有舊，遂住平湖武塘。流寓黃九煙者，白下黃周星也，爲師同年生。迎於郡之天寧寺，謂師曰："汝今乃始歸乎！汝沽名，汝高於龔 鼎率吳 偉業毫髮耳。"師作騷九章以貽之。後九烟益無聊，五月五日縛所著詩文於臂，自投於洙涇之高橋下。不數年，師亦示寂於湖。

陸鍾奇者，故太宰莊簡公孫也。邑諸生，富甲東南，日聚無賴子，飲博謔呼爲樂。一日，獨坐書齋，歘見一道人從空降，見鍾奇，便下拜曰："公真主也，我將輔公。"鍾奇不信，道人曰："公家中某井照影便知。"鍾奇往窺井，果見己儼然冕旒黈纊帝者服也。道人曰："湖州某處，某已聚義若干人。待公舉事，盍潛往。"鍾奇從之，於是與李九仙、馬聞玄及蘇湖不逞如葉朗生、邱太虛、吳野樵輩數十人，嘯聚圖不軌。一日密會於煙雨樓，約以長至日乘拜賀突入嘉興縣，先殺令，據郡城，而後徐圖大舉。會謀洩，鍾奇與聞玄宵遁，至松江之白龍潭，以蹤跡不倫爲捕所擒。事聞，道院一時駭愕。時詹簿陸基志爲鍾奇叔父，而我邑侍御某於鍾奇之兄有連，談方赫，蘇松道某又侍御門人也。詹簿傾貨，侍御殫力，屬當事者立殺聞玄以滅口，而鍾奇始得脫。此天啟某年事。方鍾奇之獲於松江也，松捕周某搜其冊，得《行頭八戒》一冊，《發餉記》一冊，龍衣一襲，又人肝三寸。周故虎捕，多心計，械鍾奇送之官，而陰居四物爲奇貨。詹簿聞，急託內戚屠生猶龍星夜往叩周。周索十萬賂，屠亦老於世事者，爲捐三千金，取四物歸。詹簿急滅其跡，於是奇以無證漏網。以上《當湖外志》。

吳少村中丞昌壽，少負奇氣，成進士，以知縣分發廣東。比擢撫河南，時百姓號哭罷市。相傳歿後，其幕友紹興俞君方家居，正欲午餐，忽捨箸起立，若爲接物者。繼又作拆信之狀，戚然曰："吳中丞書也。中丞今已爲冥官，以公事殷煩，仍邀我前往勷理，然須得某廚侍我耳。"是夕，俞君卒。次日，某廚無疾亦卒。《庸閒齋筆記》。

石門洪《志》載：吳越王俶挈家屬朝宋歸，周妃至皁林而卒，葬於證聖院北。後墓出一玉杯，係殉葬之物。朱芬有《玉杯歌》，今藏錢林里姚氏。新纂。

碑碣宜收入《金石》。至帖板之藏，舊志附之，或以西安之碑林非盡出於西安耳。然藏之公家與藏之私室，究屬有間。茲將各家所藏碑板，收入《叢談》。

嘉興張廷濟藏有王右軍臨鍾太傅宣示表石 宋賈平章以王右軍《臨鍾太傅宣示表》真跡刻石，表前細書一行，是徽宗所書。 國初，杭州葛嶺掊土所出。乾隆初，金壽門作《跋》，桐鄉汪援鶉以腴田從寺僧易得。汪後歸金雲莊,有朱春橋、趙味辛《跋》。金歸趙晉齋,趙歸張叔未。他處所刻,皆遠遜此。洵是寶刻。

蘭亭叙原刻　　此元時所刻褚摹本,良常王虛舟澍所謂"張金界奴本也"。筆法遒勁。明時覆刻諸石,俱不能到。

蘭亭叙定武派本原刻　　此歐摹,是定武派數百年前舊刻,剥蝕尚未甚。

唐内侍高福墓志銘　　開元十二年正月,孫翌撰并書。

唐美原縣張昕墓志銘　　開元二十四年十月,正書。

唐内常侍孫志廉墓志銘　　天寶十三載六月,申堂撰,韓獻之行書。

唐折衝都尉張希古墓志銘　　天寶十五載四月,田穎行書。

子産廟殘碑　　于《志》:殘石二,其一,"不霜京天寶七載專知判"十字。其一,"道寂等"三字。黃本誠官河南新鄭縣時攜歸,今在張廷濟家。大興翁覃谿學士方綱《復初齋集》有《贈張叔未》詩句,《志》引《中州金石考》曰:"見舊搨本。中有'天寶七載五月十三日',落款處有'元皓敬'三字。"張廷濟曰:"王元皓、敬,曰是碑陰中兩人姓名。"

趙孟頫行書《後赤壁賦》

《眉壽圖》　　阮文達與張孝廉廷濟同坐石几,觀周齊侯罍、漢甗後,各有題跋。江都嵇楻畫,道光二十三年四月。

新篁鎮王氏藏有寶盤齋蘇文忠公詩石刻　　蘇文忠公詩:"結廬得法仲長統,困病求閑馬上卿。此日壺中聊取適,它年谷口尚留名。"《過薦福用前韻》:"喚客山中去,秋清屬此辰。碧波涵日净,紅葉隕霜新。世味老逾薄,交情久更親。種蓮開净社,兹事付吾人。"芑堂明經以宋人無款詩牋見示,余定以爲坡老無疑。因口占四絶句跋之,俟世之具隻眼者同賞。時乾隆壬寅二七秋禊之日。山舟同書。　　張廷濟《跋》:蘇書刻石之傳於吾郡者,《文長老詩》在本覺寺,《馬券帖》在流虹亭,《橘頌帖》在王悝齋進士家,《安國教授》詩、《圓覺經》,謝若農中翰家刻。明包氏蕭爽齋所刻《承天寺遊記》,近在余齋,而《馬券帖》亦藏有舊刻。此蠟牋真蹟,海鹽文魚徵士得自澉浦畢氏,梁學士題後,旋爲有力者購去,已不知流轉何所。今王心耕上舍得徵士所贈手鈎本,而其從子蝦齋精摹上石,爲嘉禾增一寶刻已。道光六年丙戌九月張廷濟。

秀水姚觀光藏有元趙子昂竹石幽蘭碑　　題詠十一人。

《小雲東仙館集帖》　　張廷濟《跋》:"秀水姚六楡明經,富於鑒古。　　國朝人書四册,昔以索余跋尾,今復以明人書四册作書,其後刻者爲金陵馮半泉,甚精,慎有筆法。道光二十七年丁未五月五日。"

郭照藏有《唐靈飛經》石　　《靈飛經》墨蹟,即海寧陳氏《渤海藏真》所摹刻者,後歸海鹽黃氏,同治己巳,郭照刊石。

《停雲館帖》石　　《聞者軒帖考》:"嘉靖間,文衡山父子摹勒舊蹟,及近時名筆上石,原十二卷,今有殘缺。"

嘉善程氏藏有晉《蘭亭叙》　　王羲之撰,正書,永和九年三月,後有明錢士升及錢屾重摹《跋》。

唐《兒寬贊》　　褚遂良正書,後有明錢屾重摹《跋》。

唐顔魯公《與郭僕射書》　　顔真卿撰,并草書,無年號。王虛舟云:"當在廣德二年十一月。後有明錢屾重摹《跋》。"于《志》案:"碑共四。其一,爲錢屾跋語,蓋錢氏手摹魏氏校正者也。後碑歸魏氏,竟棄跋不拓。故《觀妙齋金石文考》遂以爲魏氏摹刻。"

唐《麻姑仙山壇記》　　顔真卿撰,并正書。大曆六年四月。後有明錢屾重摹《跋》。

唐《隨喜帖》　　顔真卿行書。後有明錢屾重摹《跋》。

元佑《聖觀捐施題名記》　　胡長孺撰,趙孟頫正書,延祐四年正月。

海鹽張氏藏有重摹天一閣北宋本石鼓文

重摹《瘞鶴銘》　　新纂。

禾郡金石如岳祠銅爵、景定漏壺諸器,已列《金石》門。至于《志》,將藏金亦復載入,似無

關掌故矣。然名流賞鑑,亦足以資談助。如:

嘉興張廷濟藏有商象鼎 象形。于《志》:著象於鼎,示主器者象賢之意。 商燕父己爵 燕父己。于《志》:燕象燕虺形,通作燕飲之燕。 商御尊蓋 癸未,王在圃葦亭,王□御貝,用作父癸寶尊。 于《志》:圃,圃田,豫州藪;葦,觀省,觀亭,游觀之亭。□本商賈字,讀爲賞。御,從。 從卸,作器者名。徐同栢識。 商陸父庚卣 冊册陸父庚。□,籀文陸,此作□,從籀文省。 周婦焉觚 婦焉作彝,亞形中,人持甾形。于《志》:人持甾形,蓋古央字,斟酒之象。 漢黃山鐙 黃山第三。《漢書·地理志·右扶風》"槐里"注:"有黃山宫,孝惠二年起。" 漢館陶鐙 □□一,徑二寸八分,高三寸九分,重一斤八兩,館陶家口。《漢書·外戚傳》:"竇姬生女嫖,爲館陶公主。"《地理志》:"館陶,屬魏郡。" 漢大吉壺 大吉。 漢大富壺 大富。 漢宜錢 宜,古謂田器,爲錢,見《詩·臣工》傳箋:安邑朱孝廉葆淳云:"宜宜,禾也。" 漢永平洗 永平三年四月造,作□,兩旁有魚鷺形。 于《志》:□,是宅字,通作室,謂考工室也。 漢置鼎 第六置鏅,一容一斗五升,重十二斤,蓋通。 于《志》:鼎字作鏅,從金從目省,從鼎,足補字書所未備。 吳赤烏甎 赤烏九年作。 吳永安甎 永安六年八月廿四日造,作甕。 晉太康甎 太康三年七月廿日,蜀師所作。 晉元康甎 元康六年八月廿日,計氏作。 晉太安甎 太安二年八月廿日,王枭作。 晉寧康甎 寧康二年太歲甲戌,錢師造。 唐處士包公夫人墓志銘甎 會昌三年十二月,正書。 蜀槧韓文范 桐板,方二寸,厚四分。反書四行,每行四字,曰:"《易》奇而法,《詩》正而葩,《春秋》謹嚴,《左氏》浮誇。" 弟沇藏有商日父癸爵 日人□父癸。 周諸女尊 諸女舉尊彝。 于《志》:諸,省作"者",諸女九嬪之屬。"舉"字,從積古齋釋。 周庚姬鬲 庚姬作婦,尊鬲其永寶用。 于《志》:婦,"嬰"省文,通作"須",《楚辭》女嬰,《周易》鄭注作"女須"。 周祖辛敦 □作祖辛,寶敦其萬年,孫孫子子,永寶用饗。 漢永興洗 永興九年,堂狼造作工。 晉咸和甎 晉咸和二年。翁方綱有銘。

姪邦梁藏有商父乙鼎 作父乙尊彝。 于《志》:尊彝猶云宗彝,宗尊也。 商立戈人癸尊 立戈形,□形人癸。《左傳》:銘其功烈,以示子孫。此立戈形之義。 商册册乙觶 册册乙。 于《志》:作兩册者,紀君命有加也。 周子爵 子形。 于《志》:子字,上象囟有髮形,下象足跡形。 新莽大泉五十范 泉文二,漫文二。《漢書·食貨志》:"大泉徑寸二分,重十二銖。文曰:'大泉五十。'"

子慶榮藏有商福父辛爵 畐父辛。 于《志》:畐,古文福。福,備也。能備,然後能祭,所謂福者如此。

周兮中敦蓋 兮中作寶敦,其萬年子子孫孫永寶用。 新莽貨泉范 泉文二,漫文二,背有十六字。《漢書·食貨志》:"貨泉徑一寸,重五銖。文右曰'貨',左曰'泉枚直一'。" 晉咸和甎 咸和九年七月廿日刻之。晉咸康甎 咸康五年八月。 一門群從,無不以金石名學。

又同里徐同栢藏有漢五銖范 泉文二,漫文二。 晉太元甎 太元四年。

同邑方惟祺藏有周三家彝 載入《積古齋鐘鼎彝器款識》。

沈氏藏有父乙鼎銘 子父乙。 伊《志》:銘文"子"字,一手上,一手下,有奮發作爲之象。他鼎彝每云:子作父某,篆文作從兩手。此子字蓋已寓作字之義。

秀水姚觀光藏有商虬至戈 銘面背各二字,曰虬至。 周婦姑甗 銘曰:"子孫作婦姑。"鼒彝高一尺,腰束雷紋,獸面三足。 晉永和甎 永和九年七月十。 明天籟閣鐵如意 銘二十四字,曰:"非竹非玉,出自昆吾。指揮三軍,張我令圖。毋或溢驕,逞志珊瑚。"今藏秀水郭照家。

文鼎藏有漢銅三斗銷 長安共厨。銅三斗銷,世枚弟廿。重十五斤八兩,元延元年十月造。

嘉善程氏藏有晉永和甎 永和四年。 後周佛頂尊勝陀羅尼幢 丁巳四月,瞿中溶考爲後周顯德四年。

海鹽張氏藏有父癸匜蓋銘　子□父癸。　伊《志》：子字下一字作猴形，疑古爲字。《説文》爲象母猴之形，言子爲其父癸，祭器也。

馬氏藏有漢雙魚洗　富貴昌宜侯。　晉永和甎　左側"晉永和元年"，右側"高辛氏"，凡八字。　梁天監甎　梁天監十年。

平湖朱爲弼藏有商甾卣　文曰："甾作父己。"彝重七十二斤，高周三尺六寸，圍徑一尺二寸，有提梁。商亞形爵　高周尺一尺三寸，亞形，内則"史西"二字，文在鋬内。　商子父癸爵　高九寸五分，文在腹。　商父戊爵　高與癸爵同。　周新宮叔碩父鼎　文曰"新宮叔碩父簋，姬作寳鼎，其萬年子子孫孫永寶用。"　周義仲鐘　鉦間及鼓左，共二十七字，文曰："兮中作大龢鐘，其用追孝于皇考己伯，用侃喜疇文人，子孫永寶用享。"

此皆一時搜藏者，兵燹後，金石散亡，老成凋謝，備録之，以見此鄉多好古之士焉。伊、于《志》。參《金石學録》。

全椒薛時雨，咸豐乙卯來宰嘉興。其明年歲大旱，薛扁舟下鄉，烈日履勘，鄰縣動，擁官出署。而嘉興地尤高卑，民泯怨咨，荒政稱最。他若拔寒畯，戢吏胥，重農桑，平賦歛，慈惠周至。移篆嘉善，治亦如之。同治壬、癸間，蘇撫李乘勝將掃鄰境賊氛，時薛久去禾，痛舊治之瘡痍，冀出民於鼎鑊，往來蘇滬間，請緩師，百計諭賊降。事雖未成，具徵軫恤民瘼。比甲子恢復，守杭州，權糧儲道，惠徧浙西。遽解組歸，杭人爲築廬於西湖，禾郡亦深切去思焉。新纂。

禾中詩社之盛，自竹垞、秋錦、宜山、匏菴諸老，梅里竹林，敦槃壇坫，風流餘韻，沿至嘉、道。聞景物繁昌，一時歌頌承平，詩才輩出。嘉興岳餘三鴻慶、孫次公融，聯吟鴛水，集吳越英髦，閫題分韻，遠寄郵筒，近共硯席，積久成二十集，亦吟朋樂事云。新纂。

郡廟松化石，高四尺，餘圍三尺有咫，其形模肌理，則斷松也。舊爲梅里馮氏物，馮觀察克鞏購自古北口，歸而寘諸七硯齋者。馮素有石癖，既獲此石歸，日與朋游飲酒賦詩其側，其題李徵士戮《蒼雲石圖》，有"我有一卷松花石，輸君畫裏小玲瓏"句。馮後人以石送郡廟，載以宋岳倦翁珂洗鶴石池。實葛仙翁井北石池，則秀水陳別駕宗栢所助也。郡人文鼎繪爲圖，名流競爲詩歌以紀之。于《志》。

沙哥者，吳姓，名萬里，震澤嚴墓鎮田心里人。面赤，絶有力，爲嚴墓汛俞千總操舟。俞授以鎗法，習而精。隨俞往白龍山擒盜，爲盜困，單身鬥，掖俞出之。越庚申，嘉興府屬團練首先應募。有妖人方梅屏者，投妖書嗾謀逆。辭以不義，將書上府尊，縣是保軍功銜。四月，賊陷蘇州，禾當其衝，命率所部鎗船守平望。賊屢攻屢却，因留屯平望北鄉田堵里凌姓宅。沙哥夜率所部往剿，伐凌氏門入，賊從後遁，顧見來兵少無繼者，遂率大隊回攻。乃血戰殺賊數十人，被圍不得脱，遂以酖死。或曰沉入鴛胉湖死。夫沙哥博徒耳，非土著，奚記爲？以志在保禾，奮身殺賊，雖激於血氣捐軀，洵得死所矣哉。新纂。

周之瀚，歲貢鳳翔號梧岡子，屢困小試，授徒觚口。庚申避難梅里，爲無賴王四手戕。先是，嘉庠有周生者，被酒失檢，不協鄉評，尋至學籍除名，悒鬱走杭州，投西湖死。周生同學秦光第適幕錢塘王令有齡署，勸居停親自檢驗，以明死所而息浮議。顧鄉人不信也，至是以同姓嫌，坐受奇禍。時有識周面欲辨者，置喙已無及矣。士論哀之。新纂。

周木匠，吳淞江人。傭於禾，時與諸詩人唱和，有《木屑邊聞吟咏》。《冬日》詩云："竹榻生香新稻草，布衣添暖舊棉花。"《閒居》云"墻低喜借鄰家竹，屋漏先防架上書。"宋茗香助教恒愛誦之。《耐冷談》。

　　平湖梓工楊某執業外,兼治蔬圃爲生。夜則挑燈觀書,八旬餘,忽解詩。其佳句如:"門掩庭中花自落,夢回枕上鳥初啼。"此如佛家頓悟,非經數十年靜修工夫,不能也。屈明經芥舟題其廬曰"熙朝絳老"。《耐冷談》。

　　余庶常弼家梅里,籍休寧,其兩世封翁皆好善。祖佐瑤業鹾,寓郡之碧漪坊,後遷鎮。性嚴正,里有忤父者,批煩責之,其人卒感悔改行。父聖本,幼聞義方,亦慷慨好施與,聞人急難,援濟若不及。爲婣戚方氏掌計簿,方被火出契要,於爨攸中篋得矣。肺受薰灼,病幾殆。友李客蜀,以孥寄,閱十六年歸,已爲其子成婚。兼善醫術,時出其技,濟鄉里貧人。新纂。

　　禾郡山水清淑,本人文薈萃之區。時流稅駕,有流連斯土者,風雅如武康徐熊飛,幼煢貧,議學櫛工,母周氏堅不許,命就村塾。稍長,來乍浦,爲人測字決休咎,旅居刻苦,卒以名孝廉噪江南北。後館渚涇邵澍家,每附舫歸省母,猶袖書默誦,行誼文章,卓然成家。主講觀海書院,詩矢正音,駢體亦得六朝遺意,經術如吳江潘眉。寓魏塘,賃屋三間,左右圖書,留心許、鄭。讀史尤有識,病裴松之《三國志》疏漏,更爲增補,屬稿盈笥。詩出入韓、杜間,學昌谷,與郭麐、黃凱鈞爲倡和老友。精六法者,嘉慶間有錢塘高塏,瘦勁纖秀,得髓於褚登善。先應禾郡方氏聘,得其指授,咸成名。後遊京師,公卿乞書者,門限爲穿。歸,遊魏塘,與郭麐友善。自述少時臨池際,嚴寒手凍,置盃水笥上,使筆無欹側。暑夜畏蚊,置足於甕,而揮灑如故。肄業勤,故造詣極。騷人墨客,足跡所至,鄉間亦生色焉。故備録之。新纂。

　　萬處士,充宗五世孫,名籛齡。其先世自鄞遷杭,傳至乃父雲,號子雨,以名進士宦粵,歿任所。籛齡奉母蔣氏僑居郡角里街,好集賓客,散金鄉里,不屑屑求田問舍。母恒以微時事驚覺之,謂雲爲諸生時,一夕自館辭歸,燭燼,無以續燈,拾道旁詛祭殘蠟,跋以行。比親歿,猝欲辦楮帛,至索紡綿竿頭錢應急。今倖藉遺蔭,毋忘爾父斷虀塊粥時。籛齡與弟壽昌每敬聽之,懿訓所及,得振門楣,可爲勉勵世家子弟者法。新纂。

【校注】
　　[1]恩平,原作"思平",據朱彝尊《静志居詩話》卷十五"沈思孝"條改。
　　[2]兢,原作"競":據朱彝尊《静志居詩話》卷五"蔣兢"條改。

嘉興府志卷八十八

舊志序録

伊《志·小序》云：唐陸廣微《吳地記》多及禾中事蹟，而事非一郡。至元《志》及趙《圖記》所引舊《圖經》，其書久佚，譔人姓名與成書時代都已無聞。宋張元成《嘉禾志》五卷，故事一卷，見於《直齋書録解題》。洪皓《嘉興府志》見於《絳雲樓書目》，並無傳本。今所賴取徵者，以至元《志》爲最古。自明迄今，遞修諸志，雖繁簡不同，純疵互見，皆足以紀掌故，徵文獻，因録其《序》文爲一卷。七縣新舊志目并隷入焉。瑶以爲踵而增之其事易，創而始之其事難，則舊志固後志師也。志《前志序録》。

郭晦《嘉禾志序》劉《志》。

圖志之書，古史筆也。成周職方掌天下之圖，外史掌四方之志，事亦重矣。嘉禾爲志，何妨乎？猶記袁似道爲郡治中，其家富有古書，江浙圖志無不備，獨禾興闕。然非闕也，禾興經邑爲州纔三百載，五代至宋初，皆倥傯不暇。真宗景德四年，嘗詔諸道修圖經，僅得海鹽一志而已。淳熙甲午，郡守張元成始延聞人伯紀爲郡志，此作古也。前乎伯紀，所謂舊經，雖博覽之士無所見，其簡略可知。後乎伯紀，郡守岳珂嘗命鄉先輩關表卿重修，且徧檄諸邑搜訪古跡，可謂勞於用力。書未成，而倦翁改調。上而無紀録之册可參，次而無老成之士可質，又次而無賢子弟可詢其家世，其欲正譌補闕，豈不難哉！仰惟皇帝考圖數貢，自北而南，此不容於寢廢往者。郡經歷單君慶因請重脩，郡博士徐君碩承命屬筆。蒐獵散亡，其綱正，其篇目加多且完矣，而毌邱之版，則未也。萊山劉公傑來殿是邦，路推翟公汝弼啟其議，諸路官又相其成，可謂是書之幸。夫圖志重事也，其存亡夫豈偶然？雷次宗非無《豫章記》，洪駒父求之不得；宋范石湖初成《吳郡志》稿，以妄議而不得刊。今《嘉禾志》闕而全，絶而續，郡侯其有功矣哉！昔竇德玄不能對帝邱之問，人到於今陋之。今郡人得是書，可以不德玄矣。余故喜爲之辭。至元戊子孟夏。

又唐天麟《序》

郡有志，倣九邱遺意也。書以志名，凡一郡之事，皆在所當録，豈特土地所生、風氣所宜而已哉！嘉禾在春秋爲檇李，至吳黃龍三禩，以禾生由拳野，故名。自春秋距今千七百餘年，其間有沿有革，有廢有置，世道污隆之故，人物盛衰之由，與夫山川風景之所以殊，郡邑事蹟之所以異，其可紀者何可勝數，而舊志多簡略弗載。宋嘉定甲戌，郡守岳侯珂悼前聞之遺缺，嘗命鄉先輩關表卿枎任行人子羽之事。編薰將上，而岳侯去，論者惜之。越六十三載，皇帝撫有江南，寸天尺地，無一不入版圖內。及至元甲申，克齋單公慶來佐郡幕，公餘過從，輒清談竟日，每喟然歎曰：“圖志三歲一上，法也。此邦自總府開藩亦既數年，而郡志未備，非闕典歟？”遂創議檄委郡博徐君碩重加脩纂。君承命惟謹，網羅散失，抉剔幽眇，攷古訂今，裒集會粹，曩之爲卷者五，今之爲卷者三十有二。曩之爲門者二十有五，今之爲門者四十有三。鑣分臚列，此志得爲全書,徐君之用功亦勞矣。編成而萊山劉侯傑實來。一日,嘯鸞戾泮,路推良佐翟公汝弼以是白侯。侯喜,退而謀於同列,同列亦喜,亟命工刻之梓。時與人會,事與機投,莫不慶是書之遭。昔張茂先志博物,士歆其才;蕭相國收圖籍,史韙其識。向非侯有相國之識,思以具知戶口為急務,則此志編而不刊,與不編等。徐君雖有茂先之才,其何以自見?是舉也,侯既能俾創議者不至為岳之中沮,又能俾脩纂者不至為關之徒勞,侯亦賢矣哉!侯不鄙屬余敘,奚敢以老鈍辭!雖然,此一郡事也。侯賦政於外,屢殿名邦,入坐廟堂,將以均四海為己任,他日志輿地,志九域,必有紀侯之勳業者,侯其勉之!

朱彝尊《至元〈嘉禾志〉跋》

《嘉禾志》三十有二卷,至元中,經歷單慶延郡博士徐碩纂輯成書,序之者,郡人郭晦、唐天麟也。嘉禾之有志,肇自宋淳熙間,郡守張元成延聞人伯紀修之。既而岳珂來守郡,復延鄉先輩關杕表卿續脩。因珂改調中輟,僅存五卷。是書蓋踵杕舊本而增益之者。杕分門二十五,碩廣之,凡四十三,而官師治蹟、經籍目錄俱闕焉。又吳越錢氏建國,曾改秀州為開元府,乃是編不載,未免失之疏略。然所采碑碣題詠,居全書之半,舊章藉以考證。足快於心矣。碩,他無表見。晦,舉宋淳祐十年方逢辰榜進士。天麟,字景仁,寶祐四年文天祥榜第四甲進士,自稱納軒叟,居嘉禾軒。

伊《志》案:是書於碑碣獨詳,為從來志乘所未有,可與史書相發明者。如《吳征北將軍陸褘碑》《梁秦駐山碑》《唐黄州司馬陸元感、陳府君瑋墓銘》《宗城令顧謙墓志》,皆歐、趙所未著錄。《吳越靜海鎮遏使朱行先碑》,吳任臣《十國春秋》實據以立傳,其搜羅剔抉,足以正訛補闕。是書今入《欽定四庫全書》著錄。

李東陽《〈嘉興府志〉序》柳《志》。

先王之政,隨世文質,以為簡繁,蓋自天下之有書契,有墳典,以明理道,紀政事;有邱索,以象風氣,明土物。世久事繁,國有史,地有志,至周大備。史之在朝廷者,固不俟論。天下圖志尤詳而不殺,職方所司,外史所掌,皆是物也。春秋列國,各置史官,秦罷侯置守,廢經書而圖籍未盡去。漢高定天下,始收得之。雖郡國並置,制亦未備,東漢以降,紀載日益繁,而放逸磨滅,不可勝計。守令之賢者,未嘗不致力於斯。凡制度名物、人材風俗,工作之事,前有繼,後有據,而國家之史亦有資焉。然視為細事末務,而不加之意者亦多矣。嘉興府古揚州域,歷代之為縣,為州,為郡,沿革不同。五季以前,未有圖志,宋袁似道為郡治中,家多書,浙江圖志惟此焉闕。真宗時,詔諸道脩輯,僅得海鹽一志而已。孝宗時,郡守張元成始延聞人伯紀為志,後守岳珂命關表卿重修,未成而去。元世祖時,經歷單慶命學官徐碩復修之。入國朝,為府領嘉興、海鹽、崇德三縣。宣宗朝,始析嘉興為秀水、為嘉善,析海鹽為平湖,析崇德為桐鄉,為縣七。今天子御極之三年,吾友柳君邦用來知府事,得宋元舊志,病其簡略,乃博采群籍,下諸屬縣,諏訪耆宿,屬平湖教諭林緝熙光修之,為卷三十有二,於是秩然為完書焉。予聞為政之道,必準諸古,而因革損益,亦惟其時。今文運熙洽,疆域之廣,人物之富,殆過前代。浙江首藩,嘉興大都,非上古之荊蠻,偏安之畿輔可比,凡天下之號令制度,皆累朝德澤所在,正修典章、隆文獻之日,況地之尤盛如茲郡者乎!然世所謂政若教化,若户口,若賦稅詞訟,往往取辦乎書簿文字間,而究其實，不及其半，此則文勝之弊，分保邦制治之慮者，所宜慎也。若志以文尚其質尤易，志而不實，亦孰若勿志之爲愈哉。觀是志者，苟取其敍述之詳，紀錄之實，則文質之際，兩無遺憾，由是而傳之可以久而不墜矣。君名琰，世爲儀眞人。成化丙戌進士，以戶部主事歷佐三府，至今官廉慎，而文其所爲，志特其一事耳。弘治壬子冬十二月。

伊《志》案：是編知府柳琰延平湖教諭林光纂，府與七縣各爲一志，各分二十一門，《欽定四庫全書總目》言其敍述參差，詳略失當，惟至元以後事迹略具，足資後人考證。其官師一門，補至元《志》所未備，尤爲可取。舊尚有莊杲序，於志無所發明，不錄。

鄒衡《〈嘉興志補〉序》

《嘉興志補》者，東邱鄒衡所纂集也。衡自弱冠時承藩伯吳公、郡侯金谿徐公檄委纂府縣志，起自天順八年，止於成化二十三年，尚未鋟梓。弘治二年，儀眞柳侯來守是邦，視纂之餘，慨然以梓行志書命工。其時衡在制中，兼病弗克與。于是郡諸生曾君春，承侯命復加修訂，而於人物，錄事司碑碣、遺文、古蹟頗有遺失，厥後聘南川林先生光校正付梓，而於宋元志及統志中，或新而無寔者增之，或舊而有考者遺之，尚未愜吾郡士君子之意。衡自慚罔昧迂拙，愧無由有補於閭閻，乃於暇時，覽宋元志及大明統志於吾郡中，七邑有遺失者脩而補之，若人物，若名宦，若貞節，若孝行，論定後有可爲人師法者，有陵墓、學校、寺觀、橋梁、碑碣、文章所未載者，仍分上、中、下三峽，成十二冊。開卷之初，肇自二帝三賢。今圖其像，敬製贊語，補志成書，庶古蹟不使有遺，而賢人君子後世有可考焉。正德元年丙寅秋日識。

伊《志》案：是書嘉興諸生鄒衡纂，專補柳《志》所未備，其已載者不錄，考訂譌謬，不下數十條。《欽定四庫全書總目》云：“卷首並載徐碩舊志唐天麟、郭晦二人序。蓋欲表舊志義例故，存其原序，以見端末也。”元本有府學教授何鑑序，不錄。

趙瀛《〈嘉興府圖記〉序》

夫郡有志，識文獻也。上焉以述既往，下焉以續將來，示昭鑑垂不朽，而備采風者也。故杞宋之文獻不足，雖孔子之言禮，無證其所關，顧不重與。予一日閱郡舊志，遺略頗多，繆訛殊甚，遂行七邑正官并儒學教官、生員公同搜訪，以成實錄。既而閱之，猶夫郡也，將奚以布信而俟後世之不惑哉。竊歎而欲新之，以爲可傳之典。第簿書煩劇，厥力有未逮焉。時甬江趙君以世之聞人守制家居，偕同寅而趨請之，君慨然諾曰：“斯志之不講也久矣，乃若茲舉，實獲我心，願敬志焉。”於是筆昉於丁未之夏，槀脫於戊申之秋，逾年而始就焉。遺者補之，略者詳之，繆訛者訂之，其精神心術之運用亦既勞矣。允乎文省而事增，微顯而闡幽，迹古之良史何加焉。眞足以示昭鑑，垂不朽，而備采風者矣。世之言，若郡者斯有證於文獻焉，覽者當知君之秉筆云爾。嘉靖己酉歲春三月。

又趙文華《序》

嘉興古吳越之交，秦漢時邑於會稽、於吳。其自爲郡，領縣，昉五季。至南宋，爲畿輔。入明爲浙藩甲郡，領縣三，繼分而七，制置加詳矣。我皇祖列聖德澤暨海隅，民生日繁，賦產滋多，搢紳學士雍雍鏘鏘，名於南服，孔子所謂富而教者非歟。文華自少遊寓其地，惟是時厖裕之俗，日趨以靡，益遹而前，其相去益以不迨，將世變就下，沃土易漓，世莫有可挽者乎，予於是深有慨焉。左山趙侯守郡之二載，予適憂居，疇咨授簡，俾志其立政興教之籍，顧不敏無文，安能爲役？然惟風俗化理，古今時變所貴，傳信發微，具載方册，俾有司得以按籍推移，嫺於治理，而非以爲文也。迺不自揆，取舊志删正之，補其缺漏，爲方畫、邦制、物土、人文，凡四篇，所宜廣備者，附以叢紀，凡若干卷，名曰《圖記》。蓋即古所謂圖籍者云。夫俗之弊也，本於事失其實，官壞其方，民亡其度，夸毘浮僞之習，浸滛於人心而流風靡下，漸不可極。是故圖以考世變，記以盡物軌，使司斯土者執此以往，振敝習而更化之，反流靡爲厖裕，則斯籍也庸爲輔理經世之實録，匪以空文爲也。矧侯之爲郡也，敦本實，正經界，戢奸宄，興教行，凡所施措，皆以移易民志，而還之於古，庶幾懍懍德義君子之風光，昭斯籍有餘烈者矣，又豈徒爲文具已哉。舊志撰於宋聞人伯紀，馬端臨評其草草，其後元徐碩、弘治間林光皆輯之，恐亦不免端臨之誚耳。於乎，又豈知予之能免是否耶！侯名瀛，字文海，左山其號。關中三原人，與予爲同年進士。相斯役者，郡判陳君守義、節推姜君文序。令則嘉興張君嵐、秀水方君詳、海鹽李君華魯、平湖李君僑、嘉善于君業、崇德周君應禄、桐鄉徐君麒。

伊《志》案：是書文華官通政使時，遭憂家居，應知府趙瀛之請而作，分方畫、邦制、物土、人文四門，附以叢紀，詳而不支，簡而有要。至元《志》後以此爲善本。《欽定四庫全書總目》稱其“敘述頗有體例，蓋不以人廢言也”。

劉應珂《〈嘉興府志〉序》

嘗考《周官》小史掌邦國之志，外史掌四方之志，職方掌天下之圖，而又有土訓掌地圖地慝，誦訓掌方志方慝，法甚備焉。小史、職方、土訓之所掌，皆侯國外史；誦訓之所掌，則諸侯之下邑也。自罷侯置守，而劉向著郡國之事，南陽撰風俗之紀，郡邑志載，蓋殷繁矣。要以辨風俗，紀政治、物土，宜徵往詔來，與石渠圖籍並稱不朽。檇李名著於《春秋》，其先當在荒服之外，以故紀載無聞。歷世綿邈，作者僅存宋聞人氏，而馬端臨譏之。其後元有徐氏，明興有林氏、趙氏，見聞略備。數十年來，人文日盛，土田、賦役之沿革，師旅、旱潦之非常，賢良、文學之昌熾，孝子仁人、閨貞女秀之激揚，以至龍藏珠函、山謳野嘯之喬宇，瑣屑至不可勝記。而墨守舊聞，將文獻無徵，闕略日甚，何以爲一方實録，使後之君子有所考信？用是不量椎魯，竊有志於脩葺而未逮也。仄聞郡先生瀛壺沈公，宿德清望，早歲卷懷，所著郡志，凡三易藁，未嘗出以示人。於是造請，先後數反，然後舍諸帳中。蓋銷燭研露，積十有餘年，而考訂纂組，已至詳至核。不佞復檄下諸邑，日益薈所未聞。公偕馮司成，又進諸文學，分曹讐校，自夏徂冬，凡六閲月而工竣，爲圖十，爲卷三十二，爲目六十。事稽諸掌故，議集於周諮。其發凡見例，取義折衷，則公出自獨斷，大要文簡於前，事增於昔，爲一方信史。迺不佞則竊有感焉。檇李自入句吳以後，文物漸開，逮今美盡東南，爲函夏名郡。雄城鼎峙，加險於由拳射襄；輓粟蓄努，加富於嘉禾野穀。厲兵講武，寧減六千君子之遺，教禮陳詩，匡時砥節，詎讓莊忌、買臣、二陸、平章、諸顧之烈。煒曄變化，月異歲殊，皆足動君子問俗之思、仰止之慨。故是志也，徵故實則布在簡編，起新裁則義存戒董，議興革則治切補捄。居後視今，由今視古，一舉而三善備焉。即《周禮》外史訓誦所紀，何以尚兹。不佞不敏，闇於治，然聞之語云：“不習爲吏，視已成事。”是役也，非徒附公以不朽，實藉公以寡過已。先是守兹土者，姑蘇龔公有嚴給諫志，洛陽曹公有黃宮詹志，皆未脱藁而以事去。不佞承乏也晚，乃得藉公十年編摹之力，以成此盛舉，會逢其適，亦厚幸云。萬曆庚戌。

伊《志》案：是書刑部員外沈堯中所輯，知府劉應珂以卷帙繁重，削去大半。天啟中，太僕李日華應知縣湯齊聘修縣志，乃悉爲采入，禾中文獻得取徵焉。萬曆間，又有府志遺藁，知府龔勉聘嚴從簡修，未脫藁；後知府曹代蕭聘黃洪憲補修，未刻失傳。

杜臻《〈嘉興府志〉序》袁《志》。

志猶史也。志史者詳於人，略於地；志志者詳於地，略於人。此大較也。古者，自千乘以及附庸之國，皆置史官，以掌紀時事。其所載者，一國之政及其君若臣之言動而已。外此而山川、土田、民物、風俗不具載，意別有圖籍以主之也。則夫郡邑之有志，於以備山川、土田、民物、風俗者，又曷可少哉！然建置、沿革，千百年乃一更張耳。以故山川之名勝，土田之廣狹，津梁、關隘、方物、出産爲是土表著者，苟向有成書，無俟增飾已。若夫風土之淳漓，操之者在上；賦役之利弊，受之者在下。他如人材之迭興，道德勳業，節義文章，碩彥賢才，文人逸士，孝婦烈女，智媛文姬，以逮高僧羽流，或功德足以垂遠，彝行足以範世，苦節足以維風，語言足以翼教，上之徵民牧之治本，下之見地靈之鍾奇，日盛而月新者，斷不可以不增，此固後起者之責也。吾嘉郡，故有舊志，自本朝定鼎以來，未經脩葺，其於人事不無少缺也。今自郡侯袁公之蒞吾嘉，凡數載，政脩人和，誦聲隆隆溢人耳，而又能以其餘閒考核舊志，作而歎曰：“是不可以不修也。”於是訪忠孝節烈之遺規，採碩彥高逸之芳躅，脩飾潤色，不期年而書成。自明季迄今數十年之人與事，燦然具備，不致有詳地略人之憾，洋洋乎大觀也哉！留俟他日備太史之採訪，資國乘之編紀，其功非淺鮮也。抑余猶有感焉。昔王文恪之志姑蘇，曰：“蘇民西近華，東近質，海濱之民多悍。”此真留心風俗之語也。余謂吾郡之民華與質相半，大概鶩勢利而鮮品誼，有如長民者案籍而識其風尚，揣其性情，防之以分義，申之以勸懲，救奢以儉，救逸以勤，不聽民之自爲政，由是而習俗趨淳，治化希古，則皆袁侯一人之力也。故不辭侯之請而爲之序。康熙壬戌季春三月。

袁國梓《脩〈嘉興府志〉序》

皇帝御極十有一載，用輔臣言，詔天下纂輯《通志》。于是憲檄下所司，徵郡縣志甚急。禾《志》自宋張公元成創始，元劉公傑一脩，明柳公琰再脩，趙公瀛、劉公應珂三四脩，後歷歲久，殘缺殆甚。前守盧公崇興、學博姜君廷櫸謀於鄉大夫士，方聚徒授簡，網羅見聞，會軍書鞅掌，厥功未竟。予不敏，承乏守土，爬梳拮据，惴惴於其職，伏賴國家鴻庥，各上憲廉明仁恕，一切寬大之政與民休養，而吏亦稍息其肩。竊不自揣，輒有志於郡志，鄉大夫士出其鄉所裒集，予與太倉陳君邀商榷攷訂，分類定帙，閱寒暑而成書，更以質諸鄉大夫士，皆曰：“可將付剞劂。”乃爲其序。予維古者列國，地不過千里，視今之郡縣；晉《乘》、楚《檮杌》、魯《春秋》，皆編年紀事之書，視今之郡縣志。《春秋》之義，本天閎，揆人紀，善善惡惡，孔子竊取之以爲史，史而經者也。後之人苟能竊取《春秋》之義以爲志，則志而史且經矣。載筆者於此，懼其僭又懼其陋也。予勘讐之次，反覆深思，喟然而歎。嘉興，浙藩首郡，南越北吳，東瀕大海，舟車孔道，賦粟葳百萬，繁難之區也。在昔時和年豐，民俗殷阜，聲明文物，與名疆頡頏，而後漸不可問矣。舊志距今且百年，其間天地之常變，人事之得失，制度之廢興，户口、錢糧之登耗，文章、政治之純駁，備著於篇，宜覽者數計而得之。獨故朝名臣，鉅儒比肩接蹟，並以德功言顯當世，垂無窮，而捐軀肥遯之士，碧血丹忱，爭光日月，詎謂不古若哉！聖代肇基，化洽寰宇，東南材產之地，其君子秉禮義，樹風聲，彬彬大雅，軌斯盛矣。其小人務耕桑，安條教，亦油然自得，有先民之矩焉。惟是淳漓異尚，清濁別流，一二不逞之徒磨牙礪角，日相尋於錐刀鋒刃之利，而其類從之，漸以成俗，豈種蠡之遺未盡漸泯，一再變而致此乎！此司世教者所爲感慨痛念，而予之所不能極論者也。是編之作，求詳舉要，特於國計民生之故，一篇之中，三致意焉。嗚呼！反敦厖，惜罷敝，行所無事，以厝一郡於袵席之安，予與鄉大夫士共勉之矣。庸備採擇，獻天子、塞有司者之責，若夫褒譏美刺，大書特書，必有起而任之者。敢曰：志在《春秋》，不以俟諸其後。康熙辛酉蒲月。

又吳源起《序》

　　古者列國皆有史，各掌其山川、封域之所自，建國受姓之所由，以及賦役之煩簡，風俗之淳漓，靡不畢紀。三代以上，遠不可得而攷也。《史記》以《世家》《紀傳》明其等，而《天官》《河渠》《平準》《貨殖》諸書，纂取郡國所上，以昭一代之鉅典。孟堅十《志》倣而行之，蓋漢時計吏先上太史，其副白丞相，故考核爲獨詳。後世浸失，其制無所依憑，成一史者則必網羅天下，考據郡邑，而參伍錯綜，始無漏失，則志之爲功於史者重矣。皇上御極十有一載，詔天下纂輯《通志》，先有成書者，厥惟山左陝右，餘則漸次告成，迄今未竟。然第臚列故明舊志，至於本朝定鼎垂四十年所爲，因革損益，興教化而厚人紀者，概乎未之録也。如是而不亟爲搜輯，後有作者不幾慮其湮滅而無據乎？府君袁若遺先生敭歷三郡，留心文獻，涖禾之始，上籌兵食，下撫窮黎，拮據靡暇矣。值四方大定，退食從容，爰取前守盧公所修郡志未竟之緒，刪繁舉要，去僞存真，續舊志以啟來兹，定爲若干卷，傳之梨棗。予惟郡故有志，其在宋元者不可得見。今所稱者，惟趙《志》爲最優，其書據事直書，足以信今而傳後。是故觀夫戶口之登耗，則知生聚之未周；觀夫水旱之啼號，則知蓄積之無備；觀夫賦役之洊更，則知國用之日詘；觀夫風俗之遞變，則知起化之尚淆；觀夫士品之純疵，則知學宮之宜屬；觀夫居官之難易，則知文法之未寬。覽斯志，而職司郡邑者引而伸之，觸類而長之，正己率屬，而鄉之大夫、士庶亦罔不靡然向風，如文翁之化蜀，常袞之易閩，卓然爲天下稱首，斯則重修郡志之意，而數千百年以後如見我侯之振衰而濟弱也。不然而徒取前志所未備者，裒藝文，載家世，其孝弟不必見稱於族黨，其節行不必表著於鄉曲，緣飾觀美，以爲成書，又豈我侯之意，而亦豈異日史官徵信於是，以昭一代之鉅典者哉。康熙壬戌夏季。

　　伊《志》案：是書知府袁國梓脩，體裁整贍。卷末補遺、正訛二門，惜不得見。海鹽人物，載顧、陸特詳。華亭未革之前，皆海鹽產也。袁《志》不載陸氏，當是據分隸以後，不欲借才異地耳。又朱檢討彝尊輯《禾録》一書，藝文附於古蹟之下，不更作《藝文志》，采取大半柳、鄒二《志》，及諸家本集，蒐羅該博，不加臆斷，大約與《日下舊聞》同一體例，惜編次未成，僅存六册。失去海鹽、平湖二册，抄本流傳絕少。附記於此。

吳永芳《〈嘉興府志〉序》

　　嘉興爲古檇李，春秋時名始著。説者以前此屬荊蠻，故外之，然《禹貢》隸揚州，會稽嘗大會諸侯，則亦玉帛來同之地，何歷夏至周千餘年，竟湮没無聞？豈古簡失徵，抑地鮮耆碩使然與。蓋嘗論天地之氣化，五行迭王而疆索之，興盛亦有其候。嘉興於秦漢皆爲縣，唐稱緊稱望。至宋徽宗始改州爲郡，越南宋而尤盛。山川猶是，土田猶是，向之斷髮文身，一變而衣冠鼎盛，直甲天下，詎非屈於前者伸於後，而地維南朔之旋轉，信有待乎。元置路，明稱府，而分嘉興縣爲秀水、嘉善，分海鹽縣爲平湖，分崇德縣爲桐鄉，則又在宣德之時，蓋以兩浙咽喉，地衝事劇，分之析之，尚苦繁重而難紀。苟欲衷益往籍，以昭示來兹，非易易乎。其任也，嘉之志創於宋，成於元，雖代有續述，而本朝任修明者，則維前刺史袁公國梓。然自辛酉迄今又四十年矣，保無時勢異宜，革因不相襲。或生於斯而行事卓然可稱，仕宦兹土而善政容有未傳，以至丁田之消長，賦役之盈縮，廢者奚以興隆者，奚以替續而成之，端在今日。倘以簿牒紛糾，漫謝未遑，坐令舊聞放失，不幾同於刘薪楚而弗束，萎敗隨之；紛衆流而無歸，汗漫何極乎！鄉先生太僕錢公蔗山讀禮家居，深藉其力，以總裁斯舉，復延進士高君孝本、陳君廷煒，孝廉徐天秩、陳祐，明經沈起孟，諸生曹熙分司採集，而校字訂訛，則委諸廣文何景雲、龔汝賓，至於點竄釐定，余亦未敢多讓焉。惟是誌以記事，或災祥見於一邑而徵乎天下，或人物式於一鄉而風乎百世，是即史臣之珥筆也，故於舊志所載，未敢妄加芟節，而今兹新附者，則必考諸故家之紀載，採諸士大夫之傳述。雖耳目未周，不無烏焉成馬，然夏五郭公仍存其闕，而善善欲長以垂四十年之感奮，則亦聽諸後人之論定，而余但期罔媿於厥衷斯已耳。抑又聞之太璞不雕，則精英内祕，莠文飾美，則發越無遺，今之嘉興猶之檇李而踵事增華，習尚稍異疇昔，當盛滿而思返，吾尤願都人士之共相挽回而力持之，以至於千萬年其不敝也。是爲序。康熙六十年夏五月。

　　伊《志》案：是書知府吳永芳聘進士高孝本等纂修，薰成，手自閱定，援據頗廣，歸於簡約。書始於康熙己亥四月，成於辛丑冬，凡十六卷，分二十册，列目二十五。

又錢以垲《序》

　　史有志有傳，江淹謂修史之難，莫過於志。蓋傳止紀一人本末，志則貫串千百年事，而經緯條理，班班不紊也。郡邑之志，即郡邑之史也。不稱史而稱志，如陳壽三國亦稱志，志猶史也。以體國經野則制，定以移風易俗則教施，以興廢舉墜則政理，以旌淑別慝則鑒著，其事雖在一方，而歷代之因革損益，莫不於是。考其得失，驗其理亂，則豈徒誇繁庶侈，游觀臚圭，組綴吟咏之爲志乎哉！吾郡自檇李始載《春秋》，地介蘇、杭間，賦役繁重，人文代興，吾皇上南巡，屢經駐蹕，振興鼓舞，農勤於耕，士勸於學，益丕變於前矣。郡志南宋太守張公元成創之，岳公珂繼之，俱未有成書。其有志，自至元始，明之弘治有柳《志》，嘉靖有趙《志》、鄒君衡之《補志》，萬曆有劉《志》。至國朝辛酉而有袁《志》，辛酉至今四十年，則今所應補者此四十年之事耳。乃閲袁《志》所載，萬曆以來，缺略甚多，則今不獨續袁《志》而并以續劉《志》也。且如五臺瓶山，其非山明，甚至元志載古蹟，他志俱載山川，假借如此，況人與事之易於混淆者乎。是又不獨續劉、袁二《志》，而并以校正弘治以來諸志也。郡志之外，有戚尚寶之《往哲列傳》、陳宮詹之《廣往哲傳》、朱漢翔之《英華》、蔣楚稗之《詩乘》、曹司農、俞處士紀載人物，雖未成編，亦有藏藁。近則有朱太史之《禾録》、盛孝廉之《徵獻録》、沈南疑之《詩繫》，皆當廣搜而詳校者也。然非學足以綜今古，鑒足以別涇渭，何以彰癉悉當，而無媿著述也乎。太守吳公守吾郡七載，清潔慈惠，爲政持大體，敦實行，尤以作人爲首務，闢學宫，傍隙地，建鴛湖書院，祀陸稼書先生，俾多士誦法先生言行以有所興起，而文學之士斐然矣。教化成於上，風俗醇於下，公乃得以燕閒有事于郡志，于是延訪老成，以諸志及各家著書互相考核，再三約束，謂寧闕毋誕，寧簡毋繁，寧嚴毋濫,同人亦共矢公慎。藁成,公手自閱定,增删一字,煩毫焕彩。余適奉諱家居,亦謬與參訂,見所紀農桑學校,氓俗土風,皆公所綜理裁成,見於彷彿者也。以公之政事,爲公之文章,豈苟袁政駿所能彷彿萬一哉!志於今年秋告成,余承乏周寺,公書來屬余叙其略。余固不能已於言,然柳《志》則莊定山、李西涯兩先生爲之序,今志遠勝於柳,而余固陋無文,不無媿於莊、李兩先生云。康熙庚子。

阮元《〈嘉興府志〉序》

地志之尚繁富,始於樂史《寰宇記》。自有此作,後之志郡縣者皆以爲例。于欽《齊乘》,康海《武功志》獨能參用古法,爲志家所重。然使簡而不得其要,固不若詳者之足資考證也。嘉興之有志,作於宋,成於元,至明凡三修,文益加詳矣,然猶未足爲美備。我朝列聖相承,重熙累洽,混同天下,惟壹之虖中和。郡縣之政教人材,無不度越前代,則郡志之作斷非宋、元、明所能及。康熙十一年,袁太守國梓修之。六十年,吳太守永芳重修。迄今周八甲矣。長白伊太守來守是郡,懼舊聞之放失,重加纂輯,閱一載而書成,卷帙倍於前志,是非前人陋而後人詳也,前人質而後人文也。蓋自百餘年來,沐浴皇化,日盛月新,凡典章文物之修明,至此而大備,使仍簡而不文,則累朝德澤之所在,何以宣揚而闡發哉!余觀其作書,體例有三善焉。一在經界之明析。嘉靖趙《志》作方畫,簡而有法,倣其意爲之,疆域之廣袤,水利之隄防,展卷瞭如,此合乎夾漈圖譜之學也。一在金石之著錄。至元《志》所載碑碣,搜羅獨富,吳任臣作《十國春秋》,藉以證據,今悉存其目,甄錄其文,此合乎《輿地碑目》之例也。一在採錄之詳出處。舊志引用不詳所自,使閱者無可考見,宋、元、明來,著作家往往是之,乃廣爲搜錄,一事一文,必載本書,杜撰剿襲之病,庶幾可免,此合乎古人實事求是之道也。其他各門,亦具體要,則是志之足重,不在於詳哉。然余更有説焉。凡一府數百里中,政教之得失,風化之漸被,奢儉趨向之殊致,作於上者下輒應,發於邇者遠輒至,日異而歲不同,此其要在乎守令之得人也。今聖天子布化於上,賢太守承流於下,將使民康物阜,時和年豐,養其源使之不竭,培其本使之不顛,治化隆而民生厚,庶幾此志非託空言,余願與守令諸君子共勉之。嘉慶庚申,浙江巡撫揚州阮元序。

又百齡《序》

志者,史之餘也。國有史,固藉一代之宗工領其事。郡邑有志,尤賴一時之巨手總其成。誠使採錄必周,鑒裁有法,以勒爲全書,則志之所繫與史等。今年春,余奉命按浙,適吾世好耐園太守以新撰《嘉興府志》見示,而問序於余。蓋志以去年秋鋟竣,其修志之端委,吾中丞以暨各臺之述備矣,余尚何言。雖然,請言志之大略可乎?今夫嘉興志沿自宋、元、明,自入本朝,一再修於康熙辛酉、庚子,嗣後失修者八十年,而我國家撫有區宇,大澤漸涵,蹈德詠仁,群游熙皞。嘉興雖片壤然百餘年來,上之湛恩釀化,勿勝書也;下之閭獻媺行,勿勝書也,則所以薈萃綜核,於以揚聖治,闡民風,胥於志乎是賴,而抑有進焉者。原夫甄綜撰次存乎學,而興廢懲勸關乎政。今吾觀耐園之志,則非徒見紀載之長,實可以想設施之善。蓋范疆域,則知所以撫綏者焉;稽戶口,則見所以保聚者焉。農桑必資,勸課學校,端在振興。一切城隍橋梁,與夫倉儲漕運,郵傳鹽法,水利海防諸大務,靡不本綢繆孔固之心,經營盡善之道,有以貫攝乎其間,而爲之所。而後筆之書者,皆可以得其政績之所存,而非僅區區備掌故已也。然而其書則固典而核,辨而婉,博而不煩,志也而一以史法行之。昔施武子志會稽,陸務觀嘆爲氣雄文雅,斯志胡多讓焉。抑余少時,以先大夫、司馬寧波嘗省侍過浙,道經煙雨樓而登眺焉,蓋是郡之形勝,在余心目間久矣。今而適會斯志之成,尤一展卷而悠然有觸也。掛名簡端,余所竊幸。是爲序。陞任貴州布政使、浙江按察使三韓百齡譔。

又劉炡《序》

志與史異名而同義。《周禮・地官》:"誦訓掌道方志。"《春官》:"外史掌四方之志。"即今直省《通志》、府州縣《志》之權輿也。嘉興爲浙西名郡,川原沃衍,地居津要。其中賦役之繁,風土人文之秀偉,甲於吳會。洪惟我國家聖聖相承,重熙累洽,東南尺土,盡繫宸衷。矧自聖祖仁皇帝暨高宗純皇帝,先後翠華六幸,省方行慶,申錫無疆。嘉興爲入境首程,醲化罩敷,最先霑被,而一時政治之懋,風化之醇,往往喜溢天顏,發爲睿藻,弁諸乘簡之端,俾奕禩臣民永欽謨訓,以誌一方之幸於無窮也,則郡志之宜修久矣。雖然,志亦史之一體也,史多紀人,志多紀地,非兼才學識三長,則詳略失宜,不足以信今而傳後。嘉興之有志,創於宋聞人伯紀,纂於關表卿,成於元之郡博徐碩。在明凡三修,柳邦用屬林緝熙重梓,後趙氏、沈氏繼輯之,要皆優劣各殊,未臻完粹。康熙十一年,詔天下增輯《通志》,而府州縣《志》亦以次成書。嘉興自康熙辛酉以迄庚子,一修於郡守袁公國梓,再修於吳公永芳,非不體例嚴明,上掩前代。然距今垂八十年之久,其間恩綸所錫,宸翰所頒,與夫民風土俗之沿革,官師人物之留遺,均未備著於編,謂非守士者之責歟。長白伊公耐園守郡之三載,政成民洽,爰於公暇裒集舊聞,延訪耆宿,缺者補之,冗者汰之,譌者正之,混者析之,爲門四十,爲卷八十。首列天章、巡典,而歷年欽奉諭旨,即隨其事而分纂於各門,則盛朝之所以仁壽斯民者,於以大備。良由下車以來,祇以宣上恩德爲急務,而於國計民生蓋有見乎其大也,豈特爲一郡徵文獻,備掌故已哉。書成,問序於余。余惟耐園之才之學之識,胥於是志覘之,而竊以爲闡幽訂墜,深有合乎誦訓外史之遺者,特其爲政之餘緒焉耳。由是而理行卓然,爲聖天子所倚重,其於邦國之制,曰安攘,曰建保,吾知匪異人任也,耐園其勉之矣。時嘉慶辛酉仲春,布政使南豐劉炡序。

又秦瀛《序》

嘉興郡守伊君輯郡志成,丐序於余。序曰:嘉興故雄郡,北控長洲,南脅臨安,闞吳興而扼巨海,蓋兩浙一門戶也。其地人物蕃廡,川原浩衍,商賈之所湊,百貨之所聚,秔稷之美,魚蟹蠃蛤之利甲他郡。其俗敦禮讓,說詩書,自唐宋及今,人材輩出,見於史冊者不可勝紀,可謂盛矣。志一修於康熙壬戌雲間袁守,再修於辛丑三韓吳守,閱今已八十年。雖建置沿革、城池形勢,無所更易,而戶口田賦、官師科第,以次漸闕。闕而弗增,非所以重文獻也。《周禮》:職方氏掌天下之圖,辨其人民財用穀畜之數,以周知利害,而大司徒掌邦之土地,別其名物,佐王安擾邦國。又有土訓誦訓之官、春官小史、外史復掌邦國四方之志。自後班固有《地理志》,司馬彪有《郡國志》,此方輿之記所濫觴也。晉宋以降,如唐李吉甫《元和郡縣志》,宋樂史《太平寰宇記》,王存《九域志》等書,著於經籍者甚衆。曩官京師,方詔修《大清一統志》,余與於編纂之役,適得浙江大府薈粹十一郡志書,詣送志館,淄澠互見。比者代匭監司,每按部嘉禾,與其鄉之士大夫討論及此。而伊君來典斯郡,克成是書,蓋由我國家承平百數十年蠲復之詔屢下,省縣賦,勸農桑,休養無事,生息理極。浙西泳沫膏澤,年穀數登,萬物熙熙,靡不各得其所。是以伊君於此得從容治理,而郡志之成,適際其盛,詎不美哉。余奉命移官湖南,旋將去浙。而是書之輯,余實引歸安吳蘭庭佐其役,蘭庭多讀書,能講求史法,宜其簡慎詳覈,相與有成,無戾乎前人志乘之體,而非他郡縣志所可比也。是爲序。按察使無錫秦瀛撰。

<h2 style="text-align:center">又袁秉直《序》</h2>

禾郡之有志,創於宋,成於元,大備於明。宋志不可得見,馬端臨評其草草,其缺略可知。元志僅有鈔本流傳,尚爲完善,以不載官師、經籍,亦不得謂之詳備。至明凡三修,然柳《志》增訂徐碩之本,而鄒氏即補其缺。劉志取材堯中所輯,而後人更病其疏。惟甬江《圖記》詳簡有法,其人又不爲賢士大夫所重。志書之不易作,固若是哉。國朝自定鼎以來,統一區宇,德化翔洽,超軼前代。康熙十七年,先曾大父來守禾郡,政治之暇,裒集歷朝郡志,及七邑志,并采錄前明神宗以來事迹,參互考訂,定爲一書。其於民生之利弊,田賦之多寡,政事之得失,反覆推勘,不遺餘力,不特備掌故、紀風土已也。書成於康熙辛酉,閱四十年,郡守吳公永芳重爲修輯。自此而後,缺焉不備。其間豈無一二賢太守留心及此,而卒不遑從事者,誠以國計民生之所在,典章文物之所歸,體大物博,故不能造次有成也。嘉慶元年,長白伊公自括蒼移守嘉禾,下車即訪問民間疾苦,而以整風俗,興教化爲急務。數年之間,政通人和,治臻上理,乃慨然於郡志之久佚也。網羅遺籍,博採舊聞,親爲釐定。而於民生田賦政事之所係,尤三致意焉。其力專,故其文粹;其政舉,故其説長。坐言起行,燦然具備,不期年而告成。夫禾郡爲先曾大父遺愛之邦,郡志實所手定,今余又幸承乏兹土,不惟樂得賢太守教養斯民,導揚善氣,而尤樂此邦文獻日盛而月新也。且以先人政事文章傳諸循吏,不朽之業,共訂千秋,則是書之觀成,豈特禾中賢士大夫之幸哉。況所成書,其詳數倍於前,雖使馬氏見之,當不病其簡。至於紀載謹嚴,動關風化,反澆漓而爲淳樸,轉罷敝而即安恬,成效所臻,度越前軌,庶以昭聖世重熙累洽之盛治,而亦以詒來者於無窮也。爰拜手而爲之序。嘉慶五年庚申仲夏,杭嘉湖道華亭袁秉直撰。

<h2 style="text-align:center">伊湯安《〈重修嘉興府志〉序》</h2>

今之府州縣,即古之侯國。府州縣之志,即小史所謂邦國之志也。志與史相表裏,古所謂晉志、鄭志之屬,今不可得而見矣。班史改《史記》之八書爲十志,而始志《地理》,則志者特史之一端,而《地理》又志之一端耳。江文通云:作史莫難於志,而府州之志則又難焉者,何則?史志多即事成文,標舉大指,取備一朝掌故。而府州之志,即一地理而天文、律數諸志,以及人物之紀表傳序,胥統著之,則一志實備史之全。又且古今連屬,幾成通史,其所係顧不重歟。且夫事無論當否,取其覈;語無論繁簡,取其雅,固載筆所首務矣。然閎而勿曜,則采摭者難也;散而無紀,則整齊者難也。尋源竟委,不知所裁,其何以綜述前聞,踵成新製耶!故常謂史可數百年一修,志不可數十年不再修也。蓋史有《實錄》《起居注》《會典》檔案,班班具在。志之所取材者,故家譜狀類,多溢美失實,幽芳潛德,積遠愈晦。金石刻文字,仆翳於荒山叢冢之間。即故府成憲胥吏,或援合假借,以成其私,甚或不戒於水火,徵文徵獻,漸以無稽。此孔子所爲致嘅於杞宋也。皇朝撫有九有百六十餘年,列聖勤求至理,政化翔洽,薄海內外一道德而同風俗。況嘉興爲浙江支郡之首,介蘇、杭二大府間,川澤沃衍,聲名文物,蔚爲東南之望。顧自康熙吳

《志》以後，迄今垂八十年，其間遷改漫滅，與夫人風物產，興廢升降，及傳聞覯記，所異同何可勝數。使第曰苟安毋動，姑以待後之人，此其待之者，將何所底耶！然則網羅釐定，以備國史之采擇，非守土者之責而誰責歟！安承乏於茲，兢兢以不克稱職爲懼，迺謀之七邑令君，暨鄉之士大夫，削觚授簡，往復商榷，而安以案牘之隙，復謬加裁訂，閱寒暑幾一周，始克蕆事。除卷首天章、巡典不計卷外，爲書凡八十卷，爲目三十八，體例一依準舊志，間稍爲變通。蓋既乏才學識之三長，不欲輒事更張以駴一時之耳目也。語有之：「不習爲吏，視已成事。」又曰：「前事之不忘，後事之師也。」《周官》：「土訓掌道地圖」，「誦訓掌道方志」。而皆以訓名官，則是圖之與志，其足爲沴治之軌範者多矣。是故志者記也，積記其事，而且美惡勸戒之義昭然共著焉，是亦今昔得失之林也，而豈曰一府州縣之志云乎哉。嘉慶庚申秋七月。

案：伊《志》云：《嘉興府志》自康熙五十九年修葺迄今已八十載。重熙累洽，日新月盛，是用博稽載籍，參諸採訪，舊事遺聞，悉歸徵信，兼以補遺訂誤，備一方之文獻。

卷首恭錄天章，尊謨訓也；恭紀巡典，沐膏澤也。洪惟昭代列聖相承，羲畫堯文，炳耀海宇。嘉興地稱名勝，翠華屢幸，仰邀宸咏。而且世族舊臣，多蒙頒賜祕書名畫，時荷款題。又如省方布澤，而嘉興爲幸浙首程，霑被尤先，敬繹綸言，用誌頌揚於萬一。其餘欽奉諭旨，訓行奕禩者，均於各門敬謹分載。

前志自吳越分境，至明宣德析縣，各有圖以著沿革，顧皆揣方度向，或頗參錯不合。茲祗遵《皇輿圖》，按里開方，一府七縣，瞭如指掌。以今揆古，自有同符，大營暨煙雨樓駐蹕宸游之所，俱當敬謹摹繪，以顯日月之光華。海洋、海塘二者於嘉興特重，今雖各立專門，而圖列於前覽者，更可得其樞要。

宋人舊志首列星野，次以建置，此一定之序也。嘉興建置，前志頗多沿誤，今謹遵《皇輿表》《大清一統志》，參以各史《地理志》及《元和郡縣志》諸書，逐條核正，統析有考，沿革有表，全志綱領具在。於是建置定而疆域形勝、城池坊巷、市鎮橋梁，俱可以次類敘。今參麗至元以下諸志，旁引他書，分門臚列，加以考證。凡境內廣輪遠近之數，無不了然矣。

公署、學校爲政治教化所從出，皆當備述興建始末，以肅觀瞻，以勸絃誦。前志於公署附署中古蹟，於學校附書院社學，比類各宜，並從其舊。

壇廟載在祀典，例得備書。其有舊建專祠，功德昭著，實堪俎豆者，自應附及。前志於祠祀但分有無祀典，而七城內外，叢祠野廟，多所闌入。未免詭誕不經，今第存其著者。

府境本無名山大川，然濱海之地，岡巒縣亘，實資屏障。又素稱澤國，川原錯互，經流支港，不可勝數。今考證舊聞，而標其名勝。至於灌溉蓄洩隄防之法，則別具水利志。此以載其體，彼以詳其用。宋人舊志，分山川、水利爲二門，例本如此。

古城臺閣，連類比錄，《長安志》例也。園林第宅，分門別載，《吳郡志》例也。今參而用之，統爲古蹟。園宅仍從附列，以後來興構，礙難稱古耳。坊表、冢墓、寺觀，亦古蹟之分，著者《水經注》多牽連而書。今各爲一門，以類相次。

戶口繁耗，治本所繫。嘉興自唐迄明，志籍可考者，並載其概。我朝康熙五十二年，欽奉恩詔，續增人丁，永不加賦，尤曠古所未有。今備登滋生之數，以見聖世休養生息之盛。

任土作貢，古有常經，而田賦一類，條目繁多，宜衷簡要，用便鉤稽。附以嵌田則，嘉興、秀水、嘉善三縣之舊事，所當兼及者。我朝減浮額，免正賦，蠲恤殊恩，自宜大書特書，昭垂永戴。

至如養濟院、普濟堂之屬,鄉閭善舉,亦以推廣皇仁。茲用附書於末。

　食貨爲民生大計,前志以倉厫附城池,綴合無當。而常平倉又附便民倉下,規制闕略。今特立倉儲一門,廣積貯以備荒,此爲最重。至於轉輸輓運之宜,則詳考《漕政全書》,別纂爲編,以著興利除弊之大要。

　鹽政與田賦有別,前志併爲一門。又僅載課額若干,凡海蕩弓畝,歷代經制,及國朝優商恤丁,諸善政一概闕如。今備採《兩浙鹺志》之有關於嘉興者,逐條列載,而立法之盡善,亦可參互而得之矣。

　郵傳之設,首在嚴禁騷擾。凡馬匹、船隻、夫役諸利弊,備有成憲故牘可稽,茲爲特立一門,以補前志之略。

　水利、海塘舊併一門,今爲分列。凡開濬河渠,修築堤堰之事,備具水利。至於築塘捍海諸法,前明《海鹽圖經》言之詳矣。百數十年來,石塘、土塘以次修築,今海鹽、平湖二縣永慶安瀾。其因地制宜,永資保護者,自當詳著海塘篇中,以備採擇。

　兵政海防,各具源委。凡營汛等制,七縣所同者,具詳武備,而海鹽、平湖防海事宜,尤所特重。國朝於乍浦特設駐防,八旗勁旅屹然巨鎮,所當增入,其切要規畫,悉爲登載於篇。

　農桑、物產,要皆因其土宜,風俗、祥異,亦多驗諸人事。豐耗登替,時有不齊,觀風者可於此覘得失焉。

　官師表祇載郡守以下,不及統轄大僚,以符體制。而紀名宦,則節鎮監司亦兼及之。甘棠遺愛,民不能忘也。宋人舊志曰:宦蹟錄其立朝,本末不備載,以別於列傳體耳。

　選舉姓名,俱列於表。其事蹟著爲列傳,並倣諸史之例,別立孝義、文苑、隱逸、藝術、流寓等目。而方外附諸其後。綜述生平,悉有依據。無濫無遺,視前志加審焉。

　列傳論定,必在身後。列女中,惟以貞節經朝廷旌表者,不分存歿,俱著於篇。其有身處窮約,無力闡揚,而風烈卓然,衆所共信,亦兼錄以彰苦節。

　鄉賢著述,見於史志,及各家書目者,分經、史、子、集四部採入,而題咏投贈之作,簿錄所著,並皆登載。近時著述,曾經刊刻傳抄,已有定本行世,乃得收入,惟其人現存者不錄。

　前人詩文序記,業已散附各門,而藝文總志,則諸體略備。凡概稱茲土無所附麗者,量爲收入。惟採擇必精,庶不嫌於蕪累。

　金石文字,足資考證。嘉興現存之碑碣,唐以前者絕少。宋元遺跡亦已珍同珪璧,今甄而錄之。若其文已見他門者,不復贅。餘或概存其目,莆陽鄭氏之略,亦其例也。

　雜說短牘,不無可採,各門所不及備者,刺取而條繫之,是爲叢談。要必軼事遺聞,有關風教者,綴於簡後。

　舊志自張元成《嘉禾志》以下,纂修本末,悉爲錄敘。並取各縣舊志,考列於後。即偏隅紀載,如澉浦、乍浦《志》之類,亦得附書。

　地志引書,始於潛說友,而秀水朱氏《日下舊聞》亦用其例。今依此爲法,凡採錄正史,舊志以及前賢詩文集,悉本原文於各條下,注明所出。惟列傳略加隱括,則曰參用某書,要無失古人之本意。其餘或據公牘,或採鄉評,已經考核得實,則以新纂別之。其或折衷群說,歸於一是,特標案語,以期傳信。

　本書引用府志,明有柳《志》、鄒《志》、趙《圖記》、劉《志》,國朝有袁《志》、吳《志》。各縣則嘉興湯《志》、秀水黃《志》之類，皆人所習稱，今即因之，蓋亦自來府縣志之通例。即如《文獻通考》所載宋人地志，他書引用者，多稱談鑰吳興、施宿會稽、洪邁東陽、羅願新安，不盡如乾道建康、咸淳臨安之繫以年號也。本書有舊志敘錄，其時代源流，業皆詳載，覽者可考而知。各門引用小註，無庸疊見，以省繁文。

馮浩《〈嘉興府志〉序》

寰宇之內，各郡縣之有志，所以正疆域，紀政治，表賢達，識文物，羅品類，貫通古今，垂示久遠也。吾郡嘉興，介在江南浙西道中，追考前代，屬蘇州，分置秀州，改嘉禾郡，升嘉興府，并轄松江。明初置浙江等處承宣布政使司，統轄浙西東，而嘉興領各縣，始與蘇松畫界。扼浙江行省之門戶，襟帶江海，障以山岡，中間湖蕩陂塘，浸淫匯注，連絡互錯，農桑沃衍，財賦輸將，風尚儒雅，近文章，厲廉隅，首藩名郡，固宜時加記載。自明以來，賢郡守如柳公邦用、趙公瀛、劉公應珂各《志》，皆罕傳。國朝康熙辛酉，袁公國梓所修亦不易得，辛丑吳公永芳《志》猶存殘本，此後闕如，垂八十年矣。我朝重熙累洽，教養群黎，德洋恩普，郡士民沐浴熏陶，無不循守，身之矩矱，各勤厥事，土物心誠，四方稱美，名人輩出，泮宮俎豆，惟先賢陸清獻得與。餘凡公卿名德、文學勝流，常不乏焉。欽惟高宗純皇帝法祖時巡，翠華六幸，入浙首程，必登煙雨樓，一舒賞覽，疊煥雲章，詔旨下頒，蠲漕賜帑，捍海增塘，召試群英，定有蒙甄錄者，膏澤優渥，不能悉數。尤不可不敬謹登載，何因循未遑也。茲得郡尊耐園伊公湯安來涖五載，心清政平，時和歲稔，既葺學宮，興講院，濬城河，以及普濟堂、育嬰堂、漏澤園，諸善政具舉。爰有事於府《志》，飭屬令各遴其邑之士分纂成冊，乃設局鴛湖書院，群裒合纂，參稽互證，漸次成書。以稿上大中丞阮公鑒定，乃詳校鋟版，屬余亦為序。余老矣，觀其大槊，紀盛典，列眾門，凡志書所宜有者，近事既無不備，且搜古碑，補遺闕，釐訂之功，倍昭勤慎。公今已膺卓剡，行將入覲楓宸，必蒙眷倚超擢，勳業宏敷未可量。吾郡得此大編，俾後來者樠梨棗而詠甘棠之績，玩詩篇以思風雅之材，洵足為立功立言之不朽者矣。當體例初定時，公辱訪於予，暨余長子鴻臚卿應榴偕沈青齋觀察，共為商榷。應榴侍養之餘，力疾披閱，頗有討論。今書已告成，而俯仰間余忽抱喪子之痛，衰頹日甚。然準理含情，不可無一言，以頌當途修訂之盛舉也。爰書以為序。

于尚齡《〈重修嘉興府志〉序》

嘉興府凡十《志》。一曰聞人《志》，宋淳熙甲午，張元成延聞人伯紀撰，此其創始也。一曰岳《志》，嘉定甲戌，岳守珂延邑人關栻輯，甫成五卷而珂去。一曰至元《志》，元至元甲申，單經歷慶請修，徐郡博碩踵栻舊本，增為三十二卷，劉守傑梓之，其碑碣極詳，吳任臣作《十國春秋》，藉以證據。一曰柳《志》，明弘治壬子，柳守邦用屬林教諭光輯，其《官師》一志補至元《志》所未備；正德丙寅，邑人鄒衡復撰柳《志補》，分上、中、下三帙，成十二冊。一曰趙《圖記》，嘉靖己酉，趙守瀛延甬江趙文華輯，分為方畫、邦制、物土、人文四門，附以叢記。一曰劉《志》，劉守應珂輯。先是，龔守勉、曹守代蕭延邑人嚴從簡、黃洪憲兩修未竣。而邑人沈堯中搜羅散失，十年稿成，萬曆庚戌，劉守復刪其繁，重梓，三十二卷。天啟中，邑人李日華又悉取所刪，採入禾中文獻。一曰《郡紀》，國朝順治己丑，李守國棟撰，其紀凡十六。一曰袁《志》，康熙辛酉，袁守國梓輯，蓋因盧前守崇興未竟書而成之，惜補遺、正訛二門未刻。一曰吳《志》，康熙庚子，吳守永芳輯,凡十六卷,成二十册。一曰伊《志》,嘉慶庚申,伊守湯安輯,凡八十卷,成四十册。此十《志》者,袁《志》以前未得見,吳《志》僅存殘本,伊《志》版蝕,不多得。而自伊《志》去今又四十年矣。己亥秋,予來權是郡,因舊本散佚,飭七邑稽案牘,八學任採擇,將輯而梓之,適聊城李明府汝霖復任嘉興,五臺王明府丕顯攝篡秀水,二君皆淹古能文,留意於民風禮俗者,欣然相與商榷而篡成之。爲分門十,卷六十,成四十册,十閱月而書竣。是爲序。晉道光庚子夏五月權知府事于尚齡譔。

各縣舊志

宋

《武原志》　紹熙中知縣李直養修。董穀《碧里雜存》:"余家舊藏武原仇《志》。"據此,前代儲藏家尚有其書也。紹熙,《海鹽縣志》作"淳熙"。又吳《志》云:"景德中始有《武原志》。"俱誤。

《澉水志》　紹定三年,監澉浦鎮稅羅叔韶儀甫屬海鹽常棠召仲撰,凡八卷。

淳祐《語溪志》　知縣黃元直延縣人錢達善、朱鵬飛修,陳塏序,凡十卷。

《烏青鎮志》　處士沈平撰,四卷。

明

永樂《海鹽縣志》　見胡震亨《圖經》,未詳何人撰。

天順《桐鄉縣志》　《續見聞雜記》:天順五年,教諭危山篡修,七卷。

弘治《桐鄉縣續志》《續見聞雜記》:十五年,鄉進士錢榮續修,十四卷。

《桐鄉新志》　邑人馮孜修,見吳《志》。

弘治《海鹽縣志》　教諭陳暹篡修,知縣譚秀校刻。

正德《嘉善縣志》　知縣倪璣創修,六卷,分目二十有五。《續志餘》三卷。

正德《崇德縣志》　知縣洪異聘蘭溪董遵修,凡五卷,董玘《序》云:"縣故有《語溪》,志以地名,洪君續爲之志,不以地而以縣者,從今制也。"

正德《桐鄉縣志》　《內閣書目》:甲戌年,邑令任洛修,十卷,邑人譚鎧同編。

嘉靖《嘉善縣志》　知縣于業增修,以縣人陸埛所訂草本增輯成書,八卷,分九門,列四十四目。

嘉靖《海鹽縣志》　知縣夏浚聘縣人徐泰修,六卷。

嘉靖《平湖縣志》　知縣顧廷對、教諭法暟創修,暟序云:凡三閱月而書成,分爲九卷。

隆慶《崇德縣志》　知縣朱潤修。

《秀水縣志》　邑人戴經撰。《浙江通志》:"莫詳年代。"天啟《嘉興縣志》:"秀邑前未有志,志自經始。"

《秀水縣志》　《浙江通志》:"莫詳年代。"萬曆《嘉興府志》:"周顯宗撰。"

萬曆《秀水縣志》　知縣李培聘縣人黃洪憲續修,十卷。

萬曆《嘉善縣志》　知縣章士雅重修,盛庚[1]、袁黃同編,十二卷,列綱九,目五十。

萬曆《海鹽縣志》　署縣事、推官張瑀修,縣人仇俊卿篡。

萬曆《崇德縣舊志》　知縣陳履聘縣人胡其久修。

萬曆《崇德縣志》　知縣靳一派重修,李太冲等編,凡十二卷,爲紀八,爲目五十九。《凡例》云:“舊志俱燬,藏書家亦鮮全裘,兹采摭參考,倣蟲純中《錢塘志》,以定義例。”

天啟《嘉興縣志》　知縣湯齊聘縣人李日華、沈德符、屠中孚等修,未成。崇禎丁丑,知縣羅炌聘縣人黃承昊續修,二十四卷,李日華序云:“自秦餘越絕上下二千餘年,禹杭、苕霅、淞泖、平江,東西五百餘里,方言地志,簡策稗編,靡不捃摭。”其書未免過於繁富,而網羅放佚,足備後人考證,厥功偉焉。

天啟《海鹽縣圖經》　知縣樊維城聘縣人胡震亨、姚士粦纂修。《欽定四庫全書》總目:“書凡七篇,首方域,次食貨,次戍海,次隄海,次官師,次人物,次雜識。其不曰《志》,而曰《圖經》者,用北宋州縣《圖經》例也。”

天啟《平湖縣志》　知縣程楷重修,一十九卷,分十門。　伊《志》案:《〈平湖縣志〉序》錄云:程《志》之前,萬曆間有知縣黃焰、教諭吳迪重修《志》。見過庭訓《乞旌母節疏》。崇禎間,知縣吳春枝復修,見袁《志》。　吳《志·藝文》。

《續澉水志》　鎮人董穀纂,九卷。

《九山志》　李天植因仲撰。天植,明季舉人,後改名確,字潛夫。《浙江通志》誤作兩人。

《乍浦九山補志》《〈乍浦志〉序》云:“雕本不得見,不知所補何事,補之者何人。”

《九山續志》《〈乍浦志〉序》云:“天植從子蔗村纂。”

《重修烏青鎮志》　鎮人李樂撰,五卷。　案:樂,隆、萬間人。本宋沈平《志》重修。

【校注】

　　[1] 按:洪焕椿《浙江方志考》卷三:“萬曆《嘉善縣志》,12卷,首1卷。明知縣姑蘇章士雅修,嘉善盛唐等纂。光緒《嘉善縣志》卷三十六載云:‘章《志》　萬曆丙申,知縣姑蘇章士雅修,距于《志》四十七年。主筆者職方袁黃、御史盛唐。同校者邑生顧自新、李自芳、馮盛時、陳五禮、袁士鯤、沈萬鉰、馮盛典、莊則孝。凡十二卷,列九綱,析爲五十目。’”“盛庚”是“盛唐”之誤。

國　朝

康熙《嘉興縣志》　知縣何銚重修,九卷,列綱九,目五十四。

康熙《秀水縣志》　知縣任之鼎重修,教諭范正輅[1]編輯,十卷。分目八。

康熙《嘉善縣志》　知縣楊廉修,采錢芬《熹廟邑乘》、劉蕭之《啟禎條款》薈萃成書,爲十二卷。

康熙《嘉善縣志》　知縣崔惟華修,八卷,分目三十有八。　案:吳《志》作邑令莫大勳修。

康熙《平湖縣志》　二十八年,知縣朱維熊重修,縣人陸葇總其事。十卷,分十門。

康熙《石門縣志》　知縣鄺世培修,凡十二卷,列綱八,分目五十七。

康熙《桐鄉縣志》　戊午年,知縣徐秉元重修,邑人仲宏道編輯,五卷,列綱四,分目五十二。

雍正《嘉善縣志》　知縣戈鳴岐、羅緒先後續修,十二卷,分十門。

《海鹽縣志》　縣人朱祚纂。

乾隆《海鹽縣續圖經》　知縣王如珽重修,如珽序曰:“即仿《圖經》篇目,續爲一編。向有彭羿仁、童松門、楊彪崖三君未鐫槀本,取而重加論定。”

乾隆《平湖縣志》　乾隆十年,知縣高國楹重修,十卷,分十門。

乾隆《平湖縣志》　乾隆四十四年,知縣張力行重修,二十卷,分十門。

伊《志》案：王《志・序録》云：張《志》修葺甫竣，而分纂之宋景關倣毛奇齡《蕭山縣志》刊誤體，作糾繆二卷，多所釐正。

　　乾隆《平湖縣新志》　五十四年，知縣王恒重修，十卷，列綱十，分目五十四。

　　嘉慶《嘉興縣志》　知縣司能任重修，三十六卷。

　　嘉慶《嘉善縣志》　知縣萬相賓修，二十卷。

　　《再續澉水志》　吳爲龍纂，十二卷。

　　《澉水新志》　邑人方溶纂，十二卷，未刻。

　　嘉慶《平湖縣續志》　知縣路鐟修，十卷。

　　《乍浦九山續補志》　宋景濂纂。

　　《九山補志》　里人李確纂，二卷。

　　《乍浦志》六卷，《題詠》一卷，《續志》一卷，《續題詠》一卷。宋景關纂。

　　《烏青文獻》　張園貞撰，十二卷。

　　《烏青鎮志》　同知董世寧修，十二卷。

　　嘉慶《桐鄉縣志》　四年，知縣李廷輝修，凡十二卷。

　　《桐溪記略》　程鵬程撰，八卷。

　　《濮川紀略》　桐鄉張其是文韓纂，二卷。

　　《濮鎮紀聞》　桐鄉胡琢其章纂，六卷。

　　《濮川志》　濮侶莊撰。

　　《濮川誌略》　濮孟青撰，七卷。

　　《濮院志》　乾隆間屠本仁撰。

　　《濮川所聞記》　六卷。《續編》　二卷。嘉慶間濮鑛撰。

　　《梅里志》　道光三年，里人楊謙撰，李富孫補，十六卷。

　　道光《石門縣志》　知縣耿維祜修，二十六卷。

　　《乍浦續志》　嘉慶年間許河纂，六卷，未刊。

　　《乍浦備志》　道光六年，里人鄒璟編輯，三十六卷。

　　《新塍瑣志》　道光間，里人鄭鳳鏘纂，凡十四卷，未刊。

　　《海鹽縣志》　光緒三年，知縣王彬、里人鴻臚寺少卿徐用儀編輯，共二十二卷。

【校注】

　　［1］范正輅：原無"范"字，據伊湯安嘉慶修《嘉興府志》卷八十三補。

參考文獻

一、方志

淳熙《嚴州圖經》：〔宋〕陳公亮重修，劉文富纂，宋志英選編《宋元方志人物傳記資料叢刊》，國家圖書館出版社 2011 年版。

紹熙《雲間志》：〔宋〕楊潛修，朱端常等纂，宋志英選編《宋元方志人物傳記資料叢刊》，國家圖書館出版社 2011 年版。

嘉泰《會稽志》：〔宋〕沈作賓修，施宿等纂，宋志英選編《宋元方志人物傳記資料叢刊》，國家圖書館出版社 2011 年版。

嘉泰《吳興志》：〔宋〕李景和修，談鑰纂，浙江古籍出版社 2018 年版。

嘉定《赤城志》：〔宋〕齊碩修，陳耆卿纂，上海古籍出版社 2016 年版。

寶慶《會稽續志》：〔宋〕張淏纂修，宋志英選編《宋元方志人物傳記資料叢刊》，國家圖書館出版社 2011 年版。

寶慶《四明志》：〔宋〕胡榘修，方萬里、羅濬等纂，《宋元方志叢刊》，中華書局 1990 年版。

紹定《澉水志》：〔宋〕羅叔韶修，常棠纂，《澉水志四種》，西泠印社出版社 2012 年版。

景定《建康志》：〔宋〕馬光祖修，周應和纂，南京出版社 2009 年版。

至元《嘉禾志》：〔元〕單慶修，徐碩纂，上海古籍出版社 2010 年版。

至順《鎮江志》：〔元〕脫因修，俞希魯纂，宋志英選編《宋元方志人物傳記資料叢刊》，國家圖書館出版社 2011 年版。

洪武《蘇州府志》：〔明〕盧熊纂修，廣陵書社 2015 年版。

弘治《嘉興府志》：〔明〕柳琰修，曾春纂，《四庫全書存目叢書》，齊魯書社 1996 年版。

弘治《徽州府志》：〔明〕彭澤修，汪舜民纂，《天一閣藏明代方志選刊》，上海古籍書店 1982 年版。

正德《嘉興府志補》：〔明〕于鳳喈修，鄒衡纂，《中國地方志集成》，鳳凰出版社 2014 年版。

嘉靖《嘉興府圖記》：〔明〕趙瀛修，趙文華纂，《中國方志叢書》，成文出版有限公司 1983 年版。

嘉靖《邵武府志》：〔明〕邢址修，陳讓纂，《天一閣藏明代方志選刊》，上海古籍書店 1982 年版。

嘉靖《彰德府志》：〔明〕崔銑纂修，《天一閣藏明代方志選刊》，上海古籍書店 1982 年版。

嘉靖《惟揚志》：〔明〕朱懷幹修，盛儀纂，廣陵書社 2013 年版。

嘉靖《羅田縣志》：〔明〕祝玥修，楊鶯、蔡元偉纂，《天一閣藏歷代方志匯刊》，國家圖書館出版社 2017 年版。

嘉靖《瑞金縣志》：〔明〕趙勳修，林有年纂，《天一閣藏明代方志選刊》，上海古籍書店 1982 年版。

嘉靖《建陽縣志》：〔明〕馮繼科等纂修，《天一閣藏歷代方志匯刊》，國家圖書館出版社 2017 年版。

隆慶《臨江府志》：〔明〕管大勳修，劉松纂，《天一閣藏明代方志選刊》，上海古籍書店 1982年版。

萬曆《嘉興府志》：〔明〕劉應鈳修，沈堯中纂，上海古籍出版社 2013 年版。

萬曆《秀水縣志》：〔明〕李培修，黄洪憲纂，上海書店出版社 1993 年版。

萬曆《崇德縣志》：〔明〕靳一派纂修，《南京圖書館藏稀見方志叢刊》，國家圖書館出版社 2012年版。

萬曆《紹興府志》：〔明〕蕭良幹修，張元忭、孫鑛纂，寧波出版社 2012 年版

萬曆《福州府志》：〔明〕喻政修，林熑等纂，海風出版社 2001 年版

萬曆《開封府志》：〔明〕宋伯華修，朱睦楔、曹金修，中州古籍出版社 2017 年版。

萬曆《重修壽昌縣志》：〔明〕李思悦修，洪一龘纂，《明代孤本方志選》，綫裝書局 2000 年版。

天啟《海鹽縣圖經》：〔明〕樊維城修，胡震亨、姚士粦纂，西泠印社出版社 2014 年版。

天啟《寧志備考》：〔明〕趙維寰纂，方志出版社 2011 年版。

崇禎《嘉興縣志》：〔明〕羅炌修，黄承昊等纂，書目文獻出版社 1991 年版。

康熙《嘉興府志》：〔清〕袁國梓纂修，《天一閣藏歷代方志匯刊》，國家圖書館出版社 2017年版。

康熙《嘉興府志》：〔清〕吳永芳修，錢以塏纂，《中國地方志集成》，鳳凰出版社 2014 年版。

康熙《嘉興縣志》：〔清〕何銈修，王庭、徐發纂，《天一閣藏歷代方志匯刊》，國家圖書館出版社 2017 年版。

康熙《秀水縣志》：〔清〕任之鼎修，范正輅纂，《天一閣藏歷代方志匯刊》，國家圖書館出版社 2017 年版。

康熙《續修嘉善縣志》：〔清〕楊廉等纂修，中華書局 2018 年版。

康熙《常州府志》：〔清〕于琨修，陳玉璂纂，江蘇古籍出版社 1991 年版。

康熙《永州府志》：〔清〕劉道著修，錢邦芑纂，湖南人民出版社 2011 年版。

康熙《南安府志》：〔清〕李世昌纂修，《北京圖書館古籍珍本叢刊》，北京圖書館出版社 2000年版。

康熙《蒙化府志》：〔清〕蔣旭修，陳金玨纂，大理白族自治州文化局 1983 年翻印版。

康熙《均州志》：〔清〕党居易纂修，長江出版社 2011 年版。

康熙《進賢縣志》：〔清〕聶當世修，章兆瑞、陳時懋纂，《故宫博物院藏稀見方志叢刊》，故宫出版社 2012 年版。

康熙《常熟縣志》：〔清〕高士鸝、楊振藻修，錢陸燦纂，《中國地方志集成》，鳳凰出版社 2008年版。

康熙《餘干縣志》：〔清〕吕瑋修，張潔、胡思藻纂，《中國方志叢書》，成文出版有限公司 1984年版。

康熙《漳浦縣志》：〔清〕陳汝咸修，林登虎等纂，漳浦縣政協文史資料征集研究委員會編 2004年版。

康熙《平山縣志》：〔清〕湯聘修，秦有容等纂，《故宫博物院藏稀見方志叢刊》，故宫出版社 2012年版。

雍正《浙江通志》:[清] 李衛、嵇曾筠等修,沈翼機、傅王露等纂,中華書局 2001 年版。
雍正《寧波府志》:[清] 曹秉仁修,萬經等纂,《清代寧波府志》,寧波出版社 2014 年版。
雍正《洪洞縣志》:[清] 余世堂修,董維等纂,清雍正八年(1730)刻本。
乾隆《襄陽府志》:[清] 陳鍔纂修,湖北人民出版社 2009 年版。
乾隆《泉州府志》:[清] 懷蔭布修,黄任、郭賡武纂,《中國地方志集成》,上海書店出版社 2000 年版。
乾隆《鎮江府志》:[清] 馮夔颺重修,朱霖增纂,《中國地方志集成》,江蘇古籍出版社 1991 年版。
乾隆《延平府志》:[清] 傅爾泰修,陶元藻纂,《中國地方志集成》,上海書店出版社 2000 年版。
乾隆《南雄府志》:[清] 梁弘勳修,胡定纂,《故宫珍本叢刊》,海南出版社 2001 年版。
乾隆《通州志》:[清] 高天鳳修,金梅纂,《通州方志集成》,北京聯合出版公司 2017 年版。
乾隆《泗州志》:[清] 葉蘭纂修,《中國地方志集成》,江蘇古籍出版社 1998 年版。
乾隆《乍浦志》:[清] 宋景關纂修,上海書店出版社 1992 年版。
乾隆《將樂縣志》:[清] 李永錫等修,徐觀海纂,廈門大學出版社 2009 年版。
乾隆《饒陽縣志》:[清] 單作哲纂修,《中國地方志集成》,上海書店出版社 2006 年版。
乾隆《連江縣志》:[清] 戚弢言等修,孫發曾纂,《國家圖書館藏地方志珍本叢刊》,天津古籍出版社 2016 年版。
乾隆《江津縣志》:[清] 曾受一修,王家駒纂,《中國地方志集成》,巴蜀書社 2016 年版。
乾隆《鄞縣志》:[清] 錢維喬修,錢大昕纂,寧波出版社 2016 年版。
乾隆《掖縣志》:[清] 張思勉修,于始瞻纂,《中國地方志集成》,鳳凰出版社 2004 年版。
乾隆《海豐縣志》:[清] 于卜熊修,史本纂,《明清海豐縣誌(校注本)》,方志出版社 2018 年版。
乾隆《烏程縣志》:[清] 羅愫修,杭世駿纂,《中國方志叢書》,成文出版有限公司 1983 年版。
乾隆《福清縣志》:[清] 邵應龍修,林昂、李修卿纂,《中國地方志集成》,上海書店出版社 2000 年版。
乾隆《廣靈縣志》:[清] 郭磊纂修,《中國地方志集成》,鳳凰出版社 2005 年版。
乾隆《昌化縣志》:[清] 甘文蔚等修,王守矩等纂,《中國方志叢書》,成文出版有限公司 1983 年版。
乾隆《南康縣志》:[清] 鄧蘭修,陳之蘭纂,《故宫珍本叢刊》,海南出版社 2001 年版。
嘉慶《嘉興府志》:[清] 伊湯安修,馮應榴纂,清嘉慶六年(1801)刻本。
嘉慶《嘉興縣志》:[清] 司能任修,屠本仁纂,《故宫珍本叢刊》,海南出版社 2001 年版。
嘉慶《寧國府志》:[清] 魯銓等修,洪亮吉等纂,《中國地方志集成》,江蘇古籍出版社 1998 年版。
嘉慶《廬州府志》:[清] 張祥雲修,孫星衍等纂,《中國地方志集成》,江蘇古籍出版社 1998 年版。
嘉慶《無爲州志》:[清] 顧浩等修,吴元慶纂,《中國地方志集成》,江蘇古籍出版社 1998 年版。
嘉慶《開州志》:[清] 李符清修,沈樂善纂,清嘉慶十一年(1806)刻本。
嘉慶《績溪縣志》:[清] 清愷修,席存泰纂,《中國地方志集成》,江蘇古籍出版社 1998 年版。

嘉慶《武義縣志》:［清］張營堠修,周家駒等纂,《中國地方志集成》,上海書店出版社 2000 年版。
嘉慶《長安縣志》:［清］張聰賢修,董曾臣纂,三秦出版社 2014 年版。
嘉慶《宜賓縣志》:［清］劉元熙修,李世芳纂,《中國地方志集成》,巴蜀書社 2017 年版。
嘉慶《丹徒縣志》:［清］貴中孚、萬承紀修,蔣宗海等纂,清嘉慶十年(1805)刻本。
道光《寶慶府志》:［清］黄宅中等修,鄧顯鶴纂,岳麓書社 2009 年版。
道光《重修儀徵縣志》:［清］王檢心修,劉文淇、張安保纂,《揚州文庫》,廣陵書社 2015 年版。
道光《金華縣志》:［清］黄金聲修,李林松纂,清道光三年(1823)刻本。
道光《縉雲縣志》:［清］湯成烈修,尹希伊纂,清道光二十九年(1849)縉雲縣署刻本。
道光《晉江縣志》:［清］胡之鋘修,周學曾、尤遜恭等纂,福建人民出版社 1990 年版。
道光《休寧縣志》:［清］方崇鼎纂,何應松修,《中國地方志集成》,江蘇古籍出版社 1998 年版。
道光《上元縣志》:［清］武念祖修,陳栻纂,《中國地方志集成》,江蘇古籍出版社 1991 年版。
道光《黄溪志》:［清］錢墀纂,《中國地方志集成》,上海書店出版社 1992 年版。
道光《新塍瑣志》:［清］郑鳳锵纂,《中國地方志集成》,上海書店出版社 1992 年版。
道光《澉水新志》:［清］方溶纂修,《澉水志四種》,西泠印社出版社 2012 年版。
道光《乍浦備志》:［清］鄒璟纂,《中國地方志集成》,上海書店出版社 1992 年版。
同治《饒州府志》:［清］錫德修,石景芬等纂,《中國地方志集成》,江蘇古籍出版社 1996 年版。
同治《九江府志》:［清］達春布修,黄鳳樓,歐陽燾纂,《中國地方志集成》,江蘇古籍出版社 1996 年版。
同治《金鄉縣志》:［清］宗稷辰修,李壘纂,《中國地方志集成》,鳳凰出版社 2004 年版。
同治《醴陵縣志》:［清］徐淦等修,江普光等纂,《中國方志叢書》,成文出版有限公司 1975 年版。
同治《霍邱縣志》:［清］陸鼎斆、王寅清纂修,《中國地方志集成》,江蘇古籍出版社 1998 年版。
光緒《嘉興縣志》:［清］趙惟崳修,石中玉等纂,《中國地方志集成》,上海書店出版社 1993 年版。
光緒《石門縣志》:［清］余麗元等纂修,中華書局 2016 年版。
光緒《海鹽縣志》:［清］王彬修,徐用儀纂,浙江古籍出版社 2015 年版。
光緒《嘉善縣志》:［清］江峰青修,顧福仁纂,中華書局 2016 年版。
光緒《平湖縣志》:［清］彭潤章修,葉廉鍔纂,中華書局 2016 年版。
光緒《桐鄉縣志》:［清］嚴辰纂修,中華書局 2013 年版。
光緒《梅里志》:［清］楊謙纂,李富孫補輯,余懋續補,清光緒三年(1877)刻本。
光緒《廣平府志》:［清］吴中彦修,胡景桂纂,《中國地方志集成》,上海書店出版社 2006 年版。
光緒《廣州府志》:［清］戴肇辰等修,史澄等纂,《中國地方志集成》,上海書店出版社 2003 年版。
光緒《漳州府志》:［清］李維鈺原本,沈定均續修,吴聯薰增纂,中華書局 2011 年版。
光緒《惠州府志》:［清］劉溎年等修,鄧掄斌等纂,《中國地方志集成》,上海書店出版社 2003 年版。

光緒《直隸和州志》：［清］朱大紳修，高照纂，《中國地方志集成》，江蘇古籍出版社 1998 年版。

光緒《嘉應州志》：［清］吳宗焯等修，溫仲和纂，《中國地方志集成》，上海書店出版社 2003 年版。

光緒《壽州志》：［清］曾道唯，王萬甡纂修，黃山書社 2011 版。

光緒《鄞縣志》：［清］戴枚修，張恕、董沛等纂，《天一閣歷代方志匯刊》，國家圖書館出版社 2017 年版。

光緒《餘姚縣志》：［清］邵友濂修，孫德祖等纂，線裝書局 2019 年版。

光緒《鳳臺縣志》：［清］李師沆修，葛蔭南、周爾儀纂，《中國地方志集成》，江蘇古籍出版社 1998 年版。

光緒《上虞縣志》：［清］唐煦春修，朱士黻纂，《天一閣歷代方志匯刊》，國家圖書館出版社 2017 年版。

光緒《武進陽湖縣志》：［清］王其淦、吳康壽修，湯成烈纂，《中國地方志集成》，江蘇古籍出版社 1991 年版。

光緒《黃岩縣志》：［清］陳寶善、孫憙修，王棻纂，《中國地方志集成》，上海書店出版社 2000 年版。

光緒《續修浦城縣志》：［清］翁天祐、呂渭英修，翁昭泰纂，《中國方志叢書》，成文出版有限公司 1967 年版。

光緒《續修息縣志》：［清］趙輝棣纂修，清光緒六年（1880）刻本。

光緒《湘潭縣志》：［清］陳嘉榆等修，王闓運等纂，岳麓書社 2010 年版。

光緒《丹徒縣志》：［清］何紹章、馮壽鏡修，呂耀斗纂，《中國地方志集成》，鳳凰出版社 2008 年版。

光緒《長興縣志》：［清］趙定邦等修，周學濬等纂，《中國地方志集成》，上海書店出版社 2000 年版。

光緒《太平續志》：［清］陳汝霖修，王棻纂，《中國地方志集成》，上海書店出版社 2000 年版。

光緒《菱湖鎮志》：［清］孫志熊纂修，《中國地方志集成》，上海書店出版社 1992 年版。

光緒《永康縣志》：［清］李汝爲、郭文翹修，潘樹棠等纂，《中國地方志集成》，上海書店出版社 2000 年版。

宣統《聞川志稿》：［清］唐佩金纂，清宣統三年（1911）嘉興新泰印刷所鉛印本。

民國《杭州府志》：陳璚修，王棻纂，方志出版社 2008 年版。

民國《重修邵武府志》：秦振夫等修，朱書田等纂，《中國地方志集成》，上海書店出版社 2000 年版。

民國《海寧州志稿》：李圭修，許傳沛等纂，《中國地方志集成》，上海書店出版社 2000 年版。

民國《濮院志》：夏辛銘纂，中華書局 2018 年版。

民國《烏青鎮志》：盧學溥修，張惟驤、朱辛彝纂，《中國地方志集成》，上海書店出版社 1992 年版。

民國《新昌縣志》：金城修、陳畬等纂，《中國地方志集成》，上海書店出版社 2000 年版。

民國《順昌縣志》：高登艇、潘先龍修，劉敬等纂，海峽書局 2019 年版。

民國《定陶縣志》：馮麟溎修，曹垣纂，《中國地方志集成》，鳳凰出版社 2004 年版。

民國《萊陽縣志》：梁秉錕、楊酉桂修，王丕煦纂，《中國地方志集成》，鳳凰出版社 2004 年版。

民國《懷寧縣志》：朱之英等修，舒景蘅纂，《中國地方志集成》，江蘇古籍出版社 1998 年版。

民國《閩侯縣志》：歐陽英修，陳衍纂，《中國地方志集成》，上海書店出版社 2000 年版。

民國《翼城縣志新注》：馬繼楨、邢翙桐修，吉廷彥、馬毓琛纂，方志出版社 2019 年版。

民國《重修博興縣志》：張其丙修，張元鈞纂，《中國地方志集成》，鳳凰出版社 2004 年版。

民國《莆田縣志》：石有紀修，張琴纂，《中國地方志集成》，上海書店出版社 2000 年版。

二、二十四史

《史記》：〔漢〕司馬遷撰，〔南朝宋〕裴駰集解，〔唐〕司馬貞索隱，〔唐〕張守節正義，中華書局 2014 年版。

《三國志》：〔晉〕陳壽撰，中華書局 2012 年版。

《後漢書》：〔南朝宋〕范曄撰，中華書局 2012 年版。

《南齊書》：〔梁〕蕭子顯撰，中華書局 2016 年版。

《晉書》：〔唐〕房玄齡撰，中華書局 2015 年版。

《南史》：〔唐〕李延壽撰，中華書局 2016 年版。

《梁書》：〔唐〕姚思廉撰，中華書局 1974 年版。

《舊唐書》：〔後晉〕劉昫等撰，中華書局 1975 年版。

《新唐書》：〔宋〕歐陽修、宋祁撰，中華書局 1975 年版。

《宋史》：〔元〕脫脫撰，中華書局 1985 年版。

《元史》：〔明〕宋濂等撰，中華書局 2016 年版。

《明史》：〔清〕張廷玉撰，中華書局 2015 年版。

《清史稿》：趙爾巽撰，中華書局 2015 年版。

三、类书、文集及杂著

《越絕書》：張仲清譯注，中華書局 2020 年版。

《王右臣集箋注》：〔唐〕王維撰，〔清〕趙殿成箋注，上海古籍出版社 2009 年版。

《太平廣記》：〔宋〕李昉等撰，中華書局 2020 年版。

《太平寰宇記》：〔宋〕樂史撰，王文楚等點校，中華書局 2007 年版。

《張乘崖集》：〔宋〕張詠，張其凡整理，中華書局 2000 年版。

《范文正公文集》：〔宋〕范仲淹撰，北京圖書館出版社 2005 年版。

《宛陵集》：〔宋〕梅堯臣撰，吉林出版集團 2005 年版。

《蘇學士集》：〔宋〕蘇舜欽撰，《影印文淵閣四庫全書》本，臺灣商務印書館 1986 年版。

《元豐類稿》：〔宋〕曾鞏撰，吉林出版集團 2005 年版。

《資治通鑒》：〔宋〕司馬光撰，岳麓書社 2018 年版。

《司馬光集》：〔宋〕司馬光撰，四川大學出版社 2010 年版。

《都官集》：〔宋〕陳舜俞撰，《影印文淵閣四庫全書》本，臺灣商務印書館 1986 年版。

《蘇軾詩集》：〔宋〕蘇軾撰，〔清〕王文誥輯注，孔凡禮點校，中華書局 2007 年版。

《蘇轍集》：［宋］蘇轍著，陳宏天、高秀芳點校，中華書局 2017 年版。

《黄庭堅全集》：［宋］黄庭堅撰，鄭永曉整理，江西人民出版社 2011 年版。

《春渚紀聞》：［宋］何薳撰，張明華點校，中華書局 2016 年版。

《鴻慶居士集》：［宋］孫覿撰，《影印文淵閣四庫全書》本，臺灣商務印書館 1986 年版。

《李綱全集》：［宋］李綱撰，岳麓書社 2004 年版。

《簡齋集》：［宋］陳與義撰，中國書店出版社 2008 年版。

《續資治通鑑長編》：［宋］李燾撰，中華書局 2004 年版。

《萬首唐人絶句》：［宋］洪邁輯，［明］赵宦光等编，書目文獻出版社 1983 年版。

《渭南文集》：［宋］陸遊撰，吉林出版集團 2005 年版。

《范石湖集》：［宋］范成大著，富壽蓀標校，上海古籍出版社 2010 年版。

《揮麈録》：［宋］王明清撰，上海書店出版社 2009 年版。

《南宋館閣録續録》：［宋］陳騤等撰，張富祥校注，中華書局 2000 年版。

《勉齋集》：［宋］黄幹撰，《影印文淵閣四庫全書》本，臺灣商務印書館 1986 年版。

《輿地紀勝》：［宋］王象之撰，中華書局 2018 年版。

《後村先生大全集》：［宋］劉克莊撰，北京圖書館出版社 2004 年版。

《齊東野語》：［宋］周密撰，上海古籍出版社 2012 年版。

《癸辛雜識》：［宋］周密撰，吳企明點校，中華書局 1997 年版。

《文獻通考》：［元］馬端臨撰，中華書局 1986 年版。

《清容居士集》：［元］袁桷撰，浙江古籍出版社 2015 年版。

《袁桷集校注》：［元］袁桷撰，楊亮注解，中華書局 2012 年版。

《滋溪文稿》：［元］蘇天爵撰，中華書局 2007 年版。

《清閟閣集》：［元］倪瓚撰，西泠印社 2010 年版。

《文憲集》：［明］宋濂撰，吉林出版集團 2005 年版。

《劉伯温集》：［明］劉基撰，浙江古籍出版社 2009 年版。

《始豐稿校注》：［明］徐一夔、徐永恩撰，浙江古籍出版社 2008 年版。

《大全集》［明］高啟撰，《影印文淵閣四庫全書》本，臺灣商務印書館 1986 年版。

《永樂大典》：［明］解縉等撰，線裝書局 2019 年版。

《吴中人物志》：［明］張昹著；陳其弟注，古吳軒出版社 2013 年版。

《儼山集》：［明］陸深撰，《四庫明人文集叢刊》，上海古籍出版社 1993 年版。

《迪功集》：［明］徐禎卿撰，《四庫明人文集叢刊》，上海古籍出版社 1993 年版。

《蘭暉堂集》：［明］屠應埈撰，齊魯書社 1997 年版。

《三吴水利録》：［明］歸有光撰，中華書局 1985 年版。

《茅坤集》：［明］茅坤撰，張夢新、張大芝點校，浙江古籍出版社 2012 年版。

《弇州四部稿》：［明］王世貞等，上海古籍出版社 1993 年版。

《萬姓統譜》：［明］凌迪知編，《影印文淵閣四庫全書》本，臺灣商務印書館 1986 年版。

《碧山學士集》：［明］黄洪憲撰，清康熙五十一年（1712）刻本。

《湯顯祖全集》：［明］湯顯祖撰，北京古籍出版社 2000 年版。

《農政全書》：〔明〕徐光啟撰，石聲漢點校，上海古籍出版社 2020 年版。

《恬致堂集》：〔明〕李日華撰，趙杏根整理，上海古籍出版社 2012 年版。

《陶中丞遺集》：〔明〕陶朗先撰，《明清史料叢書》，北京圖書館出版社 2005 年。

《宋元學案》：〔清〕黃宗羲原著，全祖望補修，中華書局 2013 年版。

《變雅堂遺集》：〔清〕杜濬撰，《續修四庫全書》，上海古籍出版社 2002 年版。

《楊園先生集》：〔清〕張履祥撰，中華書局 2002 年版。

《沈氏農書》：〔清〕張履祥輯補，陳恒力點校，農業出版社 1959 年版。

《十國春秋》：〔清〕吳任臣撰，徐敏霞等校，中華書局 2010 年版。

《靜志居詩話》：〔清〕朱彝尊撰，人民文學出版社 1990 年版。

《曝書亭集》：〔清〕朱彝尊撰，世界書局 1984 年版。

《經義考》：〔清〕朱彝尊撰，吉林出版集團 2000 年版。

《明詩綜》：〔清〕朱彝尊選編，中華書局 2000 年版。

《秋錦山房集》：〔清〕李良年撰，上海古籍出版社 2011 年版。

《全唐詩》：〔清〕彭定求等編，陳尚君補輯，中華書局編輯部點校，中華書局 2018 年版。

《敬業堂詩集》：〔清〕查慎行撰，周劭標點，上海古籍出版社 1986 年版。

《唐宋八大家文鈔》：〔清〕張伯行选編，肖瑞峰點校，上海古籍出版社 2019 年版。

《聖祖仁皇帝御製文集》：〔清〕愛新覺羅・玄燁撰，《影印文淵閣四庫全書》本，臺灣商務印書
　　館 1986 年版。

《宋詩紀事》：〔清〕厲鶚輯撰，上海古籍出版社 2013 年版。

《嘉禾徵獻錄》：〔清〕盛楓輯，盛支焯校訂，廣陵書社 1989 年版。

《清高宗御製詩文全集》：〔清〕愛新覺羅・弘曆撰，中國人民大學出版社 1993 年版。

《四庫全書總目提要》：〔清〕紀昀等編纂，河北人民出版社 2000 年版。

《續資治通鑒》：〔清〕畢沅撰，中華書局 2016 年版。

《全上古三代秦漢三國六朝文》：〔清〕嚴可均輯，中華書局 1999 年版。

《全晉文》：〔清〕嚴可均輯，何宛屏校，商務印書館 2000 年版。

《全宋文》：〔清〕嚴可均輯，商務印書館 1999 年版。

《兩浙金石志》：〔清〕阮元，浙江古籍出版社 2012 年版。

《宋會要輯稿》：〔清〕徐松輯，中華書局 1957 年版。

《全唐文》：〔清〕董浩等編，上海古籍出版社 1995 年版。

四、現代著作

《清代檔案史料彙編》：故宮博物院明清檔案部，中華書局 1979 年版。

《北宋經撫養年表》：吳延燮著，中華書局 1984 年版。

《浙江方志考》：洪煥春編著，浙江人民出版社 1984 年版。

《夏承燾集》：夏承燾撰，浙江古籍出版社 1997 年版。

《明人室名別稱字號索引》：楊廷福、楊同甫著，上海古籍出版社 2000 年版。

《宋兩浙路郡守年表》：李之亮撰，巴蜀書社 2001 年版。

《全元文》：李修生主編，鳳凰出版社 2002 年版。

《宋詩紀事補正》：錢鐘書撰，遼寧人民出版社 2003 年版。

《中國美術家人名辭典》：俞劍華著，上海人民美術出版社 2009 年版。

《清代詩文集彙編》：清代詩文集彙編編纂委員會編，上海古籍出版社 2010 年版。

《清史列傳》：王鐘翰點校，中華書局 2016 年版。

《南明史》：錢海岳，中華書局 2016 年版。

《中國歷史地名大辭典》：史爲樂著，中國社會科學出版社 2017 年版。

《中國行政區劃通史》：周正鶴主編，復旦大學出版社 2017 年版。

《清代職官年表》：錢實甫編，中華書局 2019 年版。

《檇李詩文合集》：嘉興市圖書館編，國家圖書館出版社 2020 年版。

後　記

　　編修地方志是我國獨有的、優秀的文化傳統,古代地方志是中華文明的珍貴遺産。開展舊地方志的點校整理工作,是傳承文明、知古鑑今、服務社會的重要手段,也是《地方志工作條例》賦於地方志工作者的重要使命。

　　2006 年 2 月,嘉興市檔案局(嘉興市地方志辦公室)謀劃本市歷史上州府級地方志的整理出版工作,擬選元、明、清三朝的州府級地方志各點校一部,得到了嘉興市委、市政府領導的高度重視和支持鼓勵。2010 年 12 月,嘉興現存可閲最早的州府級地方志《至元嘉禾志》點校出版。2013 年 12 月,明代嘉興府最後一部府級地方志《萬曆嘉興府志》亦點校出版。

　　2014 年 1 月起,着手進行清代嘉興府級地方志的點校整理工作。現可見編纂於清代的嘉興府級地方志有五部,分別爲嘉興知府袁國梓修、刊於康熙二十一年(1682)的《康熙嘉興府志》,嘉興知府吳永芳修、刊於康熙六十年(1721)的康熙《嘉興府志》,嘉興知府伊湯安修、刊於嘉慶六年(1801)的嘉慶《嘉興府志》,嘉興知府于尚齡修、刊于道光二十年(1840)的《道光嘉興府志》及嘉興知府許瑶光修、刊於光緒四年(1878)的《光緒嘉興府志》。《光緒嘉興府志》是清代嘉興府最後一部府志,也是嘉興歷史上規模最大的一部府志,基本包含清代以前的嘉興歷史,于是擇其點校。

　　整個點校工作經歷了兩個階段:一是標點。自 2014 年 2 月起,依原有文本進行斷句標點,至當年 11 月底基本結束,斷句後的文字約 270 萬字。二是校勘。自 2014 年 12 月起,對照嘉興府屬各縣志,于各卷内容作了逐條核查。對人物,凡涉及外地的,盡可能地查找了外地的地方志;所引詩文,凡能找到相關詩文集的,大都作了校核。至 2017 年 6 月,基本結束。

　　點校初稿形成後經内部審核,修改、補充和調整,送上海古籍出版社審核,並根據出版社的審稿意見作進一步的修改和完善。

　　《光緒嘉興府志》的點校工作歷時六年餘,傾注了點校者和編輯人員的大量心血,得到了有關部門的大力支持,特在此致以衷心的感謝。

嘉興市地方志編纂室

二〇二〇年十月

圖書在版編目（CIP）數據

光緒嘉興府志 /（清）許瑤光修；（清）吳仰賢等纂；
嘉興市地方志編纂室編校. —上海：上海古籍出版社，
2020.11
　ISBN 978−7−5325−9795−6

Ⅰ.①光…　Ⅱ.①許…　②吳…　③嘉…　Ⅲ.①嘉興—
地方志—清代　Ⅳ.①K295.53

中國版本圖書館 CIP 數據核字（2020）第 212110 號

責任編輯：徐樂帥
裝幀設計：嚴克勤
技術編輯：耿瑩褘

ISBN 978-7-5325-9795-6

9 787532 597956 >

光緒嘉興府志

［清］許瑤光 修　吳仰賢 等纂
嘉興市地方志編纂室 編校

上海古籍出版社出版發行
（上海瑞金二路272號　郵政編碼200020）
（1）網址：www.guji.com.cn
（2）E-mail：guji1@guji.com.cn
（3）易文網網址：www.ewen.co

印刷　山東韻傑文化科技有限公司
開本　787×1092　1/16
印張　164.25　插頁53
字數　3,890,000
版次　2020年11月第1版
　　　2020年11月第1次印刷
ISBN　978−7·5325−9795−6/K·2919
定價　1800.00 元
如有質量問題,請與承印公司聯繫